LE PETIT LAROUSSE DE L'HISTOIRE DE FRANCE

PIERRE BEZBAKH

LE PETIT LAROUSSE DE L'HISTOIRE DE FRANCE

LAROUSSE

Remerciements de l'auteur

L'auteur tient à remercier pour leurs précieux conseils et remarques dans les domaines littéraire et scientifique : Pierre Lartigue, professeur de lettres au lycée de Marseilleveyre, Pierre Cartier, professeur de mathématiques à l'École normale supérieure de Paris, Alain Boudard, ingénieur au Commissariat à l'énergie atomique (Centre de Saclay) et Jean Dupouy-Camet, maître de conférence à l'université René Descartes (CHU Cochin).

ISBN : 978-2-03-586102-3

INTRODUCTION

L'objet de ce livre est de présenter les grandes étapes de l'évolution de la société française dans toutes ses dimensions, de l'origine à nos jours. Il s'agit par là de répondre à un double besoin : celui d'une synthèse des informations essentielles concernant les grands événements politiques, militaires, économiques et culturels au sens large du terme, dispersés dans de lourdes encyclopédies ou dans des ouvrages monodisciplinaires ; celui, d'autre part, d'une mise en relation de faits qui constituent des aspects complémentaires de la réalité sociale s'éclairant les uns les autres.

Ces deux préoccupations expliquent la structure du livre : un découpage par grandes périodes ayant chacune une cohérence interne par leur organisation économique spécifique, et par le système politique et l'idéologie qui leur sont associés ; à l'intérieur de chaque période, des Chroniques relatent les différents règnes, empires et républiques, et des Dossiers portent sur l'économie, la société et la religion, ainsi que sur la vie culturelle et scientifique.

De la Préhistoire à la Gaule romaine

Durant des temps reculés et mal connus, des hommes vivaient dans des régions de la France d'aujourd'hui et ont laissé sur les parois des cavernes d'impressionnantes traces de leur présence et de leur sens artistique. La future terre de France fut donc un très ancien lieu de peuplement et d'éclosion d'une civilisation avancée.

Cependant l'histoire de la société française ne commence réellement qu'aux Ve-VIe siècles après J.-C. quand les Francs s'approprient un territoire proche de ce que sera la France au XXe siècle, et amorcent une unification qui sera poursuivie au fil des siècles par l'action conjuguée des souverains et de l'Église catholique.

Auparavant, ces terres avaient été celles de tribus qualifiées de gauloises par les Romains, et devinrent des provinces de leur vaste Empire. Bien que souvent en conflit, ces Gaulois avaient cependant en commun leur origine celtique et avaient su se coaliser contre l'envahisseur romain. La conquête romaine devait contribuer à uniformiser le mode de vie de ces peuples, en créant une civilisation « gallo-romaine ». Mais ni à l'époque proprement gauloise ni aux temps de domination romaine ne se dégagea de véritable unité géopolitique ou sociale. Il n'est pourtant pas possible de comprendre ce que sera le territoire des Francs devenant le royaume de France et la France actuelle sans remonter à ces siècles durant lesquels se forgèrent une partie des caractères propres à la France.

Le temps des conquêtes et du pillage

Le VIe siècle fut donc un moment décisif de la formation de notre pays ; en effet, après la disparition du dernier empereur romain d'Occident (476), l'ancienne Gaule romaine va devenir le territoire des Francs par les conquêtes de Clovis et de ses fils. Ce comportement conquérant, reposant à la fois sur le désir de s'approprier de nouveaux territoires et sur celui d'imposer aux populations soumises un prélèvement brutal de leurs richesses, se fera encore sentir après l'épisode de l'Empire carolingien. Il persistera tant que la cohésion sociale reposera exclusivement sur la capacité d'un chef de guerre à piller et à redistribuer à ses fidèles le produit de ses victoires. Ce sera le cas jusqu'à la fin du Xe siècle, période durant laquelle les mœurs politiques et économiques vont se modifier sensiblement.

La France féodale

Le règne d'Hugues Capet, qui commence en 987, et qui inaugure une nouvelle dynastie assurant à la France environ trois siècles et demi de stabilité politique et de relative paix intérieure, symbolise l'entrée dans une ère nouvelle. Ce sera celle d'une France féodale où s'affirmera la montée du pouvoir central unificateur l'emportant à terme sur la mosaïque des forces régionales. Cette société féodale sera caractérisée par la pyramide des rapports entre suzerains et vassaux, et par la prédominance du servage dans les campagnes ; elle connaîtra une période d'essor économique et culturel, appuyé sur des améliorations techniques importantes, sur le dynamisme des foyers urbains et sur la force de la création artistique (xe-xiiie siècle).

Mais cette relative prospérité sera brutalement interrompue par la crise multiforme des xive-xve siècles qui verra s'affronter la France et l'Angleterre, les riches et les pauvres et les grands seigneurs entre eux, dans le contexte d'un arrêt de la croissance économique et démographique, et du retour des famines et des épidémies.

Vers l'État-nation

À partir du milieu du xve siècle s'ouvre une période originale où les traits dominants ne sont plus féodaux mais ne sont pas encore capitalistes. Les trois siècles qui séparent le début de la « Renaissance » de la Révolution française sont en effet ceux où s'affrontent le pouvoir monarchique (s'efforçant de devenir absolu) et les grands princes du royaume, allant jusqu'au soulèvement armé. Ce problème politique majeur dont sortira l'État centralisé moderne s'inscrit dans une transformation des structures économiques et sociales dominée par la généralisation des échanges marchands au sein d'une société fortement marquée par l'héritage féodal sur les plans politiques et idéologique.

Révolutions, Républiques et essor du capitalisme industriel

Les contradictions de cette société féodo-marchande déboucheront sur la Révolution de 1789, préalable à la « révolution industrielle » qui mettra en place les techniques et les rapports sociaux propres au capitalisme. De ce point de vue, la période révolutionnaire et le premier Empire constituent une transition décisive en détruisant le système économique de l'Ancien Régime et en mettant en place un nouvel ordre juridique fondé sur les concepts de liberté individuelle et de propriété privée exclusive. L'essor du capitalisme industriel au détriment de la France rurale et artisanale, l'affirmation de l'idéal républicain et de « l'esprit bourgeois », le renouvellement de l'inspiration littéraire et artistique ne seront cependant pas immédiats. Il faudra environ un siècle pour que ceux-ci triomphent définitivement, à travers des secousses sociales brutales (soulèvements populaires de 1848 ou 1871…) et des retours en arrière réussis (Restauration de 1814-1815, victoire du parti de l'Ordre en 1848…) ou avortés (échec de Charles X en 1830 et d'une nouvelle Restauration après 1871).

Cette évolution trouvera son aboutissement dans la France moderne du début du XXe siècle, celle des débuts de l'automobile, de l'aviation, du métro, du cinéma et de l'électricité, que les inventeurs français ont largement contribué à mettre au point. Mais elle ne saura pas résister à la tentation meurtrière de la revanche sur l'Allemagne.

D'une guerre mondiale à l'autre

Après les dures années d'un conflit qui fit plus de deux millions de morts et de blessés graves parmi la population masculine, et qui marqua profondément les survivants, l'« entre-deux-guerres » vit un retour à la prospérité durant les années 1920, suivi par les effets de la « crise de 1929 » partie des États-Unis. Ces années économiquement difficiles furent aussi celle de la montée du péril nazi, qui entraîna le monde dans le second conflit mondial.

Durant celui-ci, la France vaincue et occupée connut la Résistance intérieure et extérieure, mais aussi la Collaboration menée par ceux qui souhaitaient mener une « révolution nationale ».

Le second xxe siecle

La paix revenue, la France vite reconstruite entra dans la période des Trente Glorieuses qui permit une amélioration spectaculaire des conditions d'existence la plupart des catégories sociales. Mais les « chocs pétroliers » des années 1970 ralentirent la croissance, tandis que l'ouverture internationale s'accentua, avec la poursuite de la construction d'une Europe économiquement intégrée et de la mondialisation, remettant en cause les anciens équilibres sociaux.

Sur le plan politique, ce second xxe siècle fut d'abord marqué par l'action du général de Gaulle, incarnation de la « France libre », défenseur de l'indépendance nationale et réformateur des institutions. Critiquant celles de la IVe République, il fut le promoteur de la Ve République dès son rappel aux affaires, en 1958, pour sortir de la « crise algérienne ». Après avoir surmonté les « événements de 1968 », le général se retira l'année suivante. Mais ses successeurs, Georges Pompidou et Jacques Chirac, continueront à se réclamer de lui, bien que d'une façon de plus en plus lointaine. Ce déclin du gaullisme fut en partie provoqué par la montée de forces politiques s'affirmant plus libérales et centristes (avec Valéry Giscard d'Estaing) ou se référant au socialisme (avec le double septennat de François Mitterrand, et une succession de Premiers ministres socialistes jusqu'en 2002). Depuis 2007, Nicolas Sarkozy (UMP) est président de la République.

En ce début du troisième millénaire, la France se retrouve face à un destin incertain, dans la mesure où les anciens clivages politiques et économiques ont aujourd'hui perdu de leur pertinence et où les enjeux européens et mondiaux sont perçus par beaucoup comme inquiétants : ils remettent en cause la « spécificité française » (reposant sur une synthèse entre l'action centralisatrice du pouvoir politique et l'individualisme créateur, entre les idéaux libéraux et solidaristes, entre nationalisme et universalisme), sans qu'une alternative claire n'apparaisse aux yeux des Français.

Sommaire

Des origines au IIe siècle av. J.-C.

LA GAULE PRÉ-ROMAINE

PRÉHISTOIRE

ANTIQUITÉ

MOYEN ÂGE

TEMPS MODERNES

ÉPOQUE CONTEMPORAINE

Introduction

Bien avant la conquête de Jules César et l'éclosion d'une civilisation gallo-romaine, divers groupes humains peuplent la partie occidentale de l'Europe, qui deviendra au Ve siècle de notre ère la terre des Francs.

Les premiers hommes

Les connaissances historiques restent incertaines en ce qui concerne les temps reculés qui s'étendent du paléolithique à la création de la Gaule transalpine romaine (IIe siècle av. J.-C.).
Les découvertes archéologiques (dont certaines datent des années 1990, comme celle de la grotte Chauvet) permettent cependant d'esquisser l'histoire du peuplement de la future France.
Une présence humaine est décelée il y a près de 2 millions d'années, mais les restes humains les plus anciens attestant d'une vie sociale datent de 400 000 à 350 000 ans (homme de Tautavel) et correspondent à une période de réchauffement de la planète. Ce n'est que beaucoup plus tard que vivent les hommes dits de Neandertal (vers – 80 000) et de Cro-Magnon (vers – 35 000), qui laissent des créations artistiques exceptionnelles (grotte de Lascaux…).

L'âge du bronze

Il y a 10 000 ans s'achève la dernière ère glaciaire. Une nouvelle ère, l'âge du bronze, s'ouvre avec l'expansion celte (vers 1250-1200 av. J.-C.), avec l'essor d'une civilisation dite de Hallstatt, touchant la future France vers 1000 ou 800 av. J.-C., suivie de la civilisation dite de La Tène (vers 600 ou 500 av. J.-C.).
C'est à cette époque que les Phocéens, venus de Grèce orientale, fondent la ville de Marseille (600 av. J.-C.). Ce port actif joue un

rôle considérable dans l'essor du commerce entre la Méditerranée et les peuples celtes du nord et du centre de l'Europe. Marseille est aussi à l'origine de la romanisation du sud de la Gaule : c'est elle qui appelle Rome à son secours pour la sauver de la tutelle celtique et qui facilite ainsi la mainmise romaine sur la Gaule méditerranéenne, dite transalpine (IIe siècle av. J.-C.).

Un siècle plus tard, Jules César conquiert la Gaule Chevelue s'étendant de Vienne à la mer du Nord et au Rhin.

Chroniques

De – 400 000 à – 1000

Les temps préhistoriques

Dans le sud de la future France, une présence humaine significative est attestée depuis environ 400 000 ans, et l'existence de civilisations « avancées » depuis 20 000 à 30 000 ans.

Le « premier Français » connu est l'homme de Tautavel, dont les restes ont été retrouvés dans la « caune » (grotte) de l'Arago, située dans les Pyrénées-Orientales. Il aurait vécu vers – 400 000, durant une période de réchauffement comprise entre deux ères glaciaires. Auparavant, des traces d'occupation humaine furent décelées à Chilhac, en Haute-Loire (galets aménagés), datant de 1,8 million d'années, et dans la grotte du Vallonnet, près de Roquebrune, dans les Alpes-Maritimes (environ 1 million d'années).

C'est également vers – 400 000 que vivent des groupes humains aux abords de la Méditerranée (site de Terra Amata, au pied du mont Boron, dans la région de Nice). Ils savent domestiquer le feu, construisent des huttes de forme ovale, et chassent l'éléphant, l'ours, l'aurochs, le cerf ou le bouquetin.

L'homme de Neandertal et l'homme de Cro-Magnon

Vers – 80 000, une nouvelle vague de peuplement apparaît en Europe occidentale, celui de l'homme dit de Neandertal, nom du site (proche de Düsseldorf) où furent retrouvés les premiers restes en 1856. Les néandertaliens sont présents en Bourgogne (site

d'Arcy-sur-Cure), dans l'Hérault (l'Hortus), en Corrèze (La Chapelle-aux-Saints), en Dordogne (Le Moustier)... Ils ramassent des fruits sauvages, chassent les grands animaux à l'aide de pieux à pointe en silex, enterrent leurs morts dans des grottes... Ces néandertaliens, qui vont disparaître progressivement, coexistent pendant une période de 5 000 à 10 000 ans, avec un nouveau type d'hommes venant du sud, apparus vers – 35 000 et désignés par le terme d'hommes de Cro-Magnon, localité située sur les rives de la Vézère, non loin d'autres hauts lieux d'occupation (Lascaux, La Madeleine, Font-de-Gaume, Combarelles, Cap Blanc, Pech-Merle dans le Quercy...). La forme de leur crâne, leur anatomie et leur taille sont très proches de celles des hommes modernes.
Ces Homo sapiens sont également très présents au nord des Pyrénées (Niaux, Les Trois-Frères, Gargas, Enlène...) et plus à l'est (grotte Chauvet, à la Combe-d'Arc, en Ardèche; grotte Cosquer, près de Cassis...). Leurs techniques de chasse sont beaucoup plus élaborées que celles de leurs prédécesseurs (sagaies à fines pointes en os, baguette servant de « propulseur »...) ; ils utilisent toutes les parties des animaux, savent traiter les peaux avec des outils sophistiqués; grâce à des lampes leur permettant de passer de longues heures dans les cavernes, et à l'aide d'ocre rouge et de charbon noir, ils réalisent d'extraordinaires peintures rupestres, comme à Lascaux ou à la Combe-d'Arc, alors que d'autres artistes sculptent des représentations féminines (« vénus de Lespugue », « dame de Brassempouy »...) ou des symboles sexuels dans des blocs de granit.

Un climat très froid

Cette période, qui s'achève vers – 15 000 ou – 10 000 (date de la fin de la dernière période glaciaire), reste marquée par l'avancée de la calotte glaciaire jusqu'au sud de l'Angleterre et au nord de l'Europe continentale. Au sud, et jusqu'au milieu de la France actuelle, s'étend une région dite « périglaciaire », abritant peu d'animaux et sans présence humaine. Le climat et la végétation ressemblent à ceux du nord du Canada et de la Russie actuels.

Dans la partie sud de la France d'aujourd'hui règne un climat un peu moins froid, bien que rigoureux ; mais le dégel régulier permet le maintien d'une végétation propre aux steppes, assurant la survie des mammouths, des rhinocéros laineux, des rennes…, et donc des hommes qui les chassent, et qui s'abritent des grands froids et des animaux prédateurs dans les cavernes.

Au début de l'ère « post-glaciaire » (vers – 10 000) la faune et la flore vont se transformer, les populations commençant alors à remonter vers le nord et à cultiver le sol.

Nouveau climat et nouveau peuplement (– 10 000 à – 1000)

La fin des glaciations permet l'extension de la forêt et s'accompagne d'un climat plus humide. Cela entraîne la disparition des animaux comme le mammouth, le bison et le renne, et permet l'installation de populations, qui ne vivent plus seulement de la cueillette et de la chasse, mais pratiquent l'agriculture (orge, froment, lin) et l'élevage (moutons, porcs…). Des outils sont confectionnés (araire, faucille, fléau…) et l'on passe de l'âge de la pierre taillée à celui de la pierre polie, caractéristique du néolithique succédant au paléolithique.

Des villages liés à la sédentarisation des populations se forment, comme à Clairvaux, dans le Jura (vers – 4000), mais aussi dans le Midi et le Bassin parisien.

Mieux nourries et moins menacées, ces populations dont l'espérance de vie bien supérieure aux vingt ou trente ans des temps plus reculés, vont vite croître en nombre. Le surplus productif qui apparaît alors nécessite la fabrication d'ustensiles permettant

de le conserver, et permet l'amorce d'un commerce entre produits agricoles et objets de l'artisanat naissant (poteries, bijoux, armes, vêtements…).
Les hommes de cette époque vivent déjà dans des sociétés très élaborées et les grands monuments de pierres (mégalithes*) qu'ils construisent servent de lieux de prière : ainsi les alignements de Carnac auraient été conçus en fonction des levers et des couchers du Soleil aux solstices d'hiver et d'été. Ces sites se situent surtout sur la façade maritime de l'Ouest européen ainsi qu'en Angleterre et en Irlande. En France, la plupart de ces dolmens* et de ces menhirs* se trouvent en Bretagne, mais on en rencontre aussi à l'intérieur des terres, comme à Bougon, dans les Deux-Sèvres, à Saint-Sernin-sur-Rance, dans l'Aveyron (menhir sculpté), ou bien encore en Corse ; certaines sépultures sont richement ornées de motifs figuratifs ou abstraits (Gavrinis, dans le Morbihan).
Les temps « préhistoriques » s'achèvent pour laisser place aux temps « historiques », avec l'apparition de l'écriture.

IXe-IIIe siècle av. J.-C.

La Gaule celtique

Les populations celtes vivant dans la partie nord-ouest de l'Europe – appelées Keltoï, puis Gallati par les anciens Grecs et plus tard « Gaulois » (Galli) par les Romains – furent précocement engagées dans le commerce terrestre et méditerranéen.

Durant le IIe millénaire av. J.-C., de riches civilisations prospèrent en Grèce, en Asie Mineure, en Égypte, reliées entre elles par de grandes routes commerciales sillonnant la Méditerranée orientale, et s'appuyant sur la Crète et les îles ioniennes. Le destin de ces sociétés est très varié : certaines s'effondrent (destruction de Knossos, en Crète, vers 1950 av. J.-C. et celle de Troie vers 1200 av. J.-C.) ; d'autres connaissent une histoire troublée (très grande prospérité de la Mésopotamie aux IIIe et IIe millénaires av. J.-C., puis son effondrement au XIe siècle av. J.-C.) ; d'autres encore se tournent vers l'ouest et fondent de nombreuses colonies, en Afrique du Nord (Phéniciens), en Italie et en Gaule du Sud (Phocéens). C'est par leur intermédiaire que cette partie de l'Europe de l'Ouest commence à s'ouvrir au grand commerce et à s'intégrer au monde « civilisé » de l'époque, essentiellement centré autour de la Méditerranée orientale. Mais la future France connaît d'abord une autre influence majeure, celle des peuples celtiques qui migrèrent vers l'ouest vers 800 av. J.-C.

Des Celtes... appelés Gaulois

Les Celtes seraient un peuple « indo-européen » originaire du Kazakhstan s'étant installé en Russie méridionale vers 2500 av. J.-C. Leur aristocratie militaire effectue de nombreuses

expéditions de pillage au Proche-Orient et en Grèce, puis le groupe se disperse vers 2000 av. J.-C. Une partie des Celtes se dirige vers la mer Baltique, une autre vers l'Europe centrale (Bohême), où ils développent l'industrie du bronze.
Vers 1250, ils donnent naissance en Europe centrale à la civilisation dite « des champs d'urnes », en raison du nombre important d'urnes funéraires contenant les cendres des défunts. Ces sépultures révèlent également un grand art dans la fabrication de céramiques et des épées longues et droites. Des champs de ce type apparaissent en France à partir de 1200 environ.
Vers 1000 av. J.-C. se développe dans les Alpes autrichiennes la civilisation celtique dite de Hallstatt, du nom de la bourgade proche de Salzbourg où ont été retrouvés environ 20 000 objets disséminés dans de nombreuses tombes. Ceux-ci révèlent la richesse du peuple celte, qui produit des bijoux raffinés, des vases décorés, des armes redoutables, et maîtrise le travail du fer. Ce peuple, qui conserve la tradition guerrière, poursuit son expansion vers l'ouest, l'Allemagne du Sud, la Suisse et la future France (vers 800 av. J.-C.).
La tombe d'une femme – sans doute une princesse – datant de 500 environ av. J.-C., retrouvée à Vix, en Côte-d'Or, est révélatrice de la richesse de l'aristocratie qui contrôle aussi l'activité marchande : la défunte portait un diadème d'or, un collier de perle d'ambre, un torque en bronze et des bracelets ; la chambre funéraire contenait également un char démonté, un vase grec en bronze haut de 1,65 mètre et d'autres objets de bronze d'origine étrusque. Les courants d'échange relient donc bien le cœur de la Gaule et le monde méditerranéen plusieurs siècles avant la conquête romaine.
Vers 500 ou 450 av. J.-C., les Celtes occupent toute la Gaule du Nord et de l'Ouest, de Carcassonne à la Suisse, et ont fondé la civilisation dite de La Tène (village situé près de Neuchâtel, où furent retrouvées en 1881 de vastes tombes contenant des chars à deux roues). Ce peuple construit des maisons en bois et en terre regrou-

pées sur des oppidums* fortifiés, édifie des lieux de culte et utilise pour combattre des chars, des épées en fer et des casques.
Les Celtes de La Tène entreprennent dès le Ve siècle la conquête de nouveaux territoires plus au sud : ils soumettent une partie de la Provence tandis que, en 390 av. J.-C., Ambicat, roi des Celtes Bituriges, s'empare de l'Italie du Nord (qui sera dénommée « Gaule cisalpine ») et pille la ville de Rome. Seul le Capitole est épargné grâce aux oies sacrées dont les cris alertent les défenseurs.
D'autres Celtes poussent plus loin vers l'est : en 279/278 av. J.-C., ils s'installent dans les Balkans et pillent la Grèce ; ils fondent ensuite un royaume en Thrace et en Asie Mineure, qui sera appelé Galatie, pays des Galates. En effet, ce terme employé désormais par les Grecs pour désigner les Celtes signifierait « ceux d'ailleurs » ou « les envahisseurs ». Caton l'Ancien le traduira par « Galli », qui donnera « Gaulois ». La plupart des Gaulois sont donc, en définitive, des Celtes occupant la partie ouest de l'Europe.

L'activité économique

Durant la période qui s'étend de 1000 à 600 environ av. J.-C., soit durant l'essentiel de la « civilisation de Hallstatt », l'économie reste proche du niveau de subsistance, sauf pour l'aristocratie guerrière. Mais celle-ci n'exerce son pouvoir que sur des communautés sans doute peu nombreuses, et ne règne que sur des territoires de faible dimension (cinq à dix kilomètres autour du centre). Le commerce est alors surtout présent autour d'un axe est-ouest, qui relie les zones minières allemandes fournissant le cuivre et l'étain et les régions occidentales utilisatrices de ces minerais pour fabriquer les objets en bronze.
Mais à partir du début du VIe siècle av. J.-C., la fondation de Marseille par les Grecs phocéens et la mise en valeur de l'arrière-pays provençal entraînent la création d'un nouvel axe commercial

nord-sud appelé à prendre une grande importance. De nombreux produits d'origine grecque, marseillaise ou étrusque, ayant emprunté le sillon rhodanien et les cols des Alpes, seront retrouvés en Gaule et en Europe du Nord et de l'Ouest : du vin, de la vaisselle d'or et d'argent, des objets en bronze et en ivoire, des bijoux, des armes... Du Nord sont acheminés vers le Sud des matières premières et des objets semi-transformés (bois, métaux, résine, poix, ambre, sel, laine, peaux...) ; le Nord fournit également des mercenaires et des esclaves.

Ce commerce au sein duquel Marseille semble avoir joué un rôle prépondérant aurait pris une ampleur plus importante après la bataille navale d'Alalia, au large de la Corse (535 av. J.-C.), qui oppose les Carthaginois alliés aux Étrusques à la flotte gréco-marseillaise. À l'issue de cette bataille, sans véritable vainqueur, les Carthaginois prennent possession des comptoirs espagnols de Marseille, tandis que les Étrusques se replient sur les axes terrestres. Mais les Grecs et les Marseillais obtiennent la maîtrise du nord de la Méditerranée occidentale, ce qui permet à Marseille d'accentuer son rôle de plaque tournante des échanges, et l'incite à compenser ses pertes ibériques par de nouveaux débouchés situés au nord de l'Europe.

Mais les courants d'échange Nord-Sud sont à leur tour remis en cause à la fin du VIᵉ et au Vᵉ siècle av. J.-C. L'essor de la cité d'Athènes se fait en effet principalement en privilégiant son implantation en mer Égée et vers l'Est méditerranéen, ou vers la mer Tyrrhénienne (face au sud de l'Italie), cela au détriment des Étrusques (vaincus à la bataille navale de Cumes, en 474 av. J.-C.). Mais cela a aussi pour conséquence de réduire le rôle économique et commercial de Marseille et du sillon rhodanien, ainsi que la richesse des populations celtes présentes en Allemagne du Sud et vivant pour l'essentiel du commerce transalpin.

Ce sont d'abord les Étrusques, obligés de se tourner vers le nord (surtout après leur défaite à Cumes qui succède à leur expulsion de

Rome en 509 av. J.-C.), puis les peuples contrôlant les cols alpins qui profitent de la nouvelle situation.
Ces faits expliquent le déclin de la civilisation de Hallstatt, mais il faut prendre en compte également le déplacement agressif vers le sud des Celtes de La Tène, qui ont davantage conservé leur tradition guerrière. Le ralentissement des échanges commerciaux s'ajoute en effet à plusieurs autres facteurs : pression démographique, conditions climatiques moins bonnes, diminution des ressources alimentaires.
Installés dans le sud de la Gaule, les Celtes y développent une « civilisation des oppida », comme celui d'Ensérune, près de Béziers, ou d'Entremont (au nord d'Aix-en-Provence). Ils contribuent à animer les échanges aussi bien vers le nord, le long du Rhône, que vers l'ouest, le long de la Garonne, vers Carcassonne, Toulouse, et même l'Atlantique, par où est acheminé l'étain venant de la future Angleterre.

Le rôle de Marseille

Fondée vers 600 av. J.-C. par des marins provenant de Phocée, cité grecque d'Asie Mineure, Massalia joue – on l'a vu – un rôle central dans l'essor du commerce reliant les cités grecques et le nord-est de la Gaule. Après son déclin du ve siècle av. J.-C, la cité retrouve un grand dynamisme au ive siècle. Au iiie siècle, elle soumet son arrière-pays, fonde des comptoirs le long de la Méditerranée – Nicea (Nice), Antipolis (Antibes), Agatha (Agde), Emporion (Ampurias)... – ainsi qu'à l'intérieur des terres – Cabellio (Cavaillon), Avenio (Avignon), Théline (Arles)... Des marins marseillais explorent même la côte atlantique de la Gaule.
Aux iiie et iie siècles, le déclin des cités grecques conduit les Marseillais à commercer principalement avec l'Italie du Sud et la Sicile (« Grande-Grèce »), et avec l'Orient grec plutôt qu'avec la

Grèce elle-même. Mais Marseille entretient également de bons rapports avec Rome, qui commence à devenir une puissante cité marchande et militaire.
Comme importatrice de produits orientaux, exportatrice de matières premières et également centre de production, Marseille est donc directement ou indirectement à l'origine du développement des places marchandes d'Italie qui deviendront par la suite d'importantes cités romaines.
Elle est aussi, avant la présence romaine, le vecteur de propagation de la civilisation grecque, à travers sa culture, son art, son écriture (l'alphabet grec étant utilisé par les Celtes pour écrire leur langue) et sa monnaie, qui sert de modèle aux premières monnaies celtes. Cette hellénisation constitue en définitive une étape préparant la romanisation du sud de la Gaule.

Les Gaules et Rome avant Jules César

La partie sud-est de la Gaule devient province romaine au IIe siècle av. J.-C. sous le nom de Gaule Transalpine par opposition à la partie nord-ouest de l'Italie conquise par Rome soixante-dix ans plus tôt et baptisée Gaule Cisalpine.

À partir du IIIe siècle av. J.-C., Rome et la Gaule du Sud entrent en contact. La raison principale en est le début de l'expansionnisme romain en dehors de l'Italie centrale.

L'expansion romaine au IIIe siècle av. J.-C.

Rome aurait été fondée vers 753 av. J.-C. par Romulus et Remus. La cité tombe ensuite sous la domination des Étrusques. En 509 av. J.-C., les Romains chassent le dernier souverain étrusque et amorcent la conquête de l'Italie centrale. À partir du IIIe siècle av. J.-C., l'expansion romaine s'avère irrésistible. Entre 298 et 290 av. J.-C., Rome soumet les Samnites, à l'ouest, l'Étrurie, au nord, puis conquiert toute l'Italie du Sud (275-272 av. J.-C.). Cela met les armées romaines en contact avec Carthage, qui possède des comptoirs commerciaux en Sicile et en Italie du Sud. Après la première guerre contre Carthage, dite guerre punique (264-241 av. J.-C.), les Romains, victorieux, contrôlent la Sicile, la Sardaigne ainsi que la Corse. Lors de la deuxième guerre punique (218-201 av. J.-C.), qui s'achève par la défaite d'Hannibal, les Romains s'emparent des possessions espagnoles de Carthage. Durant cette guerre, Marseille a

mis sa flotte au service de Rome, tandis que des mercenaires celtes ont au contraire rejoint les armées carthaginoises.
À la fin du IIIe siècle, Rome est donc devenue la principale puissance du monde méditerranéen.

Rome et les Gaules (IIe siècle av. J.-C.)

La création de provinces romaines en Espagne pousse les Romains à se créer une voie terrestre sûre à travers le sud de la Gaule. Mais pour cela, il faut pacifier le nord de l'Italie, où les Celtes constituent une menace pour Rome. Au IIIe siècle déjà, les Romains se sont emparés de Mediolanum (Milan) et des colonies ont été créées le long du Pô. Mais ces régions ne sont pas suffisamment romanisées pour empêcher une invasion, comme celle d'Hannibal en 218 av. J.-C. Au début du IIe siècle, Rome en fait une province romaine, la Gaule Cisalpine, définitivement pacifiée entre 197 et 177 av. J.-C.
L'étape suivante est celle de la soumission du sud de la Gaule. Les difficultés rencontrées par Marseille vont le permettre. En 181 puis en 154 av. J.-C., les Marseillais demandent l'aide de Rome pour combattre les Ligures. En 125 av. J.-C., les Saliens celto-ligures font le siège de Marseille. Les Romains sauvent à nouveau la ville, mais ne quittent pas la Provence. Ils délogent les Saliens qui occupent les oppida d'Entremont de Roquepertuse et de Baou Roux. En 122 av. J.-C., le consul Sextius Calvinus fonde la forteresse d'Aquae Sextiae, future Aix-en-Provence. Les Romains vainquent ensuite les Allobroges (occupant le Dauphiné et la Savoie), puis les Arvernes d'Auvergne à Bollène (121 av. J.-C.). Enfin Rome contrôle la vallée du Rhône jusqu'à Vienne, et le Languedoc jusqu'aux Pyrénées.
Vient alors le temps de l'organisation de cette nouvelle province romaine, dite Gaule Transalpine, avec le peuplement par des colons citoyens romains, la construction des routes menant de l'Italie à l'Espagne, et la création de Narbonne (118 av. J.-C.). Elle devient

la plaque tournante du commerce entre l'Est italien et l'Espagne, mais aussi avec l'Ouest et le Nord celtes, cette Gaule Chevelue, indépendante, que Jules César va conquérir au siècle suivant.

L'administration romaine

Comme dans toutes les provinces romaines et plus tard dans le reste de la Gaule, un gouverneur administre la province, qui dispose du pouvoir civil et militaire; il est aidé d'un légat, adjoint militaire, et d'un questeur qui perçoit les impôts.
La population se compose alors de trois éléments: les citoyens romains; les alliés de Rome (comme les Marseillais, qui conservent leur indépendance); les occupants vaincus, soit réduits à l'esclavage, soit restant «libres» mais soumis à l'impôt et ne disposant pas des mêmes droits que les citoyens romains.

Dossiers

Les prémices des arts

Dès les temps les plus reculés, l'homme peint, grave et sculpte, laissant des témoignages artistiques, notamment des peintures rupestres, qui fascinent encore au XXIe siècle. À partir du VIIe siècle av. J.-C., les Celtes qui s'installent en Gaule développent de nouveaux motifs artistiques.

L'art « préhistorique »

L'art du paléolithique

Les artistes du paléolithique utilisent diverses techniques : tracés digitaux, dessins et peintures mono- et polychromes, gravures avec un outil de silex, sculptures en pierre ou en os, modelages d'argile. Le sud-ouest de la France constitue le foyer le plus important de l'art pariétal paléolithique (les Combarelles, Font de Gaume, le Cap Blanc, Lascaux [Dordogne], Niaux, les Trois Frères [Ariège], Pech-Merle [Lot]).

L'un des sites les plus connus est celui de Montignac-Lascaux, en Dordogne, découvert en 1940 par quatre adolescents. Cette grotte comprend plus de 600 peintures et 1 500 gravures, qui auraient été réalisées entre – 21 500 et – 17 000. Les représentations les plus célèbres sont des bisons aux formes inoubliables.

En octobre 1985, lors d'une plongée sous-marine près de Cassis, dans les Bouches-du-Rhône, Henri Cosquer découvre une grotte dont l'accès se fait par 37 mètres de profondeur, et dont les peintures et sculptures datant de – 17 000 ou – 16 000 sont connues en 1991.

En décembre 1994, Jean-Marie Chauvet, qui a laissé son nom à cette grotte, découvre en Ardèche, à la Combe-d'Arc, un ensemble pictural impressionnant datant d'environ 30 000 ans – c'est le plus ancien connu au monde. Outre le grand sens artistique dont elles témoignent, ces peintures permettent de dresser un inventaire assez complet du bestiaire rencontré à cette époque : aurochs, rennes, chevaux, cerfs et biches, rhinocéros, mammouths, hyènes, panthères, ours, troupeaux de bisons et de lions, hiboux... Cela laisse aussi à penser que le climat fut par moments plus propice, permettant la présence dans le sud de la France d'animaux vivant aujourd'hui seulement en Afrique.
L'art paléolithique comporte également de nombreuses statuettes féminines dites « Vénus », des blocs gravés portant des représentations sexuelles féminines et des instruments décorés.

L'art du néolithique

À partir du Ve millénaire avant notre ère, les hommes ont construit des monuments mégalithiques (alignements de menhirs à Carnac, cairn de Gavrinis, nombreux dolmens en Bretagne).

L'art de la Gaule celtique

La civilisation de Hallstatt

L'art des VIIe et VIe siècle av. J.-C., qui se rattache à la civilisation de Hallstatt, est en partie implanté en Gaule par les Celtes. Il est illustré par le mobilier des riches tombes de cavaliers et des tombes à chars (longues épées de fer, mors de chevaux, garnitures de chars en bronze, fibules, torques...) répandues dans le Nord, dans l'Est, en Champagne, en Bourgogne (trésor de Vix) et dans le Languedoc. Cet art est caractérisé par des représentations humaines et animales fortement schématisées, qui sont mêlées à des motifs géométriques.

La civilisation de La Tène

Au ve siècle av. J.-C. apparaît l'art de La Tène, qui se diffuse à travers toute la Gaule. La frappe de la monnaie se développe. Les monnaies purement gauloises ont cours du IIIe au Ier siècle av. J.-C. En général, l'avers est frappé d'une tête de profil, le revers portant des animaux fantastiques. Mais l'éclat de la civilisation de La Tène se manifeste surtout dans les arts du bronzier et de l'orfèvre.

Ier siècle av. J.-C.-
Ve siècle apr. J.-C.

LA GAULE ROMAINE

Introduction

La victoire des légions de Jules César à Alésia, en 52 av. J.-C., fait entrer la Gaule Chevelue dans une ère nouvelle. Désormais, l'ensemble des territoires qui constitueront la future France est intégré dans le vaste Empire romain, s'étendant de la mer du Nord à la Palestine, du Rhin et du Danube à l'est du Maghreb.

La Gaule, province romaine

Les Gaulois, comme les autres peuples soumis à l'autorité de Rome, vont fournir un tribut humain et financier à leurs vainqueurs, se plier devant la loi imposée par l'empereur romain et son administration, accueillir une armée prompte à écraser toute révolte.
Cependant, cette intégration à l'Empire devait comporter de nombreux aspects positifs, en Gaule plus particulièrement : la paix mettant fin aux guerres intestines et aux dangers extérieurs ; la mise en place d'un vaste réseau de voies de communication facilitant les déplacements et les échanges marchands ; l'existence d'une règle de droit, d'une langue et d'une monnaie communes à tous ; l'essor d'une civilisation urbaine quasi inconnue dans cette partie de l'Europe, attirant les élites locales prêtes à adhérer au mode de vie des riches Romains. Tout cela conduit à l'éclosion d'une civilisation gallo-romaine*, dans laquelle se fondra plus tard l'aristocratie des guerriers barbares*, quand ceux-ci s'installeront au sein de l'Empire (surtout à partir du Ve siècle).
C'est aussi l'intégration au monde romain qui explique l'essor du christianisme en Gaule, puisque seules les contrées romanisées connaîtront la propagation de cette religion issue du Proche-Orient, et cela jusqu'au XVe siècle. Or le christianisme, d'abord clandestin et persécuté, sera l'un des piliers sur lequel reposera la société française.

L'héritage romain

Au ve siècle, quand les grandes invasions font disparaître les derniers éléments sur lesquels repose l'Empire romain en Occident, la société gallo-romaine laisse la place à la synthèse romano-germanique, dans des frontières qui deviendront bientôt assez semblables à celles de la France actuelle.

Mais l'héritage romain restera présent à travers les rapports sociaux qu'il a établis, le découpage de l'espace et le souvenir des institutions impériales, que Charlemagne et, plus tard, Napoléon chercheront à faire revivre. D'une façon plus générale, les concepts d'État, d'administration et de règle de droit perdureront au-delà des siècles.

Chroniques

La conquête des Gaules

Malgré l'action de Vercingétorix, les Gaulois sont vaincus par les légions de Jules César qui conquièrent la Gaule en 52 av. J.-C.

Depuis le IIe siècle av. J.-C. les Gaules entretiennent des relations de plus en plus fortes avec Rome. Mais les peuples gaulois doivent faire face à la pression des Germains venus du Nord, tandis que les intérêts stratégiques des Romains au Sud les poussent à se lancer à la conquête. Pris en tenailles par cette double menace, les Gaulois ne tardent à succomber à la puissance romaine.

Les raisons d'une conquête

Les raisons qui poussent Jules César à entreprendre la conquête des Gaules sont de deux types.

Les premières tiennent à son ambition personnelle, qui le pousse, à l'instar de Marius, de Sylla ou de Pompée..., à réaliser des exploits militaires et à étendre les possessions romaines pour obtenir les faveurs du Sénat et le soutien du peuple de Rome. Les conquêtes permettent aussi au général victorieux de s'enrichir par le pillage et la vente comme esclaves des ennemis vaincus, et d'obtenir la fidélité de ses soldats, eux-mêmes bénéficiaires du butin accumulé.

Les secondes raisons s'expliquent par le danger que représentent pour Rome les peuples guerriers de cette Gaule Chevelue, ainsi que ceux qui vivent au nord des Alpes (Helvètes et Germains). À la fin du IIe siècle av. J.-C., une coalition de Cimbres et de Teutons a même envahi la Narbonnaise, écrasé l'armée romaine près d'Orange (105 av. J.-C.), et projetait de s'installer en Gaule Cisalpine, au nord de l'Italie. Il a fallu une action énergique de Marius, enrôlant des prolétaires dans son armée, pour les vaincre et les chasser (101 av. J.-C.). En 77 av. J.-C., c'est en Espagne que le général romain Sertorius se révolte contre Rome, avant d'être difficilement vaincu par Pompée (72 av. J.-C.).

La rivalité entre César et Pompée, devenu le maître de Rome, et l'instabilité militaire poussent donc Jules César à s'engager dans la conquête des Gaules du Nord, afin de consolider et d'étendre les régions romanisées, et d'avoir les moyens politiques et financiers de l'emporter sur Pompée.

La guerre des Gaules

La conquête dure huit ans (58 à 51 av. J.-C.). Nommé en 59 av. J.-C. gouverneur de l'Italie du Nord et de la Narbonnaise, César intervient d'abord pour repousser les Helvètes, partis du nord de la Suisse actuelle et qui désirent s'installer dans l'ouest de la Gaule. S'appuyant sur les peuples alliés de Rome, dont les Éduens, vivant dans le centre des Gaules, César écrase les Helvètes à Bibracte (58 av. J.-C.), puis il continue ses campagnes militaires contre les Gaulois, qui refusent la présence romaine. Il vainc les Nerviens (57 av. J.-C.) au sud de la Belgique, puis les Germains au-delà du Rhin, avant de s'en aller défaire les Vénètes en combat naval, au sud de la Bretagne actuelle (56 av. J.-C.). L'année suivante, il traverse la Manche et mène campagne dans la future Angleterre contre les Bretons, qui apportent leur soutien aux Gaulois adversaires de Rome.

En 52 av. J.-C., alors que la Gaule semble soumise, le roi des Arvernes, Vercingétorix, suscite une révolte presque générale des

peuples gaulois. Les Gaulois l'emportent à Gergovie, et la situation devient préoccupante pour les Romains. Mais ceux-ci réussissent à encercler l'armée de Vercingétorix à Alésia, en Bourgogne, que des armées gauloises de secours ne peuvent délivrer. Vercingétorix se rend à Jules César, et eſt emmené captif à Rome, où il eſt emprisonné et exécuté.
Entre-temps, en 51 av. J.-C., César a achevé de soumettre les derniers Gaulois résiſtants (prise de Poitiers et d'Uxellodunum).

Ier-IIe siècle apr. J.-C.

« Pax romana »

Après la conquête des Gaules, la future France bénéficie de plus de deux siècles de paix.

La puissance de l'Empire romain apporte en effet la sécurité avec l'implantation de légions sur les frontières, notamment le long du Rhin, mettant fin pour un temps aux attaques des Germains. Mais Rome favorise aussi la prospérité, faisant de la Gaule la province la plus riche de l'Empire, et surtout jette les bases d'une organisation administrative qui va structurer la Gaule pendant des siècles.

Une Gaule prospère

Rome exerce sa domination sur toute l'Europe occidentale jusqu'au Rhin et au Danube, et sur l'ensemble du pourtour méditerranéen. Le pouvoir central est confié à Octave, qui est proclamé Auguste, terme qui lui servira désormais de nom, et qui devient de fait le premier empereur romain.

Il visite à plusieurs reprises les Gaules (en 39-38, 27, 16-13 av. J.-C.), divise la Gaule Chevelue en trois provinces (Belgique, Lyonnaise, Aquitaine), et fait de la Transalpine (amputée du territoire des Convènes, à l'Ouest, attribué au Sénat) la Narbonnaise, placée sous son autorité directe.

Les deux siècles qui suivent sont marqués par une paix interne propice à la prospérité économique et à l'essor d'une civilisation gallo-romaine caractérisée par la vitalité des cités et le développement de la production agricole.

La menace des Germains

Il se produit bien quelques révoltes antifiscales (12 av. J.-C., 21 apr. J.-C.) ou liées aux troubles politiques (soulèvement de Julius Vindex contre Néron, en 68). Mais celles-ci sont rares et brèves, et les Gaules restent en dehors du champ des combats, limités, jusqu'au milieu du IIIe siècle, à la frontière germanique. Celle-ci est défendue par un « limes » (mur reliant des forts, doublé de voies de communication permettant le déplacement des légions) qui, au IIe siècle, suit le Rhin et le Danube. Mais il faut aussi plusieurs opérations militaires – dont celles de Marc Aurèle, à l'issue desquelles il succombe – pour empêcher les Barbares de pénétrer en Gaule.

Une défense difficile

La Gaule est en proie aux soulèvements des légions, qui proclament leurs généraux empereurs.

L'édit de Caracalla en 212 octroie le droit de cité à tous les habitants libres de l'Empire romain. Cette mesure permet une intégration renforcée des Gaulois dans l'Empire et marque en quelque sorte l'apogée de la « Pax romana » car la pression des Barbares sur les frontières du Nord-Est ne cesse de s'accentuer entraînant de nombreuses campagnes militaires sur le Rhin contre les Francs et les Goths que les légions ont de plus en plus de mal à contenir.

Une période d'anarchie

La situation se dégrade brutalement durant le IIIe siècle. En effet, l'Italie ne connaît pas de véritable dynamisme économique, et se repose sur le surplus prélevé dans les provinces de l'Empire. Mais ces prélèvements deviennent insuffisants pour permettre à l'État romain d'assurer le paiement de ses armées et le financement de ses dépenses. Cela provoque des soulèvements militaires et des guerres civiles entre légions, proclamant « empereurs » leurs généraux, dans l'espoir d'obtenir le paiement de leur solde et de pouvoir piller les villes ennemies. Cette anarchie est particulièrement vive de 235 à 260, d'autant plus que les Barbares tentent de pénétrer au sein de l'Empire.

Les Bagaudes

En 260, l'empereur Gallien confie la défense de la Gaule à son fils Valérianus, secondé par le général Postumus. Mais celui-ci fait assassiner Valérianus et est proclamé « empereur des Gaules » par son armée, avant d'être à son tour tué par ses soldats en 269 pour s'être opposé au pillage de Mayence. D'autres « empereurs gaulois » lui succèdent : Victorinus, lui aussi assassiné par ses hommes, et Tétricus, vaincu par l'empereur Aurélien à Châlons-sur-Marne (274). Après la mort d'Aurélien (275), des Germains viennent piller la Gaule, avant d'être chassés par l'empereur Probus (276-282). Mais les difficultés du temps provoquent des vagues de pillage effectuées par les Bagaudes* (bandes composées de paysans pauvres et de brigands), vaincus par César Maximien entre 286 et 290.

IVe-Ve siècle apr. J.-C.

Un redressement impossible

Malgré un bref répit, l'Empire romain s'effondre et la Gaule est envahie, à partir de 406, par des Barbares qui se constituent de petits royaumes.

La situation s'améliore à l'extrême fin du IIIe et au début du IVe siècle, grâce à l'action énergique de Dioclétien (284-305) et de Constantin (306-337). Si ces deux empereurs ne parviennent à être reconnus qu'après avoir éliminé leurs rivaux par la force, ils entreprennent une œuvre de restauration et de réorganisation de l'Empire : réformes fiscales et monétaires, militaires (création de nouvelles légions défendant efficacement les frontières), administratives (renforcement du pouvoir central, divisions des provinces en diocèses dirigés par des vicaires, permettant une plus grande efficacité locale)... De plus, Constantin autorise le christianisme avec l'édit de Milan en 313, ce qui permet d'intégrer la partie croissante de la population qui avait adhéré en secret à cette nouvelle religion ; il fait également édifier sur l'emplacement de l'antique Byzance une nouvelle cité qui portera son nom – Constantinople –, achevée en 330. Elle deviendra la capitale du futur Empire d'Orient.

L'éclatement de l'Empire

Mais après cette période de répit, les rivalités entre descendants de Constantin et les appétits locaux de pouvoir reprendront et conduiront à des divisions internes débouchant sur une partition définitive: Dioclétien avait involontairement initié ce processus, en créant la tétrarchie*, c'est-à-dire un système de pouvoir partagé entre deux empereurs secondés chacun par un « césar », sorte de vice-empereur. Cela avait dans un premier temps permis une décentralisation des pouvoirs, mais aussi préparé la voie à la division de l'Empire, qui deviendra définitive en 395, à la mort de Théodose: il y aura désormais un Empire d'Occident (regroupant toutes les terres romaines à l'ouest d'une ligne reliant approximativement la ville actuelle de Belgrade, à l'ouest de la Cyrénaïque), et un Empire d'Orient (comprenant la Grèce, le Proche-Orient, la Syrie, la Palestine, l'Égypte et l'est de la Libye actuelle).

Premières incursions barbares en Gaule

Cet éclatement permet aux Barbares de se montrer de plus en plus pressants, et de pénétrer dans l'Empire, en Gaule plus particulièrement. En 342, les Francs, que l'empereur Constant avait combattus sur le Rhin, sont installés à titre de fédérés sur la frontière nord-ouest de l'Empire, avec pour mission de la défendre.

Puis en 337, les Alamans envahissent la Moselle, et sont finalement vaincus à Strasbourg en 357 par Julien, qui est proclamé empereur par ses troupes à Lutèce. Mais celui-ci doit quitter la Gaule pour aller combattre les Perses sur la frontière d'Orient.

Son successeur, Valentinien Ier (364-375), consacre l'essentiel de son règne à défendre la Gaule contre le danger germain. Il s'installe à Paris puis à Reims, en 365, et à Trèves ensuite, d'où il mène de nombreuses campagnes contre les Alamans.

Mais la pression barbare devient de plus en plus difficile à contenir, aussi bien en Orient (défaite contre les Goths et mort de l'empereur Valens à Andrinople en 378) que sur le Rhin. Alors que le pouvoir impérial passe de main en main, et que la défense est le plus souvent assurée par des « anciens Barbares » devenus alliés de Rome, l'installation des Huns dans les plaines d'Europe centrale pousse vers l'intérieur de l'Empire les divers peuples contenus jusque-là à sa périphérie.

Les Grandes Invasions

En 406, les Vandales, les Alains, les Suèves, les Hasdinges... traversent le Rhin gelé et s'installent en Gaule et en Espagne, tandis que les Burgondes arrivent en Savoie. Puis, en 410, le chef des Wisigoths, Alaric met Rome à sac ; son successeur Athaulf épouse la sœur de l'empereur, et reçoit la Narbonnaise à titre de fédéré (413) ; il combat les Suèves et les Vandales, qui passent en Afrique (429).

Incapable de résister militairement à la poussée barbare, Rome paie un tribut aux Huns, installés depuis la fin du IVe siècle dans les plaines du Danube. Mais, en 451, Attila quitte son territoire (ring), traverse le Rhin, pille Strasbourg, Metz, Toul, Reims, évite Paris, dont sainte Geneviève avait organisé la défense, pour attaquer Orléans, avant d'être battu aux champs Catalauniques, près de Troyes, par une armée composée principalement de Wisigoths, d'Alains et de Francs, fédérée par le général romain Aetius. Attila se replie avec les restes de son armée, mais ravage le nord de l'Italie en 452, et menace Rome elle-même. Il se retire peu après dans son ring, et y meurt l'année suivante (453).

La Gaule est sauvée du pillage. Mais elle n'est plus constituée de provinces cohérentes administrées et défendues par le pouvoir romain. Elle est devenue une mosaïque de petits royaumes barbares, se partageant le territoire et s'appuyant sur les élites gallo-romaines. On peut ainsi parler d'une vraie fusion des mondes romain et germanique, surtout en Italie et dans le sud de la France.

L'assassinat d'Aetius par l'empereur Valentinien III, jaloux de son prestige (454), et celui de Valentinien par les fidèles d'Aetius sont autant de signes de la décomposition de l'Empire et de la totale décadence de la fonction impériale. Le fait que Romulus Augustule ait été déposé par Odoacre, chef des Hérules, en 476 sur l'ordre de l'empereur byzantin Zénon, apparaît finalement comme un épilogue annoncé de l'histoire de l'Empire d'Occident.

Francs et Romains

Après que Mérovée eut combattu aux côtés des autres peuples germains contre les Huns en 451, Childéric Ier, père de Clovis, se bat sous les ordres du général romain Aegidius contre les Wisigoths, qui veulent s'étendre au nord, et contre les Saxons qui menacent à l'est. Il s'agit de défendre ce qui reste de Gaule proprement « romaine », se limitant maintenant aux régions comprises entre la Seine, la Loire et la côte normande. C'est sur ces territoires que s'étendit le royaume de Syagrius, fils d'Aegidius, qui constituait le dernier héritage du pouvoir romain, après la chute de l'Empire en 476.

Dossiers

La vie économique en Gaule romaine

Les Gaules bénéficient de l'ordre romain pour développer leur production agricole et artisanale, avant de subir les effets du pillage et de l'anarchie. On peut qualifier l'organisation du monde dominé par Rome de système impérialo-esclavagiste : il repose en effet sur l'appropriation par Rome et les grandes cités italiennes d'un surplus produit par les provinces périphériques, mais aussi sur l'utilisation d'une main-d'œuvre d'esclaves, travaillant dans les grands domaines agricoles, dans les fabriques, sur les chantiers publics ou comme domestiques privés. Les Gaules, comme les autres provinces, s'inscrivent dans ce schéma ; elles payent l'impôt aux collecteurs romains, sans qu'il soit un poids insupportable ; elles connaissent l'essor d'une civilisation urbaine, et en parallèle celui des grands domaines esclavagistes ; elles participent aux grands courants d'échanges qui irriguent l'Empire, permis par un dense réseau de voies de communication terrestres et maritimes. Mais en Gaule comme ailleurs, la situation commence à se dégrader à partir du milieu du IIIe siècle.

La prospérité économique

Au temps de son apogée, au IIe siècle apr. J.-C., l'Empire romain favorise la prospérité de ses provinces. Ainsi, la production agricole, minière et artisanale des diverses provinces s'en trouve encouragée : en Gaule, vieux pays de forgerons, le Massif central, les Cévennes, le Nord et l'Est produisent des amphores et des poteries ; la vigne est introduite en Provence, en Roussillon, dans le Bordelais, en Bourgogne et en Champagne ; les tissus de laine sont fabriqués dans le Nord, en Champagne et dans le Sud-Ouest ; le travail du bronze, du verre et du cuivre est particulièrement intense dans le Nord et le Nord-Est.

En Gaule, comme partout, l'intégration dans la société romaine s'accompagne d'un développement de la monétisation de l'économie. La monnaie était utilisée avant la conquête. Celle-ci provoque certes une raréfaction du monnayage gaulois, mais il continue à être utilisé pour les transactions locales (monnaie en bronze). Parallèlement, les monnaies romaines (or et surtout argent) connaissent un grand essor (alimenté par les ateliers monétaires de Nîmes, puis de Lyon). Les monnaies romaines sont en particulier dépensées par les légionnaires et servent à payer les approvisionnements des armées en matériels divers, ce qui anime les marchés locaux. De plus, l'impôt étant, au moins jusqu'au IIIe siècle, surtout payé en monnaie, les contribuables doivent se procurer des espèces en vendant leurs produits agricoles ou artisanaux sur des marchés monétisés.

Les villes

L'essor de l'urbanisation est une autre conséquence essentielle de la romanisation : Lyon, devenue capitale des Gaules, Marseille, Arles, Chalon-sur-Saône, Metz, Amiens, Boulogne, Narbonne, Toulouse, Bordeaux… sont les principales cités. Cette urbanisation suscite l'essor de la production de matériaux de construction (briques, tuiles, conduites d'eau, travail de la pierre) fabriqués sur place. Ce nouveau type d'activité s'ajoute au travail du métal, tourné en particulier vers la fabrication des armes. Une autre industrie connaît un développement remarquable en Gaule : celle de la céramique sigillée (produit de grande qualité). Les poteries sigillées sont fabriquées à Lyon, dans le Centre (Lezoux, Martres-de-Veyre), dans le Midi (Montaus, Bram, La Graufesenque, près de Millau, où l'on pouvait faire cuire plusieurs milliers de poteries en même temps).

Les voies de communication

À la fin du IIe siècle, un dense réseau routier quadrille l'Empire romain. Dans la partie européenne de celui-ci, les voies sont particulièrement nombreuses : un grand axe partant de Messine et passant par Rome suit la Méditerranée jusqu'à Carthagène en Espagne, en passant par Marseille, Arles, Narbonne, Tarragone ; un autre partant de Brindisi remonte l'Adriatique et, de Vérone, permet de gagner la frontière germanique, les villes du Rhin et Lyon ; de là, il est possible de remonter vers Auxerre et Lutèce, ou d'atteindre Bordeaux, ou encore de redescendre vers Marseille. D'autres grands axes relient Bordeaux à Lutèce, à la pointe de l'Armorique et à celle du Cotentin d'un côté, au nord-ouest de l'Espagne et au Portugal de l'autre ; plus au nord, Lutèce mène à Rouen, et du Rhin l'on peut gagner Calais et passer dans l'île de Bretagne par Douvres, pour se diriger vers Londres, et de là gagner plein nord le mur d'Hadrien, ou le nord du pays de Galles, ou encore les côtes sud de la Bretagne. Si ces voies pavées sont étroites et souvent peu confortables, elles n'en constituent pas moins de véritables ouvrages d'art et permettent d'assurer le transport relativement rapide des troupes, mais aussi des marchandises et des voyageurs qui peuvent ainsi accéder à toutes les extrémités de l'Empire.

Parallèlement, de grandes voies maritimes sillonnent la Méditerranée : Rome et Ostie sont ainsi directement reliées à Marseille et à Narbonne, à Cadix, à Carthage et à Palerme, à Alexandrie, à Athènes ou à Byzance… Ces voies contribuent à intégrer économiquement et culturellement les provinces éloignées de l'Europe du Nord-Ouest, du Sud-Est ou d'Asie. Sans elles d'ailleurs, la propagation de la religion chrétienne aurait été bien improbable.

La villa, le vicus et le pagus

Dans le domaine agricole, l'effet majeur de la romanisation fut la généralisation, surtout à partir de la fin du Ier siècle apr. J.-C., du système de la villa* tendant à se substituer, sans la faire disparaître totalement, à la vieille ferme gauloise, de construction légère, avec fossés et enclos. Cette villa romaine était composée d'un ensemble de bâtiments, les uns regroupant des constructions à vocations agricoles (granges, hangars) et des ateliers artisanaux, les autres, indépendants, constituant la résidence du maître. Ces constructions pouvant être de grande dimension (200 pièces à Montmaurin, en Aquitaine), s'organisaient autour de jardins intérieurs et se situaient au centre d'un grand domaine. Elle se livrait à des cultures diverses, dont en particulier celle des céréales, dans les riches plaines d'Aquitaine, du Berry, de la Beauce, de la Somme ou de la Picardie...

Ce type d'habitat – lieu de production – coexistait dans l'espace agricole avec des regroupements de population, au sein de communautés organisées, constituant des « agglomérations secondaires » appelées vicus*. Celles-ci se consacraient à une petite activité artisanale, jouaient le rôle de petit marché local, surtout si elles étaient situées à un carrefour de voies de communication. La population qui y vivait servait également de main-d'œuvre salariée d'appoint dans les grands domaines proches. Le vicus semble avoir souvent joué aussi le rôle de chef-lieu d'une subdivision administrative appelée pagus*, dont la signification précise reste cependant incertaine.

Au sein de cet ensemble, la villa occupe une place encore plus importante à partir du IIIe siècle, car les troubles et la décadence des grandes cités poussent les grands propriétaires à abandonner les villes pour s'installer définitivement dans leurs domaines, qu'ils chercheront à embellir, et où ils accueilleront et utiliseront la population modeste fuyant elle aussi la ville. Cet exode urbain s'explique par la raréfaction des échanges, par l'insécurité croissante, par le désir des élites à échapper aux responsabilités et aux charges liées aux fonctions municipales, et par celui d'être moins directement soumis aux exigences fiscales. La villa devient, au moment de l'effondrement de l'Empire, l'unité économique principale et le lieu de résidence des élites sociales, composées de grands propriétaires qui s'entendent avec les chefs de guerre des peuples envahisseurs.

La société gallo-romaine

Les Gaules romanisées reçoivent de leurs conquérants le sens de l'organisation et de la règle de droit; la partie aisée de la population est attirée par la vie urbaine et par le christianisme, qui se développe aux IVe et Ve siècles.

Le droit de cité

Les règles de droit en vigueur à l'intérieur du monde romain rendent possible une vie sociale pacifique, contractuelle et uniforme dans les provinces de l'Empire, dont les coutumes et les mœurs sont dissemblables. Les régions les plus romanisées, la future France du Sud en particulier, restent fortement imprégnées par le droit romain, même après la fin de l'Empire.

Une disposition essentielle du droit romain contribue à unifier le statut de tous ceux qui vivent au sein de l'Empire. Il s'agit du droit de cité. Celui-ci consiste en la jouissance héréditaire de tous les droits en matière civile et politique. Il n'appartient au début qu'aux citoyens romains à part entière vivant à Rome, sur les terres avoisinantes ou dans les colonies romaines. Caracalla le concède en 212 à tous les habitants de l'Empire, sauf aux Barbares vaincus et aux esclaves. Ainsi, il uniformise le statut de ceux qui vivent à l'intérieur du monde romain; mais, en même temps, il banalise la citoyenneté romaine et supprime l'attrait stimulant que constituait jusqu'alors son acquisition, réservée à ceux qui s'engageaient dans l'armée et à ceux qui exerçaient une charge publique.

Le latin, langue universelle

La romanisation des provinces conquises s'accompagne d'une diffusion de la langue latine parmi l'élite des populations, désireuse d'être assimilée aux vainqueurs. L'usage du latin devient un signe de distinction sociale. De plus, l'adoption du latin comme langue ecclésiastique contribue à faire de celui-ci le moyen privilégié d'expression de ceux qui détiennent le pouvoir, et permet en même temps de faciliter les échanges aussi bien économiques que culturels et de diffuser dans l'ensemble de l'Empire la pensée, le droit, puis la religion chrétienne.

Le devenir du droit romain

En Occident, les invasions barbares ne ruinent pas l'héritage juridique romain : certes, les divers peuples germaniques vivent selon leurs propres coutumes et l'on distingue ainsi les lois saliques des Francs Saliens de celles des Wisigoths ou des Burgondes. Mais les Romains laissent aux populations autochtones la possibilité de continuer à être régies par leur droit propre, qui se trouve être, en Gaule, le droit romain. C'est ainsi que chacun est régi selon sa propre loi. Peu à peu, les rois germaniques chercheront néanmoins à recenser et à renouveler leurs coutumes, en y intégrant des éléments empruntés au droit romain, pour rendre applicables à tous les sujets un code de conduite uniforme. Ainsi se mettra en place un système juridique reposant sur la territorialité : la loi en vigueur sera celle du souverain des lieux et chacun devra la respecter quelles que soient ses origines.

Une civilisation urbaine

La tradition citadine romaine donne un élan nouveau et original à l'urbanisation des Gaules. Situées ou non sur l'emplacement d'anciennes agglomérations gauloises, de nombreuses cités se développent, en tant que capitales des *civitates*. Au moment de la conquête, celles-ci étaient des territoires d'une dimension assez grande pour être occupés par un peuple – dont elles prirent souvent le nom – et pouvant comprendre plusieurs lieux d'habitation regroupés. Mais le besoin d'organiser l'administration de l'Empire conduit à l'essor de ces capitales, qui prennent désormais le nom de *civitas,* d'où le nom de « cité ».

Ces cités se développent d'autant plus qu'elles attirent des marchands et servent de lieux d'approvisionnement pour les armées. Les villes les plus importantes se situent le long d'une route reliant la Méditerranée, le Rhône et le Rhin (frontière de l'Empire) : Narbonne, Nîmes, Arles, Marseille, Vienne, Lyon… Mais de très nombreuses cités d'importance secondaire quadrillent les Gaules : Bordeaux, Saintes, Limoges, Poitiers, Reims, Lutèce, Soissons.

Au sein des cités se développent des institutions municipales, qui s'occupent en particulier des finances, des travaux publics, de la voirie, de la construction et de l'entretien des bâtiments publics et des égouts, de l'approvisionnement en eau et en nourriture, de l'organisation des jeux…

Ces institutions, calquées sur celles de Rome, facilitent l'intégration de l'aristocratie gauloise, attirée par le nouveau mode de vie urbain qui lui permet aussi de côtoyer les représentants du pouvoir central.

Car c'est en ville que résident les gouverneurs des provinces (un proconsul en Narbonnaise, des « légats d'Auguste » dans les Trois Gaules), qui administrent, rendent la justice et commandent les armées, ainsi que les procurateurs qui sont chargés, eux, de collecter l'impôt. C'est d'ailleurs le caractère urbain de l'administration fiscale qui expliquerait en grande partie la fuite loin des villes qui se produit aux IVe et Ve siècles, quand la crise économique et les besoins accrus de l'État débouchent sur une « oppression fiscale » mal supportée par les populations urbaines.

La naissance et l'essor du christianisme

Après la mort du Christ, les prédications et les voyages de saint Pierre et de saint Paul contribuent à répandre la religion nouvelle au sein de l'Empire romain.

Les chrétiens apparaissent vite comme de dangereux prosélytes et inquiètent les autorités romaines par leur refus de reconnaître la divinité de l'empereur, de porter les armes, par leur attitude à l'égard des esclaves reconnus comme créatures de Dieu, et par leur condamnation du luxe, de l'oisiveté et des mœurs dissolues. Parmi les pauvres, les femmes, les communautés juives dispersées dans l'Empire après la destruction du Temple de Jérusalem en 70, et, plus généralement, parmi ceux qui supportent mal l'ordre romain, ils trouveront des adeptes leur permettant de s'implanter dans les provinces de l'Empire.

En 313, l'empereur Constantin autorise la nouvelle religion (édit de Milan), rompant ainsi avec la politique brutale de persécution des chrétiens, menée depuis le Ier siècle et aggravée par Dioclétien.

L'Église chrétienne connaît aussitôt un essor rapide, s'appuyant sur l'organisation administrative héritée de Dioclétien (diocèses) et sur l'importance du réseau urbain. Quand l'Empire s'effondre en Occident, l'Église est prête à prendre en main le destin moral de la nouvelle Europe barbare, grâce à la cohérence de sa pensée réconfortante, à son implantation sur le terrain, à sa nouvelle richesse matérielle et à son image faisant d'elle l'héritière de Rome.

L'art de la Gaule romaine

L'occupation romaine de l'ensemble de la Gaule (milieu du Ier siècle. av. J.-C.) va imposer les conceptions esthétiques romaines.

L'architecture

Nombreuses sont les villes bâties sur le plan orthogonal romain. Elles peuvent comprendre un forum, des temples (Maison carrée à Nîmes, temple d'Auguste et Livie à Vienne), un théâtre (Arles, Vaison-la-Romaine, Orange), un amphithéâtre (Nîmes, Arles), une basilique, où se tiennent les tribunaux et les assemblées municipales (Bavay). Plus rares sont les cirques (Vienne) et les odéons (Vienne, Lyon). Les thermes datent plutôt de la fin du IIe siècle et des deux siècles suivants (thermes de Cluny à Paris). Pour alimenter les cités en eau, on construit des aqueducs (pont du Gard) et des fontaines (Nîmes). Des arcs de triomphe couvrent la Gaule (Saint-Rémi-de-Provence, Orange, Saintes, Besançon, Reims...).

La céramique sigillée

La céramique sigillée est faite d'argile fine à laquelle la cuisson donne une couleur rouge brique et est ornée de décors en relief. Après avoir dans un premier temps imité les céramiques italiennes, les potiers gaulois développent un style original à partir du IIe siècle. Lyon, Lezoux et La Graufesenque sont des centres de production importants.

V^{e}-Xe siècle

LE TEMPS DES CONQUÊTES ET DU PILLAGE

Introduction

Quand en 476 le dernier empereur romain d'Occident est chassé par des Barbares* envoyés par celui d'Orient, l'organisation impériale n'est déjà plus, en Gaule comme dans les régions voisines, qu'un lointain souvenir. L'unité impériale reposait en effet sur une armée, une règle de droit, une administration. Or, depuis deux siècles, les invasions ont progressivement sapé les fondements de l'Empire et transformé la société gallo-romaine.

La fonction du roi

Sur le plan du droit, la tradition écrite, le respect de la propriété privée et des règles valables pour tous ceux qui vivent à l'intérieur de l'Empire sont battus en brèche par la diversité des lois coutumières des peuples germains. Leur sens de la propriété n'a que peu de rapport avec l'individualisme procédurier romain : il repose en fait sur la capacité à acquérir par la force et sur la solidarité collective. La notion même d'administration centrale n'a pas de raison d'être pour des peuples volontiers migrants où l'idée de pouvoir est étroitement liée à celle de chef guerrier, capable de défendre le groupe ou de lui permettre de conquérir de nouveaux espaces.

Le roi n'est donc accepté et reconnu que dans la mesure où il remplit efficacement cette fonction, tâche d'autant plus nécessaire que les règles successorales prévoient le partage du domaine entre les fils des grands. Le concept de « puissance publique » détachée de la personne qui la symbolise n'existe donc pas dans cette société qui identifie chef et territoire. La mort du roi s'accompagne donc du morcellement territorial et des rivalités entre héritiers, comme on le verra dès la mort de Clovis (511) et encore après celle de Charlemagne (814).

Conquête et partage

Ces peuples conquérants sont organisés et hiérarchisés selon le pillage-don, décrit par Georges Duby, c'est-à-dire le prélèvement forcé et la redistribution suivant un réseau de clientèle dont on achète ainsi la fidélité ou le dévouement. Ce pillage est organisé sous la forme du paiement d'un tribut, ou réalisé à l'occasion de campagnes de grande envergure (comme durant l'expansion franque sous Clovis ou Charlemagne), ou d'opérations plus limitées destinées à mater des velléités d'indépendance d'autres communautés théoriquement soumises, ou encore grâce à des coups de main ponctuels. Cela permet de répondre à un triple besoin :

– fournir immédiatement un surplus ;

– permettre au roi, et aux autres grands, de s'assurer la fidélité de leurs hommes en leur accordant une partie des richesses pillées : soit en partageant le butin, soit en nourrissant une masse de serviteurs ou des pauvres invités aux festins des grands, soit en distribuant aux guerriers une partie des terres conquises ;

– maintenir le dynamisme du groupe et défendre l'image du guerrier détenteur de la force et du pouvoir. Il s'agit là de l'idéologie dominante où l'on identifie puissance et capacité physique : le chef devait prouver sa valeur sur le terrain.

Des temps difficiles

C'est durant ces siècles, mais durant ces siècles seulement, que s'observent à la fois la dureté de la vie quotidienne (due à l'insécurité et à l'insuffisance des biens de première nécessité), l'anarchie politique, la régression urbaine et culturelle, la faiblesse des échanges marchands, conduisant la plupart des unités économiques à l'autarcie et à l'autosubsistance. L'image d'Épinal des serfs* miséreux dont la maigre récolte est arrachée brutalement par les soudards du seigneur local exerçant son pouvoir tyrannique correspond à une partie de la réalité de ces temps difficiles : il en est de même pour celle des paysans en fuite devant l'approche des troupes ennemies ou de nouveaux envahisseurs et allant chercher refuge au château voisin relevant à la hâte son pont-levis. Mais ces aspects de la vie ne sont pas permanents et ne doivent pas faire oublier le rôle pacificateur de l'Église et celui des souverains qui s'efforcent de restaurer une vie normale et des institutions publiques inspirées de l'ancien modèle romain. Ce sera en particulier le cas de Charlemagne, dont l'action contribuera à mettre en place les bases de la société féodale.

Chroniques

Clovis et ses fils

Devenu roi des Francs en 481, Clovis entreprend la conquête d'un vaste territoire que ses descendants se partageront au mépris de l'unité du royaume.

La conquête franque menée par Clovis à partir de la fin du Ve siècle va constituer une étape décisive de la formation de la France en tant qu'espace géographique et social aux traditions tendant à s'unifier.

Devenu roi des Francs Saliens en 481, Clovis soumet à son autorité les Francs Ripuaires et engage une dynamique de conquête des terres situées au sud de celles que les uns et les autres occupaient jusqu'alors (Rhénanie, Belgique, nord et nord-est de la France actuelle).

La conversion

Clovis bat le Romain Syagrius à Soissons en 486, étend ainsi sa domination jusqu'à la Loire, puis combat les Alamans, qu'il vainc à Tolbiac, en 496. C'est durant cette campagne que la légende dit qu'il accepte, sur l'insistance de sa femme Clotilde, de se convertir au christianisme, si le sort de la bataille lui est favorable. Il sera ensuite baptisé avec son armée par saint Rémi, à Reims (en 498 ou 499). L'adoption de la foi chrétienne est en tout cas un geste politique décisif, car il lui permet de rallier plus facilement la Gaule romanisée et de faire ensuite des Francs les champions de l'Église romaine.

Mais Clovis et ses Francs n'en poursuivent pas moins leur expansion : vers le sud-est, ils défont les Burgondes près de Dijon en

500, sans que cette victoire soit toutefois décisive. Clovis ménage d'ailleurs le roi des Burgondes, Gondebaud, qui est l'oncle de Clotilde, se contentant de demander un tribut annuel. Il peut ainsi obtenir son soutien lors de la conquête de l'Aquitaine, où la présence des Wisigoths ariens était mal acceptée ; les Francs remportent ainsi la victoire décisive de Vouillé, près de Poitiers, en 507. Le roi Alaric II est tué, Bordeaux et Toulouse sont prises, et les Wisigoths passent en Espagne.

Le premier partage

Reconnu par l'empereur d'Orient dont il reçoit des insignes honorifiques, Clovis meurt en 511 à Paris, ville dont le choix indique le déplacement du centre de gravité du royaume franc. Ses quatre fils (Clotaire, Thierry, Childebert et Clodomir) se partagent alors ce territoire, puis l'étendent en conquérant le royaume burgonde (534) et en prenant la Provence aux Ostrogoths d'Italie (537). En 558, grâce à la mort de ses frères, Clotaire, d'abord simple roi de Soissons, devient seul roi des Francs, sur un territoire qui comprend, en plus de la France actuelle (moins l'Armorique et le Languedoc), une partie de la Suisse, l'Allemagne rhénane, la Belgique et la Hollande. Le temps de l'expansion et de l'unification franque est désormais terminé. Ce sera maintenant celui de l'émiettement et des conflits internes qui dureront plusieurs siècles.

561-613

Les crises dynastiques

Après les partages du royaume de Clovis, la Neustrie et l'Austrasie vont se livrer une lutte meurtrière et incessante pour s'assurer l'hégémonie sur le territoire des Francs.

Dès la mort de Clotaire (561), le royaume franc est à nouveau partagé entre ses quatre fils : Sigebert Ier (roi d'Austrasie), Caribert (bref roi de Paris et de l'ouest de la Gaule), Chilpéric Ier (roi de Soissons puis de Neustrie) et Gontran (roi de Bourgogne).

MOYEN ÂGE

Austrasie et Neustrie

Tout au long du VIe siècle, d'autres partages du royaume franc ont lieu. Mais, malgré les différents démembrements, trois entités régionales solides se dessinent : la Bourgogne, l'Austrasie (entre Meuse et Rhin) et la Neustrie (entre mer du Nord et Loire). Les deux dernières surtout jouent un rôle important dans l'évolution de la dynastie mérovingienne en se disputant l'hégémonie. L'Austrasie et la Neustrie vont se livrer une guerre de quarante ans, en partie fomentée par Frédégonde et sa soif de pouvoir.

Brunehaut et Frédégonde

Brunehaut, l'épouse de Sigebert Ier (roi d'Austrasie), a une sœur, Galswinthe, qui est la femme de Chilpéric Ier (roi de Neustrie). La maîtresse de Chilpéric Ier, Frédégonde, après avoir poussé celui-ci à répudier sa première épouse, Audovère, fait assassiner

Galswinthe afin d'être reine de Neustrie. Pour venger la sœur de Brunehaut, Sigebert Ier oblige Chilpéric Ier à lui remettre le domaine de Galswinthe : Bordeaux, Cahors, Limoges, le Béarn et la Bigorre. Il s'ensuit une guerre entre la Neustrie et l'Austrasie. Sigebert Ier est assassiné en 575. Brunehaut, prisonnière, est exilée à Rouen, où elle épouse Mérovée, fils de Chilpéric. Frédégonde fait assassiner Mérovée. Relâchée, Brunehaut exerce en Austrasie la régence pour son fils Childebert II. Elle se rapproche du roi de Bourgogne, son beau-frère Gontran, et le traité d'Andelot (587) doit assurer à Childebert II l'héritage de la Bourgogne. À la mort de Gontran en 592, Brunehaut règne sur l'Austrasie et la Bourgogne. Mais elle doit à nouveau faire face à Frédégonde et à son fils Clotaire II, qui règne sur la Neustrie (après l'assassinat de Chilpéric Ier à Chelles, en 584). Après la mort de Frédégonde en 597, Brunehaut, chassée par les Leudes (grands seigneurs d'Austrasie), se réfugie en Bourgogne et pousse en vain son petit-fils Thierry II à combattre Clotaire II. Elle tombe entre les mains de Clotaire II qui la met à mort en 613.

613-639

Le royaume réunifié

L'unité retrouvée du royaume sous le règne de Dagobert marque une période de relative stabilité et de développement économique, ainsi que d'essor de l'Église.

Si, à l'issue de la guerre entre Brunehaut et Frédégonde, le fils de cette dernière, Clotaire II, devient seul roi théorique en 613, son autorité est faible face aux pouvoirs locaux.

MOYEN ÂGE

Clotaire II (613-629)

Clotaire II tente de faire reconnaître son autorité en réunissant en 614 une assemblée composée d'évêques et de grands du royaume ; mais il doit faire de multiples concessions aux pouvoirs régionaux, et composer avec les maires du palais de Neustrie, d'Austrasie et de Bourgogne, dont les aristocraties locales défendent jalousement l'indépendance. Des troubles sanglants éclatent d'ailleurs à diverses reprises (quand il met la main sur des terres austrasiennes situées en Aquitaine et en Champagne, et lors d'une assemblée de grands du royaume qui se tient à Clichy en 627).

Dagobert Ier (629-638 ou 639)

Quand son fils Dagobert Ier lui succède, ce royaume des francs semble toutefois avoir retrouvé une certaine unité. En effet, Dagobert a déjà reçu le titre de « roi d'Austrasie » en 623, tout en étant placé sous la tutelle du maire du palais local, Pépin de Landen, et de l'évêque de Metz, le futur saint Arnoul. Mais il a alors à la fois obtenu le soutien des grands d'Austrasie et affirmé ses ambitions en revendiquant les possessions que son père voulait retirer à l'Austrasie. À la

mort de Clotaire II, en 629, il parvient à se faire reconnaître roi d'un ensemble constitué de la Neustrie, de l'Austrasie, de la Bourgogne et de l'Aquitaine. Mais cette unité est trompeuse, car il doit placer à la tête de l'Aquitaine son frère Caribert, en lui accordant une grande autonomie, alors que d'autre part il est amené à restaurer le titre de « roi d'Austrasie » au profit de son fils Sigebert III, pour calmer le mécontentement des Austrasiens : ils lui reprochent de s'être installé à Paris, et d'accorder ses faveurs aux Neustriens, dont il fera roi son troisième fils, Clovis II. Les conditions du nouvel éclatement du royaume qui se produira après sa mort sont de fait réunies.
Cependant, Dagobert est parvenu à stabiliser les frontières extérieures, en réprimant la révolte des Gascons au sud de l'Aquitaine, en nouant des alliances en Espagne, en se faisant reconnaître par les Lombards en Italie du Nord, en combattant en Bohême et en achetant l'aide des Saxons.
Par ailleurs, bien que brutal et polygame, Dagobert sait ménager l'Église (qui elle-même a besoin de son bras armé) : il associe les prélats au pouvoir, favorise la fondation de monastères, enrichit l'abbaye de Saint-Denis (où il est le premier roi à être inhumé), et y crée une foire... Il sait aussi s'entourer de conseiller avisés, dont l'orfèvre Eligius (le futur saint Éloi), chargé de la frappe des monnaies et trésorier du roi, et le référendaire (gardien du sceau royal) Dadon (futur saint Ouen). Saint Éloi (588-660), déjà maître des monnaies de Clotaire II, exécute le mausolée de saint Denis, et le reliquaire de saint Martin de Tours ; il devient évêque de Noyon, évangélise les Frisons et fonde, entre autres, le monastère de Solignac. Saint Ouen (600-684) lutte contre la simonie, fonde l'abbaye de Rebais, est évêque de Rouen, et cherche à maintenir la paix entre la Neustrie et l'Austrasie. Ces proches du souverain contribuent à faire du règne de Dagobert une période de relative stabilité où le pouvoir central s'efforce de jouer un rôle actif et constructif, loin de l'image d'Épinal transmise par la chanson populaire faisant du roi un être faible et distrait.

639-768

Rois fainéants et maires du palais

Après la mort de Dagobert, le royaume des Francs est de nouveau divisé, et de multiples conflits opposent la Neustrie et l'Austrasie. Les souverains sont dessaisis du pouvoir politique au profit des maires du palais.

À l'origine, les maires du palais – terme impropre pour rendre compte des fonctions des *major palati* ou *major domus* – sont des intendants de la maison du roi, qui tendent à devenir des conseillers, des protecteurs, mais aussi des chefs de guerre. Ils finissent par exercer la réalité du pouvoir, puisque celui-ci revient à ceux qui savent s'imposer par les armes. L'influence des maires du palais s'explique aussi par le fait que les rois d'alors arrivaient très jeunes au pouvoir; ils se trouvaient donc sous la tutelle de leur entourage et mourraient souvent jeunes. Ces rois passeront à la postérité sous le nom de « rois fainéants », ceux qui « font néants ».
À la mort de Dagobert (en 638 ou 639), deux souverains mineurs accèdent aux trônes: Sigebert III (634-656) en Austrasie et Clovis II (640-657) en Neustrie et en Bourgogne. La réalité du pouvoir est dès lors entre les mains des maires du palais: Otton (638-643), puis Grimoald (643-662) en Austrasie; Aega (638-641), puis Erchinoald (641-657) en Neustrie.

La prépondérance de la Neustrie (657-680)

La Neustrie affirme sa prépondérance sous le règne de Clovis II, puis sous le gouvernement du maire du palais Ébroïn (657-673 et

MOYEN ÂGE

675-683), qui assure la tutelle des jeunes fils de Clovis II : Clotaire III (657-673) et Thierry III (en 673 et, après avoir été déposé, à nouveau de 675 à 687). Mécontents, les aristocrates de Neustrie et de Bourgogne font appel au roi d'Austrasie, Childéric II (662-675). Ébroïn est écarté du pouvoir en 673. Childéric II, qui contraint Thierry III à se faire moine à Saint-Denis, tente de régner sur l'ensemble du *regnum Francorum*, mais il est assassiné en 675. Ébroïn alors reprend le contrôle de la mairie du palais de Neustrie et de Bourgogne, tandis que Thierry III remonte sur le trône. Afin de mater une tentative d'émancipation de la Bourgogne, Ébroïn fait crever les yeux de saint Léger, évêque d'Autun, puis le fait décapiter.

En Austrasie, le petit-fils de Pépin de Landen, Childebert, succède à Sigebert III en usurpant, de 656 à 662, le trône du jeune Dagobert II. Childéric II règne ensuite de 662 à 675. Puis, rappelé de son exil irlandais, Dagobert II devient enfin roi en 676. Mais, en 679, son assassinat et la disparition du maire du palais d'Austrasie Vulfoald, qui semble livrer l'Austrasie au roi de Neustrie Thierry III et à Ébroïn, permettent à Pépin de Herstal, petit-fils de Pépin de Landen, de prendre le pouvoir. Pépin de Herstal est dans un premier temps vaincu par Ébroïn en 680, mais ce dernier est assassiné.

Le triomphe des Pépinides (680-768)

Pépin de Herstal (680-714)

L'Austrasie affirme définitivement sa prépondérance sur la Neustrie et la Bourgogne après la victoire remportée par Pépin de Herstal à Tertry en 687. Les rois de Neustrie Clovis IV (691-695), Childebert III (695-711) et Dagobert III (711-715) sont trop jeunes pour gouverner et les maires du palais sont désignés par Pépin, qui règne en maître. Mais à la mort de Pépin de Herstal, en 714, ses héritiers légitimes sont trop jeunes pour lui succéder. Les Neustriens, soutenus par les Saxons et les Frisons, se révoltent alors contre Plectrude, la veuve de Pépin, et désignent Chilpéric II (715-721), qui succède à Dagobert III.

Charles Martel (715-741)

Charles Martel succède à son père Pépin de Herstal, en tant que maire du palais d'Austrasie, en 715. Sa vie sera une suite ininterrompue d'opérations armées: d'abord en Austrasie même, puis contre les Neustriens, les Saxons, les Frisons, la Bourgogne, le duc d'Aquitaine, la Provence, les Arabes, les villes du Rhône et du Languedoc, parfois alliées aux Arabes. Mais il suffira que son armée se retire pour que ceux qu'il a soumis remettent en cause leur sujétion. Cela provoquera de nouvelles campagnes, qui seront l'occasion de piller et de revenir chargé de butin et de gloire.

Après la conquête de l'Espagne par les musulmans (Tarik, 711), les troupes d'Abd el-Rahman passent en Aquitaine en 732 et le duc Eudes fait appel à Charles Martel (qui convoitait cette région). Celui-ci bat les Arabes près de Poitiers, mais les survivants occupent le Languedoc. Charles Martel, après avoir obtenu la soumission d'Eudes, mène une autre expédition sans succès (échec du siège de Narbonne tenue par les Arabes). La bataille de Poitiers a cependant donné un coup d'arrêt à l'expansion musulmane vers le nord.

Auréolé de son prestige militaire et de sa victoire sur les Arabes, Charles Martel fait office de souverain, à la place du roi Thierry IV (721-737). Il organise même le partage du royaume entre ses propres fils Pépin le Bref et Carloman. Mais ceux-ci doivent mater une révolte presque générale qui éclate après la mort de Charles Martel (741). Ils sont amenés à susciter un nouveau et dernier roi mérovingien, Childéric III (743-751).

Pépin le Bref (751-768)

Pépin le Bref, seul maire du Palais après le retrait dans un couvent de son frère Carloman, obtient la permission du pape Zacharie de déposer Childéric III, qui sera enfermé dans un monastère (751). La même année, il se fait élire roi des Francs par une assemblée de grands du royaume réunis à Soissons et se fait oindre d'huile sainte par saint Boniface puis par le pape (754). Ainsi naît en France la royauté de droit divin. Le pape fonde une nouvelle dynastie qu'il s'engage à soutenir au besoin par l'excommunication. Ce geste nouveau devait permettre d'établir de meilleures relations entre le roi et l'Église après que Charles Martel eut confisqué les revenus du clergé, afin de financer ses campagnes militaires : mais n'était-ce pas pour combattre les ennemis de la chrétienté ? Avant lui d'ailleurs, les rois mérovingiens étaient allés beaucoup plus loin, en confisquant des terres de l'Église pour les distribuer à leurs soldats. Jusqu'à la fin de son règne, Pépin continue la politique d'unification et d'extension du royaume franc : de 752 à 759, il conquiert le Languedoc ; de 760 à 768, il combat en Aquitaine, qu'il finit par soumettre à son autorité.

768-814

Charlemagne

Le roi des Francs devenu empereur d'Occident en 800 est un conquérant ambitieux et le réorganisateur du royaume franc.

La mort de Pépin, en 768, provoque une nouvelle difficulté, ses deux fils Charlemagne et Carloman se partageant le royaume. La mort de Carloman et la fuite de ses fils, en 771, permettent à Charlemagne d'occuper les territoires de son frère et de rester seul roi des Francs.

Le conquérant de l'Europe

Charlemagne affermit d'abord son pouvoir en Aquitaine et, pour ce faire, contrôle l'autre côté des Pyrénées, avec difficultés face aux Arabes et aux Vasques, qui tuent Roland à Roncevaux (778). Charlemagne établit son fils Louis en Aquitaine, où il place des hommes sûrs à des postes de responsabilité.

Par ailleurs, il combat victorieusement au nord et à l'est les Frisons et les Saxons, « évangélisés » de façon brutale (les vaincus ayant le choix entre avoir la tête coupée ou adopter le christianisme). Vers le sud-est, la victoire contre les Lombards permet de porter les frontières des territoires contrôlés par les Francs loin derrière les Alpes.

Quand le pape sacre Charlemagne empereur d'Occident, à Rome, le jour de Noël de l'an 800, celui-ci règne sur un vaste territoire limité par le Danemark, la Bavière, l'Italie centrale et l'Espagne pyrénéenne. Les problèmes qui vont alors se poser seront ceux de l'organisation et du maintien de l'unité de ce vaste ensemble.

L'organisation de l'Empire

L'un des aspects principaux du système de gouvernement mis en œuvre par Charlemagne, et qui devait se retourner par la suite contre l'objectif initial, est l'installation de comtes dans toutes les régions de l'Empire. Personnes de confiance, grands aristocrates ou guerriers confirmés, Austrasiens pour la plupart, ces derniers sont placés à la tête d'un territoire respectant les solidarités historiques qui le rendent relativement homogène.

Le comte est le représentant du roi, qui vit sur place; il dispose de terres lui appartenant en propre et dont il tire ses revenus, de pouvoirs étendus en matière de justice et de police. Révocable par le roi, il doit veiller à faire respecter l'autorité et les décrets royaux, et, pour cela, il doit lui-même s'adjoindre le soutien d'un réseau de fidélités parmi les notables locaux.

Mais l'éloignement de la personne du roi donne aux comtes une autonomie qui les pousse à penser d'abord à leur intérêt propre. Aussi Charlemagne imagine-t-il d'avoir recours aux fameux missi* dominici (messagers du maître), allant en général par deux (un clerc et un laïc), qui sillonnent le royaume pour informer des décisions royales et surtout veiller à leur application. Ils sont porteurs de capitulaires* où sont transcrits les règlements édictés par Charlemagne et qui témoignent de l'ampleur de l'action législative entreprise par l'empereur.

Un troisième élément de la centralisation du pouvoir est constitué par une assemblée annuelle des grands du royaume, qui se réunit au lieu de résidence du roi, lieu changeant suivant les pérégrinations du souverain. Les avis de ces assemblées conduisent souvent à la rédaction d'un capitulaire. Mais les limites de cette organisation sont vite apparues. Elles sont liées à la nature même d'un système reposant sur la fidélité personnelle à un chef conquérant, et au maintien de la tradition qui fait du roi le propriétaire du royaume, et de ses enfants « légitimes » les héritiers d'une partie de celui-ci.

On peut d'ailleurs se demander si l'idée impériale n'est pas essentiellement une invention de l'Église, cherchant à reconstituer un cadre unificateur pour le monde chrétien. On peut citer à ce propos le rôle d'Alcuin, religieux anglais, qui fut en partie à l'origine du couronnement de l'empereur, comme de la politique plus pacifique de Charlemagne après 800 et du développement des écoles (il dirigea lui-même celles d'Aix-la-Chapelle et de Tours).

Selon la tradition des rois francs, Charlemagne a, de son vivant, préparé la dislocation territoriale en réservant à chacun de ses trois fils une partie de l'Empire.

814-877

Le destin de l'Empire

Après la mort de Charlemagne, l'édifice impérial ne résiste pas aux rivalités successorales qui débouchent sur le partage de 843.

Après la mort des deux fils aînés de Charlemagne en 810 et 811, Louis le Pieux reste seul roi à la mort de l'empereur, en 814. Il affirme, en 817, le principe de l'unité impériale, et désigne son fils Lothaire comme son seul successeur. Cela provoque hostilité et soulèvement, où se mêlent l'avidité des grands en quête d'indépendance, le ressentiment de l'Église, qui réclame de l'empereur la restitution des terres données en récompense aux alliés fidèles, et, surtout, les rivalités entre les fils de Louis le Pieux : Lothaire, Charles (le Chauve), Louis (le Germanique) et Pépin. La guerre civile fait rage dès 830 ; Lothaire, aidé de Louis le Germanique et de Pépin battent Charles le Chauve, révolté ; mais Lothaire prend le pouvoir et Louis le Pieux entre en conflit avec son fils : il réussit à l'éloigner, mais, de ce fait, le projet d'unité impériale est brisé.

Le traité de Verdun

À la mort de Louis le Pieux, en 840, ses trois fils survivants vont à nouveau se déchirer. Lothaire est battu à Fontenoy-en-Puisaye, au sud d'Auxerre (841), mais ne se tient pas pour battu. Charles le Chauve et Louis le Germanique échangent alors à Strasbourg, le 14 février 842, un serment d'alliance, le plus vieux texte en « français ». Charles s'exprime en langue « germanique » pour être compris des soldats de Louis, qui de son côté, parle en langue française (ou romane) en direction des troupes de Charles. Finalement, le traité de Verdun (843) consacre la division de l'Empire : Charles le Chauve reçoit la partie occidentale, Louis le Germanique le Nord-Est, et Lothaire la longue bande intermédiaire allant des Flandres à l'Italie du Nord. La paix ne revient pas pour autant : le fils de Pépin (mort en 838) réclame l'Aquitaine ; à la mort de Lothaire en 855, le partage de la Lotharingie entre ses fils, qui meurent sans héritiers, suscite de nouveaux conflits ; finalement, Charles le Chauve et Louis le Germanique se répartissent ces territoires. Les royaumes de France et d'Allemagne, faibles et divisés, étaient nés.

L'épisode impérial et la formation du féodalisme

L'épisode de l'Empire de Charlemagne aura joué un rôle décisif dans la formation de ce qui va devenir la société féodale. Les prérogatives données aux comtes, en tant que représentants de l'empereur, vont bien vite être récupérées par ceux-ci à leurs fins propres ; la disparition de l'empereur et les rivalités entre rois vont permettre aux grands seigneurs locaux de s'approprier les pouvoirs dont ils n'étaient que mandataires : droits de justice, de police, de percevoir les impôts sur la circulation des marchandises, de transmettre à leurs héritiers les territoires qu'ils n'étaient censés qu'administrer.

L'émiettement territorial

La raison profonde de la décomposition de l'Empire tient à la nature des liens qui unissent le roi et ses sujets, et surtout les plus grands d'entre eux : liens de fidélité personnelle, reposant en fait sur la capacité du premier à enrichir les seconds. Nous avons déjà insisté sur la fonction du roi chef victorieux permettant le pillage et l'expansion territoriale, auquel Charles Martel, Pépin le Bref et Charlemagne avaient su donner une nouvelle dimension. Or, l'Empire constitué, les conquêtes s'arrêtent (il est difficile d'aller plus loin) et la paix intérieure tend à s'installer. Il faut donc à nouveau acheter la fidélité en distribuant des terres, qui seront la source des revenus permettant aux guerriers de maintenir leur rang et de se procurer les armes, cuirasses et chevaux qui sont les instruments absolument nécessaires mais très onéreux de tout noble combattant.

Mais le fait de donner des terres aux uns signifie aussi les prendre aux autres, dans un monde qui ne s'étend plus. Cela va provoquer de nombreux conflits internes entre ceux qui étaient jusqu'alors liés par l'idéal de la conquête. Cela signifie encore permettre aux plus grands de penser ne plus avoir besoin de l'ancienne fonction royale. Ils vont maintenant se tourner vers un autre objectif, celui de mettre en valeur leur patrimoine, de limiter les droits du souverain tout en reproduisant à leur profit les liens de fidélité et de soumission personnelle avec les plus petits qu'eux.

En fait, l'aristocratie des grands officiers de la couronne, des anciens grands propriétaires et des chefs militaires ayant reçu des terres va se fondre dans la classe seigneuriale possédant le sol.

Les Vikings (ou Normands)

Les successeurs de Charlemagne ont à faire face à un nouveau péril : les invasions des Vikings. Ceux-ci pillent leurs domaines, mais poussent aussi les populations sans défense à rechercher la protection des puissants, souvent en échange de leur liberté. Si le premier tiers du IXe siècle est marqué par une série d'expéditions courtes et limitées, les choses deviennent plus sérieuses en 843 : une flotte normande remonte la Loire et s'empare de Nantes. La même année, une autre flotte remonte la Garonne jusqu'à Toulouse. En 845, c'est Paris qui est prise, puis Chartres et Beauvais en 858 et 859. De 859 à 862, une flotte considérable double l'Espagne, ravage le Roussillon, remonte le Rhône jusqu'à Valence, pille Nîmes et Arles puis la Bretagne sur le chemin du retour.

Si le succès des Vikings s'explique par leur mobilité et leur maîtrise des techniques de navigation, il s'explique aussi par les dissensions entre les rois francs, plus préoccupés de se combattre eux-mêmes que de s'allier durablement contre l'ennemi extérieur. Mais, après le temps du pillage, des massacres et des destructions, les Vikings finiront par s'intégrer pacifiquement dans le monde franc en raison à la fois du renforcement des moyens de défense des populations locales, du versement de sommes considérables destinées à acheter leur départ ou leur docilité, et enfin de leur fixation sur le continent.

877-987

La fin de la dynastie carolingienne

Affaiblis et en butte à l'hostilité des grands vassaux, les derniers Carolingiens se trouvent confrontés à la montée en puissance des Robertiens qui finissent par leur succéder à la tête du royaume.

La conjonction des dangers extérieurs (Vikings) et de la progressive autonomie des grands du royaume rend le pouvoir des Carolingiens de plus en plus fragile. Ainsi Charles le Chauve est contraint en 877 par le capitulaire de Quierzy d'accepter que les fils des comtes héritent de leur titre et de leurs terres. Dès lors confrontés à des vassaux à la puissance désormais héréditaire, les rois carolingiens sont obligés de négocier leur soutien pour maintenir leur autorité.

Louis le Bègue, Louis III, Carloman et Charles III le Gros

Dans la *francia occidentalis,* Louis le Bègue (877-879) devient roi à la mort de son père Charles le Chauve, et s'entend avec son cousin germanique pour confirmer le traité réglant le sort de la Lotharingie. Lui succèdent ses deux fils, Louis III (879-882) et Carloman (879-884) – lequel devient, en 882, seul roi à la mort de son frère. C'est durant leur règne commun qu'ils cèdent à Louis III de Germanie leur part de l'éphémère Lotharingie, évitant ainsi de nouveaux conflits territoriaux avec la Germanie, mais permettant à celle-ci d'être environ deux fois plus vaste que la France, ce qui justifie que le titre impérial soit repris par les rois de Germanie, et prépare la formation du Saint Empire romain germanique qui voit définitivement le jour en 962.

Après la mort de Carloman, la régence de France est confiée en 884 au roi de Germanie Charles III le Gros (qui avait été couronné empereur en 881), lequel reçoit allégeance des grands vassaux de France en 885. Mais sa faiblesse et son incapacité à défendre Paris contre les Vikings en 886 (il préfère traiter avec eux et leur verser une rançon) conduisent les grands à le déposséder de son titre royal en 887.

Robertiens contre Carolingiens

Ils portent alors sur le trône Eudes de France (888-898), fils de Robert le Fort, qui s'est illustré durant le siège de Paris, et qui est sacré à Compiègne. Charles III le Simple, fils de Louis le Bègue, trop jeune pour régner en 884, tente cependant à se faire reconnaître ; il se fait sacrer à Reims en 893, et finit par s'entendre avec Eudes : il lui succèdera après sa mort. Il devient donc roi des Francs d'Occident en 898, mais doit céder la Normandie au Danois Rollon (traité de Saint-Clair-sur-Epte, 911). Chassé à la suite d'une révolte des grands en 922, il est emprisonné à Péronne, où il meurt en 929.

Après le court règne de Robert Ier (922-923), fils de Robert le Fort, le trône revient au duc de Bourgogne, Raoul de France (923-936), qui combat les Normands et les Hongrois ayant envahi la Champagne et la Bourgogne (935), dans un royaume livré à l'anarchie. Après sa mort, s'ouvre le règne de Louis IV d'Outremer (936-954), fils de Charles III le Simple, qui a été élevé en Angleterre durant l'éloignement de son père. Il lutte contre les Normands et contre Hugues le Grand (fils de Robert Ier et père d'Hugues Capet), qu'il vainc en 948, mais dont l'autorité s'étend sur tout le sud du royaume.

Son fils Lothaire (954-986) lui succède. Il cherche à étendre son influence vers l'Est (siège de Soissons), mais rencontre l'opposition de l'archevêque de Reims, Adalbéron, soucieux de maintenir la paix dans le royaume et d'éviter un conflit avec la Germanie. À sa mort, son fils Louis V le Fainéant (986-987) couronné en 979, devient roi à l'âge de 19 ans. Mais son règne est de courte durée : alors qu'il a convoqué une Assemblée destinée à condamner Adalbéron, il meurt à la suite d'une chute de cheval. Avec lui s'éteint la branche française de la dynastie carolingienne.

Dossiers

La prédominance des grands domaines

L'organisation économique des Ve-Xe siècles est caractérisée par la prépondérance des grandes exploitations mises en valeur par une population servile. Durant cette période dominée par les guerres et le pillage, l'économie est largement autarcique. Mais il subsiste des spécialistes du commerce lointain.

L'économie domaniale

Le grand domaine

Le premier élément clé est le grand domaine, qui est la cellule économique fondamentale. Il constitue l'héritage des derniers siècles de la domination romaine, durant lesquels on avait assisté à une décadence des villes, au profit d'un exode vers les campagnes. La grande propriété foncière s'était constituée à l'instigation des plus favorisés (aristocratie gauloise, nobles romains, militaires de rang élevé ou hauts fonctionnaires…), qui cherchaient d'abord une « résidence secondaire », puis un moyen d'enrichissement ou de subsistance. Des difficultés économiques étaient apparues dès le IIe siècle et surtout au IIIe siècle, causées par le tarissement de l'approvisionnement en esclaves, la raréfaction des espèces métalliques (servant à acheter hors de l'Empire), le déficit des finances publiques rendant le poids de la fiscalité plus lourd à supporter ; elles avaient poussé en effet ceux qui le pouvaient à se constituer un refuge contre la dépression économique et la pression fiscale, et un domaine capable de vivre en autosuffisance.

La première vague d'invasions germaniques (IIIe siècle) et surtout la seconde (Ve siècle) ont accentué la tendance, car il a fallu partager les terres, accepter de donner « l'hospitalité » aux nouveaux venus, et l'attrait pour la terre de peuples non urbanisés a conduit les grands à s'approprier des surfaces importantes.
Avec la dislocation du cadre impérial, la fin de la fonction administrative, judiciaire et militaire des villes, de l'entretien et de la surveillance des grandes voies de communication, la ville ne constitue plus un lieu d'attraction ni de valorisation sociale.
L'économie domaniale va donc prédominer avec comme centre du grand domaine l'ancienne villa* gallo-romaine, formée de différents corps de bâtiment remplissant des fonctions multiples, abritant plusieurs familles et logeant la main-d'œuvre, le plus souvent constituée d'esclaves. Ceux-ci travaillent aux champs ou dans les ateliers de la villa, coupent le bois, entretiennent ou agrandissent les logis, servent les maîtres…

Le servage

Le deuxième trait marquant va être l'évolution de la majeure partie des travailleurs manuels vers le servage*. Le grand domaine va en effet souvent s'étendre soit par conquête, soit par appropriation de terres abandonnées, par rachat, ou encore par donation de petits propriétaires, en échange de la protection du grand voisin.
Dans ces conditions, il va vite apparaître plus rentable, ou tout simplement comme la seule solution concrète de mise en valeur de ce vaste territoire, d'installer une partie des esclaves sur un lopin de terre, dont ils auront la jouissance, quitte pour eux à y trouver de quoi subsister, en contrepartie de redevances en argent (cens*), en nature (champart*) ou en travail (corvées*).
L'esclavage ne disparaîtra pas complètement avant le Xe siècle. Utilisés principalement comme domestiques, y compris chez des paysans riches et en ville, les esclaves constitueront aussi une main-

d'œuvre d'appoint pour l'exploitation de la réserve* seigneuriale, partie de sa propriété non concédée et mise en valeur directement par le seigneur.

Ainsi, la condition de vie réelle des travailleurs des champs va s'uniformiser, qu'ils soient à l'origine libres (propriétaires de leurs terres ou colons*, nouveaux arrivants) ou descendants d'esclaves auxquels une tenure* avait été cédée. Des différences vont certes subsister, tenant à la dimension des parcelles, au poids des prélèvements (nombre de pièces d'or et d'argent, de kilos de blé, de poulets ou de cochons, de jours de travail gratuit à la villa) dus périodiquement aux propriétaires fonciers. Ces différences peuvent être sensibles suivant les régions, les rapports de forces locaux, la personnalité ou l'origine des détenteurs du sol et des exploitants. Elles conduisent bien sûr à des inégalités dans les conditions de vie immédiates et seront lourdes de conséquences quand le temps de la croissance viendra. Mais, en attendant, ce qui est le plus marquant est la fusion dans un même statut social de la grande masse des non-possédants du sol.

Cela ne signifie pas, bien sûr, qu'il ne subsiste plus aucun paysan ou artisan libre, mais le rapport social de production dominant devient le servage et l'on est d'autant plus riche, respecté, capable de se défendre que l'on a plus de terre et plus de serfs versant tribut.

Cela conduit donc à des unités économiques recherchant l'auto-subsistance, par la diversification de la production, et parfois la dispersion géographique de la propriété permettant de disposer à la fois de terres cultivables, de vignobles, de bois, de lieux d'élevage ou de pêche…

L'échange marchand

Tout échange marchand hors du domaine n'a cependant pas disparu durant ces temps de repli domanial : les seigneurs, comme les communautés religieuses, écoulent leur éventuel surplus à la foire, au village ou à la ville. Les premiers, surtout, ont besoin de se procurer des espèces métalliques qui assurent la fidélité et permettent d'acquérir les biens de luxe (non produits par eux-mêmes) ou les esclaves importés des régions lointaines. Mais l'échange marchand ne porte pas uniquement sur les biens de luxe, car tout le monde ne peut vivre en autarcie : à côté des denrées alimentaires comme le sel, l'huile, le vin, le poisson..., on peut citer le fer, le bois et autres matériaux de construction, les tissus, fourrures et vêtements, les armes et divers produits, tels que les vases, verres, objets de cuir, objets religieux ou funéraires.

Les marchands

C'est ici qu'interviennent les « intermédiaires spécialisés » que sont les marchands. Ces marchands (« mercatores » ou « negociantes ») constituent une catégorie sociale encore marginale et composée en grande partie d'aventuriers prêts à risquer des déplacements difficiles et dangereux. On peut toutefois distinguer trois types de marchands : ceux qui approvisionnent les villes et qui y vivent ; ceux qui sont spécialisés dans le commerce lointain ; ceux qui sont directement employés par les seigneurs.

Cette fonction marchande est souvent exercée par des peuples spécialisés dans la vente de certains produits ou le commerce entre certaines régions : ainsi, des marchands francs vendent des armes aux Slaves et aux Avars, les marins frisons qui tiennent la mer du Nord vendent en Allemagne du blé, du vin, des tissus ou des esclaves, les Grecs et les Syriens apportent les épices et la soie. Mais on trouve également des marchands allemands en Méditerranée et des marchands juifs importateurs de produits « orientaux », bien introduits auprès des grands (de Charlemagne, en particulier). Les colonies juives sont importantes dans des villes commerçantes comme Lyon, Chalon ou Arles. Les marchands bénéficient d'exemptions fiscales et de la protection des grands, qui apprécient leurs services, leur compétence et leur réseau de correspondants établis partout dans le monde méditerranéen. Cela leur permet également de fournir des esclaves à l'Europe chrétienne, où l'Église interdit de réduire un chrétien en esclavage, mais tolère l'esclavage des non-chrétiens !

D'une façon générale, les marchands du roi jouissent de privilèges personnels (exemption de taxes, de service armé, immunité de leurs matériels de transport, droit de revendiquer la justice royale...).

Les routes

Si les anciennes voies romaines sont souvent entretenues et permettent le déplacement, les voyages restent toujours dangereux et lents (on fait environ 30 km par jour). L'essentiel des grands échanges se fait donc par voie d'eau, dont les axes principaux se situent en dehors du monde franc, ou n'atteignent que ses frontières.

En Méditerranée, tant que la flotte byzantine assure une sécurité relative, la Grèce, l'Égypte, l'Italie, l'Espagne, Narbonne, Marseille et Arles restent en contact étroit : on échange des épices (poivre, cumin, cannelle, clous de girofle), des fruits (dattes, figues, amandes, pistaches), de l'huile, des peaux et des cuirs, du papyrus, de la soie, des pierres précieuses, des parfums, de la vaisselle, de la verrerie fine, des objets d'ivoire, des reliques... contre des esclaves, des tissus, des fourrures, des armes, des métaux (argent, étain), du bois... Mais l'expansion arabe du VIIIe siècle puis la défaite byzantine en Crète, en 829, donnent le contrôle de la Méditerranée à la flotte musulmane.

Sur l'Atlantique, Nantes et Bordeaux sont en contact avec le sud de l'Angleterre et l'Irlande, et les marins bretons restent actifs. L'Angleterre vend de l'étain, du cuivre, du plomb, achète du vin, du blé, du sel. La mer du Nord est aussi le siège d'échanges importants, à partir de Rouen, de l'ancienne cité de Quentovic et Amiens, vers l'Angleterre, le Danemark et la Baltique (Londres, Tiel, Maastricht, Utrecht...) : vins, blé, sel, verreries, poteries, armes, fourrures, tissus, esclaves...

Enfin, des contacts marchands existent aussi avec l'Est, vers Mayence, Ratisbonne, Cracovie et Prague, qui joue le rôle d'un grand marché d'esclaves. Ce sont précisément des esclaves ou des chevaux que les Francs viennent chercher, contre des armes ou des métaux.

Les lieux d'échange

Les échanges se font le plus souvent à l'occasion de marchés hebdomadaires ou de foires annuelles, mais il existe aussi quelques boutiques permanentes dans les villes ainsi que des entrepôts. Le marché relève de la décision du pouvoir royal (ou seigneurial) et donne lieu à perception de droits fiscaux. Le développement des diplômes de concession, au xe siècle, sera l'indice de la création de nouveaux marchés et de l'intensification des échanges.

Mais, en définitive, s'il subsiste donc des courants d'échanges proches ou lointains et des professionnels du commerce, ils ne jouent qu'un rôle secondaire dans la société occidentale d'alors, essentiellement rurale et guerrière.

Le rôle du christianisme

Sur le plan de la vie culturelle, le fait dominant est bien sûr l'installation définitive du christianisme « romain » en Europe. C'est le fruit d'un travail en profondeur de tous les croyants, où les femmes occupent une place importante (rôle de sainte Geneviève à Paris, de Clotilde dans la conversion de Clovis…). Mais c'est aussi le résultat d'une action organisée de l'Église, qui sait maintenir un quadrillage de l'espace au-delà des « frontières » territoriales et des vicissitudes politiques : l'Église constitue la seule société unifiée, permanente dans sa structure pacifique et conservatrice du savoir et de la mémoire collective de ces temps troublés et instables. Enfin, et peut-être avant tout, ce succès provient d'un « contrat » aux effets gigantesques pour l'histoire de l'Occident, passé entre les Francs et le pouvoir pontifical : les premiers se font les champions du christianisme, le bras armé de l'Église, « évangélisant » les peuples païens, défendant les vies et les biens des représentants de l'Église, et le pape lui-même, menacé à plusieurs reprises dans son existence par le danger lombard. En échange, les Francs peuvent conquérir et soumettre à leur volonté les nouveaux « Barbares » sans entrer en contradiction avec la morale prêchée par l'Église, et les rois se trouvent investis d'une légitimité divine symbolisée par la cérémonie du sacre.

Un Empire chrétien

Le sacre de Charlemagne, à Noël de l'an 800, en fournit le plus brillant exemple : après que son grand-père eut sauvé le monde chrétien de la menace arabe, que son père eut reçu l'onction pontificale et après avoir lui-même sauvé le pape des Lombards, encore païens et désireux de s'étendre vers le sud de l'Italie, Charlemagne est sacré empereur à Rome par le pape reconnaissant. Charlemagne tente par là même de faire renaître un Empire chrétien bicéphale, ayant pour centre spirituel Rome et pour centre temporel le roi des Francs.

Le sentiment religieux

Mais l'affermissement du christianisme, c'est aussi le développement de la vie monacale, pour hommes et femmes (même si l'extraordinaire explosion des grands ordres bénédictins ne se fera que durant la période suivante) : c'est en effet au VIIe siècle qu'est fondé le monastère de Saint-Wandrille et que saint Benoît d'Aniane crée en 780 son abbaye en Languedoc. C'est la généralisation de la construction d'églises, souvent point de départ des futures cathédrales, mais qui pour le moment restent modestes dans leurs dimensions.

Le poids de l'Église dans la société

Sur le plan économique, l'Église joue un rôle important dans la non-destruction de richesses : les coutumes germaniques voulaient en effet que l'on fût enterré avec des biens précieux ayant appartenu au défunt. Cela contribuait à faire disparaître des pièces d'or ou d'argent, des armes, des bijoux ou des objets plus ordinaires. En condamnant ces pratiques et en encourageant au contraire les dons à l'Église, le clergé va certes entretenir la thésaurisation, puisque ces richesses ne circuleront toujours pas ; mais l'Église accumulera une gigantesque fortune (en objets de culte, trésors ou terres) qui alimentera ultérieurement, par ses dépenses, le stock de moyens de paiement.

Par ailleurs, l'Église interviendra pour réglementer la pratique du prêt personnel : l'idée générale est que l'argent est en soi improductif et que l'on ne saurait s'enrichir en prêtant à autrui. Il s'agit par là de protéger les plus pauvres qui, s'ils sont obligés de s'endetter, doivent faire face à des taux d'intérêt exorbitants les condamnant à tomber sous la coupe de leurs créanciers ; cela peut les mener à vendre leur propre personne, et avait d'ailleurs contribué à développer l'esclavage aux premiers siècles de Rome.

Cette interdiction est cependant contournée par divers moyens : on peut inscrire sur la reconnaissance de dette une somme supérieure à celle effectivement prêtée, payer des intérêts en nature ou en travail gratuit, ou encore jouer sur le cours des différentes monnaies ; mais cela ne se fera couramment que plus tard, quand les échanges et les places financières seront plus actifs.

L'Église et l'écriture

L'écriture est essentiellement l'œuvre du clergé : ce sont les moines ou les prêtres qui écrivent, le plus souvent en latin, soit en tant que scribes des grands – qui sont plus à l'aise avec une épée qu'avec une plume à la main et qui leur dictent leurs missives, édits ou sentences –, soit pour leur propre compte, quand ils consignent par écrit les règles de leur communauté, communiquent entre les différents niveaux de la hiérarchie ou relatent la vie de tel roi ou de tel saint homme. C'est surtout grâce à leur témoignage que l'on peut aujourd'hui connaître ce que l'on sait de cette période.

En effet, la tradition orale va encore dominer durant les temps féodaux ; elle est même quasi exclusive, en dehors de l'Église, durant ces siècles. Les seules exceptions d'importance sont les capitulaires carolingiens déjà évoqués ; il faut également signaler les polyptyques*, énorme travail de recensement des biens et propriétés du royaume entrepris par Charlemagne.

L'Église et les femmes

Contrairement à une idée reçue, la femme n'est pas, durant ces siècles, un « être sans âme » nécessairement impur. Les femmes au contraire jouent un rôle essentiel dans le développement du christianisme : elles rejettent la religion et le patriarcat romains, puis poussent à la conversion des Germains athées, polythéistes ou adeptes de l'arianisme. Leur rôle est attesté par le nombre de saintes et de martyres reconnues par l'Église et trouvant leur place dans le calendrier chrétien.

Pouvoir temporel et pouvoir spirituel

Le grand « compromis historique » entre le pouvoir royal et le pouvoir religieux, renforcé par les premiers Carolingiens, allait durer de longs siècles et résister aux querelles de préséance qui opposeront à de multiples reprises papes et souverains. Les rois continueront à être les défenseurs de l'Église, du moins jusqu'aux guerres de Religion. Ils recevront toujours la bénédiction, sinon l'investiture de l'Église : un roi non « sacré » ne sera pas un vrai roi, et un roi « excommunié » ne pourra résister longtemps à la pression des fidèles vivant dans un royaume sur lequel est jeté l'interdit de la vie religieuse (plus de messes, de baptêmes, d'enterrements, églises fermées…).

Les arts du Ve au Xe siècle

L'art qui se développe en Gaule du Ve au VIIIe siècle est marqué par l'héritage antique recueilli sur place. Peu à peu cependant, émerge avec notamment les Carolingiens, un art où fusionnent legs romain et traditions locales.

L'art mérovingien

Les arts mérovingiens s'appuient fortement sur l'héritage antique. Ainsi, la forme basilicale est encore employée pour l'architecture religieuse (basilique Saint-Martin, Tours, Ve siècle) et les techniques romaines de décor monumental (mosaïques ou de peintures murales) sont maintenues.

En revanche, la sculpture des chapiteaux incorporés aux grandes arcades murales témoigne d'un véritable esprit créateur (baptistère Saint-Jean, Poitiers, VIe siècle). Ils sont le fruit de l'activité d'ateliers établis dans le sud-ouest de la Gaule et exportant au loin leur production. Les sarcophages dits d'Aquitaine (VIe et VIIe siècle) incarnent la renaissance artistique de cette région. Cette « renaissance » gagne la Gaule septentrionale (crypte de Jouarre, en Seine-et-Marne, fin du VIIe siècle).

L'enluminure, qui trouve son épanouissement, vers 800, dans le sacramentaire dit « de Gellone », a été influencée directement ou indirectement par l'art copte.

L'art du métal connaît au VIIe siècle son plus grand essor, tant dans le domaine de l'orfèvrerie cloisonnée que dans celui de la damasquinure.

La « renaissance » carolingienne

La renaissance des arts à l'époque carolingienne s'inscrit dans un mouvement plus général de restauration d'un ordre à la fois romain et chrétien. Le plus souvent, les diverses traditions locales de l'Europe précarolingienne se combinent dans les synthèses qui furent opérées au début du gouvernement de Charlemagne.

On observe ce processus dans la formation du premier style de l'enluminure carolingienne, celui de l'école du palais (Évangéliaire de Charlemagne, Évangiles de Saint-Médard de Soissons). Le règne de Charles le Chauve marque l'apogée de la « renaissance » carolingienne (Psautier d'Utrecht, Évangiles d'Ebbon).

Le travail de l'ivoire (célèbre reliure de l'Évangéliaire de Lorsch) et l'orfèvrerie ont connu le même retour à l'antique.

On assiste même à la renaissance de l'urbanisme dans des villes qui font sauter la ceinture de leurs murailles et reconstruisent leurs cathédrales selon des partis ambitieux. Partout, après avoir appris à copier les modèles antiques, les artistes carolingiens se montrent à leur tour capables de créer. L'originalité de l'art carolingien apparaît surtout dans les savantes constructions voûtées qui se développent alors à l'est et à l'ouest des vieilles structures basilicales (cryptes de Saint-Médard de Soissons et de Saint-Germain d'Auxerre).

Les invasions normandes mettent fin à ce mouvement.

x^{e}-xve siècle

LA SOCIÉTÉ FÉODALE

Introduction

Après l'installation et la pacification définitives des Normands au début du xe siècle, et la fin des incursions hongroises et slaves du milieu du siècle, un paysage nouveau va se composer en Europe occidentale avec le retour d'une paix intérieure relative et la fin du danger extérieur.

L'essor féodal (xe-xiiie siècle)

Le monde féodal va en effet être caractérisé par environ trois cents ans d'essor économique, démographique, culturel et artistique, trop souvent oubliés au profit de l'idée simplificatrice d'un « moyen âge » où se confondent les pillages antérieurs et les combats de la guerre de Cent Ans.

Pourtant, dans nos régions, le quotidien de la presque totalité de la population française n'est plus celui de l'insécurité permanente et de l'oppression affamante et infamante.

Si des conflits locaux mettant aux prises des seigneurs voisins ou des affrontements d'une plus grande importance (opposant par exemple le roi de France au duc de Normandie ou à l'empereur d'Allemagne) ne manquent pas de se produire, ils tendront à s'espacer dans le temps et à perdre de leur intensité, jusqu'au début du xive siècle.

Mis à part les guerres entre Philippe Auguste (1180-1223) et les rois d'Angleterre, on pourrait presque parler de « paix féodale » pour définir les trois siècles et demi qui séparent l'avènement d'Hugues Capet (987) du début de la guerre de Cent Ans (1337).

Cela peut paraître surprenant quand on ne retient de cette période que l'image du seigneur féodal, homme de guerre brutal et peu cultivé, vivant du travail de ses serfs* faméliques.

En fait, les occasions d'en découdre physiquement tendront à se déplacer à l'extérieur de l'Europe du Nord-Ouest : les croisades joueront de ce point de vue un rôle essentiel, en canalisant les pulsions agressives de la classe seigneuriale au-delà des frontières du monde chrétien.

Ainsi, les destructions de récoltes et les ravages de cités seront peu de chose si on les compare aux effets dévastateurs des invasions et des luttes pour le contrôle du sol des siècles précédents, aux méfaits de la guerre de Cent Ans ou de la Grande Peste, à ceux des guerres entre États aux XVIe ou XVIIe siècles, ou des deux guerres mondiales de notre XXe siècle !

Ce n'est pas cultiver le paradoxe que d'insister sur les aspects pacifiques et progressistes de cette société, bien qu'elle reste, par certains côtés, brutale et intolérante, et que, durant ces siècles, les forces de la nature soient toujours mal maîtrisées (mais le seront-elles davantage avant le XIXe siècle ?).

Une société consensuelle

Parallèlement à la disparition des périls extérieurs, un fait majeur va marquer cette période : il s'agit du grand consensus social concernant l'appropriation de l'espace à tous les échelons de la société. Une fois les problèmes liés au partage de l'empire de Charlemagne définitivement réglés, et les paysans installés, il ne sera plus question de conquête territoriale, si ce n'est qu'exceptionnellement. Le morcellement géographique acquis et les droits fixés, il ne s'agira plus que de les défendre ; cela n'exclura pas, cependant, des conflits liés à l'héritage de certains fiefs*, au non-respect du droit féodal, aux exigences seigneuriales ou aux revendications paysannes ou citadines.

Mais, d'une façon générale, chaque seigneur tendra à jouer le jeu, à respecter la parole donnée et la place que l'histoire lui a attribuée dans la hiérarchie féodale, conscient à la fois des moyens limités dont il dispose et du fait qu'il ne peut remettre en cause le système sans se remettre en cause lui-même.

Cette stabilité du rapport féodo-vassalique constituera l'une des explications de l'essor féodal, qui repose également sur l'évolution du servage vers un rapport social moins contraignant, laissant plus de place à la propriété et à la liberté individuelles.

La crise des XIVe et XVe siècles

En fait, tout ira à peu près bien tant que la production se développera suffisamment pour atténuer les conflits, pour assurer aux principales catégories sociales l'essentiel de ce qu'elles attendaient. Mais l'équilibre précaire sera remis en cause au XIVe siècle, et la société féodale connaîtra des difficultés économiques, sociales, politiques : disettes au début du siècle, problèmes de succession, début de la guerre de Cent Ans, épidémies de peste, soulèvements populaires et guerre civile entre Armagnacs et Bourguignons...

L'affermissement du pouvoir royal

Cette crise du monde féodal, aux XIVe et XVe siècles, verra en effet s'effondrer le prestige militaire de la noblesse, s'affirmer le rôle politique de la bourgeoisie, se révéler les contradictions économiques du féodalisme et s'organiser le pouvoir royal. À la fin de la guerre de Cent Ans, en effet, Charles VII n'est plus le premier des seigneurs féodaux mais le souverain direct de tous les habitants du royaume et exige à ce titre le paiement de l'impôt au roi – impôt qui s'ajoute aux vieilles redevances féodales. Son règne constitue un moment décisif de l'unification du pays et de l'instauration d'une monarchie centralisatrice.

Chroniques

987-1226

De Hugues Capet à Louis VIII

C'est la période de la construction d'un royaume. En 987, le pouvoir réel d'Hugues Capet se limite aux frontières de son domaine : l'Île-de-France. En 1214, Philippe Auguste sera un roi triomphant à l'autorité étendue sur un royaume agrandi.

On a coutume d'insister sur la faiblesse des rois de France aux XIe et XIIe siècles, faiblesse qui explique pourquoi les grands laissent la dynastie capétienne se maintenir au pouvoir, alors qu'ils ont contesté au Xe siècle celui des Carolingiens. Toujours est-il qu'Hugues Capet sait s'opposer victorieusement à son rival, le prétendant carolingien Charles de Lorraine, après avoir défendu Paris contre l'empereur d'Allemagne Otton II (978).

Les premiers Capétiens (987-1180)

Hugues Capet (987-996)

Duc des Francs, il est élu roi de France en 987 (pour succéder à Louis V, le dernier Carolingien), grâce à l'appui de l'archevêque de Reims, Adalbéron. Ses contemporains et ceux qui l'ont amené au pouvoir ne se doutent sûrement pas de l'importance de ce choix. Il s'agit, surtout pour les grands du royaume favorables à Hugues Capet, de faire reconnaître leurs droits dans la désignation du souverain. Le peuple du royaume est lui partagé entre l'inquiétude de l'approche de l'an mille et la satisfaction de commencer à vivre dans de meilleures conditions, grâce à la raréfaction des conflits armés et à l'affermissement des bases du renouveau économique. Cet événement peut paraître d'autant plus banal que le nouveau souverain descend de deux anciens rois, Eudes et Robert le Fort, qui ont su faire leurs preuves. Pourtant, et ce fut peut-être le seul geste important de son règne, Hugues Capet imite Lothaire, qui avait associé son fils Louis V au pouvoir en 978, en faisant élire et sacrer de son vivant son fils aîné Robert. Il en sera désormais ainsi jusqu'à Philippe Auguste, qui mettra fin à cette pratique.

Robert le Pieux (996-1031)

Tout en conquérant la Bourgogne, il consolide la paix au sein du royaume en luttant contre les « seigneurs pillards » et en favorisant l'application des principes de la « paix de Dieu » que l'Église s'efforce de faire reconnaître.

Henri Ier (1031-1060)

Il est moins heureux dans sa rivalité avec le duc de Normandie, Guillaume le Conquérant, qui le bat à Mortemer (1054) et à Varaville (1058). Mais le regard de Guillaume se porte avant tout sur l'Angleterre et non sur le royaume de France. Ces défaites sont donc sans conséquences pour le pouvoir capétien.

Philippe Ier (1060-1108)

Philippe Ier étend le domaine royal, en s'emparant du Gâtinais, du Vermandois, d'une partie du Vexin, de Bourges. Il est par contre battu en Flandre (à Cassel, en 1071), puis son fils, le futur Louis VI, mène contre Guillaume le Conquérant, qui a envahi le Vexin, une nouvelle guerre dans cette province (1097-1098). C'est durant le règne de Philippe Ier qu'a lieu la première croisade (1096-1099).

Louis VI (1108-1137) et Louis VII (1137-1180)

Durant les deux règnes suivants, les conflits armés restent rares : Louis VI continue à pacifier l'Île-de-France, parfois troublée par les exactions de seigneurs en mal de pillage, et obtient l'aide des grands vassaux pour forcer l'empereur d'Allemagne Henri V à se retirer de la Champagne, qu'il avait envahie en 1124. Louis VII poursuit la politique d'expansion vers l'est, en occupant à son tour la Champagne (1142), et brûle Vitry au passage ; il participe à la deuxième croisade. Le fait majeur du règne de Louis VII, lourd de conséquences pour les siècles à venir, est la répudiation de la reine, Aliénor d'Aquitaine, qui a apporté ce fief au royaume. Le plus grave est qu'elle se remarie aussitôt avec Henri Plantagenêt (1152), qui deviendra roi d'Angleterre deux ans plus tard sous le nom d'Henri II : l'Aquitaine devient ainsi fief anglais et les souverains britanniques sont les vassaux des rois de France pour ces territoires.

Règnes longs et stabilité du pouvoir

Durant presque deux siècles, de la mort d'Hugues Capet (996) à l'avènement de Philippe Auguste (1180), la France n'a connu que cinq rois, chacun régnant au moins trente ans (et même quarante-huit ans pour Philippe Ier !). Cela constitue un puissant facteur de stabilité politique, d'autant que ces rois laissent tous un héritier mâle en mesure de leur succéder (il en sera d'ailleurs ainsi jusqu'à Philippe le Bel). Les grands vassaux perdent donc l'habitude de se poser des questions à propos de l'héritage royal et de se déchirer pour l'accession au pouvoir ou le partage des territoires.

Ce n'est sans doute pas un hasard si ces rois, et les grands sans lesquels ils ne peuvent rien, se préoccupent surtout désormais de consolider leurs propres pouvoirs plutôt que de s'engager dans des conquêtes aléatoires. L'ébauche d'une croissance économique en est à la fois la cause et la conséquence : si l'on peut trouver de plus en plus de revenus dans son fief, à quoi bon se risquer à guerroyer chez de puissants voisins ?

De ce fait, la fonction royale s'est en grande partie détachée de celle qui fait du roi un pourvoyeur de territoire et un propriétaire du royaume. Le fait de réserver le titre royal à l'aîné des fils montre bien que le royaume ne peut plus être divisé comme un bien privé; si le roi possède des territoires qui lui rapportent des revenus comme tout seigneur, il est aussi le garant de l'ordre politique et social, le bras séculier de l'Église, une sorte de représentant laïc de Dieu sur terre. Il se situe donc au-dessus des grands seigneurs, qui ont besoin du symbole royal dont ils tiennent leur légitimité, comme le peuple a besoin de son image protectrice.

Philippe Auguste (1180-1223)

Toutefois, l'autorité royale est d'autant plus respectée que le souverain, par son rayonnement propre, son aptitude à défendre le royaume, à maintenir la paix, à faire entendre raison aux récalcitrants, sait être à la hauteur de sa mission. C'est précisément le cas avec Philippe II Auguste, dont le long règne (1180-1223) est riche en événements importants et fait franchir une étape décisive au rôle de la fonction royale.

Un roi conquérant

Marié à Isabelle de Hainaut, qui lui apporte l'Artois (1180), il mate une révolte féodale et annexe les comtés d'Amiens et de Montdidier (1185). Mais sa préoccupation principale est de lutter contre la puissance inquiétante des rois d'Angleterre désormais dotés de fiefs continentaux. C'est ainsi qu'il soutient la révolte des fils d'Henri II contre leur père, oblige celui-ci à lui céder une partie du Vermandois et marie sa fille à Jean sans Terre, un des fils d'Henri II. Philippe Auguste participe aux côtés de Richard Cœur de Lion, devenu roi d'Angleterre, à la troisième croisade, en 1190. Mais il rentre le premier (1191) et profite de l'absence de Richard pour occuper le Vexin normand et les comtés d'Aumale et d'Eu. Revenu en Angleterre, après sa captivité en Allemagne (1192-1194), Richard entre en guerre contre la France. Il bat Philippe

Auguste à Fréteval (1194) et à Courcelles (1198), mais il est tué en Limousin (1199). Cette mort sauve Philippe, qui reprend les hostilités contre Jean sans Terre, nouveau roi d'Angleterre. Philippe Auguste le reconnaît roi en échange du Vexin normand, d'Évreux et du Berry (1200, paix du Goulet). Mais, Jean ne s'étant pas présenté pour rendre hommage au roi de France, Philippe Auguste lui confisque ses fiefs et entreprend la conquête de la Normandie (prise de Château-Gaillard et de Rouen en 1204), de la Touraine, du Maine, de l'Anjou et du Poitou.

Bouvines

Philippe doit alors faire face à une redoutable coalition, entre Jean sans Terre, l'empereur d'Allemagne Otton IV et les comtes de Flandre et de Boulogne, qui, s'ils avaient été victorieux, se seraient partagé le royaume de France. Mais Philippe Auguste écrase les Germano-Flamands au nord, à Bouvines, alors qu'au sud son fils, le futur Louis VIII, bat Jean sans Terre à La Roche-aux-Moines (1214). S'il échoue dans une tentative de mainmise sur l'Angleterre (expédition de Louis VIII en 1216), ses victoires continentales ont permis une extension considérable des territoires royaux, Philippe Auguste conservant ses conquêtes, auxquelles s'ajoutent l'Auvergne et la Champagne.

Un administrateur

Son règne de quarante-trois ans n'est pourtant pas celui du conflit permanent. Philippe Auguste n'est pas simplement combattant; c'est aussi un administrateur qui met en place les officiers du roi, baillis* et sénéchaux*, veille à la mise en valeur de ses domaines, confie aux Templiers la gestion du Trésor royal, aide le développement urbain et le mouvement communal en accordant des chartes de franchise et des privilèges aux marchands comme à Paris, et renforce la défense du royaume en construisant ou en développant les enceintes de protection ou les places fortes. En définitive, son pouvoir est tel qu'il ne juge pas bon de faire couronner son fils Louis VIII de son vivant, rompant avec cette précaution qui durait depuis deux siècles.

La croisade des albigeois

Déclenchée à l'initiative du pape Innocent III, cette guerre contre le comte de Toulouse et les albigeois (ou cathares), qui débute en 1209, est conduite par les barons du Nord sous le commandement de Simon de Montfort. Elle est marquée par le sac de Béziers, la prise de Narbonne, le siège de Carcassonne, puis la bataille de Muret (1213), près de Toulouse, où Simon de Montfort bat le comte de Toulouse et son allié le roi d'Aragon. Si Philippe Auguste, préoccupé par le problème anglais, n'y participe pas, il ne voit pas d'un mauvais œil la fin d'une indépendance de fait du comté de Toulouse, où l'autorité royale sera désormais affirmée. C'est aussi pour lui l'occasion de se réconcilier avec le pape, après son excommunication en 1200.

Louis VIII (1223-1226)

Le règne de Louis VIII voit se poursuivre la rébellion des seigneurs du Languedoc contre l'autorité du représentant du roi, Amaury, fils de Simon de Montfort. Louis VIII intervient et prend Avignon, fief du comté de Toulouse, en 1226. Mais l'hérésie et la résistance cathares se poursuivront jusqu'à la prise de Montségur en 1244, sous le règne de Saint Louis.

1226-1270

Saint Louis

Le règne de Louis IX, qui meurt en croisade, ramène la paix et est marqué par de nombreuses réformes.

Lorsqu'en 1226 Louis IX, le futur Saint Louis, hérite du trône de France, il n'a que 12 ans. La régence est exercée par sa mère, Blanche de Castille, qui doit faire face à une révolte féodale, matée en 1230. La régente pousse Raimond VII de Toulouse à signer un traité prévoyant la poursuite de la lutte contre les cathares, le mariage de la fille du comte de Toulouse avec le frère du roi de France, et entérinant la mainmise royale sur le Languedoc.

La pacification du royaume

Après 1240, Saint Louis exerce véritablement le pouvoir : il vainc à nouveau une révolte de barons du Midi en 1241, puis celle de barons poitevins (soutenus par Henri III d'Angleterre), en les battant à Taillebourg et à Saintes (1242). Mais le désir de Saint Louis est de rétablir la paix, et de longues négociations débouchent sur le traité de Paris (1259) : Henri III renonce à la Normandie, à la Touraine, à l'Anjou, au Maine et au Poitou, et doit l'hommage au roi de France pour l'Aquitaine ; en revanche, Saint Louis lui rend ses possessions en Limousin, Périgord et Quercy.
Un an auparavant (1258), Saint Louis a également signé avec le roi d'Aragon le traité de Corbeil, par lequel la France renonce au Roussillon et à Barcelone, et l'Aragon à la Provence et au Languedoc (sauf Narbonne).

Le justicier

Son désir de faire jouer pleinement à l'institution royale son rôle en matière de justice est tel qu'il laisse de lui le souvenir du roi sage et équitable rendant jugement sous son chêne du bois de Vincennes. Si les préoccupations éthiques ne sont certes pas absentes, il s'agit avant tout d'affirmer le pouvoir royal en utilisant, chaque fois que l'occasion s'en présente, son droit de justice d'appel et en multipliant les « cas royaux » qui ne peuvent être jugés que par le souverain. Cela affaiblit le pouvoir judiciaire des grands du royaume et renforce à l'inverse le prestige du roi de France à l'extérieur (arbitrage dans la succession des Flandres, en 1246, ou dans les affaires anglaises, en 1264).

Ce désir de paix intérieure tranche nettement avec la politique expansionniste de son grand-père Philippe Auguste. Mais il est relayé par son activité militaire à l'extérieur : en 1248, Saint Louis s'embarque à Aigues-Mortes, à la tête de la septième croisade qui va attaquer l'Égypte.

Saint Louis en Terre sainte

Après le débarquement de Damiette (1249), les croisés sont battus et le roi est fait prisonnier ; il ne doit sa libération qu'au paiement d'une énorme rançon d'un montant de 400 000 livres. Saint Louis reste encore deux ans en Palestine, où il cherche à organiser les territoires tenus par les croisés. Durant son absence se produit la croisade des Pastoureaux (1251), au cours de laquelle des bandes de jeunes gens pauvres prennent la croix pour finalement se livrer au pillage sur leur chemin. Cette première « jacquerie » est écrasée par Blanche de Castille. La mort de celle-ci en 1252 rappelle Saint Louis en France.

Le réformateur

Revenu en France en 1254, Saint Louis entreprend de réformer le royaume : il enquête sur le comportement des officiers royaux (baillis et sénéchaux), les ordonnances de 1254 et 1256 réglementant l'exercice de leur pouvoir. Il interdit le duel judiciaire (1261), lutte contre les guerres privées, l'usure, les jeux et la prostitution. D'autres ordonnances imposent le cours forcé de la monnaie royale (1263 et 1265). Le roi transforme le fonctionnement de l'ancienne cour féodale pour l'amener à légiférer et à contrôler la gestion financière des officiers royaux ; c'est l'origine du Parlement et de la Cour des comptes.

Mais son mysticisme l'amène à provoquer la huitième croisade, qui part à nouveau d'Aigues-Mortes le 1er juillet 1270. Les 15 000 croisés débarquent près de Carthage mais sont décimés par une épidémie de dysenterie et de typhus. Saint Louis en meurt le 25 août 1270, devant Tunis. Il est canonisé en 1297.

Philippe le Hardi et Philippe le Bel

Cette période est marquée par l'affermissement du pouvoir royal vis-à-vis des grands féodaux et de l'Église.

Des campagnes militaires contre l'Aragon et la Flandre sont menées, mais surtout les prérogatives royales sont étendues. À l'apogée de la société féodale, Philippe IV le Bel maintient la paix intérieure et développe l'administration centrale.

Philippe III le Hardi (1270-1285)

Le règne du fils de Saint Louis est de bien moindre importance. Celui-ci rend à l'Angleterre l'Agenais et le sud de la Saintonge, contre l'hommage lige du roi d'Angleterre au roi de France pour le fief d'Aquitaine (l'hommage lige étant un serment de fidélité sans réserve, prêté au seigneur principal et qui se distingue de l'hommage simple, que l'on peut prêter à plusieurs seigneurs dont on tient des fiefs). Par ce traité d'Amiens (1279), Philippe III continue la politique pacifiste de Saint Louis. En revanche, en soutenant son oncle Charles d'Anjou, roi de Sicile, contre le roi Pierre III d'Aragon, il tente d'étendre la présence française vers les Pyrénées. Après le massacre des Angevins par les Siciliens, lors des Vêpres siciliennes, et le débarquement des troupes de Pierre III, Philippe III conduit l'expédition dite de la « croisade d'Aragon » ; mais sa flotte est détruite à la bataille de Las Hormigas (1285) et, la même année, Philippe meurt à Perpignan d'une épidémie qui ravage son armée.

Philippe IV le Bel (1285-1314), le « roi de fer »

Le règne de Philippe IV le Bel, fils de Philippe III, va constituer une période charnière dans l'histoire de la société féodale. Il se situe au terme d'une ère de croissance économique, d'affermissement du pouvoir royal et de paix intérieure et extérieure. Rien pourtant ne laisse prévoir en 1285 les catastrophes qui marqueront le milieu et la fin du XIVe siècle.

L'Angleterre et la Flandre

Philippe le Bel, en effet, règle pacifiquement les conflits avec l'Aragon (1291) et avec l'Angleterre à propos de la Guyenne (1300). Mais, en Flandre, il est confronté à une révolte de son vassal* le comte Guy de Dampierre : Philippe occupe alors les principales villes en 1297 et installe à la place de Dampierre Jacques de Châtillon, qui se rend impopulaire et provoque le soulèvement des villes drapières (Namur, Bruges, Ypres...). Après qu'en mai 1302 une centaine de soldats du roi aient été égorgés dans leurs lits (« matines de Bruges »), l'armée royale est écrasée à Courtrai en juillet 1302, laissant sur le terrain suffisamment d'éperons d'or pour décorer Notre-Dame de Courtrai (d'où le nom de « bataille des Éperons d'or »). Philippe le Bel prend en 1304 la tête de l'ost royal et écrase à son tour les Flamands à Mons-en-Pévèle ; ceux-ci doivent signer le traité d'Athis-sur-Orge (1305) qui prévoit le retour du comté au fils du comte de Flandre, le démantèlement des remparts des principales villes et le paiement de très fortes amendes. En fait, il s'agit là d'une politique de répression typiquement féodale, face aux revendications d'indépendance de cités industrielles et marchandes qui supportent mal la sujétion économique et politique du seigneur local ou de son suzerain* français.

Le roi et l'Église

À l'intérieur du royaume, Philippe le Bel cherche à étendre les prérogatives royales vis-à-vis de l'Église comme des grands féodaux. Un conflit l'oppose en effet au pape Boniface VIII, qui interdit au clergé de verser des contributions financières aux laïcs sans son autorisation (1296). Le clergé a en effet protesté contre les demandes incessantes du roi. En réponse, Philippe le Bel interdit les sorties d'or et d'argent du royaume pour empêcher Rome de toucher les impôts pontificaux. Le différend semble dans un premier temps s'apaiser avec le recul de Boniface VIII (qui canonise Louis IX en 1297) ; mais il rebondit en 1301 quand Philippe le Bel fait arrêter l'évêque de Pamiers, Bernard Saisset, l'accusant d'avoir comploté contre la couronne. Le pape convoque un concile, mais Philippe le Bel interdit aux évêques de s'y rendre. Boniface VIII veut alors excommunier le roi de France, mais il est insulté et arrêté à Anagni (septembre 1303) par l'envoyé de Philippe le Bel, Guillaume de Nogaret, et les Colonna, ennemis du pape Boniface ; libéré par la population locale, il mourra à Rome le mois suivant. Ses successeurs sont favorables au roi de France, Clément V venant même s'installer à Avignon en 1309. Le pouvoir temporel des papes est dès lors considérablement restreint.

L'administrateur

Pour ce qui est des affaires internes du royaume, Philippe le Bel sait développer une administration nombreuse et active : ses baillis et sénéchaux interviennent dans les affaires intérieures des fiefs et font remonter le plus possible les litiges devant la justice royale. D'autre part, le roi convoque régulièrement des assemblées où sont représentés la noblesse, le clergé et les villes. Le travail du parlement est précisé, et le conseil du roi étendu, Philippe le Bel s'entourant de conseillers aux origines souvent modestes : Pierre

Flote (garde des Sceaux), Guillaume de Nogaret, Enguerrand de Marigny…

Les problèmes financiers

Sous le règne de Philippe le Bel, les problèmes financiers prennent une importance nouvelle pour une royauté qui étend son administration, entretient une armée moins féodale, achète ses alliances, alors que le système fiscal reste hérité du passé : il n'existe toujours pas d'impôt permanent sur le revenu ; les ressources principales proviennent de la fiscalité indirecte pesant sur les transactions et la circulation des marchandises (péages pour franchir un pont, emprunter une voie d'eau, accéder à une foire…) ; de plus, les aides exceptionnelles demandées aux provinces ou aux cités doivent être justifiées et acceptées par les contribuables.

Le manque d'argent oblige le roi à gérer avec rigueur les ressources royales et l'amène à taxer lourdement les Juifs (qui sont bannis du royaume et dont les biens sont confisqués en 1308) et les Lombards ; il en vient aussi à faire arrêter les Templiers (1307), qu'il fait accuser de tous les maux, et leur grand maître, Jacques de Molay, et plusieurs autres grands dignitaires sont brûlés en 1314. Mais leur prétendu trésor est resté introuvable. Philippe le Bel essaie d'instituer un impôt foncier, le fouage, sans grand succès. Enguerrand de Marigny propose une réforme du Trésor (1314), un nouvel impôt de dix deniers sur les rentes et une réforme monétaire.

La mort de Philippe le Bel (29 novembre 1314) interrompt cette politique, qui laisse de son règne l'image d'un roi confronté au problème de rentrées d'argent et accusé de manipulation monétaire.

La descendance du souverain semble assurée, mais la mort prématurée de ses trois fils pose un problème de succession qui est en partie à l'origine de la crise politique du XIVe siècle et de la guerre de Cent Ans

Les origines de la guerre de Cent Ans

La disparition précoce des fils de Philippe le Bel amène son petit-fils, roi d'Angleterre, à revendiquer la couronne de France, dans le contexte d'une crise économique et sociale.

À la mort de Philippe le Bel, en novembre 1314, sa succession à la tête du royaume semble assurée, car il laisse trois fils en âge de régner. La paix extérieure a, de plus, été consolidée par le mariage de sa fille Isabelle avec le roi d'Angleterre Édouard II.

L'affaire des brus du roi

La fin du règne de Philippe le Bel est marquée par un événement exceptionnel : Marguerite de Bourgogne et Blanche d'Artois, épouses des futurs Louis X et Charles IV, sont les maîtresses des frères d'Aunay, alors que la femme du futur Philippe V, Jeanne d'Artois, a couvert ces relations extraconjugales.

Mis au courant au printemps 1314, Philippe le Bel réagit brutalement : les trois femmes sont arrêtées, et si Jeanne est finalement acquittée, Marguerite meurt dans son cachot de Château-Gaillard l'année suivante et Blanche reste dix ans en prison avant de mourir cloîtrée à Maubuisson. Quant aux frères d'Aunay, ils sont écorchés vifs, leur sexe est donné aux chiens, et le reste de leur cadavre, pendu !

Louis X le Hutin, Philippe V le Long et Charles IV le Bel

Louis X se remarie avec Clémence de Hongrie, mais il ne règne que deux ans (1314-1316), et son fils posthume, Jean Ier, meurt cinq jours après sa naissance. Jean Ier a certes une demi-sœur, Jeanne de Navarre, fille de Marguerite de Bourgogne. Mais Philippe V, régent, réussit à se faire reconnaître roi au détriment de sa nièce. Il règne de 1316 à 1322 et, à sa mort, laisse quatre filles. Son frère Charles IV en profite pour prendre à son tour la couronne. Mais, en 1328, la question se pose à nouveau, car il meurt sans fils.

La loi salique

Ce qui aurait pu n'être qu'un scandale de cour se transforme en affaire d'État et en problème politique majeur. Pour la première fois depuis Hugues Capet, soit douze générations successives de rois, il n'y a pas de fils direct ni de frère pour succéder à la couronne. Philippe de Valois, neveu de Philippe le Bel, se fait alors reconnaître roi, en « inventant » une vieille loi des Francs Saliens, la loi salique, qui excluait les femmes de la succession royale : il s'agit en fait d'écarter de la couronne la fille de Louis X, celles de Philippe V, et Isabelle d'Angleterre, ainsi que le fils de celle-ci, Édouard III. Pourtant, celui-ci se contente de rappeler ses droits, puis reconnaît la légitimité de Philippe VI en se rendant à Amiens, en juin 1329, prêter hommage au nouveau roi de France pour son fief de Guyenne, selon le droit féodal. Le problème semble donc réglé.

1328-1364

Les premiers Valois

Le règne des deux premiers Valois est celui des désastres militaires sanctionnés par le traité de Brétigny (1360).

Le « coup de force » de Philippe VI n'est cependant pas oublié : Édouard III, le roi d'Angleterre, ne renonce pas à utiliser l'argument d'illégitimité pour renforcer sa position contre les Français. De même, Charles le Mauvais, qui est le fils de Jeanne de Navarre (fille de Louis X) et de Philippe III, se pose en prétendant à la couronne de France : il ne doit son exclusion qu'au fait d'être né trop tard (1332) pour que ses partisans puissent véritablement faire valoir ses droits à la mort de Charles IV.

En réalité, pour l'un et pour l'autre, il s'agit de trouver un prétexte leur permettant de se poser en victimes du Valois, de justifier ainsi leur rébellion aux yeux du droit féodal et de trouver davantage de partisans. De fait, la guerre de Cent Ans débute comme un conflit féodal de plus, celui-ci ayant de particulier le fait qu'il oppose deux souverains.

Philippe VI (1328-1350)

Le premier acte se joue en 1337, quand Édouard III refuse de répondre à une citation du roi de France à comparaître devant lui. La riposte de Philippe VI ne se fait pas attendre : il prononce la commise* de son fief de Guyenne, c'est-à-dire la confiscation pour manquement aux devoirs d'un vassal envers son suzerain. Édouard réplique aussitôt en envoyant à Paris l'évêque de Lincoln porter un message à « Philippe de Valois, qui se dit roi de France ». Édouard III prend de plus le titre de « roi de France et d'Angleterre ».

Roi de France et d'Angleterre

L'affront est clair : il constitue une rupture de l'hommage d'Amiens et signifie qu'Édouard est prêt à en découdre par les armes. En fait, depuis plus d'un an il s'est engagé dans cette voie. Il a fait voter par le parlement une aide financière pour armer une flotte de guerre ; il a expédié des armes en Guyenne et soutenu puis accueilli Robert d'Artois révolté contre le roi de France ; il a mis sur pied une politique économique énergique et agressive destinée à créer une vraie industrie textile en Angleterre : interdiction d'exporter la laine anglaise vers les villes flamandes (Bruges, Gand, Ypres, Lille, Arras, Douai…) et d'importer du drap étranger, avantages accordés aux ouvriers venant s'installer en Angleterre. Dans le même temps, il pousse à l'exportation vers le Brabant (Malines et Bruxelles) et gagne le comte de Hainaut à sa cause en devenant son gendre.

Le blocus économique de la Flandre porte ses fruits : le Gantois Jacob Van Artevelde prend la tête de la révolte des villes flamandes, durement touchées par le chômage, contre le comte français Louis de Nevers et pour l'alliance avec l'Angleterre ; marchands et artisans se retrouvent unis contre le pouvoir politique pro-français (les guerres contre la France ne sont pas oubliées) et pour le retour des laines anglaises.

Un accord est signé en décembre 1339, par lequel les Flamands reconnaissent Édouard III comme roi de France, celui-ci déplaçant d'Anvers à Bruges « l'étape des laines » et s'engageant à restituer à la Flandre Lille, Douai et Orchies… quand il aurait reconquis ces territoires !

Mais, de son côté, Philippe VI ne cherche pas la paix : avant même la saisie du duché de Guyenne, provocation qui ne peut rester sans réponse, il soutient la révolte écossaise contre Édouard III et regroupe sa flotte de guerre en Normandie. De la même manière, il se cherche des alliés : il s'allie à Jean l'Aveugle, comte de Luxembourg et roi de Bohême, aux comtes de Savoie et de Genève, passe un accord militaire avec Gênes et, surtout, fin 1336, avec le roi Alphonse de Castille. C'est l'amorce d'une double alliance franco-castillane et anglo-aragonaise que l'on verra à l'œuvre durant de longues années.

Début des hostilités

La première vraie bataille n'a lieu que le 24 juin 1340, à L'Écluse, près de Bruges. La flotte française, voulant empêcher le débarquement de l'armée anglaise, est anéantie, alors que les Flamands attaquent les Français par l'arrière : les amiraux français ont jugé bon d'enchaîner leurs navires pour constituer une barricade sur l'eau, qui est vite enfoncée et brûlée par les Anglais, portés par le vent et la marée... Les mercenaires génois alliés des Français, conscients de l'absurdité de cette stratégie, se sont vite éclipsés. Toute invasion de l'Angleterre est désormais inconcevable, alors qu'au contraire Édouard III peut maintenant traverser la Manche à sa guise ; il n'en profite pas, cependant, pour améliorer ses positions continentales.

Les hostilités ne reprennent vraiment qu'en 1346, avec une offensive en Aquitaine du fils de Philippe VI, le futur Jean le Bon.

Mais l'importante armée (d'environ dix mille hommes) de celui-ci est immobilisée devant Aiguillon, au confluent de la Garonne et du Lot, fortement défendue par les Anglais et les Gascons, que les abus de la fiscalité et de l'administration du roi de France ont poussés du côté anglais. C'est alors qu'Édouard III débarque le 12 juillet à Saint-Vaast-la-Hougue, dans le Cotentin, puis il gagne la Normandie où certains seigneurs se sont révoltés contre le roi de France. Édouard se livre alors à une violente campagne militaire à l'encontre des fidèles de Philippe VI : pillage pour nourrir l'armée, sac de Saint-Lô, prise de Caen et incendie de la ville, prise de Louviers, puis marche rapide vers Paris, en suivant la Seine, et raids meurtriers sur les villages des alentours de la capitale.

Crécy et Calais

Mais Édouard III ne veut pas d'un combat frontal avec l'armée du roi de France, bien supérieure en nombre et qui se rassemble à Saint-Denis. Délaissant Paris, il se replie vers le nord. Après avoir franchi la Somme et laissé à nouveau une traînée de cendres, il est rattrapé à Crécy par les Français, qui le suivent à marche forcée. Arrivée épuisée, la chevalerie française charge sans stratégie ni discipline le camp retranché des Anglais reposés et organisés, bousculant au passage les piétons et mercenaires étrangers qui avancent trop lentement ! Les haies défensives, les pieux et les terribles archers anglais brisent l'élan suicidaire de la cavalerie de Philippe VI, qui, incapable de reprendre en main ses troupes se retire discrètement du champ de bataille, laissant les derniers irréductibles se faire massacrer par la piétaille anglaise.

Le prestige de Philippe VI est sérieusement atteint par cette déroute, d'autant plus qu'en 1347 l'armée de secours qu'il commande renonce à attaquer les Anglais assiégeant Calais. Après un an de siège, la ville se rend, et Édouard III n'accepte d'épargner ses habitants que sur les conseils de ses barons et la supplique de sa femme, Philippa de Hainaut, qui, enceinte, se jette publiquement à ses pieds pour solliciter la clémence royale (c'est l'épisode des « bourgeois de Calais »). Malgré ces succès, Édouard III ne tente pas de conquérir des territoires qu'il sait difficiles à prendre et à garder. Il se contente de laisser une garnison à Calais, qui devient en 1363 la ville étape pour les laines anglaises.

Jean le Bon (1350-1364)

L'épidémie de peste de 1348 va se charger de pacifier les esprits pour plusieurs années. Le conflit reprend à l'automne 1355, avec l'arrivée à Bordeaux du fils d'Édouard III, surnommé le « Prince Noir ». Désireux d'affermir son pouvoir, il sème la terreur dans les régions fidèles au roi de France: il prend villes et châteaux, pille, brûle, assassine en Armagnac, Comminges, Languedoc, évitant les longs sièges et les trop forts détachements français. La « chevauchée » ne dure que quelques semaines, mais elle suffit à laisser du Prince Noir une sinistre réputation. Dans le même temps, Édouard III attaque en Artois, mais se retire quand l'armée de Jean le Bon, qui a succédé à son père en 1350, arrive à Amiens. En juin 1356, une armée commandée par un autre fils d'Édouard III, le duc de Lancastre, débarque en Normandie alors que le Prince Noir entreprend une nouvelle chevauchée à travers le Périgord, le Limousin et le Berry.

Poitiers

Après avoir vainement tenté d'établir tour à tour le contact avec les deux fils d'Édouard, Jean le Bon finit par rattraper les troupes du Prince Noir qui se repliait vers Bordeaux. La bataille a lieu le 19 septembre 1356, à Maupertuis, près de Poitiers. Sûrs de la victoire, car au moins trois fois plus nombreux, les Français attaquent le camp anglais fortifié sur une hauteur en lançant une charge de cavalerie et en faisant gravir la colline à pied par le reste de l'armée! Le résultat est aussi désastreux qu'à Crécy: les chevaliers, transformés en fantassins, handicapés par leurs lourdes armures et par l'absence d'un armement adéquat, sont massacrés par la cavalerie et les spécialistes du combat à pied de l'armée anglaise. Les Anglais n'épargnent que ceux dont on peut attendre une bonne rançon, tels le roi de France lui-même et son fils, le futur duc de Bourgogne Philippe le Hardi, faits prisonniers.

Ce nouveau désastre militaire contribue à provoquer les troubles sociaux des années à venir (soulèvement parisien d'Étienne Marcel en 1358), les contribuables renâclant à payer des impôts pour financer une guerre si mal menée ou la rançon du roi vaincu. Celui-ci pousse le code de l'honneur féodal jusqu'à retourner dans sa prison anglaise, après avoir été libéré sur parole pour venir en France activer la signature d'une paix reconnaissant la victoire anglaise et collecter (sans succès) les fonds nécessaires à sa libération. Il mourra à Londres en 1364.

Les traités

Entre-temps, de multiples accrochages ont pris le pas sur les batailles d'un jour, que le Dauphin Charles, le futur Charles V, évite délibérément. Les adversaires signent finalement les traités de Brétigny et de Calais (1er mai et 24 octobre 1360) : le roi d'Angleterre obtient en pleine souveraineté l'Aquitaine, le Ponthieu, Calais et une série de places fortes gageant les traités ; la rançon de Jean le Bon est fixée à trois millions d'écus, et des otages sont remis aux Anglais. Mais Édouard III abandonne sa prétention sur le reste du royaume de France.

1364-1380

Charles V

Surnommé à juste titre « le Sage », Charles V réorganise les finances et l'armée du royaume avant d'entreprendre la reconquête des territoires contrôlés par l'Angleterre.

Charles V hérite donc en 1364 d'un royaume amputé et de conflits internes non réglés : la guerre a repris en Bretagne, où s'opposent depuis 1341 les prétendants à l'héritage du duc Jean III : Jean IV, soutenu par les Anglais, et Charles de Blois, neveu de Philippe VI, candidat des Français ; dans le même temps, Charles le Mauvais lève des troupes en Navarre, en Bretagne et en Normandie, s'allie aux Anglais et se prépare à la guerre.

Le règlement des conflits internes

Charles V réussit à rétablir la situation : grâce à Bertrand du Guesclin, les Français l'emportent à Cocherel (mai 1364), et la paix est signée avec Charles le Mauvais, qui perd Mantes et Meulan ; puis, par le traité de Guérande (avril 1365), Jean IV est reconnu duc de Bretagne contre hommage au roi de France.

Charles V continue à faire état de ses qualités de réalisme et de fin politique à propos de la reconquête de l'Aquitaine, qui reste son objectif final : il sait attendre, élaborer une patiente stratégie et profiter des difficultés que rencontrent les Anglais à prendre effectivement en main cette région.

La reconquête

Laissant les compagnies anglaises dévaster les campagnes en de longs raids destructeurs, il réorganise tout d'abord les finances du royaume, puis met sur pied une véritable armée de professionnels de la guerre et entreprend la reprise progressive, ville par ville, des provinces du Sud-Ouest. En 1369, le Rouergue, le Quercy et une partie du Périgord et de l'Agenais sont réoccupés; en 1370, les armées françaises, que du Guesclin avait rejointes, progressent en Limousin et en Poitou, prennent Moissac, Agen, Aiguillon, Sarlat, malgré des contre-attaques meurtrières des Anglais en Limousin et en Île-de-France.

En 1372, l'offensive française reprend de plus belle: Poitiers, Saintes, Angoulême, La Rochelle sont prises, alors que la flotte de guerre anglaise est coulée au large de l'Aunis. L'année suivante, les armées anglaises tentent une action en Bretagne, où Bertrand du Guesclin va se distinguer, et la guerre atteint également la Picardie, l'Artois et le Vermandois, alors que les Français continuent leur progression autour de Bordeaux.

Les belligérants épuisés finissent par signer une trêve à Bruges, le 1er juillet 1375. Cette trêve va être reconduite, d'autant plus facilement que les principaux protagonistes vont tous disparaître tour à tour en très peu de temps: le Prince Noir meurt en 1376, Édouard III en 1377, Charles V et Bertrand du Guesclin en 1380. La guerre avec l'Angleterre ne reprendra qu'en 1413.

Le fol règne de Charles VI

Après le retour de la paix sociale, la folie du roi fait sombrer le royaume dans la guerre civile qui favorise la reprise de la guerre et l'occupation anglaise.

Dès la mort de Charles V en 1380, l'agitation sociale va prendre le relais avec une révolte fiscale générale en France et l'insurrection des Flandres, écrasée par l'armée française à Rozebeke en 1382; la même année se produit le soulèvement parisien des «Maillotins»: la foule s'empare de maillets de plomb et pourchasse les collecteurs d'impôts avant de s'attaquer au Châtelet; puis les troubles s'étendent en Languedoc et à Rouen.
Le gouvernement du jeune Charles VI ne va pas donner dans le sentimentalisme: il réprime durement tous ces mouvements. D'autre part, s'il prescrit la restitution aux Juifs des biens dérobés lors des agitations antifiscales de 1380, il publie en 1381 une ordonnance leur retirant le droit de propriété et limitant le taux d'intérêt (la persistance de l'antisémitisme amène l'expulsion des Juifs du royaume en 1394).

Un court répit

Pourtant, la paix sociale revenant, une ère plus prospère aurait pu voir le jour, d'autant plus qu'en 1388 Charles VI, jusque-là sous la tutelle de ses oncles (le duc de Berry et le duc de Bourgogne Philippe le Hardi, frères de Charles V), prend réellement le pouvoir (il a alors 20 ans).

Charles VI rappelle aussitôt les anciens et les sages conseillers de son père, qui ont contribué au redressement de la France (Jean Le Mercie, Bureau de La Rivière, Jean de Montagu…) et que les ducs évincés surnomment les « Marmousets ».

La folie du roi

Mais un événement imprévisible va rallumer les rivalités et provoquer une crise politique qui, à nouveau, incendie la France : en 1392, Charles VI connaît la première poussée d'une folie qui le rend de plus en plus incapable de gouverner. La vacance du pouvoir permet aux princes de se l'approprier, mais les rivalités d'ambitions personnelles qui opposent les oncles et le frère du roi (Louis d'Orléans) vont faire connaître au pays de nouvelles épreuves.
Face aux fêtes permanentes de la cour du roi, aux frivolités de Louis d'Orléans et de la femme de Charles VI, Isabeau de Bavière, le poids du duc de Bourgogne se trouve augmenté. Celui-ci favorise le mariage de la jeune fille de Charles VI et d'Isabeau, Isabelle, avec le roi d'Angleterre Richard II ; on le célèbre dans le faste en 1396. La paix, les fêtes et l'essor commercial prennent alors encore le pas sur la guerre.

L'État bourguignon

Alors que Louis d'Orléans se préoccupe surtout de bien vivre aux frais du Trésor et d'acheter une clientèle en France et à l'étranger, Philippe le Hardi cherche à s'étendre vers le nord et mène une politique de conciliation avec l'Angleterre ; il a reçu de Jean le Bon, en 1363, le fief de Bourgogne, mais son duché comprend aussi la Franche-Comté et l'Artois, puis la Flandre dont il hérite en 1384. Malgré l'hostilité des Flamands, Philippe le Hardi s'impose par la force ; une paix est signée à Tournai en 1385, qui reconnaît aux Flamands la liberté du commerce, en échange de l'intégration des

Flandres au nouvel État bourguignon. Dorénavant, la Bourgogne et l'Angleterre se retrouvent économiquement liées.

Après la mort de Philippe le Hardi (1404), Jean sans Peur, le nouveau duc de Bourgogne, auréolé de sa participation héroïque à la « croisade » de Nicopolis, n'est pas décidé à céder devant les tentatives de Louis d'Orléans pour l'évincer du conseil du roi. Cette lutte pour le pouvoir a aussi pour enjeu le contrôle des revenus fiscaux, que les différents princes utilisent sans vergogne pour leur propre compte. Jean sans Peur peut ainsi facilement apparaître comme le défenseur de la réforme fiscale et devenir populaire aux yeux de ceux qui sont las de la légèreté de Louis d'Orléans.

L'irrémédiable se produit le 23 novembre 1407, quand le duc d'Orléans est assassiné par les hommes de Jean sans Peur, au sortir de l'hôtel Barbette, résidence d'Isabeau de Bavière.

Armagnacs et Bourguignons

Mais, après l'assassinat du duc d'Orléans et plusieurs années d'incidents divers, la guerre éclate en 1411 entre les deux clans, Bourguignons et Armagnacs. Ces derniers tiennent leur nom de Bernard d'Armagnac, qui soutient le nouveau duc Charles d'Orléans et le vieux duc de Berry.

Chaque clan cherche une alliance avec l'Angleterre : cela ne conduit qu'au débarquement d'une armée anglaise dans le Cotentin, qui se contente de ravager la région, alors qu'Armagnacs et Bourguignons, incapables de remporter une victoire décisive, signent la paix d'Auxerre le 22 août 1412. Mais, l'année suivante, le conflit rebondit : la révolte des bouchers parisiens, Bourguignons extrémistes, menée par Simon Caboche, se produit à Paris. Trouvant le travail des états généraux réunis en janvier trop lent et pas assez radical, ceux-ci suscitent un climat insurrectionnel qui conduit à des exécutions sommaires. Débordé, Jean sans Peur quitte Paris, qui est pris par les Armagnacs ; ils font à leur tour régner la terreur dans la capitale. On finit par signer une nouvelle paix en février 1415, alors que l'année précédente Jean sans Peur a conclu un accord de neutralité avec le roi d'Angleterre, pour le cas où ce dernier chercherait à reconquérir ses territoires français.

Azincourt

En Angleterre les choses ont en effet évolué : Richard II a été renversé en 1399 par son cousin Henri IV de Lancastre, dans un contexte de révoltes sociales et d'un conflit entre princes qui ressemble fort à celui que connaît la France. Si le règne d'Henri IV reste dominé par les problèmes internes, Henri V, qui lui succède en 1413, sera tenté par l'aventure extérieure. Contestant la légitimité des Valois et revendiquant la couronne de France, il stigmatise la rupture du traité de Brétigny par Charles V (qui a conquis des terres reconnues anglaises) et débarque en août 1415 en Normandie. Après avoir pris Harfleur, il tente de rejoindre Calais, mais est rattrapé par l'armée française à Azincourt. Cette armée ne comprend pas de Bourguignons : Bernard d'Armagnac ayant refusé à Jean sans Peur le droit de se joindre en personne à l'armée royale, Jean sans Peur interdit alors à tout Bourguignon d'en faire partie. Cette fois, ce sont les Anglais qui chargent, alors que les Français ont passé la nuit à cheval, sous la pluie, et se retrouvent le matin fourbus, embourbés et incapables de réagir ! Le massacre est effroyable, les Anglais ne faisant pas de prisonniers (sauf le duc Charles d'Orléans, qui aura le temps d'écrire des poèmes en prison, et le duc de Bourbon).

La France anglaise

La guerre reprend autour de Paris entre Armagnacs et Bourguignons ; en 1417, la flotte française est détruite devant la

Hougue, et une nouvelle armée anglaise prend Caen, Argentan, Alençon, puis Falaise, Évreux, Louviers en 1418. À Paris, l'agitation recommence et les Bourguignons reprennent le contrôle de la ville, les bouchers se livrant à de nouveaux massacres. Jean sans Peur rentre à Paris, mais laisse Cherbourg puis Rouen aux mains des Anglais. Pourtant, une tentative de réconciliation a lieu le 10 septembre 1419 à Montereau entre le duc de Bourgogne et le Dauphin Charles (le futur Charles VII), le pauvre Charles VI étant totalement incapable de décision. Elle se transforme en rupture : Jean sans Peur est assassiné par les Armagnacs, qui vengent (au bien mauvais moment) la mort de Louis d'Orléans.

Dès lors, les choses se précipitent : les Bourguignons du nouveau duc Philippe (le Bon) s'allient aux Anglais et, le 20 mai 1420, est conclu avec le roi d'Angleterre le traité de Troyes, qui prévoit le mariage entre Catherine (fille de Charles VI et d'Isabeau de Bavière) et Henri V, et fait de celui-ci le régent de France jusqu'à la mort de Charles VI. Le trône doit alors revenir à Henri V ou à ses héritiers. Ainsi, le Dauphin Charles est exclu de la succession. Mais Henri V ne va pas ceindre la couronne : il meurt le 31 août 1422, trois mois avant Charles VI, et la légitimité de son fils, Henri VI, né en 1421 et qui ne sera pas sacré à Reims selon la tradition, sera aussitôt contestée.

Le grand schisme d'Occident

C'est durant le règne de Charles VI que se produit le « grand schisme » au sein de l'Église d'Occident (séparée de l'Église d'Orient depuis 1054). À la mort de Grégoire XI (1378), la population romaine terrorise le conclave (dont ne font pas partie certains cardinaux restés à Avignon) afin qu'il élise un pape italien résidant définitivement à Rome. L'économie et la société romaines ont en effet beaucoup souffert du transfert de la cour à Avignon en 1305.

L'archevêque de Bari est élu et prend le nom d'Urbain VI. Mais il se signale par un autoritarisme, une brutalité et un désir de réforme immédiate de l'Église allant dans le sens du renforcement de l'autorité pontificale et du retour à plus d'austérité dans les mœurs du clergé. Les cardinaux du Sacré Collège décident de le déposer, en évoquant les conditions particulières de l'élection d'Urbain VI, et le remplacent par le cardinal de Genève, qui devient Clément VII et retourne à Avignon. Mais les rivalités européennes empêchent la résolution du conflit : l'Angleterre, l'Allemagne, la Flandre, une grande partie de l'Italie, la Hongrie, la Pologne soutiennent Urbain VI, tandis que la France, les États espagnols, l'Écosse, la Savoie reconnaissent Clément VII. Il y a alors deux lignées de papes, et même une troisième à partir de 1409, quand le concile réuni à Pise pour mettre fin au schisme dépose les deux « hérétiques » et élit Alexandre V : les Italiens continuent en effet à soutenir le successeur d'Urbain VI, l'Espagne et l'Écosse, celui de Clément VII. Il faut attendre le concile de Constance (1414-1418) pour qu'enfin l'unité soit rétablie, avec l'élection de Martin V en 1417, reconnu par tout l'Occident.

Ce schisme est un élément supplémentaire de la crise qui secoue l'Europe durant cette période. Il favorise de plus la montée du gallicanisme. En France, c'est d'abord la « soustraction d'obédience » votée par l'Université de Paris en 1394, soutenant le gouvernement de Charles VI et le duc de Bourgogne dans leur désir d'évincer le pape d'Avignon, Benoît XIII, et de se substituer à lui pour les nominations épiscopales et pour la levée de l'impôt. La montée du pouvoir royal s'affirme à nouveau, avec la « pragmatique sanction » de Bourges (1438) permettant au roi de France de s'immiscer dans les affaires de l'Église de France. Le discrédit de l'Église conduit aussi à des mouvements plus radicaux, comme en Angleterre celui de John Wyclif (mort en 1384) et en Bohême celui de Jean Hus (brûlé vif en 1415).

1422-1461

Charles VII

Le long règne de Charles VII, après un début difficile, est celui de la libération totale du royaume de France.

Après la mort de Charles VI et d'Henri V, son frère, le duc de Bedford exerce la régence au nom du fils d'Henri V et de Catherine de France, âgé de dix mois. Il va étendre l'influence anglaise vers le sud, jusqu'à la Loire, alors que le duc de Bourgogne, Philippe le Bon, fait de même vers le nord.

MOYEN ÂGE

Le « roi de Bourges »

Charles VII ne contrôle plus que le centre de la France. Mais le danger persiste pour les Anglais en raison de la résistance sporadique de fidèles à Charles VII et des restes de l'armée des Armagnacs, complétée de mercenaires. Pour en finir, les Anglais décident en 1428 de prendre Orléans, pour attaquer le « roi de Bourges » sur son terrain.

Orléans résiste, défendue par le « Bâtard d'Orléans » (demi-frère du duc Charles et futur comte de Dunois) ; elle est libérée par l'offensive de Jeanne d'Arc au printemps 1429. Premier véritable coup d'arrêt à l'expansion anglaise, cette victoire provoque le « choc psychologique » qui fait reprendre confiance aux partisans de Charles VII et révèle la faiblesse d'une armée anglaise qui n'est pas prête à mener une longue guerre d'occupation. Les Français contre-attaquent : les Anglais battus à Patay le 18 juin 1429. Jeanne d'Arc réussit à convaincre Charles VII d'aller se faire symboliquement sacrer à Reims le 16 juillet.

Soissons, Laon, Château-Thierry, Compiègne, Senlis, Beauvais se rendent au roi de France ou sont prises ; mais les Français échouent devant Paris et, l'année suivante, l'armée du duc de Bourgogne assiège Compiègne. Jeanne est faite prisonnière et vendue aux Anglais.

Charles VII ne fait rien pour la sauver, beaucoup de ceux qui l'entourent n'étant pas mécontents de voir disparaître cette fille du peuple qui a pris leur place et réussi où ils avaient échoué. Elle gêne aussi un rapprochement entre la Bourgogne et la France. Un an plus tard, des négociations s'ouvrent entre le roi de France et le duc de Bourgogne, et aboutissent à la paix d'Arras, en 1435. Fortes du ralliement bourguignon, les troupes de Charles VII entrent dans Paris en avril 1436. L'année suivante, en novembre, Charles VII y fait lui-même son entrée solennelle. Les places encore tenues par les Anglais en Île-de-France tombent à leur tour. Mais les Anglais restent en Normandie et l'insécurité règne dans le Sud-Ouest, traversé par des bandes de routiers pillards.

La « pragmatique sanction »

En juillet 1438, le roi promulgue la « pragmatique sanction de Bourges » : elle organise d'une façon autonome la juridiction de l'Église de France, décrète la supériorité du concile des évêques sur le pape et retire à Rome la collation des bénéfices ecclésiastiques. Cette première grande affirmation de gallicanisme est pour Charles VII le moyen d'intervenir dans l'élection des évêques et des abbés, et d'affirmer le pouvoir royal.

Formigny et Castillon

Charles VII et ses conseillers mènent à bien une reprise en main de l'administration, des finances et de l'armée, qui permet d'entreprendre les dernières campagnes (grâce en partie à l'argent fourni

par Jacques Cœur). Charles VII entre dans Rouen le 10 novembre 1449. Les Anglais contre-attaquent, mais sont battus à Formigny (avril 1450). En Guyenne, l'offensive française a lieu dès 1451, mais les Anglais résistent jusqu'en 1453, date à laquelle la victoire française de Castillon ouvre le chemin de Bordeaux.
Fin 1453, seule Calais reste anglaise, et la guerre de Cent Ans est terminée, avec l'affermissement du pouvoir de Charles VII et de l'administration royale sur un territoire d'une dimension nouvelle.
Charles VII meurt en 1461 ; Louis XI devient roi de France.

Dossiers

Une économie dynamique

L'intense réseau de villes modestes atteste le dynamisme de l'économie urbaine et la fréquence des échanges villes-campagnes, s'élargissant au grand commerce lointain. Les progrès de la productivité permettent de nourrir une population plus nombreuse et de diversifier les activités.

Le commerce féodal

Si les grands princes participent à l'essor des grandes cités, la multitude des petits seigneurs reste intégrée à l'économie locale, qui joue le même rôle que les grands centres urbains. La place prise par l'échange marchand apparaît encore plus clairement si l'on observe les liens qui se nouent entre le grand commerce international ou interrégional et le commerce local.

L'économie locale

Le bourg féodal. Les bourgs, petits ou grands, ne constituent pas de simples enclaves au sein du monde seigneurial ; non seulement ils sont tolérés par une aristocratie foncière incapable d'en limiter le nombre et l'expansion, mais ils sont en réalité des éléments essentiels à la société féodale.

L'économie agrovillageoise. Les petites villes ou les gros bourgs sont des lieux d'animation de l'activité régionale : ils ont leur église, leurs remparts et leur milice, souvent un château fortifié au cœur de l'agglomération, leurs maisons bourgeoises et leurs échoppes d'artisans. C'est sur ce dynamisme de l'économie agrovillageoise que repose en grande partie le développement de la société dans son ensemble.

Certes, le seigneur d'un fief d'une importance moyenne peut à la limite se nourrir du produit du travail de ses paysans et faire entretenir sa maison par ses serfs corvéables. Mais la quantité des denrées alimentaires versées par les paysans au propriétaire foncier excède généralement ce qui est nécessaire pour nourrir le seigneur et son entourage ; ce surplus n'est donc intéressant que s'il peut s'échanger contre des liquidités monétaires ; à côté de la vente des franchises* individuelles ou collectives, la source principale du revenu seigneurial est donc tout simplement la vente du surplus agricole, essentiellement aux habitants des agglomérations ayant abandonné la culture de la terre, et accessoirement à ceux qui ne produisent pas telle ou telle denrée particulière.

L'échange monétaire. Le développement de l'économie non agricole est donc le débouché et le complément nécessaire de l'économie seigneuriale, à partir du moment où les besoins de la classe possédante du sol se diversifient et ne peuvent se réaliser que par l'intermédiaire de transactions monétaires. Cela devient en effet le cas de la plus grande partie des éléments courants du train de vie seigneurial : achat, construction, agrandissement ou embellissement des demeures (la pierre est de plus en plus utilisée à partir des XIe-XIIe siècles, et les châteaux sont de plus en plus imposants, ce qui coûte cher) ; achat du matériel de guerre (armes, armures, équipement du cheval, qui sont travaux de spécialistes) ; achat de vêtements, fourrures, draps, couvertures, soieries…, de bijoux et produits divers d'orfèvrerie, et de tout le nécessaire à la vie domestique (mobilier, instruments de cuisine, épices…) que l'on cherche à se procurer chez les meilleurs artisans, ou qui proviennent de provinces ou de pays lointains. Bien sûr, l'immense majorité de la population, libre ou non, reste agricole ; elle continue à payer une partie de ses redevances en nature et à recourir au troc pour satisfaire un certain nombre de besoins. Mais, aussi bien pour payer la partie monétaire grandissante de ses impôts que pour acquérir les produits alimentaires de complément, ses vêtements et autres biens de consommation ordinaires, elle utilise la monnaie, qu'elle ne peut se procurer qu'en vendant son propre surplus sur le marché du bourg voisin.

On assiste donc au développement, au sein même du monde des campagnes, de rapports d'échange marchands. C'est ce qui permet de parler de « société féodo-marchande » pour définir cette organisation sociale où se combinent rapports féodaux et transactions commerciales. Certes, celles-ci sont encore pour l'instant secondaires, et le mode de vie aussi bien que le système de pouvoir et l'idéologie dominante sont toujours marqués par les principes de la féodalité. Mais l'évolution des siècles à venir ne peut se comprendre que dans la continuité de la structure économique et sociale qui se met en place au cours de cette période (et des tensions internes dont elle est déjà porteuse).

Le grand commerce international

Au nord. Il est vrai que les régions les plus engagées dans ce grand commerce se situent hors des territoires d'obédience française ou à leur périphérie ; c'est surtout le cas de la Flandre et des pays germaniques, dont les marchands se regroupent en associations (guildes* et hanses*). À l'origine, celles-ci ne constituent que des sortes de confréries*, à but charitable ou religieux, puis regroupent des marchands exerçant une même profession (tels les transporteurs fluviaux d'une ville) ou fréquentant les mêmes marchés, afin de mieux supporter le risque commercial. Elles se font accorder par les seigneurs ou les rois des privilèges en matière de monopole commercial, de fixation des prix, de contrôle des poids et mesures, de juridiction propre, le tout codifié dans un statut reconnu officiellement. Elles participent à l'émancipation communale en développant l'esprit de solidarité et de résistance aux seigneurs, d'autant plus que le phénomène prend la forme d'association de cités marchandes.

Vers le sud. Au sud de l'Europe, ce sont bien sûr les grands ports italiens, Gênes et Venise surtout, qui constituent les maillons principaux du commerce avec l'est de la Méditerranée. Gênes importe des rives de la mer Noire du blé, du bois, du sel, des fourrures, des poissons salés (mais aussi le bacille de la peste en 1347 !). Venise est plus tournée vers le sud-est, dont elle rapporte les épices (poivre, gingembre, cannelle, muscade...) et le coton égyptien. Il n'est pas utile d'insister sur la grande richesse de ces villes italiennes, qui, avec Florence et Sienne, Rome et Naples, Pise ou Milan, n'ont rien à envier aux grandes cités allemandes ou flamandes. Elles ont même joué un rôle très actif (et Venise en particulier) dans le maintien de relations commerciales avec l'Orient, et d'une activité marchande tout simplement, durant les siècles de régression économique où l'Europe du Nord était ravagée par les guerres. Les « Lombards » (souvent d'ailleurs toscans, siennois ou florentins) sont encore en France au XIIIe et au XIVe siècle, les financiers-marchands les mieux organisés et les plus recherchés.

Les foires. Si les villes et les marchands français n'ont pas l'activité ni le rayonnement de ces grandes villes tournées vers les contrées lointaines et s'ils ne s'intègrent pas pleinement à ce commerce international, la France ne reste pas pour autant à l'écart de ces grands courants d'échange. C'est ainsi que les grandes foires périodiques (Troyes, Lagny, Provins, Bar-sur-Aube, Chalon-sur-Saône...) attestent la vitalité économique et commerciale des provinces françaises. D'autre part, des marchandises françaises, telles que les blés, le vin, les draps, le pastel ou les produits de l'artisanat, sont exportées à partir de Calais, Rouen, Nantes, La Rochelle, Bordeaux, Bayonne ou Montpellier..., ou vendues à l'occasion des grandes foires.

Inversement, les produits d'Orient et les soieries arrivent par l'Italie et les quelques ports méditerranéens, ceux du Nord pénètrent par mer ou sont importés par l'intermédiaire des marchands de Bruges, Gand, Liège, Anvers, puis d'Amsterdam et de Rotterdam, alors que les villes allemandes (Leipzig, Francfort, Nuremberg, Augsbourg, Ravensburg...), liées ou non à la Hanse, constituent un réseau de centres commerciaux en relation avec les villes de l'est de la France et aussi celles de la Suisse.

Les merciers. Mais si les foires et les villes françaises accueillent les produits étrangers achetés sur place par les bourgeois et seigneurs, ces marchandises, au même titre que les produits français, circulent à travers le pays, par l'intermédiaire des marchands ambulants que sont les merciers ; ils vendent des tissus, des toiles, du fil et des rubans, des ceintures, des chapeaux, des coffres... et vont de foire en foire et de château en château. Même ceux qui tiennent boutique en ville se déplacent aussi dans les campagnes et contribuent également à faire connaître les spécialités de telle région ou de tel pays.

Les drapiers. C'est en particulier le cas des drapiers, et des marchands de produits textiles en général, dont la production se diversifie (draps, toiles en lin et en chanvre, cotonnades, sous-vêtements). L'industrie textile s'oriente vers la production de masse, tournée vers l'échange international, et s'oppose par là même au trafic des siècles antérieurs, qui se composait essentiellement de produits onéreux et de peu de poids. La région de Bourges, de Rouen et les villes du Nord sont à la pointe de cet effort de spécialisation et bénéficient du développement de l'élevage du mouton.

Le commerce du sel. Seul élément permettant la conservation des aliments, et donc produit de très grande consommation, sa production et sa commercialisation représentent un tel enjeu que l'État s'en réserve le monopole. Il perçoit un impôt spécifique sur cette denrée, la gabelle, dont le montant dépend de l'importance de la production locale : on distingue ainsi les provinces de « petite » et de « grande gabelle ».

Les transformations techniques.

Le développement de la production et des échanges, et l'essor démographique et urbain s'expliquent en partie par l'évolution des rapports sociaux au sein de la classe seigneuriale et entre celle-ci et la paysannerie. Mais tout cela est étroitement lié à la transformation des techniques de production, qui touche un grand nombre d'activités et qui a pu conduire à parler de « révolution industrielle du Moyen Âge ».

La révolution agricole

Ainsi, dans le domaine agricole, l'utilisation du cheval comme force de trait – rendue possible par l'emploi d'un collier rigide ne gênant pas la respiration, par l'usage des fers cloutés et par l'attelage à la file – se développe à partir du XIe siècle. Or le simple fait de substituer un cheval à un bœuf permet d'augmenter la puissance motrice de 50 %, et le cheval peut travailler environ deux heures de plus par jour. Mais le développement de l'usage du cheval sera lent, car conditionné par les possibilités financières des agriculteurs, par leur connaissance de l'élevage et des soins des bêtes de trait. Cela demande aussi de surmonter l'obstacle constitué par l'image du cheval-instrument de combat réservé aux nobles. Cela implique enfin que l'on développe la culture de l'avoine (donc que les hommes soient déjà nourris) et que l'on pratique plus souvent la rotation triennale, qui apparaît vers le IXe siècle mais qui sera longue à s'imposer.

Le fait majeur pour le développement de la production agricole est peut-être la mise au point de la charrue lourde à versoir, dont l'utilisation se répand rapidement à partir du XIe siècle. Cet instrument, équipé d'un soc métallique qui creuse plus profondément le sol, rejette la terre sur les côtés, alors que la herse recouvre de terre les semences. Associé à plusieurs bœufs ou chevaux, il permet l'extension des surfaces cultivables, le défrichement des forêts après l'essartage et un meilleur rendement des cultures. Il conduit aussi à modifier l'organisation de la production, en poussant les paysans à adapter les parcelles à l'utilisation d'un tel équipage difficile à manœuvrer, et à se grouper pour faire face au coût élevé de son acquisition et de son entretien.

D'autre part, le développement de l'élevage, et en particulier de celui du mouton, favorise l'accroissement de la production de viande, de laine, de lait, de cuir et de fumier, y compris sur des terres ingrates. Cela permet donc de mieux nourrir les populations et de procurer des matières premières à l'artisanat textile.

Ces phénomènes correspondent en fait à une période où l'on a le temps de penser à mieux produire, et où l'on n'est pas sans cesse menacé par tel ou tel envahisseur ou destructeur. D'ailleurs, le temps des guerres revenu, l'agriculture cessera à nouveau d'innover, jusqu'au XVIIIe ou XIXe siècle.

La mécanisation

À côté des activités agricoles proprement dites, celles qui dérivent de l'agriculture (meunerie, fabrication des huiles, de la bière, travail de la laine ou des peaux…) comme celles qui concernent l'industrie des métaux connaissent des progrès décisifs grâce à la maîtrise de l'énergie et de la mécanisation. Celle-ci est due au développement de l'usage des moulins à vent et surtout à eau, déjà connus à l'époque romaine mais qui se multiplient et se perfectionnent du XIe au XIIIe siècle, en particulier grâce à la mise au point de l'arbre à cames. Cela permet de mécaniser des travaux qui se faisaient jusque-là au pied ou à la main pour moudre des grains, fouler les draps, préparer la bière, la moutarde, mais aussi le papier (en

écrasant du lin et du coton), piler les olives, aiguiser les instruments; la force humaine est décuplée: dans un moulin à foulon mécanisé, un seul homme peut en remplacer quarante.
Mais si la construction d'un moulin est onéreuse, son rapport est élevé, car tout le monde (de gré ou de force) est amené à louer son utilisation.

Le travail des métaux

Pour ce qui est de la sidérurgie, on sait que les besoins en fer sont considérables, aussi bien à des fins militaires (armes à main, cottes de mailles, armures, casques, pièces d'arbalète…) que civiles (socs de charrue, fers à cheval, clous, serrures, chaînes, ustensiles de construction…). La réponse à cette demande énorme de produits extrêmement diversifiés est possible grâce à la force hydraulique permettant d'équiper les forges de marteaux pesant plusieurs centaines de kilos et de soufflets élevant la température des fours. Les abbayes cisterciennes jouent ici, comme dans le domaine agricole, un rôle important dans l'élaboration et la propagation de ces nouvelles techniques. En dehors du travail du fer, on exploite également sur une grande échelle les mines d'argent, de plomb, de cuivre et de zinc, qui constituent d'ailleurs des produits d'exportation.

Les bâtisseurs de cathédrales

Il convient aussi d'évoquer la grande maîtrise architecturale des bâtisseurs de ces temps. Les cathédrales, abbayes ou les simples églises, les châteaux et les remparts que l'on rencontre partout en France comme en Europe témoignent de l'aptitude de ces hommes à travailler la pierre et à joindre l'esthétique à la solidité. Les constructeurs (de l'architecte au simple maçon) bénéficient de plus du statut privilégié de spécialistes recherchés, allant de chantier en chantier apporter leur savoir-faire.
D'autre part, on construit des barrages, on cherche à utiliser l'énergie des marées, on met au point une boussole (au XIIIe siècle);

l'horloge mécanique, en provenance d'Italie, se répand en France au XIVe siècle.

Une révolution industrielle féodale ?

Les progrès techniques de cette période montrent l'existence d'un esprit créatif préoccupé par l'amélioration de la productivité et de la production. Cela nous oblige à rompre avec une vision sommaire de cette époque, qui en faisait celle de l'obscurantisme intellectuel et de la grossièreté des mœurs.

Mais il s'agit plus d'une mobilisation des connaissances existantes, d'une utilisation plus rationnelle des moyens de production courants, parfois améliorés avec ingéniosité, que d'un « saut qualitatif » dans des techniques radicalement nouvelles amorçant un processus cumulatif d'innovations complémentaires, comme au XIXe siècle. C'est d'ailleurs en partie pour cela que la croissance économique plafonnera à la fin du XIIIe siècle.

Le lent déclin de la société féodale

Symbolisé par la cérémonie de l'hommage, par laquelle un suzerain confie un fief à son vassal, le rapport féodo-vassalique organise le nouvel ordre féodal. Anciens esclaves ou anciens hommes libres, les serfs constituent la majorité de la paysannerie dont les conditions de vie s'améliorent. La ville, protectrice aux époques dangereuses, devient durant les temps féodaux un lieu de production, d'échange et de rencontres, un nouvel espace de liberté et d'essor artistique. Mais au XIVe siècle, l'ensemble du monde européen est touché par une crise multiforme.

Seigneurs et vassaux

À partir du VIIIe siècle, la soumission à un suzerain tend donc à s'accompagner de la concession d'un territoire, d'abord appelé bénéfice*, puis fief. Cette dotation est consentie au profit d'un individu bien déterminé, à l'occasion de la cérémonie publique de l'hommage* : dans le château du suzerain, le vassal, à genoux, tête nue, met ses mains dans celles du seigneur et lui jure fidélité en se reconnaissant son homme ; le seigneur lui promet en retour sa protection et l'investit d'un fief. La jouissance du fief devient vite héréditaire et n'est retirée qu'en cas de rébellion du vassal ; mais la cérémonie de l'hommage doit être renouvelée à chaque transmission du fief. Ne pas rendre hommage à son suzerain revient à nier que l'on tient son territoire de lui et expose à la confiscation (commise) du fief.

La hiérarchie féodale

Mais chaque vassal est lui-même le seigneur de ceux à qui il a laissé le bénéfice d'une partie de son fief. Il se crée ainsi une gigantesque pyramide à l'échelle du pays, avec le roi au sommet et une multitude de ramifications à la base, où chacun doit indirectement fidélité au souverain du royaume. On comprend ainsi les raisons de la solidité de l'édifice : le respect et le prestige dont jouit chaque seigneur ne proviennent pas uniquement de sa propre richesse et de la force de ses troupes ; c'est aussi parce qu'il tient du roi ou d'un très haut personnage ses terres et son autorité. Renier l'origine de celles-ci ou abuser de ses pouvoirs expose le seigneur au soulèvement de ses vassaux et à l'intervention du roi, qui trouve bien vite l'aide d'autres grands, prêts à profiter de l'occasion pour se partager le fief du félon.

Les moyens d'action du roi sont souvent limités, en raison de la puissance de certains vassaux. L'absence d'un appareil d'État fort et d'une administration centralisée n'est pas synonyme d'anarchie. Il s'agit plutôt d'un pouvoir décentralisé, où les droits du souverain sont limités par la coutume, et les nombreux conflits de compétences souvent réglés par la négociation avec des autorités locales (seigneurs, évêques, parlement des villes...).

Il existe cependant une prérogative royale constituée par le droit de justice d'appel, dont useront Saint Louis et Philippe le Bel, permettant au souverain d'affirmer son autorité suprême, de court-circuiter les droits seigneuriaux et d'étendre à l'ensemble du pays et des sujets les dispositions de la justice royale.

Les obligations du vassal

En dehors du devoir de fidélité, les obligations du vassal consistent à fournir un contingent armé à son suzerain, à payer sa rançon s'il est fait prisonnier et à se joindre à l'armée du roi quand celui-ci lève l'ost*. Le vassal doit aussi participer aux dépenses des cérémonies du mariage du fils aîné du roi. C'est la seule contribution financière demandée aux vassaux. Ainsi, les revenus du roi se réduisent à ceux de son domaine propre : il n'existe pas d'impôt royal avant le XIVe siècle. Encore ne sera-t-il qu'exceptionnel et devra-t-il être accepté par les contribuables (parlements, états généraux, clergé...) ; il ne devient fréquent que durant la guerre de Cent Ans.

Le servage

Si l'on peut peut-être parler de la formation d'un « nouveau servage » aux Xe-XIe siècles, par opposition à la diversité des statuts sociaux des VIe-IXe siècles, ce servage ne touche pas l'intégralité de la population paysanne : la paysannerie totalement libre régresse sans doute, mais n'en disparaît pas pour autant, qu'elle soit individuelle ou organisée en communautés villageoises ; ceux qui le peuvent ne manquent d'ailleurs pas de faire valoir leur condition non servile, en recourant si besoin est à la protection de l'Église et aux tribunaux ecclésiastiques.

La tenure

Ayant conquis un territoire, ou le recevant du roi ou d'un prince, le seigneur concède à son tour la jouissance d'une terre à un paysan-exploitant, tout en conservant la propriété. Le bénéficiaire tient donc la terre (tenure*) du seigneur, dans un premier temps à titre précaire, c'est-à-dire avec un bail à durée déterminée, puis, dès le VIIe siècle, à titre viager. Mais, de même que les fiefs se transmettent de père en fils, la concession des « précaires » devient héréditaire. Suivant la nature de la concession, et donc l'importance des redevances et incapacités personnelles qui pèsent sur l'exploitant, on distingue les tenures « féodales » (fiefs nobles), les tenures « serviles », celles « en censive », « en hostile », « en franc alleu »...

La tenure est de dimension variable, mais peut se réduire à une manse*, qui désigne l'unité d'exploitation agricole avec habitation et jardin, d'une superficie de l'ordre de 10 à 15 hectares, et correspond au travail d'un attelage et à la subsistance d'une famille. Ces manses peuvent être « ingénuiles », c'est-à-dire être attribuées à des colons libres, « serviles » (à des serfs) ou « lidiles » (à des affranchis).

La filiation entre l'esclavage et le servage est bien marquée par l'étymologie du terme « serf », qui vient du latin *servus*, désignant l'esclave, et la généralisation du rapport servile est attestée par l'oubli progressif des autres termes par la mémoire collective.

Le poids des redevances

Le rapprochement des statuts réels de la grande masse des travailleurs de la terre s'explique par l'extension de la seigneurie dite « banale », c'est-à-dire assortie des droits liés au ban*: droits de donner des ordres et de contraindre les individus vivant sur le territoire où s'exerce le pouvoir seigneurial. Cette extension, liée à la dégradation de l'autorité publique, a pour effet de renforcer les moyens de domination des propriétaires fonciers sur la paysannerie non libre.

Les seigneurs s'efforcent de s'appuyer sur les « coutumes » pour justifier les redevances, et de les appliquer à tous ceux qui vivent sur le territoire du château, y compris, ceux qui sont libres « alleutiers », et à qui ils demandent de fournir la preuve de leur origine non servile ! De même s'étendent au XIe siècle de nouvelles banalités* : obligation d'utiliser moyennant finances le moulin, le four, la forge, le taureau, le pressoir du seigneur, interdiction de vendre du vin avant que le seigneur n'ait écoulé le sien…

Ces obligations s'ajoutent aux nombreux « droits serviles » qui pèsent non seulement sur les anciens esclaves qui ont obtenu la jouissance d'une terre, mais aussi sur les hommes libres qui ont abandonné leur propriété et une partie de leur liberté contre la « protection » du grand propriétaire ou de l'Église.

Suivant l'origine des travailleurs du sol et les traditions locales, on doit ainsi : la taille* (rémunérant le service de protection assuré par le seigneur), le chevage* (impôt par tête, frappant les serfs et les affranchis), le cens* (somme fixe versée annuellement au seigneur), des corvées* (jours de travail gratuit), le champart* (redevance constituée d'une partie des récoltes), la dîme* (prélèvement effectué par l'Église), la mainmorte* (permettant au seigneur d'hériter des biens de ses serfs et transformée en taxe d'héritage)...
De plus, la gabelle* (taxe royale sur le sel, instituée en 1341), la taille royale (impôt direct constituant, pour les roturiers, l'équivalent pécuniaire du service militaire), les tonlieux* (impôt affectant le transport des marchandises) touchent également tous ceux qui ne sont pas de condition servile.

L'évolution du servage

Mais il convient de souligner le fait que la condition générale de la paysannerie tend à s'améliorer sur une longue période ; c'est ce qui permet de comprendre le dynamisme économique des Xe-XIIIe siècles.
En effet, la réglementation « juridique » par la seigneurie foncière du statut des travailleurs s'inscrit dans la logique d'une recherche de rentabilisation de leur propriété. Il s'agit, en fait, maintenant que la conquête et le pillage ne sont plus des sources ordinaires de richesse, de tirer le maximum de revenu de ce que les rapports de force locaux et l'héritage du passé permettent. Or, cela ne signifie pas aggravation du poids des prélèvements : ceux-ci étaient généralement plus lourds au temps de l'installation sur les tenures, surtout pour les anciens esclaves, et quand les pillages et les destructions anéantissaient une partie de la production. Maintenant que la paix tend à s'installer, que le souvenir de l'esclavage s'estompe, que le prélèvement prend le plus souvent la forme d'un impôt et de moins en moins celle d'un temps de travail gratuit,

les producteurs gagnent en autonomie et sont incités à accroître leur productivité et la production : on défriche de nouvelles terres, on développe l'élevage, qui améliore l'alimentation et fournir des engrais, on peut avoir et garder plus d'enfants.

Au cœur de ce mouvement se trouve le besoin de liquidités monétaires des seigneurs, qui les conduit à substituer dans une large mesure le paiement en argent au prélèvement en nature, alors que l'augmentation du nombre de bras réduit le poids des corvées (en temps de travail). Mais si cette part des redevances monétaires s'élève, leur valeur est fixée une fois pour toutes par la coutume, ce qui a pour conséquence que toute hausse des prix des produits agricoles, ou chaque progrès de la production, bénéficie avant tout aux paysans.

Cela ne met pas bien sûr l'ensemble des individus à l'abri du besoin ou de la famine (les années de mauvaise récolte pouvant être dramatiques). Cela n'entraîne pas non plus un enrichissement uniforme et permanent de tous les plus défavorisés de cette société très hiérarchisée et inégalitaire. Mais ce mouvement permet aux plus pauvres de vivre mieux que durant les temps passés et les durs moments des siècles à venir. Bien plus, au-delà de l'amélioration immédiate, la hausse des revenus permet à un grand nombre d'individus d'échapper partiellement ou totalement à la condition servile en rachetant tout ou partie des droits qui pèsent sur eux.

Les franchises

D'une façon générale, ces franchises portent sur l'ensemble des droits féodaux, accordent la faculté de s'établir et de se marier librement, et parfois des privilèges administratifs, judiciaires, militaires (exemption de service militaire ou possibilité d'avoir des milices) ou économiques (liberté de commerce, possibilité de vendre des terres, droits d'usage des forêts ou pacages…). Elles sont accordées à des individus ou à des collectivités (communes, villes), qui paient alors solidairement ce qui reste dû au seigneur local.

L'achat de « franchises » est surtout important aux XIIe et XIIIe siècles, les rois de France donnant l'exemple sur leurs propres domaines ; ainsi, vers 1155, Louis VI accorde-t-il à la ville de Lorris, dans le Gâtinais, sa fameuse charte d'affranchissement qui servira de modèle à de nombreuses « villes franches ». Cette charte donne un prévôt à la ville, réduit les corvées et les péages, supprime la taille et la mainmorte pour les bourgeois.

Les raisons qui poussent les seigneurs à accepter cet affranchissement sont multiples et ne se limitent pas à l'attrait du gain immédiat. Ces derniers y sont parfois poussés par des soulèvements populaires ; mais, le plus souvent, cela se produit sans violence : il s'agit de récompenser des services rendus, de retenir des habitants prêts à quitter la terre et que le contexte social ne permet plus de retenir par la force, de réduire la misère des plus pauvres, à laquelle certains seigneurs très chrétiens sont sensibles, ou de favoriser l'essor de lieux de production ou d'échange. Les seigneurs se rendent compte du rôle dynamisant pour leur propre fief des marchés et de l'artisanat urbain, apportant ou produisant des biens nouveaux et sources d'impôts. Parfois aussi, cela peut provenir d'un désaccord entre seigneurs à l'occasion d'un litige sur l'héritage d'un fief : ils se livrent à une surenchère destinée à se faire accepter comme suzerain, ou règlent un contentieux en fixant par écrit le sort des habitants dans des conditions qui tiennent compte du nouveau contexte de l'époque.

Ainsi, la perspective d'un changement dans le statut social a été un aiguillon puissant au dynamisme individuel et, par suite, aux transformations économiques.

L'essor urbain

L'un des principaux facteurs de dynamisme de cette période est constitué par le puissant essor urbain qui s'affirme dès le XIe, et surtout aux XIIe et XIIIe siècles. Les villes n'ont bien sûr pas disparu depuis la décadence romaine, et celles qui deviendront les grandes métropoles régionales ont su conserver un certain rôle durant les siècles de régression urbaine : c'est par exemple le cas de Paris, Reims, Châlons, Lyon, Toulouse, Bordeaux, Rouen, Strasbourg, Avignon, Bourges, Beauvais, Nantes, Orléans… Le plus souvent bien fortifiées, situées sur une grande voie de passage ou de communication fluviale, siège d'un évêché ou de la résidence d'un grand, elles ont maintenu un mode de vie et de relations sociales différent de celui qui se généralise alors.

Les villes-forteresses

Elles constituent le seul cadre accueillant et sécurisant pour ceux qui restent libres, marchands ou artisans, et représentent un lieu privilégié d'accumulation de richesses, laïques ou religieuses. C'est bien pour cela qu'elles sont particulièrement visées par les divers envahisseurs, même si certaines savent résister avec succès (comme Paris face aux Vikings, en 885). Cela réduit provisoirement l'attrait qu'elles peuvent exercer sur les populations non citadines et pousse aussi certains à les quitter quand elles ne sont plus assez sûres ; on peut alors bénéficier dans les campagnes de la protection seigneuriale, mais au prix d'une perte de liberté.

Inversement, ce danger va avoir deux conséquences positives pour l'avenir de l'expansion urbaine. La première est le renforcement des fortifications, qui contribue à rendre à la ville son rôle protecteur. Au temps du pillage viking, on peut citer Saint-Omer en 846, Angers en 851, Dijon, Le Mans, Tours en 869, Autun en 874, Beauvais en 876, Reims en 883, Paris en 885, Angoulême en 886, Troyes en 892… La seconde conséquence est le fait que nombreux sont ceux qui, dans les régions menacées, échappent à leur ancienne condition servile en s'enfuyant devant la menace et en allant bien loin de là trouver refuge dans une ville éloignée du danger; même ceux qui retrouvent un travail dans la campagne le font avec un statut plus favorable et deviennent par là même vendeurs ou acheteurs potentiels à la ville.

La ville attrait

La paix revenue, la production, la population et les revenus augmentant, les relations villes-campagnes vont s'intensifier: le surplus de la population paysanne va se diriger vers la bourgade ou la ville parce qu'il n'y a plus assez de travail à la campagne, ou parce que les hommes se sont suffisamment enrichis pour pouvoir louer, acheter ou se faire construire un logement. Cela est favorisé par le retour à la sécurité qui permet de s'installer à la périphérie des cités (dans les « faubourgs »).

La ville d'alors conserve des dimensions modestes relativement au gigantisme actuel (la fameuse enceinte de Philippe Auguste au début du XIIIe siècle suit l'emplacement des « grands boulevards » actuels, pour finir près du Louvre; Saint-Germain-des-Prés reste à la campagne, alors que Paris est déjà la première ville du royaume).

Les villes, lieux d'innovation économique

Les cités qui se développent le plus ne s'identifient pas nécessairement aux grands lieux saisonniers que sont les villes de foires (Troyes, Châlons...). Mais elles constituent le lien privilégié du développement des échanges de marchandises de toute sorte, car la demande y est permanente. Elles sont aussi l'endroit où s'élaborent de nouvelles formes de vie, de nouveaux rapports sociaux (maîtres-apprentis, salariat), de nouvelles organisations de la production (manufactures, grands marchands et sous-traitants), de nouvelles spécialisations (architectes, maçons, orfèvres, financiers, juristes, grands administrateurs du royaume...).

Des villes-chantiers

Les villes vont de plus devenir un immense chantier, surtout du XIe au XIIIe siècle, animées par la construction des églises et des cathédrales, qui vont mobiliser un nombre considérable de travailleurs et d'énormes ressources financières. Elles attestent la rivalité entre cités, chacune cherchant à surpasser les autres par la dimension et le raffinement architectural de « sa » cathédrale, que l'on ne finit jamais d'agrandir et d'embellir.
Mais l'on ne se contente pas de bâtir des édifices religieux : si le formidable mouvement de construction des châteaux fortifiés sur l'ensemble du royaume concurrence les villes et fait d'un petit bourg un lieu de sécurité et d'activité, les seigneurs d'une certaine importance se mettent à résider aussi, d'une façon permanente ou saisonnière, dans la métropole de leur domaine et participent à ce grand élan bâtisseur.

Paris

C'est le cas, en premier lieu, de Paris, au cœur des terres royales, et déjà très active au XIe siècle, grâce en particulier aux « marchands d'eau » qui lui donnent son emblème. Au début du XIIe siècle, Louis VI aménage le marché, réglemente le commerce de la viande et fixe l'emplacement du change. Sous Louis VII commence la construction de Notre-Dame (1163) ; puis Philippe Auguste crée les Halles (1183), commence la construction du château du Louvre (qui remplacera le palais de l'île de la Cité comme lieu de résidence royale), fait paver les grandes rues (Saint-Jacques, Saint-Antoine, Saint-Martin...), installer quelques égouts et construire un mur de protection sur les deux rives de la Seine (1210). Saint Louis entreprend la construction de la Sainte-Chapelle et de l'hôpital des Quinze-Vingts, fait rédiger un « Livre des métiers » codifiant les activités artisanales (1268), crée une administration municipale et un prévôt des marchands. Il permet à son confesseur Robert de Sorbon de fonder un collège (1253), qui attirera des étudiants de toute l'Europe (la Sorbonne), après que le pape Innocent III eut autorisé les étudiants à créer leur corporation, l'Université (1215), établie sur la montagne Sainte-Geneviève. Alors que la construction de Notre-Dame est pratiquement terminée à la fin du XIIIe siècle, Philippe le Bel (1285-1314) étend le palais de la Cité (tour de l'Horloge, salle de la Conciergerie). Les vies économique, administrative, religieuse et culturelle sont donc étroitement associées à l'essor de la première ville du royaume, qui compte près de 200 000 habitants au début du XIVe siècle.

Les grandes cités

Mais un phénomène du même type va se produire dans les principales cités françaises. C'est le cas d'Angers, véritable capitale des Plantagenêts, qui voit s'édifier le palais épiscopal et l'hôpital Saint-Jean à partir du XIIe siècle, et dont l'imposant château fort est reconstruit par Saint Louis au milieu du XIIIe siècle.

La ville de Bordeaux connaît durant sa période anglaise (1154-1453) trois siècles d'une forte prospérité liée à son commerce maritime (vins), à ses fortifications (il reste encore de cette époque la porte de la Grosse-Cloche, XIIe) ainsi qu'à sa fonction résidentielle (en particulier celle du fameux Prince Noir, fils d'Édouard III d'Angleterre). Elle voit se construire et s'embellir à cette époque de nombreux édifices religieux (le roi Louis VII, au XIIe siècle, comme plus tard Louis XIII, s'y mariant dans la cathédrale Saint-André).

Rouen, centre de l'industrie du drap, est très liée à l'Angleterre et possède dès le XIe siècle sa commune, constituée par les marchands de la hanse de cette ville. Elle a bénéficié du dynamisme des Vikings, installés en basse Seine en 911, et restera un grand port commercial puis aussi militaire. Dès le XIVe siècle, on y établit une cour des aides (1370), puis une chambre des comptes (1380). Si la Normandie conteste longtemps l'autorité du roi de France (Louis X dut même concéder en 1315 une « Charte aux Normands »), l'importance de la ville est telle que son contrôle symbolise la mainmise sur le duché. C'est ainsi que la victoire sur les Anglais en 1450 fait suite à une entrée solennelle dans la ville.

Toulouse, déjà capitale du royaume des Wisigoths, connaît aussi son essor au XIIe siècle et une administration de « capitouls ». Les comtes de Toulouse, qui ont dès le XIe siècle élargi leurs possessions vers le Languedoc et le littoral méditerranéen, restent attachés à leur ville (résidence du Château narbonnais), qui sera un des enjeux de la croisade des albigeois (à partir de 1209). L'installation de l'Inquisition, la création d'une Université (1229) puis de l'administration royale (1271) font de la cité un centre à partir duquel s'affirme le pouvoir central, mais aussi un lieu de grande activité intellectuelle.

La densité urbaine

Pour la mesurer, citons les villes d'une certaine importance au cœur du XIVe siècle.

Au nord du royaume, on trouve les grandes agglomérations de Lille, Valenciennes, Calais et surtout la ville de Bruges…

Entre Flandre et Loire, c'est le cas surtout de Mantes, Le Mans, Évreux, Meulan, Vendôme, Meaux, Reims, Verneuil, Vernon, Breteuil, Conches, Beaumont, Pont-Audemer, Cherbourg, Caen…

De la Loire à l'ouest du Massif central, on peut mentionner entre autres Nantes, Tours, Bourges, Limoges, Montauban, Millau, La Roche-sur-Yon, Moissac, Agen, Poitiers, Angoulême, Cognac, Sarlat, Ussel, Saintes, Tulle, Brive…

Pour la Bretagne, citons Saint-Malo, Rennes, Fougères, Dinan, Vannes, Quimper, Concarneau, Brest, Nantes, Saint-Brieuc, Morlaix…

Au sud, évoquons les villes d'Avignon, Carcassonne, Béziers, Montpellier, Narbonne...

Églises et cathédrales

Avant l'an 1000, les constructions d'églises de grande dimension sont rares (Aix-la-Chapelle, Germigny).

Au XIe siècle, les exemples sont plus nombreux, mais les édifices restent de taille modeste : c'est le cas de Cahors, Cluny, Le Puy, Vézelay, Caen, Conques, Tournus, Toulouse (Saint-Sernin).

Au XIIe siècle, par contre, les mises en chantier de cathédrales (qui ne seront souvent terminées qu'au siècle suivant et modifiées par la suite) se multiplient : citons Angers (Saint-Maurice), Angoulême (Saint-Pierre), Autun (Saint-Lazare), Bordeaux (Saint-André), Chartres (Notre-Dame), Laon (Notre-Dame), Le Puy (Notre-Dame), Lisieux (Saint-Pierre), Lyon (Saint-Jean), Noyon (Notre-Dame), Paris (Notre-Dame, à partir de 1163), Saintes (Saint-Pierre), Senlis (Notre-Dame), Sens (Saint-Étienne), Soissons (Saint-Gervais), Strasbourg (Notre-Dame), Toulouse (Saint-Étienne).

Au XIIIe siècle, le mouvement de construction ne se ralentit pas. Les cathédrales commencées au siècle précédent s'achèvent, alors que de nouvelles commencent à s'ériger à Albi (Sainte-Cécile), Amiens (Notre-Dame), Bayeux (Notre-Dame), Bayonne (Sainte-Marie), Beauvais (Saint-Pierre), Bourges (Saint-Étienne), Calais (Notre-Dame), Clermont-Ferrand (Notre-Dame), Narbonne (Saint-Just), Orléans (Sainte-Croix), Reims (Notre-Dame), Tours (Saint-Gatien)...

Le temps des soulèvements

Une crise agricole, urbaine et sociale touche au XIVe siècle l'ensemble du monde européen. Elle se traduit par des explosions violentes dans les villes et les campagnes.

La crise agricole

Durant les années 1315-1317, la France est touchée par la famine à la suite de conditions climatiques déplorables. Les Français réapprennent à connaître l'angoisse du manque périodique de nourriture, qui se reproduit en 1346, 1348, 1361, 1375, et qui est causé en profondeur par l'arrêt de la croissance de la production agricole.

L'arrêt de la croissance. Ce palier s'explique par les limites du défrichement et par le fait que les dernières terres mises en culture étaient moins fertiles. Cela avait provoqué, au XIIIe siècle, une hausse des prix des céréales, parce que le coût de production devenait plus élevé (en l'absence de nouveaux progrès techniques) et en raison de l'augmentation de la demande émanant d'une population croissante et moins pauvre (celle des villes en particulier).

Le problème des prix. Mais cette hausse sera suivie au XIVe siècle par une baisse du prix des céréales s'expliquant principalement par la baisse de la demande en période de difficulté économique : si les farineux représentent sans doute plus de 50 % de la nourriture de la plupart des Français, on mange plus souvent du pain d'orge ou de seigle que du pain blanc, et l'ordinaire se compose surtout de pois et de fèves, d'une soupe de légumes, avec parfois des œufs, de la volaille ou du fromage. Tous ces aliments qui n'exigent pas de grandes exploitations constituent ainsi une gamme de produits de substitution, à laquelle la population peu fortunée est habituée et qui peut remplacer la consommation des céréales « nobles » quand leur prix devient excessif. De même, la pratique systématique de la pêche en rivière, le développement de la pêche en mer, l'approvisionnement en harengs ou en maquereaux par les ports du Nord font du poisson un élément essentiel de la nourriture. Pour les plus fortunés, l'extension de l'élevage du porc, du mouton et du bœuf élargit la gamme des produits consommables. Cependant, l'équilibre entre les besoins et la production reste précaire ; il suffit d'une mauvaise récolte

MOYEN ÂGE

pour que la pénurie réapparaisse. Il se produit alors une flambée des prix qui pénalise les pauvres des villes comme ceux des campagnes, la hausse des prix agricoles ne compensant pas la baisse des quantités produites ; ils doivent aussi faire face à l'augmentation du prix des produits non agricoles qui suit celle des denrées alimentaires.

La crise de la seigneurie foncière. La seigneurie foncière ne bénéficie pas non plus, et pour les mêmes raisons, des hausses ponctuelles des prix agricoles. Elle connaît au contraire une crise tendancielle de ses revenus. En effet, avant même que ne s'inverse le mouvement du prix des céréales, le pouvoir d'achat de la rente seigneuriale a commencé à baisser en raison de la hausse du prix des éléments du train de vie ordinaire de l'aristocratie foncière (habits, armes, produits artisanaux ou services salariés...), alors que la coutume a fixé une fois pour toutes le montant des prélèvements en nature ou en argent dus aux propriétaires du sol. De plus, le montant considérable des dépenses de construction ou d'embellissement des demeures seigneuriales a provoqué un énorme besoin d'argent qui a poussé de nombreux seigneurs à affranchir leurs serfs, ce qui diminue d'autant les revenus futurs. De même, les dons de terres aux monastères ou à l'Église ont réduit l'importance de ces possessions.

La crise des revenus. La crise des revenus seigneuriaux va donc s'aggraver quand se conjugueront la baisse de certains prix agricoles et la hausse des coûts et des autres prix : c'est le cas de celui du bétail, qui progresse de 60 points entre 1351-1375 et 1376-1400, ou de celui du vin. C'est également le cas du prix des produits non agricoles (textile, matériaux de construction) et des salaires. Aussi l'élevage et la vigne s'étendent au détriment de la culture des céréales, la rente foncière des propriétaires de terres à blé, comme les revenus des paysans qui les cultivent, diminuent, et leur pouvoir d'achat en autres denrées baisse sensiblement. Inversement, ceux qui peuvent et qui veulent reconvertir leur exploitation ainsi que les artisans et les salariés voient leurs revenus et leur pouvoir d'achat augmenter, tout au moins en dehors des périodes de mauvaise récolte, de destruction ou de marasme des affaires provoquées par la guerre. En effet, ceux qui ont survécu aux épidémies et aux guerres peuvent, durant les périodes de paix, monnayer dans de bien meilleures conditions leur force de travail, ou obtenir une terre à cultiver contre un loyer réduit : ainsi, en réduisant d'environ un tiers la population européenne, et par là même les surfaces exploitées, l'épidémie de peste de 1348 aura bouleversé le monde féodal, en faisant de la terre un bien abondant, et de la main-d'œuvre un facteur de production recherché.

La crise urbaine

Le milieu urbain entre lui aussi en crise dès le début du XIVe siècle. Le premier signe en est l'arrêt de la croissance de la population urbaine, conséquence de la stagnation démographique de la fin du XIIIe siècle. Elle s'explique par l'élévation du niveau de vie moyen et par le comportement de citadin : en ville, on est moins pressé de se marier et on a conscience qu'il y est difficile d'élever une nombreuse famille. Cela accentue la perte de dynamisme des villes, qui ont joué un rôle décisif dans la croissance passée et qui commencent à se dépeupler au début du XIVe siècle.

Nouvelles routes et nouvelle concurrence. Les nouveaux axes commerciaux vont pénaliser la France. Ainsi, l'ouverture des routes alpestres, par le Saint-Gothard, le Simplon et le Brenner permettent au début du XIVe siècle la liaison directe entre l'Italie et les villes suisses, allemandes et autrichiennes. De plus, une route maritime entre les ports italiens, Bruges et Londres devient régulière vers 1320 (la mer est plus sûre et sans péages !). Aussi, la route du Rhône perdra de son importance, les grandes foires se déplaceront vers l'est, au détriment de celles de Champagne. Ainsi apparaît une nouvelle concurrence qui remet en cause les activités traditionnelles de certaines villes : les villes drapières des Flandres, du Nord ou de Normandie (Bruges, Gand, Ypres, Douai, Arras, Saint-Omer, Rouen...) sont concurrencées par les textiles de haut de gamme provenant des villes italiennes (Florence, Sienne, Lucques, Arezzo...), qui renouvellent leurs produits et proposent des draps de soie et des broderies aux fils d'or. Pour ce qui est des étoffes plus grossières, destinées à la grande masse des consommateurs, le corporatisme rigide et l'esprit protectionniste de l'artisanat urbain incitent les grands marchands, pourvoyeurs de matières premières et maîtres d'œuvre du processus de production, à développer ailleurs, dans les petites villes ou les campagnes, de nouveaux lieux de production et de nouveaux modèles qui font évoluer la mode. Les vieilles cités textiles subissent alors la crise ; elles doivent se reconvertir, et de nombreux artisans quittent la ville pour s'installer là où ils échapperont aux règlements corporatistes et aux impôts municipaux.

De plus, le développement en Angleterre même d'une industrie textile prive le continent de la laine anglaise et réduit la demande de ce pays en produits finis. L'élevage du mouton, en Normandie, en Languedoc, en Provence ou en Berry, est alors stimulé, et l'on importe également de la laine castillane. Mais la qualité des fibres, et donc aussi la nature de leur traitement, celle des procédés de fabrication et de la gamme des vêtements proposés aux consommateurs s'en trouvent modifiées. La concurrence entre régions et producteurs est donc encore accentuée.

La redistribution des cartes. Aussi, on ne peut plus vivre comme avant, aussi bien à la ville qu'à la campagne, et cela même dans les régions qui ne sont pas touchées par la guerre. Partout en Europe se posent les mêmes problèmes : ralentissement de la croissance, évolution différenciée des prix, difficultés d'approvisionnement des villes, développement de la fiscalité municipale, exigences nouvelles des propriétaires fonciers cherchant à trouver de nouvelles sources de revenu, revendications de ceux qui s'étaient enrichis et qui n'acceptent pas de subir les contrecoups de la crise, révolte des pauvres, paysans ou citadins, qui ne bénéficient pas tous du renchérissement du prix de la main-d'œuvre...

Une crise sociale générale

Jusqu'à la fin du XIIIe siècle, les tensions sociales qui existent au sein de la société féodale prennent le plus souvent la forme de mouvements isolés, dans le cadre du village ou d'une communauté urbaine spécifique; ils visent à modifier la nature des relations entre le seigneur et un groupe de serfs, ou la réglementation fixant la place de chaque catégorie sociale dans la vie de la cité; ils se règlent en général pacifiquement par la négociation ou par procès.

Mais, au XIVe siècle, on assiste en Europe à des soulèvements violents, dans les villes et dans les campagnes, qui prennent parfois l'aspect d'une guerre de classes.

En France même, une nouvelle « croisade des Pastoureaux » a lieu en 1320: elle jette sur les routes des bandes de jeunes pauvres, dont les motivations religieuses passeront vite au second plan; les exactions qu'ils commettent pour survivre et l'absence de perspective à leur mouvement les transforment en bandits de grand chemin.

Durant l'été 1358 éclate en France une double insurrection: le soulèvement parisien d'Étienne Marcel et la « Grande Jacquerie » paysanne d'Île-de-France et de Normandie. Les deux mouvements ont des causes distinctes: à Paris, il s'agit d'imposer un pouvoir municipal bourgeois et de participer à la réforme des institutions et des finances publiques en l'absence du roi, prisonnier des Anglais depuis la défaite de Poitiers; dans les campagnes, il s'agit d'une révolte des victimes de la hausse des prix, s'en prenant directement à l'aristocratie foncière, à ces « gens des châteaux », qui ont perdu leur prestige dans les défaites militaires, mais qui s'accrochent à leurs privilèges économiques.

Peu de temps après les événements de 1358 se produisent en Auvergne et en Languedoc des soulèvements d'artisans, se révoltant contre les charges qui pèsent sur eux, alors qu'ils subissent les exactions des routiers anglais. Le mouvement prend, comme en Île-de-France, une dimension antinobiliaire : des châteaux sont brûlés, des nobles et des riches, massacrés. L'insurrection gagne le Limousin, le Poitou, la région de Toulouse, et des nobles prennent parfois le commandement des bataillons de paysans et artisans révoltés. En 1382, le duc de Berry écrase ceux qu'on avait surnommés les « Tuchins », et le Languedoc tout entier doit payer une forte amende.

Si les dernières années du siècle sont plus paisibles, la guerre civile entre Armagnacs et Bourguignons en 1411 puis la reprise de la guerre franco-anglaise en 1415 prennent le relais de la crise sociale, en faisant subir de nouvelles épreuves aux populations déjà éprouvées et en différant le rétablissement de la situation économique.

Une Église en lutte

Dans sa lutte pour imposer la supériorité du spirituel sur le temporel, l'Église utilise contre les rois eux-mêmes l'arme absolue de l'excommunication. En condamnant la guerre entre chrétiens et en inventant la croisade, elle contribue fortement à pacifier le monde féodal. L'idéal de la croisade va profondément marquer les mentalités des grands du monde chrétien : huit grandes croisades ont lieu de 1096 à 1270. Si se retirer du monde pour se consacrer collectivement à une vie de prière ou de travail n'est pas chose nouvelle, autour de l'an mille le monachisme connaît un important essor. Une tradition de réflexion et de débats entre théologiens naît.

Le rôle de l'Église

Durant les temps féodaux, l'Église mène une lutte multiforme pour imposer l'idée de la supériorité du spirituel sur le temporel. Il s'agit de faire admettre aux plus grands que si leur légitimité provient de la volonté divine, celle-ci les oblige en contrepartie à se mettre au service de Dieu et à suivre l'enseignement de l'Église.

Le spirituel et le temporel

L'Église veut en particulier faire respecter le principe de la nomination des clercs par elle-même, et imposer la conception nouvelle du mariage indissoluble, afin de contrôler les pulsions physiques, de protéger les épouses d'une répudiation de circonstances, mais aussi de stabiliser les alliances politiques accompagnant les mariages seigneuriaux.

L'excommunication. Le premier grand excommunié est l'empereur germanique Henri IV, en 1077 : il doit venir s'humilier à Canossa pour obtenir le pardon du pape Grégoire VII, qui lui reproche d'investir lui-même ses évêques. Puis Philippe Ier de France, qui a, de plus, saisi des biens du clergé, est excommunié par Urbain II en 1095: il a répudié Berthe de Hollande et épousé Bertrade de Montfort, qu'il a enlevée à son mari le comte d'Anjou, en 1092. Cette excommunication est prononcée durant le séjour du pape en France, où il prêche la première croisade. On voit là le fil directeur qui relie les actions pontificales: soumettre les laïcs aux décisions de l'Église.

De même, le pape Innocent II jette l'interdit sur les terres du roi de France Louis VII qui a refusé à Pierre de La Châtre l'archevêché de Bourges en 1141. Louis VII doit finalement se soumettre et s'engage peu de temps après à participer à la deuxième croisade.

L'interdit. Philippe Auguste a lui aussi des démêlés avec le Saint-Siège: s'étant remarié en 1193 avec Ingeburge de Danemark, après la mort de sa première femme, il répudie sa nouvelle épouse dès le lendemain de ses noces, puis épouse Agnès de Méran. La famille d'Ingeburge va trouver le pape Célestin III, qui meurt avant de pouvoir sanctionner Philippe Auguste. Mais son successeur, Innocent III, jette l'interdit sur le royaume de France (1200). Devant la gravité de la sanction (qui suspend toute vie religieuse et sacramentelle, privant les fidèles de messes, de baptêmes, de mariages et d'enterrements chrétiens, et impose la fermeture des églises), Philippe Auguste doit s'incliner, au moins en apparence: il fait semblant de se réconcilier avec Ingeburge, mais ne la reprend auprès de lui (comme reine et non comme épouse) qu'en 1213, après la mort d'Agnès de Méran.

Innocent III jette également l'interdit sur le royaume d'Angleterre en 1208, puis excommunie Jean sans Terre l'année suivante: celui-ci a répudié Isabelle de Gloucester pour épouser Isabelle d'Angoulême, et s'est ensuite opposé à la nomination par le pape du nouvel archevêque de Canterbury, Étienne Langton. Jean sans

Terre finit par se réconcilier avec le pape en 1213, en inféodant son royaume au Saint-Siège. Innocent III excommunie aussi en 1210 l'empereur d'Allemagne Otton IV, qu'il a pourtant couronné à Rome l'année précédente, mais qui vient d'envahir la Sicile. Otton IV doit alors faire face à une guerre civile en Allemagne, les Souabes ne reconnaissant plus l'empereur excommunié.

L'église et la paix

Le rôle de l'Église va être considérable dans la façon de concevoir la vie en société, en développant une idéologie et en proposant des moyens tendant à faire régner la paix civile à l'intérieur du monde chrétien. Si les moines offrent par leur mode de vie une image totalement contraire aux mœurs des classes dominantes aimant la guerre et le luxe, et si les constructions religieuses mobilisent pacifiquement une part importante des ressources matérielles et des énergies de la chrétienté, l'Église va aussi mener une action directe contre les velléités agressives de l'aristocratie guerrière occidentale. Elle agit pour cela de trois façons : en condamnant la guerre entre chrétiens, en imposant le respect de l'ordre établi et en prêchant la guerre sainte, entraînant les guerriers loin de l'Europe contre les ennemis du christianisme.

L'éthique de paix. La lutte contre la violence entre chrétiens va être une préoccupation permanente de l'Église, qui développe à partir de la fin du xe siècle et tout au long du XIe siècle une éthique de paix. Cette éthique s'inscrit dans le contexte des efforts de l'Église pour faire reconnaître la primauté du pouvoir spirituel sur celui des seigneurs, à qui cette dernière attribue un rôle central dans la pacification, mais qui tiennent leur légitimité de la volonté divine. L'Église essaie de faire respecter la « paix de Dieu », qui interdit de pénétrer dans les églises de force, d'enlever le bétail aux paysans, de frapper les clercs, les femmes, les enfants… Puis les protections s'étendent aux marchands, aux moulins, aux vignes… De même, la

« trêve de Dieu » interdit de combattre du mercredi soir au dimanche et durant les fêtes religieuses.

Si l'interdiction des violences n'est pas toujours respectée, le caractère systématique des interventions de l'Église et des princes ne reste pas sans effet, surtout au XIe siècle : concile de Charroux (989), synode du Puy (990), serment de seigneurs à Anse sur Saône (1025), propagande pour la paix de l'abbé de Cluny (1040), constitution par l'archevêque de Bourges d'une armée populaire de paix (1038), interdit pour un chrétien de tuer un autre chrétien par les évêques de Narbonne (1054), début du mouvement communal au Mans (1070), trêve de Dieu proclamée par l'évêque de Liège (1082), confirmée par les barons du diocèse et par l'empereur Henri IV... Évoquons aussi l'évêque Grain qui fait prêter par les guerriers, dans son diocèse de Beauvais, un serment de paix, en 1024.

La même année, une « secte d'Arras », jugée « hérétique » car critiquant la fonction de l'Église, prêche l'égalité, l'abstinence et surtout le non-recours aux armes.

De même, dans l'Angleterre du XIe siècle une chronique raconte que la grande paix apportée par Guillaume le Conquérant permet que « désormais nul homme ne peut en mettre un autre à mort, quelque tort qu'il a reçu de lui ; chacun peut parcourir l'Angleterre, sa ceinture pleine d'or, sans danger ».

La « théorie » des trois ordres. L'importance de la nouvelle idéologie de la paix tend à s'élaborer en liaison étroite avec la « théorie » des trois ordres : guerriers, paysans et prêtres. On assiste en effet, dans le nord de la France, et dans les mêmes années, au développement des deux phénomènes. C'est ainsi que le thème de la paix est développé par le comte-évêque Gérard de Cambrai, à la suite d'une entrevue entre Robert le Pieux et Henri II (1023), où se pose le problème de la « réforme du monde chrétien ». Il développe ainsi l'idée que seul le roi a le droit de mener légitimement une action répressive, sans encourir les peines ecclésiastiques. Mais c'est le même Gérard de Cambrai qui défend l'idée que « le genre humain, depuis l'origine, est divisé en trois, les gens de prière, les cultivateurs et les gens de guerre ». Ainsi, « défendus par les guerriers, les cultivateurs doivent aux prières des prêtres de recevoir le pardon de Dieu. Quant aux gens de guerre, ils sont entretenus par les redevances des paysans, par les taxes que paient les marchands ; ils sont, par l'entremise des gens de prière, lavés des fautes qu'ils commettent en usant des armes ». La vision trinitaire de la société est celle de l'évêque de Laon, Adalbéron, au début du XIe siècle : « Les uns prient, les autres combattent, les autres encore travaillent. » L'objet d'Adalbéron semble double : défendre l'idée que les clercs sont les conseillers des rois et, comme Gérard de Cambrai, faire des rois les responsables de la paix, « projection sur notre monde imparfait de l'ordre qui règne en haut, de la loi : *rex, lex, pax*. Pour tenir son double rôle de législateur et de pacificateur, le roi doit mettre en œuvre ses deux natures, venger, punir, redresser, s'il le faut avec violence, mais en réfléchissant sagement… » C'est ce même Adalbéron qui favorise l'accession d'Hugues Capet au trône de France.

Cette représentation trifonctionnelle de la société conduit à légitimer l'ordre social, mais aussi à condamner l'action violente des seigneurs, car la fonction militaire est réservée à l'office royal, administrateur des châtiments (« pugnator »). Il revient aux prêtres de « ceindre les rois du glaive » pour punir les criminels. La théorie des trois ordres est donc conçue, au moins à l'origine, comme étroitement liée à la condamnation des guerres privées.

Les croisades

On peut expliquer de différentes façons le succès extraordinaire de cette invitation à aller combattre les « infidèles » en Terre sainte :

certains ont évoqué l'essor démographique, qui tend à rétrécir l'espace dont chacun dispose en Occident, rétrécissement d'autant plus grave que le temps des conquêtes est terminé et que l'Église s'efforce depuis un siècle de faire triompher l'esprit de paix, comme nous venons de le voir.

L'idéal de la croisade

Ce problème peut être, d'autant plus important, pour la classe possédant le sol, que le désir de ne pas morceler indéfiniment les fiefs rejette hors de la propriété foncière une partie de ses fils. Ils trouvent alors dans l'aventure lointaine un moyen de s'employer et la possibilité de conquérir de nouvelles terres. D'autres ont voulu voir dans les croisades le produit du développement économique de l'Europe, désireuse de trouver de nouvelles routes commerciales, de pousser plus loin les premières victoires remportées sur les Arabes (en Espagne et en Sicile) pour recréer des relations d'échanges plus intenses avec le monde méditerranéen. D'autres ont juste insisté sur le mysticisme conquérant des hommes de ce temps, prêts à s'enflammer pour une aventure religieuse qui leur permettait de mettre en accord leur foi avec leurs pulsions agressives et leur statut social de guerrier.
Quoi qu'il en soit, de 1095 à 1270 les expéditions se succèdent, témoignant d'une aptitude renouvelée à quitter son château et son confort pour aller guerroyer au loin et risquer de perdre sa vie, et éloignant d'Europe les éléments les plus belliqueux.

Les principales croisades

La première croisade (1096-1099). Prêchée par le pape Urbain II, au concile de Clermont en 1095, elle suscite un enthousiasme considérable aussi bien parmi les princes qu'au sein du peuple. Le pape promet l'indulgence plénière (rémission de tous les péchés), et l'expédition constitue à la fois l'occasion d'un pèlerinage et le moyen de s'emparer de nouveaux territoires ; mais atteindre la « Jérusalem terrestre» est aussi le premier pas vers la «Jérusalem céleste». Alors que les grands seigneurs prennent le temps de s'organiser, une «croisade populaire», conduite par Pierre l'Ermite, Gautier Sans Avoir et des barons rhénans, traverse l'Europe centrale, pille sur son passage pour se ravitailler et, arrivée en terre turque, se fait écraser. Pendant ce temps, la «croisade des seigneurs», conduite par Godefroi de Bouillon, le duc de Normandie, le comte Raimond de Toulouse, rejoint Constantinople. Un accord est passé avec les Byzantins, qui ont perdu leurs possessions de l'autre côté du Bosphore, prévoyant qu'en échange de l'aide et du ravitaillement fournis aux croisés ceux-ci restitueront à l'empereur d'Orient les villes reconquises. En fait, après une longue et meurtrière campagne de deux années, marquée en particulier par la difficile prise d'Antioche, les croisés s'emparent de Jérusalem en juillet 1099 et se partagent les territoires conquis: ils fondent les comtés d'Édesse et de Tripoli, la principauté d'Antioche, et, après la mort de Godefroi de Bouillon, le frère de celui-ci, Baudoin, fonde en 1100 le royaume latin de Jérusalem.

La deuxième croisade (1147-1148). Provoquée par la prise d'Édesse par les Turcs en 1144, elle est prêchée par saint Bernard. Le roi de France, Louis VII, et l'empereur d'Allemagne, Conrad III, prennent la route d'Europe centrale et échouent en Syrie.

La troisième croisade (1189-1192). Elle est menée par Philippe Auguste, Richard Cœur de Lion et Frédéric Barberousse. Il s'agit de reprendre Jérusalem au sultan Saladin, qui a battu l'armée du roi de Jérusalem, Gui de Lusignan, et s'est emparé du royaume. Mais Frédéric Barberousse se noie accidentellement, Philippe Auguste rentre en Occident et Richard Cœur de Lion, malgré ses victoires, ne peut reconquérir Jérusalem et traite avec Saladin.

La quatrième croisade (1202-1204). Prêchée en France par Foulques de Neuilly, elle doit tenter de rétablir la situation au profit des chrétiens; mais, armée par Venise, elle doit, pour prix de cette aide, prendre Constantinople en lutte contre les Vénitiens et se limite à cette conquête.

La cinquième croisade (1217-1221). Décidée par le concile de Latran, en 1215, elle doit reprendre l'objectif initial de la précédente expédition. Elle s'inscrit, de plus, dans le contexte de l'expansion chrétienne en Espagne, après la victoire décisive de Las Navas de Tolosa en 1212. La croisade tente de s'emparer de l'Égypte après la prise de Damiette (1221), mais l'expédition tourne court et Damiette elle-même est abandonnée.

La sixième croisade (1228-1229). Menée par l'empereur d'Allemagne Frédéric II, elle se termine pacifiquement : un traité prévoit une paix de dix ans, et Jérusalem, Bethléem et Nazareth sont données aux chrétiens.

La septième croisade (1248-1254). Elle est provoquée par la reprise de Jérusalem par des musulmans au service de l'Égypte et la défaite de l'armée latine à Gaza (1244). Saint Louis prend la tête de l'expédition contre l'Égypte, s'empare de Damiette (1249), mais est battu à Mansourah, puis fait prisonnier. Il est relâché contre une forte rançon et la restitution de Damiette.

La huitième croisade (1270). Elle survient à la suite de nouvelles défaites et de la chute d'Antioche (1268). Saint Louis réembarque à Aigues-Mortes, mais veut prendre Tunis et meurt devant la ville. D'autres princes chrétiens gagnent cependant la Palestine et obtiennent l'arrêt des combats (1272). En 1289, après la chute de Tripoli, une autre expédition a lieu ; mais elle ne mobilise que peu de chrétiens d'Occident. Saint-Jean-d'Acre et Tyr sont prises à leur tour par les musulmans en 1291.

Les ordres monastiques

Plusieurs siècles auparavant, saint Benoît de Nursie avait jeté les bases d'un monachisme nouveau en fondant, vers 529, un monastère au Mont-Cassin et en rédigeant les principes de sa règle qui vise, en s'inspirant de saint Basile, à procurer la gloire de Dieu sur terre par la sanctification du moine, qui doit tendre à l'humilité par la discipline intérieure, l'abnégation et l'obéissance.

La vie monacale s'en est trouvée stimulée. On peut signaler en particulier la fondation des monastères de Normandie: Saint-Wandrille en 649, Jumièges, le Mont-Saint-Michel en 709. Mais le grand essor se produit avec la fondation des grands ordres organisés par Cluny et Cîteaux en particulier, tous héritiers des principes bénédictins, et de la réforme entreprise par saint Benoît d'Aniane (v. 750-821).

La vie monacale

Le couvent forme une famille dont l'abbé est le père, communauté dont les membres ne possèdent rien en propre, isolée du monde par la clôture, mais conservant avec celui-ci le lien de l'hospitalité. Les moines doivent prier à des heures déterminées du jour et de la nuit, et se livrer au travail manuel et intellectuel.

Cluny

L'origine de Cluny remonte à 910, quand le duc Guillaume d'Aquitaine donne aux moines bénédictins, de la réforme de saint Benoît d'Aniane, sa villa de Cluny (située en Bourgogne), ses dépendances (bois, champs, vignes, moulins…) et ses serfs. Il demande que soit construit un monastère à la mémoire de saint Pierre et de saint Paul, sous la direction de l'abbé Bernon. Par le privilège d'exemption, Cluny ne dépend que du pape, et d'aucun seigneur féodal, ni d'aucun évêque.

En 931, l'abbé Odon reçoit du pape le droit de commander aux autres abbayes soumises à la réforme du nouvel ordre, qui réduit le travail manuel au maximum au profit de la prière, et qui prévoit la collation du sacerdoce au plus grand nombre de ses moines. Les monastères placés sous le contrôle de Cluny sont étroitement surveillés par son abbé, qui nomme leur prieur. Cluny participe activement à la réforme du clergé de France, à l'effort de restauration de la paix dans le monde féodal chrétien, au développement des pèlerinages ainsi qu'à la préparation des croisades ; l'ordre cherche à défendre l'idée d'un monde chrétien avec à sa tête un pape et un empereur ; recrutant beaucoup dans la noblesse, l'ordre devient assez rapidement très riche et est le siège d'un grand mouvement artistique. À la fin du XIIe siècle, Cluny compte plus de mille monastères, surtout en France, mais également en Allemagne, en Angleterre, en Lombardie, en Espagne…

Les cisterciens

La fondation de l'ordre cistercien par Robert de Molesmes en 1098, qui se retire dans la forêt de Cîteaux, en Bourgogne, s'explique par le désir de réaction contre l'enrichissement et le relâchement des mœurs des clunisiens. Il s'agit de revenir à l'austérité des principes bénédictins originels. En 1119, l'abbé Étienne écrit la « charte de Charité », qui impose la pauvreté complète, interdit les études profanes et recommande la soumission aux évêques. Mais le renom de l'ordre de Cîteaux doit beaucoup à saint Bernard, fils du Seigneur de Fontaine, qui entre en 1112 à Cîteaux, avec trente autres nobles.

En 1115, il devient le premier abbé de Clairvaux, qui compte vite 700 moines et s'agrège 160 monastères. Il se mêle des affaires publiques, se heurte au roi Louis le Gros, aide à la création de l'ordre du Temple, condamne les propositions d'Abélard, et prêche en 1146 la deuxième croisade (à Vézelay et Spire). Saint Bernard est un grand meneur d'hommes, très conservateur et attaché à la féodalité (il condamne la commune de Reims). Il voue un culte fervent à la Vierge et développe l'idée des trois degrés pour s'élever vers Dieu : la vie pratique, la vie contemplative, la vie extatique.

Les cisterciens se signalent par leurs qualités de bâtisseurs et d'organisateurs de la production. Si leurs abbayes sont considérées aujourd'hui comme des chefs-d'œuvre architecturaux, pour la pureté et la beauté simple de leurs formes, elles se veulent fonctionnelles. Ces constructions sont en effet destinées à ne pas être seulement de simples lieux de prière, mais aussi le centre d'une intense activité économique. Suivant les régions où ils se trouvent, et les donations dont ils bénéficient, les cisterciens sont défricheurs, éleveurs de moutons et exportateurs de laine, vignerons et promoteurs des techniques viticoles, métallurgistes et utilisateurs de l'énergie hydraulique : grâce à leurs forges, ils produisent une quantité considérable de fer, dont ils vendent une partie hors du domaine.
Une simple visite des abbayes de Fontfroide (près de Narbonne), de Sénanque (dans le Lubéron), du Thoronet (en Provence), ou bien encore de Noirlac (près de Bourges) laisse une impression saisissante de leur rayonnement. L'ordre compta d'ailleurs près de 750 maisons.

Les autres ordres

En 1084, saint Bruno et six compagnons fondent dans le massif de la Grande-Chartreuse, non loin de Grenoble, l'ordre des Chartreux. La règle est celle des bénédictins, avec des coutumes propres : vie en cellules distinctes, mais offices en commun, abstinence et silence perpétuels, travaux des champs. Comme d'autres ordres, les chartreux fabriquent une liqueur réputée.
On peut également citer la création de l'ordre des Antonins, à la fin du XIe siècle, qui se consacre au soin des malades atteints du « feu de Saint-Antoine », ainsi que l'ordre des Feuillants et celui des Trappistes, cherchant toujours plus de pureté dans des règles très strictes. D'autre part, les franciscains et les dominicains, refusant la

vie conventuelle, se consacrent à la prédication pour les premiers et à la lutte contre l'hérésie pour les seconds, non sans excès.
L'attrait pour la vie monacale décline dès le XIVe siècle, mais l'on compte encore plus de 200 maisons pendant la Renaissance, éparpillées en France, en Italie, en Angleterre et en Espagne.

Les grands théologiens

Dès la fin du XIe siècle, une multitude de clercs, d'étudiants et de professeurs s'agglutinent à Paris, sur la rive gauche de la Seine, autour de Saint-Germain-des-Prés, de Saint-Victor et de l'abbaye de la montagne Sainte-Geneviève. De même, à Chartres se crée une tradition de réflexion et de débats entre maîtres, animés par Bernard de Chartres, qui s'appuie sur la dimension de l'Histoire: « Nous sommes des nains juchés sur des épaules de géants », par Yves de Chartres (qui étudie le droit canon), par Thierry de Chartres (qui enseigne les mathématiques et l'astronomie) et par Adhélard de Bath (qui a appris l'arabe et fréquenté les hauts lieux de confrontation culturelle que sont Tolède et Cordoue au début du XIIIe siècle)...
Abélard, Suger et saint Thomas d'Aquin sont les grands théologiens des XIIe et XIIIe siècles.

Pierre Abélard (1079-1142)

Né en 1079 près de Nantes, dans une famille de petite noblesse, Pierre Abélard fréquente les écoles de Nantes, d'Angers, de Loches, de Chartres, avant de venir à Paris.
Le contestataire. Il y suit les cours de Guillaume de Champeaux, au cloître Notre-Dame (près de l'emplacement de la future cathédrale), et conteste l'enseignement du vieux maître. Abélard fonde alors sa propre école à Melun, et attire de nombreux jeunes étudiants. La rivalité entre Guillaume de Champeaux et Pierre Abélard, accueilli à Sainte-Geneviève, reprend de plus belle, la re-

nommée d'Abélard privant bientôt Champeaux de public ! Il fait ensuite de même à Laon, aux dépens du vieil Anselme. L'audience d'Abélard devient telle qu'on lui propose les chaires de dialectique et d'écriture sacrée au cloître Notre-Dame à Paris, et qu'il attire des auditeurs de province et de l'étranger, lui qui n'est même pas homme d'Église !

Abélard et Héloïse. En pleine gloire, à 35 ans, Pierre Abélard fait la connaissance de la jeune Héloïse, qui, à 16 ans, brille déjà par sa culture. Il s'éprend d'elle et la fait enlever de chez son oncle Fulbert pour l'épouser secrètement, avant de la rendre à son oncle qui la brutalise. Abélard enlève alors à nouveau Héloïse, mais Fulbert, pour se venger, soudoie des écorcheurs qui surprennent Abélard dans son sommeil et le châtrent. Les coupables sont arrêtés et mutilés, Fulbert expulsé de Paris. Mais Abélard ne résiste pas à la douleur et à la honte : il se fait moine à Saint-Denis, après avoir obligé Héloïse à prendre le voile à Argenteuil.

Le théologien. Après ses mésaventures amoureuses avec Héloïse, il rédige un traité de théologie sur la Sainte Trinité, qui est condamné par une assemblée ecclésiastique tenue à Soissons en 1121. Abélard est emprisonné et son livre brûlé. Libéré, il retourne à Saint-Denis, puis chez le comte de Champagne. Il reprend ensuite son enseignement mais est à nouveau condamné par le concile de Sens en 1140, à la demande de saint Bernard, et contraint d'errer de monastère en monastère. Accueilli à Cluny, il meurt dans l'anonymat en 1142.

Le précurseur. Philosophe et théologien, Pierre Abélard laisse une œuvre considérable, qui marque une étape importante dans le développement de la réflexion critique, de la foi en la raison et dans le renouveau de la pensée dialectique : sa Dialectique, son Sic et non (où il relève les contradictions des Pères de l'Église), sa Théologie chrétienne, son Éthique… font preuve d'un esprit rationaliste, qu'il utilise pour juger du bien-fondé des principes théologiques, un

MOYEN ÂGE

siècle avant saint Thomas d'Aquin. L'histoire d'Abélard est exemplaire à plus d'un titre : elle illustre l'importance de l'essor de l'instruction et de la pensée libre dès la fin du XIe siècle, la difficulté d'une réflexion indépendante du dogmatisme religieux et la relative tolérance de l'Église, qui condamne les écrits d'Abélard, mais le laisse libre de sa personne.

Suger (1081-1151)

Moine d'origine modeste, il se fait remarquer par sa culture, sa probité et son sens de la gestion dans son abbaye de Saint-Denis. Il en devient l'abbé en 1122. Louis VI, son compagnon d'école, en fait son conseiller ecclésiastique et le fait participer à son gouvernement (1132-1137). Louis VII fait de même et lui confie aussi la régence quand il part en croisade (1147). Suger développe l'abbaye de Saint-Denis, y fait construite une église richement ornée, aide à la création de nouvelles villes (Vaucresson, 1146). Il sait réorganiser son abbaye tout en militant pour le renforcement de l'autorité royale, en faisant preuve d'une aptitude remarquable à comprendre son époque.

Saint Thomas d'Aquin (1225-1274)

Originaire de la région de Naples, il étudie la théologie à Cologne et reçoit à Paris le titre de bachelier (1252), et celui de maître en théologie (1256). Il enseigne au couvent Saint-Jacques et à l'Université de Paris jusqu'en 1259. Appelé à la cour pontificale d'Anagni, il est nommé prédicateur général, puis est chargé par Urbain IV de la composition de l'office du Saint-Sacrement.

Il approfondit aussi l'œuvre d'Aristote qui l'inspire dans la rédaction de sa célèbre *Somme théologique* (1266-1273). L'importance de sa réflexion provient d'une tentative de conciliation entre la foi et la raison, pour montrer que la philosophie logique peut aider à comprendre le dogme théologique. Il essaie d'exposer que, si l'enseignement de l'Église reste vrai, il existe une marge d'interprétation par l'esprit humain, qui permet de ne pas rejeter toutes les nouvelles mutations sociales et politiques au nom du purisme hérité de l'univers de pensée augustinien. Son « progressisme » est cependant limité. C'est ainsi qu'il juge immuable la séparation des hommes en trois catégories : les *oratores* (ceux qui prient), les *bellatores* (ceux qui combattent) et les *laboratores* (ceux qui travaillent).

S'il est le plus célèbre, saint Thomas n'est pas pour autant un écrivain isolé : de nombreuses autres *Sommes théologiques* voient le jour du milieu du XIIe au milieu du XIIIe siècle, comme celles de Robert de Melun (1152-1160), d'Étienne Langton (1185-1190), de Robert de Courçon (1204-1207), de saint Albert le Grand (1246-1274). Ce dernier attire tant d'auditeurs à Paris qu'il doit professer en plein air, en un lieu qui retiendra son nom : place Maubert (abréviation de Magister Albertus). Ce développement de la réflexion va de pair avec la création des universités au XIIIe siècle.

Du religieux au profane

Aux XIe-XIIIe siècles, la manifestation artistique la plus voyante est celle de l'architecture religieuse ; mais on ne doit pas oublier la vitalité de l'expression « théâtrale ». Avec la société féodale apparaissent deux phénomènes culturels nouveaux : les « chansons de geste », puis le genre romanesque.

L'architecture

La vie artistique est intense au cours de cette période. La construction des cathédrales constitue la partie la plus visible et la mieux conservée de cette explosion architecturale, qui permet de mesurer le degré de raffinement esthétique et de maîtrise technique atteint par les hommes de ces siècles. Leur imagination les pousse d'ailleurs à renouveler les formes anciennes (le « roman ») par des sophistications progressives qui triomphent après 1250 (le « gothique »).

L'art pour tous

Cet art est essentiellement collectif, dans sa réalisation comme dans sa destination. Plus tard, au temps de la Renaissance, la production artistique tendra à se privatiser : les châteaux s'éloigneront des lieux de vie populaire, les tableaux et les sculptures orneront l'intérieur des palais et seront réservés à quelques privilégiés. En revanche aux XIe-XIIIe siècles, les édifices religieux sont construits pour abriter les fidèles, les sculptures sont visibles de tous, à l'extérieur des églises, les vitraux flamboient en haut des édifices. Le chant aussi se développe dans le cadre des offices religieux. Ainsi, les populations urbaines participent à ce mouvement ou en bénéficient, comme les communautés villageoises, où l'église paroissiale et la proche demeure du seigneur s'embellissent. Les campagnes sont également touchées par ce dynamisme culturel, grâce aux chansons et récits des ménestrels, trouvères et troubadours, qui s'adressent surtout aux cours seigneuriales mais fréquentent aussi les tavernes et les foires.

Le théâtre et la musique

La ville est aussi le cadre d'une vie théâtrale qui a lieu dans la rue, où les pièces sont le plus souvent jouées par des acteurs occasionnels et mobilisent l'ensemble des populations. Il en est de même des « mystères » et des « miracles », qui sont joués sur le parvis des églises ou sur les places. Ils évoquent la vie du Christ, des saints, des épisodes bibliques.

La plus célèbre de ces pièces est *le Mystère de la Passion,* d'**Arnoul Gréban (vers 1420-1471)**, joué en quatre journées sur le parvis de Notre-Dame de Paris, vers 1450, et qui fait date dans l'histoire du théâtre français. Certains auteurs s'éloignent cependant de l'inspiration religieuse dès le milieu du XIIIe siècle, pour composer des satires ou des comédies profanes : **Adam de la Halle (vers 1240-1285)** innove en ce domaine avec *le Jeu de la Feuillée* (vers 1276) et *le Jeu de Robin et Marion* (vers 1282), créant un nouveau genre burlesque et amoureux accompagné de thèmes musicaux originaux.

Sur le plan purement musical, **Guillaume de Machaut (vers 1300-1377)** composa des rondeaux et ballades polyphoniques, et surtout une *Messe de Notre-Dame,* à quatre voix (vers 1360), première messe intégrale d'un auteur identifié, dépassant le traditionnel chant grégorien.

MOYEN ÂGE

La littérature

Le Moyen Âge voit naître diverses formes littéraires : les chansons de geste, le roman courtois et le roman populaire, les lais et les fabliaux. Les chroniqueurs consignent quant à eux les faits marquants du passé.

Les chansons de geste

(De gesta, « action ».) Elles ne peuvent être attribuées à des auteurs particuliers, car leurs origines sont mal connues et elles firent l'objet de suites, de remaniements et de regroupements ultérieurs qui les ont sans cesse modifiées. Il s'agit de poèmes destinés à être récités devant la cour des châteaux, dans les rues ou sur les champs de foire ; ils racontent des épisodes déformés et présentés sous forme héroïque et légendaire de la vie de grands personnages ayant vécu le plus souvent à l'époque de Charlemagne et au IXe siècle. Composées plus de deux siècles après les événements relatés, les gestes n'ont certes pas pour trait principal la rigueur historique, mais plutôt leur qualité épique.
On dénombre une centaine de chansons de geste dont il reste trace, les plus célèbres étant celles qui constituent *la Geste du roi,* racontant la jeunesse de Charlemagne *(Berthe au grand pied...)*, sa vie de chrétien *(le Pèlerinage de Charlemagne)*, son combat contre les Sarrasins *(la Chanson de Roland...)* ou contre les Saxons *(les Saisnes)* et la fin de sa vie *(le Couronnement de Louis...)*. D'autres gestes connaissent aussi un grand succès, telles *la Geste de Garin de Monglane,* qui se déroule en Languedoc et en Provence, ou *la Geste de Doon de Mayence,* racontant les luttes féodales entre grands ou contre le roi, et évoquant les guerres qui mirent aux prises, au Xe siècle, les maisons de Cambrésis et de Vermandois.

Le roman courtois

Il apparaît et se développe rapidement au XIIe siècle. Le premier grand « romancier » connu est **Chrétien de Troyes**, qui vécut

sans doute de 1135 à 1183. Il traduit d'abord *l'Art d'aimer* et *les Métamorphoses* d'Ovide, puis il se consacre à la rédaction de ses récits arthuriens, qui vont faire du roman courtois un genre nouveau alliant l'art d'aimer aux aventures chevaleresques. Il s'inspire des vieilles légendes celtes, mais aussi des écrits de **Wace**, chanoine de Bayeux, protégé d'Henri II Plantagenêt, qui écrit vers 1155 *le Roman de Brut* (inspiré par l'*Historia Regum Britanniae* de Geoffroi de Monmouth, où est évoqué le personnage du roi Arthur) et une suite, *le Roman de Rou,* qui raconte l'histoire de la Normandie jusqu'au début du XIIe siècle.
Chrétien de Troyes a aussi dépeint des aspects de la société dans laquelle il vivait : c'est ainsi que, dans *Yvain ou le Chevalier au lion,* il évoque la situation de trois cents jeunes filles qui travaillent dans un atelier textile de Champagne pour le compte d'un « seigneur » s'enrichissant de leur labeur alors qu'elles ne parviennent qu'à survivre difficilement.
L'inspiration celtique se trouve à l'origine de *Tristan et Yseult,* aux auteurs divers, et du cycle arthurien de Chrétien de Troyes : dans *Érec et Énide, Lancelot ou le Chevalier à la charrette, Perceval ou le Conte du Graal,* l'action se situe à la cour du légendaire roi celte Arthur (et de la reine Guenièvre), en guerre contre les Saxons au Ve siècle ; mais le tout est transposé dans le contexte féodal des chevaliers de la Table ronde, et de la lutte plus récente entre Normands et Saxons.

MOYEN ÂGE

Les lais

D'autres récits se situent dans l'Antiquité, comme *le Roman de Thèbes,* rédigé vers 1155 par un auteur inconnu, et qui narre l'histoire d'Œdipe, ou *le Roman de Troie,* écrit vers 1165 par **Benoît de Sainte-Maure.** C'est aussi durant la deuxième partie du XIIe siècle que **Marie de France**, qui vit à la cour de Henri II d'Angleterre et d'Aliénor d'Aquitaine, écrit ses *Isopets* (récits moralisateurs) et ses

Lais ou « chansons ». Il s'agit en fait de brefs poèmes, inspirés des romans courtois et mêlant le merveilleux à l'évocation délicate de l'idéal amoureux. Aliénor d'Aquitaine et ses filles Aélis de Blois et Marie de Champagne (protectrice de Chrétien de Troyes) contribuent d'ailleurs fortement au développement de cette littérature « courtoise » : elles organisent des « tribunaux » et des « cours d'amour » où l'on définit un code de conduite amoureuse et où nobles raffinés et poètes jugent de la meilleure façon de courtiser les dames.

Le roman populaire

Mais à côté de cette littérature et de cette poésie seigneuriales, une production littéraire « populaire » va apparaître à la fin du siècle et s'épanouit au suivant.

Le Roman de Renart se compose de 27 poèmes, dont les personnages sont des animaux : Goupil (le renard), Isengrin (le loup), Noble (le lion), Brun (l'ours), Baudoin (l'âne), Tibert (le chat)… Les deux sources principales semblent être un poème latin du Xe siècle et *l'Ysengrimus* de **Nivard de Gand** (1148), mais les auteurs des poèmes sont souvent inconnus, mis à part **Pierre de Saint-Cloud**. La satire se développe dans les suites, telles que *Renart le Nouveau* et *le Couronnement de Renart* (fin XIIIe) ou *Renart le Contrefait* composé à Troyes entre 1319 et 1342. Il s'agit en fait de parodies des chansons de geste, manifestant la percée de l'esprit bourgeois contre l'esprit chevaleresque.

Le Roman de la Rose se compose de deux parties. **Guillaume de Lorris** écrit la première durant les années 1230. Elle raconte la conquête d'une rose dans un verger, par Amant, qui rencontre des alliés (Pitié, Franchise, Bel-Accueil…) mais se heurte à Jalousie, Honte, Refus… Ce poème de 4 058 vers conserve l'esprit du roman courtois, fait de délicatesse amoureuse et où est magnifiée la difficulté d'atteindre l'objet du désir. Mais l'on tend déjà à s'éloigner de l'idéal d'une classe particulière. **Jean de Meung**, de son vrai nom

Jean Chopinel, écrit la seconde partie vers 1275-1280. Longue de 17 772 vers, elle diffère complètement de celle de Guillaume de Lorris : il s'agit d'une satire qui met aux prises les mêmes personnages mais qui dépeint et critique aussi bien les mœurs et les croyances de l'époque, le respect voué à la naissance, que le culte de la femme ou certains aspects de la vie religieuse, celle des moines en particulier. Le style aussi change ; il devient réaliste, parfois même agressif et grivois.

Les fabliaux

Les « fabliaux », souvent anonymes, sont des contes, des farces, ou des écrits moralisateurs. Ils expriment le bon sens paysan, l'esprit bourgeois ou les mœurs de la nouvelle classe moyenne. Certains inspireront plus tard Rabelais et La Fontaine.

L'œuvre plurielle de Rutebeuf

Le trouvère illustre la diversité des styles littéraires au XIIIe siècle. Il écrit un poème dramatique, *le Miracle de Théophile,* un roman, *Renart le Bestourné,* des dits, *le Dit de l'Erberie,* des fabliaux et des poèmes satiriques. Il se mêle aussi aux débats « politiques » de l'époque, se rangeant du côté de l'Université, dans sa critique des ordres mendiants, et parmi les défenseurs de l'idée de croisade.

Les « historiens »

Geoffroi de Villehardouin (1150-1211), maréchal de Champagne, écrit une *Histoire de la conquête de Constantinople,* à l'occasion de la quatrième croisade.

Jean de Joinville (1224-1317), sénéchal de Champagne et confident du roi, participe à la septième croisade et écrit une *Histoire des faits de notre saint roi Louis.*

Jean Froissard (1333-1400?) est clerc de la reine d'Angleterre puis du comte de Blois. Il parcourt les deux royaumes durant la guerre de Cent Ans, qu'il décrit dans ses *Chroniques.* Il peint aussi les fastes des cours féodales.

XVe-XVIIIe siècle

VERS L'ÉTAT-NATION

Introduction

La paix étant revenue au milieu du XVe siècle, les mutations en profondeur de la société française qui s'étaient amplifiées avec l'essor économique du XIIIe siècle vont trouver un terrain favorable pour se faire jour à nouveau. Mais elles vont maintenant s'exprimer dans un contexte différent : celui d'un monde où le pouvoir politique échappe davantage à la seigneurie traditionnelle, où le rapport de force militaire s'est modifié au profit de la monarchie, où le poids économique et stratégique des villes s'est trouvé grandi par le rôle qu'elles ont joué durant la guerre de Cent Ans, où le servage enfin a reçu un coup fatal et tend de plus en plus à se transformer en fermage et en métayage.

La « nouvelle donne » économique et politique

L'élément décisif de cette évolution est la généralisation de l'échange marchand, qui ne se réduit pas au recul de l'économie de troc. Cela signifie surtout que dorénavant tout se monnaie : l'achat des denrées de consommation courante, bien sûr, mais aussi maintenant la liberté personnelle, la fidélité, le service armé et la terre.

Si le roi veut s'assurer le soutien des grands, l'alliance de ses voisins et le service d'administrateurs compétents, il doit leur verser des subsides, ou des pensions ; l'hommage* vassalique et le désintéressement chevaleresque sont passés de mode comme l'esprit de croisade. La force du souverain ne réside plus dans son droit de convoquer ses vassaux pour faire la guerre, mais dépend des rentrées financières nécessaires pour payer la solde de ses troupes et l'armement coûteux dont les techniques ont évolué pendant la guerre. Cette remise en cause des rapports féodo-vassaliques fut le produit de la complexité des alliances et des conflits qui se produisirent au siècle précédent. Ces conflits bouleversèrent l'ancien ordre politique et, conduisant à la victoire finale du roi de France, ils firent de celui-ci le roi de tous ceux qui vivaient dans les territoires conquis aux Anglais et à leurs alliés, et non plus le simple suzerain lointain de leur seigneur local. La guerre avait bousculé les anciennes divisions territoriales. Les roturiers du royaume jusque-là d'abord soumis à l'autorité de leur seigneur ou du prince régional, tendent à devenir des sujets du roi dans le cadre d'une nation dépassant les particularismes féodaux.

Parallèlement, l'ancien système de mise en valeur des terres est ébranlé par la dépopulation due aux épidémies et aux guerres, et par l'augmentation des besoins des propriétaires du sol pour acquérir les biens non alimentaires de plus en plus chers.

La baisse de la population a en effet provoqué une insuffisance de la main-d'œuvre agricole et un recul des surfaces cultivées ; il faut donc recourir de plus en plus à un travail salarié sur la réserve* seigneuriale ou louer la terre plutôt que de la laisser en friche ; mais l'abondance des terres entraîne une baisse du loyer du sol, qui profite donc aux nouveaux fermiers. De même, ceux qui étaient astreints aux anciennes redevances serviles voient leur sort s'améliorer et les prélèvements se monétariser.

Cette relative prospérité paysanne dure le temps de la reprise de la production et des gains, permise par le dynamisme des nouveaux producteurs et la mise au repos de certaines terres fertiles. Mais quand, à la fin du XVe siècle la population a de nouveau augmenté et que la productivité stagne, quand la pleine occupation des sols et l'accroissement de la demande de terre par la bourgeoisie urbaine entraînent une hausse de son loyer, le rapport de force redevient défavorable à la petite paysannerie.

De plus, la perte du pouvoir économique et politique de la seigneurie ne se fait pas sans coût : elle est remplacée par la montée de l'administration monarchique qui demande à tous ceux qui n'appartiennent ni à la noblesse ni au clergé de payer l'impôt. Cette fiscalité royale, très exigeante en temps de guerre, s'ajoute à la rente versée au propriétaire du sol et sera à l'origine de bien des soulèvements et doléances à venir.

Ces phénomènes ne surviennent pas, bien sûr, au lendemain de la victoire de Castillon ! La croissance économique des Xᵉ-XIIIᵉ siècles s'était naturellement accompagnée d'un développement de l'échange marchand, indissociable de l'essor féodal. Chacun était devenu un peu marchand en ces temps d'accroissement et de diversification de la production : c'est le cas de l'artisan installé en ville mais aussi du grand seigneur comme du modeste paysan, qui ont besoin de vendre le surplus non indispensable à la vie de tous les jours, sur le petit marché du village, à la foire régionale ou à la ville voisine. Les professionnels du grand commerce lointain jouent de plus le rôle d'agents de liaison permanents entre régions, de facteurs d'intégration économique de producteurs complémentaires ; ils favorisent la connaissance des nouveaux produits et la propagation de la mode.

L'héritage féodal

Ainsi, les traits constitutifs d'une société à la fois féodale et marchande existaient déjà aux XIᵉ-XIIᵉ et surtout XIIIᵉ siècles. Mais la composante féodale qui était dominante s'affaiblit maintenant au profit de la dimension marchande. Pourtant, jusqu'à la Révolution de 1789, la société française conserve un cadre économique, politique et idéologique hérité de la société féodale (monarchie héréditaire « de droit divin », privilèges* de la noblesse et du clergé, stratification sociale liée à la possession du sol et aux anciens droits féodaux, organisation corporatiste du monde des métiers urbains...). De plus, le système productif reste composé d'unités indépendantes, essentiellement artisanales, même si certaines d'entre elles (dans le textile presque exclusivement) sont coordonnées par un maître d'œuvre fournissant la matière première aux divers corps de métier. Ainsi, il n'apparaît pas encore, de façon significative, des rapports de production capitalistes au sens plein du mot, liant propriétaires du capital et ouvriers sans autres ressources que leur force de travail. Quand le salariat existe, il correspond soit à une main-d'œuvre d'appoint ou épisodique, soit à des activités non directement productives (administration, armée, domesticité, commerce…). Et s'il existe des capitalistes marchands, ils n'investissent pas directement dans le domaine de la production. C'est pour cela que l'on peut parler, à propos de la France des XVe-XVIIIe siècle, de société féodo-marchande. Cette société voit s'affronter ceux qui prônent l'égalité des droits et la liberté individuelle aux défenseurs des privilèges de la naissance, les adeptes de la tolérance religieuse aux catholiques intransigeants, les victimes des difficultés économiques aux nouveaux riches et aux agents du fisc : la crise sociale tendra à devenir permanente tout en prenant des formes diverses.

Renaissance et Intolérance

Cette même période est celle de la « Renaissance » artistique, du théâtre classique, de la construction de châteaux monumentaux comme Versailles et du renouveau de la pensée philosophique au « siècle des Lumières » ; cela s'explique par le mécénat des princes, mais aussi par l'affirmation d'un esprit « bourgeois » qui dominera le XVIIIe siècle. Gardons-nous bien, toutefois, de faire de cette période celle d'un progrès considérable et continu dans tous les domaines : le XVIe siècle est surtout celui de l'intolérance religieuse et des guerres de religion qui ensanglantent le pays et des guerres avec l'Espagne ; le XVIIe siècle est celui de nouvelles guerres civiles dues aux tensions sociales et aux soulèvements de ceux qui s'opposent à la constitution d'un « État-nation » voulue par les grands commis des souverains en quête d'absolutisme ; c'est aussi celui de nouvelles guerres ruineuses avec les autres monarchies européennes. D'autre part, les grands écrivains du temps de Louis XIV restent enfermés dans un genre littéraire très étroit et ne s'intéressent qu'à des thèmes qui ne s'adressent qu'à une infime partie de la population ; le faste de la cour de Versailles masque la grande misère culturelle de l'ensemble du pays, et rares seront les grands penseurs du XVIIIe siècle qui seront sensibles aux problèmes sociaux ou au progrès économique.

Chroniques

1461-1483

Louis XI

Louis XI mène une politique pacifique qui favorise l'essor économique, tout en matant les révoltes des derniers grands seigneurs féodaux.

La fin du règne de Charles VII a été marquée par la victoire définitive sur les armées anglaises et par l'affermissement du pouvoir royal, face à la noblesse et au clergé. Quand Louis XI succède à son père en 1461, les grands du royaume n'ont pourtant pas abdiqué toute prétention à maintenir leur autonomie territoriale et à contester l'autorité du roi de France. Après avoir été du côté des comploteurs, lors de la Praguerie* fomentée par les grands féodaux, Louis XI doit maintenant leur faire face.

La maison de Bourgogne

En 1465 se forme la ligue du Bien public, qui réunit le duc Charles de Berry (frère du roi), le duc de Bourbon, le duc de Bretagne et le fils du duc de Bourgogne, Charles le Téméraire. La bataille de Montlhéry (1465) ne fait ni vainqueur ni vaincu, et le danger persiste. Louis XI négocie et cède de nombreux avantages politiques et territoriaux. Il cherche aussitôt à remettre ceux-ci en cause, en jouant habilement sur les divisions entre les grands et sur l'absence de solidarité objective entre eux.

En 1467, il négocie avec Charles le Téméraire, nouveau duc de Bourgogne; en 1468, il bat le duc de Bretagne, mais se laisse retenir prisonnier à Péronne par Charles le Téméraire; celui-ci ne libère le roi qu'après l'avoir humilié en l'emmenant en Flandre assister à l'écrasement de ses partisans et en lui extorquant de nouveaux privilèges, que Louis XI conteste dès sa libération. Devant le désir d'expansion territoriale du duc de Bourgogne, qui cherche à reconstituer l'ancienne Lotharingie en réunissant à la Bourgogne et à la Flandre la Picardie, l'Artois, la Lorraine, l'Alsace, la Champagne et une partie de la Suisse, Louis XI a l'habileté de ne pas l'affronter directement ; il lui fait la guerre par l'intermédiaire de ceux que la politique bourguignonne menace. Après des années de sièges meurtriers et de dures répressions contre ceux qui lui résistent, l'armée bourguignonne est harcelée et écrasée par les Suisses en 1476, puis par le duc de Lorraine, près de Nancy, bataille où Charles le Téméraire trouve la mort (janvier 1477). Louis XI en profite pour annexer le duché de Bourgogne et la Picardie, mais doit laisser la Franche-Comté et l'Artois à la fille du Téméraire, Marie, mariée à Maximilien de Habsbourg (traité d'Arras, 1482).

Louis XI, le pacifique

Louis XI sait aussi éviter la reprise de la guerre avec l'Angleterre, quand le roi Édouard IV débarque en France en 1475. Il lève une armée et se porte au-devant de lui, mais réussit à convaincre les Anglais de se retirer sans combattre et s'engage à verser une rente viagère au roi d'Angleterre ! Louis XI préfère supporter le prix de la paix et économiser le sang de son armée, d'autant plus qu'il risque alors une jonction entre Anglais et Bourguignons.

Enrichir le royaume

Louis XI a aussi compris que la prospérité d'une nation repose sur la paix et l'essor de son commerce : il améliore les voies de communication et l'infrastructure portuaire, cherche à réanimer les foires et à supprimer les péages intérieurs ; il s'efforce d'attirer les marchands étrangers et d'ouvrir le marché anglais aux producteurs français en établissant un régime de libre-échange entre les deux pays ; il tente de créer une industrie de la soie à Lyon, puis à Tours, et de développer la production minière.

Toutes ces tentatives ne sont pas couronnées de succès et nécessitent des moyens financiers qui augmentent la pression fiscale, notamment sur les villes, à qui l'on demande des « aides extraordinaires », qui tendent vite à devenir ordinaires. C'est pourquoi la politique de Louis XI n'a pas toujours été populaire, et contribue à laisser de lui l'image déformée d'un roi autoritaire, fourbe, cynique et avare.

En réalité, Louis XI est l'un des rares souverains à avoir cherché systématiquement à éviter l'aventure militaire, en tentant de régler pacifiquement les conflits intérieurs et extérieurs, et à avoir mené une politique économique cohérente de développement de la production et des échanges. Il est vrai qu'il bénéficie d'une conjoncture économique favorable, et qui est aussi celle d'un essor intellectuel : c'est durant son règne que deux professeurs de la Sorbonne, Jean Heynlin et Guillaume Fichet mettent sur pied la première imprimerie parisienne (Gutenberg avait commencé ses expériences à Strasbourg vers 1436, puis à Mayence en 1450).

Louis XI semble bien avoir été en avance sur son temps, car à sa mort, en 1483, les difficultés politiques et le vieux démon de conquête vont réapparaître.

1483-1515

Charles VIII et Louis XII

Moins avisés que leur prédécesseur, ces deux rois entraînent la France dans des guerres italiennes inutiles et ruineuses.

Les guerres italiennes des successeurs de Louis XI, les rois Charles VIII et Louis XII, seront désastreuses sur le plan militaire et financier. Elles auront cependant pour conséquence d'importer en France la mode italienne, en matière architecturale, artistique, vestimentaire et littéraire. Princes et riches bourgeois voudront alors vivre comme leurs congénères transalpins et prolongeront en France le quattrocento italien.

Charles VIII (1483-1498)

À la mort de Louis XI, en 1483, son fils Charles VIII n'a que 13 ans. La régence est exercée par sa sœur Anne de Beaujeu, qui doit faire face à tous ceux qui ont dû subir l'ancienne autorité royale : les conseillers de Louis XI sont chassés, les états* généraux de 1484 obtiennent des réductions d'impôts, et le duc Louis d'Orléans, cousin du roi, mène une révolte de grands princes, la « guerre folle », qu'Anne de Beaujeu réussit à maîtriser. Par la suite, l'essentiel du règne de Charles VIII est marqué par son attirance pour l'Italie et son désir de reconquérir le royaume de Naples pour la famille d'Anjou. À ces fins, le roi doit obtenir la neutralité de l'Espagne en cédant le Roussillon et la Cerdagne (1493), celle de Maximilien de Habsbourg en abandonnant l'Artois et la Franche-Comté (1493), et celle de l'Angleterre en s'engageant à lui verser 745 000 écus d'or! C'était payer bien cher la possibilité d'entreprendre une campagne italienne qui, après la prise de Naples (1495), tourne court. Charles VIII doit rentrer précipitamment, et les troupes françaises cèdent progressivement face aux armées de la ligue de Venise qui regroupe autour du pape Alexandre VI, les Milanais, l'Espagne et le Saint Empire de Maximilien.

En 1498, Charles VIII meurt alors qu'il préparait une nouvelle expédition vers l'Italie. Comme il ne laisse pas de descendant mâle, la couronne revient à Louis d'Orléans, que l'on avait forcé en 1476 à épouser la fille de Louis XI, Jeanne de Valois.

Louis XII (1498-1515)

Louis XII a participé aux soulèvements de la minorité de Charles VIII et, après avoir été emprisonné, il suit Charles VIII durant sa campagne italienne de 1494. Cela lui donne le goût pour ce pays, puisqu'il envahit l'Italie dès 1499, prend Gênes et Milan, puis Naples. Il s'attaque ensuite à Venise (1508). Le pape Jules II entreprend alors de chasser les Français, avec l'aide conjointe des Anglais et des Suisses: les Français perdent leurs possessions italiennes et la France est même envahie en 1514.

Louis XII meurt l'année suivante, en laissant des finances dans un état exsangue, sa politique extérieure l'ayant amené à endetter considérablement l'État. Le seul élément positif de son règne, pour l'unité du royaume, est son remariage avec Anne de Bretagne, veuve de Charles VIII, qui renforce l'intégration de la Bretagne à la France.

1515-1559

François Ier et Henri II

Les règnes de François Ier et Henri II sont marqués par la rivalité franco-espagnole et l'expansion du protestantisme.

Du mariage d'Anne de Bretagne avec Louis XII ne naquirent que deux filles, dont l'une, Claude, épouse François d'Angoulême, duc de Valois. À la mort de Louis XII, ce dernier devint roi le 1er janvier 1515, sous le nom de François Ier.

François Ier

La première année de son règne est marquée par la victoire de Marignan (14 septembre 1515), contre les Suisses alliés du pape. Les Suisses doivent signer la « Paix perpétuelle » avec la France, et le pape Léon X doit concéder peu après le concordat* de Bologne (1516), qui accroît le contrôle du roi de France sur son clergé. Par ailleurs, François Ier traite avec Charles Quint qui vient d'accéder au trône d'Espagne.

La rivalité franco-espagnole

Mais l'hostilité entre les deux royaumes ne va pas tarder à se faire jour. En 1519, François Ier échoue dans sa candidature contre Charles Quint à la succession de Maximilien d'Autriche sur le trône du Saint Empire romain germanique. Charles Quint, nouvel empereur, petit-fils de Charles le Téméraire, rêve de récupérer l'héritage bourguignon et de faire revivre l'idée d'empire chrétien universel à partir de ses immenses possessions (Espagne, Autriche des Habsbourg, Flandre, Franche-Comté, royaume de Naples et de Sicile, colonies sud-américaines...). François Ier, de son côté, tente de s'allier avec Henri VIII d'Angleterre (entrevue du camp du Drap d'or, juin 1520), mais celui-ci préfère choisir l'alliance espagnole (traité de Calais, juillet 1520).

Dès l'année suivante, Charles Quint attaque Mézières, bien défendue par le chevalier Bayard. En 1524, il chasse les Français du Milanais, et le connétable de Bourbon, trahissant le roi de France, assiège la ville de Marseille. François Ier se lance alors dans une désastreuse nouvelle campagne d'Italie, où il est battu et fait prisonnier à Pavie (février 1525). Il doit alors signer le traité de Madrid (1526), par lequel il perd le Milanais et la Bourgogne. Aussitôt libéré après avoir livré en otages ses deux fils, il reprend la guerre (1527), s'allie avec le pape Clément VII et des princes protestants allemands (1531), et cherche la paix avec l'Empire : il renonce à l'Italie, contre la reconnaissance de ses droits sur la Bourgogne, et il épouse en secondes noces la sœur de Charles Quint, Éléonore d'Autriche.

Mais la paix est de courte durée ; à partir de 1536 vont se succéder guerres et trêves : invasion de la Provence par Charles Quint en 1536, puis paix d'Aigues-Mortes (1538) ; alliance anglo-impériale en 1542, et alliance franco-turque, dont la flotte prend Nice (1543), victoire française de Cérisoles en 1544. La paix va enfin revenir entre la France et l'Empire avec le traité de Crépy-en-Laonnois (1544), par lequel la France perd la Flandre, l'Artois et la Savoie, mais Charles Quint renonce à la Bourgogne.

L'affaire des placards

François Ier meurt en 1547. Son règne coïncida aussi avec le palier atteint par la croissance économique, qui rendit plus lourdes les exigences fiscales de l'État, destinées à financer l'effort de guerre, les dépenses de la cour et les fastes de la Renaissance. Il fut marqué

également par la fin de la tolérance envers les protestants au lendemain de l'affaire des placards : dans la nuit du 17 au 18 octobre 1534, des affichettes contre la papauté furent placardées jusque sur la porte même de la chambre à coucher du roi à Amboise.
Ne pouvant rester sans réagir, François Ier se lance dans la répression. Tandis que l'on brûle des hérétiques, un édit est promulgué en 1539 « pour extirper et déchasser du royaume les mauvaises erreurs ». En 1545, les vaudois, que l'on assimile à des protestants, sont massacrés. Enfin, l'année suivante, l'éditeur Étienne Dolet est condamné au bûcher pour hérésie et athéisme. Désormais, la monarchie française, qui considère que l'unité du royaume ne peut exister sans l'unité de foi, est engagée dans la lutte contre la Réforme*.

Henri II (1547-1559)

À la mort de François Ier, en 1547, son fils Henri II doit lui aussi faire face au danger représenté par Charles Quint (puis par son fils Philippe II, en faveur duquel il abdique en 1556) et à l'expansion du protestantisme. Mais, de plus, l'activisme des Guise et les intrigues de la cour italienne de sa femme Catherine de Médicis viennent compliquer encore les problèmes intérieurs du royaume.
Dès 1548 se produisent des troubles dans le royaume, en particulier à Bordeaux, à cause du poids de la fiscalité ; la même année, François de Guise réalise un coup de main en Écosse pour enlever sa nièce Marie Stuart, menacée par l'Angleterre, qui épousera le futur François II de France. En 1550, Boulogne est reprise aux Anglais, et si, en 1551, l'édit de Châteaubriant interdit les écrits protestants, Henri II s'entend avec les princes réformés allemands (traité de Chambord, 1552) et occupe les Trois-Évêchés* : Metz, Toul et Verdun.

Charles Quint réagit en assiégeant Metz en 1553, bien défendue par François de Guise. Celui-ci mène une expédition ruineuse vers Naples en 1556, qui n'a pour effet que de relancer la guerre avec l'Espagne : en 1557, Philippe II, devenu roi d'Espagne, l'emporte à Saint-Quentin contre les Français, mais échoue devant Paris. En 1558, le duc François de Guise, lieutenant général du royaume, repousse les Espagnols et reprend Calais aux Anglais. La paix est signée en 1559 (traité du Cateau-Cambrésis) ; cette même année est celle de la promulgation, en juin, de l'édit d'Écouen (qui demande aux tribunaux de ne prononcer que la peine de mort contre les hérétiques) et, en juillet, du décès d'Henri II, mortellement blessé à l'œil durant un tournoi.

1559-1589

Au temps des guerres de Religion

La France est déchirée pendant quarante ans par la guerre civile religieuse et le complot du clan des Guise et des catholiques intransigeants.

Le royaume a connu jusqu'alors une relative période de stabilité politique et sociale. Mais les nuages s'amoncèlent. La situation économique se dégrade et les tensions ne cessent de monter entre les catholiques et les protestants malgré une tentative de conciliation menée par le nouveau roi François II.

François II (juillet 1559-décembre 1560)

Son règne dure à peine un an et demi. Le roi fait d'abord preuve de tolérance par l'édit de Romorantin (mai 1560), qui autorise le culte protestant en privé et retire aux parlements les dossiers d'hérésie (n'en faisant pas ainsi des affaires d'État). Mais la conjuration protestante d'Amboise organisée par Antoine de Bourbon, Louis de Condé, les Coligny, La Renaudie…, et projetant de soustraire François II au pouvoir des Guise, se termine par le massacre des comploteurs ; elle coupe définitivement la France en deux et ouvre la période des guerres de Religion.

Charles IX (1560-1574)

Après le court règne de François II, son frère Charles IX lui succède en 1560, mais il n'est âgé que de 10 ans, et le pouvoir est de fait exercé, jusqu'en 1570, par sa mère, Catherine de Médicis. Ces années sont marquées par des troubles intérieurs.

1562-1563 : Première guerre

Les catholiques, qui ont à leur tête le duc François de Guise, le maréchal de Saint-André et le connétable Anne de Montmorency (le « triumvirat »), massacrent les protestants à Wassy (Champagne) en 1562. Ils sont victorieux à Rouen et à Dreux (1562-1563). Mais François de Guise meurt lors du siège d'Orléans. Catherine de Médicis rétablit la paix par l'édit d'Amboise du 19 mars 1563. Elle entreprend alors avec Charles IX une tournée dans toute la France pour imposer l'autorité royale.

1567-1568 : Deuxième guerre

Les hostilités reprennent et Anne de Montmorency est mortellement blessé à Saint-Denis. La guerre est à peine interrompue par la paix de Longjumeau en mars 1568.

1569-1570 : Troisième guerre

En 1569, les troupes catholiques commandées par le duc d'Anjou (futur Henri III) remportent les victoires de Jarnac – où Louis de Condé est tué – en mars, et de Moncontour en octobre. Bien qu'en position de force, Catherine de Médicis a la sagesse d'imposer la paix de Saint-Germain (août 1570), qui reconnaît la liberté de conscience et donne aux protestants quatre places de sûreté, (La Rochelle, Cognac, Montauban, La Charité).

Mais l'influence exercée sur le jeune roi par le huguenot Gaspard de Coligny et par le milieu réformé décide Catherine de Médicis et le parti catholique à obtenir de Charles IX le tristement célèbre massacre des protestants le jour de la Saint-Barthélemy (24 août 1572) : après l'échec le 22 août, de la tentative d'assassinat de Coligny, le tocsin de Saint-Germain l'Auxerrois appelle à l'exécution sommaire d'environ 3 000 huguenots venus à Paris assister au mariage de Marguerite de Valois, la fille d'Henri II, et d'Henri de Navarre, le futur roi Henri IV.

1573 : Quatrième guerre

Après l'échec du duc d'Anjou devant La Rochelle (février-juin), le traité de La Rochelle (juillet), donne la ville, ainsi que Nîmes et Montauban aux protestants.

Henri III (1574-1589)

Charles IX meurt en 1574, sans héritier mâle légitime. Cela permet à un autre fils de Catherine de Médicis, Henri III, de monter sur le trône, à l'âge de 23 ans. Personnage instable et ambigu, mais intelligent et cultivé, s'entourant d'une cour de mignons*, il doit faire face à la guerre opposant Henri de Navarre et les catholiques conduits par les Guise.

1574-1576 : Cinquième guerre

Après la victoire d'Henri de Guise, dit « le Balafré » à Dormans en octobre 1575, Henri III accorde la paix de Monsieur et l'édit de Beaulieu (mai 1576) donnant la liberté de culte aux protestants partout en France, sauf à Paris, leur concédant huit places fortes et réhabilitant Coligny. En juin, le duc de Guise et les catholiques intransigeants réagissent en créant la Ligue et poursuivent la lutte contre les protestants.

1577 : Sixième guerre

Le duc d'Anjou s'empare de La Charité (mai). La paix de Bergerac (septembre 1577) aggrave l'hostilité du parti des Guise, qui, de plus, complotent contre le roi.

1579-1580 : Septième guerre

En février 1579, la paix de Nérac donne quinze places aux protestants. Par le traité de Joinville, en 1584, les Guise se lient à Philippe II d'Espagne. Isolé, Henri III s'allie à la Ligue en juillet

1585. En septembre, le pape Sixte Quint proclame Henri de Navarre déchu de ses droits à la Couronne.

1585-1598 : Huitième guerre

Henri III lui interdisant l'entrée de Paris, Henri de Guise y accède de force, et la « journée des Barricades » – érigées par les Parisiens favorables au duc, populaire dans la capitale – oblige le roi à fuir en province (mai 1588). Henri III convoque les états généraux à Blois (septembre), y attire le duc de Guise et le fait assassiner (décembre).

À Paris, on proclame alors la destitution du roi, et un frère d'Henri de Guise, le duc de Mayenne, est nommé par le conseil des Seize lieutenant général du royaume. Henri III s'allie alors à Henri de Navarre, qui vient pourtant de remporter contre lui la bataille de Coutras (1587). Ensemble ils assiègent Paris, mais Henri III est assassiné à son tour par le moine Jacques Clément à Saint-Cloud, le 1er août 1589. La succession est un problème, bien qu'Henri III ait fait d'Henri de Navarre son héritier de la couronne royale.

1589-1610

Henri IV

Henri IV, qui doit conquérir son trône, réussit à rassembler catholiques et protestants; il mène une politique extérieure pacifique et favorise le développement économique du royaume.

Henri III n'avait pas d'enfants, et son dernier frère, François d'Alençon, duc d'Anjou, était mort avant lui. Henri de Navarre apparaît comme l'héritier le plus légitime: il descend de Saint Louis (par son fils Robert de Clermont, marié à Béatrice de Bourbon), a épousé en 1572 Marguerite de Valois, qui est la fille d'Henri II et de Catherine de Médicis, et a été pressenti par Henri III, lui-même, pour lui succéder sur le trône de France.
Mais le Navarrais est aussi le chef de l'Union protestante, l'allié des réformés anglais et allemands, et a combattu les ligueurs. Ceux-ci ne peuvent accepter ce nouveau roi huguenot et lui opposent le cardinal de Bourbon, oncle d'Henri de Navarre, proclamé roi de France sous le nom de Charles X en 1589.

La conquête du trône

Le futur Henri IV doit se replier d'abord sur Dieppe, puis vers la Normandie, après avoir repoussé les attaques du duc de Mayenne allié aux Espagnols (batailles d'Arques et de Dreux) et avoir tenté à plusieurs reprises de prendre Paris (1589-1590). Mayenne tente alors vainement de faire accepter par les états généraux, après la mort du cardinal de Bourbon (1590), l'infante d'Espagne Isabelle comme reine de France. Mais, après l'abjuration d'Henri de Navarre à Saint-Denis, en juillet 1593, les grands reconnaissent enfin sa légitimité. Ce rapprochement de la noblesse peut s'expliquer par l'épuisement du royaume, mais aussi par les mouvements paysans auxquels la classe seigneuriale doit faire face et où disparaissent les motivations religieuses pour faire place aux revendications antiféodales. Ce sera en particulier le cas durant la révolte des Croquants*, en 1594, écrasée par le nouveau roi.

L'édit de Nantes

Henri IV est sacré à Chartres, en février 1594, et entre en grande pompe dans Paris (mars 1594), acclamé par une population épuisée par la guerre civile. Absous par le pape, vainqueur des Espagnols à Fontaine-Française (juin 1595), le nouveau roi finit par rallier les derniers ligueurs et signe la paix de Vervins avec les Espagnols (1598). Par l'édit de Nantes, promulgué la même année, il instaure la liberté du culte protestant partout où il était pratiqué depuis 1596 (sauf à Paris et dans les résidences royales), rend leurs droits civiques aux réformés et leur accorde pour huit ans une centaine de places de sûreté. Bien que mal acceptée par les catholiques, cette politique nouvelle et exceptionnelle en Europe ramène la paix religieuse.

Le redressement

Les dernières années du XVIe siècle permettront enfin l'amorce d'un redressement dans tous les domaines : réconciliation nationale grâce à l'appel aux affaires de personnalités des deux confessions, affirmation de l'autorité centrale et réorganisation de l'administration du royaume par la soumission des gouvernements de province, l'institution de lieutenants généraux et l'envoi de commissaires royaux, redressement des finances et du commerce, de l'industrie et de l'agriculture, grâce à l'action de conseillers dévoués et efficaces comme Sully, Barthélemy de Laffemas, ou Olivier de Serres.

Sully et les finances

C'est ainsi que Maximilien de Béthune, duc de Sully, surintendant des Finances, s'efforce de faire verser au Trésor les sommes perçues par les officiers royaux, établit un impôt nouveau, la paulette*, mais allège la taille* frappant les paysans, qui bénéficient par ailleurs de la restitution de terrains communaux et de l'extension des surfaces cultivées. Il annule les anoblissements accordés depuis 1578 et parvient à rétablir l'équilibre du budget de l'État. Sully entreprend également de favoriser le développement du commerce grâce à la rénovation et à l'extension des voies de communication intérieures (routes, rivières, ponts et canaux), développe l'armement (il est aussi Grand Maître de l'artillerie royale) et les fortifications aux frontières (dont il est le surintendant).

Laffemas et le commerce

L'action de Sully est étroitement liée à celle de Barthélemy de Laffemas, d'abord conseiller, puis contrôleur général du Commerce (1602). Laffemas préconise l'exportation de produits de luxe, l'appel aux artisans qualifiés étrangers, l'interdiction des exportations de matières premières utiles pour l'industrie et la limitation des importations ; il inspire l'édit de 1597, qui impose la maîtrise aux marchands, crée un conseil du commerce et pousse à la culture des mûriers. Cette politique dirigiste et mercantiliste favorise l'essor de l'industrie textile (tapisserie des Gobelins, draperie à Provins, soierie à Dourdan, dentelle à Senlis...), de la production des armes, du verre ou du cuir.

Olivier de Serres et l'agriculture

L'agriculture bénéficie également d'un intérêt particulier et de recherches spécifiques comme celles que mène Olivier de Serres. Celui-ci expérimente dans son propre domaine de nouvelles méthodes d'assolement en supprimant la jachère, importe de Flandre la garance, d'Angleterre le houblon, d'Italie le maïs et le mûrier, et

publie plusieurs traités sur l'agronomie et la culture des vers à soie. Il encourage l'élevage, source d'engrais, l'assèchement des marais (en Poitou et en Saintonge, en particulier), ainsi que le reboisement, et plante 20 000 mûriers blancs aux Tuileries.
D'autre part, plusieurs expéditions outre-mer sont entreprises, comme celles du sieur de Monts en Acadie ou de Samuel de Champlain au Canada, où celui-ci fonde la ville de Québec en 1608 ; il est même envisagé de créer une compagnie des Indes orientales, en association avec les Hollandais, qui tiennent les mers.

Une paix fragile

Cet essor économique et cette relative prospérité intérieure ne sont possibles que grâce à la paix civile et extérieure, à peine compromise par la révolte des Croquants en 1594, dans le Limousin et le Périgord, et par une action militaire en Savoie (1601). Mais, en 1610, le danger d'une alliance offensive de l'Espagne et des impériaux catholiques (qui prennent Clèves et Juliers) pousse Henri IV à s'allier aux princes protestants allemands et à préparer à nouveau la guerre. C'est alors que le roi est assassiné le 14 mai 1610 par François Ravaillac, sans doute manipulé par les ultracatholiques.

1610-1643

Louis XIII

Face au danger extérieur, aux prétentions de la noblesse, aux difficultés économiques, l'unité du royaume ne doit son salut qu'à l'action énergique de Richelieu.

À la mort d'Henri IV, son fils n'a que 9 ans. Sa mère, Marie de Médicis, est confrontée aux difficultés intérieures exprimées aux états généraux de 1614, à l'agitation des grands et à l'hostilité du duc de Luynes, conseiller du jeune roi Louis XIII. En 1617, celui-ci fait assassiner Concini et retient la reine prisonnière à Blois. Elle s'évade et s'allie aux princes pour combattre l'armée du roi, conduite par Luynes, qu'ils affrontent sans succès à la bataille des Ponts-de-Cé (1620). Puis, après la mort de Luynes (1621), Marie de Médicis se réconcilie avec son fils par l'entremise de Richelieu. Durant ces mêmes années, des soulèvements populaires éclatent dans les villes et les campagnes, un peu partout en France, surtout en 1616-1618 et 1623-1624.
La suite du règne de Louis XIII est surtout marquée par la personnalité exceptionnelle du cardinal de Richelieu.

Le roi et son ministre

Soutenu par Marie de Médicis, Richelieu a obtenu en 1616 le secrétariat d'État à la Guerre et est appelé au Conseil du roi en 1624. Louis XIII se méfie d'abord de lui, puis le soutient contre le parti catholique pro-espagnol de sa mère, avec lequel Richelieu a rompu. Personnalité neurasthénique, soupçonneuse, autoritaire mais aussi instable, Louis XIII mène une politique qui en est le reflet : il s'attaque à la fois à la puissance protestante (sièges de Montauban en 1621, puis de La Rochelle en 1628-1629), aux impériaux catholiques et aux Suisses soutenant le duc de Savoie (expédition du Pas-de-Suse en 1629) ; il donne l'impression de lâcher Richelieu, sous la pression de sa mère (journée des Dupes, 10 novembre 1630), au profit des partisans de la maison d'Autriche, mais accorde finalement sa confiance au cardinal et chasse Marie de Médicis et ses amis.

La politique de Richelieu

En fait, le projet de Richelieu transparaît derrière les initiatives prises par Louis XIII : assurer l'autorité du roi et éliminer les pouvoirs organisés dans l'État, maintenir l'unité du royaume et lutter contre les voisins extérieurs les plus dangereux (l'Espagne et les Habsbourg d'Autriche). C'est sans doute cette prise de conscience des risques provoqués par la division intérieure et du risque d'encerclement extérieur qui amène le cardinal de Richelieu à réconcilier Louis XIII et sa mère, à chercher à rapprocher catholiques et protestants, à soumettre la noblesse et à s'éloigner du parti catholique de la reine mère, conscient que la puissance espagnole est encore plus dangereuse pour la France que celle de l'Angleterre.

Mais le goût pour l'intrigue et l'insoumission de la noblesse catholique, le désir d'autonomie des protestants et la force du clan pro-espagnol rendent cette politique difficile. Richelieu pratique alors une dure répression (destruction de forteresses, condamnation à mort de comploteurs, comme Montmorency ou Cinq-Mars, interdiction des duels) ; il brise la formation d'une base anglaise autour de La Rochelle (l'Angleterre ayant été appelée par les protestants inquiets de l'influence des catholiques intransigeants), poursuit l'armée de Rohan dans les Cévennes, mais, après le sac de Privas (mai 1629), il confirme les droits religieux et civils des réformés tout en abolissant leurs privilèges militaires (grâce d'Alès, juin 1629). Ce changement de politique est nécessaire pour s'allier aux pays protestants contre les Habsbourg et lui permet d'aller combattre les Espagnols en Savoie et de s'implanter en Lorraine (1632-1633).

La France dans la guerre de Trente Ans

Alliée à la Suède, à la Hollande et à la Saxe, la France soutient « l'Union évangélique » protestante, entrée depuis 1618 dans « la guerre de Trente Ans » contre la « Sainte Ligue allemande catholique ». Mais, après les succès suédois (1631-1632), qui menacent l'Empire lui-même, les impériaux, alliés aux Espagnols, remportent une victoire décisive à Nördlingen (1634). Cette coalition menaçant directement la France, le cardinal de Richelieu déclare la guerre à l'Espagne (1635). Après des débuts difficiles (les Espagnols prenant Corbie et menaçant Paris en 1636), les Français occupent Brisach (1638) et entreprennent la conquête du Roussillon (1642). Puis Condé écrase les Espagnols à Rocroi (1643). À la mort de Richelieu, la situation militaire est redevenue favorable.

Les difficultés économiques

La participation de la France à la guerre de Trente Ans aggrave la situation économique du pays. Il faut augmenter les impôts, pratiquer des emprunts forcés, développer la vente d'offices et l'aliénation de terres relevant du domaine royal, alors que le mécontentement gagne dans les campagnes comme dans les villes. De nombreuses jacqueries* ont lieu, surtout à partir de 1632, dont les plus célèbres sont celles des « Croquants » dans le Périgord en 1635, celles du Limousin et du Poitou en 1636, des « va-nu-pieds » de Normandie en 1639. Mais toutes les régions et de très nombreuses villes du royaume sont touchées; cela indique l'importance du malaise social, du désir permanent de réforme et de l'hostilité au pouvoir central, qui culmineront avec la Fronde* de 1648-1652. Pourtant Richelieu a pris conscience de la nécessité du développement économique : il tente de constituer des compagnies de navigation vers le Canada, l'Afrique et l'Orient, mais sans grand succès (malgré la fondation de Montréal en 1642), poursuit l'aide aux manufactures (tapisseries, soieries, imprimerie royale du Louvre) et s'efforce vainement d'attirer la noblesse vers ces nouvelles activités. On lui doit aussi la reconstruction de la Sorbonne, du Palais-Royal (ancien Palais-Cardinal), et la création de l'Académie française (1635).

Le luxe et la misère

D'une façon plus générale, cette période voit se développer une production artistique importante et originale dans les domaines de l'ornement extérieur des constructions (comme celui du palais de l'Institut), dans celui des plafonds et murs intérieurs, du mobilier (meubles, tables et chaises), de la tapisserie, de la céramique, de l'émaillerie et de l'orfèvrerie. Mais la relative prospérité de cet artisanat de luxe, ne s'adressant qu'à une petite partie de la population, ne doit pas masquer la situation profonde du pays. Le règne de Louis XIII, qui s'achève en 1643, cinq mois après la mort de Richelieu, laisse une France rassurée sur le plan extérieur, surtout après la victoire de Condé à Rocroi, et bien que la paix ne soit pas encore signée. Mais le pays reste troublé par le marasme économique, la faiblesse de la production agricole et le mécontentement général.

La régence d'Anne d'Autriche

De plus, le peu d'empressement que Louis XIII manifeste à l'égard de sa femme, Anne d'Autriche (fille de Philippe IV d'Espagne et de

Marguerite d'Autriche), qu'il a épousée dès 1615, se traduit par la naissance tardive de Louis XIV, le 5 septembre 1638. Le jeune roi n'a donc que 4,5 ans à la mort de son père. En attendant l'âge de sa majorité, la régence est exercée par la reine Anne d'Autriche, opposée à la politique du cardinal de Richelieu et qui obtient du parlement de Paris les pleins pouvoirs que lui conteste pourtant le testament de son mari.

1643-1661

Mazarin et la Fronde

Régente du royaume en 1643 à la mort de son époux Louis XIII, Anne d'Autriche doit faire face aux prétentions des grands et s'appuie aussitôt sur Mazarin.

Louis XIII avait tant apprécié les services de Jules Mazarin que celui-ci fut nommé cardinal, bien qu'italien, roturier et laïc, et choisi comme parrain du futur roi Louis XIV. Mazarin devient ministre et chef du Conseil à la mort de Richelieu. La reine le garde auprès d'elle et lui confie la responsabilité des affaires du royaume pour des raisons en grande partie sentimentales, puisqu'il est possible qu'Anne d'Autriche ait épousé secrètement Mazarin.

Les débuts de Mazarin

Les responsabilités confiées à Mazarin ne peuvent que provoquer la haine des grands, qui voient de plus leur échapper l'éducation du jeune Louis XIV, menée conjointement par la reine et son ministre. Dès 1643, Mazarin doit faire face à des insoumissions en province et à des intrigues parisiennes (celle en particulier du duc de Beaufort et de Madame de Chevreuse). Parallèlement, le besoin d'argent pour poursuivre la guerre extérieure (expédition de Condé et de Turenne en Allemagne contre les troupes du Saint Empire) le conduit à procéder à une aggravation de la pression fiscale, évidemment très impopulaire : édit du toisé (sur les maisons illégalement élevées près des remparts de Paris), taxe sur les aisés (1644), réduction du montant des rentes (1645-1646), édits du tarif et du rachat (qui s'attaque au traitement des membres des diverses cours du royaume – sauf les parlements), augmentation des octrois (1646-1648).

La Fronde

Mazarin doit affronter le mécontentement du peuple, de la bourgeoisie et des assemblées, s'ajoutant à celui des princes : la Fronde va durer quatre ans (1648-1652). Celle-ci commence par le refus du parlement de Paris d'enregistrer l'édit du rachat suivi par celui de plusieurs parlements de province, qui veulent de plus la disparition des intendants royaux, et réclament que tout nouvel impôt soit d'abord soumis au parlement. La reine doit céder (juillet 1648), et, malgré la victoire de Condé à Lens (août 1648), l'arrestation du conseiller Broussel (du parlement de Paris) provoque la journée parisienne des Barricades du 25 août 1648.

La signature des traités de Westphalie (octobre 1648) – qui ramènent la paix aux frontières orientales, reconnaissent à la France la possession de Metz, Toul et Verdun et d'une partie de l'Alsace, mais ne règlent pas le conflit avec l'Espagne – ne restaure pas le prestige du cardinal : en janvier 1649, Louis XIV et la reine fuient Paris pour Saint-Germain ; l'armée royale commandée par Condé assiège Paris, et les milices parisiennes sont vaincues à Longjumeau et à Charenton en février ; on signe la paix de Rueil en mars.

Cependant, les grands, auxquels Condé et Turenne se rallient, ne désarment pas contre Mazarin, qui fait arrêter Condé, alors que Turenne allié aux Espagnols est battu à Rethel (1650). En 1651, le parlement, soutenu par le peuple parisien, se rapproche des princes, et Mazarin, contraint de libérer Condé, s'enfuit à Brühl. Les esprits se calment. Turenne se soumet à Anne d'Autriche, Condé se retire à Bordeaux. Mais ce dernier s'allie aux Espagnols, bat Turenne à Bléneau (avril 1652) et, malgré sa défaite au faubourg Saint-Antoine (juillet 1652), peut entrer dans Paris grâce au parti de Gaston d'Orléans. Il doit toutefois rapidement se retirer, après s'y être rendu impopulaire. Louis XIV et sa mère peuvent alors rentrer à Paris le 21 octobre 1652, où ils sont acclamés. La Fronde est pratiquement terminée.

Le triomphe de Mazarin

En février 1653, Mazarin revient à la cour. Après la prise de Bordeaux par l'armée du roi (août 1653), Condé se réfugie en Espagne. L'autorité royale est renforcée, les intendants sont rétablis et le parlement de Paris est soumis. L'action de Mazarin peut alors se poursuivre avec l'aide de conseillers dévoués et efficaces, tels Colbert, Le Tellier, de Lionne, Brienne, Servien. Mais Mazarin s'intéresse plus à la grande politique qu'à l'économie : il rêve pour Louis XIV et pour la France d'un prestige accru en Europe. Ainsi, après avoir occupé Stenay et Dunkerque et remporté la bataille des Dunes (1658), il négocie avec l'Espagne la paix des Pyrénées (1659), prévoyant le mariage de Louis XIV avec l'infante Marie-Thérèse (1660) et mettant fin à une guerre qui durait depuis 1635. La France gagne des territoires en Roussillon, Cerdagne, Artois, Flandre et Lorraine, et l'infante peut conserver des droits sur la couronne d'Espagne tant que sa dot de 500 000 écus d'or ne sera pas payée.

1661-1715

Le règne personnel de Louis XIV

Le prestige du roi, les initiatives de Colbert et les fastes de Versailles ne peuvent faire oublier le coût des guerres incessantes et les difficultés d'un pays paralysé.

Dès le lendemain de la mort de Mazarin (9 mars 1661), Louis XIV affirme son autorité sur le Conseil et annonce qu'il prend à 22 ans les rênes du pouvoir. Travailleur, mais grand amateur de plaisirs, orgueilleux mais réfléchi, il exerce un pouvoir personnel sans partage qu'il pense tenir de Dieu, tout en s'entourant de collaborateurs et de conseillers fidèles et efficaces comme Colbert, Louvois, Vauban… Il allie en fait la poursuite d'un grand dessein politique à une vie vouée au luxe et aux arts.

On peut distinguer principalement trois grandes périodes dans le règne personnel de Louis XIV : l'ascension (1661-1679), l'apogée (1679-1689), le déclin (1689-1715).

L'ascension (1661-1679)

Durant ces années, le roi entreprend de consolider son pouvoir à l'intérieur et mène une politique de grandeur à l'extérieur, en s'appuyant sur les ministres de Mazarin (sauf Fouquet, qui est arrêté dès 1661) : Colbert développe l'administration royale, stimule l'économie, tente de relancer le commerce extérieur, fonde la « Petite Académie » en 1663 (qui deviendra en 1716 l'Académie royale des inscriptions et belles-lettres) et l'Académie des sciences en 1666. Le Tellier puis son fils Louvois mènent une habile poli-

tique en Europe. Vauban fortifie les frontières. Turenne conduit contre la Hollande la guerre de Dévolution (1667-1668), terminée par la paix d'Aix-la-Chapelle, qui donne à la France une douzaine de villes flamandes ; entre-temps, l'aide apportée à l'empereur a permis la victoire de Saint-Gothard sur les Turcs (1664).
Cette période est aussi celle où débute la construction de Versailles, où s'illustrent Molière et Lully, où la cour mène grand train, aux frais des contribuables. Mais les plaisirs ne sont pas tous innocents. C'est ainsi que certains grands de la cour se laissent entraîner dans des rites de sorcellerie et des empoisonnements, révélés par le procès de la Brinvilliers et celui de la Voisin, brûlée en place de Grève en 1680 : les noms de Madame de Montespan, de la duchesse de Bouillon, de la comtesse de Soissons, du maréchal de Luxembourg et de Racine sont évoqués dans cette affaire des Poisons.
En plus du financement des plaisirs de la cour, les contribuables doivent aussi supporter l'effort de guerre redevenant exigeant en 1672 quand débute le nouveau conflit avec la Hollande. Celui-ci durera jusqu'en 1678, car après l'invasion bien inutile des Pays-Bas en 1672, Louis XIV doit faire face à une coalition européenne, l'entraînant dans une guerre longue et ruineuse, où Turenne et Condé (réhabilité depuis la paix des Pyrénées) sauvent la France par leurs succès en Alsace. Cette guerre se termine par la paix de Nimègue (1678) et le traité de Saint-Germain (1679), permettant l'annexion de la Franche-Comté et d'une partie de la Flandre, mais reconnaissant des avantages commerciaux à la Hollande. Cette guerre, qui constitue un aveu d'impuissance face à la réussite économique de la Hollande, ne fait en définitive que la renforcer et sert de prélude aux vaines aventures militaires de la fin du siècle.
Durant ces années disparaissent le diplomate de Lionne (1671), Molière (1674), Turenne (1675), et si l'on appelle le roi « Louis le Grand », le succès apparent de sa politique extérieure et son

prestige en Europe masquent une situation qui reste précaire sur le plan économique et toujours menacée à l'extérieur.

L'apogée ou le durcissement (1679-1689)

Ces années ne connaissent pas de grand conflit, mais Louis XIV maintient l'armée sur le pied de guerre, qui se livre à des coups de mains sporadiques : prise de Strasbourg (1681), siège de Luxembourg (1682), sac des Flandres et du Brabant espagnols, prise de Courtrai et de Luxembourg, bombardement d'Alger (1684). Mais le roi ne participe pas à la bataille de Kahlenberg, où les armées chrétiennes écrasent les Turcs (1683). Malgré les traités de Ratisbonne, signés avec l'Espagne et l'Autriche, la flotte française de Duquesne bombarde Gênes (1684), menace Cadix pour protéger les intérêts des négociants français participant au commerce avec les colonies espagnoles (1686) ; les occupations de Cologne, d'Avignon, du Palatinat (1688) achèvent de liguer toute l'Europe contre la France.

Cette agressivité et cette intransigeance face à ses ennemis extérieurs (réels ou supposés), ce mépris face à tout ce qui lui résiste sont aussi présents dans la politique intérieure de Louis XIV. Installé à Versailles depuis 1682, menant une vie fastueuse mais devenu dévot, le roi est de plus en plus persuadé de sa grandeur et de sa fonction quasi divine. Il ne supporte plus la moindre opposition : il s'attaque aux jansénistes, au pape Innocent VI (faisant voter par l'Assemblée du clergé de France la déclaration des « Quatre Articles » en 1682, qui subordonnent les décisions papales au concile œcuménique) et aux protestants (révocation de l'édit de Nantes en 1685). Louis XIV s'instaure ainsi à sa façon défenseur de la foi et affirme ses prétentions gallicanes et absolutistes.

Son entourage aussi se transforme : Colbert meurt en 1683, Condé en 1686 ; Louvois, à demi-disgracié en 1689, meurt en 1691.

Après ses nombreuses aventures amoureuses (en particulier avec Mademoiselle de La Vallière et la marquise de Montespan, qui lui laisseront de nombreux enfants) et après la mort de la reine Marie-Thérèse en 1683, Louis XIV épouse secrètement la veuve du poète Scarron, qu'il fait marquise de Maintenon et qui contribue à son évolution religieuse.

Les épreuves et le déclin (1689-1715)

La guerre de la ligue d'Augsbourg (1688-1697)

Après le sac du Palatinat et l'aide française à l'Anglais Jacques II qui débarque en Irlande (1689), l'Europe entre en guerre contre la France (seconde coalition, dite de la « ligue d'Augsbourg »). Les Français l'emportent à Fleurus, Tourville écrase les Hollandais à Beachy Head, mais Jacques II et les Français sont battus sur les rives de la Boyne, en Irlande (1690) ; en 1692, c'est la victoire de Steenkerque, mais le désastre naval de la Hougue. Après la dure victoire de Neerwinden et celle de La Marsaille (1693), qui ne changent pas véritablement le cours de la guerre, les adversaires épuisés, se harcelant en Europe, sur mer et dans les colonies, cherchent à traiter. Ils signent en 1697 les traités de Ryswick, qui permettent à la France de conserver Strasbourg, Longwy et Sarrelouis, toutes les autres conquêtes effectuées depuis 1679 étant rétrocédées (Flandres, Lorraine, Luxembourg, Trèves, le Palatinat, la rive droite du Rhin, la Savoie, la Catalogne...). Que de morts, de destructions, de gaspillages pour un tel résultat !

La guerre de la succession d'Espagne (1701-1714)

Mais, à la mort du roi d'Espagne Charles II (novembre 1700), qui ne laisse pas d'enfant, l'Europe va à nouveau se déchirer à propos de sa succession, car les deux héritiers légitimes par les femmes ne sont autres que Louis XIV et l'empereur Léopold Ier. Alors qu'un traité prévoit le partage des possessions espagnoles, un testament arraché au roi peu avant sa mort par un parti hostile au partage propose la couronne au duc d'Anjou, second petit-fils de Louis XIV, à condition qu'il renonce au trône de France. Louis XIV finit par accepter cette proposition ; son petit-fils devient roi d'Espagne sous le nom de Philippe V. Louis XIV mène aussitôt une politique d'intimidation. En 1701, il affronte en Milanais l'armée impériale, viole le traité de Ryswick en occupant une partie des Pays-Bas et maintient les droits du nouveau roi d'Espagne au trône de France. De même, il précipite une intégration politique, économique, militaire de la France et de l'Espagne, sous la domination de la première, le roi Philippe V devenant l'homme de paille de Louis XIV. D'abord conciliantes, l'Angleterre et la Hollande s'allient à l'empereur, formant la troisième coalition (1702-1714), à laquelle se joignent en 1703 la Savoie et le Portugal.

Après les victoires de Friedlingen (1702) et de Höchstädt (1703), c'est le désastre de Blenheim et la prise de Gibraltar par les Anglais (1704), qui contrôlent la Méditerranée. En 1706, les Français sont chassés des Pays-Bas espagnols, et Marlborough, le vainqueur de Blenheim, menace le nord de la France après avoir pris Courtrai et Menin ; dans le même temps, l'armée de Louis XIV est écrasée devant Turin et les Anglo-Portugais poussent jusqu'à Madrid (1706). En 1707, l'armée française commandée par Villars sauve la Provence ; mais, en 1708, la situation s'aggrave encore : l'armée du Nord, divisée par les dissensions entre le duc de Bourgogne (petit-fils du Roi-Soleil) et Vendôme, est défaite, et Lille, occupée. L'année suivante a lieu la bataille sanglante de Malplaquet (1709), alors que le « Grand Hyver » (1709-1710) plonge le pays dans la famine. Pourtant, un certain redressement apparaît à partir de 1711, tant sur le plan des récoltes, des rentrées d'impôts que sur celui de la défense du territoire (victoire de Denain, en 1712). On se décide finalement à négocier.

Les traités d'Utrecht et de Rastadt (1713 et 1714)

Par ces traités qui mettent fin à l'épuisante guerre de la Succession d'Espagne, la France perd Tournai, Ypres, Menin, Furnes, cédées à la Hollande, mais reprend Lille, Béthune ; elle rend Nice, la Savoie et l'est du Dauphiné au duc de Savoie, mais reçoit la vallée de Barcelonnette ; Philippe V, reconnu roi d'Espagne par les coalisés, cède la Gueldre espagnole à l'Électeur de Brandebourg (reconnu par la France roi de Prusse), Gibraltar et Minorque à l'Angleterre. Par ailleurs, la France reconnaît la légitimité des rois protestants anglais et cède à la Grande-Bretagne la baie d'Hudson, l'Acadie, Terre-Neuve (contre le droit de pêche reconnu aux marins français). De plus, la France et l'Angleterre reviennent à la législation douanière de 1664, favorable à la pénétration des produits anglais.

Le bilan

En définitive, cette nouvelle guerre, provoquée principalement par le rêve de Louis XIV de reconstituer au profit de la France une sorte d'empire franco-espagnol englobant les colonies américaines, se termine encore plus mal que pour le rêve de Charles Quint et de Philippe II : ces années de guerre entraînent l'épuisement économique et financier du pays, l'alourdissement du fardeau fiscal, favorisent les disettes, les épidémies et la dépopulation, les révoltes et le brigandage ; cela est accentué par le recours aux « milices », constituées par tirage au sort parmi les célibataires puis les jeunes mariés, qui doivent être entretenues par les paroisses rurales : on diminue ainsi le nombre de bras et l'on démoralise les campagnes. Plus ou moins directement liés aux conflits extérieurs, un certain nombre d'événements marquent aussi cette dernière partie du règne de Louis XIV. On assiste ainsi à un essai de réforme fiscale, entrepris par Vauban et Pontchartrain, avec la création en 1695 de la première capitation, qui devait théoriquement toucher toutes les classes ; elle est supprimée en 1698, puis rétablie en 1701, l'impôt du dixième apparaissant en 1710. Mais les plus favorisés réussissent toujours à ne payer que fort peu. Vauban, qui dans son « Projet de dîme royale » (1707) proposait un impôt proportionnel sur les revenus, a été disgracié.

Dans le domaine religieux, le roi se rapproche de Rome, combat le quiétisme, qu'il fait condamner par le pape (1699) et le jansénisme (destruction de Port-Royal, 1709-1710), alors que les persécutions contre les protestants reprennent (écrasement de la révolte des camisards, 1702-1705, durcissement législatif, 1711-1715).

Quand il meurt le 1er septembre 1715, à l'âge de 77 ans, Louis XIV laisse une France enfermée dans l'absolutisme et l'intolérance, dotée d'un système fiscal vétuste et inefficace, et d'un pouvoir politique où la cour et les grands se sont habitués à vivre dans l'hypocrisie en attendant sa fin.

Louis XV

Le long règne de Louis XV voit s'affirmer des oppositions internes et il se termine par la fin de la présence française en Amérique et aux Indes.

Louis XIV a survécu à ses fils et petits-fils. En 1715, Louis XV, son arrière-petit-fils, n'a que 5 ans. Détestant son neveu d'Orléans, Louis XIV a alors prévu de confier la régence à un Conseil dirigé par l'un de ses bâtards légitimés, le duc du Maine.

La régence (1715-1723)

La succession de Louis XIV

Mais la mort de Louis XIV va donner le pouvoir au parlement méprisé par le roi et à la grande noblesse écartée des responsabilités, qui se regroupent autour de Philippe d'Orléans : dès le lendemain de sa mort, le testament politique de Louis XIV est cassé par le parlement et le duc d'Orléans exerce la régence.

Le Régent, s'entourant d'une cour de libertins menant grande vie et de conseillers comme Saint-Simon et l'abbé Dubois, prend le contre-pied de la politique suivie par Louis XIV : les cours souveraines retrouvent le droit de remontrance, les postes ministériels du gouvernement précédent sont remplacés par des Conseils constitués par des membres de la noblesse de robe et d'épée, des traités d'alliance sont signés avec la Hollande et l'Angleterre (Triple-Alliance) puis l'Autriche (1716-1718). Face à l'incompétence des nouveaux Conseils, le Régent rétablit en 1718 les secrétariats d'État (sauf pour les Finances et la Marine). L'année suivante, la France, alliée à l'Angleterre, entre en guerre contre l'Espagne, qui doit se soumettre (1720).

La banqueroute de Law

Cette même année 1720 est celle de l'effondrement du « système de Law », qui constituait une tentative de création de monnaie de banque facilitant le crédit et les échanges, et gagée sur les entreprises publiques et coloniales (Law avait lui-même fondé une banque en 1716 et la Compagnie d'Occident en 1717). Il s'agissait à la fois d'attirer les capitaux privés dans l'achat d'actions, pour financer l'extension des activités de la Compagnie et celle des grandes manufactures royales, de permettre, grâce aux nouveaux revenus, le remboursement de la dette de l'État, de généraliser l'emploi des nouveaux billets dans le paiement des impôts et de déboucher sur la création d'une vraie banque d'État stimulant l'économie nationale. Mais l'annonce de dividendes élevés finit par provoquer une hausse du cours des actions et une spéculation effrénée, qui se termine par un vent de panique poussant les actionnaires à la vente. Malgré l'interdiction de la détention d'or et l'établissement d'un cours forcé de la nouvelle monnaie, le système s'écroule, de nombreux souscripteurs sont ruinés, le papier-monnaie et la banque, désormais rejetés par le public.
Malgré tout, la situation économique tend à s'améliorer grâce à la paix extérieure, au rétablissement agricole et à l'essor du commerce extérieur quand meurent en 1723 le Régent et Dubois.

Les débuts du règne

Louis XV devient majeur en 1723 l'année de la mort du duc d'Orléans. Il abandonne longtemps la responsabilité des affaires au cardinal Fleury, son précepteur. Celui-ci combat à l'intérieur le parlement de Paris, les jansénistes et les protestants, s'efforce de restaurer l'équilibre des finances publiques et mène une politique de paix à l'extérieur. Pourtant, il se laisse entraîner dans la guerre de la Succession de Pologne (1723-1738) pour soutenir le beau-père du roi, Stanislas Leszczynski. Le traité de Vienne (1738) met fin au conflit et le duché de Lorraine est légué à la France à la mort de Stanislas en 1766.

Puis, en 1740, éclate la guerre de la Succession d'Autriche, qui est marquée par l'inutile victoire de Fontenoy (1745) et qui se termine en 1748 par la paix sans vainqueur d'Aix-la-Chapelle.

La mort de Fleury en 1743 amène Louis XV à s'intéresser davantage à la conduite du royaume ; mais, personnalité fragile et effacée, il subit l'influence de ses nombreuses favorites, en particulier celle de la duchesse de Châteauroux et de la marquise de Pompadour, d'origine bourgeoise.

La France connaît alors une période de divisions internes, causée par l'opposition du parlement à la politique fiscale du roi (qui veut faire payer les privilégiés pour procurer de nouveaux revenus à l'État) et à sa politique religieuse. De plus, plusieurs ministres veulent éloigner Madame de Pompadour et éviter à la France de s'engager trop loin aux côtés de l'Autriche dans une nouvelle guerre européenne.

Le roi est même l'objet d'un attentat sans conséquence : le 5 février 1757, le fils d'une famille de fermiers ruinés, Robert François Damiens, voulant rappeler au roi ses devoirs envers ses sujets, donne un coup de canif à Louis XV. Condamné comme régicide, il subit un dur supplice – il a la main brûlée au plomb fondu et est écartelé place de Grève.

La guerre de Sept Ans (1756-1763)

Mais les rivalités coloniales entre la France et l'Angleterre sont telles que, en 1755, les Anglais arraisonnent plusieurs centaines de bateaux de commerce français et s'allient en 1756 à la Prusse de

Frédéric II, alors que Louis XV signe la même année avec Marie-Thérèse d'Autriche le traité de Versailles. C'est le début de la guerre de Sept Ans qui va se dérouler sur deux fronts: en Allemagne et outre-mer.
En Allemagne, après l'invasion de la Saxe par Frédéric II et l'alliance de la France et de l'Autriche avec la Russie et la Suède, les Prussiens sont chassés de Bohême, battus à Kloster Zeven, puis victorieux à Rossbach et à Leuthen (1757). Puis, en 1759, les Russes écrasent l'armée prussienne à Kunersdorf et occupent Berlin en 1760. Mais l'avènement du tsar Pierre III amène la signature en 1762 d'une paix séparée entre la Russie et la Prusse.
La France s'enlise alors dans un conflit qui se déroule fort mal, d'autant plus que, sur le deuxième théâtre d'opérations, les troupes françaises essuient défaite sur défaite: après avoir repris Minorque envahie par les Français, la flotte anglaise coupe la France de ses colonies. Au Canada, Montcalm, qui perd la vallée du Saint-Laurent, puis Québec, est tué à la bataille d'Abraham (1759); Montréal capitule (1760). Aux Indes, Dupleix, gouverneur de Chandernagor, a consolidé auparavant les positions françaises auprès des princes locaux en échangeant une protection militaire contre des privilèges commerciaux accordés à la Compagnie des Indes. Il combat d'abord efficacement les Anglais, la flotte de La Bourdonnais réussissant à s'emparer de Madras en 1746; mais Dupleix est rappelé en 1754, et les troupes françaises commandées par Thomas Lally, baron de Tollendal, en difficulté, sont contraintes de capituler à Pondichéry (1762). Enfin, alors que la France tente de s'appuyer sur l'Espagne, l'Angleterre occupe la Floride et Cuba.
Il faut se résigner à traiter. Par le traité de Paris (février 1763), la France laisse à l'Angleterre le Canada, une partie de la Louisiane et des Antilles, ses possessions au Sénégal, et dédommage l'Espagne en lui cédant le reste de la Louisiane. La France garde la Martinique, la Guadeloupe et Saint-Domingue, mais ne conserve aux Indes que

cinq comptoirs sans défense (Pondichéry, Chandernagor, Karikal, Mahé et Yanaon). Les Anglais ont désormais les mains libres.

Une fin difficile

Après les morts successives de la marquise de Pompadour (1764) – qui sera remplacée par la comtesse du Barry –, du Dauphin (1765) et de la reine (1768), Louis XV, isolé, doit faire face à une double opposition : celle des classes privilégiées, hostiles aux réformes fiscales, et celle des jansénistes, alliés aux parlementaires gallicans (pour une autonomie de l'Église de France par rapport à Rome), luttant contre le parti romain (catholiques qui revendiquent la soumission totale de l'Église au pape) et dénonçant l'absolutisme royal.

Le roi durcit sa position, appelant Maupeou, Terray et d'Aiguillon pour imposer une remise en état des finances, et mettre au pas les parlements (suppression de celui de Paris en 1771) ; parallèlement, les idées libérales en matière économique conduisent à la liberté du commerce des « grains, farines et légumes dans toute l'étendue du royaume » (1763-1764), provoquant de véritables émeutes dans de nombreux villes et villages, à l'abolition du monopole de la Compagnie des Indes (créée par Law) et aux édits de Triage et de Clôture (1767-1771), favorisant la propriété agricole individuelle.

Quand il meurt, le 10 mai 1774, Louis XV n'a pas réussi à réduire l'opposition intérieure, ni à réformer en profondeur les structures économiques, se heurtant à trop de privilèges et de situations acquises.

1774-1792

Louis XVI

Face à la gravité du problème fiscal, aux désirs de réformes du peuple et au conservatisme des privilégiés, le roi hésite entre l'autoritarisme et la démission.

Louis XVI, petit-fils de Louis XV, lui succède en 1774, à l'âge de 20 ans. Il est né en 1754 du mariage du Dauphin Louis avec Marie-Josèphe de Saxe, et épouse en 1770 Marie-Antoinette d'Autriche, fille de l'empereur François Ier et de Marie-Thérèse. L'alliance autrichienne ainsi prolongée sera lourde de conséquences après 1789, quand sera évoqué le « complot » autrichien discréditant le roi.

Turgot et Necker

Peu porté, comme son grand-père, vers les choses de la politique, leur préférant les sciences ou les travaux manuels (tels que l'horlogerie ou la serrurerie), d'une physionomie joviale, Louis XVI ne sera pas à la hauteur des difficultés à venir, et s'entoure de ministres inégalement compétents. Le plus audacieux est d'abord Turgot, qui veut défendre la libre circulation des grains et s'attaquer au système des corporations*, et qui supprime les corvées* en 1776. Face à l'hostilité que ces mesures provoquent, le roi renvoie Turgot et appelle Necker (1777). Banquier genevois, celui-ci bénéficie d'un préjugé favorable dans l'opinion et lance avec succès des emprunts permettant de renflouer les caisses de l'État. Mais les velléités de réformes de Necker, critiquant les gaspillages de la cour, motivent son renvoi (1781).

Calonne et Loménie de Brienne

La cour impose alors Calonne (1783) qui endette l'État d'une façon excessive pour mener une politique de grands travaux. Cela présente pourtant l'intérêt de soutenir l'activité et d'améliorer les voies de communication (construction de canaux…). Mais le traité commercial signé avec l'Angleterre en 1786 a pour effet d'introduire massivement les produits manufacturés anglais sans que, pour autant, les exportations de denrées alimentaires françaises profitent à l'ensemble de la paysannerie. La France traverse en effet à cette époque une crise économique d'autant plus mal supportée qu'elle fait suite à une période de croissance qui s'est achevée autour de 1770. Après un palier de quelques années, des difficultés apparaissent aussi bien dans l'industrie textile que dans le bâtiment, l'élevage ou la production céréalière. De même, la prépondérance anglaise et la guerre d'Indépendance des États-Unis d'Amérique (1778-1783), à laquelle la France participe, réduisent les possibilités de profit par le grand commerce lointain et aggravent les besoins d'argent de l'État.

La politique de Calonne n'améliore donc pas la situation, et ses projets de réformes fiscales mécontentent les privilégiés, qui obtiennent son départ (1787). Il est aussitôt remplacé par Loménie de Brienne, qui reprend cependant les idées de Calonne, renvoie l'Assemblée des notables, cherche à imposer des mesures fiscales que le parlement de Paris refuse, en appelant aux États généraux. Brienne exile le parlement à Troyes, alors qu'éclatent des émeutes à Paris et en province. Il cherche alors un compromis, rappelle le parlement, fait convoquer par le roi un lit de justice et propose la convocation des États généraux pour 1792. Devant l'opposition persistante du parlement, il fait arrêter les parlementaires Éprémesnil et Montsabert. Parallèlement, la haute noblesse, hostile aux réformes, rappelle « les lois fondamentales de la monarchie » (3 mai 1788). Face au refus du clergé de lui accorder des subsides et face à l'hostilité générale des corps constitués, Brienne suspend les paiements de l'État et avance au 1er mai 1789 la convocation des États généraux. Mais il est remplacé par Necker, rappelé en août 1788.

Le rappel de Necker

Necker compte surtout sur la confiance dont il jouit auprès des privilégiés et cherche à rassurer : il convoque deux assemblées de notables, restaure la légitimité du parlement, qui, bien que profondément conservateur, accepte la décision du roi de doubler la représentation du tiers* état (décembre 1788) ; mais l'on ne précise pas si l'on doit voter par ordre ou par tête !
Les premiers mois de 1789 se passeront dans l'agitation liée à la rédaction des cahiers de doléances et à la préparation de ces États généraux. Ils s'ouvrent le 5 mai dans la contestation à propos de l'application du règlement électoral. Mais l'appel aux forces vives de la nation pour débloquer la situation dépasse ce que l'on pouvait en attendre et balaie la monarchie.

La condamnation du roi

À partir de cette date, l'histoire de la royauté s'efface derrière celle du mouvement révolutionnaire. Alors que la grande majorité des Français reste attachée au roi et semble décidée à opter pour une monarchie constitutionnelle, Louis XVI se discrédite progressivement : il mène une politique ambiguë apparaissant comme un sabotage de la révolution ; on lui reproche les intrigues de la reine avec l'étranger, et la fameuse fuite à Varennes (juin 1791). Devenu « roi des Français » et ne possédant plus qu'un droit de veto suspensif, il est lui-même suspendu après l'émeute des sans-culottes aux Tuileries (août 1792) et devient prisonnier de la Commune insurrectionnelle de Paris. Jugé par la Convention, il monte à l'échafaud le 21 janvier 1793. Son second fils, Louis XVII, dauphin à la mort de son frère aîné, en juin 1789, sera emprisonné au Temple où il succombera de maladie en 1795.

Dossiers

Le poids de l'héritage féodal

Moins dynamiques que les Italiens, les Hollandais, les Allemands ou les Anglais, les marchands français se mêlent peu au grand commerce international et sont attirés par le mode de vie somptuaire de la noblesse. Jusqu'au XVIIIe siècle, la bourgeoisie française se caractérise par son manque d'« esprit d'entreprise ».

Les marchands

L'attrait considérable pour les fonctions liées au développement de l'appareil d'État et le système fiscal dissuasif expliquent en grande partie le faible dynamisme commercial et productif de la bourgeoisie française, qui subsistera à travers les siècles. L'« esprit d'entreprise » qui, dans le même temps, va éclore en Hollande et en Grande-Bretagne, favorisé pour une grande part par les révolutions politiques et religieuses, fait cruellement défaut à ceux qui, en France, possèdent l'instruction ou des moyens financiers permettant d'envisager une prise de risques. Le meilleur exemple est fourni par le destin des manufactures, aidées par l'État au temps de Colbert et qui périclitent dès que les subventions se font rares.

Des placements peu productifs

Au XVe siècle, pourtant, certains ont osé se lancer dans l'aventure commerciale et réussi à amasser une énorme fortune. C'est le cas de Jacques Cœur, dont la vie illustre cependant la précarité de ces entreprises. Mais, bien vite, ceux qui s'enrichissent sont surtout des financiers vivant dans l'entourage royal et qui consacrent une partie de leur revenu à faire construire ou à acquérir de somptueuses résidences : Langeais est dû à Jean Bourré, notaire et trésorier de Louis XI ; Chenonceaux, à Thomas Bohier, receveur des Finances des rois Charles VIII, Louis XII et François Ier ; Azay-le-Rideau, au financier Gilles Berthelot ; Cheverny, à Philippe Hurault ; Villandry, à Jean Le Breton ; Vaux-le-Vicomte (qui donna au roi Louis XIV l'idée et le désir de construire Versailles), à Fouquet, surintendant des Finances.

D'une façon générale, les placements financiers, surtout auprès des grands, apparaissent comme plus rentables et plus sûrs, dès la fin du xve siècle. Or ceux qui prêtent sont les marchands, seuls susceptibles de collecter des fonds suffisants. Cette spéculation financière se fait donc au détriment de l'investissement dans le commerce ou la production, et conduit de plus en plus à la ruine de ceux qui ont mal placé leur confiance comme le montrent les mésaventures survenues à Jacques Cœur ou à Nicolas Fouquet.

Un faible attrait pour l'extérieur

La France ne voit pas non plus se constituer une organisation commerciale comme la Hanse germanique, ni prospérer les compagnies spécialisées dans le commerce lointain, comme celles des Hollandais et des Anglais : ainsi, la Compagnie française des Indes orientales, créée par Colbert en 1664 et bénéficiant du monopole de navigation, de la concession de terres (comme Madagascar), de la protection par la marine royale et d'autres avantages, n'a jamais connu l'essor de ses concurrentes étrangères ; elle rencontre de sérieuses difficultés durant les années 1680 et disparaît en 1719.

La France qui n'a pas non plus de place financière comparable à Amsterdam (dont la banque est créée en 1609) ou à Londres (qui crée la sienne en 1694), joue le rôle de place financière internationale, en raison surtout de la présence de marchands et de banquiers étrangers.

Il existe pourtant des marchands français qui ne se limitent pas au commerce intérieur. La prospérité des grands ports tels que Rouen, Le Havre, Nantes, La Rochelle, Bordeaux, en témoigne. Ces ports se spécialiseront dans le commerce du vin avec l'Angleterre et s'intégreront au commerce triangulaire avec l'Afrique pourvoyeuse d'esclaves à destination de l'Amérique et des Antilles, consommatrices de cette main-d'œuvre et exportatrices de sucre et de denrées tropicales.

Mais, avant la fin du XVIIIe siècle, on ne peut considérer que cette classe ait joué un rôle actif majeur dans les transformations économiques de la France ou contribué à dynamiser la société française. Elle n'est constituée, pour l'essentiel, que de simples intermédiaires ne créant ni liaisons commerciales nouvelles, ni sources originales de profit (mis à part ceux réalisés dans le commerce des esclaves). Elle ne favorise donc pas l'essor de nouveaux rapports de production, ni la fabrication de nouveaux produits, comme les importateurs anglais de coton qui, eux, suscitent une nouvelle activité, de nouvelles techniques de production qui sont à l'origine du capitalisme industriel.

L'« esprit d'entreprise » en France

Il faut attendre le XVIIIe siècle pour que la France connaisse une mutation profonde sur le plan idéologique, politique et économique, qui culminera avec la révolution de 1789.

Catholiques et protestants

Le manque d'« esprit d'entreprise » de la bourgeoisie française peut s'expliquer en partie par le rôle de l'Église catholique : celle-ci défend les vieilles classes propriétaires du sol et le pouvoir politique conservateur, condamne les pratiques financières, magnifie la charité et les actes gratuits. En revanche, la rupture avec Rome s'est accompagnée en Angleterre de transformations fondamentales dans les structures sociales : c'est ainsi que la confiscation des terres de l'Église, au XVIe siècle, a ouvert la voie à une autre forme de mise en valeur du sol, qui rompt avec les rapports féodaux et favorise la prolétarisation d'une partie de la population agricole ; de même, l'esprit de la religion nouvelle va dans le sens de l'individualisme, d'un ascétisme privilégiant l'épargne au détriment de la consommation, l'investissement productif aux dépens des dépenses artistiques et somptuaires. On peut ainsi opposer le puritain anglais, besogneux et austère, au prince catholique, batailleur et mécène oisif…

En France (excepté durant le règne d'Henri IV, où ses conseillers huguenots comme Sully, Laffemas ou Olivier de Serres contribuent au redressement économique du pays), la victoire des forces catholiques dans la seconde moitié du XVIe siècle et celle du pouvoir absolutiste au XVIIe renforcent la prépondérance de la noblesse traditionnelle. D'abord frondeuse, celle-ci est attirée ensuite par la vie de cour lénifiante et luxueuse. Ce mode de vie attire de plus une partie importante de la bourgeoisie qui rêve d'accéder à la noblesse et cherche à s'enrichir en servant le roi, la cour ou les grandes institutions de l'État. Mais cette différence d'attitude ne peut se réduire à un problème de religion. Ce comportement n'est qu'un moment de l'histoire dialectique des sociétés et s'explique lui-même par la nature de l'organisation économique dominante et par les opportunités qu'elle offre à l'initiative individuelle.

Le traditionalisme français

Prisonniers d'un marché intérieur étroit, atrophié par le poids d'un prélèvement fiscal destiné principalement à entretenir l'effort de guerre, les alliances extérieures et une noblesse improductive, dominés sur les mers par les Hollandais et les Anglais, les milieux marchands et financiers français ont donc, en définitive, peu de moyens, d'occasions et plus encore de raisons d'investir dans la production.

Jusqu'à ce que la Révolution française bouleverse les fondements politique, juridique, économique et idéologique de la société française, on peut donc bien définir celle-ci comme étant à la fois féodale et marchande : le secret des nouvelles fortunes réside dans le grand commerce, et les plaisirs comme les honneurs s'achètent désormais ; l'acte gratuit et l'échange non marchand tendent à disparaître de ce monde mercantile.

Mais la place de l'aristocratie et l'enseignement d'une Église catholique traditionaliste restent prépondérants ; le prestige de la noblesse et l'attrait des fastes de la vie princière continueront d'exercer leurs effets jusqu'à l'époque napoléonienne ; à la fin du XVIIIe siècle, l'organisation du monde de la production est encore, très largement dominée par l'héritage des temps féodaux.

Le roi, le clergé, la noblesse et le tiers-état

La période qui s'étend de la guerre de Cent Ans à la Révolution française est marquée par un processus de centralisation du pouvoir politique, mais aussi économique et culturel au profit du souverain. Formant la grande masse des travailleurs productifs, paysans roturiers et artisans constituent un monde très hétérogène. La vénalité des offices, moyen pour l'État de se procurer des ressources, toujours insuffisantes, crée un corps d'officiers attaché à la monarchie, mais surtout soucieux de ses propres intérêts. Malgré quelques concessions fiscales, le clergé et la noblesse restent les deux ordres favorisés, détenant l'essentiel des terres, bénéficiant d'un statut particulier, et, sachant défendre leurs privilèges jusqu'en 1789.

L'absolutisme royal

L'affirmation de l'autorité royale

Il s'agit, pour celui-ci, d'affirmer son autorité sur l'ensemble des provinces du royaume et de ses sujets, en dépassant les structures féodales qui font des grands vassaux du roi des princes régionaux, et qui font barrage entre le roi et les habitants de ces provinces: ainsi le roi ne prélevait pas d'impôt sur ces derniers, et la convocation de l'armée royale se faisait par l'intermédiaire des grands barons du royaume.

Mais à partir de Charles VII et de Louis XI, les souverains s'efforcent de renforcer l'unité du royaume, d'uniformiser la règle de droit, de généraliser l'usage de la langue française (ordonnance de Villers-Cotterêts, prise par François Ier), d'instaurer des impôts versés directement au roi, de développer l'administration, d'imposer, même aux plus grands, les décisions royales (interdiction des duels par Richelieu)...

Cette politique repose sur le concept de monarchie de droit divin, sur le sacre royal consacrant la personne du roi comme souverain légitime reconnu par Dieu, chargé de rassembler et de protéger les chrétiens, et de faire régner la paix et la justice en son nom.

De multiples résistances

Mais cette tâche se heurtait au désir de la noblesse prompte à résister à l'autorité royale (Ligue du bien public contre Louis XI, Ligue catholique contre Henri III, Fronde à l'époque de Mazarin...), aux particularismes provinciaux, à l'hostilité face à l'impôt, et à l'esprit d'indépendance des corps d'officiers de la couronne, ayant acheté leurs charges.

Ainsi, cette quête d'un pouvoir absolu ne conduit pas en France à un « despotisme à l'oriental », sauf peut-être durant une partie du règne de Louis XIV, quand celui-ci impose la guerre au royaume, surveille la noblesse à Versailles, combat les jansénistes de Port-Royal et alors que Colbert dirige autoritairement la vie économie du royaume.

L'absolutisme constitue donc plus une démarche qu'un état de fait et eut par contre comme conséquence la formation d'un véritable « État-nation », encore inachevé au moment de la Révolution française.

Le parlement sous l'Ancien Régime

À l'origine le parlement est issu des cours générales, assemblées des grands du royaume. Au XIIIe siècle, le parlement sera décomposé en trois chambres : la Grand Chambre, où siège le roi (lits de justice), la Chambre des requêtes et la Chambre des enquêtes. Appelé à juger en appel, le parlement devient un instrument du pouvoir royal au-dessus des justices seigneuriales. Doté d'une fonction d'enregistrement et d'un droit de remontrance, le parlement de Paris joue un rôle politique dès le XVe siècle et fait preuve au XVIIIe siècle, comme les parlements de province, d'une grande intolérance et d'un corporatisme hostile aux réformes et aux idées nouvelles, même au début de la Révolution.

La paysannerie et l'artisanat

La paysannerie roturière

Nous avons déjà fait allusion à la condition de la paysannerie roturière, en évoquant les conséquences de la crise du XIVe siècle : les ravages causés par les épidémies ont renversé les rapports de force entre propriétaires du sol et tenanciers, et entre demandeurs de travail et salariés agricoles ; le nombre de ces derniers tend à s'accroître, car la main-d'œuvre est devenue plus rare et le versement de « bons salaires » est une façon de l'attirer. Les bénéficiaires des périodes d'après la peste ou le choléra sont donc les « prolétaires » des campagnes (tant que la croissance démographique n'aura pas repris), dont les salaires se rapprochent de ceux des manœuvres urbains au début du XVe siècle.

Les autres gagnants de la période sont les tenanciers d'exploitations de grandeur moyenne, qui n'ont pas à utiliser une main-d'œuvre coûteuse, à la différence des grands propriétaires. Le bas prix de la terre leur permet de plus de ne payer qu'un loyer peu élevé et même, pour les plus aisés, de racheter des parcelles qui sont devenues d'un rapport insuffisant pour leurs anciens propriétaires.

Mais cet « âge d'or » des paysans sans terre et des petites exploitations va être de très courte durée : vers le milieu du XVe siècle, la

TEMPS MODERNES

remontée démographique, la remise en culture des terres délaissées, la hausse des prix des grains (provoquée par la baisse de la productivité et la reprise de la demande urbaine) vont remettre en cause cette relative prospérité; les salaires agricoles stagnent et le pouvoir d'achat diminue, les restrictions aux anciens droits d'usage privent les plus pauvres de ressources d'appoint et poussent les ruraux vers les villes, où ils pèseront à la baisse sur les salaires urbains.

Au total, les XVIe et XVIIe siècles sont des temps difficiles pour la paysannerie qui subit à la fois la hausse des prix non agricoles, celle de la rente due aux propriétaires du sol, l'alourdissement des impôts, les destructions dues aux guerres et aux passages des armées et, plus tard, la conscription. Il faut attendre le renouveau agricole du XVIIIe siècle pour assister à une réelle amélioration de la condition des petits agriculteurs: durant les années 1730-1770 environ, on assiste en effet à un accroissement sensible de la production et du revenu agricoles, dû à de nouveaux défrichements, à l'amélioration de l'outillage, au développement de l'élevage et de nouvelles espèces végétales (maïs) et à un climat plus clément.

Les artisans

Les artisans ont toujours existé en milieu rural, dans le cadre de l'antique grand domaine, du petit bourg ou du grand village. Mais, depuis l'essor urbain des XIe-XIIIe siècles, le développement et la diversification de ces métiers non agricoles se sont effectués dans le cadre de la ville. L'organisation des corps de métier est d'abord destinée à permettre la reconnaissance des professions, leur insertion dans le pouvoir municipal et à garantir la qualité de leurs services. Mais la réglementation devient aussi un moyen de protection contre les nouveaux arrivants cantonnés dans les faubourgs, et permet la défense des avantages acquis, en limitant le nombre d'artisans ayant le droit d'exercer chaque profession et en définissant strictement la tâche correspondant à chacune d'entre elles. De plus, ces métiers sont insérés dans une stricte hiérarchie, dont le sommet forme une élite de privilégiés, largement représentée dans les conseils municipaux ; reconnue par le pouvoir politique, cette élite constitue une partie de ce qu'il est convenu d'appeler la « bourgeoisie d'Ancien Régime ». La base de cette pyramide forme au contraire le petit peuple des villes, souvent mal rémunéré, fréquemment méprisé, prompt à se révolter contre l'aristocratie urbaine ou le fisc royal, prêt à suivre un meneur convaincant, qu'il s'appelle Étienne Marcel, Jean sans Peur, le duc de Guise ou le prince de Condé.

La diversité des métiers. Un exemple de cette diversité des métiers et de la place reconnue à chacun d'eux peut être donné par l'ordre de marche qui doit être strictement respecté lors des processions à la fois religieuses et professionnelles ayant lieu une ou plusieurs fois par an dans la plupart des villes. Ainsi, au début du XVIIe siècle, au Puy, l'ordonnancement est le suivant : viennent immédiatement derrière les emblèmes religieux les portefaix et autres travailleurs rétribués à la tâche, puis les jardiniers, les meuniers, les laboureurs, les charpentiers et les maçons, les bouchers et gardiens de chèvres, les tisserands, les tondeurs, les fabricants et vendeurs d'épingles, les selliers et fabricants de bâts pour bêtes de somme, les chirurgiens, les serruriers, maréchaux-ferrants, armuriers et couteliers, les boulangers et pâtissiers, les fabricants de ceintures et les fondeurs de métaux, les bonnetiers et les chapeliers, les blanchisseurs, les tanneurs et les cordonniers, les aubergistes et cabaretiers, les potiers et fabricants de brides de cuir, les producteurs de sel, les marchands de fer, les orfèvres, les apothicaires, les merciers (qui vendent une multitude d'articles non alimentaires), les notaires, les drapiers, les procureurs, et, enfin, fermant la marche, les avocats, médecins et bourgeois (au sens de riches rentiers).

Les métiers sont en réalité encore plus nombreux, car ne figurent pas dans cette longue énumération les divers métiers d'art (tels que l'horlogerie, la sculpture, la peinture...) ni la multitude des métiers du textile (cardage, peignage, filage, ourdissage, canetage, foulage, teinture...), qui sont presque toujours exercés par des travailleurs différents.

Le conservatisme des corporations. Ce particularisme des corporations, illustré encore par la spécificité des blasons et emblèmes propres à chacune d'entre elles, se renforce par la hiérarchie des statuts sociaux à l'intérieur des métiers : maître artisan, tendant à transmettre héréditairement son savoir et sa propriété (échoppe et outils de travail), ouvriers et apprentis, très sensibles, eux, aux fluctuations des prix agricoles et dont les salaires varient considérablement suivant les professions, les fluctuations démographiques et le comportement de leurs employeurs. Ce dernier a d'autant plus d'importance qu'une partie de la rémunération des compagnons-artisans est constituée de prestations en nature (gîte, nourriture...). D'une façon générale, cette hétérogénéité du monde des métiers renforce le côté fermé et protectionniste de l'artisanat et s'oppose aux transformations techniques qui exigent une redéfinition des tâches et un regroupement des activités. Même dans les manufactures, on assiste le plus souvent à une simple juxtaposition dans un même lieu de travaux complémentaires et non à une autre forme de division technique et sociale du travail. Ce n'est pas un hasard si les premières étapes de la « révolution industrielle » anglaise de la fin du XVIIIe siècle se produisent dans le secteur cotonnier, activité nouvelle concurrençant de l'extérieur l'industrie lainière traditionnelle et contournant par là les obstacles constitués par l'organisation corporatiste malthusienne et conservatrice de ce secteur.

Les officiers

Spécifique à la société française, la bourgeoisie d'offices va jouer un rôle particulièrement important durant cette période. Son développement est étroitement lié à l'affermissement du pouvoir royal et à la formation d'un appareil d'État. Il s'explique en effet par le besoin structurel d'argent des rois de France, mal satisfait par le système fiscal frappant les plus pauvres et bénéficiant en partie aux intermédiaires collecteurs d'impôts : de ce fait, du XVIe siècle jusqu'à la Révolution de 1789, les finances publiques sont en perpétuel déficit, les dépenses étant effectuées sans tenir compte des ressources fiscales. L'État vit donc d'expédients, empruntant aux financiers et vendant des charges à la bourgeoisie d'offices. Mais cela permet aussi aux souverains de s'attacher la fidélité de la bourgeoisie et d'isoler ainsi un peu plus la grande noblesse volontiers frondeuse.

Les agents de l'État

De 1515 à 1665, le nombre de familles d'officiers (magistrats, avocats et juristes divers) est passé d'environ 5 000 (plus 20 000 familles de soldats) à environ 80 000 (plus 50 000 familles de soldats), chiffres qu'il convient de multiplier par 5 pour avoir une idée approximative du nombre d'individus vivant d'une activité liée à celle de l'État. Il s'agit principalement de métiers juridiques (magistrats, avocats, notaires…) ou financiers (receveurs, contrôleurs, huissiers, employés de ferme…).

À la tête de l'administration financière se trouvent les fermiers* généraux. Regroupés en compagnies, ceux-ci perçoivent les impôts au nom du roi, fournissent souvent l'armée et la marine en armes, nourriture et matériels divers. Ils assurent aux souverains des rentrées d'argent rapides et leur avancent des sommes, mais à un coût particulièrement élevé pour les contribuables qui supportent le poids de leur rétribution. En butte à l'hostilité populaire, ils seront assimilés aux « accapareurs » et « spéculateurs » durant les années révolutionnaires, ce qui leur vaudra d'être poursuivis comme « suspects ».

Des activités lucratives

Ces familles de financiers, fréquemment liés entre eux par des mariages, sont aussi associées à certains grands noms du royaume, membres de la noblesse de cour, du haut clergé ou ministres du roi. Ceux-ci leur prêtent les fonds nécessaires pour se lancer dans leurs entreprises, leur obtiennent les charges et touchent à leur tour les dividendes de ces opérations : c'est le cas de Mazarin, de Colbert, de Turenne, du chancelier Séguier, de Fouquet... qui savent se créer ou faire prospérer une immense fortune personnelle.
Le service de l'État est peut-être une vocation pour certains d'entre eux, mais n'est jamais désintéressé, et tend parfois à se rapprocher d'une forme de racket organisé ou toléré par le pouvoir politique.

Le clergé et la noblesse

Le clergé

La catégorie sociale dont la place dans la société française est le moins bouleversée est sans doute le clergé.
Le catholicisme triomphant. Les guerres de Religion déchirent bien le pays, mais l'Église catholique en sort peu atteinte. Des ventes de biens appartenant au clergé ont pourtant lieu sous Charles IX et Henri III, de 1563 à 1588, pour renforcer le trésor royal. Mais les premières terres vendues sont rachetées par l'Église, alors que les autres aliénations servent en fait à financer la guerre contre les huguenots. Au total, les terres perdues par l'Église représentent moins de 10 % du territoire national et ce sacrifice est le faible prix payé pour la défense de l'essentiel : la France reste catholique et le clergé maintient ses privilèges.

Le poids de l'Église. En 1789, le clergé possède environ 10 % des terres, alors que la population religieuse est constituée d'à peu près 130 000 personnes (2 % de la population française), dont la moitié appartient au clergé régulier (aux deux tiers féminin), le nombre de prêtres composant le haut clergé étant inférieur à 8 000.

La noblesse

Son sort reste favorable durant toute la période et jusqu'à la nuit du 4 août 1789 où sont abolis les privilèges attachés à cette classe. Sur le plan économique, celle-ci dispose environ du quart de la superficie du royaume et bénéficie d'une quasi-exemption fiscale et des revenus provenant de la propriété du sol et des rapports féodaux. Si la majorité des anciens droits a désormais pris la forme de taxes et redevances en argent, ils constituent une source de revenus, encore considérable à la veille de la Révolution, bien que très différents d'une région à l'autre, voire d'un domaine à l'autre: les estimations de la part des revenus liés aux droits féodaux dans le revenu total des seigneuries font apparaître une fourchette qui va d'environ 10 % à plus de 60 %.

Mais que ces revenus proviennent des reliquats du servage ou de la simple propriété du sol, le résultat est le même: ils bénéficient, d'une façon ou d'une autre, de l'héritage de la société féodale qui fait de la noblesse la classe privilégiée. De plus, l'appartenance à la noblesse donne accès à des postes élevés dans la hiérarchie militaire ou ecclésiastique et, éventuellement, à la cour du roi. Elle permet à certains de bénéficier de pensions qui entretiennent leur train de vie et récompensent les fidèles courtisans. Être noble, c'est aussi être cultivé, respecté, et continuer à exercer, surtout dans les campagnes, un pouvoir de justice ou de conseil, qui subsistera en fait longtemps après que la Révolution l'ait aboli en droit.

La diversité des situations. Bien sûr, la situation d'un petit seigneur campagnard n'est pas comparable à celle d'un membre de la famille du roi ou d'un prince régional, et toute la noblesse française ne vit pas à Versailles. Bon nombre de ces petits nobles de province sont amenés à vendre au moins une partie de leurs terres et rêvent de voir leurs fils accéder à une modeste place de sous-officier dans l'armée du roi. De plus, les nobles protestants courent le risque d'être tués durant les guerres de Religion, ou exilés après la révocation de l'édit de Nantes.

La classe dominante. Mais, malgré ces réserves, le sort de la noblesse reste d'autant plus enviable qu'elle bénéficie, en tant que propriétaire du sol, de la lente remontée de la rente foncière. Les revenus réels tirés de la propriété foncière ont baissé au début du XIVe siècle, et que la dépopulation due aux épidémies et aux guerres a déprécié le prix de la terre et donc celui de sa location : de 1315 à 1350 environ, la réduction des ressources seigneuriales est estimée à plus des deux tiers. Or, la rente foncière commence à se rétablir à partir du milieu du XVe siècle ; ce mouvement se poursuit jusqu'au XVIIIe siècle, à un rythme toutefois très lent (le niveau des années 1300 n'est retrouvé que vers la fin du XVIe siècle, semble-t-il) et avec des formes diverses suivant les périodes, les régions et l'utilisation du sol. L'amélioration des revenus fonciers provient tantôt de la hausse des prix du sol, tantôt de celle des loyers, de l'augmentation de la part des récoltes dues par les métayers, ou encore de la baisse des salaires des ouvriers agricoles employés sur la réserve seigneuriale.

En définitive, si la noblesse est amenée à s'endetter ou à vendre une partie de ses propriétés pour satisfaire ses besoins luxueux, elle reste la classe dominante sur le plan économique, politique et idéologique, bien qu'elle ait progressivement transformé ses anciens droits sur les personnes en simples impôts fonciers. Elle parvient de même à ne payer que partiellement les impôts (capitation et vingtième) que les ministres de Louis XV et Louis XVI tentent de lui faire accepter.

Privilèges, déficit public et révolution

Les exemptions fiscales de la noblesse et du clergé expliquent en partie le déficit structurel du budget de l'État (estimé par Brienne à 160 millions de livres en 1788, sur un total des dépenses de 625 millions), et provoquant un endettement cumulatif. Le poids total des remboursements liés à la dette représente en effet environ 46,3 % des dépenses publiques. Les emprunts fournissent quant à eux 21,4 % des recettes, les impôts directs 24,6 %, les impôts indirects 32,5 %, les douanes 8 %… L'insolvabilité du problème fiscal est à l'origine de la convocation des États Généraux, les ordres privilégiés refusant de supporter les frais de la nécessaire réforme.

La fin de l'unité du christianisme

Les idées « protestantes » apparues en France durant la première partie du XVIe siècle débouchèrent sur trente-cinq ans de guerre civile, suivis d'un siècle de tolérance se terminant par le succès de la Contre-Réforme* lancée par les catholiques.

La Réforme

La réforme religieuse naît au début du XVIe siècle. Elle s'explique par la corruption et la décadence morale d'une partie de l'Église catholique, la papauté romaine recourant par exemple à la vente des indulgences* (assurant la rémission des pêchés) pour financer les somptueuses constructions du Vatican. Ces pratiques sont d'autant plus mal acceptées que les difficultés économiques aggravent le sort des populations pauvres, et que la pensée humaniste fait éclore un esprit critique, souvent profane, qui rend moins acceptable le dogme catholique traditionnel.

Martin Luther (1483-1546)

C'est en terre d'Empire que la réforme voit d'abord le jour, avec Martin Luther, maître en philosophie à l'Université d'Erfurt en 1505, et ordonné prêtre en 1507. Menant une vie très austère et réclamant le retour à la stricte inspiration biblique, il condamne les indulgences et réclame la réforme de l'Église (ses « 95 thèses » sont placardées à Wittenberg en 1517). En rupture avec la papauté, il dénonce la supériorité du clergé dans l'interprétation des écritures, proclame « la justification par la foi sans intervention des œuvres » et le dogme de la prédestination.

Ses idées, reprises dans la « Confession d'Augsbourg » (1530), rencontrent un grand succès dans les principautés allemandes où se constitue une ligue de Smalkalde protestante qui combat l'empereur Charles Quint jusqu'en 1555 (paix d'Augsbourg).

Jean Calvin (1509-1564) et le protestantisme français

L'autre grande figure de la réforme fut le Français Jean Calvin. Né à Noyon, en Picardie, il étudie la logique et la philosophie à Paris, le droit à Orléans et à Bourges, subit l'influence des humanistes parisiens et des adeptes de la Réforme à laquelle son adhésion est définitive en 1533. Réfugié à Bâle en 1534, il y publie deux ans plus tard, à destination de François Ier, *l'Institution de la religion chrétienne*, rédigée en latin, puis traduite en français à diverses reprises par Calvin lui-même, de 1539 à 1560. Rejoignant la théologie luthérienne de la justification par la grâce et non par les œuvres, il affirme le principe de la prédestination des élus choisis par Dieu et se manifestant par la Providence. Fin 1536, il se rend à Genève, qu'il doit fuir en 1538, séjourne à Strasbourg où il rencontre Melanchthon (fervent défenseur de Luther), puis retourne à Genève en 1541, où il fonde son Église. Il y prêche la Réforme et le retour à la seule Bible, et favorise l'enseignement du grec, du latin et de l'hébreu. Mais il provoque l'hostilité des fidèles au catholicisme, et ceux qui lui reprochent son austérité morale excessive, ainsi que des anabaptistes estimant qu'il se préoccupe trop peu du sort des pauvres. Il obtient alors du pouvoir temporel l'expulsion de divers opposants, la torture et l'exécution de Jacques Gruet, qui a critiqué violemment le gouvernement genevois, et celle de Michel Servet, niant le dogme de la sainte Trinité, qui est brûlé en 1553. Grâce à cette dure répression et à l'arrivée de réformés français, Calvin contrôle le Conseil de la ville qui devient l'un des centres spirituels de la Réforme.

À sa mort, son lieutenant Théodore de Bèze (1519-1605) devient recteur de l'Académie protestante et continue son oeuvre. Né à Vézelay, étudiant à Bourges et à Paris, il avait rompu avec le catholicisme en 1548, avant de venir à Lausanne, puis à Genève en 1558; il est alors l'un des proches de Calvin, tout en se rendant régulièrement en France participer à des débats théologiques avec les catholiques et suivre l'amiral de Coligny dans plusieurs combats; il écrit une *Histoire des Églises réformées du royaume de France* (1580), des poésies et des pamphlets.
Le calvinisme se développe assez peu en Suisse, en dehors de Genève et de Lausanne, mais se répand en France, surtout près de la Loire, de La Rochelle et d'Angoulême, au sud du Massif central, dans le Lyonnais.
La conciliation entre catholiques et protestants encore souhaitée au début du règne de François II (1559-1560) deviendra impossible après l'échec de la conspiration d'Amboise et l'exécution des comploteurs pendus aux tours du château. On entre alors dans plus de trente années de guerres de religion, qui ne prirent fin qu'après l'accession de Henri IV sur le trône de France, et l'édit de Nantes (1598) proclamant la liberté de culte.

La Contre-Réforme

Les succès de la Réforme protestante amène une réaction de l'Église catholique.

Naissance de nouveaux ordres religieux

Elle prend d'abord la forme de nouveaux ordres voulant revenir à une vie charitable exemplaire et messianique: les Théatius (fondés en 1524), les Frères hospitaliers de Saint-Jean-de-Dieu (1537), et surtout l'ordre des Jésuites (Compagnie de Jésus) fondé par saint Ignace de Loyola, afin d'évangéliser le monde, et approuvé par le pape Paul III en 1540. Puis, de 1545 à 1563 se tient le Concile de Trente, qui redonne à l'Église un corps doctrinal solide et restaure sa discipline, sans pour autant trancher tous les points litigieux du dogme. En France, les guerres de religion ne sont pas propices à un renouveau de la pensée, surtout dû aux jésuites qui s'engagent dans la lutte contre ce qui ressemble aux idées protestantes sur la grâce divine, la prédestination (niant toute liberté humaine) ou la chute nécessaire de l'homme.

Jésuites et jansénistes

L'épisode le plus fameux de cette recherche de réaffirmation de l'orthodoxie religieuse est celui qui oppose les jésuites aux jansénistes. Ceux-ci défendent les thèses du Flamand Cornelius Jansen (ou Jansénius) (1585-1638), consignées dans un ouvrage intitulé *Augustinus*, reprenant les idées de saint Augustin. Le conflit est d'autant plus vif que les jansénistes (défendus par Blaise Pascal dans ses *Lettres provinciales*) critiquent sur le plan politique l'absolutisme royal; et ils avaient fait de l'abbaye de femmes de Port-Royal des Champs, et de sa maison parisienne, un bastion de résistance contre le monolithisme religieux, qui attire un nombre important de proches de la cour. Les idées jansénistes, présentées comme « hérétiques » ou suspectes de complaisance avec le protestantisme sont donc condamnées, et Louis XIV désireux de supprimer tout foyer de contestation, s'attaque à Port-Royal à partir de 1661, et surtout de 1679 : il expulse alors les jeunes novices et interdit de les remplacer ; puis il ordonne en 1709 l'expulsion des dernières vieilles religieuses et la destruction des bâtiments (1711).

La révocation de l'édit de Nantes

Parallèlement, il révoque l'édit de Nantes (en 1685), provoquant le départ de nombreux protestants vers les pays du nord de l'Europe et la Prusse, tandis que Bossuet, « l'aigle de Meaux », pourfend dans ses sermons ceux qui s'éloignent de la stricte ligne du catholicisme traditionnel. La France reste donc bien la « fille aînée » de l'Église romaine au début du XVIIIe siècle.

De la Renaissance aux Lumières

La France connaît trois siècles d'intenses renouveaux artistiques et littéraires et passe de l'influence italienne au XVIe siècle à l'émergence d'un style classique qui devient au XVIIIe un modèle pour l'Europe tant sur le plan architectural avec Versailles que sur le plan littéraire avec l'adoption de la langue française dans de nombreuses cours étrangères.

La renaissance artistique au XVIe siècle

Importée d'Italie, la Renaissance française s'explique par le désir de luxe et le mécénat des rois et des grands financiers.

Ses origines et sa nature

Comme la Renaissance italienne du quattrocento, elle se manifeste par un renouveau de l'inspiration artistique dans le domaine de l'architecture, de la sculpture et de la peinture. À la suite des guerres d'Italie, menées par Charles VIII, Louis XII et François Ier, le style italien est imité; des artistes de renom sont attirés en France (les plus célèbres étant Léonard de Vinci et le Primatice), et l'Antiquité gréco-romaine revient au goût du jour. Ces « renaissances » proviennent du mécénat des puissants, qui consacrent une partie importante de leur richesse à embellir leur cadre de vie et à acquérir des signes de différenciation sociale: la somptuosité des demeures force le respect et la considération. On assiste aussi, en Italie comme en France, à une transformation radicale de la place de l'art et de l'artiste dans la société: les talents se mettent au service de consommateurs privés, qui les stimulent certes, mais se les réservent afin de satisfaire leurs plaisirs individuels. Cette « privatisation » s'oppose à la forme collective de la production et de la consommation artistiques des temps féodaux, qui s'étaient exprimées en outre dans la construction de cathédrales et dans la réalisation des vitraux, dont bénéficiait l'ensemble des populations. Maintenant, les riches palais florentins présentent des façades extérieures austères et se ferment au public, les sculptures et les peintures ne s'offrant qu'aux yeux de ceux qui fréquentent ces demeures.

Les grandes constructions

Chronologiquement, les premières manifestations en sont la construction ou la rénovation des résidences des rois et de quelques grands personnages : c'est le cas du palais de Jacques Cœur, construit à Bourges durant les années 1440-1450 par le Grand Argentier de Charles VII. C'est ensuite l'édification du château d'Amboise par Charles VIII, de 1492 à 1498, dont celui-ci veut faire sa résidence principale et un haut lieu de rayonnement artistique. À la fin du XVe et au début du XVIe siècle, les comtes d'Amboise font reconstruire le château de Chaumont-sur-Loire. Dans les années 1515-1522, le receveur général des Finances Thomas Bohier fait bâtir le château de Chenonceaux ; l'influence italienne, déjà présente, est accentuée par la suite, quand le château, acquis par le roi de France, sera donné à Diane de Poitiers qui y ajoutera le célèbre pont sur le Cher ; par la suite, Catherine de Médicis y fera monter plusieurs étages, donnant au château sa configuration actuelle. De 1518 à 1529, c'est le château d'Azay-le-Rideau, au bord de l'Indre, qui est bâti par le grand financier Gilles Berthelot, dans un style tout à fait représentatif de la nouvelle architecture. De même, les châteaux de Saumur, Ussé, Langeais, Loches… sont reconstruits ou modifiés. Mais la réalisation la plus prestigieuse de cette période est sans doute la construction par François Ier du château de

Chambord, avec ses célèbres chapiteaux, flèches, cheminées et terrasses, qui débute en 1519, et dont la plus grosse partie est achevée en 1537. François Ier fait également poursuivre l'agrandissement du château de Blois (1515-1524), déjà entrepris par Louis XII en 1498, et surtout commence, à partir de 1527, l'édification du château de Fontainebleau, qui sera poursuivie à la fin du siècle par Henri IV.

L'école de Fontainebleau

En rapport étroit avec la construction de ce dernier château se développe le nouveau genre artistique autour de l'école dite « de Fontainebleau ».
Elle résulte de la présence de nombreux créateurs italiens appelés par François Ier (le Primatice, le Rosso, Nicolo Dell'Abate…, eux-mêmes inspirés par les grands maîtres comme Michel-Ange et Raphaël) et qui influencent les architectes, peintres et sculpteurs français. Les plus célèbres d'entre eux sont : Jean Goujon (1510-1569), qui orne en particulier l'église de Saint-Germain-l'Auxerrois, à Paris, puis devient l'architecte d'Henri II, décore le Louvre, réalise une *Diane chasseresse* et construit la *Fontaine des Innocents* à Paris ; Germain Pilon (1537-1590), qui orne le tombeau de François Ier, sculpte les *Trois Grâces* portant le cœur d'Henri II, travaille avec le Primatice, devient sculpteur du roi en 1568 ; Jean Cousin (1490-1561), dit le Père, qui peint sur le verre et réalise des tapisseries ainsi que son célèbre *Eva Prima Pandora,* et son fils, également prénommé Jean (1522-1594), qui subit les mêmes influences et produit en particulier un *Jugement dernier*.
Dans un style différent, Jean Clouet (1475-1541) s'illustre par ses talents de portraitiste, qu'il peut exercer en tant que peintre de François Ier : on lui doit, outre plusieurs peintures célèbres du roi et de son entourage, des portraits de Guillaume Budé, d'Érasme, et de nombreuses miniatures. Son fils François (1520-1572) re-

prend sa fonction et réalise, en particulier, les portraits d'Henri II, Charles IX et Marguerite de Valois.
Bernard Palissy (1510-1590) est d'abord verrier, puis potier. Il cherche à découvrir le procédé de fabrication des faïences émaillées. Emprisonné à Bordeaux pour ses convictions protestantes, il est libéré par Catherine de Médicis, mais doit s'enfuir au moment de la Saint-Barthélemy.

Deux grands musiciens

Josquin des Prés (vers 1440-1521 ou 1524). Inspiré par ses séjours en Italie (où il est attaché à la chapelle pontificale) et en Flandre, il compose plus de 30 messes, dont sa *Pange Lingua* et un célèbre *Miserere,* 70 motets, 90 chansons. Surnommé par ses contemporains le « Prince de la musique », il est le maître de la musique polyphonique de la Renaissance et servira de modèle durant les siècles à venir.
Clément Janequin (vers 1485-1558). Compositeur personnel d'Henri II, il est l'auteur de messes, motets et psaumes, mais aussi de très nombreuses chansons profanes, narratives, galantes, poétiques ou d'imitation de la nature *(la Bataille de Marignan, les Cris de Paris, Du beau tétin, le Chant des oiseaux...).*

Le renouveau littéraire au XVIe siècle

Parallèlement à la « Renaissance » artistique, on assiste en France à un renouveau littéraire, influencé par l'Italie et l'Antiquité gréco-romaine qui exalte la langue française.

Deux précurseurs

Ce renouveau littéraire est préparé durant le XVe siècle par des poètes isolés tels Charles d'Orléans et François Villon.
Charles d'Orléans (1391-1465). Fils du duc Louis, assassiné par Jean sans Peur en 1407, prisonnier à Azincourt en 1415, il est retenu en Angleterre jusqu'en 1440. Il écrit en prison de nombreuses

ballades et rondeaux qui expriment d'abord son insouciance, puis sa mélancolie et sa déception. De retour en France, il contribue à faire de Blois le berceau de la future Renaissance.

François Villon (1431-1480). D'origine très modeste, sa vie est particulièrement mouvementée: après s'être acoquiné à plusieurs bandes de malandrins, il commet une série de vols et est arrêté en 1461 à Meung-sur-Loire, puis condamné à être pendu. En 1463 sa peine est commuée en bannissement, et l'on ne sait ce qu'il devient. On lui doit un certain nombre de lais et de ballades, dont *le Petit Testament, la Ballade des pendus, la Requête au parlement,* inspirés, pour l'essentiel, par ses captivités et ses demandes de grâce.

L'épanouissement du mouvement

Ce mouvement s'épanouit au XVIe siècle dans l'entourage des princes.

Guillaume Budé (1467-1540). Il est le plus ancien des humanistes français de la Renaissance. Maître des requêtes en 1522, il tient la librairie royale de Fontainebleau, puis est prévôt des marchands et pousse François Ier à créer les «lecteurs royaux» (1529), ancêtre du Collège de France. Il publie des écrits sur le droit, sur les monnaies, sur la langue grecque et, après sa mort paraît *l'Institution du prince* (1547), faisant l'apologie du savoir et des progrès de la connaissance.

François Rabelais (1494-1553). Il fait d'abord un séjour au couvent, puis abandonne la robe en 1527 et suit des études de médecine à Montpellier, en 1530. Il se lance ensuite dans le genre littéraire, sous la protection de Guillaume du Bellay (dont il est le médecin) et de son frère, Jean du Bellay, évêque de Paris. Après avoir publié *Pantagruel* (1532), puis *Gargantua* (1534), il voyage en Italie avec Jean du Bellay, exerce la médecine de 1536 à 1546. Une suite à *Pantagruel* lui vaut une condamnation de la Sorbonne, bien qu'il ait été nommé maître des requêtes du roi en Poitou. Rabelais

publie encore le *Quatrième Livre de Pantagruel* (à partir de 1548). Après sa mort paraîtront plusieurs parties d'un *Cinquième Livre de Pantagruel.* Admirateur d'Érasme, Rabelais est un défenseur des idées humanistes, et l'un des premiers grands auteurs comiques français qui utilisent l'humour et le grotesque pour décrire leur temps mais peuvent aussi atteindre l'universel.
Surtout les romans de Rabelais donnent au français ses premières lettres de noblesse. Réagissant contre les partisans du latin et du grec, la nouvelle génération de littérateurs composent désormais leurs œuvres en français, qu'ils jugent à l'égale des langues anciennes ainsi que de l'italien. Déjà l'édit de Villers-Cotterêts (1539) avait imposé le français, au lieu du latin, pour tous les actes officiels et juridiques. Dix ans plus tard, en 1549, paraît *la Défense et illustration de la langue française,* véritable manifeste de patriotisme linguistique, qui proclame la valeur littéraire du français, y compris pour les genres nobles jusqu'alors écrits seulement en latin : la tragédie, l'ode, l'épopée, le sonnet…
Clément Marot (1496-1544). Il naquit à Cahors, ville où son père était marchand, avant de devenir poète à la cour d'Anne de Bretagne, puis valet de chambre de François Ier. À la mort de son père, il lui succède dans cette fonction auprès du roi (vers 1526). Mais, en 1530, il est suspecté d'hérésie et séjourne dans la prison du Châtelet. Mêlé à l'affaire des Placards, en 1534, il s'enfuit en Italie. Gracié par le roi, il rentre en France ; mais ses écrits l'obligent à un nouvel exil en Suisse, puis à Turin, où il meurt en 1544. Son style s'épanouit dans ses *Épigrammes,* ses *Épîtres,* ses *Élégies* et aussi dans ses *Psaumes* où il sait allier l'esprit satirique, la sensibilité, l'émotion religieuse et le renouveau du style.
Joachim du Bellay (1522-1560). C'est le cousin de Guillaume et de Jean du Bellay, qui protégèrent Rabelais. Après une rencontre fortuite avec Ronsard, dans une hôtellerie, en 1547, il écrit sa *Défense et illustration de la langue française* (1549). L'année

TEMPS MODERNES

suivante, il compose des sonnets amoureux *(l'Olive).* Puis il va à Rome retrouver Jean du Bellay (de 1553 à 1555), et l'influence que cette ville exerce sur lui s'exprime dans *les Antiquités de Rome, les Regrets, les Jeux rustiques* (1558) et *les Poematia.* Sans doute moins riche que l'œuvre de Ronsard, celle de du Bellay reste importante comme illustration du courant humaniste, et de l'évolution vers un genre littéraire mettant l'accent sur l'émotion individuelle et plus encore l'exaltation des souffrances humaines. Du Bellay participe à la Pléiade de Ronsard.

Pierre de Ronsard (1524-1585). Entré comme page à la cour de François Ier, en 1536, il se trouve vite attiré par la poésie qu'il cherche à faire revivre avec les sonorités de notre langue : il écrit *les Odes* et *les Amours.* En 1555 et 1556, il affirme son style personnel avec la *Continuation des Amours* et *les Hymnes* et fonde la nouvelle école de la Pléiade réunissant à ses côtés du Bellay, Jean Dorat, Antoine de Baïf, Rémi Belleau, Étienne Jodelle et Pontus de Tyard. Ce groupe de sept poètes exprimait ainsi son attachement aux valeurs antiques (référence aux sept filles d'Atlas et aux sept poètes de l'époque de Ptolémée Philadelphe). Protégé de Michel de L'Hospital, il devient en 1559 poète de la cour et aumônier du roi, et ses écrits prennent une dimension politique avec les *Discours,* où il prêche la paix civile, et son *Institution pour l'adolescence du roi Charles IX,* où il se mêle du problème de son éducation. Il est chargé en 1565 par Catherine de Médicis et le roi Charles IX d'imaginer un poème épique : c'est *la Franciade,* à la gloire des rois de France, considéré comme un échec en raison de son côté artificiel, et que Ronsard ne termine pas ; il n'en publie que le début en 1572.

La mort de Charles IX (1574) marque le début de son déclin ; éloigné de la cour, sa dernière œuvre importante est *les Amours d'Hélène* (1578). Il meurt à Saint-Cosme, en Touraine, en 1585.

Étienne de La Boétie (1530-1563). Né à Sarlat, il rencontre Montaigne au parlement de Bordeaux. Ce dernier éprouve pour lui une amitié profonde et fait connaître ses sonnets. Influencé par les anciens Grecs, La Boétie écrit un *Discours sur la servitude,* où il s'élève contre le pouvoir autoritaire et fait l'éloge de la liberté.

Michel de Montaigne (1533-1592). Né dans une vieille famille de marchands, il apprend le droit et le latin, et devient conseiller au parlement de Périgueux, puis de Bordeaux (1557). Attiré par la vie de cour, il rejoint l'entourage de Charles IX, en 1562. En 1571, il publie les écrits de La Boétie et, après un voyage à Paris, se retire sur ses terres où il entreprend la rédaction des *Essais,* qu'il publie en 1580. Puis il effectue un voyage en Allemagne, en Autriche et en Italie (1580-1581) ; il rentre à Bordeaux, dont il est élu maire (1581-1585) et où il doit faire face aux luttes entre catholiques et protestants. Puis, après un voyage tourmenté à Paris, où il est retenu prisonnier durant l'épisode de la journée des Barricades, il prépare une troisième édition des *Essais* qui paraîtra après sa mort, survenue en son château périgourdin, en 1592. L'œuvre de Montaigne est avant tout celle d'un moraliste, déçu par la violence et l'intolérance de son époque. L'heure des poètes raffinés est bien terminée : le scepticisme de Montaigne, illustré par son célèbre « Que sais-je ? », exprime la fin d'un élan littéraire « optimiste » et de l'inspiration humaniste du début du siècle. Certes, Montaigne étudie l'homme et a foi en la raison, mais plus à la manière d'un psychologue lucide et désabusé que d'un critique réformateur.

Les arts au XVIIe siècle

Succédant à la Renaissance, le XVIIe siècle voit l'apogée du classicisme aussi bien en musique qu'en architecture, dont Versailles est le symbole avec ses jardins à la française, et en peinture.

La musique

Colbert fonde en 1669 une Académie de musique et de poésie et fait construire un théâtre où le public est assis. Il crée également un privilège royal des spectacles, racheté par Lully.

Jean-Baptiste Lully (1632-1687). Compositeur, violoniste et chorégraphe, il est l'auteur de ballets et de pastorales, de comédies-ballets en collaboration avec Molière (*le Bourgeois gentilhomme,* en 1670) et donne ensuite de nombreux opéras, dont *Alceste* (1674), *Atys* (1676), *Armide* (1686).

Marc-Antoine Charpentier (1634-1704). Rival malheureux de Lully, fuyant les mondanités de la Cour, il se consacre à la musique religieuse.

L'architecture

François Mansart (1598-1666). Il construit l'hôtel de La Vrillère (aujourd'hui Banque de France), l'hôtel Tubeuf (Bibliothèque nationale), l'hôtel Carnavalet…

André Le Nôtre (1613-1700). Il crée le parc de Vaux-le-Vicomte, transforme les jardins de Versailles, des Tuileries, de Sceaux, de Chantilly, de Fontainebleau…

Jules Hardouin-Mansart (1646-1708). Premier architecte du roi en 1681, il achève l'hôtel des Invalides, édifie les ailes du nord et du midi du château de Versailles, et construit les Grandes et Petites Écuries, ainsi que le Grand Trianon. Il conçoit ensuite la place des Victoires et la place Vendôme ainsi que Marly.

La peinture

Nicolas Poussin (1594-1665). Il fait sa carrière en Italie. On lui doit *la Mort de Germanicus,* la série des *Sacrements, les Quatre Saisons…*

Antoine (m. en 1648), Louis (m. en 1648) et Mathieu (m. en 1677) Le Nain. Inspirés par l'école hollandaise, ils peignent d'une façon réaliste la vie quotidienne des artisans et des paysans : *la Forge, la Charrette, Famille de paysans dans un intérieur, la Tabagie*…

Les grands auteurs classiques du XVIIe siècle

Il faudra attendre le milieu du siècle, et la fin des troubles politiques et des affrontements intérieurs, pour voir éclore une nouvelle génération d'auteurs.

Pierre Corneille (1606-1684)

Natif de Rouen, il devient avocat comme son père. Mais attiré par le théâtre, il fait jouer plusieurs de ses pièces au Théâtre du Marais (de 1630 à 1633) et bénéficie de la protection de Richelieu. Il obtient un grand succès auprès du public avec *le Cid* (1636-1637), critiqué cependant par les milieux théâtraux.

Il produit alors, à partir de 1640, ses grandes tragédies : *Horace* (1640), *Cinna* (1641), *Polyeucte* (1642), *Rodogune* (1644), *Andromède* (1650) et *Nicomède* (1651), ainsi que des comédies (*le Menteur,* 1643…). Après un long silence, Corneille, entré à l'Académie française en 1647 doit alors faire face à la concurrence du jeune Racine. Il l'affronte même sans succès en faisant jouer *Tite et Bérénice* pendant que Racine présente sa *Bérénice* (1670). Après avoir collaboré à la *Psyché* de Molière, il écrit ses dernières pièces (*Pulchérie,* 1672, et *Suréna,* 1674) qui passent inaperçues. Corneille s'arrête alors d'écrire.

Surtout attiré par la comédie héroïque, à l'intrigue complexe et aux rebondissements parfois imprévus, Corneille accepte mal les règles strictes de la tragédie classique, qu'il contribue pourtant à formaliser. Inspiré par Rome, il met en scène des personnages confrontés à un choix entre le devoir dicté par des motivations supérieures et l'amour finalement soumis à l'accomplissement d'actes héroïques.

Molière (1622-1673)

Jean-Baptiste Poquelin naît et meurt à Paris. Issu d'une famille de tapissiers, il entreprend des études de droit, qu'il abandonne pour le théâtre. Associé aux Béjart, il sillonne avec sa troupe les diverses régions de France pendant plus de dix ans. Il obtient le privilège de jouer devant le roi et on lui attribue une salle du Palais-Royal (1660), où il connaît un vif succès, tout en continuant à se produire devant la Cour.

D'abord influencé par les comédies italiennes, Molière affirme un style original dans une succession de comédies qui ironisent sur les mœurs de son époque: *les Précieuses ridicules* (1659), *Sganarelle* (1660), *l'École des maris* et *les Fâcheux* (1661), puis *l'École des femmes* (1662), qui choque les milieux bien-pensants. Il s'essaie ensuite dans le genre des comédies-ballets ou musicales, tel *le Mariage forcé* (1664), puis s'attaque à ses détracteurs avec *Tartuffe* (1664), joué devant le roi avant d'être interdit (jusqu'en 1669). Il continue pourtant à produire des œuvres satiriques comme *le Misanthrope* et *le Médecin malgré lui* (1666), *l'Avare* (1668), puis *le Bourgeois gentilhomme,* comédie-ballet (1670) et *les Fourberies de Scapin* (1670). En 1672, *les Femmes savantes* est un triomphe mais, l'année suivante, Molière s'effondre en jouant *le Malade imaginaire,* le 17 février 1673. Il ne reçoit une inhumation chrétienne qu'en raison de l'intervention du roi.

Créateur, acteur et administrateur, Molière a su renouveler le théâtre moraliste et comique, en sachant inventer des personnages typiques dont il ridiculise la fausseté, la suffisance ou la bêtise.

Jean Racine (1639-1699)

Originaire de La Ferté-Milon, orphelin à 4 ans, Racine est élevé par les religieuses de Port-Royal. Bien que prêt à entrer dans l'Église, il écrit plusieurs tragédies dès 1660, dont une seule, *Alexandre,* est vraiment remarquée (1665). Côtoyant à Paris La Fontaine et

Molière (auquel il s'oppose), Racine se lance alors pleinement dans la création théâtrale. De 1667 à 1677, il produit *Andromaque, les Plaideurs, Britannicus, Bérénice, Bajazet, Mithridate, Iphigénie* et *Phèdre*.

Durant cette période, il mène une vie agitée, combattant Port-Royal, se mêlant aux polémiques théâtrales et littéraires, ayant pour maîtresses les actrices Thérèse Du Parc et la Champmeslé.

Protégé par Madame de Montespan, Racine est nommé par Louis XIV historiographe du roi. Mais, après la cabale de *Phèdre* et son mariage bourgeois avec Catherine de Romanet (1677), il doit attendre plus de dix ans pour produire *Esther* en 1689, puis *Athalie* en 1691, qui n'est pas jouée en raison de la pression des milieux dévots.

Réconcilié avec Port-Royal et devenu dévot à son tour, Racine perd la faveur du roi et meurt en avril 1699. Il laisse une œuvre dominée par la description des passions humaines rongeant les individus jusqu'à la mort et par l'idée du destin tragique imposé par les forces divines.

Les Anciens et les Modernes

Cette querelle littéraire oppose à la fin du XVIIe siècle et au début du XVIIIe siècle les auteurs s'appuyant sur l'inspiration antique et le strict respect des règles d'écriture (tels Racine, La Fontaine, La Bruyère ou Boileau) à ceux qui défendent des genres nouveaux (dont Perrault et Fontenelle, ce dernier publiant en 1688 une *Digression sur les Anciens et les Modernes*).

Les philosophes et moralistes du XVIIe siècle

Le renouveau de la philosophie chrétienne s'accompagne de l'éclosion d'un genre littéraire nouveau : la peinture de mœurs.

La nouvelle philosophie chrétienne

La diversité de la pensée chrétienne s'exprime à travers des philosophes mathématiciens tels que Descartes et Pascal, Bossuet, Malebranche et Fénelon, prêtres tous les trois, mais développant des conceptions philosophiques bien différentes.

René Descartes (1596-1650). Sa démarche relève à la fois de l'idéalisme métaphysique et du matérialisme expérimental. C'est ainsi que, dans son célèbre *Discours de la méthode* (1637), il va développer le « doute méthodique ». « Je pense, donc je suis » constitue le point de départ de toute réflexion et affirme la puissance du raisonnement logique; il permet à l'homme de connaître les lois de la nature et de décrire le fonctionnement du monde et du corps humain. Descartes écrit de nombreux ouvrages philosophiques (*les Méditations,* 1641 ; *les Passions de l'âme,* 1649…) et traités de mathématiques et de physique (*les Dioptiques, les Météores, la Géométrie, le Traité du Monde,* lequel, développant des idées proches de celles de Galilée, ne fut pas publié en raison de la condamnation de celui-ci en 1633). En mathématiques, il développe l'écriture algébrique et fonde la géométrie analytique. Descartes influencera des courants philosophiques opposés, comme le mysticisme de Malebranche ou le rationalisme de Diderot.

Blaise Pascal (1623-1662). Il se rapproche de Descartes par son mélange d'inquiétude religieuse et de génie mathématique. Mais Pascal reste fidèle au catholicisme traditionnel et évolue vers un mysticisme tourmenté. Il rédige dès l'âge de 16 ans un *Essai sur les coniques*; puis, à 19 ans, il met au point le principe de la machine à calculer, qui voit le jour en 1652. Il rencontre Descartes en 1647 et publie plusieurs récits des expériences sur le vide effectuées par Torricelli (1647-1648). Après un début de vie mondaine, il se sent irrésistiblement attiré par le mysticisme et connaît une nuit d'extase (23 novembre 1654), dont il rend compte dans *le Mémorial.* Il fréquente alors assidûment l'abbaye janséniste de Port-Royal des

Champs et attaque la Sorbonne et les Jésuites. Il poursuit toutefois des recherches en mathématiques, ébauchant le calcul intégral et laisse libre cours à la passion religieuse, avec ses *Écrits sur la grâce* et ses *Pensées*.

Jacques Bénigne **Bossuet (1627-1704).** Il se fait remarquer par ses sermons. Précepteur du Dauphin en 1670, il entre à l'Académie française en 1671 et, en 1681, devient évêque de Meaux. Bossuet se rend célèbre par ses oraisons funèbres, comme celles d'Anne d'Autriche (1667) ou de Condé (1687), et surtout par ses dénonciations des ennemis de la foi catholique. D'abord admirateur de Descartes, il s'en éloigne, craignant que la logique ne soit employée contre la religion. Il attaque le quiétisme, doctrine mystique de son ami Fénelon, selon laquelle l'âme peut s'unir à Dieu dans la contemplation passive, dénonce le relâchement des mœurs et affirme la légitimité d'un pouvoir royal fort voulu par Dieu.

Nicolas Malebranche (1638-1715). Contrairement à Bossuet, il est ouvert aux interrogations scientifiques. Fils d'un secrétaire du roi, il devient prêtre en 1664. Il connaît la célébrité en publiant à partir de 1674 plusieurs œuvres philosophiques inspirées de Descartes, dont sa *Recherche de la vérité*. Puis il polémique avec Bossuet et, les jansénistes l'accusant de quiétisme, il écrit de nombreux ouvrages sur la métaphysique, ainsi qu'un traité *De la communication des mouvements* (1692), attestant son intérêt pour les sciences. Malebranche considère que toute connaissance dérive de l'appréhension de l'ordre divin et que l'homme ne peut comprendre l'univers qu'en se rapprochant de Dieu.

François de La Mothe-**Fénelon (1651-1715).** Il s'oppose à Bossuet sur le terrain de la pensée métaphysique, mais aussi pour dénoncer l'absolutisme royal. Précepteur du duc de Bourgogne (petit-fils de Louis XIV), il est nommé archevêque de Cambrai en 1695. Fénelon, déjà attiré par le mysticisme, soutient le quiétisme combattu par Bossuet, mais il écrit aussi *les Aventures de Télémaque*, ouvrage considéré comme une critique de la politique de Louis XIV et de son entourage ; il est alors démis de ses charges. Mais il continue à écrire jusqu'à sa mort, manifestant son hostilité au pouvoir absolu et son désir de réforme.

Les moralistes

La peinture des mœurs se développa à travers des genres variés : fables de La Fontaine, portraits de La Bruyère, satires de Boileau, maximes de La Rochefoucauld, comédies de Scarron. Respectueuse des institutions, elle représente toutefois le lieu d'expression de la caricature sociale du siècle de Louis XIV.

Paul Scarron (1610-1660). Paralytique à 28 ans, il épouse la future marquise de Maintenon en 1652 pour lui éviter le couvent ! Il écrit *le Roman comique,* et des satires qui inspireront Boileau.

François de La Rochefoucauld (1613-1680). Sa vie illustre l'évolution de la noblesse au XVIIe siècle. De haute naissance et maître de camp du régiment d'Auvergne, il participe à la campagne d'Italie de 1630, puis intrigue contre Richelieu. Il séjourne à la Bastille, est exilé, puis commande l'armée des frondeurs avant de rallier le parti du roi. Après 1660, il fréquente le salon parisien de Madame de La Fayette, et il connaît un vif succès avec ses *Réflexions ou Sentences et Maximes morales* (1664).

Jean de La Fontaine (1621-1695). Né à Château-Thierry, il hérite en 1652 de la charge paternelle de maître des Eaux et Forêts. Entré au service de Fouquet en 1658, il le défend après son arrestation avec son *Élégie aux nymphes de Vaux* (1661). Bénéficiant de hautes protections, il écrit ensuite plusieurs séries de *Contes* et de *Fables* (regroupées en douze livres, publiées entre 1668 et 1694) dont certaines destinées au Dauphin. On peut situer son inspiration première chez Rabelais, Boccace, Machiavel ou Ésope, et dans les « romans » du Moyen Âge, mais son œuvre développe un style personnel qui en fait un fabuliste unique en son genre par la légèreté de son style, la richesse de son répertoire poétique et la pertinence de ses « morales ».

Nicolas Boileau (1636-1711). Fils d'un commis au greffe du parlement de Paris, il écrit d'abord des *Satires,* qui sont publiées en 1666 et lui valent bien des ennemis. Puis viennent les *Épîtres* et *l'Art poétique.* Il publie ensuite une nouvelle satire, *Contre les femmes,* et s'attaque aux jésuites en reprenant les idées de Bossuet.

Jean de La Bruyère (1645-1696). Il va s'illustrer dans la peinture de ses contemporains. Entré au service des Condé, il peut observer tout à loisir le milieu de la Cour. Il publie ainsi, à partir de 1688, plusieurs éditions des *Caractères ou les Mœurs de ce siècle,* où il dresse des « portraits-types » caricaturant les attitudes des divers milieux de la société française. Il prend aussi parti pour les « Anciens », puis se range du côté de Bossuet contre le quiétisme.

Charles Perrault (1628-1703) et les contes de fées

Protégé de Colbert, contrôleur général des Bâtiments, membre de l'Académie française en 1671, il est l'auteur d'histoires aujourd'hui universelles, publiées en 1697 avec le sous-titre : *Contes de ma mère l'Oye (la Belle au bois dormant, le Petit Chaperon rouge, Barbe-Bleue, le Chat botté, Cendrillon, le Petit Poucet...).* Le destin de ces récits montre à quel point Perrault sait s'imprégner de l'inconscient collectif en s'inspirant souvent de vieux contes du temps passé. Par ailleurs, dans *le Siècle de Louis le Grand* (1688), il prend parti pour les « Modernes » contre les « Anciens » et relance la querelle.

Des auteurs protégés

La plupart des auteurs du Grand Siècle ne peuvent exercer leur talent que grâce à l'aide et à la protection des grands. C'est ainsi que La Fontaine est successivement le protégé de Fouquet, de la duchesse d'Orléans, de Madame de La Sablière, de Madame de Montespan ; La Bruyère enseigne l'histoire au petit-fils du prince de Condé ; Boileau, quant à lui, est nommé historiographe de

Louis XIV en 1677, et entre en 1684 à l'Académie française, où il est rejoint par La Fontaine et La Bruyère, admis tous deux en 1693. Cela explique que leur esprit impertinent se tourne vers la caricature et non vers une véritable critique sociale.

Peinture, musique et théâtre au XVIIIe siècle

Ces trois arts connaissent une profonde variété où se mêlent légèreté et moralisme, influence anglaise et préromantisme. Surtout les conditions de production et de réception connaissent un profond bouleversement avec l'apparition de nouveaux cadres tels les cafés, les académies et les salons et l'émergence de nouveaux publics, notamment parmi la riche bourgeoisie d'affaires. Désormais les arts sont soumis au jugement de l'opinion publique.

La peinture

Antoine Watteau (1684-1721). Rompant avec l'académisme du XVIIe siècle, il crée le genre des « fêtes galantes » *(Pèlerinage à l'île de Cythère).*

Jean Siméon Chardin (1699-1779). Dans l'esprit intimiste des écoles flamande et hollandaise, il se consacre surtout aux natures mortes *(la Raie)*, mais aussi aux scènes d'intérieur *(le Bénédicité).*

François Boucher (1703-1770). Ce protégé de Mme de Pompadour peint notamment des scènes pastorales ou mythologiques *(la Toilette de Vénus)* et des scènes galantes *(l'Odalisque brune).*

Maurice Quentin de la Tour (1704-1788). Il est le « photographe » du XVIIIe siècle. Peintre de Louis XV en 1750, il est aussi le portraitiste de la Cour et celui des écrivains et des artistes de son temps (la marquise de Pompadour, d'Alembert, Rousseau...). Il utilise la technique du pastel.

Jean-Baptiste Greuze (1725-1805). Sa peinture d'inspiration populaire et moralisante, qui lui vaut l'admiration de Diderot, connaît un grand succès *(le Fils ingrat)*. Greuze ne dédaigne toutefois pas une certaine sensualité *(la Cruche cassée)*.

Jean Honoré Fragonard (1732-1806). Il excelle dans la peinture de l'amour et de la joie de vivre, et est l'auteur de scènes galantes *(les Hasards heureux de l'escarpolette)*, de scènes de genre et de portraits.

La musique

Jean-Philippe Rameau (1683-1764). Il domine le XVIIIe siècle musical français. Il compose des tragédies lyriques, où la musique prend le pas sur le livret, des opéras-ballets, des opéras bouffes, des pastorales héroïques. Nommé compositeur de la Chambre royale, il écrit aussi un ouvrage de théorie musicale *(Traité de l'harmonie réduite à ses principes naturels)*. Ses œuvres principales sont *Hippolyte et Aricie* (1733), *les Indes galantes* (1735), *Castor et Pollux* (1737), *Zoroastre* (1749), où se mêlent une grande somptuosité orchestrale et une hardiesse de style.

Le théâtre

Marivaux (1688-1763). Pierre Carlet de Chamblain de Marivaux introduit l'intrigue amoureuse légère et délicate dans l'expression théâtrale et la comédie de mœurs (le « marivaudage »). Ses pièces principales, jouées à la Comédie-Française et au Théâtre-Italien, sont : *la Surprise de l'amour* (1722), *la Double Inconstance* (1723), *le Prince travesti* (1724), *le Jeu de l'amour et du hasard* (1730), *le Triomphe de l'amour* (1732), *les Fausses Confidences* (1737)...

Beaumarchais (1732-1799). Pierre Augustin Caron de Beaumarchais est une personnalité débordante d'activité et quelque peu fantasque. Surtout connu pour ses comédies *le Barbier de Séville* (1775) et *le Mariage de Figaro* (1784), interdites par le roi, Beaumarchais mène une vie tourmentée et libertine. Fils d'horloger, il est tour à tour professeur de musique des filles de Louis XV, « contrôleur de la bouche » du roi, juge des délits de braconnage sur les terres royales (et anobli par l'achat de cette charge), commerçant et financier. Il a aussi affaire avec la justice, attaque la magistrature dans ses *Mémoires,* qui sont condamnés à être brûlés, fait publier les œuvres de Voltaire et fournit des armes aux Américains pendant la guerre d'Indépendance. Libre penseur pamphlétaire, il fait cependant partie des « suspects » pendant la Révolution et s'exile jusqu'en 1796.

Le siècle des Lumières

La vie littéraire au XVIIIe siècle est, bien sûr, étroitement liée aux tensions politiques et sociales qui marquent la fin de la société féodo-marchande française.
Beaucoup de grands esprits de ce siècle sont issus de la bourgeoisie ou de l'artisanat (tels Voltaire, fils de notaire, Diderot, fils de coutelier, Rousseau et Beaumarchais, fils d'horloger...), mais d'autres appartiennent à la noblesse (tels que Montesquieu, Condorcet, Buffon ou Fontenelle...).

Les salons

Les uns et les autres bénéficient du soutien de grandes dames de haute noblesse, ouvrant leurs « salons » aux philosophes, poètes et écrivains : c'est le cas de la duchesse du Maine (recevant, dans son château de Sceaux, Fontenelle et La Motte, les poètes Chaulieu et La Fare), de la marquise de Lambert (accueillant rue de Richelieu Fénelon, Montesquieu, Fontenelle, La Motte, Marivaux, d'Argenson...), de Madame de Tencin (tenant rue Saint-Honoré un « bureau de l'esprit », où se rencontrent les philosophes Helvétius, Duclos, Marmontel), de Madame du Deffand (favorable aux encyclopédistes et hôtesse, dans son salon de la rue Saint-Dominique, de Montesquieu, Marivaux, Fontenelle...), de Mademoiselle de Lespinasse, demoiselle de compagnie de Madame du Deffand (recevant Condillac, d'Alembert, Condorcet, Turgot, Marmontel...), ou encore d'une riche bourgeoise, Madame Geoffrin, dont le salon de la rue Saint-Honoré est fréquenté par des personnalités très variées, comme Marivaux, d'Alembert, d'Holbach, Helvétius, Grimm, ou le prince Stanislas Poniatowski...).

La pensée rationaliste

Sur le plan des idées, ce siècle est marqué par un essor de la pensée rationaliste, l'esprit scientifique prenant le pas sur la réflexion métaphysique : il s'agit de découvrir les lois de fonctionnement de la matière ou des sociétés humaines, par l'observation dégagée d'a priori dogmatiques.

Cette nouvelle philosophie affirme sa foi dans la raison et dans le progrès de l'humanité – elle débouche sur le mouvement de l'*Encyclopédie*, animé par Diderot et d'Alembert, et à laquelle collaborent Voltaire, Rousseau, d'Holbach, Quesnay, Condorcet, Buffon, Turgot, Helvétius, Montesquieu...

Cette œuvre collective symbolise bien ce siècle dit « des Lumières », en raison de cette ouverture nouvelle de l'esprit voulant s'affranchir non seulement du poids énorme de la religion et de l'académisme de pensée, mais aussi de la censure du pouvoir politique conservateur. Elle illustre également la montée des nouvelles classes sociales dégagées économiquement et idéologiquement à la fois de l'aristocratie traditionnelle et de la monarchie.

Les limites de la critique

Ces penseurs ne sont cependant ni les annonciateurs de la société du XIXe siècle ni des « prérévolutionnaires » : Voltaire passe sa vie à tenter de se faire accepter par la haute noblesse, ne rêve que de « despotisme éclairé » et fait preuve d'un antisémitisme et d'un racisme inquiétants ; Denis Diderot et, plus encore Jean-Jacques Rousseau, par leur hymne à l'homme « naturel », non corrompu par la société moderne, s'inscrivent autant dans la sensibilité préromantique que dans le courant scientifique moderniste ; les

physiocrates sont surtout préoccupés par le développement de l'agriculture et du commerce, et n'accordent aucun intérêt aux nouvelles techniques productives, alors que la révolution industrielle couve en Grande-Bretagne ; nulle part (sauf chez Rousseau) n'apparaît non plus une réflexion sérieuse sur les inégalités sociales ou sur le sort des plus pauvres. Seul Condorcet propose des réformes « progressistes », qui seront ultérieurement appliquées.
En définitive, ces auteurs expriment les limites du développement d'une pensée issue des milieux influencés par l'essor économique du siècle, mais aussi par les bouleversements sociaux qu'il entraîne. Mais, pour l'heure, ce XVIIIe siècle des Lumières n'est que l'aboutissement des transformations propres à la société féodo-marchande ; c'est pourtant de ce bouillonnement d'idées et de ces réflexions sur les imperfections sociales qu'émergeront les modes de pensée qui domineront la période révolutionnaire.

Voltaire (1694-1778)

Auteur de tragédies, de contes philosophiques, d'ouvrages historiques, Voltaire participe à l'*Encyclopédie* et combat l'intolérance et l'injustice.

De la Bastille à l'exil

François Marie Arouet, dit Voltaire, est fils de notaire et étudie d'abord chez les jésuites. Parrainé par l'abbé de Châteauneuf, il séjourne aux Pays-Bas, avant d'être emprisonné à la Bastille pour des écrits contre le Régent (1717-1718). Après son *Œdipe* (1718) qui le fait connaître, une dispute avec le chevalier de Rohan-Chabot lui vaut d'être bastonné et de retourner à la Bastille. Il passe ensuite trois ans d'exil en Angleterre, où la fréquentation des milieux libéraux le conduit à faire l'apologie de la liberté et à critiquer les mœurs de la société française avec, entre autres, ses *Lettres philosophiques* (1734).

Devenu le protégé de la marquise du Châtelet, il vit sur ses terres de Lorraine où il poursuit son intense activité littéraire, écrivant des tragédies historiques (*la Mort de César,* 1735), des satires (*le Mondain,* 1736), ou encore les *Éléments de la philosophie de Newton* (1738), tout en voyageant en Allemagne et en Hollande.
Puis, rentré en grâce auprès du pouvoir après le *Poème de Fontenoy* (1745), il devient historiographe du roi et entre à l'Académie française (1746). Il écrit alors *Zadig* (1747), *Sémiramis* (1748) et *Oreste* (1750), mais reste suspect par sa collaboration à l'*Encyclopédie* avec ses articles « élégance », « éloquence », « esprit », « imagination ». Aussi, après la mort de la marquise du Châtelet (1749), part-il pour Potsdam, à l'appel du roi de Prusse Frédéric II (1750-1753). Il y écrit *le Siècle de Louis XIV* (1751) et *Micromégas* (1752). Brouillé avec le roi Frédéric II et toujours mal vu en France, il s'installe dans la région de Genève (1755). Il s'attaque alors aux catholiques avec sa *Pucelle* (1755) comme avec l'*Essai sur les mœurs* (1756), puis publie *Candide* (1759), un conte philosophique.

L'ermite de Ferney

Il se retire ensuite à Ferney, dans le pays de Gex, où il demeure jusqu'en 1777, y tenant une « cour » internationale de l'esprit et échangeant une correspondance considérable (avec, en particulier, Catherine II). Durant ces années, il écrit le *Traité sur la tolérance* et le *Dictionnaire philosophique,* ainsi que des romans et des pièces de théâtre, comme *Tancrède* ou *l'Ingénu.* Il se bat aussi et obtient la réhabilitation de Jean Calas, calviniste injustement exécuté.
Âgé de plus de 80 ans, Voltaire connaît enfin la consécration parisienne en étant accueilli avec éclat à l'Académie française, alors que sa pièce *Irène* est jouée à la Comédie-Française. Mais il meurt peu de temps après, le 30 mai 1778.

L'esprit voltairien

Tout en se consacrant à des genres littéraires différents, Voltaire a toujours poursuivi un même objectif : lutter contre l'injustice, l'intolérance religieuse, l'absolutisme politique, la philosophie métaphysique ; il cherche à promouvoir le sens critique et une meilleure connaissance de soi et de son temps. Considéré comme précurseur de l'esprit révolutionnaire, il n'en demeure pas moins assez conservateur en espérant une « monarchie éclairée » plutôt qu'un changement radical de l'ordre social.

Rousseau (1712-1778)

Jean-Jacques Rousseau réhabilite les vertus de la nature, la générosité et la simplicité, face aux milieux mondains sophistiqués et aux déificateurs du progrès. Personnalité d'une grande sensibilité et ne parvenant pas à concilier des aspirations contradictoires, il laissa une œuvre capitale plus radicale et plus naïve que celle de Voltaire.

Il naît à Genève, dans une famille protestante d'origine française. Abandonné par son père, horloger, à l'âge de 10 ans, il est confié à Madame de Warens en 1728. Il noue avec elle des liens intimes et, après une période d'errance en Suisse et à Paris, il regagne la Savoie pour retrouver sa bienfaitrice (1732) et y vivre plusieurs années heureuses.

L'encyclopédiste

Il écrit un opéra, *les Muses galantes* (1745), et collabore à celui de Voltaire et Rameau, *les Fêtes de Ramise*. Fréquentant les salons parisiens, il rencontre Denis Diderot, pour lequel il écrit sur la musique dans l'*Encyclopédie*.

En 1750, son *Discours sur les sciences et les arts* le fait connaître. Pourtant, il choisit de vivre misérablement en recopiant des partitions musicales, tout en écrivant un nouvel opéra, *le Devin du vil-*

lage (1752), et une comédie, *Narcisse* (1753). Durant cette période, il fait la connaissance d'une servante, Thérèse Levasseur, avec qui il aura cinq enfants, qu'il abandonnera.

Les grandes œuvres

En 1754, il redevient protestant et « citoyen genevois », et écrit l'année suivante le *Discours sur l'origine de l'inégalité*. Puis il est hébergé par Madame d'Épinay à l'Ermitage, dans la forêt de Montmorency, jusqu'à ce que des intrigues amoureuses l'amènent à rompre avec elle (1757). L'année suivante, il attaque Voltaire dans sa *Lettre à d'Alembert sur les spectacles*, puis rédige trois œuvres majeures, *Julie ou la Nouvelle Héloïse* (1761), *Du contrat social* et *l'Émile* (1762), où il exprime ses idées originales sur la nature humaine, la société et la religion, et est condamné par le parlement.

L'isolement

Il s'enfuit alors en Suisse, où il attaque à la fois l'archevêque de Paris, Voltaire et le Grand Conseil de Genève (1763-1764). Il doit à nouveau s'exiler en 1765 et séjourne en Angleterre (1766). Durant plusieurs années, il continue sa vie de vagabond, et revient à Paris en 1770. Il y vit à nouveau pauvrement, rédigeant des projets de réformes politiques et des œuvres témoignant de son isolement et de sa mélancolie : *les Confessions, Rousseau juge de Jean-Jacques* et *les Rêveries d'un promeneur solitaire*. Accueilli par le marquis de Girardin, il meurt à Ermenonville en 1778.

Le rousseauisme

Rousseau se fait le défenseur des idées démocratiques et égalitaristes qui animeront les rédacteurs de la Déclaration des droits de l'homme, affirmant sa croyance dans la bonté de l'homme naturel, corrompu par la société. Si l'on peut lui reprocher ce simplisme, il n'en reste pas moins que ses écrits sur l'inégalité et les conditions du bonheur sur terre influenceront les révolutions à venir.

L'esprit encyclopédiste

Parallèlement à Voltaire et à Rousseau, les encyclopédistes jouent un rôle important dans le développement de la pensée rationaliste et critique.

Un nouvel état d'esprit

Après la disparition de Louis XIV, un relâchement de l'autorité se produit et les difficultés militaires à l'extérieur du pays viennent altérer l'image de la monarchie : ainsi se crée l'espace politique qui permet l'expression d'auteurs critiques vis-à-vis de l'Ancien Régime, mais qui ne sont pas nécessairement révolutionnaires pour autant.

Bernard Le Bovier de **Fontenelle (1657-1757).** C'est l'un des précurseurs. Il se destine d'abord au barreau, avant d'écrire des comédies et des tragédies. Il polémique contre La Bruyère et les « Anciens » dans sa *Digression sur les Anciens et les Modernes* (1688), mais s'illustre surtout par son ouverture d'esprit, son intérêt pour les progrès de la science, qui lui valent de devenir secrétaire perpétuel de l'Académie des sciences (1699-1740). Ses ouvrages principaux sont les *Entretiens sur la pluralité des mondes* (1686), *l'Histoire des oracles* (1687) et sa *Préface à l'histoire de l'Académie.*

Montesquieu (1689-1755). Charles de Secondat, baron de La Brède et de Montesquieu, étudie le droit à Bordeaux, où il devient avocat en 1708, puis conseiller au parlement en 1714. Admis à l'Académie de Bordeaux en 1716, il écrit au cours des deux années suivantes une série d'opuscules relevant de la politique, de l'économie et des sciences. Puis il publie en 1721 *les Lettres persanes* qui lui permettent de s'introduire dans les milieux littéraires et de se consacrer entièrement à l'écriture et aux voyages : il est élu en 1727 à l'Académie française et ensuite séjourne en Autriche, en Italie, en Allemagne, en Hollande et en Angleterre (1728-1731), où il étudie le fonctionnement de ces sociétés. Il en résulte plusieurs ouvrages importants, sa *Considération sur les causes de la gran-*

deur des Romains et de leur décadence (1734) et surtout *De l'esprit des lois,* publié anonymement à Genève en 1748. Ce livre connaît une grande audience, mais aussi de vives attaques, à tel point qu'il est condamné par la Sorbonne et par le pape. Montesquieu continue d'écrire jusqu'à sa mort, rédigeant en particulier l'article « Le goût » de l'*Encyclopédie,* et laisse de nombreuses œuvres qui ne seront publiées que bien plus tard. Montesquieu est considéré comme l'un des principaux inspirateurs des futures Constitutions françaises, séparant les pouvoirs législatif, exécutif et judiciaire, et comme l'un des fondateurs de la sociologie politique et même des sciences sociales en général.

Denis Diderot (1713-1784). C'est le maître d'œuvre de l'*Encyclopédie.* Né à Langres dans une famille de couteliers assez aisés, il étudie chez les jésuites, puis à Paris ; c'est là que sa curiosité intellectuelle l'amène à s'intéresser à la philosophie et aux diverses disciplines scientifiques. En 1746, il publie les *Pensées philosophiques* qui le font connaître tout en le rendant suspect. Il entre alors dans une période d'intense activité littéraire, menant de front à la fois la préparation de l'*Encyclopédie* et la publication de nombreux ouvrages empruntant à tous les genres : *les Bijoux indiscrets* (1747), la *Lettre sur les aveugles* (1749), pour laquelle il séjourne plusieurs mois en prison, les *Pensées sur l'interprétation de la nature* (1754), *le Fils naturel* (1757), *le Père de famille* (1758).

Les vingt-huit volumes de l'*Encyclopédie* paraissent, non sans mal, de 1751 à 1772. Commandé à Diderot en 1745 par le libraire Le Breton, ce *Dictionnaire raisonné des sciences, des arts et des métiers* bénéficie néanmoins d'une souscription de cinq mille adhérents, de l'appui de Madame de Pompadour, de Malesherbes, du marquis d'Argenson, et de la collaboration de d'Alembert, de Montesquieu, de Voltaire, de Condillac, de Turgot, de Quesnay, de Daubenton… De cette œuvre nouvelle se dégagent la croyance dans le progrès des sciences et de l'esprit humain et le rejet du dogmatisme et des interdits. L'*Encyclopédie* provoque bien sûr des attaques violentes, surtout de la part des milieux religieux conservateurs.

Après cette publication, Diderot répond à l'invitation de Catherine II de Russie (1773), puis, rentré en France, il écrit encore *la Religieuse* (1775), *Jacques le Fataliste, le Neveu de Rameau* et *le Rêve de d'Alembert.*

Diderot est à la fois l'illustration d'un esprit nouveau, un promoteur de la diffusion du savoir, mais aussi un romancier et un auteur dramatique de qualité ; de plus, ses essais philosophiques en font, par certains côtés, un précurseur des idées révolutionnaires.

Étienne Bonnot de Condillac (1715-1780). Il reste en marge du mouvement encyclopédiste. Mais il fait la connaissance de Rousseau et surtout de Diderot et écrit pour ce dernier, avant d'entrer à l'Académie française en 1768, et de se retirer ensuite à la campagne. Dans son *Essai sur l'origine des connaissances humaines* (1746), son *Traité des systèmes* (1749) et son *Traité des sensations* (1754), il évolue vers la philosophie sensualiste pour laquelle toute connaissance repose sur les sens, qui ne peuvent cependant expliquer la réalité des choses.

Condorcet (1743-1794). Jean Antoine de Caritat, marquis de Condorcet, est une des personnalités les plus représentatives de ce siècle, car le seul des encyclopédistes à vivre la fin de l'Ancien Régime. À la fois grand scientifique, acteur de la Révolution et annonciateur des idées démocratiques, il a été le protégé et l'ami de d'Alembert, et de Voltaire. Brillant mathématicien, il publie un *Essai sur le calcul intégral* (1765) et entre à l'Académie des sciences en 1769. Proche de Turgot et partisan d'un impôt progressif, il écrit des articles économiques pour l'*Encyclopédie,* dont il est l'un des derniers représentants. Il devient inspecteur général des Monnaies, et accède à l'Académie française en 1782. Anticlérical, partisan résolu de l'égalité des droits, de l'émancipation féminine et de l'abolition de l'esclavage dans les colonies, il est élu en 1791 à l'Assemblée législative, puis à la Convention. Il élabore alors un grand projet de réforme démocratique de l'instruction publique. Hostile à la peine de mort, il refuse de voter celle du roi. Ami des Girondins, il est décrété d'accusation en juillet 1793 ; il se cache et rédige un *Tableau historique des progrès de l'esprit humain,* acte de foi dans l'avenir de l'humanité. Mais il est arrêté et retrouvé mort peu après dans sa cellule.

André de Chénier (1762-1794). Attiré par les idées révolutionnaires, il s'oppose néanmoins à la mort de Louis XVI et condamne la Terreur, ce qui le conduira à l'échafaud. Il laisse de nombreux poèmes : *Élégies, Bucoliques et Iambes,* qui seront publiés après sa mort.

L'Encyclopédie

L'Encyclopédie ou Dictionnaire raisonné des sciences, des arts et des métiers se compose de 35 volumes, parus entre 1751 et 1772. Elle est publiée par quatre libraires (Le Breton, Briasson, David, Durand) et bénéficie de 5 000 souscriptions. Environ 150 auteurs y collaborent. Elle nécessite le travail de 1 000 ouvriers pendant plus de vingt ans. Malgré les interdits du parlement et l'hostilité de l'Église et de la cour, elle connaît un grand succès en France et en Europe.

À côté de Diderot et d'Alembert, un certain nombre de philosophes participent à cette grande œuvre ou contribuent à propager l'esprit nouveau. Il en est ainsi de Louis de Jaucourt (1704-1779), qui a publié une *Histoire de la vie et des œuvres de Leibniz* (1734) ; de Claude Adrien Helvétius (1715-1771), qui annonce le matérialisme et publie en particulier *De l'esprit* (1758) et *De l'homme, de ses facultés intellectuelles et de son éducation* (1772) ; de Jean de Prades (1720-1771), condamné par le pape pour une thèse mettant en doute la spiritualité de l'âme et la divinité de Jésus ; du baron Paul Henri d'Holbach (1723-1789), qui, dans son *Système de la nature* (1770), développe une philosophie matérialiste et mécaniste faisant de la matière le déterminant de toute chose, et de la religion la cause du despotisme.

Des progrès scientifiques majeurs

Dans le sillage de la révolution scientifique du XVIIe siècle qui voit l'essor des mathématiques et de la physique, les sciences connaissent un profond essor au temps des Lumières, notamment la chimie avec Lavoisier, les sciences de la nature avec les querelles sur l'origine de la vie et l'économie qui fait l'objet de premières études pour en découvrir les lois. Tous ces savants sont animés par la même foi dans le progrès.

Les mathématiques

François Viète (1540-1603). Au XVIe siècle, c'est un précurseur : conseiller d'Henri III et d'Henri IV, il est un génie dans les domaines de l'algèbre (extraction des racines), de la trigonométrie et de la géométrie.

Pierre de Fermat (1601-1665). Au siècle suivant, à côté de Descartes et de Pascal, il est le précurseur des découvertes sur le calcul différentiel, les probabilités et la mise en équation des fonctions mathématiques. Mais, pris par sa fonction de conseiller au parlement, il ne publie aucune de ses recherches, qui ne subsistent que sous forme d'écrits épars.

Antoine Parent (1666-1716). À l'aube du XVIIIe siècle, il est l'un des fondateurs de la géométrie dans l'espace et publie en 1700 des *Éléments de physique et de mécanique*.

Jean Le Rond d'Alembert (1717-1783). Il entre à 23 ans à l'Académie des sciences et publie en 1743 un *Traité de dynamique*, puis les *Recherches sur la précession des équinoxes* (1749). Lié au mouvement philosophique et associé à Diderot, il est à l'origine de l'*Encyclopédie,* pour laquelle il propose une classification des sciences dans son *Discours préliminaire* (1751) et écrit plusieurs articles. En 1758, il se consacre à l'Académie française, où il a été élu en 1754. La réflexion de d'Alembert s'inscrit à la fois dans le courant idéaliste croyant en l'autonomie de l'esprit et en la toute-puissance de Dieu, et dans le mouvement de la pensée scientifique affirmant la réalité de la matière et la possibilité d'une connaissance objective.

Les sciences de la nature

Buffon (1707-1788). Après avoir d'abord étudié le droit, Georges Louis Leclerc, comte de Buffon, s'intéresse aux sciences naturelles, entre à l'Académie des sciences en 1733 et est nommé intendant du Jardin du roi en 1739. Il se lance alors dans une *Histoire naturelle,* dont les trente-six volumes seront publiés de 1749 à 1789 grâce à la collaboration de minéralogistes, d'anatomistes et de zoologistes (tel Daubenton). Partisan de la méthode expérimentale, il est aussi attiré par l'étude des origines du monde et par l'idée de l'évolution des espèces. Il écrit également un *Essai d'arithmétique morale,* entre à l'Académie française en 1753 et laisse une œuvre de vulgarisation scientifique de haut niveau.

Louis Daubenton (1716-1800). Naturaliste, ami et collaborateur de Buffon, il introduit en France les moutons mérinos, d'origine espagnole, à la laine fine et recherchée.

La chimie

Louis Bernard Guyton de Morveau (1737-1816). Il contribue à l'élaboration de la nomenclature chimique avec Lavoisier, Fourcroy et Berthollet. Président du Comité de salut public en 1793, il mobilise les scientifiques au service de la production d'armement et est à l'origine, avec Monge, de la création de Polytechnique.

René Antoine Ferchault de Réaumur (1683-1757). Il construit vers 1730 le thermomètre à alcool, démontre les conditions de la transformation de la fonte en acier, fonde la métallographie et découvre le verre dévitrifié (« porcelaine de Réaumur »).

Antoine de Lavoisier (1743-1794). Né dans une famille de marchands aisés, il suit des études d'astronomie et de chimie et est admis en 1768 à l'Académie des sciences, après avoir écrit plusieurs opuscules sur l'éclairage de Paris et sur la minéralogie. On peut le considérer comme le fondateur de la chimie moderne, par ses études sur la conservation de la matière (rien ne se perd, rien ne se crée, tout se transforme), sur l'oxydation des métaux, sur la composition de l'air, de l'eau et du gaz carbonique (1781), et sur la chaleur (menées en collaboration avec Laplace). Il publie en particulier un *Traité sur la chaleur* (1780) et un *Traité élémentaire de chimie* (1789). Mais Lavoisier est également inspecteur général des poudres, salpêtres et tabacs, ce qui l'amène à améliorer les méthodes de production. Député suppléant aux États Généraux de 1789, il fait partie d'une commission de réforme des poids et mesures en 1790. Pourtant, pour avoir obtenu une charge de fermier général en 1779, il est guillotiné le 8 mai 1794.

Des inventeurs isolés

Denis Papin (1647-1714). Il étudie d'abord la médecine, puis publie en 1675 les *Nouvelles Expériences sur le vide,* améliore les machines pneumatiques, et réalise le « digesteur » ou « marmite de Papin ». Mais, protestant, il doit fuir la France après la révocation de l'édit de Nantes, en 1685. Il séjourne alors en Allemagne, où il met au point diverses machines (ventilateur, souffleur...) et jette les bases du principe de la machine à vapeur ; il fabrique un bateau à vapeur, que détruisent des bateliers, et meurt ruiné et dans l'anonymat à Londres, en 1714.

Claude Jouffroy d'Abbans (1751-1832). En 1783, il réalise sur la Saône, près de Lyon, une première expérience de navigation à vapeur.

Joseph (1740-1810) et Étienne (1745-1799) de Montgolfier. Le premier voyage aérien libre fut effectué par François Pilâtre de Rozier (1754-1785), chimiste et physicien qui avait créé à Paris le premier musée des Sciences en 1781, et par le marquis d'Arlandes le 21 novembre 1783, entre le château de la Muette (où se trouvaient Louis XVI et sa Cour) et les Gobelins. Les deux hommes avaient pris place à bord du ballon mis au point par les frères Montgolfier.

Claude Chappe (1763-1805). Il crée la télégraphie aérienne, dont la première ligne, Paris-Lille, fut achevée en 1794; son inauguration permit d'annoncer la prise de Condé-sur-l'Escaut.

Les premiers économistes

Les problèmes fiscaux et les obstacles à la libre circulation des marchandises suscitent au XVIIIe siècle le début d'une réflexion économique « libérale ».

Pierre Le Pesant, sieur de Boisguillebert (1646-1714)

Intendant et lieutenant général du bailliage de Rouen (1690), il écrit plusieurs ouvrages sur la pauvreté et les difficultés économiques de la fin du règne du roi Louis XIV dont *le Détail de la France* (1699). Il propose une réforme fiscale plus égalitaire, de façon à relancer la demande intérieure, ainsi qu'une libéralisation du commerce.

François Quesnay (1694-1774)

Chirurgien, il écrit plusieurs ouvrages médicaux dont un *Essai physique sur l'économie animale* (1736), et devient médecin de Madame de Pompadour en 1749 et celui du roi en 1752. Installé à Versailles, Quesnay y rencontre les « économistes » de son époque et s'intéresse vivement à cette discipline. C'est ainsi qu'il écrit les articles « fermier » et « grains » de l'*Encyclopédie*. Il publie en 1758 le *Tableau économique* et devient le chef de file de l'école dite « physiocratique » regroupant Turgot, le marquis de Mirabeau, Lemercier de La Rivière, Dupont de Nemours...

Quesnay fournit une description du circuit économique, reliant les trois classes de la société : les agriculteurs (seuls créateurs d'un

« produit net »), les propriétaires fonciers (garants d'un ordre social naturel) et les artisans (constituant une classe « stérile »).
Les physiocrates font l'apologie de l'agriculture, des « lois naturelles », et du libre-échange et fondent leur démarche sur l'idée selon laquelle il existe des lois économiques à respecter pour parvenir à l'harmonie sociale.

Mercantilistes et libéraux

Le libéralisme rompt au XVIIIe siècle avec le mercantilisme, qui préconise le protectionnisme et la réglementation. Selon les libéraux, l'économie comme la société se portent d'autant mieux que l'on supprime les entraves à la liberté du commerce, pour laisser jouer les « lois naturelles ». C'est ce que tente de faire Turgot, inspiré par Vincent de Gournay et sa célèbre formule « il faut laisser faire le hommes et laisser passer les marchandises ». Dans le contexte de l'Ancien Régime, cela signifie l'abolition des droits pesant sur la circulation des marchandises, une autre répartition de la charge fiscale et, finalement, l'abolition des privilèges liés à la naissance.

1789-1815

RÉVOLUTION ET EMPIRE

Introduction

La période qui s'ouvre avec les événements de 1789, et qui dure jusqu'à la chute de Napoléon Ier, constitue une phase de transition entre ce qu'il est convenu d'appeler l'Ancien* Régime, tant sur le plan économique que politique, et une ère nouvelle où s'affirment les structures capitalistes, qui resteront encore timides durant plusieurs décennies.

Des évènements contradictoires et des intérêts divergents

Durant les années 1789-1799, qui sont celles de la révolution à la fois bourgeoise et populaire, comme durant la période qui s'étend du coup d'État du 18 Brumaire de l'an VIII (10 novembre 1799) à la seconde abdication de l'Empereur (juin 1815), s'entremêlent des événements essentiels, mais contradictoires : certains amènent des ruptures définitives et permettent l'avènement d'une société nouvelle (abolition des droits féodaux, des corporations, mise en place d'une nouvelle législation et d'un système éducatif rénové...), d'autres prolongent le passé ou ne constituent que des retours en arrière (conquêtes territoriales, nouvelle noblesse...).
Il ne peut d'ailleurs en être autrement, quand s'affrontent des forces sociales aux intérêts divergents ; les unes ne désirent que le statu quo, d'autres souhaitent un bouleversement complet, d'autres encore ne cherchent qu'à utiliser une situation troublée pour prendre simplement la place des forces déclinantes, sans pour autant bouleverser l'ordre ancien.

La mise en place du capitalisme industriel

De plus, l'instauration d'une société nouvelle prend du temps et, s'il est facile d'affirmer après coup que les classes montantes devaient nécessairement l'emporter, celles-ci n'existent encore qu'à l'état embryonnaire quand l'explosion se produit. S'il en était autrement d'ailleurs, une révolution ne serait pas nécessaire. Autrement dit, un tel phénomène est avant tout le produit des contradictions du passé et il est bien certain que les acteurs de cette période n'ont aucune idée claire de ce qui peut en sortir.

Par certains côtés, cette période de transition où se mettent définitivement en place les conditions de développement du capitalisme industriel s'est prolongée jusqu'au milieu du siècle.

Chroniques

L'Assemblée Constituante

Les deux premières années de la Révolution sont celles de la rupture avec l'absolutisme de l'Ancien Régime et de la remise en cause des privilèges de la noblesse et du clergé.

La Révolution française commence en fait en 1787. En août, le parlement de Paris refuse d'enregistrer la décision royale de créer de nouveaux impôts pour tenter de combler le dramatique déficit budgétaire, et est éloigné à Troyes. Le roi le rappelle en novembre pour lui imposer brutalement ses volontés, ce qui provoque même une protestation publique du cousin de Louis XVI, Philippe d'Orléans.

Les troubles

Le fossé va alors se creuser entre, d'un côté, le roi et son entourage immédiat, défendant les privilèges* fiscaux et juridiques de la noblesse et du clergé, et, de l'autre, l'immense majorité du pays soutenant et dépassant même le plus souvent la fronde des parlementaires, préoccupés surtout de défendre leurs propres intérêts. Face à celle-ci, Loménie de Brienne, qui a remplacé Calonne l'année précédente, décide, en mai 1788, la dissolution des parlements. La réaction est vive, comme à Rennes, à Pau et surtout à Grenoble, où, le 17 juin, a lieu la « journée des Tuiles », durant laquelle la population, montée sur les toits attaque les troupes royales.
Puis se tiennent en juillet les « états » du Dauphiné, à Vizille, bravant l'autorité du roi. Pour calmer les esprits, Louis XVI convoque

les États* généraux pour le mois de mai 1789, et se décide à rappeler le populaire Necker (août 1788). Mais le dur hiver 1788-1789, qui provoque des difficultés d'approvisionnement en vivres et en matières premières, fait monter brutalement le prix du pain et aggrave le chômage: début 1789, des troubles ont lieu à Rennes et à Angers; puis des émeutes éclatent dans le Midi (Marseille, Aix, Toulon) et à Paris, l'insurrection du faubourg Saint-Antoine (28 avril) se termine par une fusillade qui fait plusieurs centaines de morts. C'est dans ce contexte que, non loin de là, se rassemblent à Versailles les élus des trois ordres (noblesse, clergé et tiers* état).

Les États généraux

Le 5 mai 1789 s'ouvre à Versailles la première séance des États généraux constitués de 1 139 députés (270 représentant la noblesse, 291 le clergé et 578 le tiers état). L'élection de ces représentants de la nation a été l'occasion d'une consultation sans précédent dans le pays, puisque tout contribuable de plus de vingt-cinq ans est électeur, et que la constitution des cahiers* de doléances, par les assemblées régionales, a permis l'expression des revendications profondes des Français (réforme fiscale, suppression des dernières corvées*, réunion régulière des États généraux, libéralisation de la presse...). Mais, si le nombre des députés du tiers a été doublé, le système d'élection à plusieurs degrés, le manque de formation et d'expérience politique des milieux populaires ont abouti à ce que seuls les bourgeois, le plus souvent aisés, soient appelés à siéger aux côtés des représentants des classes privilégiées.
La première difficulté est de savoir comment seront vérifiés les pouvoirs des députés, par ordre ou par tête. Se refusant à contrôler les siens, le tiers état se proclame Assemblée nationale le 17 juin, considérant qu'il représente la majorité des Français, et décide qu'il est seul habilité à décider en matière d'impôts. Le roi réagit en

fermant la salle de réunion des représentants du tiers état, qui se retrouvent au Jeu de paume, où ils jurent de ne se séparer qu'après avoir obtenu une Constitution. Deux jours plus tard, 148 députés du clergé se joignent à ceux du tiers état.
Louis XVI finit par accepter une réunion générale (23 juin), ainsi que le contrôle fiscal des États généraux, le principe des libertés publiques et de la décentralisation administrative. Mais il n'est question ni de l'égalité fiscale, ni de l'accession de tous à la fonction publique, ni du vote par tête. Alors que le roi décrète la dissolution de l'Assemblée, les députés du tiers état refusent de partir : ils sont là « par la volonté du peuple » et ne s'inclineront, comme le dit Mirabeau, que devant « la force des baïonnettes ». Louis XVI cède, rappelle les deux autres ordres et accepte ainsi de fait la formation d'une Assemblée nationale (27 juin).

L'Assemblée nationale

Décidés à profiter de la situation, les députés du tiers état se déclarent alors « Assemblée nationale constituante » le 9 juillet 1789. Le ton monte alors, en raison aussi bien de l'incertitude politique que des difficultés économiques (hauts prix du blé durant cet été, crise des métiers urbains et montée du chômage). La crainte est partout : inquiétude des pauvres à la survie menacée, de la bourgeoisie urbaine qui a peur de l'agitation populaire, crainte du tiers état de ne pouvoir exploiter ses succès politiques, du roi et de la noblesse de perdre une partie de leurs pouvoirs.

Le 14 juillet 1789

Le roi ayant concentré des troupes près de Paris et renvoyé le populaire Necker, la bourgeoisie inquiète forme des milices armées pour garantir l'ordre public. L'agitation se répand dans Paris : le 12 juillet, des manifestants soutenus par les gardes françaises sont

chargés aux Tuileries par des dragons du roi. Le 14 juillet, la foule parisienne, constituée surtout d'artisans et de boutiquiers, cherche des armes: elle en trouve aux Invalides, puis va chercher de la poudre à la Bastille. La résistance du gouverneur de Launay va provoquer une fusillade qui fait de cet événement le symbole de la détermination de la petite bourgeoisie à affirmer sa force et à participer à la révolution en cours.
Après les événements des 12 et 14 juillet, Louis XVI annonce à Versailles, devant l'Assemblée constituante, le retrait de ses troupes; puis il rappelle Necker le 16, et vient à Paris le 17 recevoir la cocarde tricolore, reconnaissant ainsi la légitimité de la nouvelle Commune révolutionnaire de Paris. Il est ovationné par la foule.

La « révolution municipale »

Le mouvement ne se limite pas à la capitale: un peu partout en France (à Rouen, Rennes, Nancy, Strasbourg, Angers, Tours, Toulouse, Bordeaux, Lyon...) éclatent des révoltes urbaines qui ont toutes les deux mêmes dimensions, populaire et bourgeoise. Parfois, les deux forces se rejoignent, parfois elles s'affrontent, mais elles conduisent généralement à l'instauration d'un nouveau pouvoir aux mains des notables locaux, reposant sur des « comités permanents » et des « milices bourgeoises » ou « gardes* nationales ». Cette « révolution municipale », qui a parfois commencé en province avant Paris, va bientôt être relayée par une autre révolution encore plus radicale: celle des campagnes. Dès la mi-juillet, des révoltes sporadiques se produisent autour de Paris et d'Alençon, en Franche-Comté et en Alsace, ainsi que dans le Mâconnais.

La pression populaire

À partir du 20 juillet se répand la Grande* Peur, provoquée à la fois par des actes réels (brigandage, agitation paysanne, mises à sac de châteaux, destructions d'archives, de terriers* et de titres féodaux...) et par des phénomènes imaginaires (rumeurs sans fondement). Partout on s'arme, on se mobilise, et ceux qui cherchent à se défendre contre un ennemi hypothétique deviennent à leur tour acteurs de la révolution, en assaillant le château seigneurial voisin. Le nouveau pouvoir municipal bourgeois, comme son émanation nationale, la Constituante, se rend bien vite compte du danger que représente ce désordre des campagnes, mais aussi de l'appui qu'il offre pour transformer radicalement les anciennes institutions. Il en résulte les décisions prises lors de la fameuse nuit du 4 août 1789.

La « nuit du 4 août »

Durant la nuit du 4 août 1789, l'Assemblée nationale décrète la « disparition du régime féodal ». En fait, une distinction fondamentale est établie entre les anciens droits personnels (mainmorte*, corvées, droits de justice, banalités*, péages, droits de chasse...) et ceux qui résultent d'un « contrat » passé entre le propriétaire du sol et l'exploitant direct (cens*, champart*, rentes de toutes sortes), qui subsistent mais peuvent être rachetés. Il s'agit finalement de transformer l'ancienne propriété seigneuriale en propriété ordinaire, seuls pouvant se libérer totalement les paysans les plus riches, car le rachat de ces droits est fort onéreux. Mais la dîme* due à l'Église est supprimée.

Après le vote de la Déclaration des droits de l'homme du 26 août, la réforme des institutions et le veto royal, la pression populaire va à nouveau se faire sentir en octobre : une assemblée de femmes réclamant du pain, tenue devant l'Hôtel de Ville le 5 octobre, prend la route de Versailles, où elle est rejointe par la garde nationale commandée par La Fayette.

Le peuple force les portes des appartements royaux et envahit l'Assemblée, puis exige le retour de la famille royale à Paris. Le 6 octobre, une foule hétéroclite, composée du roi et de la reine, des membres de l'Assemblée, du peuple en armes et de la garde nationale assurant l'ordre, se dirige vers la capitale. Le roi s'installe aux Tuileries et apparaîtra désormais comme l'otage de la population parisienne, dont il conserve encore la confiance.

Ordre et réformes

Mais l'Assemblée sait jouer son rôle de défenseur de l'ordre contre les abus populaires: le 21 octobre est votée une loi martiale contre les troubles et les attroupements. L'objectif fondamental des parlementaires est en effet de trouver un compromis entre le roi et le nouveau pouvoir parlementaire. La Fayette et Mirabeau sont les chevilles ouvrières du rapprochement avec le roi.

Cependant, l'Assemblée n'oublie pas sa tâche réformatrice: elle décide le 2 novembre 1789 que les biens du clergé seront mis à la disposition de la nation, interdit le 13 février 1790 les vœux monastiques perpétuels et, après un long débat ouvert le 31 mai, vote le 12 juillet la Constitution civile du clergé, acceptée par le roi le 22 juillet 1790. La raison de cette attitude n'est pas simplement politique. Il s'agit également de trouver des ressources financières pour l'État. Or, affirmer le principe que les biens de l'Église appartiennent de fait à la collectivité permet de gager l'émission de nouveaux titres, les assignats*, utilisés d'abord comme bons du Trésor, puis recevant le cours forcé, en avril 1790, pour devenir une véritable monnaie.

Les tensions internes

Si, durant cette période, l'agitation populaire perd de son importance (excepté en Bretagne et en Périgord où éclatent des soulèvements antiseigneuriaux en janvier 1790), celle des royalistes prend la relève : les proches du roi cherchent à organiser une insurrection contre-révolutionnaire (le marquis de Favras est exécuté en février 1790) et les anciens parlements dépossédés de leurs prérogatives s'appuient sur le peuple catholique (manifestations et affrontements d'avril à juillet à Toulouse, Nîmes, Montauban, Aix, « guerre » entre Avignon et Carpentras, insurrection lyonnaise…). Les intrigues menées dans l'Est et en Franche-Comté ne rencontrent que peu d'écho. Mais, le 18 août, les gardes nationaux du camp de Jalès affirment leur hostilité au nouveau régime, tandis que La Fayette fait écraser à Nancy la révolte d'un régiment suisse qui réclame le paiement de sa solde, et est soutenu par les révolutionnaires locaux.

La situation tend donc à se durcir au milieu de 1790, malgré l'effort de rassemblement symbolisé par la fête de la Fédération, organisée au Champ-de-Mars, à Paris, le 14 juillet 1790. Elle réunit les gardes nationaux des différentes régions et a La Fayette comme maître d'œuvre.

Mais en réalité l'opposition va aller grandissante, à l'Assemblée comme dans le pays, entre ceux qui veulent aller plus loin dans le processus révolutionnaire (tels les paysans poursuivant leur émancipation, les compagnons artisans des villes qui revendiquent des hausses de salaire, les clubs* qui se créent à partir du printemps 1790) et ceux qui désirent en rester là… ou revenir en arrière : ainsi, en avril 1791, Duport, l'un des leaders de l'Assemblée, va déclarer que la Révolution est finie, que l'ordre doit être assuré et la liberté réduite.

Le roi discrédité

D'autre part, la famille royale s'attire l'hostilité populaire en apparaissant clairement hostile au mouvement : le 3 décembre 1790,

Louis XVI écrit au roi de Prusse pour demander la réunion d'un congrès européen; en février 1791, les tantes du roi passent à l'étranger; puis un groupe de nobles, les « chevaliers du poignard », sont désarmés à Paris; dans le sud-est du pays, les partisans du roi organisent des soulèvements; enfin, le 20 juin 1791, la famille royale quitte clandestinement la capitale pour rejoindre le parti des émigrés mais est reconnue et arrêtée à Varennes le lendemain. Parallèlement, les occasions d'affrontement se multiplient: le problème religieux divise l'Église et le pays, entre ceux qui acceptent la Constitution civile du clergé et les « réfractaires »; le débat sur les colonies (mai 1791), après de rudes discussions, conduit à la reconnaissance des droits politiques des mulâtres libres (mais non des esclaves, qui se révoltent aux Antilles en août) et à la rupture au sein du « parti patriote ». Le roi, d'abord suspendu, est déclaré inviolable le 15 juillet, mais les Cordeliers* réclament le même jour la République; ils lancent une campagne de signatures qui conduit le 17 juillet à un rassemblement au Champ-de-Mars, dispersé par les troupes de La Fayette, qui tirent sur la foule; la répression s'abat alors sur les clubs révolutionnaires, jusqu'à l'amnistie accordée en septembre.

Une révolution terminée?

Quand l'Assemblée se sépare le 30 septembre 1791, on peut croire la révolution terminée: la Constituante, qui, le 5 août, a déclaré « la paix au monde », a fait triompher l'ordre à l'intérieur et assuré le pouvoir d'une bourgeoisie modérée, avec une Constitution prévoyant l'élection d'une Assemblée législative; elle a aussi mis en place le libéralisme économique: la libre circulation des grains, la liberté des prix, la suppression des douanes intérieures, l'abolition des corporations, l'institution du contrat libre (loi d'Allarde du 2 mars 1791) et l'interdiction des coalitions de maîtres et

d'ouvriers (loi Le Chapelier du 14 juin 1791) permettent à la nouvelle bourgeoisie d'affaires de trouver sa place dans une société aux institutions rénovées.
Mais en réalité plusieurs problèmes fondamentaux ne sont pas encore réglés : celui du rôle réel du roi, celui des rapports avec l'étranger et celui de la place des moins favorisés. Ils ne vont pas tarder à éclater au grand jour.

La Constitution de 1791

Elle donne l'essentiel du pouvoir politique à une Assemblée législative de 745 députés élus pour deux ans par les citoyens « actifs » (hommes non domestiques, ayant un domicile, payant un impôt direct de trois jours de travail, et élisant eux-mêmes 50 000 »grands électeurs » payant un impôt plus élevé) ; cette assemblée a l'initiative des lois et vote le budget, mais compose avec un roi nommant le gouvernement, conservant une part de ses prérogatives en matière de politique extérieure et détenant un droit de veto suspensif sur les décrets de l'Assemblée. Ce compromis aurait pu ouvrir la voie à une monarchie parlementaire « à l'anglaise », respectueuse des intérêts des classes dominantes sur le plan politique et économique.

1791-1792

L'Assemblée législative

Face au danger royaliste et à l'agitation populaire, les Girondins optent pour la guerre révolutionnaire, mais les premiers revers entraînent la chute de la monarchie.

Ouverte le 1er octobre 1791, cette nouvelle chambre comprend 250 députés Feuillants*, plutôt favorables au roi et défenseurs de la nouvelle Constitution, 136 Jacobins*, favorables eux à la poursuite de la Révolution, et environ 350 députés qui constituent le Marais* centriste. Mais bien vite l'Assemblée va se radicaliser face aux difficultés qui surgissent. Dès le mois d'octobre, les affrontements violents qui se produisent à Avignon montrent la fragilité du consensus politique, alors que les aristocrates émigrés et les forces hostiles à la Révolution s'agitent aux frontières.

Une cohabitation impossible

L'Assemblée prend alors une série de décrets visant à affirmer son autorité : le 31 octobre, elle somme le frère du roi de rentrer en France, sous peine de perdre tous ses droits, puis elle étend cette mesure à l'ensemble des émigrés (9 novembre) ; elle oblige ensuite les prêtres* réfractaires à prêter serment de fidélité, et demande au roi de s'adresser aux puissances étrangères pour mettre fin à l'activisme contre le nouveau régime (25 novembre). Mais le roi oppose son veto à toutes ces mesures.

Puis, durant l'hiver 1791-1792, des troubles éclatent partout dans le pays : ils sont dus tantôt au problème religieux, tantôt à la hausse du prix des denrées alimentaires (grains, sucre, café...), ou à la montée du chômage; il se produit aussi de nouvelles jacqueries* paysannes antiseigneuriales dans le Massif central, le Languedoc ou la Provence, ou, au contraire, des actions contre-révolutionnaires, comme en Bretagne, en Lozère ou dans le Dauphiné.

Girondins et Montagnards

Dans ce contexte incertain, un clivage décisif va se former au sein même du parti jacobin: il va séparer ceux qui, avec Brissot et les députés girondins*, veulent la guerre afin de soulever les peuples contre les vieilles monarchies ennemies et ceux, tels Robespierre et la future « Montagne », qui s'opposent à la guerre parce qu'ils estiment l'armée française trop faible, et craignent qu'un conflit armé ne fasse oublier les problèmes intérieurs.

Ces derniers cherchent à s'appuyer sur les masses populaires radicalisées (les sans-culottes*) et organisent une grande fête, le 15 avril 1792, pour célébrer la libération des Suisses emprisonnés à Nancy. Mais, pendant ce temps, les Girondins et les partisans de la guerre obtiennent du roi que celle-ci soit déclarée au roi de Bohême et de Hongrie (20 avril 1792). En fait, Louis XVI joue dans cette affaire la politique du pire: une défaite ne peut que permettre le retour à l'Ancien Régime.

Une guerre mal engagée

De fait, les premières campagnes, dans le Nord, tournent vite à la catastrophe. Les généraux français, tels Rochambeau ou Dillon, font preuve d'incapacité, alors que La Fayette se propose de marcher sur Paris pour chasser les Jacobins.

À l'Assemblée, Robespierre, Marat et les Cordeliers dénoncent « les traîtres » et en appellent au peuple. Les Girondins, majoritaires, hésitent et prennent finalement diverses mesures hétéroclites:

un décret prévoit la dissolution de la Garde royale ; un autre ordonne la déportation des prêtres réfractaires ; le 8 juin est décidée la formation d'une troupe de 20 000 fédérés* devant rejoindre Paris. Mais le roi oppose son veto à ces deux derniers décrets et renvoie les ministres girondins.
Pour faire fléchir Louis XVI, le peuple en armes envahit les Tuileries le 20 juin 1792. Si le roi doit coiffer le bonnet phrygien, il ne cède pas pour autant, mais refuse la répression proposée par La Fayette, qui a massé des troupes près de Paris. Les Girondins quant à eux apparaissent indécis et impuissants.
Le déblocage de la situation va venir du mouvement populaire : les troupes des fédérés qui arrivent à Paris apportent leur enthousiasme patriotique et révolutionnaire (comme en témoigne *la Marseillaise,* écrite par Rouget de Lisle pour l'armée du Rhin et reprise par les gardes nationaux arrivant de Marseille) ; l'effervescence gagne les rues, et les discours tenus dans les clubs parisiens les plus radicaux (tel celui des Cordeliers) rejoignent ceux de province pour réclamer la déchéance du roi, suspecté de trahison.

« La patrie en danger »

L'Assemblée, qui a déclaré « la patrie en danger » le 11 juillet, s'inquiète cependant de cette pression populaire, et les Brissotins condamnent cet élan républicain. Mais le fameux manifeste de Brunswick, annonçant une impitoyable répression contre Paris s'il est fait « le moindre outrage à la famille royale » (25 juillet 1792), précipite le mouvement : les fédérés et des milices populaires lancent le 4 août un ultimatum à l'Assemblée pour qu'elle se prononce sur les requêtes demandant la destitution du roi. En l'absence de réponse est créée une Commune insurrectionnelle, à l'Hôtel de Ville, dans la nuit du 9 août.

Le 10 août 1792

En réponse à la « trahison » du roi et au soutien qu'il a reçu de la part des armées ennemies, les gardes nationaux « patriotes », les fédérés marseillais et des sans-culottes en armes se rendent le matin du 10 août aux Tuileries, où des nobles et des gardes suisses sont massés pour défendre la demeure royale. L'affrontement est inévitable et tourne vite à l'avantage des révolutionnaires. Louis XVI, prisonnier, est conduit au Temple, alors que l'Assemblée, terrorisée, décide la suspension du roi et reconnaît la Commune insurrectionnelle de Paris. Il est décidé qu'une Convention nationale, élue au suffrage universel, décidera de l'avenir des institutions. Avant que celle-ci ne soit constituée, un Conseil exécutif provisoire, dominé par Danton, assume la réalité du pouvoir. Durant cette période, l'incertitude et l'inquiétude devant le vide institutionnel et les revers extérieurs provoquent les massacres de septembre contre les suspects emprisonnés, alors que l'on vend des biens confisqués le 27 juillet à des émigrés.

La bataille de Valmy (20 septembre 1792)

Ce contexte amène un « sursaut patriotique » qui permet au général Dumouriez de battre les Prussiens à la bataille de Valmy, la veille de la première séance de la Convention (21 septembre 1792). Après avoir pris Longwy et Verdun, les Prussiens du duc de Brunswick, marchant sur Paris, attaquent l'armée française de Dumouriez et Kellermann, retranchée sur une hauteur près de Valmy, en Champagne. La bataille se résume à un échange d'artillerie et à une charge prussienne s'arrêtant devant la détermination des Français que l'ennemi croit près de la débandade. Sans qu'il y ait de véritable combat, l'armée prussienne se replie : Valmy marque ainsi l'arrêt de l'avancée ennemie, et la reprise de confiance des troupes républicaines.

1792-1795

La Convention

Après l'exécution du roi, le pouvoir se durcit en raison des troubles intérieurs et des difficultés extérieures. Mais les excès de la Terreur* conduisent à une réaction libérale.

La nouvelle Assemblée élue compte 749 membres, essentiellement des révolutionnaires, car l'électorat modéré, effrayé par les massacres de septembre, a peu voté. Dominée par les Girondins, elle n'en comprend pas moins une forte minorité montagnarde*, parmi laquelle s'illustreront Danton, Robespierre, Marat, Saint-Just et bien d'autres.

Le durcissement

La Convention a deux problèmes prioritaires à régler : celui de la nature du régime et celui de la guerre extérieure. Pour ce qui est du premier, elle abolit la royauté le 21 septembre 1792 et déclare la « République une et indivisible » le 25 septembre. Après la découverte, le 20 novembre, des papiers secrets du roi (dans l'Armoire de fer des Tuileries, où se trouve sa correspondance avec l'étranger), elle organise le procès de Louis XVI. À une voix de majorité, la Convention vote la mort du roi, qui est exécuté le 21 janvier 1793. Pendant ce temps, les armées françaises remportent des succès importants : Dumouriez bat les Autrichiens à Jemmapes (le 6 novembre 1792) ; Custine occupe Mayence et Francfort ainsi qu'une partie de la Belgique ; la Savoie et Nice sont annexées par la France. Mais l'exécution du roi et la politique expansionniste ne peuvent que durcir l'attitude des autres pays européens : le 1er février 1793, la France prend les devants en déclarant la guerre à l'Angleterre et à la Hollande, et lève une armée de 300 000 hommes, alors que se forme contre elle la première coalition ; après que la Convention a déclaré la guerre à l'Espagne (7 mars), les coalisés battent Dumouriez à Neerwinden (18 mars) ; puis les Français perdent la Rhénanie.

La situation devient aussi très difficile à l'intérieur : les paysans réclament la taxation des grains ; des troubles et des pillages se produisent dans les villes, en raison du chômage, de la pénurie et de la hausse des prix ; les royalistes manifestent en janvier à Rouen, en mars à Lyon ; la Vendée se soulève et devient le lieu de formation d'une armée royaliste et catholique.

En réponse à ces périls, la Convention durcit sa politique : sont créés en mars le Tribunal révolutionnaire, ainsi que les comités de surveillance révolutionnaire dans les communes, puis, en avril, le Comité de salut public ; formé d'abord de neuf, puis de douze députés, il devient l'organe de gouvernement centralisant tous les pouvoirs.

La Constitution de l'an I, rédigée en partie par Condorcet et Sieyès, et votée le 24 juin 1793, prévoit l'élection au suffrage universel d'une Assemblée législative et, par celle-ci, l'élection d'un conseil exécutif de 24 membres ; elle proclame le droit au travail et à l'instruction, envisage le recours au référendum et une grande décentralisation : mais elle n'est pas appliquée en raison de la situation extérieure et des troubles dans les régions.

La Terreur

Après l'emprunt forcé d'un milliard sur les riches, et l'établissement du prix maximal des grains et farines (en mai), tous les droits féodaux sont abolis, sans indemnité (17 juillet) ; un décret punit de mort les « accapareurs » de denrées et, le 20 septembre, la Convention vote le décret du maximum général, sur le prix des

biens de première nécessité et sur les salaires. On décide également que les biens communaux pourront être partagés et que les biens nationaux seront vendus aux enchères.
Les Montagnards vont en fait exercer une véritable dictature à partir de l'été 1793, après la trahison de Dumouriez, la mise en accusation de Marat par les Girondins, puis son assassinat par Charlotte Corday (13 juillet), et la formation de bataillons révolutionnaires par les sans-culottes parisiens. Ceux-ci exigent la poursuite du processus révolutionnaire, font pression sur la Convention, qui fait arrêter 29 députés girondins.
La situation militaire demeurant indécise, la Convention décrète le 23 août 1793 la levée en masse, qui permet la formation d'une armée dont l'enthousiasme, la discipline et l'audace (avec les jeunes généraux Carnot, Hoche, Marceau, puis Bonaparte) compensent l'inexpérience et le sous-équipement. Si les royalistes livrent Toulon aux Anglais, les Français l'emportent à Hondschoote (8 septembre). Le 16 octobre 1793, les Autrichiens sont battus à Wattignies ; Toulon est repris aux Anglais le 19 décembre ; Hoche l'emporte au Geisberg le 26 et Strasbourg est sauvé.
Le même élan conduit à une radicalisation politique : après des émeutes parisiennes, la Terreur* est mise à l'ordre du jour (4-5 septembre 1793) ; le 17 septembre est votée la loi sur les suspects, et les tribunaux révolutionnaires exercent une justice expéditive contre les ennemis de la Révolution réels ou supposés (les plus célèbres Enragés* de la Terreur étant Fouché à Lyon et Carrier à Nantes).
Le 5 octobre est adopté le calendrier républicain (le début de l'an I étant fixé au 21 septembre 1792), et l'on proclame le culte de la Raison et de la Liberté. Pourtant, l'an II est celui où les tensions seront les plus vives et les plus meurtrières : après l'exécution de Marie-Antoinette le 16 octobre 1793, et la répression contre les « suspects », la tension monte entre, d'un côté, Hébert et les sans-

culottes, d'un autre, Robespierre et Saint-Just et, d'un troisième, Danton et Camille Desmoulins, plus modérés.

Après un début d'année 1794 indécis (victoire de Jourdan à Dinant, bataille navale au large d'Ouessant…), les Français remportent l'importante bataille de Fleurus (26 juin 1794). Les ennemis de la France (Angleterre, Espagne, Prusse, Autriche) sont maintenant divisés et sur la défensive. À l'intérieur, la rébellion est réduite, après la victoire de Marceau au Mans (fin 1793) et l'action des « colonnes infernales » du général Turreau en Vendée (janvier 1794). L'agitation s'y poursuit néanmoins jusqu'à la paix de La Jaunaye (17 février 1795), qui fait d'importantes concessions aux catholiques.

Après l'arrestation des « Enragés hébertistes* » et leur exécution (24 mars 1794), c'est au tour de Danton et de ses amis d'être arrêtés le 30 mars et exécutés le 5 avril. Robespierre, qui a éliminé l'opposition « de gauche » et « de droite », est désormais le seul maître du pouvoir. À la tête du Comité de salut public, il impose sa politique à la convention et organise, le 8 juin, la fête de l'« Être* suprême » pour donner une grande ampleur à son rêve mystique d'une révolution inspirée par la vertu et la foi. Mais celle-ci passe par un renforcement de la Terreur (loi du 10 juin qui accentue le rôle du Tribunal révolutionnaire). La dictature de Robespierre devient rapidement insupportable, d'autant plus que les victoires extérieures n'imposent plus la nécessité d'un pouvoir absolu.

Les anciens amis de Danton, ceux d'Hébert et les modérés, qui composent ce que l'ont appelle le « marais » de la Convention, se coalisent pour faire décréter l'arrestation de Robespierre et de ses amis : Saint-Just, Couthon, Le Bas. Arrêté, puis libéré, Robespierre est repris et exécuté avec une centaine de ses partisans (28-30 juillet 1794). Le 9 thermidor an II, la Terreur s'achève, et la Convention « thermidorienne » est celle du retour des républicains modérés et de l'ordre bourgeois : le Comité de salut public disparaît, le club des

Jacobins est fermé, et la Commune de Paris, qui avait tenté de se soulever pour venir en aide à Robespierre, dissoute peu après.
On estime à environ 17 000 le nombre de condamnés à la guillotine, auxquels s'ajoutent plus de 20 000 exécutions sommaires liées à des opérations militaires intérieures. L'acharnement de la Terreur résulte de l'attitude des accusateurs publics, dont les plus terribles sont Fouché, Tallien, Barras, Fréron, Fouquier-Tinville, Carrier… Les victimes sont des nobles, des prêtres, des « accapareurs » (dont les anciens fermiers* généraux), mais aussi des conventionnels hostiles au Comité de salut public, des généraux jugés incapables, des personnalités libérales (Madame Roland), des savants (Lavoisier, Condorcet).

La Convention thermidorienne

La fin de la dictature permet le retour d'un vent de libéralisme sur le plan de l'expression politique (réouverture des salons, liberté des cultes accordée le 21 février 1795) et économique (suppression du décret du maximum le 24 décembre). Mais cela crée d'autres problèmes, car les prix s'envolent, la monnaie se déprécie, le peuple souffre du marasme économique : les sans-culottes parisiens se révoltent début avril et fin mai 1795. Au cri de « du pain ou la mort », ils envahissent la Convention et tuent le député Féraud. Mais, l'armée intervient pour écraser l'insurrection. Parallèlement, les royalistes relèvent la tête : des Jacobins emprisonnés à Lyon sont massacrés début mai et d'autres à Marseille début juin ; des émigrés débarquent à Quiberon fin juin, aidés par les anglais, mais ils sont défaits par Hoche le 22 juillet qui oblige la plupart à réembarquer et en fait fusiller 750 ; puis des émeutes royalistes se produisent début octobre : la Convention est attaquée par les manifestants, mais défendue victorieusement par Barras, Bonaparte et Murat.

Malgré ces difficultés intérieures, les armées françaises remportent d'importants succès : Kléber prend Maastricht (4 novembre 1794) et Nimègue est investie (8 novembre) ; c'est le tour d'Amsterdam le 20 janvier 1795, la flotte hollandaise étant encerclée au Helder quelques jours plus tard. Le 5 avril, la France et la Prusse signent la paix de Bâle, qui permet à la France d'occuper la rive gauche du Rhin ; puis la Hollande signe à La Haye un traité d'alliance avec la France, et l'Espagne souscrit elle aussi à la paix de Bâle ; elle cède la partie espagnole de Saint-Domingue et se rapproche de la nouvelle République française (juillet 1795). Le 1er octobre, la Belgique est annexée.

Dans ce contexte de retour à la paix aux frontières, mais d'incertitude intérieure, est préparée une nouvelle Constitution (de l'an III), qui, par mesure de précaution, prévoit que les deux tiers des futurs députés devront être choisis parmi les conventionnels.

Le texte est voté par la Convention le 22 août 1795. Le 6 septembre débute le référendum constitutionnel qui conduit à son adoption. Le 21 octobre ont lieu les élections au Corps législatif, constitué de deux assemblées, le Conseil des Anciens, qui propose les lois, et celui des Cinq-Cents, qui les vote. Le pouvoir exécutif revient à un Directoire de cinq membres élus par le Corps législatif, et renouvelable par cinquième tous les ans. Mais le suffrage n'est plus universel, car il faut maintenant justifier d'une propriété ou d'un loyer au moins égal à cent journées de travail. C'est le triomphe de la « République bourgeoise ».

1795-1799

Le Directoire

Le nouveau pouvoir est confronté aux mêmes problèmes que la Convention (crise économique, opposition de droite et de gauche, crise institutionnelle) et ne sait pas les résoudre. La poursuite de la guerre contre l'Autriche et l'Angleterre est marquée par de multiples campagnes qui ne modifient pas les rapports de force en Europe.

Les cinq Directeurs (Barras, Carnot, Reubell, Letourneur et La Révellière-Lépeaux) ont à faire face à de multiples oppositions. Si la période du Directoire est celle de l'incertitude à l'intérieur, il en est de même pour la politique extérieure. La paix de 1795 est en effet fragile. Si le peuple est las de la guerre, et si aucun danger immédiat ne menace la France, la puissance continentale de l'Autriche, celle, économique et maritime de l'Angleterre, sont vécues par le pouvoir comme autant d'ennemis du rayonnement français.

Une situation difficile

La situation économique reste mauvaise et, malgré le vote d'un emprunt forcé, l'inflation galope, les assignats ne valent plus rien et sont supprimés en février 1796. Si les acquéreurs de biens nationaux s'enrichissent, les détenteurs d'assignats sont ruinés, et les salariés souffrent de la baisse du pouvoir d'achat; une nouvelle « extrême gauche » tente de relever la tête avec Gracchus Babeuf.

Mais le Directoire a aussi à faire face à l'agitation royaliste. En Vendée, où la résistance des chouans* persiste, le départ pour l'Angleterre du comte d'Artois affaiblit leur position; un de leurs chefs,

Jean Nicolas Stofflet, est fusillé le 27 février 1796, puis François de Charette connaît le même sort le 29 mars. En juillet, Hoche parvient à réduire l'essentiel de l'insurrection. Mais les partisans d'une restauration royaliste continuent leur action. Pichegru et Moreau, à la tête de leurs armées, mettent peu de cœur à l'ouvrage ; Pichegru, rappelé à Paris, continue de comploter ; Brottier tente d'organiser un soulèvement armé contre le Directoire, mais il est arrêté le 30 janvier 1797. Si le danger d'un coup d'État royaliste semble écarté, la montée des forces conservatrices est réelle : aux élections partielles de mars 1797, bien rares sont les « vrais » républicains élus, et 11 seulement des 216 conventionnels sortants sont réélus.

Les chambres ainsi renouvelées remettent en cause les décisions de la Convention : l'interdiction des fonctions publiques aux parents d'émigrés est abrogée, la persécution contre les prêtres réfractaires cesse et le retour des émigrés s'accentue ; Pichegru est élu président des Cinq-Cents et Barthélemy devient Directeur en remplacement de Letourneur.

La campagne d'Italie (1796-1797)

Le bellicisme des Directeurs trouve l'occasion de s'exprimer en Italie, agitée par un mouvement à la fois républicain, nationaliste et unificateur. Les Autrichiens, présents dans le Nord, doivent en être chassés pour permettre de consolider les frontières du sud-est de la France et favoriser l'installation d'un régime favorable à notre pays.

Bonaparte, nommé à 27 ans général de l'armée d'Italie (et secondé par Masséna, Berthier, Augereau, Sérurier, Saliceti), passe à l'action au printemps 1796. Si les troupes sont peu nombreuses et mal équipées, elles bénéficient d'une grande mobilité et des qualités de stratèges et de meneurs d'hommes de leurs chefs.

Les armées françaises battent les Autrichiens et les Piémontais à Montenotte, Millesimo et Dego (12-15 avril), puis à Mondovi le 21 avril. Le duc de Savoie et roi de Sardaigne Victor-Amédée III, allié des Autrichiens mais désireux de réduire les forces révolutionnaires dans son pays, signe séparément la paix de Cherasco avec la France (28 avril 1796) ; il lui cède Nice et la Savoie, et le droit de maintenir une garnison au Piémont.
Bonaparte s'attaque alors à la Lombardie autrichienne. Après la difficile victoire de Lodi (10 mai), il entre en triomphateur à Milan, tenue par les révolutionnaires. Mais des soulèvements populaires antifrançais éclatent en raison des excès de l'armée d'occupation ; la répression est sévère et Pavie livrée au pillage.
Puis, délaissant pour un temps les Autrichiens, l'armée française occupe Bologne, Ferrare, Longo, puis Livourne (juin 1796). Il s'agit d'obliger les princes italiens à se rapprocher de la France, et de leur accorder la paix en échange d'indemnités et de paiements en nature. La campagne militaire tourne en opération de pillage, dont bénéficient largement les troupes de Bonaparte. Celui-ci a d'ailleurs pris la décision de payer directement à ses soldats la moitié de leur solde en numéraire le 20 mai, ce qui lui attire la fidélité personnelle de ses hommes. Début août, il repousse une offensive autrichienne en l'emportant à Lomato et à Castiglione, puis à Roveredo et à Bassano, le 8 septembre. Le recul français en Allemagne durant l'été permet aux Autrichiens de reprendre l'offensive en Italie. Début novembre 1796, l'armée de Bonaparte, épuisée, doit reculer, malgré le fait d'arme de son chef au pont d'Arcole le 17 novembre. La légende a immortalisé le geste de Napoléon brandissant le drapeau français pour entraîner ses troupes à l'assaut des Autrichiens. Si Bonaparte fait preuve d'une bravoure certaine en cette circonstance et si ses 15 000 hommes réussissent à contenir les 40 000 soldats d'Alvinczy, ce n'est qu'un simple sursaut permettant de dégager l'armée française en difficulté.

Après l'échec d'une expédition en Irlande en décembre 1796, la situation militaire évolue au début de 1797. Si les Français perdent les dernières places qu'ils tiennent sur le Rhin, Bonaparte, Masséna et Joubert battent les Autrichiens à Rivoli (14 janvier) et obligent Mantoue à capituler (2 février). Recevant des renforts importants, l'armée d'Italie reprend l'offensive vers le Tyrol et l'Autriche. Victorieux au Tagliamento (16 mars), les Français poursuivent leur offensive dans les Alpes et poussent jusqu'à Leoben.
Mais l'avancée de l'armée française la rend vulnérable et Bonaparte cherche à obtenir une paix qui lui garantisse le maintien de ses conquêtes italiennes, malgré le désaccord du Directoire. Il obtient gain de cause après avoir aidé le coup de force parisien antiroyaliste du 4 septembre. Le traité de Campoformio (17 octobre 1797) reconnaît à la France la possession de la Belgique et de la rive gauche du Rhin, ainsi que la formation d'une République italienne cisalpine, profrançaise, constituée du Milanais et des régions de Mantoue, Ferrare, Modène et Bologne.

La guerre à l'est

Alors que Bonaparte attaque en Italie, l'armée française de Sambre et Meuse franchit le Rhin le 31 mai 1796, et Kléber bat les Autrichiens à Altenkirchen (4 juin), puis Moreau l'emporte à Ettlingen (9 juillet). Mais les Français ne peuvent aller plus loin vers Vienne, et se contentent, comme en Italie, de monnayer l'armistice avec les villes et régions occupées, où ils doivent faire face à des soulèvements populaires, puis à la contre-attaque autrichienne. Moreau et Jourdan, d'un zèle républicain « modéré », ne sont pas à la hauteur de la situation. Les Français sont battus à Neumarkt et Amberg (23-24 août) puis à Altenkirchen (19 septembre), où Marceau est tué. Malgré les exhortations de Carnot, les armées françaises se replient sur le Rhin.

Deux coups d'État pour rien

Face à la montée contre-révolutionnaire, les trois directeurs « républicains » (Reubell, Barras, La Révellière) décident de réagir : après avoir tenté sans succès de placer Hoche au ministère de la Guerre, ils préparent un coup d'État avec l'aide de Bonaparte, dont la politique personnelle en Italie déplaît fort aux conseils. Bonaparte envoie Augereau et un corps d'armée à Paris. Le 4 septembre 1797 (18 fructidor an V), les hommes de Bonaparte occupent les deux Chambres, arrêtent 53 députés ainsi que Pichegru et Barthélemy (l'un des Directeurs hostiles, l'autre, Carnot, parvenant à s'enfuir). Par les lois d'exception du 5 septembre, l'élection de 198 députés de « droite » est cassée, la répression reprend contre les émigrés de retour en France et les prêtres réfractaires (passibles de déportation), et un serment de « haine à la royauté et à l'anarchie » est exigé de tous les électeurs. Une vaste épuration est ensuite entreprise, qui transforme le Directoire en régime policier permettant aussi le renouveau du jacobinisme.

Mais ce retour au premier plan des révolutionnaires, confirmé par les élections du printemps 1798, inquiète les Assemblées comme le Directoire (où Merlin de Douai et Neufchâteau ont remplacé Carnot et Barthélemy). Ainsi se produit un nouveau coup d'État, le 11 mai 1798 (22 floréal an VI), par lequel est décidée l'invalidation de l'élection de 106 députés de « gauche ». Après ce second coup de force, le Directoire achève de se discréditer.

La campagne d'Égypte (1798-1799)

Si ce traité règle provisoirement la question autrichienne, et permet à Bonaparte d'être à la fois vainqueur et pacificateur, il ne met pas un terme au conflit avec l'Angleterre. Après l'échec des négociations de Lille de juillet 1797, Bonaparte est nommé commandant de l'armée d'Angleterre, et un projet d'invasion est mis sur pied. Mais, après s'être rendu en février 1798 dans le Nord pour superviser les préparatifs, il se rend compte qu'un débarquement est impossible. Il est décidé en mars que le coup serait porté en Égypte, afin de s'en prendre aux intérêts anglais, d'y créer une colonie française, et de menacer les Indes anglaises. Le 19 mai 1798, la flotte française commandée par Bonaparte quitte Toulon et atteint le 1er juillet Alexandrie, qui capitule. L'armée française se dirige alors vers Le Caire et bat les Mamelouks le 21 juillet à la bataille des Pyramides. Mais, pendant que les Français conquièrent les terres, leur flotte est détruite par Nelson, à Aboukir (1er août).

Prisonnier de ses succès, Bonaparte entreprend de créer l'infrastructure d'une colonie française en Égypte, en réformant l'administration, en cherchant à améliorer les voies de communication, en développant l'hygiène, les cultures tropicales et l'étude de la civilisation locale. Mais, malgré une politique tolérante, les Français demeurent des occupants et pratiquent les réquisitions indispensables à l'entretien de l'armée. Le sultan d'Égypte ayant proclamé la guerre sainte contre les Français, un soulèvement éclate au Caire le 21 octobre 1798, qui est écrasé après de rudes combats (mort du général Dupuy).

Bonaparte décide de prendre l'offensive: pendant que Desaix remonte le Nil jusqu'à Assouan, il entreprend une expédition vers la Syrie, où se forme une armée turque aidée par les Anglais (février 1799). Il s'empare d'El Arich, puis de Gaza et de Jaffa (7 mars), qui est pillée et dont les 3 000 défenseurs qui se sont rendus aux Français sont exécutés. Puis, le 19 mars, débute le siège de Saint-Jean-d'Acre. Efficacement soutenue par les Anglais, la ville résiste, et, malgré son succès au mont Thabor sur une armée de secours (16 avril), Bonaparte doit lever le siège le 17 mai en raison de l'état de son armée, touchée par la peste, et des menaces sur l'Égypte. Il fait transporter les pestiférés à Jaffa et empoisonner les plus atteints, puis revient au Caire dans des conditions très difficiles (juin 1799).

Bonaparte doit alors affronter une armée turque qui a débarqué près d'Alexandrie. Il l'écrase à Aboukir le 25 juillet. Mais les nouvelles venant de France et d'Europe le décident à rentrer au plus tôt. Il quitte l'Égypte le 23 août en confiant à Kléber le commandement de l'armée. Débarqué le 9 octobre à Fréjus, il peut, un mois plus tard, participer au coup d'État du 18 Brumaire.

La seconde coalition

Durant la campagne d'Égypte, des événements graves se produisent dans les territoires occupés par les armées françaises. Les contributions financières (ou le pillage) sont mal supportées, en Belgique comme en République cisalpine. Ainsi, quand est décrétée la conscription en Belgique, éclate une « guerre des paysans », le 12 octobre 1798, soutenue par les forces catholiques. Elle est écrasée en deux mois. Puis, en Italie, Championnet aide à la création d'une République napolitaine (26 janvier 1799), mais mène aussi une politique personnelle qui conduit à une insurrection paysanne.
Dans le même temps ont lieu les pourparlers avec l'Autriche, concernant la cession de la rive gauche du Rhin (prévue par une clause secrète du traité de Campoformio). Mais, sans attendre leurs résultats, les Français s'installent déjà en Rhénanie et aident à la création des Républiques romaine et helvétique. L'Autriche est ainsi poussée à la guerre. Elle s'allie à l'Angleterre, à la Turquie et à la Russie, inquiète de l'expansion française en Méditerranée (2e coalition, 29 décembre 1798).
Les Français, qui ont déclaré la guerre à l'Autriche le 12 mars 1799, et développé la conscription, veulent passer à l'offensive. Mais les coalisés disposent de forces importantes en Italie (Autrichiens et Russes) et en Hollande, où débarque une armée anglo-russe. Ainsi, Jourdan est battu à Stokach (25 mars 1799), Scherer en Italie (Maquano, 5 avril), l'armée russe de Souvorov chasse les Français

de Milan (28 avril) et prend Turin (27 mai). Masséna doit se replier devant Zurich (début juin), puis Moreau et Macdonald échouent dans leur contre-attaque en Italie (La Trébie, 19 juin). Le 15 août, Joubert, à la tête de l'armée d'Italie, est battu et tué à Novi. Seul Brune résiste en Hollande.

Mais les rivalités entre les coalisés vont permettre aux Français de renverser la situation : les Autrichiens, voulant éviter la présence anglaise en Hollande, se portent plus au nord, les Russes devant les remplacer en Suisse. Masséna en profite pour attaquer l'armée de Korsakov avant l'arrivée de Souvorov, retardé par Lecourbe. Les Russes sont écrasés à Zurich le 25 septembre 1799, et Souvorov doit se replier. En Hollande, les Anglo-Russes, d'abord victorieux à Alkmaar le 2 octobre, sont ensuite arrêtés à Castricum le 6 octobre, et contraints de réembarquer le 18 octobre.

Quand Bonaparte prend le pouvoir un mois plus tard, la situation militaire est rétablie en Europe, mais aucun problème n'est définitivement réglé : chacun conserve ses ambitions et les puissances autrichienne et surtout anglaise n'ont pas été véritablement entamées.

Les 18 et 19 Brumaire

Après un an de confusion, l'entrée de Sieyès au Directoire, le 16 mai 1799, va accélérer les choses. Voulant mettre fin au Directoire pour lui substituer un pouvoir fort qu'il rêve d'assumer, Sieyès, avec l'appui des milieux financiers, se met en quête d'une personnalité énergique et populaire susceptible de l'aider à réaliser son projet. Après s'être adressé à Joubert (tué en Italie), à Macdonald et à Moreau, il trouve en Napoléon Bonaparte, rentré d'Égypte et débarquant à Fréjus le 9 octobre 1799, le « sabre » qu'il cherche.

Arrivé à Paris le 16 octobre, porté par l'enthousiasme populaire, il est contacté par Talleyrand, et rencontre Sieyès qui lui expose son projet de coup d'État, destiné à imposer ses idées constitutionnelles. Bonaparte ne se fait pas prier, et les comploteurs préparent aussitôt le coup d'État qui mettra fin au Directoire : le 23 octobre, Lucien Bonaparte est élu président des Cinq-Cents ; et les Conseils sont convoqués pour le 9 novembre (18 Brumaire an VIII). Prétextant un complot jacobin, les vrais comploteurs obtiennent des Conseils leur déplacement à Saint-Cloud et nomment Bonaparte commandant des troupes de Paris ; les Directeurs Sieyès et Roger Ducos démissionnent ; Barras fait de même sous la pression, les deux autres (Gohier et Moulin), qui refusent de céder, sont retenus prisonniers par Moreau.

Le lendemain, 10 novembre 1799, les Conseils se réunissent au château de Saint-Cloud. Mais les députés entendent garder l'initiative de la séance ; ils se présentent en gardiens de la Constitution, alors que ceux que l'on a « oublié » de convoquer la veille protestent. Devant l'annonce de la démission de trois Directeurs, il est simplement proposé d'élire leurs remplaçants. Napoléon Bonaparte prend la parole mais se heurte à l'hostilité générale ; il est pris à partie par les Jacobins, qui réclament sa mise hors la loi. Lucien Bonaparte décide alors de jouer le tout pour le tout : il crie à la tentative d'assassinat et fait chasser les Cinq-Cents par les troupes de Murat. Sous la contrainte, les Anciens votent le remplacement des Directeurs par trois consuls : Napoléon Bonaparte, Sieyès et Roger Ducos, et la création d'une commission législative. Pour sauver les apparences, Lucien Bonaparte réussit à réunir une trentaine de députés du Conseil des Cinq-Cents et obtient leur accord.

Ainsi, un homme fort et prestigieux a su profiter de l'incapacité du Directoire à appliquer ses propres règles (puisqu'il a dû avoir recours à deux coups de force pour survivre) et utiliser les divisions entre ceux qui voulaient poursuivre l'œuvre révolutionnaire, ceux qui souhaitaient le retour à l'ordre monarchique, et ceux qui cherchaient simplement à défendre leurs nouveaux privilèges.

1799-1804

Le Consulat

Bonaparte transforme durablement les institutions et l'organisation économique de la France. Le rapprochement tenté par la France et l'Angleterre est rendu vain par l'opposition de leurs intérêts économiques et les ambitions de Bonaparte.

Si la République existe toujours, après le coup d'État des 9-10 novembre 1799, et si Bonaparte n'est qu'un consul partageant l'exécutif avec Sieyès et Ducos, il va bien vite capter à son profit l'essentiel du pouvoir. Trouvant trop lent le travail des commissions parlementaires chargées, avec les consuls provisoires, de rédiger une nouvelle Constitution, il prend le contrôle de sa rédaction et impose le texte de la Constitution de l'an VIII, qui est proclamée le 15 décembre 1799.

La réorganisation de l'État

La Constitution de l'an VIII

Elle se déclare « fondée sur les droits sacrés de la propriété, de l'égalité, de la liberté » et affirme que la Révolution est finie.

Elle institue trois Assemblées législatives : le Tribunat, discutant les projets gouvernementaux, le Corps législatif, votant les lois sans les discuter, et le Sénat, gardien de la Constitution. Elle crée également le Conseil d'État, chargé de la rédaction des textes, institue la fonction de Premier consul, dévolue à Napoléon Bonaparte, accompagné de deux autres Consuls sans réels pouvoirs (Cambacérès et Lebrun), et prévoit le recours au plébiscite.

Enfin, le système électoral repose sur le suffrage universel, mais les électeurs désignent 10 % d'entre eux pour former une liste de notables communaux, dont un dixième doit constituer la liste des notables départementaux, un dixième de celle-ci fournissant les notables nationaux. De fait, le gouvernement ayant l'initiative des lois, le Premier consul nommant 31 des 60 membres du Sénat, qui cooptent eux-mêmes les 29 autres, le Sénat choisissant les membres du Corps législatif, on comprend l'importance considérable du Premier consul, qui peut soumettre à son bon vouloir le pouvoir législatif et dont « la décision seule suffit ».

Bonaparte dispose de cette nouvelle légitimité, de l'appui de la majorité des membres des corps constitués (qui lui doivent leurs fonctions et leurs hauts revenus), d'une grande popularité auprès du peuple et des troupes qu'il a commandées, ainsi que du soutien de la bourgeoisie, dont il conforte le pouvoir économique. Il peut sans grande opposition se faire proclamer consul à vie le 4 août 1802, puis empereur (sénatus-consulte du 18 mai 1804). En novembre, un plébiscite ratifie cette décision (par plus de 3,5 millions de oui, contre 2 500 non).

La Constitution de l'an X (août 1802) modifie celle de l'an VIII en introduisant le consulat à vie et héréditaire, confié au Premier consul, Napoléon Bonaparte.

Une opposition muselée

L'opposition à ce régime personnel et autoritaire va pendant plus de dix ans rester dangereuse mais est efficacement combattue. La conjuration jacobine d'Arena et Ceracchi (découverte le 10 octobre 1800) entraîne la condamnation à la déportation de 130 Jacobins (5 janvier 1801). L'activisme des milieux royalistes (attentat de la rue Saint-Nicaise à Paris, le 24 décembre 1800), entretenant l'insécurité dans l'Ouest, et versant dans le banditisme dans la vallée du Rhône et le Sud-Est, est sévèrement réprimé. Après l'arrestation de Cadoudal (organisateur de l'attentat de la rue Saint-Nicaise), Bonaparte, obsédé par l'idée du complot royaliste, fait enlever à

Ettenheim, en Allemagne, le jeune duc d'Enghien, candidat potentiel au trône. Emprisonné à Vincennes le 21 mars 1804, celui-ci est jugé sommairement et fusillé dans la nuit. Cadoudal sera exécuté à son tour le 25 juin 1804.

L'œuvre napoléonienne

On peut considérer en premier lieu que l'œuvre de Napoléon permet la formation des cadres nécessaires au développement du commerce, de l'industrie et, d'une façon générale, des rapports de production capitalistes.

C'est ainsi que sont créés la Banque de France (13 février 1800), banque d'émission, de dépôt et d'escompte, puis le franc germinal (28 mars 1803). Alors que la Banque d'Angleterre a vu le jour en 1694, la France ne dispose, un siècle plus tard, d'aucune véritable banque, après l'échec de Law, en 1720. Elle bénéficie seulement de plusieurs caisses d'escompte, émettant des billets au porteur, remboursables en monnaie métallique. Aussi, le Premier consul charge plusieurs financiers de créer une Banque de France. Il s'agit d'une société privée par actions, qui n'obtient l'exclusivité de l'émission des billets sur Paris qu'en 1803, et sur la France entière qu'en 1848.

Parallèlement, la stabilité financière est favorisée par la réforme fiscale: création dans chaque département d'une direction des recouvrements, établissement du cadastre, qui permet de mieux connaître les patrimoines sur lesquels porte principalement la fiscalité directe, extension de la fiscalité indirecte (sur les tabacs, dont l'État se réserve le monopole, sur les boissons, le sel, les poudres, les cartes à jouer…).

Par ailleurs, un certain nombre d'organismes appelés à dynamiser la vie économique voient le jour: les Bourses et les chambres de commerce, ainsi que le Conseil général des fabriques et le Conseil général du commerce.

Dans le domaine législatif, la rédaction du Code civil, promulgué en 1804, prend une importance particulière en affirmant les principes de l'égalité devant la loi, mais aussi en défendant la propriété individuelle et la famille, constituée autour de la puissance du mari et du père. Il est prolongé par un Code de procédure civile (1806), un Code de commerce (1807) et un Code pénal (1810).
Parallèlement, Napoléon développe une législation du travail inspirée des lois de 1791 : la loi du 12 avril 1803 réitère l'interdiction des coalitions ouvrières dans les manufactures, et celle du 1er décembre de la même année oblige les ouvriers à posséder un livret sur lequel sont notées les observations patronales. Le Code civil considère de plus que le maître doit être cru sur parole en ce qui concerne les litiges salariaux, et le Code pénal prévoit des sanctions en cas de grève ou de coalition (ouvrière ou patronale).
Le rétablissement de l'esclavage aux Antilles en 1802 entraîne une insurrection que les troupes du général Leclerc ne parviennent pas à maîtriser.

Le Concordat

Par ailleurs, Bonaparte a réglé le problème religieux en signant le Concordat* du 16 juillet 1801 : le pape accepte la confiscation des biens d'Église et le serment de fidélité des prêtres ; Bonaparte admet que la religion catholique est celle de la grande majorité des Français (mais pas une religion d'État), et qu'un traitement soit versé par l'État aux membres du clergé. Le Premier consul nomme les évêques, investis par le pape. Au total, Bonaparte réussit à diviser l'opposition catholique-royaliste, alors que l'Église retrouve la liberté du culte et se réorganise sur le plan interne. Compte tenu de l'évolution conservatrice du pouvoir politique, abandonnant l'anticléricalisme, le Concordat permettra finalement à l'Église française, soumise au pape, de jouer un rôle idéologique considérable au sein de la société française, durant l'ensemble du XIXe siècle.

Bonaparte et l'Europe

La paix d'Amiens

Les années de Consulat ne règlent pas les problèmes extérieurs entre la France et la coalition formée de l'Angleterre, de l'Autriche, de la Russie et de la Prusse. L'Angleterre et l'Autriche refusant de traiter avec lui, Bonaparte reprend l'offensive en Italie au printemps 1800 : il occupe Milan le 2 juin, rétablit la République cisalpine et remporte difficilement la bataille de Marengo le 14 juin contre les Autrichiens. La même année, les victoires de Moreau, en Allemagne, contre ces mêmes Autrichiens obligent ceux-ci à signer la paix de Lunéville (9 février 1801), renouvelant les concessions territoriales du traité de Campoformio et organisant une Italie du Nord profrançaise.

Elle confirme aussi l'occupation de la Belgique, du Piémont, de la rive gauche du Rhin (où sont créés quatre départements, avec pour chefs-lieux : Mayence, Trèves, Coblence, Aix-la-Chapelle). La France de l'an XI compte ainsi 120 départements.

Mais le rapprochement avec la Russie échoue à cause de l'assassinat du tsar Paul Ier par des aristocrates proanglais, tandis que l'armée française d'Égypte est contrainte de capituler durant l'été 1801, un an après la mort du général Kléber.

Pourtant, les difficultés intérieures de l'Angleterre l'ont amenée à négocier, après la démission de Pitt, très hostile à la France. Les préliminaires de Londres (octobre 1801) ouvrent la voie à la paix d'Amiens signée le 25 mars 1802 : la Turquie récupère l'Égypte, les Français évacuent Naples et les Anglais les colonies prises à la France pendant les hostilités.

Cependant, les grandes questions restent sans réponse : la France refuse un traité commercial avec l'Angleterre, les Anglais ne reconnaissent pas les annexions françaises (en Italie, aux Pays-Bas ou en Allemagne) ni sa politique italienne en général (Bonaparte

est devenu président de la nouvelle république d'Italie en janvier 1802). Si la paix est ainsi revenue, elle ne repose sur aucun accord de fond.
Après les conquêtes de Napoléon, et avant la campagne de Russie, les frontières françaises sont repoussées au nord-est et au sud-est. Les États allemands, l'Italie ainsi que l'Espagne sont désormais soumis à l'autorité impériale.

Vers la guerre

D'ailleurs, moins d'un an plus tard, Bonaparte impose une réorganisation des États allemands ainsi qu'une Constitution fédérale à la Suisse, dont il devient « médiateur », après son occupation. Pour répondre à cette politique expansionniste de la France, et à son protectionnisme économique, les Anglais refusent d'évacuer l'île de Malte, comme le prévoit la paix d'Amiens, exigent des Français leur retrait de Suisse et de Hollande (avril 1803), et décrètent l'embargo sur les navires français et hollandais.
Bonaparte déclare alors la guerre à l'Angleterre, le 22 mai 1803, et fait arrêter tous les Anglais présents en France. L'action anglaise se limite d'abord à une aide aux opposants royalistes émigrés : le comte d'Artois, frère de Louis XVI, le général Pichegru, le chouan Cadoudal, Polignac. Mais ces derniers, débarqués en France pour préparer l'enlèvement de Bonaparte et le retour du comte d'Artois, sont arrêtés début mars 1804 ; Pichegru se suicide (ou est tué) en prison, Cadoudal est exécuté le 25 juin. Ces événements ne sont pas sans rapport avec la proclamation de l'empire, qui constitue pour Bonaparte un moyen de renforcer son autorité dans le pays comme à l'extérieur, face à une Europe hostile à la république et à l'expansionnisme français. Cadoudal devait d'ailleurs déclarer après son arrestation : « Nous voulions faire un roi et nous avons fait un empereur. »

1804-1814

Le premier Empire

Durant dix ans, Napoléon, devenu empereur, exerce un pouvoir absolu. Il mène une politique expansionniste qui provoque une alliance anglo-russe (avril 1805) à laquelle s'associent l'Autriche et la Suède.

La Constitution de l'an XII se réduit au sénatus-consulte du 18 mai 1804. Conservant les Assemblées législatives, elle « confie le gouvernement de la République au Premier consul, avec le titre d'empereur des Français » et déclare la dignité impériale héréditaire. Napoléon Ier devient ainsi « l'empereur de la République », synthèse vivante de l'Ancien Régime et des acquis révolutionnaires, et incarnation du nouvel ordre social.

Le sacre

Après la proclamation de l'Empire, Napoléon se fait sacrer par le pape Pie VII en la cathédrale Notre-Dame de Paris et avec un faste digne des anciens souverains, le 2 décembre 1804 : il dépose la couronne sur sa tête dans un geste symbolique signifiant bien qu'il ne tient son pouvoir de personne d'autre que de lui-même.

Joséphine de Beauharnais, qu'il a épousée en 1796, est sacrée impératrice lors de la même cérémonie. Mais, n'ayant pas eu d'enfant avec elle, Napoléon la répudie en 1809. Il épouse l'année suivante Marie-Louise d'Autriche, qui devient à son tour impératrice ; elle lui donne un fils, le « roi de Rome », qui naît en 1811.

Cette référence aux formes d'un pouvoir absolu, rappelant à la fois l'ancien Empire romain, le sacre de Charlemagne et le règne de Louis XIV, s'explique bien sûr par la soif de pouvoir de Bonaparte.

Mais elle correspond aussi à un besoin de légitimité accrue après un coup d'État chanceux, et face aux complots royalistes et au danger extérieur (rupture de la paix avec l'Angleterre).

L'opposition perdure

L'indocilité du Tribunat mène à sa suppression le 19 août 1807. L'hostilité de quelques groupes d'intellectuels libéraux (Benjamin Constant, Mme de Staël…) se limite aux salons parisiens. Si le refus de la conscription alimente les maquis royalistes, il perd progressivement de son importance.

En revanche, en 1811-1812, la crise économique (disette, hausse des prix, montée du chômage), et les échecs militaires viennent relayer les anciennes causes de mécontentement pour provoquer des émeutes populaires un peu partout dans le pays et particulièrement en Normandie. Elles sont aussi sévèrement sanctionnées (condamnation à mort et aux travaux forcés, interdiction des attroupements) et conduisent à un retour à la taxation des denrées (8 mai 1812). Peu de temps après, le général Malet, déjà auteur d'une conspiration en 1808, échoue dans sa tentative de coup d'État pour laquelle il a reçu l'appui des milieux catholiques (23 octobre 1812) ; il est fusillé le 29 octobre. Après les défaites militaires, le Corps législatif et le Sénat entreront à leur tour en opposition ouverte, le premier condamnant la poursuite de la guerre et la suppression des libertés politiques (29 décembre 1813) et le second proclamant la déchéance de l'Empereur (2 avril 1814), imité le lendemain par le Corps législatif.

Les guerres napoléoniennes

Dès le début de 1805, Napoléon annexe la République ligurienne, prend le titre de roi d'Italie et restaure une monarchie profrançaise en Hollande. Cela conduit à une coalition contre la France.

Trafalgar et Austerlitz

L'ennemi principal aux yeux de l'Empereur est l'Angleterre, qu'il se propose d'envahir. Mais un tel débarquement implique l'éloignement de la flotte anglaise de la Manche que des escadres françaises tentent en vain de provoquer par des manœuvres de diversion. La flotte française étant bloquée dans Cadix par les Anglais, l'Empereur, voulant brusquer les choses, ordonne une sortie : elle se solde par la défaite au large de Trafalgar (21 octobre 1805), qui laisse à l'Angleterre le contrôle des mers et rend son invasion impossible. Mais, avant même cette défaite, Napoléon, craignant une attaque autrichienne à l'est, a levé le camp de Boulogne (où se concentraient les troupes qui devaient débarquer en Angleterre) pour se porter en toute hâte vers Mayence. Il contraint l'armée autrichienne du général Mack à capituler (Ulm, 20 octobre 1805), puis entre dans Vienne le 14 novembre, avant de poursuivre les Autrichiens et les Russes en Moravie.

Grâce à la rapidité de son mouvement et à des manœuvres habiles, Napoléon réussit à attirer les Austro-Russes sur le plateau de Pratzen, et remporte la bataille d'Austerlitz (2 décembre 1805), un an jour pour jour après le sacre impérial.

L'empereur d'Autriche François II doit signer le traité de Presbourg (26 décembre 1805) par lequel l'Autriche perd la Vénétie, l'Istrie, la Dalmatie, alors que la Bavière et le Wurtemberg, devenant des royaumes indépendants, reçoivent des territoires qui appartiennent à l'Autriche (dont le Tyrol et la Souabe) ; l'ancien Saint Empire romain germanique se trouve disloqué et François II n'est plus que l'empereur de la seule Autriche.

Par ailleurs, la Prusse signe avec la France le traité de Schönbrunn (15 décembre) la détournant de l'alliance avec l'Autriche. La Russie se retrouve isolée.

Le « Grand Empire »

Napoléon commence alors l'organisation du « Grand Empire » : durant l'année 1806, ses frères Joseph et Louis deviennent respectivement roi de Naples et roi de Hollande ; son autre frère, Jérôme, épouse une princesse de Wurtemberg et Eugène de Beauharnais, la fille du roi de Bavière, alors que Murat reçoit le grand-duché de Berg. En outre, seize États allemands constituent la Confédération du Rhin, dont Napoléon est le protecteur ; celle-ci doit à la France une aide militaire et financière.

Face à cette politique, le roi de Prusse Frédéric-Guillaume III négocie secrètement avec l'Angleterre et la Russie, et adresse un ultimatum à la France, la sommant de retirer ses troupes au-delà du Rhin (26 septembre 1806). La réponse de Napoléon est fulgurante : le 14 octobre, l'armée française écrase les Prussiens à Iéna et Auerstedt, et, le 27 octobre, l'Empereur entre à Berlin ; l'Électeur de Saxe est fait roi d'une Prusse qui entre dans la Confédération du Rhin.

Un mois plus tard, les Français sont à Varsovie (27 novembre) et menacent le nord-est de la Prusse. Attaqués par l'armée russe, ils doivent livrer la terrible bataille d'Eylau, qui fait plus de 40 000 morts, et à l'issue de laquelle les Russes se replient sans avoir été véritablement défaits (9 février 1807). Après le siège et l'occupation de Dantzig (26 mai), la bataille de Friedland (14 juin) se termine par l'écrasement de l'armée russe, et oblige le tsar Alexandre Ier à traiter ainsi qu'à rompre avec l'Angleterre.

Napoléon et Alexandre Ier ont une entrevue sur le Niémen, qui débouche sur le traité de Tilsit, signé le 7 juillet 1807. La Prusse est dépecée : les terres à l'ouest forment le royaume de Westphalie, attribué à Jérôme Bonaparte ; la partie prussienne de la Pologne est transformée en grand-duché de Varsovie. La Russie, quant à elle, doit participer au Blocus continental contre l'Angleterre.

La guerre d'Espagne

Mais, pour que l'isolement économique de l'Angleterre soit total, il reste à la France, qui contrôle avec ses alliés tous les ports de la Baltique aux Pyrénées, de s'implanter en Espagne et au Portugal. Par le traité de Fontainebleau (27 octobre 1807), la France et l'Espagne s'entendent pour se partager le Portugal. Napoléon en profite pour s'immiscer dans les querelles monarchiques espagnoles et occuper une partie du pays. Le 2 mai 1808 éclate l'insurrection madrilène, impitoyablement réprimée par Murat. Cela va déclencher un soulèvement général contre les Français, d'autant plus que Joseph Bonaparte est fait roi d'Espagne, Murat lui succédant sur le trône de Naples. L'armée française a alors à faire face à une guérilla totale à laquelle elle répond par une répression brutale mais inefficace. L'armée du général Dupont doit même capituler à Bailén, le 21 juillet, et celle de Junot à Cintra, au Portugal, face à une intervention anglaise de Wellington (20 août). Napoléon décide d'intervenir lui-même en Espagne à la tête d'une armée de 200 000 hommes. Les Français réussiront, au prix de durs combats, à reprendre plusieurs grandes villes (Burgos, Valladolid, Saragosse...) et à forcer les Anglais à quitter l'Espagne (début 1809). Napoléon prend alors des mesures visant à moderniser le système économique et juridique espagnol ; mais elles ne sont pas acceptées par le peuple espagnol, solidairement hostile à la présence française.

La révolte autrichienne

Cette résistance espagnole a pour conséquence de faire renaître les idées de révolte contre la France. Déjà, le 27 septembre 1808, le tsar Alexandre Ier n'avait rien cédé à Napoléon lors de l'entrevue d'Erfurt ; en avril 1809, l'Autriche, soutenue par les Anglais, envahit la Bavière et le grand-duché de Varsovie. La riposte impériale va être immédiate : après la victoire d'Eckmühl (23 avril

1809), Napoléon franchit le Danube, prend Ratisbonne, et entre dans Vienne le 12 mai. Mais les Français sont arrêtés à Essling (21-22 mai). Napoléon reprend l'offensive et remporte, le 6 juillet, la bataille de Wagram malgré des pertes élevées (20 000 hommes). François II d'Autriche doit alors accepter le traité de Vienne (14 octobre 1809) par lequel il perd des territoires à l'ouest (rattachés à la Bavière), au sud (formation des « Provinces Illyriennes ») et à l'est (au profit de la Russie et du duché de Varsovie). De plus, Napoléon (qui s'est séparé de Joséphine et n'a pu obtenir la main d'une sœur du tsar) épouse Marie-Louise, archiduchesse d'Autriche, en avril 1810. Ce second mariage coïncide avec une période de paix, qui dure jusqu'au milieu de 1812.

La campagne de Russie

Mais les nouveaux empiétements territoriaux qu'impose Napoléon (annexion du Valais et du Tessin, du royaume de Hollande, dont Louis Bonaparte est roi, d'une partie de la Westphalie...), la séquestration du pape Pie VII à Fontainebleau, la poursuite de la résistance espagnole et les difficultés provoquées par le Blocus continental ne peuvent que susciter une reprise générale des hostilités. C'est la Russie, ne pouvant plus exporter son blé et son bois vers l'Angleterre, et dont le tsar Alexandre Ier a épousé une Anglaise, qui prend l'initiative : elle exige que la France évacue la Prusse et la Poméranie. Saisissant ce prétexte, Napoléon entreprend le 22 juin 1812 la campagne de Russie, avec 700 000 soldats, dont moins de la moitié sont français. Les armées russes de Bagration et Barclay de Tolly reculent devant l'avance française en Lituanie du Sud (été 1812). S'approchant de Moscou, les Français doivent livrer la terrible bataille de Borodino (7 septembre) contre Koutousov. Celui-ci finit par se retirer, préférant laisser Napoléon entrer dans Moscou plutôt que de risquer de perdre la guerre en un seul combat. De fait, Napoléon perd un mois dans Moscou à hésiter sur la marche à suivre. Quand il se décide à prendre la route du retour (le 19 octobre), la Grande Armée, déjà éprouvée, doit affronter des difficultés de ravitaillement, les premiers grands froids et le harcèlement des compagnies russes ; menacée par les troupes de Koutousov, elle passe la Berezina dans des conditions dramatiques (26-28 novembre 1812). Napoléon laisse alors le reste de l'armée au maréchal Ney, et rentre rapidement en France, où la conspiration du général Malet a échoué de peu (il avait annoncé la mort de l'Empereur et tenté de créer un gouvernement provisoire).

L'armée impériale

L'Empereur s'appuie sur une armée importante (600 000 hommes en 1805), constituée d'un amalgame de vétérans des guerres de l'époque révolutionnaire, de conscrits sans expérience tirés au sort (les plus fortunés pouvant acheter un remplaçant) et de contingents envoyés par les pays alliés ou soumis. Si la Garde impériale constitue un corps d'élite exceptionnel, qui compte jusqu'à 80 000 soldats, le reste de l'armée compense son immaturité par un enthousiasme alimenté par les victoires successives. Par la suite, les revers de 1812, la levée en masse de 1814 et les difficultés de cette période, augmentent le nombre de réfractaires et de désertions, alors que disparaissent les régiments étrangers. Aussi, l'armée de ces dernières années vaut surtout par l'ardeur des nouveaux conscrits, qui croient encore au mythe impérial.

Vers l'abdication

La présence de l'armée russe en Prusse provoque un soulèvement anti-français, une alliance russo-prussienne et la dissolution de la Confédération du Rhin. Napoléon réussit à reformer une armée avec de jeunes conscrits, et bat les Russes et les Prussiens à Lutzen et Bautzen (2 et 20 mai 1813) avant de signer l'armistice de Pleswitz (4 juin). Mais cela permet aux vaincus de se ressaisir et de recevoir l'aide de l'Autriche. Les coalisés remportent alors la bataille dite « des

Nations», près de Leipzig (16-19 octobre 1813). Napoléon parvient néanmoins à se replier sur la rive gauche du Rhin, mais partout les troupes françaises reculent et les territoires de l'Empire retrouvent leur autonomie. Durant l'hiver 1813-1814, la France doit faire face à une triple invasion (celles des armées de Bernadotte, Blücher et Schwarzenberg). Malgré les victoires de Napoléon à Champaubert, Vauchamp et Montmirail (10, 14 et 17 février 1814), les coalisés, qui ont signé le pacte de Chaumont le 9 mars, poursuivent leur avance et menacent Paris. Le 30 mars 1814, les armées de Mortier et Marmont capitulent et, le lendemain, le tsar et le roi de Prusse entrent dans Paris. Le 3 avril, l'Empereur est déchu par le Sénat et le Corps législatif. Le 6 avril, Napoléon abdique au milieu de ses soldats à Fontainebleau. Il est exilé à l'île d'Elbe, qu'il gagne dans des conditions difficiles, protégé par les Autrichiens de la vindicte de la population du sud de la France.

1814-1815

La première Restauration et les Cent-Jours

Accueilli favorablement par les milieux hostiles à la Restauration, Napoléon doit bien vite affronter une nouvelle coalition européenne, qui l'emporte définitivement à Waterloo.

Frère de Louis XVI, Louis XVIII assure la continuité des Bourbons.

La première Restauration

Le comte de Provence, reconnu roi par les proches de l'Empereur après les adieux de ce dernier à Fontainebleau le 6 avril 1814, monte sur le trône sous le nom de Louis XVIII.

Soucieux de ne pas rejeter tout l'héritage de la Révolution, il fait rédiger en 1814 une « Charte » organisant le nouveau régime et inspirée du modèle anglais. Le terme de Constitution disparaît. La Charte organise de fait une monarchie constitutionnelle : le roi dispose des pouvoirs exécutif et militaire et de l'initiative des lois ; un Parlement est constitué de la Chambre des pairs (aux membres nommés et héréditaires) et de la Chambre des députés (élus mais dans des conditions très restrictives, réduisant à 100 000 le nombre des électeurs et à 15 000 le nombre d'éligibles). Elle discute et vote les lois et le budget, mais le roi peut, par ordonnance, se passer de ses services.

Moins d'un an plus tard, Napoléon débarque en France à Golfe-Juan (19 mars 1815). Les troupes envoyées pour l'arrêter l'ovationnent et, sans opposition, il peut gagner Paris, déserté par le roi, le 20 mars.

Les Cent-Jours

Le vain sursaut

Le personnel de l'Empire ayant facilement accepté le retour à la monarchie, Napoléon cherche à retrouver une assise populaire qui lui soit favorable en dépit de la réaction royaliste. Pour cela, il fait rédiger un « Acte additionnel aux Constitutions de l'Empire » (prévoyant une Chambre des pairs et une Chambre des représentants élues au suffrage censitaire, mais aussi le recours au suffrage universel à l'occasion de plébiscites) ; par ailleurs, il s'efforce de faire jouer le souvenir des années révolutionnaires (adoption de la Marseillaise, fête du Champ-de-Mars, organisation de fédérations provinciales...). Un plébiscite approuve la nouvelle Constitution par 1,5 million de oui, contre 500 000 non (mais on dénombre 3 millions d'abstentions). Le soutien à l'Empereur est donc très partiel, l'opposition royaliste active et le danger extérieur menaçant après que les alliés (7e coalition) ont mis Napoléon « au ban de l'Europe ». Afin de prendre ses ennemis de vitesse, il décide d'attaquer en Belgique l'armée prussienne de Blücher pour l'empêcher de rejoindre celle de Wellington. Napoléon réussit à repousser Blücher, poursuivi par Grouchy, et attaque Wellington à Waterloo, le 18 juin. Malgré les furieuses charges françaises, les Anglais résistent, et l'arrivée inopinée de Blücher décide de la défaite des restes de l'armée napoléonienne.

Sainte-Hélène

De retour à Paris, l'Empereur abdique en faveur de son fils, mais Fouché prépare une nouvelle restauration. L'entrée des troupes étrangères à Paris permet le retour de Louis XVIII, « cent jours » environ après son départ. Napoléon reste quelques jours à la Malmaison, puis se rend à Rochefort, dans l'intention de partir aux États-Unis. Mais la présence de bateaux anglais l'amène à se rendre et il embarque sur le *Bellérophon* pour gagner l'île de Sainte-Hélène. Il y meurt le 5 mai 1821, âgé de 52 ans.

Un nouvel ordre européen

Les conséquences de la défaite définitive de Napoléon sont scellées par le congrès de Vienne, qui se tient de septembre 1814 à juin 1815 et se termine quelques jours avant Waterloo. La France a déjà perdu, par le traité de Paris du 30 mai 1814, toutes ses conquêtes postérieures à 1792, excepté une partie de la Savoie, Avignon, Mulhouse et Montbéliard. L'acte final du congrès de Vienne (9 juin 1815), sans pour autant prévoir de sanction contre la France, organise une chaîne d'États tampons entre elle et le reste de l'Europe : au nord, le prince d'Orange, proanglais, reçoit un royaume élargi des Pays-Bas ; à l'est se constituent la Prusse rhénane, très antifrançaise et la Confédération helvétique, agrandie et neutre ; au sud-est, un royaume de Piémont-Sardaigne comprend la Savoie, Nice et Gênes. Mais les divergences d'intérêts entre les vainqueurs et la politique habile de Talleyrand ont permis un rapprochement entre la France, l'Angleterre et l'Autriche, contre la Russie et la Prusse. Celui-ci est cependant remis en cause par le retour de Napoléon et la reprise de la guerre.

Après Waterloo, le second traité de Paris (novembre 1815) impose à la France la cession de places fortes du Nord et de l'Est, le paiement d'une indemnité de 700 millions et l'entretien d'une armée d'occupation de 150 000 hommes. Mais le retour au pouvoir d'une monarchie conservatrice et pacifique va faire disparaître les sources de conflit avec les autres royaumes européens.

L'ambiguïté de l'épisode napoléonien

Ces quinze années de pouvoir napoléonien, qui s'écoulent du 18 Brumaire à Waterloo, ont constitué une période apparemment contradictoire. Par certains côtés, Napoléon a aidé à la formation du capitalisme industriel grâce à l'adoption d'une législation favorable à la libre entreprise et aux pouvoirs de l'argent, en encourageant l'initiative et l'innovation industrielle, en créant une administration, des cadres compétents et efficaces, en forçant, par la conquête, l'ouverture du marché européen. Mais, parallèlement, il a fait revivre le mode de vie de la classe seigneuriale, en se lançant dans des campagnes militaires rappelant des époques bien lointaines (Empires romain et carolingien), en recréant une aristocratie nobiliaire et de nouveaux royaumes, en tentant d'instituer un nouveau pouvoir absolu héréditaire.

Son action n'est peut-être au total que le reflet de la contradiction de la société française au début du XIXe siècle, rurale et fidèle à l'autorité d'un chef charismatique, mais aussi prête à emboîter le pas à la révolution industrielle anglaise. Représentant à la fois l'ordre et l'aventure, Napoléon met fin à la Révolution, en France, tout en entretenant son mythe au-delà des frontières. Il permet à des roturiers sans fortune comme à une partie de la classe paysanne, humiliée par des siècles de soumission, d'entrer dans l'histoire en s'illustrant sur des champs de bataille. Synthèse du passé, cherchant à forcer l'avenir, la voie napoléonienne constitue peut-être la seule réponse au défi économique anglais, que la France ne peut relever pacifiquement. Comme un siècle et demi plus tôt face à la Hollande, la solution militaire ne peut que pallier provisoirement l'infériorité concurrentielle de l'économie française face à son nouveau rival. La Restauration ne pourra cependant pas contribuer à rattraper ce retard.

Dossiers

La révolution industrielle

Elle connaît en France des débuts hésitants et difficiles, le pays ne prenant pas, comme la Grande-Bretagne à la fin du XVIIIe siècle, le tournant décisif vers le capitalisme industriel.

Pourquoi l'avance anglaise ?

De 1540 à 1640, une première révolution industrielle est attestée par la croissance de la production de charbon et par celle des manufactures (verre, briqueterie…) utilisant une main-d'œuvre salariée. Durant le XVIIe siècle, les révolutions politiques donnent le pouvoir à la bourgeoisie; la Banque d'Angleterre est créée en 1694… Puis l'Angleterre devient maîtresse des mers; cela lui assure l'approvisionnement en matières premières, lui procure les profits du transport et stimule son activité. Au XVIIIe siècle, les grands propriétaires fonciers rentabilisent leurs exploitations en imposant le remembrement. Cela ruine la paysannerie parcellaire, qui doit travailler à domicile pour les marchands du textile, puis se voit contrainte de se déplacer vers les régions d'industries naissantes. L'ensemble de ces transformations économiques est lié à l'« éthique protestante » imposant un ascétisme séculier favorable à l'épargne et à l'investissement, et donc à l'accumulation de capital.

Vers 1789

Les temps troublés de la Révolution expliquent en partie le retard français par rapport à la Grande-Bretagne, que l'on observe au début du XIXe siècle. En effet, alors que Hargreaves, Arkwright et Crompton ont bouleversé les techniques de filature avec la « jenny », la « mule » et le « water-frame », dans les années 1760-1780, et si en 1785, grâce à la mécanisation, le cardage coûte vingt fois moins cher en Angleterre qu'en France les Français semblent alors prêts à emboîter le pas aux Anglais : un arrêt de 1762 donne aux campagnes françaises le droit de filer et de tisser, des écoles d'apprentissage sont créées un peu partout, et des « espions industriels », envoyés en Angleterre.

Calonne, ministre de Louis XVI, estime de plus que si les machines anglaises doivent se révéler efficaces, les Français en disposeront quelques mois plus tard et sauront les diffuser plus vite que les Anglais, retardés par les usages restrictifs associés aux brevets d'exclusivité. D'ailleurs, si Hargreaves met au point la jenny en 1767, John Holker, un Anglais nommé en 1755 inspecteur des manufactures étrangères en France, l'importe en 1771 et la fait copier. De même, si en 1782 Arkwright a équipé cinq usines avec des water-frames, J.-F. Martin et A. de Fontenay en rapportent les plans ; Calonne favorise leur fabrication, et la France compte en 1785 trois filatures mécaniques et dix en 1790. Évoquons aussi la mule de Crompton, mise au point en 1779, et qui révolutionne le filage en permettant de fabriquer à la machine des toiles fines : elle se généralise rapidement en Grande-Bretagne, mais elle est également introduite en France par les Morgan à Amiens en 1788, par Thomas Lecler à Brive, et devait être diffusée par Pickford en 1790.

C'est sans doute la raison pour laquelle Calonne pousse à la signature du traité de libre-échange, avec l'Angleterre (1786), car il n'en redoute pas la concurrence industrielle et attend un développement des exportations françaises de produits agricoles.

Mais à partir de 1789 l'instabilité politique, les difficultés d'approvisionnement, l'effort de guerre ralentissent considérablement l'industrialisation française. Celle-ci est en effet incapable de passer à l'étape suivante constituée par l'emploi de la machine à vapeur dans la filature du coton.

Les premières inventions étaient restées en effet fortement utilisatrices de main-d'œuvre. Mais, en 1782, le britannique James Watt invente une machine assurant un mouvement uniforme et continu, qui est employée en 1790 pour actionner les mules. De plus, ces machines permettent d'augmenter le nombre de broches par métier mécanique. Ainsi, en 1792, on dénombre en Grande-Bretagne 46 machines à vapeur dans l'industrie textile (développant une puissance de quelque 519 chevaux-vapeur), 143 en 1800 (2 172 ch) et 264 en 1815 (4 728 ch), alors qu'en France et en Belgique les filatures n'utilisent que 6 machines à vapeur en 1806.

Dans le secteur décisif du coton et de sa filature, l'Angleterre conserve encore une avance significative dans les années 1830 : alors qu'elle consomme 3 000 tonnes de coton en 1780, elle en utilise 25 000 en 1800, 70 000 en 1820 et 140 000 en 1835, soit quatre fois plus que la France. De même, la Grande-Bretagne possède à la même époque 11 millions de broches, et la France 3 millions seulement ; elle a 90 000 métiers mécaniques, contre 5 000 à la France.

Le tournant de la fin du siècle

Les années 1790-1820 constituent donc un tournant décisif permettant à la Grande-Bretagne de devancer sur le plan industriel ses concurrents européens entraînés dans l'aventure meurtrière des guerres continentales. Il ne faut cependant pas rendre la Révolution et les guerres qui s'en suivent seules responsables du retard français. Contrairement à ce que pensait Calonne, le traité de libre échange de 1786 révèle la faiblesse du secteur manufacturier français, dont la mécanisation est encore au stade expérimental, alors qu'elle est déjà bien engagée en Grande-Bretagne.

On peut à ce propos évoquer l'exemple du métier à tisser entièrement automatique inventé par Jacques de Vaucanson (1709-1782), qui peut être actionné par une chute d'eau ou par la traction animale. Mais cette innovation, comme les divers automates que celui-ci fabrique et le principe de la machine-outil qu'il conçoit, ne débouche pas immédiatement sur des applications industrielles. Les inventions de Vaucauson sont regroupées au Conservatoire des arts et métiers, créé en 1794. C'est Joseph Marie Jacquard (1752-1834) qui perfectionne ce métier à tisser en lui ajoutant un procédé de sélection par cartons perforés (lui-même imaginé dès 1728 par Falcon), et qui l'utilise véritablement comme outil de production au début des années 1800.
La crise des métiers traditionnels et la montée du chômage qui suit l'ouverture des frontières en 1786 sanctionnent ce retard français. Celui-ci se serait d'ailleurs peut-être accru bien davantage si la Révolution française n'avait pas balayé l'organisation corporatiste et les privilèges de l'Ancien Régime et mis en place une législation et un système de formation nécessaires au développement d'un autre mode de production. De ce point de vue, les années révolutionnaires et celles de l'Empire peuvent s'analyser comme une période de transition, durant laquelle la société française adapte ses structures politiques et juridiques aux besoins du capitalisme en formation, mais cherche aussi dans la guerre et l'expansion territoriale une solution à son manque de compétitivité face à son concurrent anglais. La politique économique suivie par Napoléon est à cet égard révélatrice.

Le Blocus continental (1806)

C'est après la victoire contre la Prusse que Napoléon décide, de Berlin, le blocus économique de l'Angleterre (21 novembre 1806). Il s'agit d'y provoquer une crise en interdisant les exportations anglaises de produits industriels et les réexportations de produits primaires transformés dans ce pays, puis vendus en Europe. Le Directoire avait déjà prohibé le commerce avec l'Angleterre, et, en mai 1806, les Anglais interdisent les exportations vers les ports français. Le décret de Berlin constitue donc une réplique aux décisions anglaises.

Par la suite, le décret de Fontainebleau (13 octobre 1807) considère comme anglais les produits coloniaux ou manufacturés dont l'Angleterre a le monopole, puis le décret de Milan (23 novembre 1807) décide que tout navire contrôlé par les Anglais est considéré comme anglais. Le blocus s'intensifie des deux côtés et rend bien difficile le respect d'une stricte neutralité ; il implique de plus une surveillance accrue et de nouvelles conquêtes.

Cette protection douanière favorise l'expansion de l'industrie, textile en particulier, dont la vitalité est déjà attestée par les expositions de 1801 et 1802, qui se tiennent dans la cour du Louvre. Puis les conquêtes européennes ouvrent des marchés à la production française au détriment des produits anglais. C'est l'époque où se constituent de grandes entreprises capitalistes. Dans le secteur textile, les plus célèbres réussites sont celles de Richard et Lenoir (filature et tissage du coton), Oberkampf (toiles indiennes), Dollfus et Schlumberger (utilisant en Alsace des techniques anglaises), alors que Jacquard met au point son métier à soie. Dans d'autres domaines, De Wendel modernise et développe la production de fonte ; en Lorraine, la production minière est stimulée par la demande des usines métallurgiques ; l'industrie chimique apparaît (Leblanc, Darcet), l'horlogerie (Japy, Bréguet) et la papeterie (Didot) se transforment. Ces capitaines d'industrie, comme l'activité des banquiers audacieux, tels Ouvrard ou Perier, témoignent de ces quelques années de grand dynamisme capitaliste.

Celui-ci est de plus fortement favorisé par l'action de l'État, mettant en place un cadre juridique favorable à la propriété privée,

créant les grandes écoles d'ingénieurs (Mines, Polytechnique...) et développant une législation antiouvrière.
Mais les pillages et tributs imposés aux nations vaincues ou « alliées » de la France réduisent d'autant la demande extérieure pour les marchandises françaises. En outre, le Blocus finit par provoquer des difficultés d'approvisionnement, aussi bien en France qu'en Angleterre, qui, associées à la contraction des débouchés et à de mauvaises récoltes, entraînent la crise de 1810-1811.
Jusqu'alors, les efforts de développement de l'agriculture (blé, élevage, pommes de terre, vignoble...) et des produits de substitution aux importations exotiques devenues impossibles (betteraves à sucre, plantes tinctoriales...) ont permis une relative prospérité du monde rural et un approvisionnement satisfaisant du reste de la population.
Mais la crise de 1811, le mauvais rendement des impôts impériaux, le coût élevé des dépenses militaires vont entraîner une aggravation de la pression fiscale intérieure, puis le recours à une conscription plus exigeante, touchant la classe paysanne. Parallèlement, l'intensification de la guerre et le rétrécissement de l'Empire remettent en cause l'essor industriel.

Après 1815

Le retour de la paix favorise la reprise de la production agricole, mais ne suffit pas à provoquer un « décollage » de l'industrialisation pour des raisons tenant à la fois à la prépondérance du monde rural, au conservatisme du pouvoir politique, à la résistance du milieu artisanal et à la rareté des entrepreneurs industriels.
Pourtant, les rapports de production capitalistes se développent dans l'industrie, qui absorbe progressivement l'artisanat traditionnel : le pouvoir discrétionnaire du patronat « de droit divin » perdure jusqu'aux années 1880 pour le moins ; l'attrait pour la

spéculation financière et pour le placement lucratif de l'épargne gagne les couches supérieures et moyennes de la société française. Mais le maintien d'une petite paysannerie parcellaire de subsistance ralentit l'exode rural, et la précarité des revenus agricoles freine l'élargissement d'un marché intérieur déjà handicapé par les baisses périodiques du pouvoir d'achat ouvrier.

Ainsi peut s'expliquer la langueur de l'investissement industriel, peu attrayant en raison de profits incertains, et financé trop tardivement par un système bancaire qui ne voit le jour qu'après le milieu du siècle : les épargnants préfèrent longtemps les placements « sûrs », constitués par des achats immobiliers ou des rentes d'États étrangers, comportement qui est peu propice à un développement industriel spectaculaire.

Les arts sous le Directoire et l'Empire

Les années 1795-1815 constituent un ensemble cohérent et particulier, dominé par le modèle antique touchant aussi bien à l'architecture qu'à la peinture ou à l'ébénisterie.

Le Directoire

Les premières années de la Révolution ne sont guère favorables aux arts. Mais la brève période du Directoire, qui suit les temps difficiles de la Terreur, est celle de la redécouverte des plaisirs de la vie et du raffinement artistique.

Les mœurs sous le Directoire

Après la peur et l'incertitude des années révolutionnaires, l'insouciance et la soif de vivre s'emparent de l'ancienne aristocratie ayant échappé à la guillotine, comme des nouveaux riches de la société bourgeoise naissante. Cela s'exprime par un relâchement des mœurs, par l'extravagance de la mode chez les « incroyables » et les « merveilleuses », par la fréquentation des cafés et des salons mondains comme ceux de Madame de Staël et de Madame Tallien, par le théâtre léger se moquant des républicains et où l'on joue *le Tartuffe révolutionnaire, Madame Angot* ou *la Poissarde parvenue.*

Le « style Directoire »

Il marque en particulier le mobilier aux lignes arrondies et aux extrémités carrées, l'orfèvrerie, l'horlogerie et la sculpture sur bois. Il fait de l'intérieur des riches demeures un cadre raffiné et gracieux reflétant un nouveau sens artistique. Il prolonge l'inspiration des formes antiques qui s'étaient déjà exprimées dès le milieu du siècle dans l'architecture d'un Claude Nicolas Ledoux (1736-1806) ou d'un François Bélanger (1744-1818).

L'Empire

Puis l'attrait pour la Rome antique s'avère dominant.

La peinture

Louis David (1748-1825). Il devient le maître de la peinture mêlant l'évocation de l'héroïsme et de la beauté antique *(les Sabines)* à la glorification du nouvel Empire *(le Sacre de Napoléon Ier)*.

Antoine Gros (1771-1835). Bien qu'influencé par David (*les Pestiférés de Jaffa, la Bataille d'Eylau*...), il exprime déjà, à travers des thèmes qui restent guerriers, une mélancolie préromantique.

Théodore Géricault (1791-1824). On retrouve cette mélancolie chez Guéricault *(le Cuirassier blessé)*, qui fait preuve d'une maîtrise exceptionnelle du mouvement, de la couleur.

La sensibilité romantique. Elle éclate avec Anne Louis Girodet-Trioson (1767-1824) *[Atala au tombeau]*, Pierre Paul Prud'hon (1767-1823) *[Portrait de l'impératrice Joséphine]* ou François Gérard (1770-1837) [*la Bataille d'Austerlitz*, mais aussi *Madame Récamier*]. La même inspiration se retrouve chez Carle Vernet (1758-1836) qui, comme Géricault et Gérard, illustre les campagnes napoléoniennes *(le Matin d'Austerlitz)*, peint les chevaux en action, mais aussi la vie de son temps *(Incroyables et Merveilleuses)*.

La sculpture

François Rude (1784-1855). Le classicisme antique mis au service de l'éloge de l'héroïsme de la période révolutionnaire se retrouve également dans les sculptures du créateur du haut-relief de l'arc de triomphe de l'Étoile *(la Marseillaise)*, en 1833-1835.

L'architecture monumentale

Cette seconde renaissance du modèle antique est encore plus spectaculaire dans l'architecture monumentale alliant arcs et colonnades. Napoléon ne fait pas simplement revivre le mythe impérial par sa personne et par ses conquêtes ; il veut aussi faire de Paris une nouvelle Rome, comme en témoignent la nature et la forme des édifices qu'il fait construire ou entreprendre : l'arc de triomphe des Tuileries, le début de celui de l'Étoile, la nouvelle galerie du Louvre, la façade de l'église de la Madeleine (devant être le « temple de la Victoire »), et celle du Palais législatif (futur Palais-Bourbon), la Bourse, la colonne Vendôme, ou encore le projet d'un gigantesque palais du Roi de Rome, sur l'emplacement de l'actuel palais de Chaillot. De même, Napoléon fait élargir la rue de Rivoli et les Champs-Élysées pour créer de vastes voies de communication, devant sans doute permettre le « triomphe » à l'antique de l'empereur victorieux.

L'émergence d'une pensée scientifique nouvelle

Dès la paix civile revenue, un grand effort de mobilisation de l'élite scientifique et de propagation des connaissances est entrepris. C'est ainsi que la période de la « Convention thermidorienne », bien que fort courte, est riche sur le plan de l'instruction publique et témoigne d'un intérêt nouveau et considérable pour les disciplines scientifiques ; entre l'automne 1794 et la fin de 1795 sont créés l'École centrale des travaux publics (la future École polytechnique), le Muséum d'histoire naturelle (au Jardin des Plantes), ainsi que le Conservatoire des arts et métiers, l'École des langues orientales, l'École des beaux-arts, le Conservatoire national de musique, l'Institut national des sciences et des arts ; la Bibliothèque nationale, le musée du Louvre, les Archives nationales sont aussi réorganisés. Par ailleurs, le 25 octobre 1795 est voté, sur la proposition de Lakanal, un décret prévoyant la création d'une école d'enseignement primaire par canton (mais ni gratuite, ni obligatoire), et une « école centrale » d'enseignement secondaire par département ; cependant, faute de ressources, de professeurs ou d'élèves, les résultats sont très variables suivant les régions.

C'est dans ce contexte que se développe la pensée rationaliste et scientifique, reposant largement sur l'expérience et l'observation. Napoléon encourage ce mouvement, recevant des savants, visitant les instituts et récompensant par des pensions et des anoblissements les esprits les plus brillants. Toutes les sciences connaissent alors un essor remarquable, comme si ces événements précipitaient l'éclosion d'une nouvelle attitude « positive » face à la nature, à ses lois et aux méthodes de réflexion.

La médecine

Pierre Desault (1738-1795). Il fonde la première clinique chirurgicale française.

Philippe Pinel (1745-1826). Il étudie les maladies mentales à partir de 1793 (à Bicêtre et à la Salpêtrière) et humanise le traitement des aliénés.

Jean Corvisart (1755-1821). Premier médecin de Napoléon, il développe l'observation clinique.

Dominique Larrey (1766-1842). Chirurgien en chef des armées de Napoléon, dit « la Providence du soldat », il perfectionne les techniques chirurgicales.

Xavier Bichat (1771-1802). Élève de Pierre Desault, il effectue des découvertes en anatomie et physiologie.

François Broussais (1772-1838). Volontaire dans l'armée républicaine, il étudie les maladies inflammatoires.

René Laennec (1781-1826). Il améliore les techniques d'auscultation, invente le stéthoscope et fonde la médecine anatomopathologique.

Les mathématiques

Comte Louis de Lagrange (1736-1813). Déjà célèbre sous l'Ancien Régime, il réforme, après la Révolution, le système des poids et mesures et développe l'étude des fonctions et dérivées dans sa *Théorie des fonctions analytiques* (1797).

Gaspard Monge (1746-1818). Il fonde la géométrie descriptive moderne.

Marquis Pierre Simon de Laplace (1749-1827). Il interroge Napoléon lors de son entrée dans l'armée, écrit un *Traité de mécanique céleste* (1799), une *Théorie analytique des probabilités*

(1812) et fait une synthèse des travaux sur la gravitation universelle (Newton, Halley, d'Alembert...).

Adrien Marie Legendre (1752-1833). Il contribue aux opérations géodésiques liées à la constitution du système métrique et s'efforce de démontrer le postulat d'Euclide. Il mène, parallèlement à l'Allemand Friedrich Gauss, l'étude de la résolution des équations binômes.

Lazare Carnot (1753-1823). « Organisateur de la victoire » en 1793, et membre du Directoire en 1795, il est aussi l'un des pères de la nouvelle géométrie analytique et de la réflexion théorique sur le travail des machines.

Jean Victor Poncelet (1788-1867). Général d'Empire, il conçoit en prison la géométrie projective (il est fait prisonnier à la suite de la campagne de Russie).

Sadi Carnot (1796-1832). Fils de Lazare Carnot, il développe également l'étude sur la transformation de la chaleur en travail (principe dit « de Carnot »).

Les sciences naturelles

Jean-Baptiste de Lamarck (1744-1829). Il évoque avant Darwin l'influence du milieu sur l'évolution des espèces.

Georges Cuvier (1769-1832). Il analyse et classe les espèces animales, mais défend l'idée de leur fixité.

Étienne Geoffroy Saint-Hilaire (1772-1844). Travaillant sur l'homologie des organes, il critique l'idée de la fixité des espèces animales.

La physique et la chimie

Charles de Coulomb (1736-1806). Il étudie le magnétisme, l'électrisation et la polarisation dès la fin des années 1770 ; il laisse son nom à l'unité de charge électrique.

Claude Berthollet (1748-1822). Ce dernier, qui découvre les lois de décomposition des éléments, et qui a suivi Bonaparte en Égypte, fonde avec Laplace la « Société d'Arcueil », qui réunit de nombreux savants.

Antoine de Fourcroy (1755-1809). Il est l'un des auteurs de la nomenclature chimique.

Jean Antoine Chaptal (1756-1832). Il contribue à l'essor de l'industrie chimique (teinture du coton, production d'alun et d'acide sulfurique). Ministre sous le Consulat, il crée l'École des arts et métiers.

Nicolas Vauquelin (1763-1829). Il étudie avec Fourcroy la composition du cerveau, de la moelle épinière, des nerfs, des cheveux... Il découvre le chrome, le lithium, la glucine...

Jean-Baptiste Biot (1774-1862). Il détermine l'origine des météorites en 1803, la vitesse du son dans les solides en 1809, et établit avec Félix Savart la formule du champ magnétique provoqué par le courant électrique (1820).

Louis Gay-Lussac (1778-1850). Il établit en 1802 la loi de dilatation des gaz et est professeur à Polytechnique en 1809. Il a aussi découvert le bore et étudié l'iode.

Félix Savart (1791-1841). Il étudie avec Jean-Baptiste Biot les champs magnétiques créés par les courants.

L'astronomie

Joseph de Lalande (1732-1807). Il améliore les tables de Halley et publie en 1801 une *Histoire céleste française*, à laquelle collabore son neveu Michel de Lalande (1766-1839).

Pierre Méchain (1744-1804). Il mesure avec Jean-Baptiste Delambre l'arc du méridien entre Dunkerque et Barcelone pour déterminer l'étalon du mètre.

Jacques Dominique Cassini (1748-1845). Cet Italien termine en 1815 la carte topographique de la France commencée par son père, premier directeur de l'Observatoire de Paris en 1791.

Jean-Baptiste Delambre (1749-1822). Il étudie les satellites de Jupiter et de Saturne, mesure avec Pierre Méchain l'arc du méridien Dunkerque-Barcelone, et publie une *Histoire de l'astronomie*.

1815-1870

SECONDE RESTAURATION, IIe RÉPUBLIQUE ET SECOND EMPIRE

Introduction

Les années de Restauration (1814-1848) expriment des difficultés d'adaptation de la société française aux nouvelles données d'un monde en mutation.

Le retour des Bourbons

Les institutions républicaines n'ont pas, en définitive, été consolidées par l'épisode napoléonien, cherchant à faire revivre le modèle monarchique, en changeant seulement sa forme et son personnel ; parallèlement, l'extension du secteur industriel et celle, concomitante, de la classe ouvrière, ont été compromises par les effets pervers du Blocus* continental, à l'heure des désastreux revers militaires. Ceux-ci ont de plus discrédité l'Empire, présenté par la propagande royaliste comme l'héritier de la Révolution.

Aussi, le retour des Bourbons ne rencontre-t-il pas de véritable opposition : la bourgeoisie d'affaires attend surtout une meilleure représentation parlementaire face au poids politique de la grande aristocratie foncière ; le monde ouvrier, encore embryonnaire, n'a ni unité, ni représentants, ni objectif clair ; les milieux bonapartistes et républicains, surtout composés de nostalgiques sans véritable assise sociale, n'ont eux-mêmes ni chefs de stature nationale ni programme véritablement mobilisateur. L'opposition est donc surtout composée de « libéraux », partisans de la liberté de pensée et d'un ordre constitutionnel limitant l'absolutisme royal face aux partisans d'un retour pur et simple à l'Ancien Régime.

Les forces nouvelles

En revanche, la brève IIe République (1848-1852) et le début du second Empire voient s'affirmer les caractères propres au monde capitaliste naissant : montée de la bourgeoisie industrielle et financière, développement de l'investissement productif, répression antiouvrière, accession au pouvoir politique de républicains partisans de l'« ordre ».

Cependant, et bien que Napoléon III ait fait revivre le mythe et les formes impériales, son règne n'est certes pas une simple parenthèse stérile, puisqu'au contraire il favorise, ou laisse s'exprimer, les forces nouvelles (celles des milieux d'affaires comme celles du monde du travail) qui vont mettre en place la nouvelle société.

Chroniques

1815-1824

Louis XVIII

La restauration de la monarchie, qui permet le retour de la paix, ne provoque pas de réactions hostiles.

Louis XVIII s'enfuit en Belgique dès le retour de Napoléon, et rentre à Paris le 8 juillet 1815, peu après la seconde abdication de l'Empereur (22 juin).

Les ultras au pouvoir

À la suite des « Cent-Jours », la vie politique française est marquée par l'opposition entre les « ultraroyalistes » et les partisans de la Charte. Ces derniers, favorables à l'idée de Constitution, comprennent deux tendances: une aile conservatrice (de Broglie, Guizot, Victor Cousin...), composée de notables fortunés (aristocrates, grands bourgeois ou universitaires), et une aile libérale ou « indépendante », attachée à la liberté et aux droits individuels (Casimir Perier, les Laffitte, La Fayette...), et hostile à Louis XVIII et aux ultraroyalistes.

Les ultras, quant à eux, reprochent à la Charte son existence même, qui leur apparaît comme une limite à l'absolutisme royal et un héritage de l'épisode révolutionnaire. S'appuyant sur la France rurale, soutenus par le clergé et ayant à leur tête le futur Charles X (alors comte d'Artois), ils triomphent à tel point aux élections d'août 1815 (en obtenant 350 députés sur 398) que Louis XVIII parle de « Chambre introuvable ». Désireux d'entreprendre une contre-révolution, surtout après les Cent-Jours, ils organisent une « Terreur blanche ». Il s'agit d'éliminer de tous les organes de pouvoir et de l'administration les anciens révolutionnaires ou bonapartistes, et d'extirper du pays tout l'héritage politique et idéologique de cette période. Les ultras obtiennent la condamnation à mort de généraux ralliés à Napoléon après son retour (Ney et La Bédoyère sont exécutés, Brune est assassiné par une foule royaliste, alors que Soult réussit à se cacher) ; ils votent la « loi de sûreté générale » (31 octobre 1815), qui supprime la liberté individuelle et permet d'emprisonner sans jugement les suspects : la création de « cours prévôtales » conduit à l'arrestation de 70 000 personnes. Par ailleurs, une agitation royaliste populaire, orchestrée par des groupes organisés d'ultras, ou par des catholiques intransigeants, conduit aux massacres de bonapartistes (Marseille, Avignon, Toulouse...) et de protestants (Nîmes...). Devant ces excès, le roi suit les conseils de son ministre de la Police, Decazes, qui prône la modération et l'amène à dissoudre la Chambre introuvable (5 septembre 1816) ; la nouvelle Chambre ne comprend plus qu'un tiers d'ultras.

L'assouplissement du régime

Le gouvernement, bien que présidé par un grand aristocrate, le duc de Richelieu, s'éloigne alors de plus en plus nettement du parti ultra.

Ainsi, en 1817, une loi électorale, préparée par le ministre de l'Intérieur Lainé, prévoit que les votes auront lieu dans les chefs-lieux de département, ce qui défavorise la noblesse et le clergé des campagnes, et avantage la bourgeoisie urbaine.

De plus, en mars 1818, la loi militaire Gouvion-Saint-Cyr supprime le privilège des nobles qui leur réservait d'emblée le rang d'officier dans l'armée.

L'élection de nombreux libéraux en 1817 et 1818 (Casimir Perier, La Fayette...) aboutit à la démission du duc de Richelieu et à la formation d'un gouvernement modéré favorable à la monarchie constitutionnelle, présidé par le général Dessolle et dominé par Decazes.

Celui-ci fait nommer soixante nouveaux membres de la Chambre des pairs, favorables au gouvernement, change les hauts fonctionnaires qui lui sont hostiles, libéralise le statut de la presse (loi de Serre, mai 1819). Mais la montée de la gauche libérale, aux élections partielles de 1819, puis l'assassinat, le 13 février 1820, du duc de Berry, neveu et successeur potentiel de Louis XVIII, provoquent une réaction des ultras : ils obtiennent du roi le départ de Decazes (bien que celui-ci ait tenté de se rapprocher d'eux) et le retour du duc de Richelieu le 20 février 1820.

Le retour des ultras

Le nouveau gouvernement adopte alors une politique très conservatrice : il décide que la majorité des députés sera élue au scrutin d'arrondissement, favorable aux grands propriétaires fonciers, les électeurs les plus imposés votant deux fois (une première fois dans l'arrondissement, une seconde fois au chef-lieu du département) ; par les lois de mars 1820, on en revient aux restrictions des libertés de la presse, avec le rétablissement de l'autorisation préalable et de la censure, alors que l'Université est étroitement contrôlée. De plus, la suspension de la liberté individuelle permet d'emprisonner, sans jugement pendant trois mois, tout individu suspect.

La naissance du fils posthume du duc de Berry, le duc de Bordeaux et comte de Chambord le 29 septembre 1820, renforce par ailleurs la combativité des ultras, qui remportent une victoire écrasante aux élections suivantes, alors que l'un de leurs leaders, Villèle, succède au duc de Richelieu à la tête du gouvernement en décembre 1821. L'opposition parlementaire étant modérée et inefficace, la contestation au régime s'organise clandestinement et prend la

forme de sociétés secrètes comme la Charbonnerie, influencée par les carbonari italiens.
Celle-ci tente d'organiser une insurrection, qui échoue totalement (La Rochelle, Saumur, Colmar, Belfort...). La répression qui s'ensuit conduit en particulier à l'exécution à Paris, le 21 septembre 1822, des quatre « sergents de La Rochelle », qui apparaissent comme les martyrs de l'opposition libérale. Celle-ci doit cependant rester encore de longues années sans grande influence sur un pouvoir qui se durcit encore à la mort du roi.

« Coup de main » en Espagne

L'armée française intervient en Espagne et prend d'assaut le fort de Trocadero et la ville de Cadix, que détiennent les auteurs d'un pronunciamiento hostile à l'absolutisme réactionnaire du roi Ferdinand VII (août 1823).

Charles X

Très proche des milieux catholiques intransigeants, Charles X conserve Villèle à la tête du gouvernement et accentue la politique conservatrice de Louis XVIII.

À la mort de Louis XVIII, le 16 septembre 1824, son frère le comte d'Artois, hostile à toute réforme sous Louis XVI, lui succède sous le nom de Charles X. Sacré à Reims en mai 1825, il peut s'appuyer sur une très forte majorité à la Chambre des députés, élue en février 1824 (la « Chambre retrouvée »). Elle a déjà, avant la mort de Louis XVIII, adopté la « loi de septennalité » (juin 1824), qui substitue au système des renouvellements partiels celui d'élections générales tous les sept ans.

Une politique conservatrice

En 1825, la Chambre retrouvée vote des lois religieuses favorisant les communautés religieuses et prévoyant la peine de mort en cas de sacrilège, ainsi que la loi d'indemnisation des anciens émigrés dont les terres ont été confisquées pendant la Révolution (le « milliard des émigrés »). Mais cette mesure est mal accueillie, aussi bien par ceux qui refusent toute indemnité que par ceux qui la jugent trop timide.

Villèle, Martignac et Polignac

Puis, fin 1826, Villèle tente de réduire encore la liberté de la presse en augmentant le droit de timbre et les amendes et en obligeant le dépôt des livres au ministère de l'Intérieur avant publication. Mais l'opposition à ce projet est telle qu'il doit y renoncer. Devant

l'opposition conjuguée des ultras et des libéraux, Villèle obtient du roi la dissolution de la Chambre (novembre 1827). Mais les élections, bien préparées par l'opposition libérale, sont un échec pour le gouvernement et les ultras, malgré des conditions de vote qui leur sont favorables ; majoritaires en voix, les libéraux ont 180 élus, les partisans du gouvernement moins de 200 et les ultras 75.
Ne parvenant pas à constituer un gouvernement, Villèle démissionne le 3 janvier 1828. Martignac, ministre de l'Intérieur, lui succède et tente un rapprochement avec la bourgeoisie libérale. Mais son projet de libéralisation de la presse n'aboutit pas, et il n'obtient que des ordonnances réduisant le contrôle de l'Église sur l'enseignement (juin 1828). En fait, Charles X désire appeler son ami le prince de Polignac, auquel Villèle s'est opposé. Les difficultés de ce dernier, puis de Martignac, lui permettent alors de réaliser son projet, bien que Polignac soit très impopulaire même parmi les royalistes, et jugé peu compétent. Après la nomination de Polignac (août 1829), Charles X prononce un « discours du Trône », lors de la réunion de la Chambre (2 mars 1830), par lequel il exprime nettement son désir de ne pas tenir compte de l'éventuelle opposition des députés. Ceux-ci répondent par le vote d'une « Adresse » antigouvernementale, qui recueille 221 voix.

La montée de l'opposition

Charles X réplique en dissolvant la Chambre, mais les nouvelles élections de juillet 1830 dégagent une nette majorité de députés hostiles au gouvernement. Par ailleurs, l'opposition républicaine et celle de monarchistes constitutionnels favorables au duc Louis-Philippe d'Orléans s'organisent dans le pays.
Surestimant sa popularité, Charles X décide de remettre en cause le régime constitutionnel par les quatre ordonnances du 25 juillet 1830 : dissolution de l'Assemblée ; révision de la loi électorale pour

réserver le droit de vote aux grands propriétaires fonciers; suppression de la liberté de la presse; nouvelles élections le mois suivant. Ces décisions provoquent l'insurrection parisienne des 27, 28 et 29 juillet 1830 (les « Trois Glorieuses »). L'insurrection débute dans les imprimeries investies par la police et dégénère en combats de rue opposant ouvriers, étudiants et républicains aux troupes du général Marmont. Après trois jours d'affrontements qui ont fait environ mille victimes, les insurgés, d'abord retranchés derrière les barricades du quartier Saint-Antoine, contrôlent la capitale.
Charles X, qui s'est enfui à Rambouillet, annule les ordonnances, renvoie Polignac et abdique en faveur de son petit-fils. Mais son heure est passée: La Fayette a été nommé commandant de la garde nationale et une commission municipale, siégeant à l'Hôtel de Ville, a nommé le duc Louis-Philippe d'Orléans lieutenant général du royaume. Celui-ci présente l'avantage d'être un Bourbon, descendant d'un frère de Louis XIV, mais aussi d'avoir combattu du côté des Français à Valmy et à Jemmapes.
Sous l'influence de Thiers (qui souhaite une monarchie parlementaire où le roi « règne mais ne gouverne pas »), de Guizot et de De Broglie, les députés présents à l'Assemblée le 3 août élisent Louis-Philippe roi des Français et modifient dans un sens libéral la Charte de 1814: la possibilité pour le roi de gouverner par ordonnances est supprimée (article 14), le cens électoral abaissé, le drapeau tricolore rétabli, le catholicisme cesse d'être une religion d'État. Alors que Charles X se réfugie en Grande-Bretagne, Louis-Philippe prête serment de fidélité à la nouvelle Charte, le 9 août 1830.

L'affaire grecque et la conquête de l'Algérie

En octobre 1827, la flotte française, alliée à l'Angleterre, détruit à Navarin celle des Turco-Égyptiens qui cherchent à écraser le soulèvement nationaliste en Grèce, alors sous domination turque. Si

l'opinion publique française a joué un rôle dans l'affaire grecque, en raison de la dure répression turque (massacre de Chio), cette intervention s'explique surtout par le souci de rendre à la France une place perdue depuis le congrès de Vienne.
On assiste par ailleurs à une reprise de l'expansionnisme colonial : la flotte de l'amiral Duperré et l'armée du général de Bourmont prennent Alger, tenue par les Turcs (1830). Il s'agit à la fois d'une opération de prestige, destinée à restaurer le crédit de Charles X, et d'un moyen de mettre fin à la piraterie maritime en Méditerranée (Alger abritait un marché d'esclaves chrétiens).

1830-1848

Louis-Philippe Ier

Confronté à l'opposition des partis du Mouvement et de la Résistance, le régime ne résiste pas à la crise politique de 1848.

Louis-Philippe doit faire face à l'opposition des partisans de Charles X dits « légitimistes », et à la division des défenseurs du nouveau régime, entre le parti du Mouvement, qui veut développer la démocratie politique (La Fayette, Odilon Barrot...) et celui de la Résistance, qui refuse toute concession (Guizot, Casimir Perier...), malgré ses idées libérales et son mode de vie, plus proche de celui de la grande bourgeoisie que de celui de la haute noblesse.

Cela explique aussi l'instabilité du début de son règne : malgré la présence au gouvernement de « progressistes » (Perier, Laffitte, de Broglie...) l'agitation se poursuit dans les rues de Paris ; les différends entre les partisans du Mouvement et ceux de la Résistance conduisent à une succession de ministères de tendances opposées (Laffitte, puis Casimir Perier en 1831, Soult de 1832 à 1834, de Broglie en 1834-1835). Par ailleurs, l'opposition légitimiste est active partout dans le pays et principalement dans le Midi et en Bretagne : la veuve du duc de Berry tente même d'organiser un soulèvement armé (novembre 1832).

De plus, les difficultés économiques qui sont en partie à l'origine de la révolution de juillet 1830 n'ont pas disparu pour autant (crise des métiers traditionnels, augmentation du chômage et du prix du pain, baisse des salaires...).

Les lois électorales de 1831 et 1833

Elles reflètent les limites du changement politique : les conseils municipaux dans chaque commune, et les conseils généraux de départements sont maintenant élus, mais il faut payer 200 francs d'impôts directs pour être électeur, et 500 francs pour être éligible ; aussi, le nombre d'électeurs n'excéda-t-il pas 250 000 personnes. La Chambre des députés, qui comprend 459 membres, élus dans ces conditions restrictives, n'a pas l'initiative des lois, alors que les membres de la Chambre des pairs, dont l'hérédité est supprimée, dépendent de la nomination royale. Cela donne donc un poids considérable aux ministres et au gouvernement du roi.

Les mouvements populaires

Des troubles graves éclatent à Lyon et à Paris. À Lyon, en novembre 1831, les ouvriers canuts de la soie se mettent en grève pour protester contre les baisses de salaires, puis investissent la ville. Il faut l'intervention de l'armée du maréchal Soult pour écraser l'insurrection et supprimer l'ancien « tarif des salaires », que les ouvriers voulaient maintenir.

À Paris, l'enterrement du général Lamarque, haute figure républicaine, tourne à l'émeute ; les manifestants, qui ont brandi le drapeau rouge et dressé des barricades, sont pourchassés par l'armée jusque dans le cloître Saint-Merri (5-6 juin 1832). Puis, face aux tentatives d'expression républicaine (journaux, associations, sociétés secrètes…), une loi d'avril 1834 interdit la création de sections locales ; cela provoque une nouvelle insurrection à Lyon (9-12 avril) et à Paris, où l'action rapide et brutale du général Bugeaud (massacre de la rue Transnonain) stoppe le mouvement.

Le roi est même l'objet d'une tentative d'assassinat (28 juillet 1835), qui conduit à un durcissement de la législation répressive contre la presse et les organisations républicaines ou socialisantes.
De ce fait, les principaux journaux ne peuvent être que favorables au régime, malgré leur diversité: *le Journal des débats* est le plus proche du roi (Guizot, Molé), *le Constitutionnel*, animé par Thiers, prône la monarchie parlementaire, alors que *le Siècle* semble plus progressiste (Laffitte, Odilon Barrot).
Ces divergences, aggravées par des rivalités de personnes, prennent une dimension nouvelle durant le ministère du comte Molé, qui laisse la réalité du pouvoir au roi. Thiers, Odilon Barrot, Dupin, Guizot prennent la tête d'une coalition de députés hostiles au président du Conseil. Celui-ci fait dissoudre l'Assemblée. Mais les élections sont favorables aux ennemis de Molé, qui démissionne le 8 mars 1839.

Thiers et Guizot

Peu de temps après, une nouvelle émeute parisienne amène la formation d'un ministère Soult (mai 1839), toujours trop favorable au roi, aux yeux de la nouvelle majorité de la Chambre. Elle impose Thiers à la présidence du Conseil (1er mars 1840). Refusant de s'appuyer sur les radicaux républicains (favorables à l'élargissement du droit de vote), et sans politique sociale face à l'agitation ouvrière, Thiers cherche surtout à flatter l'orgueil national (retour des cendres de Napoléon, politique anti-anglaise...). Ces menaces amènent Louis-Philippe à rappeler Soult pour présider un gouvernement dominé par la personnalité de Guizot (29 octobre 1840).
Celui-ci fait preuve d'une grande habileté pour se concilier les bonnes grâces du roi et de l'Assemblée, maintenir la paix extérieure, rassurer la bourgeoisie et ne pas déplaire aux légitimistes. Mais son immobilisme déplaît aussi bien à ceux qui espèrent une

évolution vers plus de libéralisme, qu'aux milieux catholiques et légitimistes réclamant la « liberté d'enseignement » (remise en cause par la loi Guizot de 1833). Après la mort accidentelle en 1842 du fils de Louis-Philippe, dont l'opposition libérale attendait beaucoup, et le refus de Guizot de faire désigner la duchesse d'Orléans, favorable au « Mouvement », comme éventuelle régente, l'évolution politique semble être bloquée.

La crise finale

Or, une nouvelle crise économique, la mutiplication de scandales touchant de hauts dignitaires et le désir de la moyenne bourgeoisie d'obtenir le droit de vote par la baisse du cens électoral accumulent les oppositions à la monarchie de Juillet. Tandis qu'éclatent des troubles en province, en raison de la pénurie alimentaire (fin 1846), l'année 1847 est marquée par le refus du Parlement de réviser la loi électorale ; l'opposition libérale organise alors une « campagne des banquets », prétextes à des discours de plus en plus hostiles au régime.

L'interdiction du banquet qui doit avoir lieu le 22 février 1848 à Paris provoque une réaction populaire. Le 23, des barricades sont dressées dans le centre de Paris, et la garde nationale s'interpose entre l'armée et les insurgés. Louis-Philippe renvoie alors Guizot et appelle Thiers. Mais, entre-temps, l'armée a tiré et l'insurrection prend de l'ampleur. Le 24, le maréchal Bugeaud arrête le feu face au risque d'insubordination de ses troupes.

Louis-Philippe abdique alors en faveur de son petit-fils, le comte de Paris, pour éviter de « verser inutilement le sang français ». Il mourra en Angleterre en 1850. Mais le parti des révolutionnaires l'emporte : un gouvernement provisoire s'installe à l'Hôtel de Ville (avec à sa tête Ledru-Rollin, Lamartine, Louis Blanc, Arago…) et proclame la république.

La politique extérieure

Le rapprochement franco-anglais

Les expéditions franco-anglaises contre les Turco-Égyptiens (1827) puis contre les Pays-Bas (août 1831) – action qui assure l'indépendance de la Belgique – marquent la réconciliation entre les deux pays. Malgré une rivalité liée aux débuts de la colonisation, la France et l'Angleterre poursuivent leur rapprochement. Ainsi, après Waterloo, les deux pays ne devaient plus jamais s'opposer par les armes.

L'occupation de l'Algérie

Sous le règne de Louis-Philippe, l'occupation de l'Algérie se développe (prise d'Oran en 1831, de Bône en 1832, de Bougie en 1833, de Constantine en 1837) malgré la résistance de l'émir Abd el-Kader. À partir de 1840, le maréchal Bugeaud poursuit plus au sud et jusqu'au Maroc les troupes d'Abd el-Kader, qui se rend finalement au duc d'Aumale en décembre 1847. La colonisation, commencée en 1840, peut se développer, malgré des îlots de résistance (comme en Kabylie), et l'hostilité anglaise qui empêche la poursuite de l'expansion française vers le Maroc.

Dans le Pacifique

La France s'y implante après les expéditions de Jules Dumont-d'Urville, Victor-Guy Duperré et Aubert Dupetit-Thouars. Ce dernier établit un protectorat français aux îles Marquises, à Wallis et Futuna et aux îles Gambier (1842-1844).

1848-1852

La IIe République

Après le rêve populaire d'une « République sociale » et l'écrasement de l'insurrection de juin 1848, les forces conservatrices reviennent au pouvoir.

Dès son installation à l'Hôtel de Ville le 24 février 1848, le Gouvernement provisoire proclame la république, institue le suffrage universel, abolit l'esclavage, assure la liberté de la presse et autorise les réunions publiques. Pour faire face au mécontentement populaire sont créés, le 26 février 1848, les « Ateliers nationaux », destinés à employer les chômeurs en leur faisant effectuer des travaux de voirie. Mais les tâches à leur proposer manquent bien vite, alors que viennent de province les chômeurs des secteurs les plus touchés par la crise (bâtiment, textile, métiers de luxe…). Les Ateliers deviennent bientôt des lieux de mécontentement et d'agitation politique.

Du rêve populaire à la réalité

Les mesures prises à l'instigation des libéraux du gouvernement (Lamartine, Ledru-Rollin…) ne peuvent suffire à la fraction socialiste (Louis Blanc, « l'ouvrier » Albert…), qui désire des réformes sociales.

Les élections du 23 avril 1848 n'apportent pas de réponse aux difficultés économiques et sociales : les nouveaux électeurs au nombre de 9 millions au lieu de 250 000, très influencés par les pressions locales, portent au pouvoir une majorité républicaine modérée, opposée à toute « aventure », et une minorité très conservatrice représentée par Falloux et Montalembert.

C'en est fini des projets de la gauche d'accroître la pression fiscale et de développer la propriété publique pour relancer l'activité. Au contraire, à la manifestation ouvrière du 15 mai répond, le 23 mai, la dissolution des Ateliers nationaux. Un mois plus tard, le 23 juin, éclate l'insurrection ouvrière de Paris, soutenue par une partie de la garde nationale.

L'Assemblée confie alors au général Cavaignac le soin d'écraser la révolte parisienne, ce qu'il fait après plusieurs jours de violents combats et à l'aide d'une armée de plus de 30 000 hommes : les morts et les fusillés se comptent par milliers. L'espoir d'une « République sociale », auquel ont pu croire les milieux populaires depuis février, désormais s'évanouit. Ils sont prêts à faire confiance à celui qui bientôt renversera la République qui les a trahis. Mais, pour l'heure, le pouvoir est entre les mains du parti de l'Ordre, conservateur et catholique.

Une nouvelle Constitution est votée en novembre 1848 : elle prévoit l'élection au suffrage universel d'une Assemblée législative et d'un président de la République élu pour quatre ans et formant le gouvernement ; mais il n'est pas immédiatement rééligible et ne peut dissoudre l'Assemblée. Au-delà de cette apparence républicaine, le parti de l'Ordre envisage un retour à la monarchie ; cela explique le choix de Louis Napoléon Bonaparte comme candidat à la présidence de la République. Celui-ci se dit partisan d'un pouvoir fort délégué par le peuple, mais professe également des idées socialisantes le rendant acceptable par le peuple.

De fait, Louis Napoléon Bonaparte est élu largement le 10 décembre 1848 (il recueille 5,5 millions de voix, contre 1,5 million à Cavaignac et un peu moins de 400 000 à Ledru-Rollin).

Le parti de l'Ordre au pouvoir

L'Assemblée nationale, élue le 13 mai 1849, dégage une écrasante majorité d'élus conservateurs (500), contre 180 »démocrates socialistes » ; le parti de l'Ordre semble avoir désormais les mains libres. Il obtient du président l'intervention française contre la République romaine (été 1849). L'armée envoyée pour contrecarrer l'avance autrichienne investit Rome le 4 juillet 1849, ce qui provoque la ruine de la République romaine de Mazzini et permet le retour du pape Pie IX dans ses États. Le parti de l'Ordre fait voter la loi Falloux (15 mars 1850), qui donne à l'Église catholique la liberté de l'enseignement secondaire : elle permet la création de plein droit d'écoles privées, et dispense les enseignants de diplôme à partir du moment où ils appartiennent à un ordre religieux. À la suite d'élections partielles se soldant par le succès de candidats républicains à Paris, le parti conservateur pousse à la suppression du suffrage universel (loi du 31 mai 1850) : il faut désormais justifier de trois années de résidence fixe, ce qui réduit de 9 à 3 millions le nombre d'électeurs et touche surtout les milieux ouvriers.

Mais bientôt se profile l'« échéance de 1852 », qui doit décider de l'élection d'un nouveau président de la République, à laquelle, d'après la Constitution, ne peut se représenter Louis Napoléon Bonaparte. Face à la division des royalistes, partagés entre les partisans du jeune comte de Paris (petit-fils de Louis-Philippe), qui n'a que 12 ans, et ceux du comte de Chambord (petit-fils de Charles X), Louis Bonaparte tente de faire réviser la Constitution pour permettre sa réélection : l'Assemblée vote favorablement, mais la majorité nécessaire des trois quarts n'est pas atteinte. De même, une proposition de rétablissement du suffrage universel échoue.

Vers l'Empire

Sentant ainsi le climat favorable, mais la voie légale impossible, Louis Napoléon Bonaparte passe à l'action : le 2 décembre 1851, date anniversaire du couronnement de Napoléon Ier et de la victoire d'Austerlitz, le président décrète la dissolution de l'Assemblée et le rétablissement du suffrage universel ; il fait arrêter les opposants les plus fermes (comme Thiers) et les généraux les plus hostiles (tel Cavaignac) ; son demi-frère Morny devient ministre de l'Intérieur et le général Saint-Arnaud, ministre de la Guerre. L'armée, dont les chefs sont, dans l'ensemble, favorables au président, soutient le coup d'État et réprime les manifestations populaires hostiles qui éclatent à Paris et en province. L'armée tire sur la foule, et environ 10 000 opposants sont condamnés et exilés en Algérie. Cette résistance républicaine contribue à faire accepter le nouveau régime par les partis conservateurs. Pour assurer sa légitimité, Louis Napoléon Bonaparte organise aussitôt un plébiscite, qui, par près de 7 millions de voix contre moins de 650 000, l'autorise à rester au pouvoir et à réformer la Constitution (21 décembre 1851). Celle-ci est promulguée le 14 janvier 1852. Elle prolonge de dix ans le mandat de Louis Napoléon Bonaparte, qui n'est responsable que devant la nation consultée par plébiscite, à la discrétion du président. Celui-ci choisit le gouvernement et concentre tous les pouvoirs. Il nomme à vie les membres du Sénat, gardien de la Constitution. Deux autres assemblées sont maintenues : le Conseil d'État, formé de fonctionnaires qui rédigent les projets de loi gouvernementaux ; le Corps législatif, composé d'élus d'arrondissement, et qui ne peut qu'accepter ou refuser les projets de loi qui lui sont soumis, sans pouvoir les modifier.

L'année 1852 voit se développer une propagande officielle pour le rétablissement de l'Empire. Hâtant les étapes, un sénatus-consulte du 7 novembre fait du « Prince-Président » l'empereur

Napoléon III. Un nouveau plébiscite sanctionne favorablement cette décision, avec 8 millions de oui; mais 2 millions d'électeurs se sont abstenus. Le 2 décembre 1852, le nouvel empereur descend les Champs-Élysées à cheval pour se rendre aux Tuileries.
Ce régime constitue une dictature de fait, seulement tempérée par l'existence du Corps législatif, qui peut s'opposer aux projets de lois impériaux et qui vote le budget. Mais la procédure du «candidat officiel», choisi par le préfet de département, soutenu par l'administration et pouvant seul organiser une véritable campagne électorale, de même que le contrôle étroit de la presse rendent très difficile l'élection de candidats d'opposition. La période qui s'ouvre avec la naissance du second Empire est celle de «la mise en sommeil» de la vie politique intérieure française.

1852-1870

Le second Empire

Commencé sous le signe de l'autoritarisme, le second Empire évolue vers le libéralisme et représente une période d'essor économique et de mutation sociale. En revanche, Napoléon III cherche vainement à rééditer les exploits de son oncle : s'il réussit à rapprocher la France et l'Angleterre, il échoue face à la Prusse.

De l'autoritarisme au libéralisme

L'empire autoritaire

Les premières années du second Empire sont celles d'un pouvoir autoritaire n'ayant à faire face à aucune opposition organisée : les campagnes sont contrôlées par l'Église, l'administration et les grands propriétaires fonciers ; les milieux ouvriers urbains subissent le contrecoup des événements de 1848 et de 1852 ; les royalistes sont divisés entre ceux qui voient en Napoléon III le garant de l'ordre et ceux qui, favorables à une restauration monarchique, se contentent d'une contestation de salon ; les républicains sont exilés (tel Victor Hugo) ou contraints au silence par la censure.

L'opposition se manifeste essentiellement par l'abstention aux diverses élections, car très peu de républicains sont élus (6 sur 261 députés en 1852, et 5 en 1857). En revanche, Napoléon III échappe à un attentat : le 14 janvier 1858, une bombe lancée par Orsini, révolutionnaire italien, fait environ 150 victimes. Cela provoque un nouveau durcissement du régime, la Chambre votant une loi de sûreté générale qui permet de condamner ou d'exiler sans jugement les opposants notoires.

L'empire « libéral »

Mais, dès 1859, le pouvoir va accepter une certaine libéralisation pour désamorcer le mécontentement : la compétence du Corps législatif est accrue, les débats y sont autorisés et une amnistie permet aux républicains en exil de rentrer en France. Cela va faciliter un renouveau de l'activité politique et de la critique, venant aussi bien des milieux républicains que royalistes. Ainsi, en 1863, l'opposition triple le nombre de ses électeurs et obtient 32 députés, surtout élus à Paris et dans les grandes villes ; de plus, les « candidats officiels », soutenus par le pouvoir et les autorités locales, deviennent eux-mêmes plus modérés et favorables à un accroissement du pouvoir de la Chambre.

Les proches de l'empereur se partagent alors entre les partisans du maintien d'un régime autoritaire (Rouher) et ceux qui acceptent l'évolution vers le parlementarisme (Morny) et le rapprochement avec des républicains prêts à soutenir un Empire libéral (Émile Ollivier) ; le régime a en effet à faire face aux attaques des libéraux intransigeants à l'éloquence dangereuse (Thiers), et au mécontentement populaire provoqué par le ralentissement de la croissance économique. Aussi le droit de grève est-il accordé en 1864 et une délégation française peut se joindre à la Ire Internationale ouvrière qui se réunit à Londres en septembre 1864. La disparition de Morny, en 1865, freine l'évolution vers un surcroît de libéralisme politique, en laissant le champ libre à Rouher. Pourtant, en raison de difficultés extérieures et économiques, l'empereur accepte de restaurer les libertés publiques : en 1868, la liberté de la presse est partiellement rétablie et les réunions publiques permises (mais en présence d'un officier de police), alors que les chambres syndicales ouvrières sont autorisées (mais la section française de l'Internationale qui soutient les grèves est dissoute).

La montée de l'opposition

Mais cela est insuffisant ou trop tardif pour attirer vers le régime les milieux républicains. Les journaux d'opposition se déchaînent, et les procès qui leur sont intentés forment des tribunes pour les orateurs qui attaquent l'Empire (Gambetta). Dans ce contexte d'une liberté d'expression retrouvée, les élections de 1869 voient une montée remarquable de l'opposition, qui obtient 90 députés, et les candidats officiels connaissent une véritable déroute dans les villes. En septembre 1869, un sénatus-consulte modifie la Constitution en rendant compatibles les fonctions de ministre et de député ; il s'agit d'associer plus étroitement l'action du gouvernement à celle du Corps législatif. Mais cette réforme est trop tardive et trop limitée pour établir d'un vrai consensus national.

Pourtant, des républicains modérés sont prêts à se rallier : c'est ainsi que le 2 janvier 1870 l'empereur appelle Émile Ollivier à la tête du gouvernement ; il dispose de l'appui d'une majorité de députés hostiles aussi bien aux partisans de l'Empire autoritaire qu'aux républicains irréductibles.

Mais Napoléon III n'entend pas pour autant renoncer au pouvoir. En mai 1870, il organise un plébiscite ambigu qui sollicite à la fois l'approbation des réformes libérales et les prérogatives impériales. Malgré l'opposition des républicains, Napoléon III obtient un grand succès de prestige en obtenant 7,5 millions de oui, contre 1,5 million de non. Cependant, l'empereur veut aller plus loin et s'engage dans une aventure militaire dont Émile Ollivier attend le renforcement de son propre pouvoir et qu'il accepte « d'un cœur léger ». Elle va pourtant provoquer l'effondrement du régime.

En effet, aussitôt après le désastre de Sedan (2 septembre 1870), une insurrection parisienne chasse les députés, le 4 septembre ; un gouvernement de défense nationale, présidé par le général Trochu, est constitué à l'Hôtel de Ville et la république est proclamée. Le régime n'a pas survécu à la défaite militaire.

Essor économique et mutation sociale

Napoléon III fait preuve de libéralisme dans ces domaines ; traité de commerce avec la Grande-Bretagne, favorisant le libre échange entre les deux pays (1860) ; facilité accrue de créer des sociétés anonymes ; droit de coalition accordé aux ouvriers (1864), tolérant de fait la création des syndicats et la grève ; modernisation de l'enseignement par Victor Duruy (ministre en 1863), qui préconise l'enseignement primaire obligatoire et gratuit, et souhaite développer l'enseignement secondaire d'État pour les filles. Le second Empire est une période d'essor pour l'industrie, les chemins de fer, le commerce, les banques et l'urbanisme.

La politique extérieure

La guerre de Crimée

Face aux prétentions du tsar Nicolas Ier de soumettre l'Empire ottoman et de contrôler les Balkans, une armée franco-anglaise attaque la Russie en Crimée (septembre 1854). Bousculant l'armée russe sur la rivière Alma, elle entreprend le long et pénible siège de Sébastopol, qui résiste un an ; mais la prise de la tour de Malakoff (8 septembre 1855) par les troupes du général de Mac-Mahon décide de la démilitarisation de la mer Noire et ouvre la voie à la création d'un État roumain, réalisée en 1859.

La politique outre-mer

Durant le second Empire, la conquête de l'Algérie est poursuivie. Terminée en 1857, elle donne lieu ensuite à une opposition sérieuse entre les autorités militaires, qui veulent réglementer strictement l'occupation du pays, et les colons, désireux d'étendre leurs possessions au détriment des populations locales.

Parallèlement, la France et l'Angleterre imposent à la Chine l'ouverture de ses frontières au commerce européen (1860), les Français occupent Saigon et la Cochinchine (1861), et font du Cambodge un protectorat, alors qu'au Sénégal Louis Faidherbe, gouverneur de 1854 à 1865, fonde Dakar et étend la présence française à l'intérieur des terres.

L'expédition mexicaine

Par ailleurs, si la France s'illustre pacifiquement en Égypte avec le percement du canal de Suez par Ferdinand de Lesseps (de 1854 à 1869), son intervention au Mexique est un échec militaire et diplomatique bien inutile. Napoléon III veut en effet soutenir le parti de Maximilien d'Autriche en lui confiant l'Empire qu'il veut y créer pour développer les intérêts français ; mais, après de premiers succès (1861-1864), le général Bazaine doit quitter le pays, et Maximilien, abandonné par la France en 1867, est capturé et fusillé par les troupes du président Juárez Garcia.

La politique européenne

Mais l'essentiel de la politique extérieure de Napoléon III se situe en Europe même ; elle consiste à développer l'alliance anglaise contre la Russie, et à faire revivre en Italie et en Allemagne les grandes heures de l'aventure napoléonienne. Mais il ne s'agit que d'une pâle réplique, qui tranche néanmoins avec le « pacifisme » des années de la Restauration.

Le principal ennemi traditionnel de la France est l'Autriche, présente en Italie du Nord. Imitant Bonaparte, Napoléon III décide d'en chasser les Autrichiens. Or, le roi du Piémont, Victor-Emmanuel II, et son ministre Cavour veulent constituer un royaume indépendant en Italie du Nord. Aussi Napoléon III et Cavour poussent-ils l'Autriche à la guerre pour justifier une intervention française : en juin 1859, Napoléon III remporte la bataille de Magenta, puis celle de Solferino (4 et 24 juin), repoussant les Autrichiens en Vénétie. Mais la menace d'une attaque prussienne sur le Rhin, l'agitation républicaine dans les États pontificaux, qui provoque l'hostilité

des catholiques français, amènent Napoléon III à arrêter la guerre. Néanmoins, le Piémont gagne des territoires vers l'est, et la France Nice et la Savoie.
Une nouvelle intervention française (bataille de Mentanas, novembre 1867) empêche les troupes de Garibaldi de prendre Rome, retardant aussi l'unification italienne.

Le danger prussien

La victoire éclair de la Prusse contre l'Autriche affaiblie (Sadowa, 1866) confirme sa puissance. Affirmant son hégémonie économique sur les États allemands dans le cadre de l'union douanière (Zollverein), et s'appuyant sur une industrie sidérurgique en expansion rapide, la Prusse devient la grande rivale de la France, sur tous les plans. Aussi souhaite-t-on des deux côtés une guerre victorieuse pour raffermir l'unité nationale. Le prétexte en sera la candidature d'un Hohenzollern au trône d'Espagne. Celle-ci est abandonnée, mais Guillaume Ier en villégiature à Ems refuse de garantir que ce désistement soit définitif. Bismarck présente ce refus d'une manière provocante. Cette dépêche d'Ems décide les Français à déclarer la guerre à la Prusse (19 juillet 1870).

La guerre de 1870

En quelques semaines, la France, à l'armée mal préparée et inférieure en nombre, a perdu la guerre ; le 6 août, l'armée prussienne du général von Moltke bat les Français en Lorraine et en Alsace, à Forbach et à Frœschwiller ; le général Bazaine est encerclé dans Metz ; Napoléon III se replie avec Mac-Mahon vers Sedan, où il est capturé avec son armée, épuisée et mal commandée (2 septembre). Le seul fait d'armes français de cette désastreuse campagne militaire est la charge suicidaire des cuirassiers, à Reichshoffen, qui a permis le repli inutile de l'armée d'Alsace du général de Mac-Mahon.

La paix ne va pas pour autant survenir aussitôt. Le désir de Bismarck d'annexer l'Alsace et une partie de la Lorraine pousse le nouveau gouvernement à continuer la guerre, sans véritable armée. Paris est assiégé au mois d'octobre et Gambetta, ministre de l'Intérieur, réussit à fuir en ballon pour tenter de constituer en province une armée de secours, alors que Thiers essaie d'obtenir sans succès un appui des autres pays européens.
Gambetta forme pourtant une armée de 600 000 hommes qui bat les Prussiens à Coulmiers (9 novembre 1870), prend Orléans et remonte vers le nord. Mais la capitulation de Bazaine à Metz permet à l'armée allemande de venir au-devant des Français, alors qu'une tentative de sortie de Paris échoue à Champigny le 2 décembre. Malgré ces échecs, une « deuxième armée de la Loire » résiste aux Prussiens en Mayenne ; Denfert-Rochereau défend Belfort et Faidherbe tente une attaque à partir du nord. Mais, à la fin de janvier 1871, les rigueurs conjuguées d'un terrible hiver et du siège renforcé des Prussiens rendent la situation désespérée dans Paris. Le 28 janvier, le gouvernement accepte l'armistice et la capitulation de Paris.

La paix de Versailles

Le 12 février 1871, l'Assemblée nationale, élue au suffrage universel quatre jours plus tôt, se réunit à Bordeaux. Thiers, au nom du gouvernement, vient à Versailles signer la paix (là où l'Empire d'Allemagne avait été proclamé le 18 janvier). Ratifiée à Francfort le 10 mai, elle prévoit l'annexion par l'Allemagne de l'Alsace, de Metz et d'une partie de la Lorraine, et l'occupation du nord de la France jusqu'au paiement d'une indemnité de 5 milliards de francs-or. De plus, Guillaume Ier devient empereur d'Allemagne, réalisant ainsi l'unification politique des États allemands sous la domination prussienne, et consacrant l'échec définitif du rêve napoléonien d'hégémonie française en Europe.

Dossiers

Du romantique au réalisme

Avec la Restauration s'amorce une diversification de l'inspiration picturale, qui reste figurative jusque vers 1860. L'opéra romantique et le « poème symphonique » initié par Berlioz s'affirment dès le début du XIXe siècle. À partir du milieu du siècle, la sensibilité romantique se retrouve en matière littéraire dans le Parnasse contemporain tout en laissant la place au développement d'un courant « réaliste ».

La peinture

Une rupture thématique brutale s'effectue à la fin de l'Empire, comme en témoigne l'évolution des grands maîtres qui se sont illustrés sous Napoléon, bien que les références gréco-romaines subsistent. Le classicisme n'est toutefois définitivement délaissé qu'après 1870. Les nouveaux maîtres comme Ingres ou Delacroix s'éloignent définitivement du genre guerrier mais aussi du portrait et de l'émotivité romantique.

François Gérard (1770-1837). Le peintre de *la Bataille d'Austerlitz* devient le portraitiste des souverains de la Restauration. Il produit également un *Isabey et sa fille,* synthèse significative de réalisme et de romantisme.

Dominique Ingres (1780-1867). Élève de David, il débute sous l'Empire et compose dès lors de nombreux portraits. Si l'on trouve dans son œuvre l'évocation de la mythologie grecque (*Œdipe et le Sphinx*...), il est également attiré par le thème religieux (*Jésus au milieu des docteurs*...) et par la sensualité orientale (*le Bain turc,* *l'Odalisque à l'esclave…*). Cela le rend finalement bien plus proche du romantisme d'Eugène Delacroix (qu'il condamne pourtant) que du classicisme antique dont il se réclame.

Théodore Géricault (1791-1824). Abandonnant les thèmes militaires, il réalise en 1820 son célèbre *Radeau de la Méduse* et donne une suite de tableaux à dominante macabre (Têtes de suppliciés, portraits de fous…).

Eugène Delacroix (1798-1863). Ami de Géricault, admirateur de Michel-Ange et de Vélasquez, il s'oppose au classicisme défendu par Ingres, et ose une peinture engagée (*les Massacres de Scio,* dénonçant le massacre des Grecs; *la Liberté guidant le peuple,* à la gloire des insurgés de 1830). Mais on trouve aussi chez lui les mêmes thèmes que chez Ingres: l'Antiquité (*la Mort de Sardanapale…*), la Bible (*la Lutte de Jacob avec l'Ange…*), l'Afrique (*les Femmes d'Alger…*), mais aussi le Moyen Âge (*la Bataille de Taillebourg…*).

La musique

Giacomo Meyerbeer (1791-1864). D'origine allemande, il connaît le succès à Paris, à partir de 1826. Ses opéras s'échappent du baroque pour devenir des « œuvres totales », reposant sur l'utilisation de toutes les potentialités orchestrales et sur des effets scéniques sophistiqués. Il rencontre un vif succès avec *Robert le Diable* (1831), *les Huguenots* (1836), *le Prophète* (1849), mais est vivement critiqué pour son manque de « profondeur » et ses effets « faciles » trop « spectaculaires ».

Hector Berlioz (1803-1869). Il est le premier grand compositeur français du XIXe siècle. *La Symphonie fantastique* (1830), le *Requiem* (1837), *Benvenuto Cellini* (1838), *Roméo et Juliette* (1839), *la Damnation de Faust* (1846), *les Troyens* (1858 et 1865)…, qui rejoignent le romantisme littéraire, sont l'occasion d'un renouvellement de l'orchestration et constituent le point de départ du poème symphonique, exaltant la tension dramatique.

Jacques Offenbach (1819-1880). Maître de l'opéra bouffe, il crée le théâtre des Bouffes-Parisiens, écrit une centaine d'opérettes, rythmées et humoristiques (*la Belle Hélène,* 1864; *la Vie parisienne,* 1866; *la Périchole,* 1868...).

La littérature

Le « romantisme » est une forme de sensibilité littéraire et artistique exprimant le déchirement des passions amoureuses et l'angoisse de la solitude humaine. La plupart des auteurs de la première moitié du XIXe siècle ont en commun d'avoir participé, de près ou de loin, aux bouleversements politiques et au mouvement romantique. Leur engagement politique et leurs émotions poétiques peuvent s'expliquer par le désarroi provenant de l'ébranlement des valeurs traditionnelles et la gestation d'une nouvelle société industrielle et capitaliste. Le Parnasse contemporain prolonge certains traits du romantisme, tout en condamnant sa sensiblerie excessive. Il affirme le principe de « l'art pour l'art », la littérature devant se dégager de tout utilitarisme. Mais le genre réaliste s'affirme parallèlement avec des auteurs s'éloignant du romantisme pour privilégier l'histoire sociale, ou la peinture de mœurs.

Le romantisme littéraire

Madame de Staël (1766-1817). Fille de Necker, elle est favorable aux idées révolutionnaires, mais, d'esprit indépendant, elle doit quitter la France à plusieurs reprises. Elle aime résider en Suisse, où elle attire les esprits brillants, tels Benjamin Constant ou Madame Récamier. Durant la Restauration, elle ouvre un salon à Paris. Romantique passionnée, elle publie aussi des essais politiques, tels

De l'influence des passions sur le bonheur des individus et des nations (1796), ou *De l'Allemagne* (1810), interdits par Napoléon.

François René de Chateaubriand (1768-1848). Première grande figure du romantisme, il est très marqué par son enfance passée à Combourg au milieu d'une nature sauvage. Il vit à Paris le début de la Révolution, part pour l'Amérique en 1791, puis rallie l'armée des émigrés en 1792. Après la mort de sa mère et de sa sœur (1798), il est saisi par la foi et commence à écrire. Hostile à Napoléon, il devient ministre de Louis XVIII dès 1815, et rejoint le camp des ultraroyalistes. Dans son œuvre dominent l'exaltation de la nature, la nostalgie mélancolique du passé, l'éloge des valeurs chrétiennes, l'angoisse et l'insatisfaction permanente de l'homme face à l'infini (*Essai sur les révolutions,* 1797 ; *Atala,* 1801 ; *le Génie du christianisme* et *René,* 1802 ; *les Martyrs,* 1809 ; *Mémoires d'outre-tombe,* 1809-1841...).

Alphonse de Lamartine (1790-1867). Il manifeste comme Chateaubriand une sensibilité chrétienne tourmentée. Après une jeunesse oisive, il est garde du corps de Louis XVIII, puis s'éprend en 1816 de Julie Charles (épouse du physicien), qui meurt en 1818. Le déchirement qu'il éprouve lui inspire les *Méditations poétiques* (1820), poèmes exprimant l'idée que seule la foi peut apaiser le désespoir et guérir la solitude. Puis il écrit les *Harmonies poétiques et religieuses* (1830). Bouleversé par la mort de sa fille Julia (1832), il s'éloigne de la religion, et se lance dans la politique, exprimant dans ses discours un christianisme progressiste, à l'inverse de Chateaubriand. Il participe à la révolution de 1848 et au Gouvernement provisoire ; mais, trop idéaliste et isolé, il échoue largement à l'élection présidentielle. La vie et l'œuvre de Lamartine, où s'expriment la sensibilité romantique, l'inquiétude religieuse et les idées démocratiques (*Jocelyn,* 1836 ; *Histoire des Girondins,* 1847...), témoignent de la naissance d'un christianisme social.

Alfred de Vigny (1797-1863). Éduqué dans la nostalgie de l'Ancien Régime, il fait partie des mousquetaires de Louis XVIII et écrit pendant ce temps des poèmes pour *le Conservateur littéraire* de Victor Hugo, avec qui il se lie d'amitié. Il se tourne ensuite vers le théâtre avec *Othello* (1829) et *Chatterton* (1835). Vigny vit ensuite en reclus après la mort de sa mère et sa rupture avec l'actrice Marie Dorval. Il revient alors à la poésie avec *la Mort du loup* (1838), *le Mont des Oliviers* (1839), *la Bouteille à la mer* (1847)… Son œuvre poétique est dominée par l'angoisse religieuse, le sens du devoir et l'oscillation entre le pessimisme fataliste et l'espoir dans le progrès du génie humain. Il accueille avec joie la révolution de 1848, ayant évolué vers le christianisme social et l'idéal républicain. Mais, battu aux élections, il se retire pour soigner sa femme malade, et finit sa vie dans la solitude.

George Sand (1804-1876). De son vrai nom Aurore Dupin, elle a été la compagne de plusieurs écrivains et artistes (dont Alfred de Musset, Frédéric Chopin). Elle écrit de nombreux romans où s'expriment les passions romantiques, les drames de la vie paysanne, et les idées humanitaires: *la Mare au diable* (1846), *François le Champi* (1847), *la Petite Fadette* (1848)…

Charles Augustin Sainte-Beuve (1804-1869). Lié au cénacle romantique, il s'illustre surtout par ses critiques littéraires et ses articles publiés dans *le Globe, le Moniteur* et *le Temps,* à partir de 1829. On lui doit également un roman, *Volupté* (1834), un ouvrage sur le jansénisme, *Port-Royal* (1840-1859), ses *Causeries du lundi* (1851-1862), et les *Nouveaux Lundis* (1863-1870).

Gérard de Nerval (1808-1855). De son vrai nom Gérard Labrunie, il fréquente Théophile Gautier et la jeune « bohème littéraire » des années 1830. Attiré par les auteurs allemands, l'ésotérisme et le mysticisme, il traduit le *Faust* de Goethe (1828) et écrit des poèmes oniriques. Un voyage en Orient renforce son attrait pour la mythologie et l'occultisme, s'exprimant dans ses derniers récits où dominent l'angoisse mystique, la quête de l'amour impossible et la rédemption par une femme insaisissable. Soigné à plusieurs reprises pour des troubles mentaux, il est retrouvé pendu en janvier 1855.

Alfred de Musset (1810-1857). Il se lie avec les auteurs romantiques (Vigny, Sainte-Beuve) tout en restant critique vis-à-vis de ce mouvement. Il écrit ses pièces majeures de 1832 à 1834 (*À quoi rêvent les jeunes filles, les Caprices de Marianne, Fantasio, On ne badine pas avec l'amour, Lorenzaccio*...). Après sa relation tourmentée avec George Sand, Musset produit ses plus beaux poèmes (*les Nuits,* 1835-1837 ; *la Confession d'un enfant du siècle,* 1836). Il entrera à l'Académie française en 1852. Son théâtre est un nouvel exemple du drame romantique exaltant les passions violentes et désespérées, la nostalgie du passé et la fuite dans le lyrisme poétique. Il regrette que la foi et la pureté des sentiments soient désormais remplacées par l'athéisme et par les idées de Voltaire, au « hideux sourire ».

Théophile Gautier (1811-1872). Il défend le romantisme et Victor Hugo, lors de la « bataille » d'*Hernani,* en 1830. Puis il écrit des recueils poétiques faisant preuve d'un certain recul. Journaliste, il fait de nombreux voyages, où il puise son inspiration poétique et romanesque (*España,* 1845 ; *le Capitaine Fracasse,* 1863...). Il laisse une œuvre dominée par le culte de l'esthétisme, dégagé du souci utilitaire, le rapprochant du mouvement parnassien.

Les premiers grands « réalistes »

Henri Beyle, dit Stendhal (1783-1842). C'est un révolté, séduit par les idées nouvelles. Il s'engage dans l'armée de Napoléon en 1800 et suit l'Empereur jusqu'en 1814. Après un séjour à Milan, il écrit sur l'art italien, et peint la passion amoureuse (*De l'amour,* 1822 ; *le Rouge et le Noir,* 1830...). Nommé consul en Italie en 1834, il écrit ensuite *la Chartreuse de Parme* (1839), des *Chroniques ita-*

liennes, une *Vie de Napoléon*... Les héros de Stendhal incarnent l'idéal romantique, le goût de l'aventure, mais aussi la critique de l'ordre établi et de l'Église, s'inscrivant ainsi dans le mouvement libéral hostile à la Restauration.

Honoré de Balzac (1799-1850). Il a une créativité littéraire exceptionnelle, provoquée en partie par ses difficultés financières permanentes; après avoir collaboré à des romans d'aventures grand public (*Annette et le Pirate*...), il écrit plus de cent vingt romans laissant une précieuse peinture des mœurs de la Restauration (*la Peau de chagrin, Eugénie Grandet, le Père Goriot, le Lys dans la vallée, César Birotteau, la Cousine Bette, les Illusions perdues,* mais aussi *les Chouans*...) À travers ses personnages typiques, il a privilégié la satire de la bourgeoisie, la description de sa vie quotidienne, de ses passions grandes ou dérisoires; il délaisse la critique de la noblesse et du clergé sans doute à cause de son attachement à la royauté et au catholicisme.

Victor Hugo (1802-1885). Il illustre le mieux l'évolution du romantisme vers le réalisme. Dès l'âge de 15 ans, il écrit des poèmes remarqués par l'Académie française, et affiche alors des idées royalistes et catholiques, faisant de Chateaubriand son modèle. Après une *Ode sur la mort du duc de Berry* (1820), il aborde le genre romanesque (*Bug-Jargal*...), commence à s'intéresser au drame humain *(le Dernier Jour d'un condamné)* et évolue vers le libéralisme et le romantisme. La « bataille » dite d'*Hernani* (1830) est l'occasion du triomphe d'Hugo (sa pièce étant jouée à la Comédie-Française) et celle du regroupement des jeunes auteurs comme Vigny, Mérimée, Nerval, Sainte-Beuve ou Gautier... Victor Hugo connaît rapidement d'autres succès (*Notre-Dame de Paris,* 1831, *Lucrèce Borgia,* 1833, *Ruy Blas,* 1838...) avant de s'arrêter d'écrire à la mort de sa fille. Il se tourne alors vers la politique, est élu député de Paris en 1848, mais s'oppose au coup d'État de Napoléon III, qu'il combat de son exil à Jersey. Il y écrit des poèmes *(les Châtiments, la Légende* *des siècles)*, des romans (*les Misérables*, 1862 ; *les Travailleurs de la mer*...). Après Sedan, Victor Hugo est à nouveau député, puis sénateur (1876) et publie (*Quatre-vingt-treize*, *l'Art d'être grand-père*...). Son œuvre exprime le romantisme triomphant des années 1830, la diversité du génie poétique et théâtral, la force du roman social décrivant la détresse populaire, et l'itinéraire politique du poète évoluant vers le libéralisme républicain.

Prosper Mérimée (1803-1870). Inspecteur général des Monuments historiques, il se consacre au genre historique et aux récits fantastiques, sous la forme de romans ou de nouvelles (*Chroniques du règne de Charles IX*, 1829 ; *Mateo Falcone*, 1829 ; *Carmen*, 1845...). Attiré par la littérature russe, il traduit et popularise Pouchkine, Gogol, Tourgueniev. Prosper Mérimée connaît un vif succès d'auteur. Proche de la famille impériale et nommé sénateur, il fréquente la cour aux Tuileries et supporte fort mal l'effondrement de l'Empire.

Gustave Flaubert (1821-1880). Il s'enflamme pour les auteurs romantiques, et tombe amoureux d'une femme mariée, qui inspire ses premières œuvres : *Mémoires d'un fou* (1838), *Novembre* (1842), *l'Éducation sentimentale* (1845). Flaubert se consacre ensuite à la rédaction de romans minutieusement préparés par une étude préalable : *Madame Bovary* (1857), *Salammbô* (1862). Après divers échecs (*la Tentation de saint Antoine*...), il laisse un roman satirique inachevé, *Bouvard et Pécuchet*.

Le roman historique et le roman populaire

Alexandre Dumas (1802-1870). Il débute dans le genre théâtral (*la Tour de Nesle*, 1832 ; *Kean*, 1836...) puis écrit surtout ses fameux romans historiques, auxquels contribuent de nombreux collaborateurs, dont Auguste Maquet (*les Trois Mousquetaires*, 1844 ; *Vingt ans après*, 1845 ; *le Vicomte de Bragelonne*, 1850 ; *la Reine Margot*,

1845; *le Comte de Monte-Cristo,* 1846...). Riche et célèbre, il est aussi directeur de théâtre, mais se ruine dans une vie fastueuse.

Eugène Sue (1804-1857). Il décrit la misère des bas-fonds parisiens dans ses *Mystères de Paris,* publiés en feuilleton dans *le Journal des débats* en 1842 et 1843. Il est élu député de Paris en 1848. Il est aussi l'auteur du *Juif errant* (1844-1845), qui remporte un énorme succès.

Alexandre Dumas, dit Dumas fils (1824-1895). Le fils d'Alexandre Dumas est surtout célèbre pour sa *Dame aux camélias* (1848). Mais il écrit également des poèmes et de très nombreuses pièces de théâtre.

Le vaudeville

Eugène Labiche (1815-1888). Il écrit une centaine de vaudevilles et comédies légères, mélangeant l'humour à la critique de mœurs dont Embrassons-nous, Folleville (1850), le Voyage de Monsieur Perrichon (1860), la Poudre aux yeux (1861), la Main leste (1867)...

Le néoromantisme

Leconte de Lisle (1818-1894). Il est le chef de file des jeunes auteurs (José Maria de Heredia, Sully Prudhomme, François Coppée, Paul Verlaine, Stéphane Mallarmé, Villiers de L'Isle-Adam, puis Paul Bourget, Anatole France, Maurice Barrès, Charles Cros...), qui assistent à ses samedis, publient un journal, *l'Art,* et des recueils poétiques: *le Parnasse contemporain* (1866-1876). Leur idéal est que l'art ne doit avoir comme objectif que d'atteindre la beauté formelle, sans se préoccuper de vérité ou de morale. Pourtant, Leconte de Lisle, marqué par la nature sauvage de sa Réunion natale, et par le christianisme social de La Mennais, adhère à la pensée de Fourier et critique la civilisation industrielle. Actif en 1848, il est déçu par l'« inertie » du peuple, « race d'esclave ». Il se consacre alors à la poésie (*Poèmes antiques, Poèmes barbares...*)

tout en réaffirmant ses idées républicaines (*Catéchisme populaire républicain,* 1870).

Charles Baudelaire (1821-1867). Il se passionne pour le romantisme et l'œuvre de Théophile Gautier. Devenu critique d'art, il traduit les *Contes* d'Edgar Poe et publie des poèmes, dont *les Fleurs du mal* (1857), qui lui valent une condamnation pour « outrage à la morale ». Il fait aussi connaître Thomas de Quincey, qui lui inspire *les Paradis artificiels* (1860), et l'œuvre de Wagner. Il publie d'autres poèmes comme *le Spleen de Paris.* Malade et drogué, il finit sa vie paralysé. Son œuvre exprime la tragédie de la solitude, le déchirement entre la tentation d'un monde artificiel, qu'il sait vain, et l'attrait de Dieu et d'une pureté inaccessibles.

Stéphane Mallarmé (1842-1898). Il cherche dans la poésie un refuge contre l'ennui et un moyen d'atteindre l'immensité et la beauté célestes. En 1866, il participe au *Parnasse contemporain* avec des poèmes où apparaissent les influences de Baudelaire et d'Edgar Poe, et publie, en 1876, *l'Après-midi d'un faune.* Avec *le Toast funèbre* (1873), dédié à Théophile Gautier, et *le Tombeau d'Edgar Poe* (1877) s'affirment ses tendances vers l'hermétisme et le symbolisme. Ses derniers écrits (*Divagations…*) accentuent par leur mystère la dimension insaisissable de l'œuvre artistique.

Paul Verlaine (1844-1896). Il collabore à *l'Art* et au *Parnasse* (1866) tout en exprimant dans ses *Poèmes saturniens* un rythme et une sensibilité très personnels. Devenu alcoolique, il publie en 1869, *les Fêtes galantes,* pleines d'un charme mélancolique et trahissant son besoin de pureté, comblé par son mariage avec la jeune Mathilde, âgée de seize ans (1870). Mais il se remet à boire, mène avec Rimbaud une vie errante, tire sur lui des coups de feu et passe plusieurs années en prison. Il se repent alors de son passé, se sent attiré par Dieu et écrit des poèmes mystiques (*Sagesse,* 1881) avant de mener une vie misérable, le menant de cafés en hospices. Un groupe d'écrivains faisant de lui le « Prince des poètes » le tire de sa déchéance et l'amène à poursuivre une œuvre exprimant le dualisme d'une existence faite de la recherche d'un bonheur tranquille et d'une fuite dans les plaisirs morbides.

Arthur Rimbaud (1854-1891). Révolté contre le pouvoir, la religion et la guerre, il écrit des poèmes (*les Effarés, le Dormeur du val*...) qu'il envoie à Verlaine en 1871. Durant leur liaison, il écrit de nombreux poèmes évoquant le voyage intérieur du voyant emporté par des hallucinations lui permettant d'atteindre des sensations « surhumaines » (*le Bateau ivre, Une saison en enfer, les Illuminations*...). Après leur rupture, il cesse d'écrire, ayant terminé à l'âge de 20 ans une œuvre littéraire révolutionnaire, suscitée par la passion et la soif de sensations fortes, qui inspirera le courant surréaliste. Il part à Aden et en Abyssinie et meurt peu après en 1891.

Une pensée scientifique en plein essor

La première moitié du XIXe siècle coïncide avec un essor important de la pensée scientifique.

La médecine

René Dutrochet (1776-1847). Il est l'un des pères de la biologie par ses travaux sur l'embryologie animale et sa découverte de l'osmose. Il conçoit également la structure des cellules et le phénomène de sécrétions internes.

Pierre Bretonneau (1778-1862). Il identifie la typhoïde et la diphtérie.

François Raspail (1794-1878). Parallèlement à ses activités politiques, il mène des recherches médicales, utilise le camphre comme moyen thérapeutique, et contribue à vulgariser la connaissance scientifique avec plusieurs livres qui le rendent populaire (*le Médecin des familles*, 1843).

Claude Bernard (1813-1878). Il met en évidence le rôle du foie dans le processus digestif et développe l'analyse du diabète. Il s'intéresse au système nerveux, et identifie les nerfs vasomoteurs. Il écrit une *Introduction à l'étude de la médecine expérimentale* (1865).

Les mathématiques pures

Charles Dupin (1784-1873). Il étudie les fonctions et les surfaces circulaires (cyclide de Dupin) et organise les premiers services d'études statistiques.

Augustin Cauchy (1789-1857). Il développe l'analyse infinitésimale, celle de la convergence des séries entières (suites de Cauchy) et le calcul des intégrales.

Évariste Galois (1811-1832). Mort en duel à 21 ans, il ouvre la voie à un bouleversement du calcul algébrique en utilisant la théorie des groupes.

Mathématiques et physique

Joseph Fourier (1768-1830). Il illustre également les liens étroits entre mathématiques et physique : il étudie la propagation de la chaleur et découvre les séries trigonométriques.

Louis Poinsot (1777-1859). Après des recherches mathématiques sur les polygones, il découvre les lois du mouvement des corps autour d'un point fixe, et les « axes de rotation permanente » des solides suspendus par leur centre de gravité.

Denis Poisson (1781-1840). Il est l'un des fondateurs de la physique mathématique. Élève de Laplace, il développe le calcul des probabilités (distribution de Poisson), s'intéresse à la mécanique céleste et étudie l'attraction et l'aimantation (il publie un *Mémoire sur la théorie du magnétisme* en 1824).

La chimie

Bernard Courtois (1777-1838). Il découvre l'iode et isole la morphine de l'opium.

Louis Thénard (1777-1857). Il réalise une classification des métaux, découvre l'eau oxygénée, puis le bore avec Gay-Lussac.

Eugène Chevreul (1786-1889). Il étudie les corps gras, découvre les bougies stéariques et développe une théorie des couleurs (1839).

Pierre Joseph Pelletier (1788-1842) et Joseph Caventou (1795-1877). Ils découvrent la strychnine et la quinine.

Jean-Baptiste Dumas (1800-1884). Il systématise l'usage des équations pour représenter les réactions chimiques, développe la théorie des molécules et mesure la densité des vapeurs. Il travaille avec Jean-Baptiste Boussingault (1802-1887) sur la composition de l'air et étudie les combustions du carbone et de l'hydrogène.

Auguste Laurent (1807-1853). Il étudie les dérivés du camphre et de l'indigo, et travaille avec Charles Gerhardt sur la théorie atomique.

Charles Gerhardt (1816-1856). Il met au point la quinoléine et découvre les anhydrides d'acides.

Marcellin Berthelot (1827-1907). Il réalise de nombreuses synthèses en chimie organique : celles de l'alcool éthylique (1855), du méthane (1858), de l'acétylène (1860), du benzène (1866). Il montre, avec Jean de Saint-Gilles, la réversibilité de l'estérification des alcools, et invente la thermochimie en mettant au point des calorimètres appropriés.

L'optique et l'électricité

André Marie Ampère (1775-1836). Il est associé aux découvertes d'Arago. On doit aussi à ce mathématicien et physicien le prolongement des recherches théoriques et empiriques en électricité.

François Arago (1786-1853). Membre de l'Académie des sciences à 23 ans, ministre de la Guerre en 1848, il abolit l'esclavage. Il est avant tout un grand scientifique : chimiste, astronome (directeur de l'Observatoire de Paris), il développe la théorie ondulatoire de la lumière, imaginée par Fresnel, découvre la polarisation chromatique et l'électromagnétisme.

Augustin Fresnel (1788-1827). Il étudie la diffraction optique : il invente le système des miroirs de Fresnel, mesure les longueurs d'onde, et travaille avec Arago sur la réfraction des cristaux.

Antoine Becquerel (1788-1878). Il a découvert la piézo-électricité en 1819, l'existence des corps magnétiques en 1827, et il met au point la pile photovoltaïque en 1839.

Léon Foucault (1819-1868). Il prolonge les travaux d'Arago sur l'électromagnétisme (courants de Foucault). Il étudie également la vitesse de la lumière dans différents corps et démontre, en 1851, lors d'une séance publique, la rotation de la Terre par l'oscillation d'un pendule. Il invente le gyroscope, l'interrupteur à mercure et le télescope classique.

Gaston Planté (1834-1889). Il invente l'accumulateur électrique en 1859.

Des « inventeurs »

Marc Seguin (1786-1875). Neveu de Joseph de Montgolfier, il étudie la résistance des câbles métalliques et construit le premier pont suspendu en 1824 (sur le Rhône, près de Tournon). Il apporte une amélioration décisive à la chaudière tubulaire des locomotives (1827).

Louis Braille (1809-1852). Aveugle à l'âge de 3 ans, il fut professeur à l'Institut des aveugles en 1819 et y mit au point son célèbre système d'écriture en points saillants.

La photographie

La photographie trouve en Niepce et Daguerre deux illustres précurseurs.

Nicéphore Niepce (1765-1833). Il s'intéresse à la lithographie, utilise le chlorure d'argent pour reproduire le négatif des dessins, puis le bitume de Judée pour revenir au positif. Il réussit ensuite à fixer une image sur une plaque métallique, permettant de reproduire des gravures. En 1829, il s'associe avec Daguerre, puis invente véritablement l'appareil photographique, en associant la chambre noire, les plaques d'argent et le diaphragme de l'objectif.

Jacques Daguerre (1787-1851). Intéressé par les travaux de Niepce, il finit par le convaincre de s'associer avec lui pour poursuivre ses recherches. Après la mort de Niepce, en 1833, il perfectionne la technique de l'impression et de la révélation de l'image, et met au point, pendant l'année 1838, son « daguerréotype ».

L'analyse des bouleversements économiques et sociaux

Les bouleversements économiques et sociaux du début du siècle sont appréciés de façon divergente par leurs contemporains.

La réflexion sociale

Le début de la révolution industrielle provoque, dans le domaine de la réflexion sociale, un clivage entre les « pessimistes » qui condamnent le capitalisme naissant et les « optimistes » qui y voient la marque du progrès de l'humanité.

La critique sociale

Charles Fourier (1772-1837). Sa doctrine sociale repose sur la définition de douze passions animant le comportement humain et dont il s'agit de permettre la satisfaction par une organisation sociale adéquate. Une treizième passion, l'« harmonique », permet d'assurer le bonheur commun si les individus se regroupent en « phalanstères », coopératives de production et de consommation, où les revenus seraient répartis entre apporteurs de travail, de capital et de talent, et où les travailleurs vivraient en communauté. Il écrit plusieurs ouvrages, dont *le Nouveau Monde industriel et sociétaire, la Réforme industrielle* ou *le Phalanstère*...

Louis Villermé (1782-1863). Son intérêt pour les conditions de vie des travailleurs se manifeste dans le célèbre rapport de son *Tableau de l'état physique et moral des ouvriers dans les fabriques de coton, de laine et de soie* (1840) qui est l'une des premières études concrètes décrivant et dénonçant la misère ouvrière de cette époque.

Étienne Cabet (1788-1856). S'inspirant des idées communautaires de l'Anglais Robert Owen (1771-1858), il développe la réflexion sur la supériorité d'une société où les moyens de production sont collectivisés (*Voyage en Icarie,* 1842).

Pierre Joseph Proudhon (1809-1865). Sa critique est encore plus radicale : influencé par les idées de Fourier, il dénonce le capitalisme industriel en condamnant les injustices permises par la propriété capitaliste, le profit étant pour lui le résultat du vol des travailleurs. Dans plusieurs ouvrages (*Qu'est-ce que la propriété ?,* 1840 ; *la Philosophie de la misère ou Système des contradictions économiques,* 1846 ; *Du principe fédératif,* 1863...), il préconise l'impôt sur les revenus, le crédit gratuit par une « banque du peuple », une organisation mutualiste libre des producteurs et la décentralisation des pouvoirs. Son individualisme proche de l'anarchisme, son refus de l'action révolutionnaire, son fédéralisme hostile à un pouvoir d'État fort l'opposent à Karl Marx qui l'attaquera dans un ouvrage intitulé *Misère de la philosophie,* publié en 1847.

Louis Blanc (1811-1882). Il jouit d'une grande popularité en 1848, l'amenant au Gouvernement provisoire. Dans la brochure *l'Organisation du travail* (éditée en 1839) et dans *le Journal du peuple,* puis dans *la Revue indépendante* (publiée avec Pierre Leroux et George Sand), il avait dénoncé la concurrence capitaliste (système d'extermination) et l'égoïsme bourgeois. Son projet était de constituer une nouvelle société essentiellement composée d'associations ouvrières de production, aidée par l'État. Les Ateliers nationaux, dont il sera chargé au printemps 1848, ne seront toutefois qu'une dénaturation de ses idées. Après les journées de juin, Louis Blanc sera contraint à l'exil en Angleterre, où il écrira une *Histoire de la Révolution française*.

Le christianisme social

Félicité de La Mennais (1782-1854). Chef de file des catholiques libéraux, il rompt avec Rome en 1834 et se fait l'apôtre du rapprochement entre le message chrétien et les idées socialistes. Il trouve en Henri Lacordaire (1802-1861) et Charles de Montalembert (1810-1870) d'ardents défenseurs (mais ce dernier se rapproche du parti de l'Ordre après 1834, et inspire la loi Falloux de 1850).

Frédéric Le Play (1806-1882). Il défend, dans *la Réforme sociale* (1864), l'idée que l'organisation de la société ne peut simplement reposer sur l'autorité, mais aussi sur le respect des autres, et effectue des « enquêtes directes » très détaillées sur le travail ouvrier *(les Ouvriers européens)*.

Les « optimistes »

Claude Henri comte de Saint-Simon (1760-1825). À l'inverse de ceux qui critiquent radicalement le capitalisme naissant, il affirme sa foi dans l'industrialisation. En 1819, il fonde *l'Organisateur*, qui publie sa célèbre parabole selon laquelle la richesse d'une nation dépend de ses industriels, de ses banquiers, de ses scientifiques… et non de son élite politique et des grands personnages de l'État. Poursuivi devant les tribunaux, il est acquitté et publie, de 1823 à 1825, ses ouvrages majeurs : *le Système industriel, le Catéchisme des industriels, le Nouveau Christianisme.* Il y développe l'idée selon laquelle la société doit être envisagée comme une entreprise industrielle, où chacun reçoit des revenus en fonction de sa contribution à l'investissement et à la production. Saint-Simon considère ainsi que le progrès économique est l'œuvre des chefs d'entreprises qui, en recherchant leur propre intérêt, permettent la croissance maximale de l'activité, en substituant « l'administration des choses à l'autorité sur les hommes», selon le mot de C. Rist. Il influence fortement la pensée positiviste (Comte) et les milieux d'affaires qui se réclameront du saint-simonisme dont Ferdinand de Lesseps...

Auguste Comte (1798-1857). Il affirme également sa croyance dans le progrès de l'humanité, à partir de l'observation de l'évolution des sociétés occidentales. D'abord disciple de Saint-Simon, il est l'initiateur d'une méthode nouvelle, le «positivisme», selon laquelle il ne peut s'agir pour l'esprit humain que de saisir les faits observables et la relation immédiate entre phénomènes. De ce point de vue, il développe dans ses *Cours de philosophie positive* (1830-1842), ou son *Catéchisme positiviste* (1852) la «loi des trois états»: l'Occident serait passé de l'état théologique (explication surnaturelle des phénomènes), à l'état métaphysique (réflexion imaginaire ou abstraite), puis à l'état positif.

Émile Littré (1801-1881). Disciple d'Auguste Comte, il fonde en 1867 *la Revue de philosophie positive* et applique cette méthode à la philologie. Il écrit une *Histoire de la langue française* (1862) et rédige son *Dictionnaire de la langue française* de 1863 à 1873. Il est député de la Seine en 1871 et sénateur en 1875.

Les bases de l'économisme libéral

Jean-Baptiste Say (1767-1832). Dans son *Traité d'économie politique* (1803) ou son *Catéchisme d'économie politique* (1813), il assigne, comme Saint-Simon, un rôle central à l'entrepreneur: mobiliser et coordonner les trois grands «services productifs» que sont la terre, le travail et le capital. Admirateur d'Adam Smith, Say propage en France ses idées libérales selon lesquelles la régulation économique se fait grâce à la «main invisible» de la libre concurrence sur les divers marchés. Il s'oppose au «pessimisme» de Malthus en affirmant que l'industrialisation ne connaît pas de limite et qu'il n'existe pas de risque de surproduction ni de chômage structurel dans une économie.

Antoine Augustin Cournot (1801-1877). Il écrit dès 1838 les *Recherches sur les principes mathématiques de la théorie des richesses,* qui n'obtiennent aucun succès. Pourtant, sa formulation mathématique des fonctions de demande et des prix de monopole ou d'oligopole est aujourd'hui encore un classique du genre, et Cournot constitue le lien entre l'économie politique littéraire de Ricardo et de Say et celle de Léon Walras, qui tardera cependant à lui rendre hommage.

La pierre de Rosette déchiffrée

Jean-François Champollion (1790-1832). Il fait figure de précurseur. Passionné d'égyptologie, il étudie les langues orientales et y trouve la clé du déchiffrage des hiéroglyphes (1822). Conservateur du département égyptien du Louvre en 1826, il part pour l'Égypte en 1828, où il étudie les inscriptions des divers monuments.

1870-1914

LES DÉBUTS DE LA IIIe RÉPUBLIQUE

Introduction

Après l'effondrement du second Empire en 1870, on assiste à l'installation définitive de la République bourgeoise, d'abord tolérée comme un compromis provisoire par les partisans d'une nouvelle restauration, puis acceptée par tous quand la République (symbolisée par Thiers) n'est plus synonyme de désordre ou d'idéal égalitaire.

Le développement des forces de gauche

Les victoires électorales des républicains même radicaux s'accompagnent en effet de leur évolution vers le compromis politique, et la montée des forces de gauche ou socialisantes ne remet en cause ni les institutions ni les rapports de production. Elle se traduit seulement par une légalisation de l'organisation de la classe ouvrière, et par une opposition au militarisme revanchard qui est balayée par l'assassinat de Jean Jaurès à la veille du déclenchement de la Première Guerre mondiale.

Une mutation séculaire

Berceau de l'idée républicaine, la France a connu en cent vingt-cinq ans une mutation profonde. Moins industrialisée que l'Angleterre, l'Allemagne ou les États-Unis, elle a cependant atteint un niveau de développement comparable à la veille de 1914. Elle a aussi participé aux grandes découvertes du XIXe siècle et contribué à l'essor de nouvelles techniques sans payer le prix fort des bouleversements trop rapides entraînant les dérives politiques et idéologiques observées dans d'autres pays (ruine de la petite paysannerie anglaise, guerre civile américaine, pangermanisme* annonçant de loin le nazisme).

Chroniques

1871-1875

La naissance de la IIIe République

Après la défaite définitive face à la Prusse, la République nouvelle est ébranlée par le soulèvement de la Commune parisienne et contestée par les milieux royalistes.

L'Assemblée nationale élue le 8 février 1871 comporte une majorité royaliste ou hostile aux républicains : ceux-ci (tel Gambetta) inquiètent les milieux ruraux et modérés, car ils symbolisent la poursuite de la guerre et l'agitation sociale. Elle a nommé Adolphe Thiers chef du pouvoir exécutif de la République, en espérant que le retour de la paix permettrait celui de la monarchie après les échecs militaires du second Empire puis des républicains.

Thiers et la Commune

Mais les républicains acceptent mal les conditions de la paix et la victoire électorale de « la province ». Dans Paris, qui souffre dès avant la guerre de difficultés économiques, aggravées par la dureté du siège, des émeutes patriotiques et populaires ont éclaté pendant l'hiver et l'effervescence est permanente. Craignant la pression des révolutionnaires parisiens, l'Assemblée nationale s'installe à Versailles, et Thiers décide, le 18 mars, de retirer de Paris les canons installés à Montmartre. Aussitôt éclate une insurrection parisienne ; une partie des troupes chargées de ramener les canons passe du côté des insurgés, qui contrôlent Paris quelques jours plus tard.

Le 26 mars, les Parisiens élisent un Conseil général de la Commune, où vont s'opposer des jacobins autoritaires partisans de mesures radicales (Raoul Rigault), et des proudhoniens plus modérés favorables à la décentralisation des pouvoirs (Benoît Malon) ; ces derniers conçoivent l'État comme une fédération de communes autonomes. Si les ouvriers membres de la Ire Internationale, dont Eugène Varlin, le secrétaire de la section française, sont nombreux à participer à la Commune de Paris, des personnalités indépendantes s'engagent aussi totalement aux côtés des insurgés. Parmi eux, on peut citer les écrivains Jules Vallès et Félix Pyat (qui fut l'un des fondateurs de la Société des gens de lettres), le peintre Gustave Courbet, le poète Jean-Baptiste Clément, le professeur Gustave Flourens et le journaliste Charles Delescluze, tous deux tués au combat. Louise Michel (1830-1905), institutrice et militante anarchiste, est déportée en Nouvelle-Calédonie, avant de rentrer en France.
Les communards veulent supprimer l'exploitation de l'homme par l'homme et font du drapeau rouge leur emblème. Une commission du travail est créée, des coopératives de production se constituent, des chefs d'atelier sont élus dans des usines. La Commune décide par ailleurs la séparation de l'Église et de l'État, la laïcisation de l'école publique et revient au calendrier révolutionnaire. La Commune constitue donc une expérience originale de synthèse entre l'héritage républicain et patriotique de la révolution de 1789 et les aspirations socialistes des milieux ouvriers et intellectuels, que commencent à pénétrer à la fois des idées anarchisantes et marxistes.
Cette révolution parisienne va provoquer une répression impitoyable de la part des troupes « versaillaises » commandées par Mac-Mahon. Du 21 au 28 mai, les Versaillais entrent dans Paris, encore partiellement encerclé par l'armée prussienne à l'est et au nord. Les combats sont très âpres, et aux massacres d'insurgés pris

par les Versaillais répondent les exécutions d'otages faits par les communards. Les derniers Parisiens en armes et gardes nationaux fédérés sont finalement écrasés à Belleville et au cimetière du Père-Lachaise. Cette « semaine sanglante » fait environ 50 000 morts (tués au combat ou exécutés) et environ autant de procès intentés aux communards, qui se tiendront jusqu'en 1875.

Orléanistes et légitimistes

Le retour à l'ordre après l'inquiétude provoquée par l'insurrection parisienne, suivie de celles de Lyon, Marseille et Saint-Étienne, crée un climat propice à une restauration. Mais, si la majorité de l'Assemblée y est favorable, les monarchistes sont divisés entre « légitimistes », partisans du comte de Chambord (Henri V, petit-fils de Charles X), et « orléanistes », favorables au comte de Paris (petit-fils de Louis-Philippe). Pour les premiers, la monarchie doit être absolue et défendre les positions de l'Église romaine : le pape Pie IX a, dans une encyclique et son annexe, le *Syllabus,* condamné en décembre 1864 la civilisation moderne, le libéralisme politique, les idées socialistes et la liberté de conscience, avant de se déclarer infaillible en 1870. En revanche, les seconds acceptent le principe d'une monarchie parlementaire, et se refusent à suivre les catholiques ultramontains inconditionnels. Après la proclamation intransigeante du comte de Chambord en juillet 1871, qui rend impossible une restauration immédiate, de nombreux légitimistes modérés se rapprochent du parti orléaniste.

Mais si la République est vécue par certains comme une solution d'attente, elle fait de plus en plus d'adeptes dans les différents milieux : les conservateurs sont rassurés par la présence de Thiers, nommé président de la République en août 1871 par l'Assemblée nationale ; dans les campagnes, où l'on commence à s'inquiéter

d'un retour à l'Ancien Régime, le vote républicain progresse dès les élections partielles de juillet 1871.
Mais, bien que se proclamant républicain, Thiers ne bénéficie pas du soutien des milieux populaires, qui ne lui pardonnent pas la répression de la Commune de Paris. Il doit démissionner le 24 mai 1873, attaqué par la droite et la gauche, après plusieurs conflits l'ayant opposé à l'Assemblée et qui débouchent finalement sur des compromis (élection des maires, sauf dans les grandes villes, service militaire de cinq ans, avec tirage au sort, réduit à moins d'un an pour les bons numéros, imposition des valeurs mobilières et nouveaux impôts indirects, mais pas d'imposition générale sur le revenu).

Mac-Mahon

Le maréchal est choisi par les royalistes pour succéder à Thiers, en attendant une prochaine restauration permise par le désistement du comte de Paris. Mais les orléanistes n'entendent pas pour autant renoncer à leurs idées : le refus par le comte de Chambord d'accepter le drapeau tricolore est le symbole de l'impossible réconciliation (octobre 1873). La restauration est repoussée à plus tard, et, en novembre 1873, l'Assemblée maintient pour sept ans Mac-Mahon dans ses fonctions, avec comme principal ministre le duc de Broglie, catholique libéral.
En 1875, la même Assemblée vote trois « lois constitutionnelles » organisant le régime, mais sans en préciser la nature : le pouvoir exécutif revient à un président de la République (mais le terme « République » n'apparaît qu'à la suite de l'amendement Wallon, voté avec une seule voix de majorité) ; le pouvoir législatif est partagé entre une Chambre des députés élue au suffrage universel direct et un Sénat composé à la fois de membres inamovibles et de membres élus par de grands électeurs (députés, conseillers généraux,

conseillers d'arrondissement...). Si le président de la République forme le gouvernement et peut dissoudre la Chambre des députés, celle-ci vote les lois et le budget, contrôle les ministres, qui doivent obtenir le soutien de sa majorité.

Cette Constitution, votée par une Assemblée favorable à la monarchie et considérée comme provisoire, doit permettre la substitution d'un roi au président de la République. Elle comprend pourtant des dispositions libérales (suffrage universel, rôle de la Chambre) qui satisferont les républicains et lui permettront d'être maintenue jusqu'en 1940.

La consolidation du régime

La montée du sentiment républicain s'affirme après 1875 et le nouveau régime sait résister au choc du « boulangisme ».

Victorieux dès 1876 à la Chambre des députés, les républicains cherchent à obtenir le départ de De Broglie, qui fait dissoudre la Chambre. À la suite d'une campagne électorale très dure, les républicains conservent la majorité et Gambetta invite le président Mac-Mahon à « se soumettre ou se démettre ». Il cède effectivement et accepte de former un gouvernement reflétant la nouvelle majorité : 1876 marque donc la victoire du suffrage universel et du régime parlementaire.

Puis, en 1878, les royalistes perdent la majorité de nombreux conseils municipaux, et celle du Sénat en 1879. Durant cette même année, le maréchal de Mac-Mahon démissionne et est remplacé par Jules Grévy, républicain modéré. Un certain nombre de décisions montrent clairement l'orientation des nouveaux dirigeants : le Parlement revient à Paris, les anciens communards sont amnistiés, le 14 juillet devient fête nationale et la Marseillaise hymne national.

Les « opportunistes » au pouvoir

De 1881 à 1885, le gouvernement est dominé par les républicains dits « opportunistes », en ce sens qu'ils désirent s'adapter à la réalité en acceptant les institutions et le Concordat avec l'Église catholique.

Soucieux de rassurer l'opinion, ils respectent la propriété privée et fondent leur action sur le développement des libertés publiques concernant la presse, le droit de réunion (1881) et celui de créer des syndicats professionnels (1884), sur l'extension de l'enseignement public gratuit, laïc et obligatoire, sur le rôle actif, mais limité, de l'État dans l'économie (protection douanière, chemin de fer...) et sur l'expansion coloniale.
Restant anticléricaux, ils s'efforcent de réduire le poids de l'Église en interdisant certaines congrégations religieuses (expulsion des jésuites), en laïcisant l'enseignement, en légalisant le divorce et en cherchant à développer l'instruction civique. Le fer de lance de cette « révolution culturelle », qui provoque de vive polémiques et de nombreux incidents avec l'Église et les fidèles, est constitué par le corps des instituteurs formés dans les écoles normales, sortes de « séminaires laïcs ».
Les deux grandes personnalités opportunistes de ces années sont Léon Gambetta, chef du gouvernement en 1882, et Jules Ferry, président du Conseil en 1880-1881 et de 1883 à 1885. Gambetta dirige un « grand ministère » (novembre 1881-janvier 1882) que son autoritarisme rend éphémère en raison de l'opposition de la droite, de l'extrême gauche et de Jules Ferry. Ce dernier organise avec Ferdinand Buisson l'enseignement public laïc, gratuit et obligatoire (lois de 1880-1882) et avec Camille Sée fait ouvrir des écoles pour jeunes filles. Jules Ferry est aussi un chaud partisan de l'expansion coloniale. Mais il a à faire face à l'opposition des milieux catholiques et à celle des républicains « radicaux » (Clemenceau) ; ces derniers, qui lui reprochent sa politique extérieure, veulent supprimer le Sénat, chambre de notables, étendre la propriété publique (en particulier aux chemins de fer), créer un impôt sur le revenu et des lois sociales. L'échec de l'armée française à Lang Son, au Tonkin, provoque son départ. En 1885 et 1886, les opportunistes doivent s'allier aux radicaux pour former

des gouvernements de « concentration républicaine » et faire face à la remontée électorale des royalistes (désormais réunis derrière le comte de Paris), au mécontentement des catholiques et à celui des classes populaires (touchées par les difficultés économiques et la montée du chômage). De plus, des scandales politiques se produisent, comme celui qui touche le propre gendre du président Grévy, à la suite d'une affaire de trafic d'influence (affaire des décorations). Jules Grévy, qui avait été réélu en 1886, est contraint de démissionner l'année suivante.

La politique extérieure

L'expansion coloniale

L'aspect le plus spectaculaire de la politique extérieure de la France durant cette période est l'amplification considérable de l'expansion coloniale. Amorcée dans les années 1830 et poursuivie sous le second Empire, la colonisation est encore limitée à l'Algérie, au Sénégal et au sud du Viêt Nam en 1880. Mais, sous l'impulsion de Gambetta et de Jules Ferry, elle se développe rapidement de 1881 à 1885.

En Afrique du Nord. La France contrôle l'Algérie (où, en 1871, est écrasée l'insurrection indigène de Kabylie, et qui constitue désormais la principale colonie de peuplement) et la Tunisie (à laquelle les traités du Bardo [1881] et de La Marsa [1883] reconnaissent pourtant l'identité d'État, mais dont la politique extérieure et l'administration sont contrôlées par la France qui exerce ainsi un protectorat).

En Afrique noire. Les comptoirs détenus par la France dès avant 1870 au Sénégal, en Guinée, en Côte-d'Ivoire, au Dahomey, au Gabon servent de point de départ à l'expansion vers l'intérieur des terres. Celle-ci s'effectue de 1881 à 1883 au Sénégal, alors que, parallèlement, Savorgnan de Brazza explore le Congo et fonde

Brazzaville. Puis, de 1887 à 1889, des territoires situés au sud de la Côte-d'Ivoire et de la Guinée sont achetés par les Français.

En Asie. Les Français, installés déjà en Cochinchine (à l'extrême sud de la péninsule indochinoise), commencent la conquête du delta du Mékong en 1873. Mais l'un des responsables militaires de l'expédition, Garnier, est tué et la France se contente dans un premier temps d'un traité lui assurant la liberté de commerce sur le Mékong et le contrôle de la politique extérieure du royaume d'Annam (au centre du Viêt Nam actuel). Mais, à partir de 1882, les vues se portent sur le Tonkin (Viêt Nam du Nord) ; l'Annam devient d'abord protectorat français en 1883, puis les combats se déplacent vers le nord (prise de Son Tay en 1884). Malgré la défaite de Lang Son (qui provoque la chute de Jules Ferry, favorable à la conquête), et après un blocus de la Chine effectué par l'amiral Courbet, la France contrôle le Tonkin en 1885. En 1887, l'action d'Eugène Étienne et de Paul Bert, résident général en 1886, conduit à la création de l'Union indochinoise qui comprend la colonie de Cochinchine, les protectorats d'Annam, du Tonkin et du Cambodge.

Les causes économiques de l'expansionnisme. La colonisation, la recherche de zones d'influence dans le monde peuvent s'expliquer par des motivations géopolitiques et par le nationalisme des États européens. Mais elles proviennent aussi de rivalités économiques. Elles sont liées :

– à la recherche de matières premières industrielles et de produits alimentaires « tropicaux » ;

– à la conquête de marchés extérieurs permettant d'écouler les surplus de production des pays industriels qui augmentent avec le progrès technique, remédiant ainsi à la saturation qui touche les marchés européens. C'est ainsi que Jules Ferry peut déclarer : « La politique coloniale est fille de la politique industrielle » ;

– à la pratique de taux d'intérêt élevés de la part des pays « neufs » pour attirer les capitaux des pays plus développés afin de pouvoir financer leurs programmes d'investissement (chemins de fer, grands travaux...).

Les ennemis d'hier

En dehors de la colonisation, l'essentiel de la politique extérieure française est constitué par une action diplomatique visant à rapprocher la France de ses anciens ennemis. Ainsi, dès la fin des années 1870, les relations franco-allemandes se sont sensiblement améliorées ; l'Allemagne voit en effet d'un bon œil l'expansion coloniale de la France, qui la détourne de l'idée de revanche et l'oppose à la Grande-Bretagne. Pourtant, à partir de 1887, la tension remonte entre les deux États, à la suite de plusieurs incidents frontaliers, exploités par les milieux nationalistes des deux pays.

Le boulangisme

Les divers mécontents vont alors trouver un catalyseur et un rassembleur en la personne du général Boulanger, commandant de l'armée française de Tunisie, ministre de la Guerre en 1886 et 1887. Il rassure la droite et les patriotes, en tant que militaire défenseur de l'idée de revanche contre l'Allemagne, et il constitue pour les royalistes et les catholiques un cheval de bataille contre la république laïque ; il a conquis les milieux modestes et une partie des radicaux par son discours républicain-populiste et son refus de recourir aux armes contre les grévistes de Decazeville ; il séduit les foules par son allure et ses manières. Par ailleurs, son désir de révision de la Constitution laisse la porte ouverte à tous les espoirs, même radicalement opposés.
Menant des campagnes électorales « à l'américaine », il se fait élire à l'occasion d'élections législatives partielles, pour démissionner et se représenter ailleurs.

Élu à Paris le 27 janvier 1889, il refuse par peur de l'échec et de l'effusion de sang le coup d'État que le soir de son succès parisien Déroulède et Barrès le pressent de tenter. Ce « loyalisme » lui est fatal : il est éloigné à Clermont-Ferrand, alors que la Ligue des Patriotes de Déroulède est dissoute, et ses partisans sont battus aux élections de 1889 ; il part ensuite pour la Belgique et se suicide devant la tombe de sa maîtresse en 1891. Cet épilogue est finalement assez révélateur de la personnalité passionnée et fragile du général Boulanger.

Le boulangisme rappelle par certains côtés l'ambiguïté des débuts du second Empire ; mais il n'a finalement été qu'un phénomène ponctuel, dû surtout à la conjonction de mécontentements contradictoires qui en expliquent la faiblesse et l'effondrement rapide.

La République divisée

Après 1890, la vie politique intérieure est dominée par l'activisme anarchiste, le développement de l'organisation ouvrière, l'affaire Dreyfus et le problème religieux.

L'épreuve du boulangisme a finalement permis de tester la solidité des institutions républicaines, qui ont à faire face à de nouvelles difficultés durant les années 1890.

La montée de la gauche

En effet, les conséquences de la crise économique et la légalisation de l'action syndicale conduisent à des grèves et à des manifestations souvent violentes, comme celle du 1er mai 1891, où l'armée tire sur la foule à Fourmies (Nord). De plus, si le développement des idées et des organisations socialistes trouve une expression pacifique et parlementaire avec Jean Jaurès et Alexandre Millerand, Jules Guesde préconise une action plus radicale inspirée de la pensée marxiste, et des anarchistes isolés, qui préconisent la « propagande par le fait » (recours à la violence) et organisent des attentats ou des assassinats (comme celui du président Sadi Carnot en juin 1894).

Par ailleurs, un regroupement s'effectue entre les syndicats ouvriers jusqu'alors divisés entre ceux qui défendent le primat de l'action politique (les guesdistes) et ceux qui recherchent une efficacité immédiate au moyen des Bourses du travail. Cela permet la création de la Confédération générale du travail (CGT), au congrès de Limoges (1895). Ce nouveau syndicat prône l'autonomie par rapport aux partis politiques et la grève générale comme moyen d'action.

La méfiance vis-à-vis du monde politique, qui s'est manifestée à l'occasion du boulangisme s'accroît en effet encore quand on apprend, en 1892, que la Compagnie du canal de Panamá a acheté des députés et des membres du gouvernement pour obtenir des sources de financement alors que la faillite de la société était proche. La gauche et l'extrême droite ne manquent pas de critiquer violemment le personnel politique en place.
De fait, les élections de 1893 provoquent un renouvellement massif des parlementaires et l'entrée à la Chambre de 48 députés socialistes. La montée des forces politiques et syndicales de gauche contribue ainsi à établir un rapport de force définitivement favorable à la république, d'autant plus que Léon XIII, le nouveau pape, appelle les catholiques français à s'y rallier. Bien que les catholiques intransigeants soient restés majoritaires, le poids des « ralliés » n'est pas négligeable, et permet la formation de gouvernements « modérés » durant les années suivantes. Leurs préoccupations principales deviennent la lutte contre l'anarchisme (lois répressives de 1893-1894) et la politique extérieure (protectionnisme sous l'influence de Méline à partir de 1892, rapprochement avec la Russie, expansionnisme colonial).
L'heure n'est plus à s'interroger ou à se diviser sur la nature du régime, mais à permettre la réussite du redressement économique amorcé au milieu des années 1890, à rétablir la place de la France dans le monde, et à contenir la pression ouvrière et socialiste. Celle-ci s'affirme à travers la verve oratoire de Jean Jaurès, les écrits d'Émile Zola, le développement de la CGT, qui, par la charte d'Amiens, en 1906, défend le syndicalisme révolutionnaire et l'antimilitarisme et surtout la création, en 1905, de la SFIO (Section française de l'Internationale ouvrière) et de son journal *l'Humanité.*

L'union des socialistes

L'organisation politique de la classe ouvrière française connaît un moment décisif en 1905, avec la création du parti socialiste unifié, la SFIO. Jusque-là, le mouvement socialiste avait été dominé par les idées anarchisantes ou décentralisatrices de Proudhon, Cabet ou Fourier.

Mais l'idéal anarchiste qui avait pris dans les années 1880 une forme violente tend à laisser sa place à une autre conception de l'action politique inspirée directement par la pensée marxiste. Jules Guesde joue, de ce point de vue, un rôle décisif, en popularisant la théorie marxiste de la lutte des classes, en affirmant la nécessité d'un parti représentant exclusivement la classe ouvrière et en n'acceptant aucun compromis avec les « partis bourgeois ». Il fonde en 1879 le Parti ouvrier français, dont le programme est dû en grande partie à Marx et à Engels, et qui s'oppose à la conception d'Auguste Blanqui d'un parti organisé militairement en vue d'un coup de main insurrectionnel, préparé par des révolutionnaires « professionnels ». C'est cette dernière conception du rôle du parti qui est reprise par Édouard Vaillant, qui avait fondé en 1898 le Parti socialiste révolutionnaire.

Parallèlement, une Fédération des travailleurs socialistes voit le jour en 1882 : elle regroupe les « possibilistes », qui veulent rendre le socialisme possible grâce à une succession de réformes ; d'autre part, les syndicalistes révolutionnaires, peu confiants dans l'action politique classique, fondent en 1890 le Parti ouvrier socialiste révolutionnaire.

Mais au début des années 1890 les partis de Guesde et de Vaillant se regroupent au sein du Parti socialiste de France, et les deux autres tendances dans un Parti socialiste français dont le dirigeant est Jean Jaurès. Enfin, les 23, 24 et 25 avril 1905, se tient au café du Globe, boulevard de Strasbourg, à Paris, le congrès de l'unification de ces différents mouvements. Le PSU-SFIO est né, avec à sa tête deux grandes personnalités socialistes de l'avant-guerre : le tribun Jean Jaurès et l'organisateur Jules Guesde.

La SFIO s'affirme immédiatement comme un parti révolutionnaire, ayant comme objectif la rupture avec le capitalisme et la mise en place d'une société collectiviste, et comme moyen l'organisation autonome de la classe ouvrière, sans pour autant refuser de participer au système parlementaire : « Le parti socialiste est un parti de classe qui a pour but de socialiser les moyens de production et d'échanges, c'est-à-dire de transformer la société capitaliste en une société collectiviste ou communiste, et pour moyen l'organisation économique et politique du prolétariat [...]. Tout en poursuivant la réalisation de réformes immédiates revendiquées par la classe ouvrière, [la SFIO] n'est pas un parti de réforme, mais un parti de classe et de révolution... ». Mais les élus du nouveau parti doivent former au Parlement « un groupe unique, en face de toutes les fractions politiques bourgeoises [...], refuser au gouvernement tous les moyens qui assurent la domination de la bourgeoisie et son maintien au pouvoir (crédits militaires, crédits de conquête coloniale, fonds secrets...) ». Les socialistes se font les vibrants défenseurs de la législation sociale (réduction de la journée de travail, premières mesures de protection sociale, caisses de retraite...), réclament la nationalisation des chemins de fer (en partie financés par l'État), l'imposition du capital et l'impôt progressif sur le revenu (adopté en 1914).

L'Affaire Dreyfus

L'origine de l'« affaire » Dreyfus remonte à 1894, quand est découvert par les services de contre-espionnage français un document manuscrit transmettant à un officier allemand des renseignements militaires secrets. Des expertises graphologiques concluent à la culpabilité du capitaine Dreyfus, qui est condamné par un conseil de guerre.

Mais, deux ans plus tard, le colonel Picquart met la main sur une correspondance entre l'attaché militaire allemand et un certain Esterhazy, dont l'écriture est semblable à celle du premier document. Devant le refus de ses supérieurs de donner une suite à cette découverte, il en informe l'entourage de Dreyfus. L'affaire devient publique en 1897, mais Esterhazy est acquitté à la suite d'un procès durant lequel on fait état de nouvelles « preuves secrètes » contre Dreyfus.

En janvier 1898, Zola publie dans le journal *l'Aurore* son célèbre article *J'accuse*, dans lequel il dénonce le haut état-major de l'armée française et proclame l'innocence de Dreyfus.

Zola est à son tour condamné, mais l'opinion publique se passionne et se divise. Durant l'été 1898, on s'aperçoit qu'une des pièces secrètes est un faux réalisé par le colonel Henri. Les partisans de la révision du procès de Dreyfus l'emportent alors ; mais un nouveau conseil de guerre, qui se tient à Rennes en 1899, condamne à nouveau Dreyfus, tout en lui accordant des circonstances atténuantes. Cependant, le ministère radical de Waldeck-Rousseau gracie Dreyfus ; il est même réhabilité, promu commandant, et reçoit la Légion d'honneur en 1906.

Cette « affaire », au retentissement considérable, oppose la gauche républicaine (qui crée la Ligue des droits de l'homme pour défendre le primat de la justice sur la raison d'État et du pouvoir civil sur celui de l'armée) aux milieux nationalistes, qui veulent maintenir l'honneur de l'armée et l'unité du pays, et aux antisémites, qui dénoncent tour à tour le « complot juif » à la solde de l'Allemagne, les « francs-maçons et les socialistes ».

Les « radicaux » au pouvoir

Les remous suscités par le débat autour du problème de la culpabilité de Dreyfus et l'activisme des ligues nationalistes (Ligue d'action

française, Ligue de la Patrie française, Ligue des Patriotes) provoquent un regroupement de la gauche républicaine et des modérés redoutant un coup d'État d'extrême droite.
En 1899, un modéré, Émile Loubet, est élu président de la République, et un autre modéré, Waldeck-Rousseau, devient président du Conseil. Il compose un ministère hétéroclite, comprenant à la fois le socialiste Millerand et le général Galliffet, qui a participé à la répression contre la Commune de Paris en 1871. Les divers groupes radicaux fondent en 1901 le premier parti politique français : le Parti radical et radical-socialiste. Profondément républicain, il se situe à gauche en raison de son anticléricalisme, mais s'oppose aux socialistes par son attachement à la propriété privée. De 1899 à 1902, le rapprochement entre les modérés, créant l'Alliance démocratique, les socialistes et les radicaux va se maintenir. Les trois formations constituent même le Bloc des gauches, qui l'emporte aux élections de 1902, grâce en particulier au triomphe des radicaux.
Le radical Émile Combes succède alors à Waldeck-Rousseau. Il symbolise le radicalisme par son anticléricalisme (refus de la liberté d'association à la plupart des congrégations religieuses [loi de 1901], fermeture de leurs écoles, religieux expulsés de leurs couvents...), par son souci de défendre la propriété privée, tout en acceptant quelques mesures sociales (création d'un Conseil supérieur du travail), et par son attitude vis-à-vis de l'armée (réduction à deux ans de la durée du service militaire, remplacement des officiers supérieurs antirépublicains). Mais Combes doit démissionner en 1905, attaqué par les socialistes à cause de son désintérêt pour les problèmes sociaux, et également par les modérés, qui lui reprochent d'affaiblir l'armée.
Après son départ, la politique religieuse est poursuivie : la séparation de l'Église et de l'État est votée en 1905, et l'on procède aux « inventaires » des biens appartenant au clergé, qui deviennent

propriété publique, provoquant de nombreux troubles et manifestations de la part des fidèles. L'Église catholique se trouve ainsi privée de sa richesse matérielle, mais elle gagne cependant une indépendance totale vis-à-vis du pouvoir politique.

L'année 1905 est aussi marquée par la dislocation du Bloc des gauches, en raison de l'attitude des socialistes qui retirent leur soutien au gouvernement. Les radicaux conservent cependant son contrôle avec Georges Clemenceau, d'abord ministre de l'Intérieur, puis président du Conseil de 1906 à 1909. Ayant à faire face aux grèves et manifestations ouvrières, ainsi qu'aux troubles dans le Midi viticole, victime de la surproduction, il réprime durement l'agitation et n'hésite pas à faire arrêter les chefs syndicalistes. Cependant, Clemenceau tente également de réaliser des réformes sociales : création du ministère du Travail, repos hebdomadaire, projets de lois instituant les retraites ouvrières et l'impôt progressif sur le revenu (mais rejetés par le Sénat).

« Radicaux » et « modérés »

Son autoritarisme et son indépendance amènent son remplacement par Aristide Briand, en 1909. Ancien socialiste, celui-ci a évolué vers le centre et fait preuve d'esprit de conciliation au moment de la séparation de l'Église et de l'État, en tant que ministre des Cultes. Comme Clemenceau, il mène une politique d'ordre (réquisition des cheminots en grève), mais permet l'adoption de la loi sur les retraites ouvrières.

Les dernières années qui précèdent la Première Guerre mondiale verront s'amplifier l'opposition entre les radicaux, qui reviennent au pouvoir avec Joseph Caillaux, en 1911 puis en 1914, et les modérés, qui gouvernent en 1912-1913. Les premiers, soutenus par les socialistes, veulent négocier avec l'Allemagne (ce qui provoque la chute de Caillaux en 1912), réaliser des réformes sociales et faire adopter l'impôt progressif sur le revenu (voté en 1914). Les seconds, avec Briand et Poincaré, sont partisans d'une politique extérieure dure vis-à-vis de l'Allemagne, désirent renforcer l'armée (vote en 1913 de la loi portant à trois ans le service militaire, dénoncée par la gauche) et bénéficient de l'appui de la droite, voire de l'extrême droite militariste animée par Déroulède.

Poincaré

La personnalité de Raymond Poincaré (1860-1934), ministre de l'Instruction publique en 1893 et 1895, ministre des Finances en 1894-1895, président du Conseil en 1912 et élu président de la République en janvier 1913, domine l'immédiat avant-guerre. D'abord proche de la gauche, il affirme son hostilité à la loi sur les congrégations religieuses de 1901, aux réformes sociales et à la gauche, qui lui reproche son autoritarisme et son nationalisme.
Il a ainsi à faire face, en 1914, à une victoire électorale des radicaux et des socialistes. La nouvelle majorité est cependant elle-même divisée, car les radicaux se méfient des socialistes. Ces derniers s'opposent en effet de toutes leurs forces à une guerre avec 'Allemagne.

La politique extérieure

La poursuite de l'expansion coloniale

Une seconde vague de conquêtes est entreprise à partir de 1893, avec les ministres des Affaires étrangères Hanotaux et Delcassé. Un ministère des Colonies est d'ailleurs créé en 1894. La France est en 1914 à la tête d'un Empire colonial comparable à celui de l'Angleterre.

En Afrique du Nord. La France contrôle le Maroc (où un résident général exercera le pouvoir civil et militaire à la suite du traité de

Fès en mars 1912, qui ouvre la voie à la conquête militaire et à la colonisation).

En Afrique noire. La conquête du Dahomey, en 1892-1893, occasionnera de durs combats. L'armée française remonte ensuite plus au nord vers la Haute-Volta et le fleuve Niger (prise de Tombouctou en 1894). La voie est alors ouverte à une réunion de ces nouveaux territoires avec ceux de la côte maghrébine. Cela permet en plus d'entreprendre la conquête du Tchad à partir du sud de l'Algérie, du Niger et de l'Oubangui (destruction du royaume de Rabah en 1901).

Au large des côtes de l'Est africain. Les Français ont obtenu en 1862 des concessions territoriales à Madagascar. Cette île deviendra une colonie en 1897, après l'expédition navale de 1883 et la difficile conquête de 1895-1897, menée par Gallieni qui s'efforcera pourtant d'en favoriser l'essor économique jusqu'à son départ en 1905.

En Asie. En 1893, après des négociations menées par Auguste Pavie, le Laos entre dans l'Union indochinoise. Le gouverneur général en est, de 1897 à 1902, Paul Doumer, futur président de la République. La France y mène une politique administrative et coloniale active, qui provoque une résistance nationaliste et des troubles en 1908 et 1913.

La Triple Entente

À la suite de nouvelles tensions avec l'Allemagne, la France se rapproche de la Russie, où elle exporte des capitaux (les fameux « emprunts russes ») depuis 1888. En 1891, un accord politique prévoit une consultation en cas de menace de guerre et, en 1892, un accord militaire défensif est signé. En 1896, le tsar Nicolas II vient à Paris poser la première pierre du pont Alexandre III, qui symbolise l'alliance franco-russe.

Vis-à-vis de l'Angleterre, la politique française se modifie progressivement après l'incident de Fachoda (1898). La mission Marchand, partie du Congo, a bien atteint Fachoda, située sur le Nil, mais les troupes anglaises de Kitchener, venant d'Égypte, protectorat anglais, l'ont empêchée de continuer vers l'Éthiopie. Après une période de vive tension internationale, les Français ont accepté de se retirer et de laisser à l'Angleterre le contrôle du Soudan. L'influence anglaise s'est ainsi établie sur tout l'Est africain. Delcassé devient ministre des Affaires étrangères la même année et opte finalement pour le rapprochement avec la Grande-Bretagne. Après la visite d'Édouard VII à Paris en 1903, les accords d'avril 1904, qui règlent les litiges coloniaux, ouvrent la voie à l'Entente cordiale franco-anglaise.

La « question marocaine » met les alliances à l'épreuve, mais se termine par un isolement de l'Allemagne : après que l'empereur Guillaume II s'est rendu à Tanger en mars 1905 pour proclamer l'indépendance du Maroc et réclamer une conférence internationale, la France obtient la rupture d'un accord secret russo-allemand, et à la conférence d'Algésiras, en 1906, la Grande-Bretagne et la Russie reconnaissent les droits français sur le Maroc. On assiste même, en 1907, à un rapprochement anglo-russe qui permet la formation de la Triple-Entente, entre la France, la Grande-Bretagne et la Russie, constituée de fait contre l'Allemagne. Un nouvel incident à propos du Maroc (l'arrivée devant Agadir d'une canonnière allemande, en 1911) aboutit à un accord franco-allemand : les Français « achètent » le désistement allemand par des concessions territoriales au Congo ; mais cela a pour effet de faire monter d'un cran l'antagonisme entre les deux pays.

DOSSIERS

Bouleversements et continuité

L'économie française connaît au XIXe siècle une croissance lente de son produit national, gênée par l'instabilité des prix industriels. L'agriculture est en proie à de graves difficultés en raison de son faible dynamisme et de la vive concurrence étrangère. La croissance industrielle est régulière et substantielle, mais peu spectaculaire et sans phase de brutale accélération comme en Angleterre, en Allemagne ou aux États-Unis. Les exportations de marchandises ont joué un rôle moteur dans le développement économique de la France et de l'Angleterre depuis les origines de la « Révolution industrielle ». Préférant traditionnellement la terre et la pierre, les épargnants français sont attirés par les placements à l'étranger, au détriment de l'investissement productif intérieur. Le profit industriel connaît de sensibles oscillations conjoncturelles, fonction des fluctuations de prix et de coûts échappant largement aux entreprises. La croissance au XIXe siècle s'est accompagnée d'une élévation du niveau de vie des salariés, mais à travers des disparités souvent dramatiques. L'économie française connaît de 1789 à 1914 des transformations comparables à celles des autres grands pays industrialisés, tout en restant plus qu'ailleurs prisonnière de son passé.

L'évolution de l'activité et des prix

La production nationale

La mesure du produit national au XIXe siècle pose un problème majeur en raison de la rareté et de l'hétérogénéité des données quantitatives.

Malgré les difficultés, les estimations faites au XXe siècle par divers historiens de l'économie permettent de dégager une vue d'ensemble convergente. Ainsi, le produit national brut est environ égal à 9 milliards de francs courants en 1820, 12 milliards en 1840, 18 en 1860, 22 en 1880, 26 en 1900 et 32 milliards en 1910. En termes de taux de croissance annuel, on pourrait distinguer cinq périodes:

1. Une phase d'augmentation sensible de la production durant les années 1820-1840, appuyée sur une relative prospérité agricole et sur un essor de l'industrie (mais à partir d'un niveau de départ très bas, et d'une ampleur discutée par certains historiens).
2. Un ralentissement vers le milieu du siècle, dans le contexte de difficultés rencontrées par les autres pays et culminant en 1848.
3. Une reprise durant le second Empire, reposant en partie sur la politique de grands travaux, le développement des chemins de fer, la formation du système bancaire, et favorisée par une remontée des prix.
4. Une croissance plus lente et cahoteuse autour des années 1870-1890, alors que sévit dans le monde industrialisé une dépression, qui ne cessera qu'au milieu des années 1890.
5. Une reprise très sensible de la croissance reposant sur une industrialisation rapide, à partir de la fin des années 1890, période qui voit la part de l'agriculture définitivement dépassée par celle de l'industrie.

L'évolution des prix

Les prix connaissent une évolution cyclique permettant de distinguer plusieurs sous-périodes très nettes de 1789 à 1914: hausse du milieu du XVIIIe siècle à 1815; baisse de 1815 à 1848; hausse de 1848 à 1873; baisse de 1873 à 1896; hausse de 1896 à 1914. On peut néanmoins observer des fluctuations plus courtes à l'intérieur de ces sous-périodes.

Il convient d'autre part de distinguer l'évolution des prix industriels de celle des prix agricoles : alors que les premiers connaissent en France, comme dans les autres grands pays en voie d'industrialisation, une tendance séculaire à la baisse, les seconds sont dans l'ensemble plus élevés durant la seconde moitié du siècle, contrairement à ce qui se passe en Angleterre ou aux États-Unis. Cela s'explique à la fois par l'absence de progrès technique dans l'agriculture française et par le retour plus précoce du protectionnisme agricole (relèvement des droits sur le bétail en 1881, sur le blé en 1885, avant les « tarifs Méline » de 1892).

Prix et activité

Si certains historiens considèrent que les fluctuations de l'activité sont au XIXe siècle indépendantes de celles des prix, on ne peut qu'observer une corrélation d'ensemble entre les phases de croissance et de hausse des prix, et celles de ralentissement de l'activité et de baisse des prix.

Certes la reprise de l'activité peut intervenir en période de baisse des prix (provenant de l'introduction de nouvelles techniques industrielles abaissant les coûts unitaires pour lutter contre la concurrence) ; mais la croissance ne peut se poursuivre si les prix continuent à baisser : une baisse prolongée est en effet l'expression d'une surproduction de marchandises par rapport à la demande solvable, ce qui affecte la rentabilité du capital.

On note ainsi que le dynamisme des premières années du second Empire coïncide avec une remontée des prix moyens du produit physique total et d'un certain nombre de prix industriels, en particulier durant les années 1850-1855. Il est également remarquable que le ralentissement de la croissance soit très marqué durant la phase de baisse des prix des années 1873-1896, et que la reprise soit par contre manifeste quand les prix remontent tout à la fin du siècle et au début des années 1900. Cette hausse peut s'expliquer

par une plus grande rigidité salariale qui accroît les coûts, mais aussi la demande intérieure.
Aussi pourrait-on dire avec Gaston Imbert que la hausse des prix correspond à une période de taux de croissance qui augmente la baisse des prix, correspondant à celle d'un taux de croissance qui diminue.

L'agriculture

Bien que la France soit restée un pays à dominante rurale, et que son agriculture ait été protégée de la concurrence étrangère jusqu'en 1860, puis à partir de 1892, le taux de croissance de son produit agricole est resté très faible. La France produit environ 90 millions de quintaux de céréales vers 1820, et 150 vers 1910; 40 millions d'hectolitres de vin vers 1820 et 80 en 1910. Le produit agricole global sera multiplié par 3 entre les années 1815-1824 et 1905-1914, le produit animal par 3,6 et le produit végétal par 2,7.
Le taux de croissance du produit agricole en France est en particulier inférieur à celui de la Grande-Bretagne. Cela s'explique par le fait que l'Angleterre spécialise sa production, organise l'exode rural avec les lois sur la clôture obligatoire des terres (les *enclosures*), surtout durant les années 1780-1820, puis allège en 1846 les droits de douane sur les céréales importées avant de les supprimer en 1849, ce qui contribue à accroître la productivité de son agriculture. En France, en revanche, la Révolution a permis le maintien et la consolidation d'une petite et d'une moyenne propriété foncière, capables de survivre à l'abri des barrières douanières, mais n'ayant ni les moyens financiers ni l'obligation de se transformer.
Or, après la croissance des années 1820-1840, les débouchés de la production agricole, limités au marché intérieur, stagnent en raison de la faible croissance démographique, alors que les autres

pays d'Europe, l'Angleterre en particulier, voient leur population augmenter rapidement. Ainsi, la population française ne passe que de 36 millions en 1851 (contre 26 en Grande-Bretagne) à 40 millions en 1911 (contre 46 au Royaume-Uni). En 1851, la population rurale représente en France 75 % de la population totale (et seulement 52 % en Angleterre) ; en 1911, sa part est encore de 56 % en France (et de 27 % seulement en Angleterre).

Ce manque de vigueur de la natalité française peut se comprendre – en partie – par le désir des petits agriculteurs d'éviter le morcellement de la propriété : en effet, Napoléon a institué la règle du partage égal des terres entre les héritiers, alors qu'en Angleterre prévalait le droit d'aînesse.

Ces structures figées expliquent que les progrès de la productivité agricole (croissance de la production par agriculteur) soient inexistants en France à partir du milieu du siècle, alors qu'à l'inverse ils augmentent en Grande-Bretagne.

Il faudra attendre la fin des années 1890 pour que les effets conjugués des tarifs Méline et de la reprise industrielle (augmentant les revenus) accroissent la demande de produits agricoles intérieurs. Le protectionnisme sauve ainsi l'agriculture française, après la crise des années 1870-1880, et les ravages viticoles provoqués par le phylloxéra, en maintenant le prix des denrées agricoles. Mais il ralentit le déplacement de la population rurale vers les villes, pèse sur les coûts de production salariaux (largement tributaires du prix des produits alimentaires) et sur ceux des matières premières importées. Il freine ainsi les progrès industriels, tout en compromettant les progrès ultérieurs d'une agriculture parcellaire peu dynamique.

L'industrialisation

Le taux de croissance de la production industrielle est estimé à environ 2 % par an entre 1815 et 1914 (de l'ordre de 2,5 % jusqu'au milieu du XIXe siècle, aux alentours de 1,5 % jusqu'aux années 1890 et plus de 2 % de la fin du siècle à 1914; en Grande-Bretagne, il serait d'environ 3,5 % de 1815 à 1900).

Cette croissance importante en longue période de la production non agricole s'appuie sur le développement des nouvelles techniques permettant une évolution favorable de la productivité du travail industriel (rapport entre la production et la main-d'œuvre utilisée). Sa mesure est cependant difficile, en particulier à cause des incertitudes concernant la population effectivement employée dans l'industrie et la durée réelle du travail.

Quoi qu'il en soit, l'essor industriel de la France est incontestable à partir de la fin des années 1830, comme en témoigne le développement de son réseau de voies ferrées (qui passe de 3 000 km en 1850 à 17 500 km en 1870 et à 50 000 en 1913). Il est attesté aussi par la croissance des industries textiles, minières et sidérurgiques, ces deux dernières bénéficiant de ce nouveau moyen de transport en étant amenées à produire l'énergie, les rails, les wagons…

La « performance » française n'est donc pas négligeable, bien qu'elle soit inférieure à celle de l'Angleterre durant les deux premiers tiers du siècle, et à celle des États-Unis et de l'Allemagne dans le dernier tiers.

Le commerce extérieur

Le développement des échanges internationaux constitue une caractéristique fondamentale de l'évolution économique du XIXe siècle, mais également un facteur explicatif de la croissance de la production industrielle. Si la France n'exporte que 5 à 6 % de sa production dans le premier tiers du siècle, ce rapport est de l'ordre de 13 % dans les années 1860 et dépasse 20 % après 1900.

Pour mieux saisir l'effet entraînant des exportations de marchandises sur la production industrielle intérieure, il convient de rapporter leur accroissement à celui du produit industriel. On s'aperçoit alors que le rapport entre ces deux accroissements, qui est de 24 % entre la décennie 1835-1844 et la décennie 1855-1864, et dépasse les 30 % après 1870.
Cette montée peut en partie s'expliquer par la conquête coloniale entrant dans une phase active après 1880, et qui provoque une augmentation non négligeable des exportations à destination de l'empire. Cependant, la part des échanges avec les colonies dans le total du commerce extérieur français reste modeste en 1910 : environ 12 % pour les exportations et 10 % pour les importations.
Malgré ce développement des exportations, la part des articles manufacturés exportés a baissé entre 1850 et 1900 (56 % contre 65 %), alors que celle des produits alimentaires est presque identique (environ 30 %) ; en revanche, celle des matières premières industrielles augmente de 5 à 14 %. Mais, dans le même temps, la part des produits manufacturés importés passe de 5 % environ à près de 20 % du total des importations. Cela peut expliquer le fait que le solde des échanges extérieurs de marchandises est constamment négatif à partir de la fin des années 1870 : les exportations ne couvrent en général que de 70 % à 90 % des importations de 1876 à 1913.
Le phénomène est le même en Grande-Bretagne, qui, bien qu'exportant 40 % de sa production vers 1900, a un solde extérieur négatif. Mais l'Angleterre bénéficie des revenus du commerce, de l'assurance et des investissements extérieurs ; ces entrées considérables lui permettent de supporter un déficit croissant de ses échanges extérieurs (et beaucoup plus important que celui de la France). De ce point de vue, la France connaît la même évolution, mais sur une échelle plus réduite (car son rôle de transporteur et d'investisseur international est

moindre) et avec un temps de retard important (car ses placements de capitaux à l'étranger seront plus tardifs).

La monnaie et l'épargne

Le système bancaire

Il faut attendre le milieu du XIXe siècle pour assister à la création des grandes banques françaises : le Comptoir national d'escompte de Paris, créé en 1848, ne se développe vraiment qu'à partir des années 1860 ; le Crédit foncier, le Crédit industriel et commercial, le Crédit Lyonnais et la Société générale, fondés respectivement en 1852, 1859, 1863 et 1864, ne prennent de l'ampleur qu'après 1870, et le Crédit commercial de France ne voit le jour qu'en 1894.

Par ailleurs, l'entrepreneur français – par souci d'indépendance financière et par peur de ne pouvoir rembourser – hésite à recourir au crédit bancaire. Les banques elles-mêmes préfèrent se cantonner dans la mobilisation des effets de commerce et la distribution de crédit à court terme plutôt que de s'engager dans des opérations de financement à long terme, qu'elles jugent incertaines ; elles craignent aussi de ne pouvoir faire face à une demande massive de remboursements de la part de leurs déposants.

Ainsi, en 1885, les espèces en circulation et les billets de banque représentent encore plus de 80 % de la masse monétaire et il faut attendre 1900 pour que cette part soit ramenée à deux tiers environ.

Le comportement des épargnants

Le comportement timoré des épargnants français au XIXe siècle est bien connu : ceux dont le revenu excède la consommation courante préfèrent les placements « sûrs », comme la terre, la pierre, les bons d'État (français ou étrangers), ou, à la rigueur, les obligations privées et, d'une façon générale, les titres à revenu fixe plutôt que la prise de risque dans l'achat d'actions.

C'est ainsi que, durant les années 1830-1850, les avoirs immobiliers représentent environ les deux tiers du patrimoine des épargnants français, environ 55 % de 1860 à 1870, cette part continuant à se réduire progressivement durant le dernier tiers du siècle (environ 50 % de 1885 à 1900, et 46 % vers 1910).

De plus, vers le milieu du siècle, la part des rentes et obligations s'élève encore à plus des trois quarts du total des valeurs mobilières françaises détenues par les épargnants et à plus des deux tiers en 1913; au début du XXe siècle, un tiers du total des valeurs mobilières est constitué de titres étrangers, le plus souvent garantis par les États. Mais si l'épargne en France ne s'oriente qu'avec réticence vers le financement direct des entreprises productrices, cela ne provient pas seulement du comportement « spontané » des ménages. Cela s'explique aussi par la constitution tardive du système bancaire français, et l'attitude de ce milieu face au monde de la production.

On comprend alors que la croissance des investissements soit faible durant le XIXe siècle, en particulier dans l'industrie : d'après R. Cameron, la progression de la formation de capital serait d'environ 2 à 3 % par an de 1820 à 1850, de plus de 5 % de 1851 à 1857 ; elle est négative (– 2 % en moyenne) de 1858 à 1882 et n'augmente que d'environ 1 % de 1882 à 1897.

Les sorties de capitaux

La faiblesse des investissements s'explique aussi par les placements à l'étranger. Après 1850, la France a suivi les traces de l'Angleterre pour devenir en 1914 le second pays exportateur de capitaux, avec 45 milliards de francs, ce qui représente 8,7 des 44 milliards de dollars placés dans le monde, contre 18,3 milliards pour la Grande-Bretagne.

Quels sont les effets de ces sorties de capitaux sur le dynamisme interne de l'économie française ? Il est certain que l'investissement et l'industrialisation auraient été plus importants en France si l'épargne nationale avait été directement utilisée en dépenses productives. Remarquons toutefois que certaines périodes de sorties massives de capitaux sont aussi celles d'assez forte croissance intérieure ; par ailleurs, les investissements à l'étranger (et en particulier dans les chemins de fer) se sont accompagnés d'exportations de matériels français (rails, locomotives, wagons, ponts métalliques…) ; enfin, après 1870, le revenu de ces placements fait plus que compenser les nouvelles sorties de capitaux : ainsi, la France bénéficie d'une entrée nette de revenus lui permettant de financer une partie du déficit de ses échanges de marchandises avec l'extérieur. Cela peut aussi contribuer à expliquer la reprise de la croissance de la fin du siècle, ainsi que la remontée des prix, dans la mesure où ces revenus augmentent la demande intérieure de biens de consommation et de production, et stimulent ainsi l'activité intérieure.

Les profits du capital

Les données quantitatives sur le profit des entreprises durant le XIXe siècle sont malheureusement parcellaires et de mauvaise qualité. Néanmoins, un certain nombre d'études par branches permettent de se faire une idée du mouvement des profits dans le secteur des charbonnages, de la sidérurgie, de la mécanique ou dans le secteur bancaire.

Elles font apparaître que, d'une façon générale, les profits évoluent dans le même sens que les prix et que, par conséquent, la rentabilité du capital productif industriel est médiocre durant l'ensemble du siècle.

Cela peut s'expliquer de la façon suivante : pour lutter contre la concurrence, les entreprises cherchent à se moderniser et à réduire leurs coûts : cela permet des baisses de prix, mais qui sont telles que la rentabilité par unité produite est faible ; on cherche alors à produire davantage pour maintenir la masse des profits ; mais cela tend à accroître l'offre globale plus vite que la demande : l'industrie subit aussi la baisse des prix tout en l'accélérant contre son gré. De plus, les phases de croissance provoquent une demande accrue de matières premières et de capitaux entraînant une tension sur les prix et, par conséquent, une augmentation des coûts de production.

Dans ces conditions, la rentabilité du capital est sans cesse compromise, tout au moins aux yeux des entrepreneurs. C'est ainsi qu'en 1867 le Comité des Forges se plaint de la situation médiocre de la métallurgie française à cause de « l'avilissement des prix » ; grâce à des efforts énergiques, observe-t-il, « l'industrie se développe », mais « les industriels ne prospèrent pas ». Les profits industriels sont donc incertains au XIXe siècle, et cela explique le peu d'attrait des milieux bancaires et du public pour les actifs industriels, et leur préférence pour les titres publics ou étrangers. Néanmoins, la rentabilité n'est pas nulle, et, si elle l'était, on ne comprendrait pas qu'il subsiste des entrepreneurs capitalistes à l'aube du XXe siècle !

Ainsi, les dividendes distribués par les Houillères du Pas-de-Calais passent de 3,5 millions de francs par an, de 1871 à 1880, à 13,3 millions de 1881 à 1890 et à 21,5 millions de 1891 à 1900 ; l'autofinancement en est environ le double chaque année.

Dans le secteur sidérurgique, les profits des Forges de Châtillon-Commentry (fondées en 1863) sont de l'ordre de 1,5 million par an de 1863 à 1870, s'élèvent à 6,3 en 1873, puis sont inférieurs à 1 million de 1876 à 1878 ; ils fluctueront ensuite entre 1 et 2 millions de 1879 à 1892, puis entre 4 et 15 millions de 1898 à 1913.

Dans le secteur bancaire, les profits sont généralement plus élevés que dans l'industrie. Ainsi, à la Société générale, le profit fluctue entre 5 et 12 millions de 1865 à 1875, baissera de 1876 à 1898

(entre 3 et 5 millions), avant de progresser pour atteindre 25 millions en 1913.
Les profits se redressent donc d'une manière spectaculaire quand s'achève la tendance séculaire à la baisse des prix, à la fin du XIXe siècle. Ces deux phénomènes peuvent s'expliquer par la concentration de l'appareil de production réduisant la concurrence et par la rigidification des coûts salariaux qui stabilisent en même temps la demande intérieure.

Le travail salarié

Salaires nominaux et salaires réels

D'une façon générale, les salaires nominaux dans l'industrie ont augmenté presque sans discontinuer en France des années 1820 à la veille de la Première Guerre mondiale. La progression d'ensemble, de 1821 à 1906-1907, est du même ordre de grandeur qu'en Grande-Bretagne : ils sont multipliés par 2,6 dans ce dernier pays, et de près de 2,3 en France. Cette augmentation séculaire se traduit en France par une élévation parallèle du pouvoir d'achat en longue période, puisque les prix industriels ont diminué d'environ 50 % de 1820 au début du XXe siècle et que les prix agricoles n'ont augmenté que d'environ 25 % durant la même période.
En définitive, le XIXe siècle est bien celui de l'élévation du niveau de vie moyen, attesté par la croissance du produit national par habitant (plus de 1 % par an en moyenne entre 1840 et 1910, soit un doublement en soixante-dix ans) et par la diversification de la consommation ouvrière. Cela ne doit cependant faire oublier ni la misère du début du siècle (stagnation des salaires et très dures conditions de travail), ni la diversité des situations individuelles, ni les difficultés dues aux crises et aux modifications des conditions de vie (déracinement, insalubrité de l'habitat urbain…).

La diversité des situations

Cette vue d'ensemble de l'évolution des salaires au XIXe siècle mérite en effet d'être nuancée pour les raisons suivantes :

– Le niveau des salaires et leurs variations sont très différents entre les régions, les industries, les corps de métier, les villes et les campagnes, les hommes et les femmes, ce qui réduit la pertinence du concept de salaire moyen ; si cette dispersion tend à se réduire au fil des décennies, elle est encore forte au début du XXe siècle.

– Les rémunérations salariales nominales sont très sensibles aux fluctuations de l'activité : quand la production se ralentit, la précarité des contrats salariaux permet le licenciement massif et la baisse des salaires.

– Les montées périodiques du chômage affectent les ressources disponibles des familles quand l'un de ses membres se trouve privé – même temporairement – de revenu ; de même, le fait de devoir se déplacer pour trouver du travail, et plus généralement de quitter la campagne pour la ville, se traduit par des coûts supplémentaires : logement, chauffage, produits alimentaires qui ne sont plus fournis par le jardin familial... Notons que la part des produits alimentaires, qui représente jusque vers 1880 entre 55 et 65 % de la consommation populaire en ville, est encore supérieure à 45 % à la veille de la guerre.

– L'évolution des salaires réels – ou si l'on préfère du pouvoir d'achat des salaires – n'est pas corrélée à celle des salaires nominaux si l'on se place en courte période : quand les salaires nominaux augmentent, lors d'une phase de croissance de la production et de l'emploi, la hausse des prix tend à dépasser celle des salaires et à réduire le pouvoir d'achat des salariés ; cela constitue de plus un facteur de blocage de la croissance, puisque le marché intérieur des biens à la consommation se contracte. En revanche, dans la phase décroissante du cycle, la surproduction entraîne une baisse des prix plus rapide que celle des salaires, et permet ainsi une amélioration des rémunérations réelles.

La régulation concurrentielle

Ces traits spécifiques permettent de parler de « régulation concurrentielle » du capitalisme à l'œuvre durant le XIXe siècle. Elle rend les salaires sensibles, comme les prix, aux déséquilibres des marchés ; mais, par la baisse tendancielle des prix industriels, elle permet l'amélioration du pouvoir d'achat des salariés. Ce n'est que tout à la fin du siècle (après la reconnaissance du droit de grève en 1864, de coalition en 1884, la création de la CGT en 1895…) que le développement de l'organisation ouvrière conduit à l'amorce d'une indexation des salaires sur le coût de la vie : au XXe siècle, les gains de productivité permettent des hausses de salaires plus fortes que celle des prix, alors qu'au XIXe ils se traduisent presque exclusivement par des baisses de prix. Les effets conjugués des nouvelles procédures de détermination des salaires et de la concentration industrielle sont en définitive d'altérer la « régulation concurrentielle » pour lui substituer progressivement une « régulation monopoliste », qui s'affirmera dans l'entre-deux-guerres et surtout après la Seconde Guerre mondiale.

La limitation de la durée du travail

En 1840, la durée quotidienne du travail, y compris celle des enfants, est, en France, d'environ 15 heures. En 1841, la durée maximale du travail des enfants est fixée à 8 heures pour ceux de moins de 12 ans, et à 12 heures pour ceux de 12 à 16 ans. En 1848, cette dernière disposition est étendue à tous les travailleurs. En 1892, le travail des enfants entre 12 et 16 ans est limité à 10 heures et celui des femmes de 16 à 18 ans, à 11 heures. En 1906, le repos dominical est imposé. Durant les années 1910, la journée de 8 heures est généralisée dans les mines.

La mutation séculaire de l'économie française

La France capitaliste

Au total, l'économie française connaît, des années révolutionnaires à 1914, une mutation profonde qui est à bien des égards comparable à celle de la Grande-Bretagne, fer de lance du capitalisme industriel en développement: essor des nouvelles techniques industrielles gagnant progressivement l'ensemble de l'appareil productif; généralisation des rapports de production capitalistes au détriment de l'artisanat traditionnel; déplacement significatif de la population vers les villes et les bassins industriels (Nord-Pas-de-Calais, Lorraine, Massif central, région parisienne…); formation d'un système bancaire modifiant la structure de la masse monétaire, collectant l'épargne nationale, mais l'orientant souvent vers l'étranger; esprit d'initiative d'hommes d'affaires dynamiques, comme les frères Pereire ou Gustave Eiffel; rôle important des échanges internationaux exerçant un effet entraînant (ou au contraire dépressif) sur l'économie nationale en fonction de la conjoncture mondiale; formation d'un Empire colonial. De plus, la France connaît une « révolution » dans le secteur de la distribution avec la création des grands magasins: à Paris, le Bon Marché est fondé en 1852, le Louvre en 1855, le Bazar de l'Hôtel de Ville en 1856, le Printemps en 1865, la Samaritaine en 1869. Cela n'est pas seulement une manifestation de la concentration des capitaux dans le secteur commercial; c'est aussi le résultat de la diversification des biens de consommation, un moyen d'attirer la clientèle et de faire connaître les nouveaux produits.

Par ailleurs, la France traverse, comme les autres pays, une série de crises, à dominante agricole ou industrielle, d'inégale ampleur et durée, qui rythment l'évolution cyclique de l'activité. Ces crises ne touchent pas nécessairement tous les pays au même moment, en raison principalement des décalages dans le développement et des spécificités structurelles de chacun d'eux. En France, où des difficultés importantes apparaissent de 1830 à 1834, la crise est profonde comme ailleurs de 1847 à 1850, puis en 1857, 1866-1867, 1871, puis à partir de 1873 et jusqu'en 1896. Elle est toutefois, comme l'Angleterre touchée plus tardivement par la dépression mondiale de ce dernier quart de siècle : les difficultés y sont surtout marquées en 1877-1878 et 1890-1892. La France va de plus souffrir du phylloxera (à partir de 1867), qui détruit en plusieurs décennies environ 1 million d'hectares de vigne (soit 40 % du vignoble national). Puis, au début du XXe siècle, dans le contexte d'ensemble d'une reprise vigoureuse de l'activité mondiale, des crises sporadiques réapparaissent (en 1904, 1907 et 1908, 1913), en France comme aux États-Unis, en Angleterre ou en Allemagne.

La France rurale

Au-delà de ces traits communs avec les autres pays, la France se caractérise aussi par des traits spécifiques : l'intégration des nouvelles techniques et la croissance du produit physique y sont plus lentes qu'ailleurs, ce qui a pu faire dire que la France n'a pas connu de véritable « révolution industrielle », si on compare son évolution aux bouleversements rapides de l'Angleterre au début du XIXe siècle, ou des États-Unis, de l'Allemagne ou du Japon après 1870.

Cela tient sans doute principalement au fait que la France est demeurée longtemps un pays à dominante agricole, à tel point que J. Marczewski situe vers 1885 le moment où la production industrielle y dépasse celle de l'agriculture, alors que cela s'était produit vers 1820 en Grande-Bretagne. De plus, l'agriculture française est restée en grande partie une agriculture de subsistance (où domine la petite ou moyenne propriété foncière), maintenue en vie par les protections douanières (sauf de 1860 à 1880 environ). Si cela n'empêche pas tout mouvement de population, l'offre de main-d'œuvre à destination de l'industrie est insuffisante pour provoquer une chute brutale des coûts salariaux, d'autant plus que les prix des denrées alimentaires restent relativement élevés ; cela n'augmente pourtant pas substantiellement le revenu des agriculteurs, puisque ces prix ne font que refléter la médiocre productivité agricole. Cela ne permet pas non plus de créer dans ce secteur des débouchés nouveaux pour les produits industriels, et si d'aventure le revenu paysan augmente, une part est thésaurisée ou utilisée à acheter des bons d'État, nationaux ou étrangers. Ainsi, l'industrialisation est freinée, les entrepreneurs étant peu incités à développer l'emploi, et n'ayant pas non plus les moyens financiers pour investir massivement dans des techniques économisant du travail (la substitution du capital fixe au travail ne sera d'ailleurs possible techniquement que bien tardivement).

Vers un nouveau dynamisme

Handicapée face à la concurrence étrangère, d'abord anglaise, puis américaine et allemande, l'économie française connaît donc des transformations moins brutales. Cependant, à la veille de la Première Guerre mondiale, son niveau de développement est tout à fait comparable à celui des autres grands pays industrialisés.

Certaines branches fabriquant des produits nouveaux connaissent même, au début du siècle, un essor remarquable : c'est le cas de l'automobile, domaine où la France joue un rôle de pionnier, de l'industrie de l'aluminium et de l'acier, des mines de fer, des textiles synthétiques, de la chimie industrielle, des industries d'armement, du cinéma et, à un degré moindre, de l'aviation qui débute.

L'électrification, qui révolutionne la vie quotidienne au XXe siècle, débute véritablement en France en 1898, avec la création de la Compagnie générale d'électricité (CGE). Elle produit en effet le matériel permettant la production et la distribution du courant électrique et participe à la fondation de multiples compagnies régionales installant et exploitant le nouveau réseau électrique. La CGE compte environ 2 000 abonnés en 1900 (et 1 200 000 en 1938).

L'utilisation du courant électrique permet le développement du métropolitain : le chemin de fer souterrain à vapeur, créé à Londres en 1863, est électrifié en 1890, et, à Paris, la première ligne de métro Porte de Vincennes-Porte Maillot, mise en chantier en 1898 par Bienvenüe, est inaugurée en 1900.

Mais ces entreprises ne représentent qu'une part réduite de la production nationale et les grands secteurs traditionnels stagnent (textile, habillement, industries alimentaires, transformation des métaux, matériaux de construction…).

La diversification à l'œuvre

Dès le milieu du XIXe siècle, les peintres rompent avec l'art figuratif, les thèmes antiques et le classicisme. Si l'opéra continue à séduire, l'inspiration musicale se diversifie et laisse apparaître une musique intimiste. L'inspiration littéraire est également marquée par la diversification, allant de la description rigoureuse à la pure fiction. Vers la fin du XIXe siècle, le théâtre connaît des formes nouvelles, le cinéma grand public apparaît et le music-hall remplace le « café-concert ».

La peinture

Les « impressionnistes »

Au début des années 1860 apparaît la peinture des paysages naturels et des bords de mer, dont les précurseurs sont le Néerlandais Jongkind (1819-1891), peignant le port de Honfleur et les canaux hollandais, et Eugène Boudin (1824-1898), laissant des tableaux de la plage et du port de Trouville. C'est lui qui fait connaître à Monet la côte normande et qui l'initie à cette peinture de plein air, faite d'« impressions » colorées, que Louis Leroy qualifiera en 1874 d'« impressionniste » à l'occasion d'une exposition organisée par la Société anonyme des peintres, sculpteurs et graveurs: Monet, Sisley, Courbet, auxquels s'étaient joints Renoir, Pissarro, Degas, Cézanne.

Camille Pissarro (1830-1903). Il est l'un des initiateurs de la peintures des paysages *(les Champs)* puis de la région parisienne *(Bords de la Marne)* et de Paris (*Avenue de l'Opéra…*).

Édouard Manet (1832-1883). Il rompt avec la peinture officielle et trouve chez Goya ou chez les Vénitiens une violence de la couleur et un renouvellement des formes (*le Balcon, la Blonde aux seins nus*...). Le refus de son *Déjeuner sur l'herbe,* au Salon de 1862, et du *Fifre,* en 1866, est l'occasion pour la nouvelle génération de prendre la défense de Manet, au style jugé scandaleux.

Edgar Degas (1834-1917). Influencé par Ingres et la Renaissance italienne, il rencontre les impressionnistes au début des années 1870, qu'il suit surtout pour échapper aux conventions ; il devient célèbre pour ses scènes de danse ou de cirque, mettant en valeur la grâce féminine (*la Classe de danse, Miss Lola au cirque Fernando*...).

Alfred Sisley (1839-1899). D'abord élève de Corot, il est le peintre des bords de la Seine, de l'Yonne ou du Loing (*l'Inondation du port de Marly*...), exprimant la lumière et la poésie de l'Île-de-France.

Claude Monet (1840-1926). Il est peut-être le plus représentatif de l'impressionnisme par l'usage qu'il fait de la couleur et par l'impression d'inachevé suggestif qui se dégage de ses toiles (*Impression, soleil levant, la Gare Saint-Lazare, les Nymphéas*...).

Auguste Renoir (1841-1919). Il révèle lui aussi une maîtrise exceptionnelle du jeu des lumières, avec des touches de couleurs harmonieuses estompant légèrement les formes, dans des compositions qui associent à une teinte dominante un subtil dégradé de coloris (*le Moulin de la Galette, les Baigneuses*...).

Georges Seurat (1859-1891). Cofondateur du Salon des artistes indépendants, il prolonge la recherche impressionniste en privilégiant les contrastes d'intensité lumineuse qu'il pousse jusqu'au « pointillisme », sans pour autant abandonner dans sa peinture tout respect du réalisme des formes.

Paul Signac (1863-1935). Il symbolise le « néo-impressionnisme », qui allie au « divisionnisme » de Seurat l'usage de tons très vifs dans ses peintures de la côte méditerranéenne.

En marge de l'impressionnisme

Camille Corot (1796-1875). Sa peinture de paysages urbains (*la Cathédrale de Chartres, le Beffroi de Douai…*) et champêtres, qui annonce l'impressionnisme, est également attaché à la tradition italienne et au réalisme de l'ancienne école (*le Baptême du Christ…*).

Gustave Courbet (1819-1877). Bien qu'opposé aux thèmes historiques, religieux ou mythologiques, auxquels il substitue des scènes de la vie quotidienne ou campagnarde, il reste le défenseur de la peinture réaliste (*les Rémouleurs, Un enterrement à Ornans…*). Membre actif de la Commune, il est condamné à six mois de prison en 1871.

Paul Cézanne (1839-1906). Originaire de Provence et ami de Zola, il compose de nombreux paysages et natures mortes ; c'est vers la fin du siècle qu'il réalise en solitaire ses œuvres les plus célèbres (*les Joueurs de cartes, l'Homme à la pipe…*), qui l'éloignent de l'impressionnisme proprement dit par la recherche d'une nouvelle construction picturale.

Le fauvisme

Paul Gauguin (1848-1903). Dans un style rompant avec le classicisme mais aussi avec l'impressionnisme, dont il a d'abord subi l'influence, son symbolisme et ses couleurs vives et tranchées doivent beaucoup à ses nombreux voyages à Tahiti ou en Martinique, en Bretagne, où il fonde l'école de Pont-Aven, ou encore en Provence, où il fréquente Van Gogh. Avec ses peintures tahitiennes, il ouvre la voie à une nouvelle école, celle des « fauves ».

Vincent Van Gogh (1853-1890). Hollandais arrivé à Paris en 1886 et installé à Arles deux ans plus tard, lié à Toulouse-Lautrec et à Gauguin, il peint de nombreuses toiles tourmentées et aux contrastes violents, dont les plus célèbres sont ses paysages de Provence et ses autoportraits. Il a également inspiré le fauvisme. Le nom même de « fauvisme » est donné par le critique Louis Vauxcelles à l'occasion du Salon d'automne de 1905 à ceux qui avaient exposé dans une salle qu'il qualifia de « cage aux fauves ». Gustave Moreau, quant à lui, qualifie le style de « transformé imaginaire de la couleur ».

Les « nabis »

Les « nabis », ou « inspirés », privilégient les couleurs sombres en aplats et négligent la perspective.

Paul Sérusier (1865-1927). Il illustre le « primitivisme » que l'on retrouve chez le Douanier Rousseau, (1844-1910), bien que celui-ci ait inauguré le genre « naïf » au dessin net et aux tons chatoyants.

Pierre Bonnard (1867-1947). Il côtoie Toulouse-Lautrec et compose comme lui des affiches lithographiques (*France-Champagne, la Revue blanche*...) et fréquente les milieux nocturnes parisiens (Moulin-Rouge). Dans sa peinture aux thèmes très variés (*le Fiacre, Enfants mangeant des cerises*...), il recherche le contraste des couleurs en opposant le blanc et le noir et laisse s'estomper la précision des formes.

Édouard Vuillard (1868-1940). Il représente la tendance la plus intimiste du groupe et puise dans l'atmosphère familiale l'essentiel de son inspiration.

Maurice Denis (1870-1943). Théoricien du groupe, il est influencé à la fois par les estampes japonaises, le symbolisme et les thèmes religieux.

Les derniers « classiques »

Le classicisme des formes et l'académisme des thèmes sont cependant perpétués durant la même période.

Pierre Puvis de Chavannes (1824-1898). Continuateur du réalisme par ses peintures murales historiques ornant l'intérieur de divers monuments publics, il s'en éloigne dans ses tableaux champêtres et nostalgiques exaltant les paradis perdus de l'ère préindustrielle.

Gustave Moreau (1826-1898). N'appartenant à aucun courant bien spécifique, son style reste académique *(Œdipe et le Sphinx)*, bien qu'il cherche à exprimer symboliquement des sentiments intérieurs.

Les dessinateurs

Honoré Daumier (1808-1897). Il est célèbre pour ses dessins et ses caricatures (environ quatre mille) représentant les « types parisiens » ou les « gens de justice », et où il fait preuve d'un sens rare de la satire. Il est aussi sculpteur, graveur et peintre.

Henri de Toulouse-Lautrec (1864-1901). Il peint d'une façon tantôt réaliste, tantôt caricaturale, à la fois tendrement et cruellement les milieux du théâtre, du cabaret et du spectacle qu'il côtoie dans le quartier de Montmartre. Il fait le portrait des vedettes de l'époque (Yvette Guilbert, Jane Avril, la Goulue...) et compose de nombreuses affiches qui témoignent de la vie parisienne de la fin du siècle.

La sculpture

Jean-Baptiste Carpeaux (1827-1875). Il sculpte pour l'Opéra (*la Danse,* 1869) ; il orne la fontaine de l'Observatoire et exécute de très nombreux bustes et effigies (*Napoléon III, Jules Grévy*...).

Auguste Rodin (1840-1917). Il produit une œuvre d'une grande diversité : *le Penseur* (1880), *les Bourgeois de Calais,* le *buste de Clemenceau,* la *statue de Balzac*... Inspiré par Michel-Ange et par l'Antiquité, son originalité allie le réalisme et la sensualité.

Antoine Bourdelle (1861-1929). Il travaille avec Rodin mais reste influencé par le style gréco-romain. Son œuvre se compose de

900 sculptures, dont les bas-reliefs du Théâtre des Champs-Élysées (1912).

Aristide Maillol (1861-1944). Il est surtout connu pour ses sculptures de nus féminins aux formes lourdes (*la Méditerranée*...).

Camille Claudel (1864-1943). Sœur de Paul Claudel, elle travaille avec Rodin puis produit une œuvre originale.

La musique

L'opéra

Charles Gounod (1818-1893). Il compose plusieurs œuvres aux lignes mélodiques originales, *Faust* (1859), *Roméo et Juliette* (1867), *Mireille* (1864), à partir d'un poème provençal de Mistral.

Georges Bizet (1838-1875). Il crée plusieurs opéras (*les Pêcheurs de perles,* 1863...), la musique de scène pour *l'Arlésienne* et son célèbre *Carmen* (1875).

Jules Massenet (1842-1912). Il produit des œuvres sensibles: *Manon* (1884), *Werther* (1892), et *Don Quichotte* (1910).

Claude Debussy (1862-1918). Avec *Pelléas et Mélisande* (1902), il fait réellement entrer l'opéra dans le XXe siècle.

La musique symphonique

César Franck (1822-1890). Il s'illustre avec la *Symphonie en ré mineur* (1888).

Camille Saint-Saëns (1835-1921). Il compose des concerti pour piano, des poèmes symphoniques *(la Danse macabre)* et sa *Symphonie avec orgue* (1886).

Vincent d'Indy (1851-1931). Il est l'auteur de la *Symphonie cévenole* (1886).

Les « modernes »

Gabriel Fauré (1845-1924). Auteur d'un célèbre *Requiem* (1888), il compose de nombreuses mélodies pour piano et voix et se tourne surtout vers la musique de chambre, musique « idéalisée », très ascétique.

Claude Debussy (1862-1918). Il est le créateur d'une expression nouvelle utilisant pleinement la puissance évocatrice du piano (*Estampes,* 1903 ; *Images,* 1905-1908). Mais il compose aussi pour l'orchestre *Prélude à l'après-midi d'un faune* (1894), *Nocturnes* (1899), *la Mer* (1905), *Images* (1907-1912) et *Jeux* (1913).

Maurice Ravel (1875-1937). Il compose la plupart de ses œuvres avant 1914, bien que les plus célèbres (*la Valse, le Boléro*...) soient postérieures. Il écrit des pièces pour piano (*Gaspard de la nuit,* 1908 ; *Miroirs,* 1905) et pour orchestre (*Rhapsodie espagnole* en 1908 et la symphonie chorégraphique *Daphnis et Chloé,* en 1912, pour les Ballets russes).

La littérature

Face aux transformations de la société, certains écrivains se tournent vers le roman de mœurs, la description d'une région, ou encore vers le récit imaginaire.

Le roman de mœurs

Edmond (1822-1896) et Jules (1830-1870) de Goncourt. Indissociables dans leurs écrits, ils travaillent d'abord sur l'histoire du XVIIIe siècle (*Histoire de la société française pendant la Révolution,* 1854-1855 ; *l'Art français du* XVIIIe *siècle,* 1859 ; *la Femme au* XVIIIe *siècle,* 1862). Puis ils publient une série de romans réalistes, appuyés sur une étude minutieuse des milieux évoqués dans *Renée Mauperin* (1864) ou *Manette Salomon* (1867)...

Émile Zola (1840-1902). Il collabore à divers journaux en tant que critique littéraire et critique d'art. Il rejoint bientôt le courant réaliste avec son premier roman important : *Thérèse Raquin* (1867). Il se consacre alors à la série romanesque des Rougon-Macquart se voulant l'histoire naturelle et sociale d'une famille sous le second

Empire. Cette série comprend dix-neuf volumes, dont *la Fortune des Rougon* (1871), *l'Assommoir* (1877), *Nana* (1880), *Au bonheur des dames* (1883), *Germinal* (1885), *la Bête humaine* (1890)… Il s'agit en fait d'un essai de psychologie sociale, où sont décrits des types humains (bourgeois, paysans, ecclésiastiques, ouvriers, cheminots…) considérés comme déterminés par leur appartenance à un milieu particulier. Chef de file de l'école naturaliste, Zola veut appliquer en littérature la méthode expérimentale des biologistes comme Claude Bernard ; ici l'« expérience scientifique » est constituée par l'analyse du déterminisme social qui explique le comportement de ses personnages. En 1898, son évolution vers le socialisme et sa soif de justice l'amènent à défendre Dreyfus dans le célèbre article *J'accuse*, publié dans *l'Aurore*. Condamné à un an de prison, Zola part pour l'Angleterre (1898-1899). Il est le premier grand auteur décrivant la misère matérielle et morale de la classe ouvrière et veut faire de son œuvre un instrument de compréhension de la réalité sociale.

Guy de Maupassant (1850-1893). Il est l'auteur de près de trois cents nouvelles, décrivant les milieux mondains et paysans, publiées de 1880 à 1891, dont *Boule-de-Suif* (1880), et de quelques romans, dont *Une vie* (1883), *Bel Ami* (1885)… Profondément angoissé, il perd la raison en 1891.

Jules Renard (1864-1910). Il est l'un des fondateurs du *Mercure de France* (1890). Se définissant lui-même comme un chasseur d'images, il décrit dans des romans et des nouvelles d'un grand réalisme la France de la fin du siècle : *Crime de village* (1888), *Poil de Carotte* (1894), *Histoires naturelles* (1896).

L'« exotisme » littéraire

Alphonse Daudet (1840-1897). Il annonce des auteurs du XXe siècle comme Giono ou Pagnol. Après avoir écrit quelques poèmes, il se fait surtout connaître par *le Petit Chose* (1868) et l'évocation de la Provence dans une série de contes (*les Lettres de mon moulin,* 1866), et de récits burlesques (*Tartarin de Tarascon,* 1872, *Tartarin sur les Alpes,* 1885…). Il est à l'origine de *l'Arlésienne* de Bizet, écrit encore *les Contes du lundi* (1873). Mais il laisse aussi des romans réalistes qui décrivent les milieux de l'industrie, de la finance, de la politique, de la religion ou de la littérature (*le Nabab,* 1877, *Sapho,* 1884, *l'Immortel,* 1888…).

Pierre Loti (1850-1923). De son vrai nom Julien Viaud, il évoque dans ses romans les divers pays rencontrés à l'occasion de ses nombreux voyages effectués autour du monde en tant qu'officier de marine : la Turquie dans *Aziyadé* (1879), l'Océanie dans *Rarabu* (1880), l'Afrique dans le *Roman d'un spahi* (1881), l'Extrême-Orient, dans *Madame Chrysanthème* (1887), mais aussi la Bretagne dans *Pêcheur d'Islande* (1886) ou le Pays basque avec *Ramuntcho* (1897).

La fiction

Jules Verne (1828-1905). Il peut être considéré comme le fondateur du roman de science-fiction, avec en particulier *Voyage au centre de la Terre* (1864), *De la Terre à la Lune* (1865), *Vingt Mille Lieues sous les mers* (1870)… Mais il écrit également diverses pièces de théâtre, et de nombreux romans d'aventures, tels *les Enfants du capitaine Grant* (1868), *le Tour du monde en 80 jours* (1873), *Michel Strogoff* (1876). Tous ces récits où il fait preuve d'une imagination exceptionnelle, et parfois même de sens prophétique, font de lui le maître d'un nouveau genre romanesque.

Anatole France (1844-1924). D'abord attiré par l'école du Parnasse, il se tourne ensuite vers le roman, avec *le Crime de Sylvestre Bonnard* (1881), *Thaïs* (1889), *la Rôtisserie de la reine Pédauque* (1892). Puis il vient au roman satirique avec *l'Anneau d'améthyste* (1899) et *M. Bergeret à Paris* (1901), qu'il écrit après s'être engagé auprès d'Émile Zola dans la défense de Dreyfus. Il se rapproche alors des milieux socialistes, ses idées généreuses apparaissant plus nettement dans ses derniers romans, *l'Île des Pingouins* (1908) ou *la Révolte des anges* (1914).

Maurice Barrès (1862-1923). D'abord attiré par le groupe du Parnasse, il s'affirme comme le représentant littéraire de la droite nationaliste après son engagement dans le camp boulangiste (dont il est député, à Nancy, de 1889 à 1893). Ses idées patriotiques se retrouvent dans *les Déracinés* (1897), *Du sang, de la volupté et de la mort* (1893-1909), *la Colline inspirée* (1913).

La satire

Georges Courteline (1858-1929). Auteur des *Gaietés de l'escadron* (1886), de *Messieurs les ronds-de-cuir* (1893), et de nombreuses comédies, il développe le genre nouveau de la satire humoristique de ses contemporains.

Les engagés

Jules Vallès (1832-1885). Tout en défendant des idées révolutionnaires (lui valant plusieurs séjours en prison), Jules Vallès collabore à divers journaux modérés (dont *le Figaro*). Il participe activement à la Commune de Paris, crée *le Cri du peuple*, puis, condamné à mort, il s'exile à Londres pour ne revenir en France qu'en 1880. Il écrit durant ces années la trilogie autobiographique *l'Enfant, le Bachelier* et *l'Insurgé*, où il dénonce la misère populaire et l'égoïsme des nantis.

Charles Péguy (1873-1914). Il occupe une place à part dans l'histoire littéraire du début du siècle. Profondément influencé par le christianisme et les idées socialistes, Charles Péguy défend avec passion le culte de la vérité et de l'authenticité. Il est tué au combat en septembre 1914. Il laisse en particulier *le Mystère de la charité de Jeanne d'Arc* (1910), *Notre Jeunesse* (1910), *l'Argent* (1913), ses *Notes sur Bergson* (1914)...

Les spectacles

Un nouveau théâtre

Une expression théâtrale dégagée de l'académisme classique voit le jour après 1880.

Sarah Bernhardt (1844-1923). Actrice aux qualités de diction et d'expression dramatique exceptionnelles, Rosine Bernard, dite Sarah Bernhardt, joue à l'Odéon et à la Comédie-Française à partir de 1862 (*Phèdre, Hernani, Ruy Blas*...) ; elle effectue ensuite de nombreuses tournées à l'étranger puis monte *Lorenzaccio, la Ville morte*... Après 1898, elle interprète au théâtre des Nations *Hamlet, l'Aiglon*...

André Antoine (1858-1943). Il crée en 1887 le « théâtre libre », pour faire de cet art un « laboratoire » de recherche, en réaction contre le souci commercial des directeurs de théâtre, et l'ouvre au « naturalisme littéraire » : *l'Assommoir* d'Émile Zola est joué au théâtre Antoine en 1900.

Georges Feydeau (1862-1921). Il écrit de nombreux vaudevilles, comédies et pièces en un acte, faisant preuve d'une grande maîtrise des effets comiques et de la peinture caricaturale. On lui doit, entre autres, *Un fil à la patte* (1894), *le Dindon* (1896), *la Dame de chez Maxim* (1899), *la Puce à l'oreille* (1907).

Tristan Bernard (1866-1947). Il fait preuve dans son théâtre d'un humour teinté d'ironie qui le rend vite populaire (*l'Anglais tel qu'on le parle*, 1899 ; *Triple Patte*, 1905...).

Paul Fort (1872-1960). Le théâtre des Arts de Paul Fort, fondé en 1890, réagit contre le réalisme des naturalistes en revenant à une expression purement poétique.

Alfred Jarry (1873-1907). Auteur du célèbre *Ubu roi* (1896), suivi d'*Ubu enchaîné* (1900), il est le fondateur de la « pataphysique » et fait preuve d'un sens exceptionnel de la dérision.

Jacques Copeau (1879-1949). Il ouvre en 1913 le théâtre du Vieux-Colombier, pour redonner à l'auteur dramatique toute sa place; on y jouera aussi bien Molière que les pièces de Paul Claudel.

Le music-hall

Le music-hall prend la suite des « cafés-concerts » (qui offraient un spectacle aux consommateurs assis autour de tables) à la fin du second Empire : en 1869, les Folies-Bergère ouvrent leurs portes et Mistinguett et Maurice Chevalier y animent une revue dès 1911 ; Bobino se déplace rue de la Gaîté en 1880 ; le Casino de Paris s'installe rue de Clichy en 1890, et l'Olympia se transforme en 1893.

Le cinéma

Après les expériences des frères Lumière et de Georges Méliès, la production cinématographique se développe rapidement : **Charles Pathé** crée en 1900 une maison de production internationale, **Léon Gaumont** construit le studio des Buttes-Chaumont (1906) et la société concurrente Éclair voit le jour en 1907. La France compte ainsi 300 salles en 1910.

De ces premières années du cinéma grand public, on peut retenir les séries policières à épisodes : *Nick Carter,* 1909, de Victorin Jasset (1862-1913) ; *Fantômas,* 1913, de Louis Feuillade (1873-1925).

Des progrès considérables

La médecine, les sciences physico-mathématiques et la chimie progressent considérablement ; parallèlement, le génie inventif connaît une véritable « explosion ».

La médecine

Charles Brown-Séquard (1817-1894). Successeur de Claude Bernard au Collège de France en 1878, il met au point des méthodes d'implantation d'organe.

Louis Pasteur (1822-1895). Il étudie la fermentation et les maladies infectieuses, mettant en évidence le rôle des micro-organismes. Après 1870, Pasteur met au point la « pasteurisation » de la bière, découvre l'origine du charbon des moutons, et identifie le streptocoque. En 1879, il conçoit, avec ses collaborateurs Roux et Chamberland, le principe de la vaccination par inoculation de microbes non virulents. Puis il réussit à fabriquer le vaccin contre la rage (1885) qui le rend célèbre. En 1888, il est nommé directeur de l'Institut qui porte son nom et qui joue un si grand rôle dans la recherche biologique et la fabrication de sérums et de vaccins. C'est ainsi qu'Alexandre Yersin étudie les bactéries avec Émile Roux, à l'Institut Pasteur, découvre le bacille de la peste, à Hong Kong, en 1894, et met au point le sérum contre cette maladie.

Paul Broca (1824-1880). Professeur de pathologie chirurgicale et d'anthropologie, il étudie l'anatomie, les ossements de l'homme préhistorique, le crâne et le cerveau humain, et des maladies, comme l'aphasie, les hernies abdominales et les anévrismes.

Jean Martin Charcot (1825-1893). Professeur d'anatomie pathologique, il mène diverses études sur la chimie des maladies et la pathologie nerveuse en particulier; il donne des leçons célèbres à la Salpêtrière, et publie de nombreux ouvrages médicaux. Il a laissé son nom à divers symptômes dont il a su analyser la signification.

Charles Richet (1850-1935). Professeur de physiologie, il effectue des recherches décisives dans des domaines variés: les circonvolutions cérébrales, la digestion, la physiologie des muscles et des nerfs, la chaleur animale, l'anaphylaxie, les sérums et les phénomènes qu'il qualifie de «métapsychiques». Il obtient le prix Nobel de médecine en 1913.

Arsène d'Arsonval (1851-1940). Il bouleverse la physique biologique par ses découvertes sur le travail mécanique, physique et électrique du muscle strié. Il met ainsi en évidence les phénomènes électriques au sein du corps humain et initie le traitement par l'action du courant électrique. Ses travaux permettent d'améliorer les appareils physico-électriques (téléphone, microphone, galvanomètre...).

Les sciences physiques et mathématiques

Edmond Becquerel (1820-1891). Fils d'Antoine Becquerel, il permet l'étude des radiations ultraviolettes grâce à l'usage de la plaque photographique en spectroscopie.

Marcel Deprez (1843-1918). Il invente le galvanomètre en 1882, avec Arsène d'Arsonval. Il résout le problème du transport de l'énergie électrique, grâce à une machine de Gramme, et en fait l'expérience entre Vizille et Grenoble, en 1883.

Henri Becquerel (1852-1908). Fils d'Edmond Becquerel, il découvre en 1896 la radioactivité et identifie son origine provenant de la spécificité de l'atome d'uranium. Il travaille également sur la phosphorescence, les infrarouges et l'absorption de la lumière par les cristaux, et obtient, avec Pierre et Marie Curie le prix Nobel de physique en 1903.

Henri Poincaré (1854-1912). Il domine par son génie de la physique et des mathématiques. Membre de l'Académie des sciences en 1887, mondialement connu, il laisse une œuvre scientifique exceptionnelle : il découvre de nouvelles fonctions mathématiques (les fonctions « fuchsiennes ») et développe l'analyse des fonctions abéliennes, des intégrales, des nombres complexes, des fractions continues. Il fait progresser la thermomécanique, l'optique et l'électricité, l'étude des ondes hertziennes et la télégraphie sans fil ; il publie également plusieurs ouvrages sur les théories de la genèse des mondes et sur la philosophie des sciences.

Pierre Curie (1859-1906). Il travaille d'abord avec Dessains sur les radiations infrarouges, puis avec son frère Jacques sur la piézoélectricité. Il démontre en 1895 l'existence d'une température (« point de Curie ») au-delà de laquelle le ferromagnétisme se transforme en paramagnétisme et travaille sur le « principe de symétrie » des causes et des effets en physique. Après la découverte de la radioactivité par Henri Becquerel, il réussit, avec sa femme Marie, à isoler le polonium et le radium.

Marie Curie (1867-1934). D'origine polonaise, elle épouse Pierre Curie en 1895 et travaille avec lui sur la radioactivité ; elle est la première femme à occuper une chaire de physique à la Sorbonne (celle de son mari, après sa mort), découvre la radioactivité du thorium, obtient le prix Nobel de chimie en 1911, crée l'Institut du radium et fonde le service radiologique de l'armée durant la guerre.

Paul Langevin (1872-1946). Il s'illustre dès avant la Première Guerre mondiale, dans l'étude des ultrasons, de l'ionisation des gaz, du magnétisme ou de l'inertie de l'énergie.

La chimie

Charles Friedel (1832-1899). Il effectue de nombreuses recherches en chimie organique et en minéralogie. Il met au point une méthode générale de synthèse organique et développe la notation et la théorie atomiques.

Louis Grimaux (1835-1900). Il effectue également de nombreuses synthèses organiques (du glucose, de l'aldéhyde benzoïque, de l'acide citrique…).

Achille Le Bel (1847-1930). Il s'illustre par ses travaux théoriques sur les carbones tétraédrique et asymétrique.

Albin Haller (1849-1925). Il travaille sur le camphre et ses dérivés et réalise la synthèse du menthol en 1905.

Henry Le Chatelier (1850-1936). Il étudie les mélanges explosifs (dont le grisou) et photographie l'onde explosive. Il met au point de nouveaux procédés de mesure thermique, fonde la métallographie microscopique, et définit les conditions de la synthèse de l'ammoniac permettant sa préparation industrielle.

Henri Moissan (1852-1907). Il utilise le four électrique pour obtenir des températures élevées lui permettant de produire le chrome, le titane, le carbure de calcium. Il ouvre ainsi la voie à l'industrie de l'acétylène et des ferro-alliages. Il réussit également l'isolation du fluor, et obtient le prix Nobel de chimie en 1906.

Gabriel Bertrand (1867-1962). Professeur de chimie biologique à la Sorbonne, il étudie la fonction des diastases, des oxydases et des oligo-éléments. Il permet la mise au point des sérums antivenimeux.

Georges Urbain (1872-1938). Il travaille dès les dernières années du XIXe siècle sur les terres rares, et en particulier les terres yttriques, parvenant à en séparer les éléments. Il établit également la distinction entre corps simple et élément chimique.

La paléontologie et la zoologie

Marcellin Boule (1861-1942). Il relie la paléontologie à la géologie et à l'archéologie du quaternaire. Il publie en particulier un *Essai de paléontologie stratigraphique de l'homme* en 1889 et ouvre la voie aux recherches contemporaines d'Henri Breuil.

Géographes et explorateurs

Élisée Reclus (1830-1905). Militant anarchiste exilé après 1871, il publie une *Géographie universelle* (1875-1894).

Paul Vidal de la Blache (1845-1918). Il est l'auteur du *Tableau de la Géographie de la France* (1903), qui renouvelle l'approche de la géographie en reliant phénomènes physiques et milieux humains. Il est aussi à l'origine des cartes murales dont l'emploi va se généraliser dans les écoles.

Gaston Maspéro (1846-1916). Il explore, à partir de 1880, la pyramide d'Ounas, qui contient les plus anciens textes religieux connus, découvre la cachette des momies royales de Deir el-Bahari. Il dégage ensuite le sphinx de Gizeh et le temple de Louxor.

Jean Charcot (1867-1936). Pionnier de l'exploration des océans, de l'Antarctique et du pôle Sud, dans les années 1903-1910, il effectue des expéditions dans l'Atlantique Nord après la guerre, et périt lors du naufrage de son bateau, le *Pourquoi pas ?*

Les « ingénieurs industriels »

Pierre Martin (1824-1915). Il met au point en 1865, avec William Siemens, le procédé de fabrication de l'acier sur sol, par refusion des déchets d'acier et addition de fonte, permettant un affinage de grande qualité : ce « procédé Martin » connaît un développement rapide et universel.

Zénobe Gramme (1826-1901). D'origine belge, il vient à Paris en 1856. Il invente en 1869 un collecteur permettant l'utilisation du courant continu, puis la dynamo, présentée à l'Académie des sciences en 1871.

Gustave Eiffel (1832-1923). Innovant dans la technique des poutrelles métalliques, il construit des ponts et viaducs (viaduc de Garabit, 1882), des écluses (Panamá) avant son maître ouvrage, la tour Eiffel (pour l'Exposition universelle de 1889). Puis il s'intéresse à l'aérodynamique et contribue au développement de l'aviation par ses travaux sur la structure des avions, les hélices et les corps fuselés.

La photographie

Nadar (1820-1910). Après avoir publié les portraits de célébrités (Rachel, Sarah Bernhardt...), Félix Tournachon, dit Nadar, prend les premières photos aériennes en ballon. Il en construit un, baptisé le Géant, et accueille en 1874 la première exposition des « impressionnistes ».

Charles Cros (1842-1888). Poète et écrivain comique, il invente le principe du phonographe en 1877 ; auparavant il a découvert en 1869 le procédé indirect de la photographie en couleurs.

Le cinéma

Georges Méliès (1861-1938). D'abord directeur de théâtre, il réalise environ 500 films entre 1895 et 1913, dont les plus connus sont *l'Affaire Dreyfus* (1899), *le Voyage dans la Lune* (1902), *20 000 Lieues sous les mers* (1907), *la Conquête du pôle* (1912). Citons aussi : *Cendrillon, le Palais des mille et une nuits, le Voyage à travers l'impossible...* Créateur de la mise en scène cinématographique, il construit les premiers studios de tournage, à Montreuil, et imagine la technique du trucage qu'il utilise largement dans ses films de science-fiction.

Auguste (1862-1954) et Louis (1864-1948) Lumière. Ils sont surtout célèbres pour le perfectionnement des techniques photographiques et du « kinétoscope » d'Edison ; ils donnent la première représentation publique du cinématographe au Grand Café, à Paris, en décembre 1895 ; ils mettent au point la plaque autochrome qui permet le développement public de la photographie en couleurs. Louis invente après la guerre, la photographie et le cinéma en relief.

Essor et nouvelles disciplines

Au cours du XIXe siècle, la réflexion sociale tend à abandonner la critique pour laisser libre cours au libéralisme économique et à la philosophie « spiritualiste ». Cette évolution peut s'interpréter comme le signe d'une large acceptation de la nouvelle société capitaliste à la croissance relativement lente. Toutefois, avec la crise économique des années 1880, et l'industrialisation plus rapide de la fin du siècle, se manifestent de nouvelles critiques, « traditionalistes » d'un côté, « révolutionnaires » de l'autre. En outre, un fort intérêt pour l'histoire se manifeste.

L'économisme libéral

Léon Walras (1834-1910). Il développe la formalisation mathématique de l'économie politique. Il conçoit celle-ci comme une « science physico-mathématique » qui n'étudie que les relations d'échange entre offreurs et demandeurs de biens ou de services. Il démontre la stabilité de l'équilibre général qui s'établit dans un système de marchés interdépendants, régulé par la flexibilité des prix sur chacun d'entre eux, et dans le cas où règne la concurrence pure et parfaite. Pourtant, s'il se fait l'apôtre du laisser-faire laisser-passer, Walras accepte l'intervention de l'État dans les domaines où la concurrence ne peut pas jouer (« monopoles naturels » comme la terre, les mines ou les chemins de fer...). Ainsi, il préconise l'appropriation ou le contrôle public de ces moyens de production. Mal accepté en France pour ces raisons, alors qu'il ne critique pas pour autant la société capitaliste, il obtient cependant un vif succès au Congrès international de Lausanne en 1860. Il devient alors professeur d'économie politique dans cette ville et anime avec l'Italien Wilfredo Pareto l'école dite de Lausanne. Ses ouvrages principaux sont ses *Éléments d'économie politique pure, la Théorie mathématique de la richesse sociale, la Paix par la justice sociale et le libre-échange.*

La philosophie

Henri Bergson (1859-1941). Le spiritualisme retrouve avec lui un illustre défenseur à la fin du siècle. Né à Londres, Bergson vient à Paris en 1868, obtient le doctorat ès lettres avec son *Essai sur les données immédiates de la conscience* (1889) et devient professeur au Collège de France en 1900. Sa doctrine s'élabore à travers de très nombreux ouvrages: *Matière et mémoire* (1896), *le Rire* (1900), *le Rêve* (1901), *le Cerveau et la pensée* (1904), *l'Évolution créatrice* (1907), *la Conscience et la vie* (1911), *l'Âme et le corps* (1912)... Elle repose sur la critique de l'empirisme et du rationalisme, et sur l'idée que la connaissance provient de l'intuition, de l'effort intellectuel de l'esprit libre. La conscience apparaît donc indépendante du corps. Philosophie de la compréhension, attentive à l'expérience immédiate, le bergsonisme exerça une influence certaine.

Les idéologues scientistes

Des auteurs aux prétentions scientifiques développent des idées nouvelles portant sur le comportement individuel, à partir de pseudo-observations sur la psychologie sociale ou la spécificité ethnique. Ils servent de « caution scientifique » aux écrivains et politiciens nationalistes, antisémites et antidémocratiques que sont Maurice Barrès, Charles Maurras, Édouard Drumont... et, plus tard, aux théoriciens du fascisme en France, en Italie et en Allemagne.

Joseph de Gobineau (1816-1882). Le « racisme scientiste » se retrouve chez le comte Joseph de Gobineau, auteur du célèbre *Essai sur l'inégalité des races humaines* (1853), dans lequel il affirme que seule la « race des Germains » est restée pure de mélanges avec les races inférieures, noire et jaune.
Gustave Le Bon (1841-1931). Il publie *les Lois psychologiques de l'évolution des peuples* (1894), *la Psychologie des foules* (1895)..., dans l'idée que le comportement est déterminé par la constitution mentale immuable du peuple auquel on appartient, à cause d'une « structure particulière du cerveau ».
Georges Vacher de Lapouge (1854-1936). De même, il développe l'idée que la psychologie de la race domine celle des individus (*l'Aryen,* 1899).

La pensée politique

Georges Sorel (1847-1922). Auteur des *Réflexions sur la violence* (1908), Sorel joue un rôle important dans l'évolution de la pensée politique à la fin du XIXe siècle : d'abord marxiste, il défend l'idée que la violence est nécessaire à l'expression de la lutte des classes, et que le réformisme pacifique dénature l'action ouvrière. Mais ce culte de la violence et le refus du jeu démocratique l'amènent à glisser vers le nationalisme agressif.

L'histoire

Jules Michelet (1798-1874). Il est professeur d'histoire au collège Sainte-Barbe en 1822 et à l'École normale supérieure en 1827. Après un voyage en Italie, il publie une *Histoire romaine* en 1831, puis remplace Guizot à la Sorbonne de 1833 à 1835. À partir de 1833 paraissent les premiers tomes de son *Histoire de France.* Michelet défend l'idée d'une république populaire et combat l'Église dans son *Histoire de la Révolution française* (1847-1853).

Déçu et destitué par Napoléon III, il devient plus agressif et partial dans sa condamnation de l'Ancien Régime, qui s'exprime dans la suite de son *Histoire de France* (publiée de 1855 à 1867). Il consacre la fin de sa vie à la rédaction d'une *Histoire du* XIXe *siècle* et meurt très éprouvé par la défaite française et la guerre civile de 1871. Michelet croit au progrès de l'humanité, dont la Révolution de 1789 est pour lui un moment décisif et que la France doit contribuer à propager.

Ernest Renan (1823-1892). Philologue et archéologue, il travaille en particulier sur l'histoire des religions et écrit une *Histoire des origines du christianisme* (1863-1881), et une *Histoire du peuple d'Israël* (1887-1893). Il publie également de très nombreux ouvrages de philosophie et de morale, qui, malgré leur dimension critique, inspireront les auteurs nationalistes et antisémites des décennies à venir.

Hippolyte Taine (1828-1893). Philosophe déterministe, historien et critique littéraire, il collabore à la *Revue des Deux Mondes,* publie des *Essais de critique et d'histoire* (1858) et *les Origines de la France contemporaine* (1875-1893).

Denis Fustel de Coulanges (1830-1889). Professeur à la Sorbonne et directeur de l'École normale supérieure, il fait progresser la méthode scientifique en histoire : il considère le passé comme le produit d'enchaînements logiques, et publie, entre autres, *la Cité antique* (1864), *Histoire des institutions de l'ancienne France* (1875-1894)...

La sociologie

Émile Durkheim (1858-1917). Il est l'un des fondateurs de la sociologie, proposant une analyse du comportement individuel radicalement différente de celle des philosophes spiritualistes. Il considère en effet que la morale d'un individu dépend de la société dans laquelle il vit, de la solidarité du groupe dont il fait partie, et que les faits moraux, en tant que faits sociaux, doivent être analysés comme des « choses » indépendantes de la stricte conscience individuelle. Il écrit en particulier *De la division du travail social* (1893), *les Règles de la méthode sociologique* (1894), *le Suicide, étude de sociologie* (1897) et, dans *le Système totémique en Australie* (1912), il ouvre la voie à la sociologie anthropologique et à l'approche historique du phénomène religieux.

1914-1919

LA PREMIÈRE GUERRE MONDIALE

Introduction

La Première Guerre mondiale a incontestablement des causes à la fois économiques et politiques. Son déclenchement peut aussi s'expliquer aisément par le jeu mécanique des alliances internationales et par la certitude des uns et des autres d'obtenir une victoire rapide. Il n'en reste pas moins que les raisons qui ont précipité l'essentiel du monde « civilisé » et « développé » du début du XXe siècle dans cette grande tragédie ne peuvent se réduire à ces causes apparentes.

Les causes économiques

L'une des origines de la Première Guerre mondiale réside dans l'évolution économique des grands pays qui sont en cours d'industrialisation. L'Angleterre avait connu, à partir de la fin du XVIIIe siècle, une révolution technique et des transformations sociales qui l'avaient engagée la première dans la voie du développement industriel. Après avoir été l'« atelier du monde » durant plusieurs décennies, elle fut imitée progressivement par les autres nations à travers des formes et des rythmes différents qui leur furent spécifiques : croissance économique lente mais assez régulière en France durant l'ensemble du XIXe siècle ; industrialisation plus brutale en Prusse et aux États-Unis à partir du milieu du siècle, marquée dans ces deux pays (comme au Japon après 1870) par la formation rapide de grands groupes industriels (konzerns outre-Rhin, trusts et cartels outre-Atlantique, zaibatsu japonais).
La Grande-Bretagne et la France, engagées dans la course à la colonisation, et affectant une partie importante de leur épargne dans les placements à l'étranger furent alors dépassées par leurs rivaux commerciaux dans le domaine des industries nouvelles (aciers spéciaux, chimie, électricité...) ; alors que l'agriculture française souffrait de la concurrence américaine et se protégeait par le relèvement des droits de douane. Mais tout accroissement et toute

diversification de l'offre ne sont rentables que s'il existe des débouchés suffisants pour écouler la production. L'excès périodique de celle-ci sur la demande solvable avait ainsi provoqué au XIXe siècle des crises cycliques provenant de la saturation des marchés ou bien encore de la croissance insuffisante des revenus salariaux (en particulier en 1847-1848 et de 1873 à 1895). Des crises ponctuelles se reproduisirent au début du XXe siècle (1904, 1907-1908, 1913), attestant ainsi la fragilité d'une croissance pourtant plus régulière depuis le milieu des années 1890. La rivalité économique entre la Grande-Bretagne, la France et l'Allemagne, en passe de supplanter ses grands rivaux européens, constitue donc la toile de fond de ce conflit dont les deux alliés attendaient la remise en cause de l'hégémonie naissante du nouvel Empire allemand.

Les causes politiques

Parallèlement à cette évolution économique, le début du siècle avait vu se constituer en Europe deux grands blocs de plus en plus cohérents. D'un côté, la Triple-Entente* entre la France, l'Angleterre et la Russie, les trois pays se promettant assistance militaire en cas d'agression. De l'autre, l'Allemagne s'était rapprochée de l'Autriche-Hongrie et de l'Italie pour former une Triple-Alliance*. Chaque bloc avait de plus des alliés tels que la Belgique et la Serbie pour le premier, la Turquie et la Roumanie pour le second.

Dans ce contexte, les rivalités internationales risquaient à tout moment de faire basculer l'Europe dans un conflit généralisé, même si la cause pouvait sembler lointaine ou mineure ; ainsi, les provocations allemandes au Maroc (1905, 1911) avaient entraîné une vive tension internationale qui laissa place cependant à une solution négociée. De même, la guerre dans les Balkans en 1912-1913 révéla la grande fragilité de l'équilibre européen. La révolution turque, qui aboutit en 1908 au triomphe des Jeunes-Turcs réformateurs et nationalistes, provoqua indirectement la proclamation d'indépendance de la

Bulgarie et l'annexion par l'Autriche de la Bosnie-Herzégovine. La Russie vit ainsi son influence dans la région décliner, et son alliée, la Serbie, fut directement menacée par l'Autriche-Hongrie, soutenue par l'Allemagne. La guerre éclata en 1912 : d'abord entre la Ligue (Serbie, Bulgarie et Grèce) et la Turquie, soutenue par l'Allemagne, puis entre la Bulgarie et la Serbie. Le traité de Bucarest (août 1913) mit fin aux hostilités sans rien régler : Allemands et Autrichiens désiraient toujours établir une continuité territoriale avec leur allié turc. Quant à la Russie, elle désirait étendre son influence dans les Balkans, et se ménager l'accès à la Méditerranée. Le royaume de Serbie, soutenu par la Russie tsariste, constituait un véritable foyer d'agitation nationaliste dans les provinces méridionales de l'Empire austro-hongrois (correspondant approximativement au territoire de l'ex-Yougoslavie).

Aussi, l'assassinat à Sarajevo, le 28 juin 1914, de l'archiduc François-Ferdinand, héritier d'Autriche-Hongrie, servit-il de prétexte à l'Autriche pour déclarer la guerre à la Serbie, qu'elle estimait responsable. Pourtant, la Russie avait annoncé qu'elle soutiendrait la Serbie si celle-ci était attaquée, et la France avait renouvelé son appui à la Russie. Ainsi, l'attaque de la Serbie entraîna-t-elle la mobilisation russe le 30 juillet, provoquant la déclaration de guerre allemande à la Russie, puis la mobilisation générale en France. En réponse, l'Allemagne envahit la Belgique le 3 août et déclara en même temps la guerre à la France. La Grande-Bretagne, invoquant la violation de la neutralité belge, déclara à son tour la guerre à l'Allemagne. La solidarité des blocs avait joué pleinement et entraîné l'Europe dans un conflit aux conséquences insoupçonnées.

Les explications sociologiques

Cependant, les causes économiques et le jeu géopolitique ne suffisent pas à rendre compte totalement du déclenchement de ce conflit. Il ne semblait pas en effet inévitable : si les milieux nationalistes français, animés par Déroulède, Barrès ou Maurras et l'Action française, avaient fait pendant de longues années campagne pour la reconquête des « provinces perdues » de l'Alsace-Lorraine et souhaitaient voir les regards se fixer sur la « ligne bleue des Vosges », la plupart de leurs concitoyens n'étaient pas véritablement désireux de prendre une « revanche » sur l'Allemagne, et les partis socialistes français et allemand militaient pour la paix. De même, les Anglais apparaissaient comme enclins à la conciliation, et la Russie, ébranlée par la défaite militaire contre le Japon et la révolution de 1905, ne semblait pas prête à la guerre.

Certes, les forces bellicistes étaient plus manifestes dans l'Empire allemand, où l'empereur Guillaume II jugeait la guerre « inévitable et nécessaire » et où les forces militaristes pouvaient s'appuyer sur le pangermanisme prussien qui avait permis l'unification de l'Allemagne au siècle précédent après les victoires sur l'Autriche en 1866 et sur la France en 1870-1871. Mais l'unanimité ne régnait pas non plus dans ce pays sur l'opportunité d'un conflit dont les effets sur les affaires étaient redoutés par tous les industriels qui ne produisaient pas directement ou indirectement pour l'effort de guerre. De plus, les milieux pacifistes allemands défendaient l'idée que dans le monde moderne une guerre n'est jamais économiquement avantageuse, même pour le pays qui en sort vainqueur; d'autre part, on a pu constater que l'idéologie agressive était plus vive au sein de la vieille aristocratie foncière que chez la nouvelle bourgeoisie.

Aussi, un certain nombre de sociologues mettent-ils en avant des motivations irrationnelles reposant sur des instincts belliqueux propres au genre humain, sur la frustration des groupes sociaux déclinants, ou relevant de pratiques magiques ou religieuses. Si ces explications ne peuvent se suffire à elles-mêmes, elles ont l'avantage de montrer qu'un phénomène aussi majeur que la Première Guerre mondiale ne peut se réduire à l'effet mécanique d'une cause unique, quel soit économique ou politique.

Chroniques

1914

L'embrasement

Bousculant les troupes alliées, les armées allemandes menacent Paris. Elles reculent après la bataille de la Marne, mais l'équilibre des forces débouche sur la guerre de tranchées.

Après la déclaration de guerre de l'Empire austro-hongrois à la Serbie, le 28 juillet 1914, les démarches britanniques pour provoquer des négociations sont rejetées par l'Allemagne. La dernière chance de paix réside dans la détermination des socialistes à faire jouer l'« internationalisme prolétarien » : opposition aux crédits militaires, soutien de la réduction de la durée du service militaire, dénonciation du risque de « guerre impérialiste », provoqué par la politique intransigeante de Poincaré. Même après l'invasion de la Serbie par l'Autriche-Hongrie, le 28 juillet 1914, la commission administrative de la SFIO lance un dernier appel pacifiste dénonçant la compétition entre groupes capitalistes, les convoitises coloniales, les violences de l'impérialisme, « pouvant à tout moment déchaîner sur l'Europe une catastrophe sans précédent ». Réaffirmant la détermination de l'Internationale socialiste de faire échec à la guerre et « à l'abominable crime dont le monde est menacé », elle demande l'ouverture d'une procédure de conciliation entre les deux pays, et qu'une pression soit exercée sur leurs alliés afin d'éviter un engrenage fatidique. Fondateur avec Jules Guesde de la SFIO en 1905, Jean Jaurès incarne jusqu'à la veille de la guerre le pacifisme socialiste. Le 25 juillet 1914, il lançait encore un dernier et vibrant appel à la paix : « Il n'y a plus, au moment où nous sommes menacés de meurtre et de sauvagerie, qu'une chance pour le maintien de la paix et le salut de la civilisation, c'est que le prolétariat rassemble toutes ses forces et que tous les prolétaires, français, anglais, allemands, italiens, russes, s'unissent pour que le battement unanime de leur cœur écarte l'horrible cauchemar. »

La mobilisation

Mais cet appel reste sans écho, et le 31 juillet, Jean Jaurès, qui avait multiplié déclarations et meetings pacifistes, est assassiné à Paris par Raoul Villain (qui sera acquitté par la suite). Dans les deux camps, la classe ouvrière et la paysannerie vont accepter le fait accompli. Si tout le monde ne part pas dans l'enthousiasme participer à la « guerre fraîche et joyeuse » promise par Guillaume II, les mobilisés répondent à l'appel des armes avec résignation et certains dans la joie. Les partis socialistes des deux pays soutiennent l'effort de guerre. Dès la fin du mois d'août 1914, la volte-face de la SFIO est explicite. La direction du parti publie en effet un communiqué appelant à l'« unité nationale » et demandant que « la nation entière se lève pour la défense de son sol et de sa liberté », en ajoutant qu'« à toutes les heures graves, en 1793 comme en 1870, c'est en ces socialistes, en ces révolutionnaires, que la nation met sa confiance ». L'engagement résolu et sans faille des socialistes dans la guerre se justifie donc par le fait que la patrie est en danger et que la défense de la liberté exige la défaite de l'Allemagne. Il s'agit de plus de libérer les provinces annexées par l'impérialisme prussien en 1870, jugé seul responsable de ce nouveau conflit.

La dénonciation de l'impérialisme est donc unilatérale, et le premier devoir des socialistes est maintenant d'oublier la lutte des classes pour se consacrer exclusivement à l'effort de guerre. C'est ce qui permet d'expliquer que Jules Guesde lui-même et Marcel Sembat vont devenir ministres d'un gouvernement d'union* sacrée, avant qu'Albert Thomas, un ancien proche de Jaurès, ne soit nommé secrétaire d'État aux armements en avril 1915.

En août 1914 se trouvent face à face les Alliés (France, Grande-Bretagne, Russie, Belgique, Serbie et Japon) et les Empires centraux (Allemagne et Autriche-Hongrie), l'Italie et la Turquie restant neutres. Numériquement, les Alliés ont l'avantage : l'Empire britannique compte alors environ 450 millions d'habitants, la Russie 170 millions, la France et son empire 80 millions (soit autant que l'Allemagne et ses colonies) et l'Autriche-Hongrie 50 millions. Mais en termes de forces combattantes l'équilibre est presque réalisé : la France compte 93 divisions, la Belgique 7, la Grande-Bretagne 5 et l'Allemagne 94 ; la Russie en compte 99, la Serbie 11 et l'Autriche-Hongrie 94. Toutefois, les Allemands possèdent un armement supérieur en canons lourds et en mitrailleuses, des troupes mieux entraînées et mieux encadrées alors que les fantassins français au pantalon rouge garance sont des cibles idéales pour les tireurs ennemis.

L'offensive allemande

Mieux préparée à la guerre, l'armée allemande attaque en suivant le plan « Schlieffen », repris par son chef d'état-major, von Moltke : il s'agit de traverser par surprise la Belgique, de disloquer l'armée française tournée vers l'Alsace-Lorraine, en la prenant à revers, pour la repousser ensuite vers les Vosges et le Jura. Cela devait permettre ensuite aux troupes allemandes de se retourner contre la Russie, lente à mobiliser, mal équipée et sous-encadrée.

Ainsi, à partir du 3 août, cinq armées allemandes pénètrent-elles en Belgique et au Luxembourg : plus au nord, von Kluck encercle l'armée belge à Anvers, prend Mons, et, par Cambrai, Montdidier et Compiègne, atteint Meaux début septembre ; un peu plus au sud, von Bülow fait le siège de Liège, longe la Sambre, prend Charleroi, passe l'Oise à Guise et la Marne à Jaulgonne, malgré une vive résistance française ; parallèlement von Hausen marche jusqu'à la Meuse, puis, par Rocroi et les Ardennes, atteint Châlons-sur-Marne après des combats indécis ; à travers le Luxembourg, le duc de Wurtemberg prend Neufchâteau et, par Sedan et Grandpré, se rapproche également de la Marne, en atteignant les abords de Vitry-le-François ; il est rejoint par le prince Frédéric-Guillaume qui a attaqué par Longwy et l'Argonne. Deux autres armées allemandes (celles du prince Rupprecht de Bavière et de von Heeringen), partant de Lorraine et d'Alsace, se portent vers les Vosges, menaçant Rambervillers et Saint-Dié.

Au nord, l'armée belge, prise de court, est contrainte au repli, imitée en cela par l'armée britannique battue à Mons et par les armées françaises (24 août-5 septembre) après la défaite de Lanzerac à Charleroi. C'est en Lorraine que les Français résistent le mieux, arrêtant les Allemands devant Nancy et Charmes.

L'évolution des combats sur le front oriental va cependant fragiliser l'avance allemande : à l'offensive autrichienne en Galicie a succédé une contre-attaque russe en Prusse-Orientale, menée par Samsonov et Rennenkampf, à la demande des Alliés débordés au nord de la France. Elle oblige au repli les troupes de Prittwitz et entraîne le déplacement de deux corps d'armée allemands de la Belgique vers la Prusse. L'armée allemande d'Hindenburg écrase alors les Russes, mal préparés, à Tannenberg (26-30 août) et aux lacs Mazures (8-10 septembre) ; mais cette attaque russe a pour résultat de contrarier l'offensive allemande sur le front ouest.

La contre-offensive française

Pourtant, forts de leur victoire sur les Russes et de leur position acquise au nord et à l'est de la France, les Allemands pensent avoir atteint leur objectif initial. Mais après une retraite précipitée et alors que Gallieni s'apprête à défendre Paris directement menacé par l'armée allemande, Joffre ordonne, le 6 septembre, une contre-attaque générale sur un front de 180 km, de Meaux à Vitry-le-François. Bien qu'effectuée dans des conditions improvisées (avec l'aide des fameux « taxis de la Marne » réquisitionnés pour transporter les troupes), cette contre-offensive surprend l'armée de von Kluck, pendant que Foch résiste à une attaque allemande dans les marais de Saint-Gond. Les Allemands décident alors le repli, mais prennent position sur une ligne partant d'Arras et passant par Péronne, Noyon, Reims, Verdun, Nancy, Saint-Dié..., qui va constituer grossièrement le front occidental durant les années à venir.

À l'ouest, les dernières grandes offensives de 1914 ont lieu dans les Flandres, où Français, Britanniques et Belges résistent à une furieuse attaque de l'armée allemande qui désire s'emparer de Calais et Dunkerque (« Course à la mer », octobre-novembre 1914). Après quoi, la décision se révélant impossible, les deux belligérants se mettent à creuser des tranchées, et le front se stabilise sur 750 km de la mer du Nord à la Suisse.

Il en est de même à l'est, où après une contre-attaque russe en Galicie, évacuée par les Austro-Hongrois, et la prise de Belgrade par les Serbes, une autre ligne de tranchées se creuse, de Königsberg, sur la Baltique, aux Carpates.

1915-1916

L'enlisement

Durant ces deux années, les armées ennemies se disputent quelques kilomètres carrés au prix d'énormes pertes humaines.

Après l'union sacrée de 1914, l'espoir d'une guerre éclair a fait place au constat de l'amère réalité : celui d'une guerre longue, de souffrances inouïes et d'une hécatombe insoupçonnée. Les privations et les témoignages des soldats permissionnaires suscitent dans les deux camps une hostilité au conflit qui reste cependant limitée en 1915 : seuls Lénine et quelques socialistes, réunis en Suisse, à Zimmerwald, avancent l'idée d'une paix sans vainqueur et les socialistes, notamment en France, commencent à envisager la fin du soutien à l'effort de guerre.

1915 : des offensives inutiles

Le début de l'année est marqué par une tentative allemande d'enfoncement du front oriental, les positions à l'ouest étant difficiles à remettre en cause. Les Allemands font reculer l'armée russe (qui perd près d'un million et demi de soldats !) jusqu'à la Berezina. À la fin de l'année, le front russe suit une ligne nord-sud presque droite, de Riga, sur la Baltique, à l'embouchure du Danube, sur la mer Noire. Mais les Allemands n'ont pu faire céder les Russes ni les amener à signer une paix séparée.
À l'ouest, l'Italie est entrée en guerre du côté des Alliés contre l'Autriche (traité de Londres, 26 avril). Mais en France plusieurs attaques françaises en Champagne (février), Lorraine (avril), Artois (mai-juin) sont des échecs ; une offensive en Champagne (septembre), complétée par celle des Britanniques en Artois, n'a

pour résultat que des pertes humaines considérables. À l'état-major français on envisage maintenant une « longue période d'attitude défensive ».
Le troisième théâtre d'opérations se situe dans les Balkans. Désireux de prendre pied au Proche-Orient, d'attaquer les Allemands sur leurs points faibles et de soutenir la Serbie en difficulté, les Britanniques entreprennent une action sur les Dardanelles (février) qui se solde par un échec : les troupes débarquées à Gallipoli doivent faire face à une forte résistance turque et aux épidémies ; décimées, elles quittent les lieux en novembre. Pendant ce temps, la Bulgarie rejoint les Empires centraux, et la Serbie s'effondre. Le seul élément positif pour les Alliés est l'établissement par les Français d'une tête de pont à Salonique, profitant des hésitations germano-bulgares.
En outre, le torpillage dans l'Atlantique nord, où la situation reste assez indécise, d'un paquebot britannique, le *Lusitania,* à bord duquel se trouvaient de nombreux citoyens américains, va provoquer une vive émotion aux États-Unis. Mais pour le moment cela ne remet pas en cause l'isolationnisme de ce pays.

1916 : Verdun

Pour sortir de l'enlisement sur le front français, Falkenhayn, qui a remplacé von Moltke comme chef d'état-major, décide de porter une attaque massive sur Verdun. Cette région constitue une poche à l'intérieur des lignes allemandes, jugée difficile à défendre. Il s'agit de « saigner à blanc » l'armée française, en l'entraînant dans une résistance épuisante, pour aboutir ainsi à son effondrement. Les Allemands attaquent le 21 février, et les Français, commandés par Pétain, puis par Nivelle, mobilisent des réserves importantes pour empêcher une percée ennemie. Douaumont, Vaux, Souville sont les hauts lieux de cet « enfer de Verdun » qui se prolonge jusqu'à la fin de l'année: les attaques et contre-attaques sont permanentes sous une pluie d'obus et une mitraille. De février à décembre, les Français laissent environ 360 000 hommes et les Allemands 335 000. Mais l'offensive allemande s'avère vaine: tout en résistant à Verdun, les Français commandés par Foch lancent avec les Anglais une attaque sur la Somme, le 1er juillet. Elle durera quatre mois, et empêchera les Allemands de s'engager totalement en Argonne. L'énorme mobilisation humaine et matérielle, l'héroïsme et l'abnégation des combattants des deux camps, les centaines de milliers de morts, de mutilés, de gazés, les mois d'apocalypse et d'horreur n'ont servi à rien: en décembre les Allemands sont revenus approximativement à leur point de départ de février.

1916 à l'est

Les Russes remportent des succès notamment en Galicie (juin-août), où Broussilov menace Lvov avant d'atteindre les Carpates. La Roumanie entre alors dans la guerre au côté des Alliés, le 28 août, le lendemain du jour où l'Italie déclare la guerre à l'Allemagne. Auparavant, les armées italiennes ont repoussé une grande attaque autrichienne dans le Trentin, avant de contre-attaquer jusqu'aux abords de Trieste (début août). En revanche, l'initiative roumaine se révèle désastreuse: battue et envahie par les Austro-Hongrois et les Bulgares, la Roumanie offre aux Empires centraux son blé et son pétrole.

Au Proche-Orient, les Britanniques, préoccupés par leur Empire et désireux de renforcer leur position dans cette région du monde, combattent les Turcs, qui les battent en Mésopotamie. Ils doivent alors évacuer Bagdad et capituler à Kut el-Amara (28 avril). Mais ils contre-attaquent en Palestine et prennent en décembre El-Arich et Gaza. De plus, l'action du capitaine Lawrence conduit au soulèvement des princes arabes contre la domination turque.

Une guerre qui change de nature

Envisagée comme une campagne brève, la guerre se transforme en un conflit d'usure, mettant en œuvre toutes les ressources humaines et matérielles des belligérants. La conscription touche toutes les classes d'âge et les réservistes ; elle fait son apparition en Grande-Bretagne qui ne comptait avant 1916 qu'une armée de métier. Les combats sont désormais précédés d'intenses pilonnages d'artillerie et dès 1915 sont utilisés les gaz et les lance-flammes. Les soldats ne disposent plus que de courts repos dans des tranchées insalubres et boueuses. La militarisation de l'économie impliquant les privations et le travail des femmes, l'exaltation du patriotisme et de l'héroïsme des combattants, la dénonciation des exactions de l'ennemi transforment le conflit en une guerre totale. Elle se prolonge par le blocus économique des Empires centraux et le contingentement des marchandises à destination des pays neutres (mars 1916), qui aboutissent à la guerre sous-marine. De même, l'aviation naissante commence à être utilisée comme moyen de bombardement et de combat.

La crise des états-majors

Si Falkenhayn a succédé à von Moltke à la tête de l'état-major allemand après l'échec du plan Schlieffen en septembre 1914, il est à son tour remplacé par Hindenburg assisté de Ludendorff après la bataille de Verdun : l'échec des deux grandes offensives allemandes pose désormais la question de la stratégie à adopter. Ce sera finalement celle de la défense terrestre et de l'offensive sous-marine, entreprise en 1917.

Du côté français, à l'attitude défensive de Joffre, relayée sur le terrain par celle de Pétain, qui avait résisté à Verdun, succède celle de l'offensive animée par Foch et par Nivelle ; ce dernier a remplacé Pétain avant de prendre la place de Joffre comme chef d'état-major, à la fin de 1916.

1917

Le tournant

La guerre sous-marine déclenchée par l'Allemagne provoque l'entrée en guerre des Américains. Mais, après l'échec de l'offensive française et le retrait russe, l'avantage reste néanmoins aux Empires centraux.

Au début de l'année 1917, le haut état-major allemand opte pour une stratégie défensive, après l'échec de l'offensive sur Verdun. Ludendorff choisit d'intensifier la guerre sous-marine, qui devint alors systématique à partir du 1er février, tout navire allié ou neutre traversant l'Atlantique nord pouvant être torpillé sans sommations. Il s'agit d'asphyxier la Grande-Bretagne pour l'amener à capituler.

Les États-Unis dans la guerre

Mais, bien vite, les destructions très importantes de navires de commerce américains, qui exportent massivement vers la France et la Grande-Bretagne mobilisées par l'effort de guerre, remettent en cause l'isolationnisme des États-Unis. Le président Wilson, partisan de la non-intervention, se contente d'abord d'une rupture des relations diplomatiques avec l'Allemagne. Mais il doit faire face à la pression des milieux industriels durement touchés par la guerre sous-marine, à celle des banquiers créanciers des Alliés et redoutant leur défaite, et à celle d'une opinion de plus en plus favorable aux Français et aux Britanniques. De plus, l'interception et la révélation d'un télégramme allemand suggérant une alliance militaire avec le Mexique en cas de guerre contre les États-Unis suscite une vive émotion auprès des américains

Aussi, à la suite d'une attaque contre des bateaux militaires américains, les États-Unis déclarent-ils la guerre aux Empires centraux le 6 avril 1917. Ils restent cependant une simple « puissance associée » aux Alliés, sans entrer dans l'alliance ni participer directement aux combats. Il fallait de toutes les façons environ un an pour que l'Amérique puisse entrer effectivement dans la guerre. C'est d'ailleurs la raison pour laquelle l'Allemagne a pris le risque d'une intervention américaine, escomptant que la guerre sous-marine aurait porté ses fruits bien avant. Mais la rapidité de la décision américaine fait échouer l'espoir allemand d'une victoire maritime.

L'offensive alliée

Le Chemin des Dames

Dans l'attente de l'offensive alliée, le plan de guerre allemand, tenant compte de l'affaiblissement des moyens terrestres dont dispose l'Allemagne, prévoit de se contenter d'une défense passive sur le front occidental. Aussi, face aux velléités offensives des Alliés, Hindenburg ordonne-t-il un léger repli du front allemand sur une ligne fortifiée allant d'Arras à Vailly, en passant par Saint-Quentin et La Fève (27 février).

Cela retarde d'un mois l'attaque décidée par Nivelle, et qui a pour objectif d'enfoncer les lignes allemandes sur l'Aisne, entre Vailly et Craonne, vers le Chemin des Dames (route empruntée jadis par les filles de Louis XV). Le 9 avril, une attaque britannique de diversion a lieu en Artois, avant la grande offensive des armées françaises de Mangin et de Mazel, accompagnée d'une action en Champagne. Mais après cinq jours de durs combats, et malgré l'emploi des chars, les Français n'ont gagné que quelques pouces de terrain et essuyé en revanche de lourdes pertes. Nivelle fait suspendre l'offensive le 21 avril et il est remplacé à la tête de l'armée française par Pétain le 15 mai.

Les mutineries

Cet échec au Chemin des Dames, dont on attendait une percée décisive hâtant la fin de la guerre, est très mal supporté par les soldats français. Des mutineries éclatent dans plusieurs régiments, et les idées pacifistes prennent de l'ampleur. On ne connaît pas avec précision l'ampleur des mutineries de 1917. La thèse officielle est qu'elles restèrent limitées, et causées davantage par les mauvaises conditions d'alimentation et d'hygiène que par le désir de paix immédiate. Des grèves éclatent à l'arrière, et les socialistes se retirent de l'union sacrée. La détermination des responsables militaires et civils est cependant inébranlable : les mutins sont fusillés, puis Pétain reprend en main les troupes en faisant preuve de fermeté mais aussi de souplesse (davantage de permissions, un meilleur ravitaillement…), les pacifistes sont condamnés et la presse d'opposition est muselée. Clemenceau, devenu président du Conseil en novembre 1917, peut ainsi déclarer : « Ma formule est partout la même. Politique intérieure ? Je fais la guerre. Politique extérieure ? Je fais la guerre. Je fais toujours la guerre. » De même, en Grande-Bretagne, Lloyd George affiche un autoritarisme intransigeant, et en Allemagne, où le haut commandement militaire impose ses objectifs belliqueux, les manifestations d'hostilité à la guerre et les grèves sont écrasées. Les choses vont cependant évoluer différemment à l'est.

L'aviation dans la guerre

La Première Guerre mondiale voit l'apparition des premiers combats aériens. Le général Antonin Brocard (1885-1950) s'illustre par son commandement de l'escadrille des Cigognes, dont fait partie Georges Guynemer (1894-1917). Celui-ci en devient le capitaine héroïque et compte 54 victoires avant de disparaître en combat aérien le 11 septembre 1917. Sa devise, « Faire face », est encore celle de l'École de l'air.

La guerre au Proche-Orient

Elle est menée essentiellement par la Grande-Bretagne, qui y mobilise une partie importante de ses troupes pour y combattre les Turcs. Les Britanniques remportent alors quelques succès durant l'année 1917 : le 11 mars, ils prennent Bagdad ; le 31 octobre, Allenby déclenche une offensive en Palestine et entre à Jérusalem le 9 décembre. Mais le statu quo règne au nord de la Grèce, le corps expéditionnaire français, commandé par Guillaumat (remplaçant Sarrail), se contentant de maintenir ses positions.

Le retrait soviétique

En Russie, le soulèvement populaire de février 1917 bouleverse en effet le front oriental. Après l'abdication du tsar Nicolas II, le 16 mars, les Alliés espèrent alors une reprise en main des armées russes qui prévoient une nouvelle grande offensive. Mais le gouvernement provisoire du prince Lvov puis celui de Kerenski se heurtent à la désorganisation interne de l'armée russe, à l'épuisement des soldats de plus en plus gagnés par la propagande pacifiste de Lénine et des bolcheviks. Ceux-ci prêchent en effet le retrait de la Russie de la guerre entre « pays impérialistes », et la prise du pouvoir par les soviets d'ouvriers, de soldats et de paysans afin de permettre le partage des terres ainsi que la mise en place du pouvoir ouvrier dans les usines.

Les Allemands, qui ont facilité le retour de Lénine (exilé en Suisse) vers la Russie, profitent des événements pour reprendre l'offensive à l'est, après l'échec français d'avril. En septembre, ils prennent Riga, pénètrent en Bucovine et en Galicie, soulageant ainsi les Autrichiens en difficulté face aux offensives des Italiens (Carso,

mai-août), qui sont finalement écrasés à Caporetto (24-28 octobre) et obligés de se replier sur la Piave.
Ces succès des Empires centraux renforcent l'insubordination au sein de l'armée russe, et les difficultés économiques et sociales internes précipitent la révolution d'Octobre : le 24, les bolcheviks s'emparent du pouvoir, et le confient à un Conseil des commissaires du peuple, présidé par Lénine. Désireux d'appliquer rapidement son programme révolutionnaire, celui-ci cherche aussitôt à rétablir la paix extérieure. Léon Trotski négocie avec l'Allemagne l'armistice de Brest-Litovsk (15 décembre), puis le traité du même nom (3 mars 1918). La Russie se trouve libérée du poids de la guerre (mais au prix de très importantes concessions territoriales) alors que les Alliés doivent faire face à l'arrivée sur le front occidental des troupes allemandes libérées par l'arrêt des combats à l'est.

Les vains efforts de paix

Deux tentatives ont lieu en 1917 pour susciter une négociation. La première est celle du nouvel empereur d'Autriche, Charles Ier, qui entre en rapport avec Poincaré, et cherche à établir une paix séparée. Mais elle échoue en avril, en raison des pressions allemandes et des exigences italiennes. La seconde est l'œuvre du pape Benoît XV, dans son appel du 1er août. Mais dans les deux camps, on se refuse à la moindre concession : les Alliés espèrent reconquérir le terrain perdu, alors que l'Allemagne cherche à tirer parti de sa position géographique favorable.
L'année 1917 n'aura pas apporté de changement significatif sur le terrain : le front occidental n'a pour ainsi dire pas bougé ; la fin des hostilités sur le front oriental ne fera sentir ses effets que l'année suivante, l'Allemagne devant maintenir la pression jusqu'à la signature de la paix séparée avec la Russie et afin de lui imposer de dures concessions territoriales ; d'autre part la guerre sous-marine

n'aura pas permis à l'Allemagne d'atteindre son objectif: après avoir subi de lourdes pertes en début d'année, les Alliés organisent la protection de leurs convois et construisent par la suite plus de bateaux qu'ils n'en perdent.
Mais les conditions sont réunies pour un profond bouleversement des données de la guerre, qui se fera jour durant l'année 1918 avec, à partir du mois de juin 1917, l'arrivée massive des soldats de l'armée américaine.

1918

La décision

Avec la paix germano-russe, la situation des Alliés sur le front occidental devient difficile. Mais l'arrivée des troupes américaines fait basculer le sort de la guerre.

Après l'armistice du 15 décembre 1917, déjà signé à Brest-Litovsk, le traité du même nom (3 mars 1918) impose à la Russie des conditions très dures: elle perd la Finlande, les pays Baltes et la Pologne, ainsi que l'Ukraine qui devient indépendante. Elle est ainsi amputée d'un quart de sa population et des trois quarts de ses ressources en fer et charbon. La fin de la guerre sur le front russe permet à l'Allemagne de déplacer massivement ses troupes vers l'ouest: 700 000 hommes viennent renforcer l'armée du front occidental après la signature des traités de Brest-Litovsk et de Bucarest (avec la Roumanie). En outre, l'occupation de l'Ukraine permet à l'Allemagne de s'approvisionner en blé et en charbon. Comme de plus les armées alliées connaissent une pénurie d'effectifs conduisant Pétain à adopter une attitude prudente, Ludendorff décide d'engager une grande offensive au printemps avant l'arrivée des troupes américaines.

L'offensive allemande

Les Allemands portent ainsi une attaque massive en Picardie dès le mois de mars, sur le point faible des lignes de défense franco-britanniques, qui souffrent du manque de coordination entre les deux armées. Les Alliés n'ont pu en effet établir une unité de commandement, et se contentent d'attendre le renfort des soldats américains qui doivent compenser la défection des Russes.

Du 21 au 27 mars, les armées de von Bülow, von der Marwitz et von Hutier réussissent à percer le front sur 90 km, de Bapaume à Noyon, contraignant les Britanniques à se retirer vers le nord-ouest, et les Français à reculer en direction de Paris. Le 27 mars, von Hutier entre dans la ville de Montdidier. Devant la menace d'un éclatement du front, les Alliés décident de confier au général Foch le commandement suprême de leurs armées (conférence de Doullens, 26 mars).

Aussitôt, le groupe d'armées de réserve de Fayolle reconstitue le front du nord au sud de Montdidier. Dans le même temps, les Britanniques de Haig parviennent à enrayer les assauts autour d'Amiens. Le 4 avril, les dernières attaques allemandes se brisent sur cette nouvelle ligne de défense. Ludendorff décide alors de porter une nouvelle attaque dans les Flandres le 9 avril. Les Allemands bousculent l'armée britannique près d'Ypres et prennent le mont Kemmel (25 avril). Mais 13 divisions françaises envoyées par Foch arrêtent l'avancée de l'armée allemande qui conserve toutefois la « poche de Kemmel », contrôlant la région jusqu'au début du mois de septembre.

Pour forcer la décision, Ludendorff ordonne une autre offensive sur l'Aisne, pour contraindre les Français à retirer leurs troupes des Flandres : le 27 mai, les Allemands atteignent Château-Thierry et menacent Paris qu'ils bombardent avec leurs canons lourds, notamment la fameuse Grosse Bertha. Pour faire face aux contre-attaques de Foch dans la forêt de Villers-Cotterêts et sur les monts de Champagne, Ludendorff porte de nouvelles attaques : à l'ouest sur le Matz (9-13 juin), provoquant une contre-attaque victorieuse de Mangin, et à l'est sur Reims (15 juillet) ; mais cette dernière offensive est également arrêtée et manifeste l'incapacité de l'armée allemande, épuisée, de réussir une percée décisive.

Les autres fronts en 1918

En Macédoine, après l'entrée en guerre de la Grèce aux côtés des Alliés (juin 1917), la tête de pont française de Salonique peut être consolidée. Cela permet au général Franchet d'Esperey et à une armée serbe de passer à l'offensive en Bulgarie (15 septembre 1918). Ils rompent le front et remportent la victoire du Dobro Polje, obligeant les Bulgares à demander la paix (29 septembre). Les Français continuent alors leur action vers le Danube, dégageant la Serbie et la Roumanie, et menacent désormais l'Autriche-Hongrie. Cela provoque de vifs problèmes intérieurs dans l'Empire, qui amènent l'Autriche, battue par les Italiens le 24 octobre à Vittorio Veneto, à signer l'armistice à Padoue le 3 novembre. Les Hongrois, qui s'étaient détachés de l'Autriche, font de même le 13 novembre.

Parallèlement, les Britanniques déclenchent une attaque en Palestine : le 19 septembre, Allenby bouscule l'armée germano-turque et prend successivement Beyrouth, Damas et Alep (25 octobre). Le 30 octobre, la Turquie, menacée également par les Franco-Grecs à Constantinople, demande la paix (armistice de Moudros).

La contre-offensive des Alliés

Le 18 juillet, Foch engage une contre-attaque vers Soissons et reprend la poche de Château-Thierry (3 août). Le 8 août, que Ludendorff appellera le « jour de deuil de l'armée allemande », il déclenche une nouvelle offensive très importante, de Montdidier vers Roye. Après vingt jours de durs combats, les Allemands finissent par céder et Noyon est reprise le 29 août. Attaquant sans relâche, Foch porte alors les efforts alliés vers la Meuse et Mézières. Le 12 septembre, une violente offensive (engageant 13 divisions américaines, 4 divisions coloniales françaises, 270 chars, 250 batteries d'artillerie et un important support aérien) permet de remporter la

bataille de Saint-Mihiel, réduit que les armées du Kaiser tenaient depuis septembre 1914. Dès lors, le repli allemand se précipite.
L'appui d'un million de soldats américains et l'utilisation massive des chars permettent en effet une offensive générale sur toute l'étendue du front, face à une armée allemande ébranlée. À partir du 26 septembre, les Alliés attaquent ainsi dans trois directions : dans les Flandres, les Anglais, les Français et les Belges progressent vers Bruges et Gand ; les Anglo-Français enfoncent la « ligne Hindenburg » vers Cambrai et Saint-Quentin, tandis que les Américains et les Français passent également à l'offensive en Argonne, vers Sedan et Mézières.
Le 17 octobre, Foch décide de percer les dernières lignes défensives allemandes, en engageant 12 armées alliées et en prolongeant l'attaque en Lorraine. Ludendorff, face à l'imminence de la défaite, préfère démissionner et les Américains atteignent la Meuse. Mais les Allemands, qui veulent éviter les combats sur leur sol, préfèrent se replier en bon ordre sur le Rhin (4 novembre) et, face à leurs problèmes intérieurs (mutineries à Kiel, grèves ouvrières, constitution de soviets), demandent l'armistice le 7 novembre. Deux jours après, Guillaume II abdique et la république est proclamée à Berlin. Le nouveau pouvoir désire hâter le retour de la paix. L'armistice est signé le 11 novembre 1918. L'Europe et le monde peuvent enfin respirer.

1919

L'épilogue

Les différents traités de paix sanctionnent la défaite de l'Allemagne et de l'Autriche-Hongrie en redécoupant la carte de l'Europe centrale.

En janvier 1919 débutent à Paris les travaux de la conférence de la paix. Trente-deux États y participent, mais les décisions sont prises par le Conseil des Quatre, réunissant les chefs d'État américain, britannique, italien et français (Wilson, Lloyd George, Orlando et Clemenceau). Les nations vaincues sont exclues des discussions et viendront seulement signer les traités qui leur sont imposés.

La conférence de Paris

Les divergences apparaissent bien vite entre les vainqueurs : le président Wilson, qui avait justifié l'intervention américaine par des considérations morales (les Alliés représentant la démocratie et le droit contre la « barbarie » germanique), comprend mal les revendications territoriales de la France et de l'Italie. Pour lui, comme il l'avait exprimé dans sa déclaration des « quatorze points » (8 janvier 1918) concernant les buts de guerre alliés, il s'agit de rapprocher les peuples en abaissant les frontières économiques, d'assurer la liberté totale de navigation, et de mettre en place un organisme international permettant de substituer la négociation à la guerre.
En revanche, Clemenceau, qui juge naïfs les espoirs américains, est surtout soucieux d'obtenir des garanties face à l'Allemagne et la dislocation de l'Empire austro-hongrois. De même, les Italiens cherchent des rectifications de frontières face à leur vieil ennemi

autrichien. Quand aux Britanniques, leur préoccupation principale est le Proche-Orient et la puissance turque dans cette région, mais ils veulent éviter des traités trop avantageux pour la France.

C'est finalement l'Autriche-Hongrie qui sera la plus affectée par le résultat de négociations difficiles débouchant sur une série de compromis, les problèmes étant compliqués par l'existence de minorités ethniques dans les différentes régions contestées.

Le traité de Versailles

Signé le 28 juin 1919, il règle le problème de la paix avec l'Allemagne : la France récupère l'Alsace et la Lorraine, la Belgique obtient deux cantons frontaliers, et le Danemark la province du Schleswig (après plébiscite) ; la Pologne indépendante reçoit la Posnanie anciennement allemande et le fameux « corridor » de Dantzig. D'autre part, les vainqueurs mettent la main sur les colonies allemandes : la France et la Grande-Bretagne se partagent le Cameroun et le Togo, la Grande-Bretagne obtient l'Afrique Orientale, la Belgique, le Rwanda Urundi, alors que le Japon et l'Australie reçoivent mandat pour administrer les îles allemandes du Pacifique.

Si les Français ne peuvent imposer la création d'une Rhénanie indépendante, ils ont satisfaction sur les points suivants : le service militaire obligatoire est aboli en Allemagne, qui ne peut disposer que d'une armée de 100 000 hommes, sans aviation, ni chars, ni artillerie lourde ; la rive gauche du Rhin restera occupée durant quinze ans avant d'être démilitarisée ; la Sarre choisira son destin par plébiscite. D'autre part, les États-Unis et la Grande-Bretagne s'engagent à aider la France si elle est attaquée par l'Allemagne.

Enfin, l'Allemagne, reconnue responsable de la guerre, doit verser aux vainqueurs des « réparations » pour les dommages causés. Dans un premier temps elle fournit des matières premières, et le montant des « réparations » sera déterminé par une commission ad hoc.

Au total, les clauses du traité de Versailles ne sont pas très dures pour l'Allemagne, qui conserve l'essentiel de son territoire ainsi que son indépendance politique ; elle évite l'occupation de son sol et le paiement immédiat d'une indemnité de guerre.

La SDN

Dans son programme du 8 janvier 1918, le président Wilson avait souhaité voir naître une institution internationale susceptible de régler pacifiquement les conflits. Le traité de Versailles reprend cette idée en créant la Société des Nations. Installée à Genève, elle est dotée d'une Cour de justice internationale (à La Haye), d'un Bureau international du travail (à Genève), d'une Banque des règlements internationaux (à Bâle). Mais elle ne dispose d'aucun moyen pour faire respecter les dispositions des traités, d'autant plus que le Sénat américain, gagné par le courant isolationniste, refuse de les signer et de participer à la SDN, par peur de se trouver impliqué dans d'éventuelles nouvelles difficultés européennes.

Les autres traités de paix

Le traité de Saint-Germain-en-Laye (10 septembre 1919) et celui du Trianon (4 juin 1920) organisent la dislocation de l'ancien Empire austro-hongrois. L'Autriche se trouve réduite à la superficie qui est la sienne actuellement : elle perd la Bohême, la Moravie et la Slovaquie (constituant un État nouveau, la Tchécoslovaquie), la Bosnie-Herzégovine (qui, cédée à la Serbie, forme avec elle la Yougoslavie), la Galicie (qui devient polonaise), le Trentin et l'Istrie, absorbés par l'Italie. Tout rattachement de l'Autriche à l'Allemagne est en outre expressément interdit. Quant à la Hongrie,

elle devient totalement indépendante et acquiert également ses dimensions actuelles, cédant à la Roumanie la Transylvanie.
D'autre part, le traité de Neuilly (27 novembre 1919) fait perdre à la Bulgarie la Thrace, qu'elle cède à la Grèce.
Enfin, le traité de Sèvres (10 août 1920) règle le sort de l'Empire ottoman : la Turquie perd l'Arménie et l'Arabie, devenues indépendantes, la Syrie, la Mésopotamie et la Palestine administrées par la France et la Grande-Bretagne, ainsi que le Kurdistan devenu autonome. De plus, la zone des Détroits est neutralisée et placée sous le contrôle d'une commission internationale. La Turquie est ainsi réduite au cinquième de la superficie de son ancien Empire.
Mais ces traités ne satisfont pas tous les belligérants : l'Allemagne proteste contre le « diktat » du traité de Versailles, l'Italie s'estime lésée, les Français veulent que « l'Allemagne paie ». Leur remise en cause ne tardera pas à se faire jour.
En outre, ces traités laissent posés le problème russe et celui des frontières de la Russie avec les nouveaux États d'Europe centrale. La situation est confuse en Russie de l'Ouest, occupée par des troupes allemandes, puis par des forces hostiles au régime et soutenues par des Alliés qui débarquent au nord dans les ports de la mer Blanche, et au sud à Odessa et en Crimée (fin 1918-1919).
Cela suscite des soulèvements dans les pays Baltes : après deux années de combats, l'Estonie, la Lituanie, la Lettonie et la Finlande obtiennent leur indépendance (1920).

Dossiers

Les conséquences de la guerre

Touchée dans sa chair et affaiblie dans son patrimoine matériel et financier, la France connaît également une modification de ses structures économiques.

Le bilan démographique

Les pertes humaines constituent l'effet le plus dramatique de la guerre : on estime à plus de 8 millions le nombre des tués, dont environ 1,4 million de Français, 1,9 million d'Allemands, 1,7 million de Russes, 1 million d'Austro-Hongrois, 760 000 Britanniques, 650 000 Italiens, 115 000 Américains, et à 20 millions le nombre des blessés.

Pour la France, ces morts représentent à peu près 10 % de la population active et 27 % des hommes de 18 à 27 ans. S'y ajoutent près de 3 millions de blessés (la moitié l'ayant été deux fois), dont 750 000 invalides et 125 000 mutilés. Sur 10 hommes âgés de 20 à 45 ans en 1914, deux ont été tués, un devient assisté, trois sont infirmes d'une façon ou d'une autre. En 1919, la population française est estimée à 38,7 millions d'habitants, soit un déficit de 1,1 million par rapport à 1914, cela malgré le retour de l'Alsace-Lorraine.

Mais en dehors de ces pertes directes, un bilan démographique plus complet doit tenir compte du fait que ce sont les hommes dans la force de l'âge qui sont morts ou sont amoindris, ce qui réduit le potentiel productif, créatif et le dynamisme démographique de la France : dès 1915, le nombre des naissances s'effondre, et l'on

peut évaluer à 1,7 million les enfants qui seraient nés durant les années de guerre, si celle-ci n'avait pas eu lieu.
Malgré l'augmentation des naissances au début des années 1920, qui ne comblera pas cette perte, le nombre de jeunes adultes en âge de procréer est faible dans les années 1934-1939. Pour faire face à ce recul, l'immigration étrangère est encouragée : cette population passera d'environ 1,2 million en 1911 à 1,5 million en 1921, à 2,4 millions en 1926 et à 2,7 millions en 1931 (soit moins de 4 % de la population active en 1921 et plus de 7 % en 1931) ; elle est composée essentiellement d'Italiens, de Belges, d'Espagnols et de réfugiés d'Europe centrale.
Au total, la France comptera 40,7 millions d'habitants en 1926 et 41,8 millions en 1931.

Le bilan matériel

La France a eu 7 % de son territoire dévasté, correspondant aux régions du Nord et du Nord-Est, riches en mines et en industries, qui ont été durement touchées : c'est ainsi que la production de charbon est tombée de 18 millions de tonnes en 1914 à 2 millions en 1919 dans le Nord-Pas-de-Calais, que la production nationale d'acier est passée de 4,7 millions de tonnes à moins de 2 millions durant la même période et qu'environ 10 000 usines ont été totalement ou partiellement détruites. La capacité productive du pays a ainsi diminué d'environ 20 %.
D'autre part, plus de 2 millions d'hectares de terres de labour, environ 400 000 hectares de pâturages et 600 000 hectares de terrains bâtis ont été ravagés par les combats ; la production de blé est passée de 8,9 millions de tonnes en 1914 à 5,2 millions en 1919, et celle de pommes de terre de 13,2 à 6,2 millions de tonnes ; près de 2,5 millions d'animaux ont péri ou ont été enlevés par l'ennemi. Dans les régions dévastées, la production de céréales ne représente en

1919 qu'un tiers environ de celle d'avant-guerre, et la production de charbon et d'acier est devenue presque nulle.
Plus de 60 000 km de routes, près de 6 000 km de voies ferrées et environ 2 000 km de canaux doivent être reconstruits ; 550 000 maisons d'habitation, près de 20 000 édifices publics (écoles, mairies, églises...) ont été détruits ou endommagés. Au total, la guerre aurait englouti 30 % de la fortune française (et plus d'un cinquième de la richesse allemande). Le coût total de ces destructions est estimé pour la France à 35 milliards de francs or, et celui de la reconstruction à 137 milliards de francs de 1920.
On observe en outre un effondrement de la production industrielle : pour une base 100 en 1913, elle tombe à l'indice 57 en 1919. Mis à part le caoutchouc (dont la production a été multipliée par trois) et les cuirs (qui maintiennent leur niveau d'avant-guerre), toutes les grandes branches de l'industrie française sont touchées : l'indice est de 60 dans le textile, de 58 dans les industries mécaniques, de 44 dans les industries extractives, de 29 dans la métallurgie et de 16 dans le bâtiment.

Les conséquences financières

Les gouvernements évitèrent de financer l'effort de guerre par l'accroissement de l'impôt, nécessairement impopulaire, et que les familles modestes, affectées par les départs des soldats, auraient eu bien du mal à payer. Comme on ne voulait pas non plus pénaliser les plus riches ni décourager les entreprises productives, il fallait donc avoir recours à d'autres moyens de financement des dépenses publiques ; ce fut, d'une part, la création monétaire, faisant passer la quantité de monnaie en circulation de 6 milliards en 1913 à 38 milliards de francs en 1920 et, d'autre part, les émissions d'emprunts, qui portèrent la dette de l'État à 204 milliards de francs or en 1919 (contre 33 milliards en 1913). Cette dette publique pèsera lourd dans les budgets des années à venir, d'autant plus que s'y ajouteront les pensions à verser aux victimes de guerre, les dépenses de reconstruction et les remboursements à effectuer aux pays étrangers (États-Unis, Grande-Bretagne), alors que les réserves de change sont épuisées.

En 1913, la France a en effet accru de 35 milliards de francs sa dette auprès de ses alliés pour financer l'effort de guerre. Toutefois, elle a acquis parallèlement des créances sur certains de ces pays (17 milliards), ce qui limite à 18 milliards l'accroissement de sa dette extérieure. Mais, dans le même temps, la position financière de la France s'est considérablement dégradée en raison de la perte d'une partie de ses placements à l'étranger, effectués avant 1914. Certains pays sont en effet devenus insolvables, d'autres refusent le remboursement (telles la Russie et la Turquie) ou l'effectuent en monnaie dépréciée. Ainsi, les 40 milliards de francs que les Français avaient investis au dehors sont réduits environ de moitié. D'autre part, la capacité d'exportation de la France, dont la place sur différents marchés a été prise par les États-Unis ou d'autres « nouveaux pays industriels », a été amoindrie. Enfin, le stock d'or détenu par la Banque de France ou les particuliers, qui s'élevait à 10 milliards de francs en 1914, n'atteint plus que 7 milliards en 1919, ce qui limite la capacité d'acheter des devises ou des marchandises à l'étranger.

Aussi, cette situation est-elle sanctionnée par l'inflation (qui reflète les déséquilibres d'une économie de guerre, la hausse des coûts de production et celle des importations) et par le désordre monétaire (qui allège toutefois le poids de la dette publique) : les prix ont été multipliés par 3,5 environ durant les années de guerre. Cela rend donc plus difficiles les exportations, qui ne peuvent se maintenir que grâce à la dépréciation du franc, prenant durant les années d'après-guerre une proportion considérable.

La « nouvelle donne » économique

La France récupère en 1919 l'Alsace-Lorraine et ses mines de charbon, de fer et de potasse. Cet accroissement des ressources minières qui semble de prime abord une aubaine pour l'industrie française n'est pourtant pas vu sous cet angle par les producteurs français. C'est ainsi que le Comité des forges, qui réunit le grand patronat de l'époque, juge « critique » cette nouvelle situation, car la production des usines des secteurs métallurgique et sidérurgique se trouve presque doublée, sans que les débouchés s'accroissent d'autant. Le problème est le même en ce qui concerne l'industrie cotonnière, particulièrement développée dans ces territoires rendus à la France.

La seule solution réside alors dans l'augmentation des exportations, spécialement à destination de l'Allemagne, à qui l'on cherche à imposer un quota d'importations : l'article 268 du traité de Versailles prévoit ainsi que, durant cinq ans, des matières premières ou produits transformés en provenance de l'Alsace-Lorraine seront vendus à l'Allemagne en franchise de tous droits de douane.

La France, déjà attirée avant la guerre par les exportations de capitaux, s'oriente désormais résolument vers l'exportation de marchandises. Cette question est d'autant plus importante que le marché intérieur ne s'élargit pas. En effet, l'inflation spectaculaire au cours des années de guerre (les prix de détail sont multipliés par plus de 2,5 entre 1914 et 1919) s'accompagne d'une augmentation à peine moins rapide des salaires. Mais leur éventail s'est resserré : alors qu'en 1901 la rémunération des employés parisiens était le double de celle des provinciaux (environ 0,80 franc de l'heure contre 0,40), elle ne lui est plus que d'un tiers supérieure en 1921 (3,50 francs contre 2,30). Cependant, les femmes, qui ont pourtant largement contribué à l'effort de guerre, gagnent toujours en moyenne moitié moins que les hommes.

Par ailleurs, la guerre n'a provoqué aucun développement économique immédiat ni aucune intensification significative du progrès technique. Elle a, en revanche, profité aux entreprises des secteurs stratégiques d'une économie de guerre, qui ont bénéficié de flux réguliers de commandes publiques, passées dans des conditions et à des prix bien coûteux pour l'État. Les industries automobile et aéronautique, l'armement, la sidérurgie, l'appareillage électrique, la chimie connurent ainsi une expansion rapide, développèrent la production en série et augmentèrent considérablement leurs ventes et leurs profits : le chiffre d'affaires des usines Renault passa de 88 millions de francs en 1914 à 378 millions en 1918, alors que la production de Saint-Gobain augmentait de 70 % et que la capacité de production du Creusot était doublée, de même que celle des usines hydroélectriques. La contribution exceptionnelle sur les bénéfices de guerre (c'est-à-dire ceux qui excédaient la moyenne des profits réalisés durant les trois dernières années d'avant-guerre) atteint 2,4 milliards de francs d'août 1914 à décembre 1915, 4,2 milliards pour 1916, 5,3 en 1917 et 5,4 en 1918.

Cela permet de mesurer l'importance des bénéfices réalisés par de grosses entreprises, dont certaines ont été amenées à se regrouper, et qui pourront, la paix revenue, connaître un rythme d'investissement et de croissance particulièrement élevé. La guerre a joué finalement le même rôle que les crises du passé : un certain nombre de grandes firmes ont étendu leur influence, accru leur avance technologique, élaboré de nouveaux produits, au détriment des petits entreprises traditionnelles, touchées par la stagnation de la demande populaire et souvent incapables de résister à la concurrence des grands groupes industriels.

I. L'homme de Neandertal

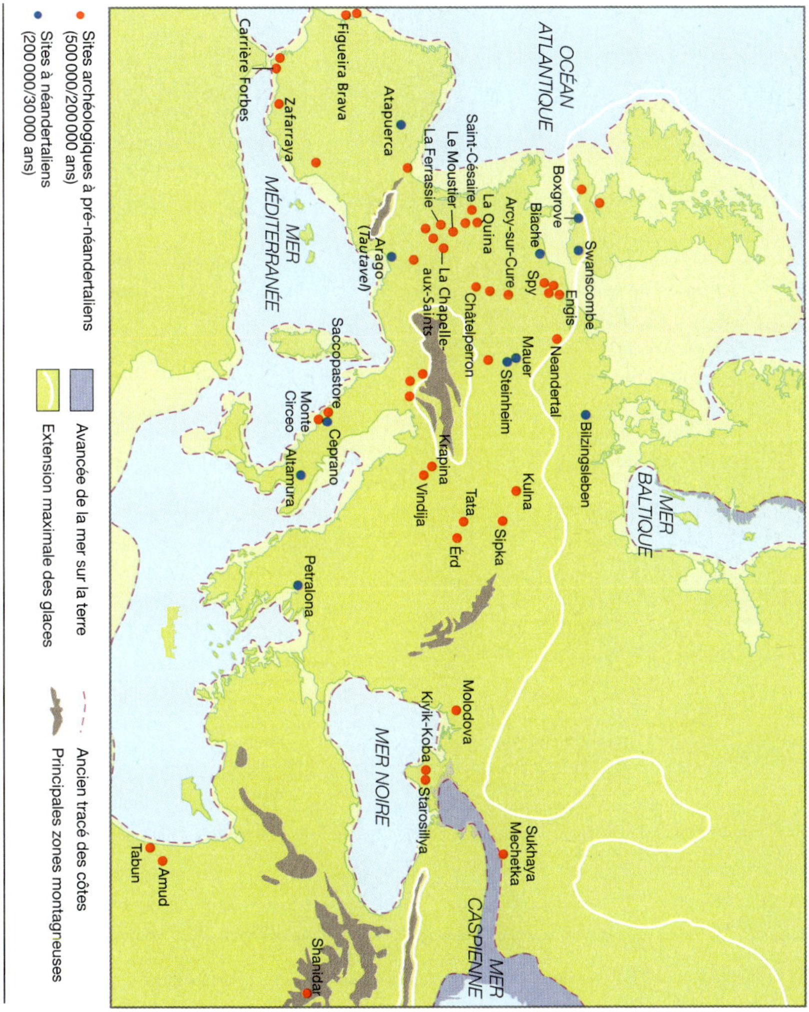

II. La Gaule vers 60 av. J.-C.

Celtique	Belgique	*Éduens* Peuples celtes
Aquitaine	Province romaine (Narbonnaise)	Lutetia Nom ancien
		(Paris) Nom moderne
		Colonie de citoyens romains

III. La conquête des Gaules

…ons soumises à César :

en 58 av. J.-C. | en 56 av. J.-C.
en 57 av. J.-C. | en 55 et 54 av. J.-C.

Itinéraires probables

des Helvètes | de Crassus
des armées de César | Combats

Provinces romaines

IV. La révolte gauloise

Principales zones de rébellion en 54 av. J.-C.

Peuples gaulois insurgés en 52 av. J.-C.

Campagnes de César en 52 av. J.-C.

Dernières zones de résistance gauloise en 51 av. J.-C.

Provinces romaines

Zone sous contrôle romain

Combats

V. Les voies romaines

VI. La Gaule du Ve au VIe siècle

- Royaume franc au début du règne de Clovis
- Conquêtes de Clovis jusqu'en 507
- Conquêtes de Clovis après 507
- Limites de la monarchie franque en 511, à la mort de Clovis
- Acquisition de 534
- Acquisition de 537
- Royaume des Wisigoths après 507
- ■ (1) Capitales successives
- ☆ Batailles
- *Saxons* Peuples

VIIa. Le partage de Clovis (511)

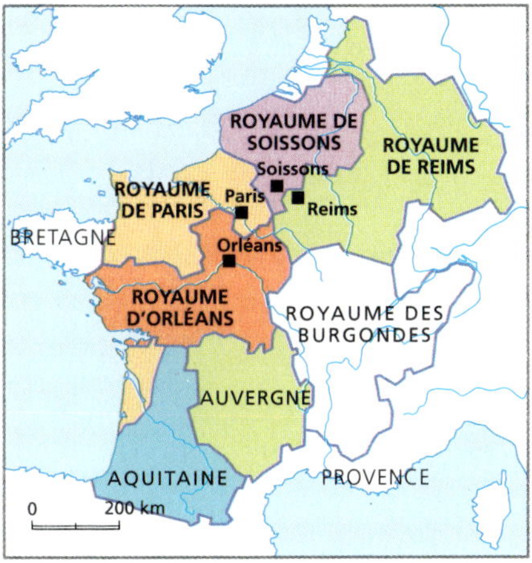

Royaumes :
- de Thierry
- de Clodomir
- de Childebert Ier
- de Clotaire Ier
- Indéterminé
- ■ Capitales

VIIb. Le partage de Clotaire (561)

Royaumes :
- de Caribert
- de Sigebert Ier
- ■ Capitales
- de Gontran
- de Chilpéric Ier

VIIIa. Le partage de 817

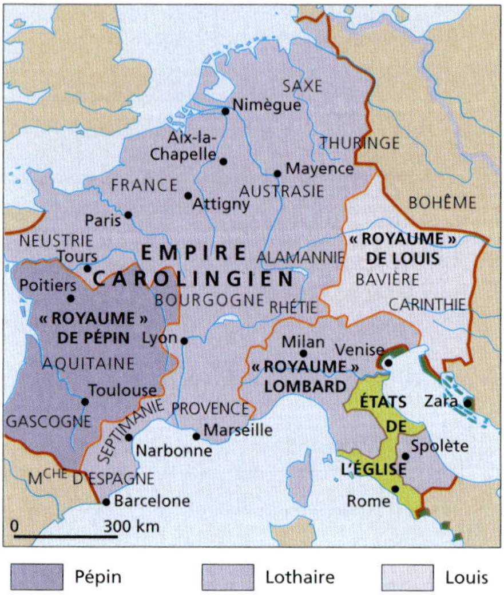

VIIIb. Le partage de 843

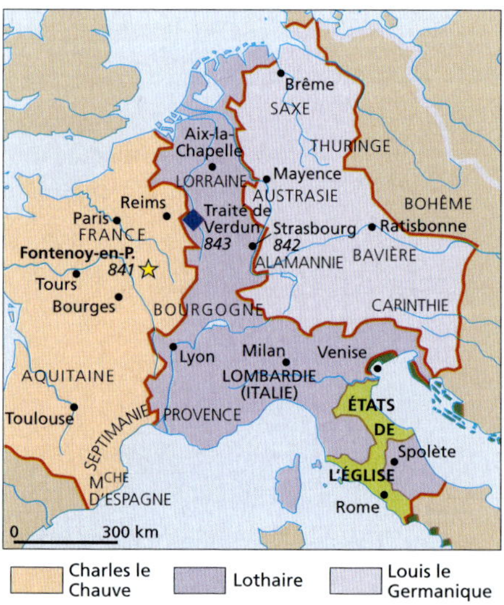

IX. La France à la fin du Xe siècle

Le domaine royal à l'avènement d'Hugues Capet (987)

X. La France au temps de Philippe Auguste (1180 - 1223)

- Le domaine royal en 1180
- Le domaine royal en 1223
- Possessions d'Henri II Plantagenêt en 1154
- Possessions anglaises en France à la fin du règne de Philippe Auguste
- Fiefs mouvant de la Couronne
- Seigneuries ecclésiastiques
- Batailles
- Traités

XI. Les débuts de la guerre de Cent Ans (1338-1350)

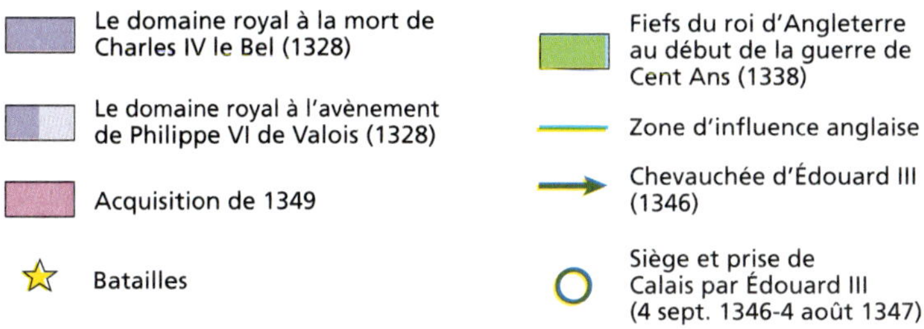

XII. La France en 1415-1436

La France divisée, 1415-1428

- Chevauchée d'Henri V (1415)
- Domination française, « royaume de Bourges »
- Domination anglaise
- Domination bourguignonne
- Frontières du royaume de France
- Traités
- Combats

L'arrivée de Jeanne d'Arc, 1429

- Levée du siège d'Orléans (8 mai 1429)
- Chevauchée du sacre (1429)

La neutralité bourguignonne

- Acquisitions du duc de Bourgogne confirmées au traité d'Arras (1435)

XIII. Les acquisitions de Louis XI

XIV. Les guerres de Religion (1562-1577)

Limites du royaume de France

Le domaine royal à la mort d'Henri II (1559)

Édits

Entrevues ou traités

Massacres ou combats

Massacre de la Saint-Barthélemy (24 août 1572)

Places de sûreté accordées aux protestants :

- à la paix de Saint-Germain (1570)
- par l'édit de Beaulieu, ou paix de Monsieur (1576)
- à la paix de Bergerac (1577)

XV. Les guerres de Religion (1578-1598)

- Limites du royaume de France
- Principales zones de fort peuplement protestant
- Possessions d'Henri de Navarre en 1585
- Zones d'influence de la Ligue
- Traités ou édits
- Batailles
- Places de sûreté accordées aux protestants par la paix de Nérac (1579)

Édit de Nantes (13 avril 1598)

- Principales places de sûreté protestantes
- Places de mariage
- Villes libres royales

XVI. La révolution en Europe de 1789 à 1795

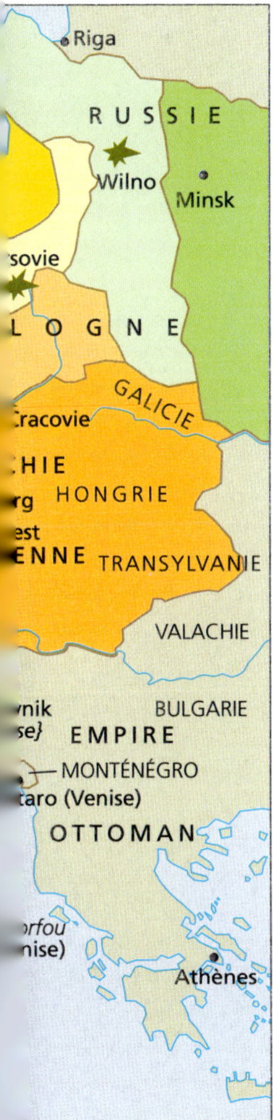

Troubles précédant la Révolution française

Éclatement de la Révolution française, 1789

Zones de départ de la Grande Peur, 1789

Rassemblements d'émigrés français

Guerre de Vendée, 1793 (zones d'insurrection)

Zones d'insurrection fédéraliste, 1793

Attaques des Autrichiens et des Prussiens en 1792

Attaques des coalisés de 1793

Armées de la Convention

Conquêtes et annexions françaises de 1792 à 1795

Limites de la France en 1795

Acquisitions françaises

Campagnes des armées françaises en 1796-1797

Retour de Bonaparte pendant la campagne d'Égypte, 1799

Batailles — Traités

Autriche — Prusse

Partages de la Pologne

1793

Russie

Prusse

1795

Russie

Prusse

Autriche

Insurrection polonaise de 1794 (principaux foyers)

Limites du Saint Empire

XVII. Les départements aux époques révolutionnaire et impériale

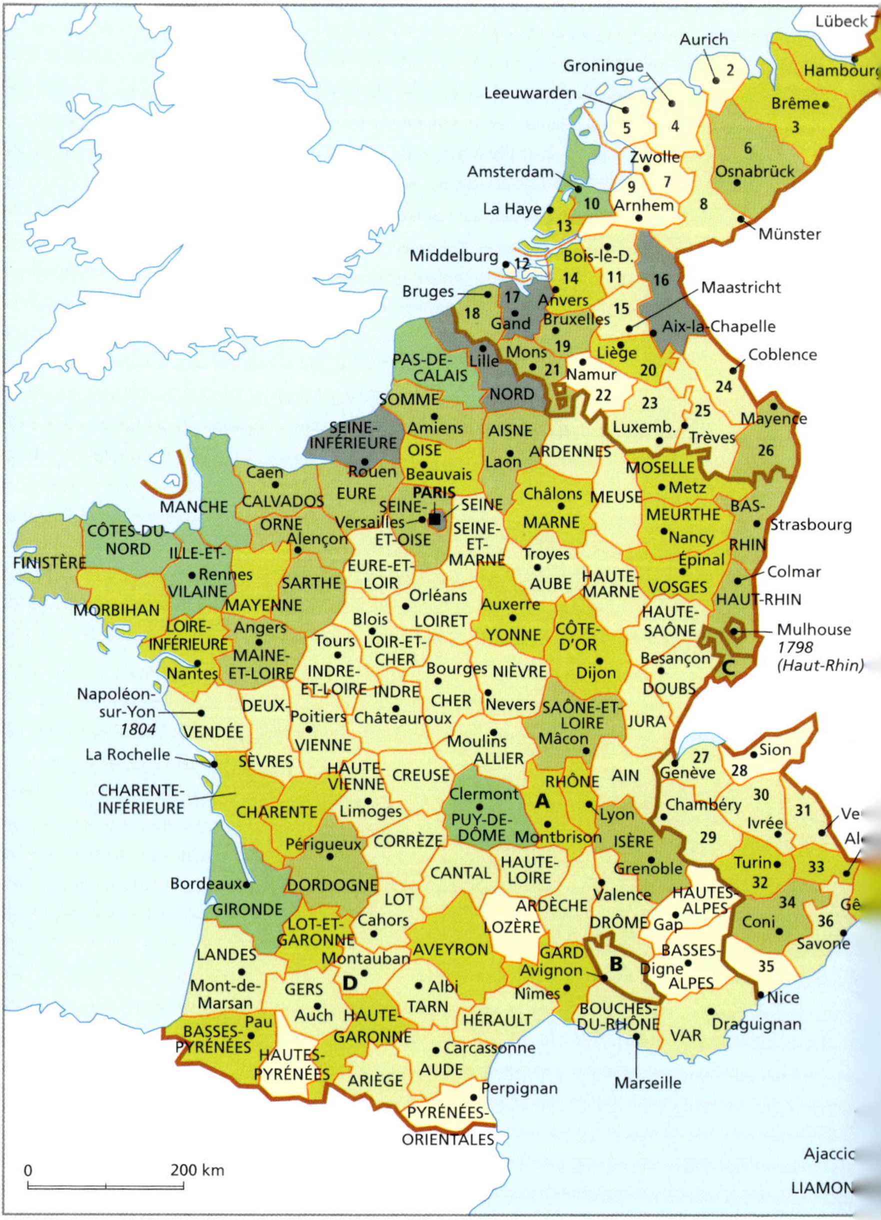

DÉPARTEMENTS HORS DE FRANCE

1- Bouches-de-l'Elbe
2- Ems oriental
3- Bouches-du-Weser
4- Ems occidental
5- Frise
6- Ems-supérieur
7- Bouches-de-l'Yssel
8- Lippe
9- Yssel-Supérieur
10- Zuiderzee
11- Bouches-du-Rhin
12- Bouches-de-l'Escaut
13- Bouches-de-la-Meuse, *1810*
14- Deux-Nèthes
15- Meuse-Inférieure
16- Roer
17- Escaut
18- Lys
19- Dyle
20- Ourthe
21- Jemmapes
22- Sambre-et-Meuse
23- Forêts
24- Rhin-et-Moselle
25- Sarre
26- Mont-Tonnerre
27- Léman
28- Simplon
29- Mont-Blanc
30- Doire
31- Sésia
32- Pô
33- Marengo
34- Stura
35- Alpes-Maritimes
36- Montenotte
37- Gênes
38- Taro
39- Apennins
40- Méditerranée
41- Arno
42- Ombrone
43- Trasimène
44- Tibre

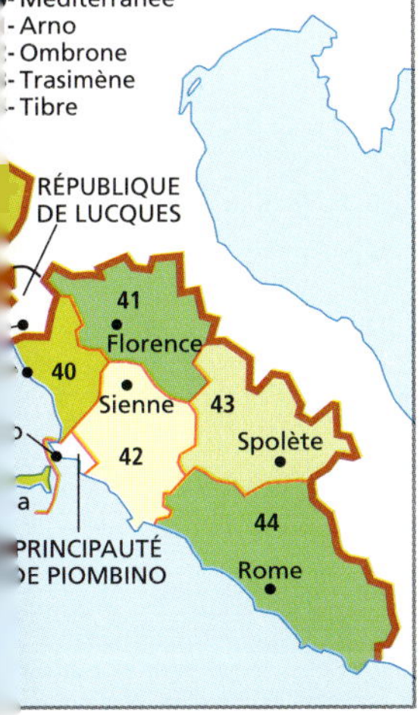

La population de l'Empire
d'après le recensement de 1806

nombre d'habitants par département

- inférieur à 200 000
- de 200 000 à 300 000
- de 300 000 à 400 000
- de 400 000 à 500 000
- de 500 000 à 600 000
- au-dessus de 600 000

A Département de la Loire créé en 1793

B Département de Vaucluse créé en 1793

C Département du Mont-Terrible créé en 1793, incorporé dans le Haut-Rhin en 1800

D Département du Tarn-et-Garonne créé en 1808

E Corse réunifiée en un seul département en 1811

- Limites de la France en 1792
- Limites de l'Empire français en 1811
- Limites de département

XVIII. L'Empire colonial français

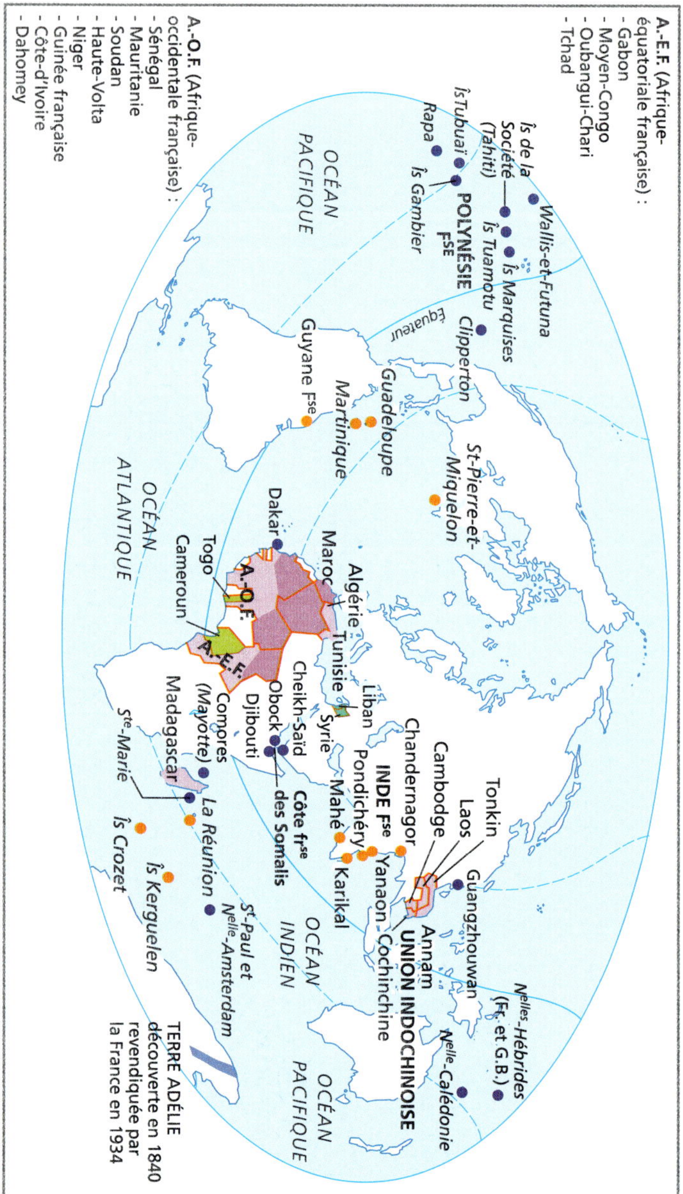

Empire colonial français en 1930 :

- Acquisitions antérieures à 1830
- Acquisitions de 1830 à 1900
- Acquisitions postérieures à 1900
- Mandats de la Société des Nations (1919/1922)

XIX. La guerre dans le monde (1914-1918)

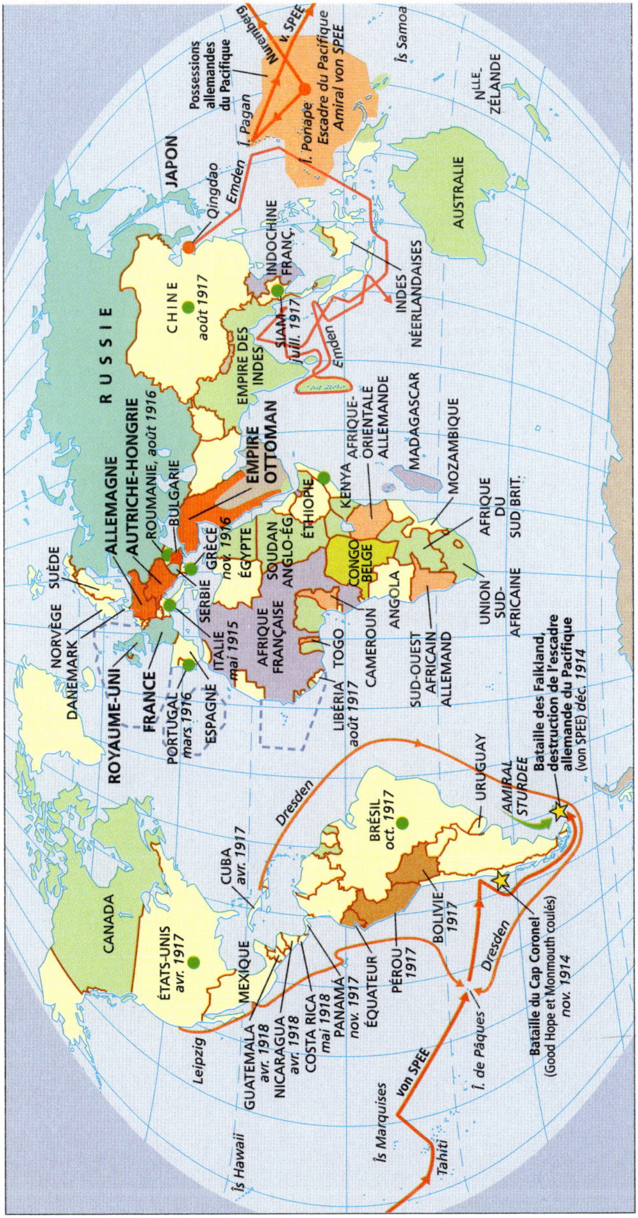

Empires centraux
- en 1914
- Possessions allemandes

Pays alliés
- en 1914
- Possessions françaises
- Commonwealth et possessions britanniques
- Possessions belges

Neutres
- en 1914
- ayant rompu leurs relations diplomatiques avec les Empires centraux au cours de la guerre

Pays neutres en 1914 ayant rejoint au cours de la guerre :
- Les Empires centraux
- Les Alliés

Zone de blocus sous-marin établi par les Allemands de 1914 à 1917

Déclaration de guerre sous-marine totale le 1er février 1917

Batailles navales

XX. Le front français (1914-1917)

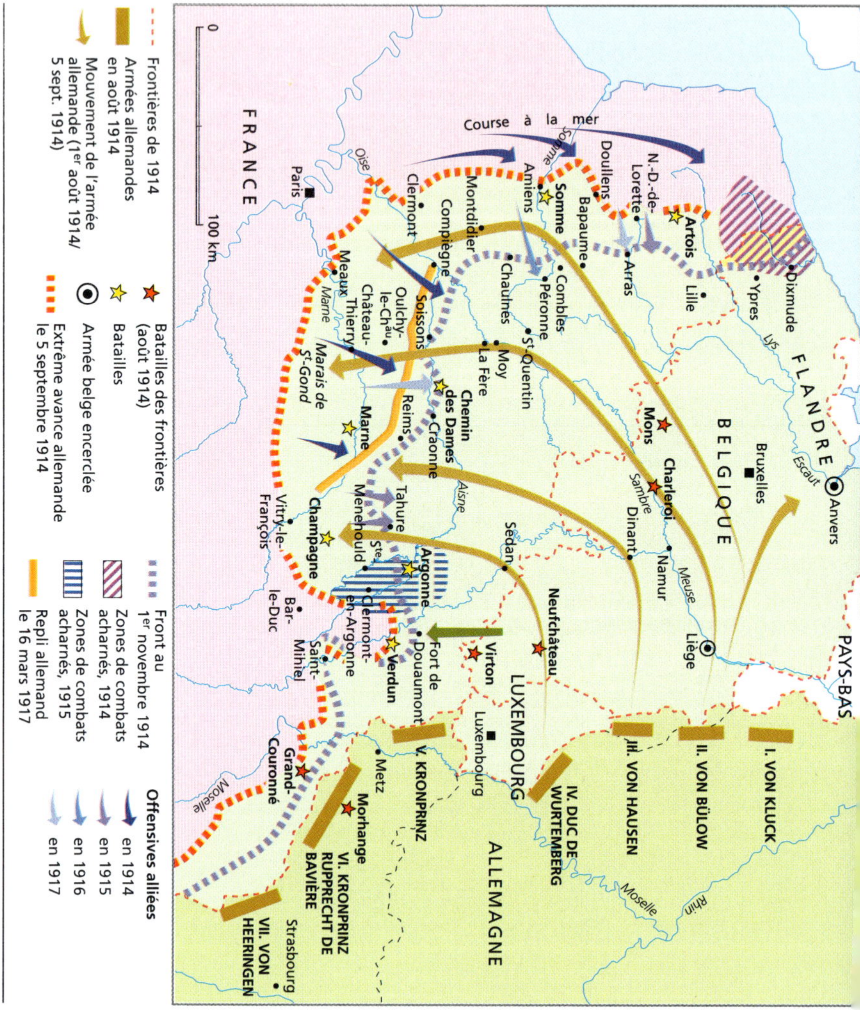

XXI. Les offensives victorieuses de Foch (1918)

- Ligne Hindenburg
- 2e position fortifiée allemande
- Front le 18 juillet
- Contre-offensives de dégagement (18 juillet/8 août) et déplacement de la ligne de front (15 août)
- Poussée sur la ligne Hindenburg (21 août) et déplacement de la ligne de front (24 sept.)
- Extension de l'offensive alliée du 26 sept. au 15 oct. et déplacement de la ligne de front (15 oct.)
- Offensive de la Victoire (17 oct./11 nov.)
- Front du 11 novembre 1918

Armées alliées :

- françaises
- britanniques
- américaines
- belges

XXII. La guerre dans le monde (1939-1945)

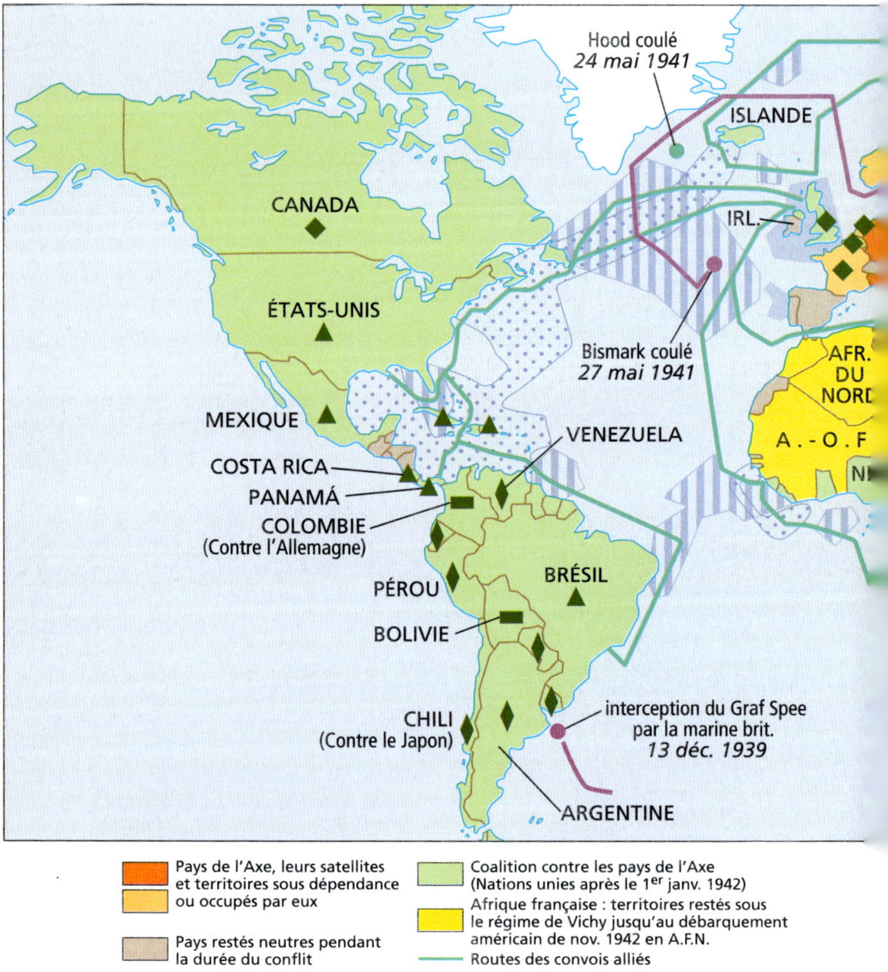

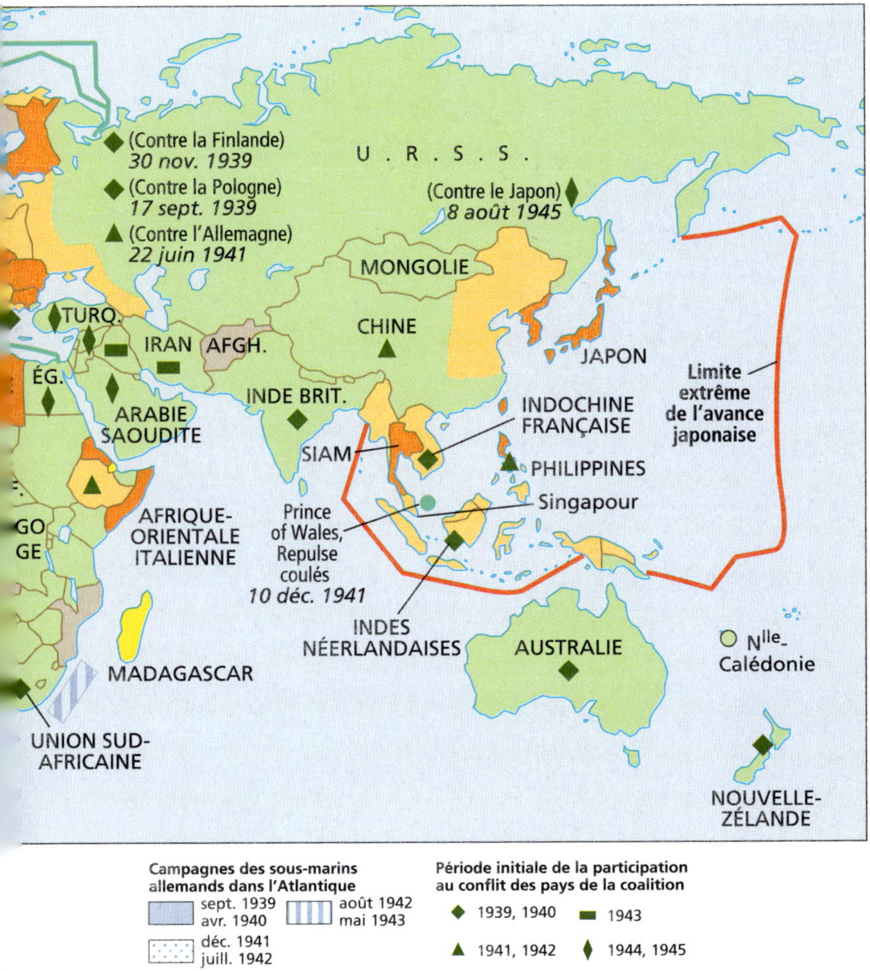
(Contre la Finlande) 30 nov. 1939
(Contre la Pologne) 17 sept. 1939
(Contre l'Allemagne) 22 juin 1941
U . R . S . S .
(Contre le Japon) 8 août 1945
MONGOLIE
CHINE
JAPON
TURQ.
IRAN
AFGH.
ÉG.
ARABIE SAOUDITE
INDE BRIT.
SIAM
INDOCHINE FRANÇAISE
PHILIPPINES
Singapour
Limite extrême de l'avance japonaise
Prince of Wales, Repulse coulés 10 déc. 1941
AFRIQUE-ORIENTALE ITALIENNE
GO
GE
INDES NÉERLANDAISES
AUSTRALIE
Nlle-Calédonie
MADAGASCAR
UNION SUD-AFRICAINE
NOUVELLE-ZÉLANDE
Campagnes des sous-marins allemands dans l'Atlantique
sept. 1939 avr. 1940
août 1942 mai 1943
déc. 1941 juill. 1942
Période initiale de la participation au conflit des pays de la coalition
1939, 1940
1943
1941, 1942
1944, 1945

XXIII. La campagne de France (mai-juin 1940)

Avancée allemande au :

- 16 mai
- 24 mai
- 28 mai
- 14 juin
- 25 juin
- ligne de démarcation

XXIV. La France sous Vichy

- Zone d'occupation allemande
- Zone annexée
- Zone rattachée au commandement allemand de Bruxelles
- Zone interdite
- Ligne de démarcation (25 juin 1940-11 nov. 1944)
- Zone libre
- Extension de l'occupation allemande dans la zone libre (nov. 1942)
- Zone d'occupation italienne
- Extension de la zone d'occupation italienne (nov. 1942-sept. 1943)

XXV. Le débarquement de Normandie

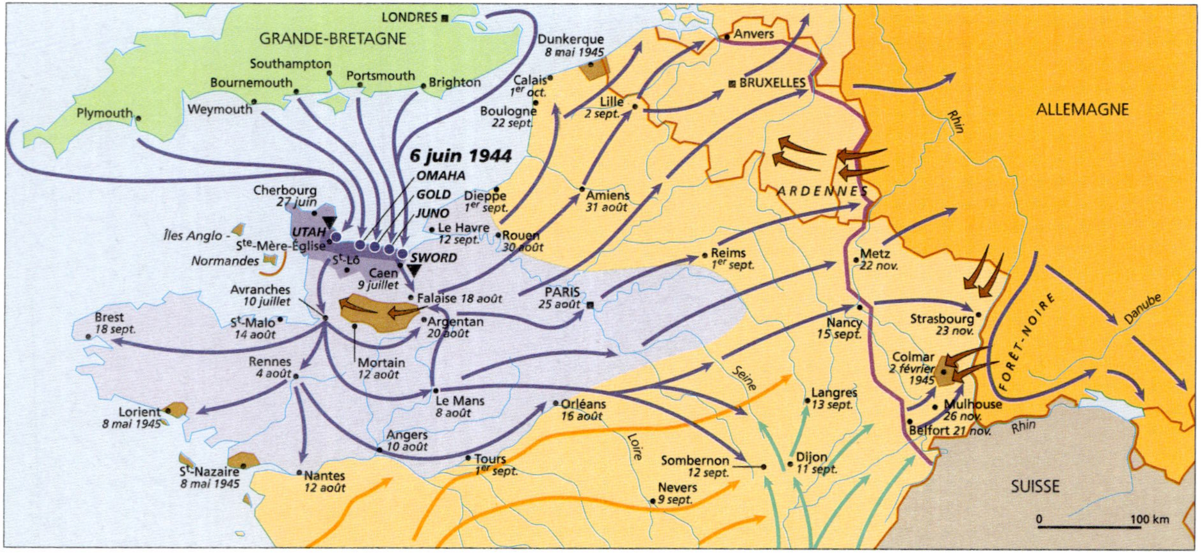

Débarquement de Normandie le 6 juin 1944

- Plage de débarquement le 6 juin 1944
- Tête de pont le 12 juin 1944
- Base de départ de l'offensive du 24 juillet 1944
- Avance des armées alliées
- Opérations aéroportées
- Régions libérées par les Alliés fin août 1944
- Armées alliées venues de Provence
- Repli des troupes allemandes du Sud-Ouest
- Contre-offensive allemande
- Poche de résistance allemande
- Front au 15 septembre 1944

XXVI. La décolonisation

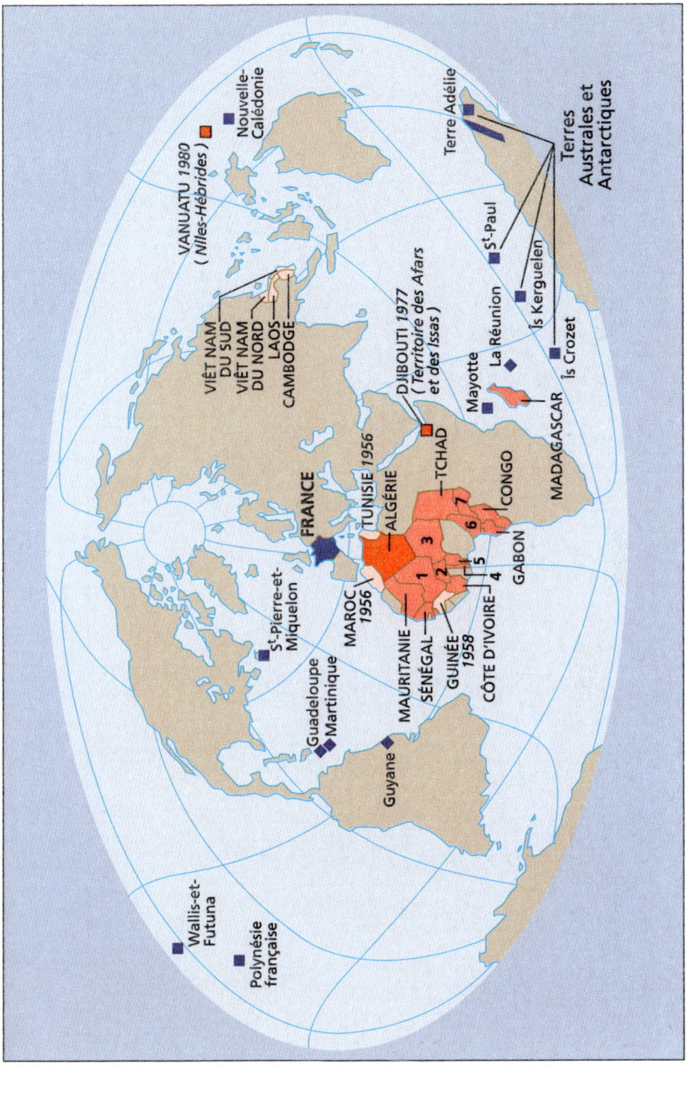

Indépendance
- 1954 à 1958
- 1960
- 1962
- 1977 à 1980

Territoires demeurés français
- ◆ Départements d'outre-mer
- ■ Territoires d'outre-mer ou collectivités territoriales

1 - MALI
2 - BURKINA
3 - NIGER
4 - TOGO
5 - BÉNIN
6 - CAMEROUN
7 - RÉPUBLIQUE CENTRAFRICAINE

XXVII. La guerre d'Indochine (1945-1954)

XXVIII. La guerre d'Algérie (1954-1962)

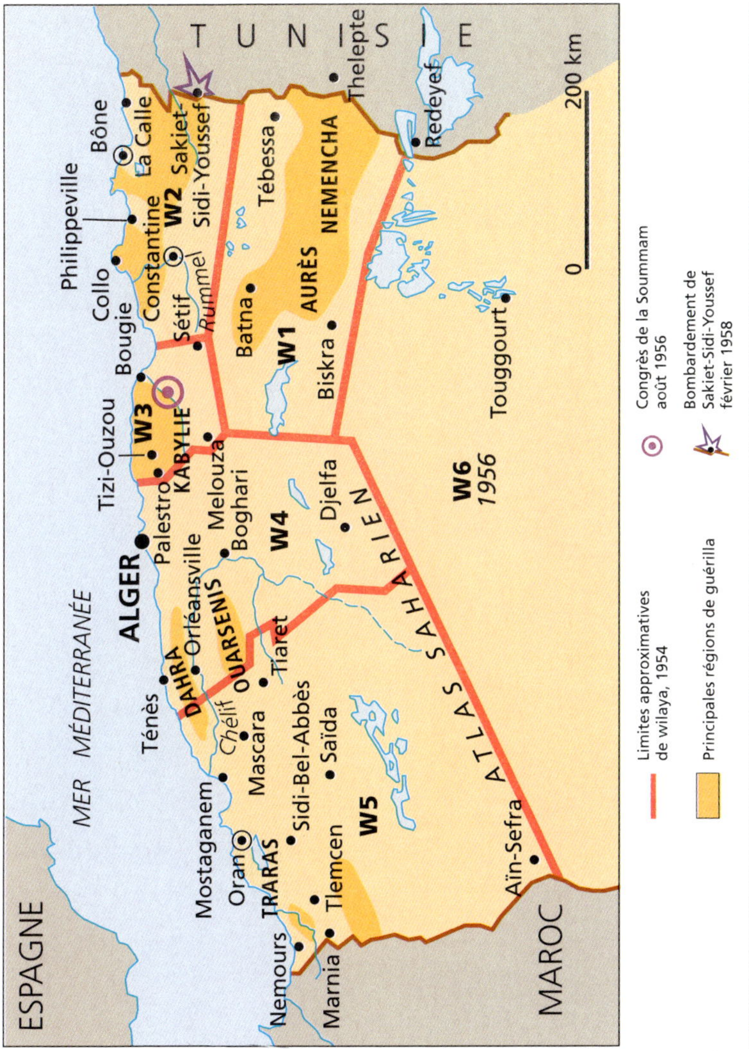

XXIX. L'Union européenne

L'Union européenne

L'Europe des 12 — L'Europe des 15 — L'Europe des 25 — L'Europe des 27

Les conséquences sociales

L'absence de la quasi-totalité de la population masculine valide nécessita la généralisation du travail féminin, en particulier dans les usines, où jusque-là les hommes restaient largement majoritaires. D'une façon générale, l'ensemble des Français souffrit des privations causées par la diminution de la production agricole et industrielle civile et par l'absence de salaires masculins à l'exception des spéculateurs sur les denrées rares et autres « profiteurs de guerre », industriels produisant pour l'armée... ou des « embusqués » (réformés ou « affectés spéciaux », tels que les cadres de l'industrie ou des ouvriers qualifiés rappelés à l'arrière).
On peut toutefois relever plusieurs catégories plus spécifiques de victimes indirectes du conflit : ce fut le cas des « patriotes » qui apportèrent leur or, échangé contre des bons vite dévalorisés, des petits salariés victimes de la hausse rapide des prix, des rentiers ruinés par l'inflation, des propriétaires d'immeubles touchés par le blocage des loyers, des souscripteurs des emprunts russes, et des familles dont le père ou les fils ne revinrent pas de la guerre. Cela provoqua deux types de réactions opposées : la montée des revendications ouvrières, encouragées par l'exemple de la révolution russe, et celle de l'esprit « ancien combattant », regroupant ceux qui avaient souffert de la guerre et qui revendiquaient une reconnaissance qui faisait hélas trop souvent défaut.
Au total, la Première Guerre mondiale a totalement bouleversé la société française et provoqué au sein du pays un ressentiment profond à l'égard de l'Allemagne, empêchant toute réconciliation ou coopération ; elle a aussi provoqué un désir de profiter de la vie, après ces années de souffrance, et d'éviter à tout prix un nouveau conflit, afin que cette guerre soit vraiment la « der des der ».

1919-1939

L'ENTRE-DEUX-GUERRES

Introduction

L'entre-deux-guerres constitue à bien des égards une période de transition dominée par les conséquences de la guerre de 1914-1918 et par la crise mondiale de 1929, mais aussi par la montée de nouvelles idéologies et d'un nouveau péril extérieur.

La transition économique

La transition s'affirme durant ces années entre une France à prédominance agricole meurtrie par la guerre et une France industrielle qui avait déjà connu un essor spectaculaire autour des années 1900, et qui en vit un second durant les années 1930. Transition sur le plan de l'organisation économique, avec l'altération de l'ancienne « régulation concurrentielle », qui faisait de la flexibilité à court terme des prix et des revenus le moyen de résorber les déséquilibres de marché : quand les quantités de biens produits augmentaient plus vite que la demande intérieure (grâce en particulier aux gains de productivité non répercutés sur les salaires), les prix baissaient et entraînaient une baisse des revenus, précipitant la crise jusqu'à ce que les prix aient suffisamment diminué pour rétablir le pouvoir d'achat et relancer la demande. Ce schéma explique encore la crise de 1929, qui frappe la France comme les autres grands pays du monde ; mais la constitution des grands groupes industriels, le développement du syndicalisme ouvrier, l'abandon déchirant du « franc éternel », défini jusque-là par un rapport immuable avec l'or ou avec les grandes devises, ainsi que l'affirmation du rôle de l'État dans l'économie conduisent à un autre mode de fonctionnement de l'économie : la « régulation monopoliste ». Ainsi, dans les années 1920 comme après 1935, la croissance s'appuie sur l'investissement de grands secteurs industriels dynamiques largement à l'abri de la concurrence par les prix et pouvant accorder aux salariés les hausses de leurs rémunérations leur permettant le maintien de leur pouvoir d'achat, mais entretenant un processus inflationniste. Désormais, la croissance ne sera plus possible sans inflation, et la hausse du pouvoir d'achat n'interviendra que si les salaires monétaires augmentent plus vite que les prix. Ce sera l'un des traits marquants de l'économie du XXe siècle si l'on excepte les années 1930-1935.

La transition culturelle

Transition aussi sur le plan des arts et des lettres: dès la fin de la Première Guerre mondiale, des poètes, des peintres, des sculpteurs, des musiciens s'affranchissent des canons traditionnels pour côtoyer le délire créatif. Si l'on peut retrouver chez eux les influences du non-conformisme d'avant-guerre, il s'agit aussi de l'expression artistique de l'absurdité d'un monde qui vient d'être saisi d'une incroyable folie meurtrière.

Transition encore en ce qui concerne les sciences et les techniques: les découvertes et les innovations de la fin du XIXe et du début du XXe siècle trouvent des prolongements qui n'aboutissent pas tous encore au stade de la «consommation de masse»: les progrès de la médecine sont manifestes, l'usage de l'électricité se généralise, la connaissance de la matière fait un saut qualitatif, le cinéma passe du muet au parlant, mais l'usage du téléphone, de l'automobile, de l'avion, de la radio et surtout de la télévision naissante n'est encore réservé qu'à une minorité de privilégiés fortunés, et le sport, qui devient spectacle, n'est toujours que la pratique de quelques-uns. Quant à la connaissance de l'homme et de son milieu, le renouvellement de l'objet et des méthodes en sciences sociales est encore partiel: la sociologie, l'histoire, la philosophie, la psychologie connaissent quelques précurseurs, mais qui restent marginaux.

Survie et mort de la IIIe République

Les transformations en profondeur de la société française, la croissance puis la crise économique trouvent leur expression sur le plan politique: dans une France divisée entre ceux qui redoutent par-dessus tout l'extension du « bolchevisme » et qui veulent assurer un ordre respectueux de la propriété et de la liberté d'entreprendre, et ceux qui revendiquent de meilleures conditions de vie pour l'ensemble des salariés ou une remise en cause plus radicale des structures sociales, la « République radicale » constitue durant l'entre-deux-guerres la solution médiane. Bénéficiant à la fois de la confiance des milieux d'affaires, d'une bonne partie de la France rurale et conservatrice, de celle des classes moyennes redoutant les solutions extrêmes, le Parti radical est une pépinière d'hommes de gouvernement et contrôle le jeu politique parlementaire. Il doit faire face aux attaques de l'extrême droite et des communistes dénonçant sa corruption, à celles de la droite traditionaliste l'accusant de collusion avec les socialistes, et à celles des socialistes lui reprochant ses compromis avec le centre droit.

À deux reprises cependant, les socialistes partagent le pouvoir avec les radicaux, sans pouvoir l'exercer seuls en raison d'une audience insuffisante. Ils ne prennent pourtant pas d'initiatives déterminées de nature à modifier le cours de l'histoire : en 1924, ils n'osent pas s'attaquer au « mur de l'argent » ; en 1936, ils mettent fin à l'agitation sociale et choisissent la neutralité dans la guerre civile espagnole, alors que les nationalistes sont soutenus par l'Allemagne nazie et l'Italie fasciste ; en 1938, ils ne dénoncent pas les accords de Munich.

La majorité des élus de Front populaire voteront même les pleins pouvoirs au maréchal Pétain en juillet 1940, après avoir fait preuve d'une coupable passivité face à l'expansionnisme hitlérien, avoir subi sans initiative neuf mois de « drôle de guerre » et s'être révélés incapables d'organiser la résistance à la « guerre éclair » déclenchée par l'armée allemande en mai 1940.

La responsabilité de la débâcle ne peut certes être imputée uniquement à ceux qui ont exercé la responsabilité des affaires depuis 1933 ou à la seule classe politique. Quand le radical Édouard Daladier signe les accords de Munich, en septembre 1938, il est accueilli triomphalement au Bourget par une foule nombreuse qui salue le sauveur de la paix. Les Français, dans leur quasi-unanimité, soucieux de préserver leur mieux-vivre, redoutent en effet par-dessus tout un nouveau conflit meurtrier. Trop de sang avait été versé, trop de corps avaient été meurtris, trop de richesses réduites en cendres, trop de familles déchirées devant la guerre qui n'avait pris fin que vingt ans auparavant !

De plus, la croissance des années 1920 a surtout profité à une minorité accédant à la consommation de biens nouveaux et vivant pleinement les « Années folles » au rythme du charleston, et, accessoirement, à une nouvelle classe moyenne urbaine ; mais les inégalités ont suscité une grande frustration dans la classe ouvrière, excédée aussi par les multiples scandales financiers. Elle prend certes une éphémère revanche en 1936, refusant la fatalité de la crise et espérant obtenir sa part des fruits d'une croissance retrouvée. Mais ce faisant, si sa mobilisation pacifique parvient à bloquer la montée du fascisme en France, elle n'empêche pas l'extension meurtrière du nazisme en Europe.

Chroniques

1919-1924

La Chambre « bleu horizon »

Après la victoire du Bloc national aux élections de novembre 1919 et le retrait de Clemenceau, le pouvoir oscillera entre la modération de Millerand et de Briand et l'intransigeance de Poincaré.

Depuis son accession à la présidence du Conseil, le 16 novembre 1917, Clemenceau symbolise la détermination guerrière de la France, puis le désir d'imposer une paix dure à l'Allemagne.

Le départ de Clemenceau

Durant l'année 1919, Clemenceau tente d'obtenir, comme le demande Foch, des garanties territoriales substantielles. Mais devant l'hostilité des Américains et des Britanniques, refusant que la rive gauche du Rhin devienne française ou même autonome, il doit se contenter de garanties politiques, préférant le maintien de la solidarité des Alliés à des annexions qui auraient provoqué l'isolement de la France. C'est ainsi que Clemenceau interdit également au général Mangin, commandant de l'armée française d'occupation en Rhénanie, d'apporter son soutien aux autonomistes locaux comme il était prêt à le faire. Mais le refus ultérieur du Sénat américain de ratifier le traité de Versailles (mars 1920) rendra caduque cette stratégie.

Malgré les déceptions, quant aux conditions de la paix européenne, la popularité de Clemenceau reste grande au moment de l'élection législative de novembre 1919. La joie de la victoire est présente, l'union* sacrée encore dans les esprits, et s'y ajoute la peur du « bolchevisme » au sein des milieux aisés. Ces sentiments expliquent la

victoire des candidats du Bloc* national républicain, représentant la droite et le centre, qui obtient 433 sièges sur 613.
Le 8 décembre 1919, la Chambre « bleu horizon » tient sa première séance. On pouvait s'attendre alors à l'élection de Georges Clemenceau à la présidence de la République en remplacement de Raymond Poincaré, lors du vote du Congrès qui a lieu le 17 janvier 1920. Mais son autoritarisme, le jeu des rivalités personnelles et l'hostilité des milieux catholiques lui font préférer le modéré et effacé Paul Deschanel. Clemenceau se retire alors avec dédain de la vie politique.

Millerand et Briand (janv. 1920-janv. 1922)

La présidence de Paul Deschanel ne dure que neuf mois : il doit démissionner le 21 septembre 1920 pour raison de santé. Alexandre Millerand, président du Conseil depuis janvier, est élu président de la République le 23 septembre.
L'année 1920 est marquée par la persistance des difficultés économiques dans un pays non encore reconstruit et aux prises avec une vive concurrence étrangère. Les affaires sont médiocres, le chômage réapparaît, la hausse des prix est forte, le franc se déprécie. De grandes grèves éclatent alors : celles des cheminots (23 février-3 mars), des mineurs du Nord (à partir du 7 mars), qui s'étendent en mai. L'agitation retombe toutefois assez vite en raison d'une dure répression (intervention de l'armée, révocation des cheminots, poursuites contre les fonctionnaires) et de la division des forces populaires.
Après un premier congrès à Strasbourg (25-29 février), le Parti socialiste, agité par le problème de l'adhésion à l'Internationale communiste, tient un nouveau congrès à Tours (20-26 décembre 1920), qui est celui de la scission. Une partie des délégués se retire de la SFIO pour fonder le Parti communiste français.

D'autre part, du 5 au 16 juillet 1920 se tient la conférence de Spa, où les Alliés rencontrent pour la première fois depuis la guerre des représentants allemands pour discuter de la question des réparations: 52 % doivent revenir à la France, 22 % à la Grande-Bretagne, 10 % à l'Italie, 8 % à la Belgique… Mais les divergences se creusent entre les Français, voulant faire payer l'Allemagne, et les Britanniques, plus conciliants.

L'opposition entre les deux pays se manifeste aussi à propos de l'Europe de l'Est: les Français soutiennent la Pologne contre les Soviétiques et envoient le général Weygand comme conseiller militaire; ils se rapprochent de la Tchécoslovaquie, de la Yougoslavie et de la Roumanie, pour former avec ces trois pays une « Petite Entente », organisant un « cordon sanitaire » contre le bolchevisme; les Britanniques dénoncent le « militarisme français ». Mais alors qu'Aristide Briand remplace Georges Leygues, renversé par le Parlement (16 janvier 1921), la France et le Royaume-Uni se rapprochent lors de la conférence de Londres (mai 1921) pour exiger le paiement de 132 milliards de marks-or au titre des réparations, auxquels s'ajoute un pourcentage de la valeur des exportations allemandes. Les Allemands jugeant « inexécutables » ces dispositions, les Britanniques et les Français menacent d'occuper la Ruhr et obligent ainsi l'Allemagne à s'incliner.

La question n'est pas réglée pour autant: après que le ministre français des Régions libérées, Loucheur, s'est entendu avec le ministre allemand de la Reconstruction, Rathenau, pour organiser des paiements en nature (octobre 1921), la chute du mark accompagne les premiers paiements en monnaie des réparations, et l'Allemagne réclame une renégociation de leur montant.

À la conférence de Cannes (5-12 janvier 1922), les divergences réapparaissent entre la Grande-Bretagne et la France: Lloyd George propose de réunir une conférence internationale avec l'Allemagne et la Russie, pour évoquer l'ensemble des problèmes économiques européens alors que les Français défendent le principe des réparations et veulent consolider la Petite Entente. Vivement critiqué pour son manque de fermeté, Briand démissionne à son retour de Cannes (12 janvier 1922).

Le ministère Poincaré (janv. 1922-juin 1924)

Briand laisse sa place à celui qui incarne la fermeté, l'ancien président de la République Raymond Poincaré, qui a entre-temps exercé la présidence de la commission des Réparations. Poincaré devient président du Conseil le 15 janvier. Pour lui, toute négociation sur ce problème doit s'accompagner de garanties militaires et territoriales sur la Rhénanie démilitarisée et les frontières orientales. En avril 1922, la conférence de Gênes débouche sur un nouveau constat de désaccord entre les différents pays, alors que l'effondrement du mark se poursuit ; les partisans de l'exécution des réparations sont éliminés en Allemagne, laquelle demande le 12 juillet un nouveau moratoire pour le paiement des réparations.

Poincaré n'est prêt à l'accorder que s'il est gagé par un contrôle des mines de la Ruhr. Après six mois de vaines discussions, il décide de passer à l'action : le 11 janvier 1923, il donne l'ordre aux troupes françaises d'occuper la Ruhr, obtient un large soutien du Parlement (452 voix contre 72), ainsi que l'appui belge et italien.

Les Allemands réagissent en organisant la « résistance passive », des grèves et des sabotages. Mais les ouvriers et les ingénieurs français et belges envoyés sur place arrivent à faire fonctionner les mines et les chemins de fer, et, progressivement, la production reprend. L'Allemagne abandonne en septembre la « résistance passive », le gouvernement Stresemann acceptant le principe de la reprise des paiements. Mais il doit faire face à de graves problèmes intérieurs : alors que de nombreuses personnalités de gauche, ou favorables à une réconciliation avec la France, sont assassinées, une nouvelle tentative de coup d'État a lieu les 8 et 9 novembre 1923 à Munich ; elle est l'œuvre d'Adolf Hitler, soutenu par Ludendorff, qui s'attaque aux « ennemis intérieurs » (les juifs et les marxistes) et réclame un sursaut nationaliste. Trop isolés, les putschistes échouent, mais Hitler, condamné à cinq ans de prison, n'y reste que six mois et Ludendorff est acquitté.

Parallèlement, les Britanniques et les Américains apportent leur soutien financier à l'Allemagne, contribuant ainsi au redressement du mark, et le plan Dawes propose une solution au problème des réparations. Établi par une commission d'experts présidée par Charles Dawes, ce plan ne remet pas explicitement en cause le montant des réparations prévu en 1921 à la conférence de Londres. Mais, s'il prévoit le paiement d'annuités croissantes, fonction de l'« indice de prospérité » de l'économie allemande, il n'en précise pas le nombre total ! Leur règlement, assuré par des recettes douanières et des taxes, est gagé par des obligations industrielles et ferroviaires allemandes. Poincaré doit accepter ce règlement en avril 1924 pour ne pas avoir cherché de solution bilatérale avec l'Allemagne, et avoir attendu en vain d'une position militaire forte en Europe des garanties de la part des Alliés et une réduction de la dette française à l'égard des États-Unis. Décevant pour les Français, cet accord est finalement favorable à l'Allemagne, qui bénéficie en contrepartie de l'afflux de capitaux américains, permettant de stabiliser le mark et facilitant le paiement de la dette allemande. La droite française parle de capitulation, alors que la gauche et les modérés, hostiles à l'action militaire, se renforcent dans leur position.

Le spectre de l'hyperinflation allemande

En 1918, l'Allemagne est confrontée principalement à deux difficultés majeures : l'importance de la dette publique (150 milliards

de marks) et le poids des réparations de guerre exigées par les vainqueurs (132 milliards de marks-or).
Le gouvernement social-démocrate envisage d'abord diverses formes d'imposition du capital qui provoquent (comme en France) une fuite des capitaux à l'étranger, alors que l'inflation réduit parallèlement la valeur réelle des impôts. L'État est alors conduit à créer toujours plus de monnaie et à lancer de nouveaux emprunts pour financer ses dépenses et rembourser ses dettes. Cela a pour conséquence d'entraîner une augmentation des prix et une dépréciation accélérée du mark, qui permet toutefois dans un premier temps de stimuler les exportations, la production et l'emploi. Mais si l'inflation allège la dette réelle des particuliers et de l'État, elle réduit aussi les salaires réels et la demande intérieure.
Il s'ensuit donc une crise classique de débouchés, accompagnée d'une spéculation effrénée contre le mark : alors qu'en janvier 1919 le mark-or valait 2 marks-papier, il en vaut 2 000 fin 1922 et 1 000 milliards en décembre 1923 ! Le dollar, qui valait 13 marks en 1921, en vaut 4 200 milliards en novembre 1923 ! Le mark perd toute fonction économique, et l'on revient à une économie de troc.
Pourtant, avec la création du Retenmark (valant 1 000 milliards de marks papier et gagé sur le patrimoine national), le passage des socialistes dans l'opposition (ce qui rassure les milieux d'affaires) et l'apport de capitaux étrangers (surtout américains), tout rentre « miraculeusement » dans l'ordre en 1924.

Le Cartel des gauches

L'union de l'opposition au Bloc national, victorieuse aux élections législatives de mai 1924, ne résiste pas aux difficultés financières et se brise contre le « mur d'argent ».

La victoire électorale du Cartel* des gauches, le 11 mai 1924, provoque une crise institutionnelle. Cette coalition, qui réunit les diverses tendances radicales et socialistes, peut compter sur 327 députés, et le Bloc national sur 228. Pratiquant la « grève des ministres », elle oblige le président Millerand à démissionner (10 juin). Après l'élection de Gaston Doumergue, elle soutient un gouvernement radical homogène avec à sa tête Édouard Herriot.

Le ministère Herriot (juin 1924-avr. 1925)

Arrivé au pouvoir le 15 juin 1924, Herriot cherche à rassurer les milieux financiers, tout en menant une politique de conciliation avec l'Allemagne (admise à la SDN le 2 octobre) et avec la Russie soviétique (reconnue par la France le 28 octobre). Il veut aussi étendre la laïcisation de l'enseignement public, en particulier en Alsace-Lorraine, ce qui ranime la guerre religieuse. L'hostilité qu'il rencontre dans le pays l'amène à y renoncer.

Plus graves sont les problèmes monétaires et financiers. L'exemple de l'inflation et de l'effondrement du mark en Allemagne a en effet provoqué de vives inquiétudes en France, le franc amorçant une baisse dangereuse : la livre sterling, qui vaut déjà 72 francs fin 1922, s'échange contre 125 francs en mars 1924. Le gouvernement

s'engage alors à ne pas accroître la création monétaire, jugée responsable de l'inflation et de la dépréciation du franc. C'est ainsi que la loi du 31 décembre 1923 fixe un plafond aux avances de la Banque de France au Trésor et limite la circulation monétaire à 41 milliards de francs. Soucieux de ne pas dépasser ce plafond, le gouvernement Herriot est alors contraint de recourir à des expédients (appel à des banques privées, trucage des bilans de la Banque de France, émission d'emprunts publics, qui rencontrent peu de succès…).
Ces difficultés de trésorerie de l'État sont ressenties par le public, qui commence à demander le remboursement des bons du Trésor. Parallèlement, les socialistes réclament un impôt sur la fortune, ce qui provoque une sortie de capitaux et accentue la baisse du franc face à la livre et au dollar. Obligé de demander un dépassement du « plafond monétaire », le gouvernement Herriot est renversé le 10 avril.

Le ministère Painlevé-Caillaux (avr.-oct. 1925)

Le 17 avril, Gaston Doumergue confie la présidence du Conseil à Paul Painlevé, autre dirigeant radical, qui nomme aux finances Joseph Caillaux. Caillaux fait porter à 45 milliards le plafond monétaire et met à l'étude plusieurs solutions au problème des ressources publiques : augmentation des bons de la Défense nationale, transformation des bons à court terme déjà émis en crédits à long terme (projets qui n'aboutissent pas en raison de la défiance des épargnants), mise en relation des remboursements de la dette extérieure de la France avec le rythme de paiement des réparations (refusé par les États-Unis). Caillaux refuse l'impôt sur le capital réclamé par les socialistes, ce qui provoque la scission du Cartel des gauches.

Alors, comme aucune solution financière ne se fait jour, le ministère Painlevé, isolé, doit démissionner (27 octobre 1925), peu de temps après avoir signé les importants accords de Locarno. La conférence de Locarno (5-16 octobre 1925) a réuni le Français Briand, l'Anglais Chamberlain, l'Italien Mussolini, l'Allemand Stresemann et le Belge Vandervelde. Elle a débouché sur la reconnaissance mutuelle par les cinq pays des frontières entre la France, la Belgique et l'Allemagne, et la légitimité d'une riposte armée si l'Allemagne remilitarisait la Rhénanie. Stresemann a accepté ces accords, sous réserve d'une évacuation de la région de Cologne encore occupée par les Alliés et d'une entrée définitive de l'Allemagne à la SDN, qui est effective en octobre 1926.

La valse des ministères (oct. 1925-juill. 1926)

Durent les neuf mois suivants se succèdent des ministères éphémères qui se révèlent tous incapables de résoudre le problème financier et celui de la dépréciation du franc (une livre vaut 240 francs en juillet 1926) ; ils ne parviennent pas dans ces conditions à trouver ou à conserver une majorité parlementaire. C'est ainsi que se constituent tour à tour un nouveau ministère Painlevé (29 octobre-22 novembre 1925) et trois ministères Briand (28 novembre 1925-6 mars 1926, puis 9 mars-15 juin 1926 et 24 juin-17 juillet 1926). Leurs échecs permettent le retour de Raymond Poincaré.

1926-1929

Le retour de Poincaré

Reprenant une dernière fois les rênes du pouvoir, Raymond Poincaré parvient à rétablir la crédibilité du franc.

Le retour de Raymond Poincaré à la tête du gouvernement s'explique par les difficultés financières de l'État et par la dépréciation grandissante du franc sur le marché des changes.

L'héritage financier

Cependant, ces difficultés avaient commencé dès 1923, à l'époque où Poincaré était déjà président du Conseil : le dollar, qui valait 11 francs en 1921, atteignit plus de 28 francs au printemps 1924. Pourtant, le gouvernement Poincaré avait pris des mesures d'austérité budgétaire (augmentation de 20 % des impôts) qui avaient assaini la situation financière du Trésor, et obtenu un prêt de 100 millions de francs de la banque américaine Morgan.

Ainsi, au moment des élections de 1924, la confiance est-elle partiellement revenue, et le dollar est retombé à 15 francs. Mais la victoire électorale de la gauche, les hésitations des radicaux et les revendications socialistes inquiètent les milieux industriels et financiers, ainsi que les classes moyennes ; parallèlement, la presse d'extrême droite condamne l'incurie gouvernementale, entretient la peur du « bolchevisme » et dénonce la loi des huit heures, les hauts salaires ouvriers et les projets de lois sociales.

Dans ces conditions, la peur des épargnants et des porteurs de bons d'État reprend de plus belle et se manifeste par une spéculation contre le franc: ceux qui possèdent des disponibilités importantes (banquiers, industriels, gros commerçants, etc., rejoints par les petits épargnants) s'empressent d'acheter des devises étran gères, dans la mesure où le contrôle des changes reste peu effectif. Ainsi, la baisse du franc appelle de nouvelles baisses: la livre, qui valait environ 125 francs au printemps 1924, atteint près du double quand Poincaré reprend la tête du gouvernement, le 23 juillet 1926, alors que le dollar, coté environ 20 francs au début de 1924, crève le plafond des 40 francs en juillet 1926.

Poincaré et l'Union nationale

Raymond Poincaré, fort de son image d'« homme à poigne », entreprend immédiatement une opération politique visant à rassembler des hommes d'horizons différents pour constituer un gouvernement d'Union nationale. Il appelle ainsi des personnalités de droite et du centre (Louis Marin, Louis Barthou, André Tardieu), des radicaux de l'ancien Cartel des gauches (Édouard Herriot et Paul Painlevé), et Aristide Briand aux Affaires étrangères.

Puis Poincaré fait adopter au mois d'août une série de mesures visant à restaurer le crédit de l'État et par là même la confiance dans le franc: taux d'escompte porté à 7,5 %, hausse des impôts sur les valeurs mobilières, taxe de 7 % sur la première mutation du capital immobilier, relèvement des impôts sur la consommation (automobiles, boissons, bicyclettes...), mais baisse de l'impôt sur le revenu, uniformisation de la taxe sur le chiffre d'affaires; d'autre part est créée une Caisse autonome de gestion des bons de la Défense nationale, chargée d'amortir la dette publique, grâce aux nouveaux impôts.

Mais, avant même que ces mesures ne soient prises, la spéculation contre le franc a cessé et un mouvement inverse de rachat du franc s'est amorcé dès l'annonce de la formation du gouvernement

Poincaré : le 23 juillet, la livre sterling est revenue de 240 à 210 francs et à moins de 200 francs le 27 juillet ; en décembre, elle ne cote plus qu'environ 124 francs. Dans le même temps, le dollar, qui valait près de 41 francs en août, tombe à 25 francs à la fin de l'année. Le « miracle Poincaré » s'est produit : par sa simple présence, par l'effet d'annonce d'une politique de franc stable, et en raison de l'éloignement de la « peur des rouges », les spéculateurs français et étrangers ont joué la carte du rétablissement du franc, sa hausse appelant de nouvelles hausses.

Les limites du « franc fort »

Pourtant, cette opération connaît des limites : la remontée du franc a en effet pour conséquence de rendre plus chers les produits français, donc plus difficiles les exportations, alors que les importations deviennent meilleur marché ; il s'ensuit donc des difficultés pour les entreprises françaises. De plus, cela provoque un alourdissement de la dette, alors que le crédit devient plus onéreux.

L'activité s'en ressent donc, le chômage réapparaît, et les milieux patronaux et syndicaux s'inquiètent. Le gouverneur de la Banque de France, Émile Moreau, et le secrétaire de la CGT, Léon Jouhaux, font pression pour arrêter cette remontée du franc. Aussi, après les élections législatives d'avril 1928, assurant un nouveau soutien à l'équipe Poincaré, celui-ci fait-il voter la loi monétaire du 24-25 juin 1928. Elle institutionnalise une nouvelle parité or du franc, mais officialise en même temps sa perte de valeur par rapport au franc d'avant-guerre. Cette loi fixe la valeur du franc à 65,5 mg d'or, soit le cinquième de sa valeur d'avant-guerre ; on peut de nouveau échanger des billets de banque contre de l'or, mais sous la forme de lingots d'au moins 215 000 francs, ce qui évite le risque de forts mouvements de conversion. Cela permet aussi une revalorisation des réserves du Trésor, qui apure ainsi sa dette envers la Banque de France. Tout en remettant en cause l'idée d'un « franc éternel » et en amputant la valeur de l'épargne d'une partie des Français, ces mesures constituent une voie moyenne entre un impossible retour en arrière et une dérive monétaire aux conséquences imprévisibles. Le mythe du retour à la valeur du franc 1914 a donc vécu, et la spoliation de tous ceux qui possédaient des avoirs en francs de 1914 est définitive.

La politique étrangère

La question financière enfin réglée, Poincaré s'efforce d'en finir avec celle des réparations, grâce à l'action de Briand et en s'appuyant sur un cabinet de centre droit (les radicaux ayant quitté le gouvernement en novembre 1928). Briand se fait l'apôtre du combat pour l'établissement d'une paix durable, dans ses discours à la SDN ou dans les diverses négociations internationales. Après le traité de Locarno (octobre 1925) et l'entrée de l'Allemagne à la SDN un an plus tard, il rencontre Stresemann à Thoiry (septembre 1926) pour tenter de mettre sur pied une coopération financière franco-allemande. Puis il cherche un rapprochement avec les États-Unis, qui débouche sur le « pacte Briand-Kellogg » de renonciation à la guerre (27 août 1928), lequel est signé par 57 nations, dont l'Allemagne. Enfin, l'adoption du plan Young (7 juin 1929) règle définitivement le problème du calendrier des réparations, et prévoit l'évacuation anticipée de la Rhénanie en juin 1930.
Malade, Poincaré démissionne le 26 juillet 1929, laissant la place à un nouveau ministère Briand.

La droite « éclairée » aux affaires

Les politiques de relance menées par André Tardieu sont mal comprises et trop timides.

Après le retrait de Poincaré en juillet 1929 et un ministère Briand qui dure quelques mois, André Tardieu devient président du Conseil en novembre.

Tardieu au pouvoir

Représentant une « droite moderniste » qui s'intéresse aux questions économiques et sociales, Tardieu n'hésite pas à reprendre à son compte des propositions du Parti radical, telles que la gratuité de l'enseignement secondaire, le développement des assurances sociales et des allocations familiales. Il cherche à mettre en place les conditions d'une reprise de l'activité par une politique de grands travaux : début de la construction de la ligne Maginot (destinée à défendre le pays mais aussi à créer de nombreux emplois), plan de développement de la production de matériel industriel et de mécanisation de l'agriculture, construction d'écoles et d'hôpitaux ; il poursuit la politique d'amélioration du réseau routier et d'électrification qu'il avait menée en tant que ministre des Travaux publics dans le gouvernement Poincaré. Pourtant, ces projets ne seront que très partiellement réalisés : en décembre 1930, il n'obtient que 3 milliards de crédits au lieu de 17 milliards demandés, et l'« affaire Oustric », qui avait éclaté le mois précédent, fournit au Parlement l'occasion de renverser le cabinet Tardieu (des personnalités du gouvernement, dont le garde des Sceaux Raoul Péret, étant compromises dans la banqueroute frauduleuse du banquier Oustric). L'opposition à André Tardieu s'explique par le fait qu'il veut renforcer le pouvoir de l'exécutif aux dépens du Parlement. Cela provoque de violentes critiques de la part de la classe politique traditionnelle : les radicaux dénoncent son autoritarisme et refusent que leur programme soit appliqué par un autre ; les socialistes lui reprochent son attirance pour le pouvoir personnel et ses rapports avec les ligues d'extrême droite, qu'il aide financièrement ; une partie de la droite classique le trouve au contraire trop audacieux et non conformiste. Il est desservi de plus par son agressivité, ses éclats de langage et son individualisme. On comprend ainsi qu'il n'ait pu obtenir le soutien nécessaire pour mener à bien une politique économique et sociale qui aurait peut-être permis de lutter plus efficacement contre la dépression.

Laval et Tardieu

Après un gouvernement de centre gauche animé par Théodore Steeg, Gaston Doumergue appelle Pierre Laval à la présidence du Conseil fin janvier 1931. Tardieu y devient ministre de l'Agriculture, puis redevient président du Conseil en février 1932, après l'opposition du Sénat à la loi Laval sur le scrutin uninominal à un tour, destiné à obliger les radicaux à choisir leur camp, qui provoque le départ de Pierre Laval. Entre-temps, Paul Doumer avait été élu président de la République (mai 1931). Malgré le vote de lois sociales (gratuité de la classe de sixième et retraite du combattant en mars-avril 1930, assurances sociales en juillet 1930, allocations familiales en mars 1932) et une politique de grands travaux (ligne Maginot, barrage de Kembs, grand canal d'Alsace), la situation du monde du travail ne s'améliore pas sensiblement alors que des mesures fiscales avantagent les revenus de la propriété foncière, mobilière et industrielle. L'immobilisme politique et l'insuffisance de la relance économique expliquent l'échec de la droite aux élections de mai 1932.

1932-1936

Le centre gauche au pouvoir

La gauche, victorieuse en 1932, laisse la responsabilité politique aux modérés et aux radicaux, qui doivent faire face à l'agitation des ligues d'extrême droite.

Les 1er et 8 mai 1932, André Tardieu et l'Union nationale perdent les élections : la droite n'obtient que 230 sièges alors que l'Union des gauches en a 335. Cette Union ne constitue cependant qu'un simple accord de désistement au second tour, qui bénéficie surtout aux radicaux : bien qu'ils recueillent moins de voix que la SFIO, ils ont davantage d'élus.

Le ministère Herriot (mai-déc. 1932)

Le nouveau président de la République, Albert Lebrun (qui succède à Paul Doumer, assassiné par un déséquilibré entre les deux tours des élections, le 6 mai 1932), nomme alors Édouard Herriot président du Conseil. Il constitue un gouvernement composé de radicaux, de centristes et d'hommes d'affaires. Herriot doit faire face à des difficultés insurmontables : contraint de chercher le soutien des socialistes alors qu'il mène une politique impopulaire pourtant critiquée par la droite, il est confronté aux exigences américaines de remboursement de la dette de guerre, que la France avait toujours voulu lier (sans succès) aux paiements des « réparations ». Voulant honorer l'échéance de décembre 1932 pour ne pas se couper des États-Unis, il engage sa responsabilité ministérielle et est renversé par la Chambre le 14 décembre.

Les conférences internationales de 1932

À Genève se tient en janvier-février la conférence du désarmement, qui n'aboutit pas, la France refusant de faire les concessions que la Grande-Bretagne, en particulier, lui demande, à un moment où l'Allemagne connaît la montée du nazisme. En revanche, la conférence de Lausanne (juin-juillet) règle la question des réparations. La crise mondiale provoquant l'arrêt des crédits anglo-saxons (qui avaient permis à la France de recevoir environ 20 milliards de francs), pousse en effet à mettre un point final aux paiements de l'Allemagne: sa dette est ramenée à 3 milliards de marks, payables après un moratoire de trois ans; elle obtient de plus le droit de se réarmer.

Les radicaux et les « affaires » (1932-1934)

De décembre 1932 à février 1934 vont se succéder cinq ministères à dominante radicale: celui de Joseph Paul-Boncour (18 décembre 1932-28 janvier 1933), qui avait fondé l'Union socialiste républicaine en 1931, après avoir été avant la guerre avocat des syndicalistes; celui d'Édouard Daladier (28 janvier-24 octobre 1933), qui tente de rétablir l'équilibre budgétaire, mais va se heurter à l'hostilité quasi générale face à l'augmentation de divers impôts; celui d'Albert Sarraut (octobre-novembre 1933), qui échoue pour les mêmes raisons que ses prédécesseurs; celui de Camille Chautemps (novembre 1933-janvier 1934), qui préfère démissionner face à l'agitation d'extrême droite; celui, enfin, constitué de nouveau par Daladier le 30 janvier 1934, qui sera confronté à l'émeute du 6 février. L'agitation antiparlementaire va en effet gagner la rue, alors qu'à la Chambre les gouvernements radicaux résistent, grâce au soutien des socialistes, aux violentes attaques de l'extrême droite et du Parti communiste.

L'affaire Stavisky

Elle éclate fin décembre 1933, après les affaires Hanau et Oustric: on découvre une nouvelle escroquerie effectuée par Alexandre

Stavisky, juif d'origine russe, déjà impliqué dans des affaires louches. Il s'agit cette fois de faux bons de caisse, prétendument émis par le Crédit municipal de Bayonne, et permettant à Stavisky de détourner environ 200 millions de francs. Sont également impliqués le député-maire de la ville, le ministre des Colonies, Dalimier, qui avait recommandé l'achat de ces bons, le conseiller Prince, chargé des affaires financières au ministère de la Justice (il sera retrouvé mort le 20 février 1934 sur la voie ferrée Paris-Dijon), et le procureur de la République Pressard, beau-frère du président du Conseil, Camille Chautemps. L'affaire rebondit quand Stavisky, qui avait pris la fuite, est retrouvé mort dans un chalet de montagne, le 9 janvier 1934, officiellement « suicidé ». Pour la gauche, il s'agit d'un assassinat, destiné à couvrir le conseiller Prince et à masquer les rapports entre Stavisky et le préfet de police Chiappe, favorable à l'extrême droite. Celle-ci, dans une violente campagne antiparlementaire et antiradicale, accuse Chautemps et le gouvernement de corruption, de compromission avec la « juiverie cosmopolite » et la franc-maçonnerie, et d'être responsable de la décadence française et de l'incurie du pouvoir politique.

Le 6 février 1934

Deux nouveaux éléments vont mettre le feu aux poudres : d'une part, l'implication du garde des Sceaux Raynaldy dans un nouveau scandale (l'affaire Sacazan), le contraignant à démissionner et entraînant la chute du gouvernement Chautemps le 27 janvier ; d'autre part, la décision de Daladier, nouveau président du Conseil, de déplacer le préfet de police de Paris, Jean Chiappe, que les socialistes accusent de complaisance pour les manifestants d'extrême droite, et d'intolérance à l'égard de ceux de gauche. Les ligues antiparlementaires se déchaînent et appellent à une nouvelle manifestation, le 6 février, devant le Palais-Bourbon. Ce n'est pas la première du genre : déjà le 7 janvier, l'Action française a manifesté devant la Chambre des députés aux cris de «À bas les voleurs!»; le 10, ce fut le tour des Camelots du roi; puis, durant la seconde quinzaine de janvier, les manifestations étaient devenues quasi quotidiennes, place de la Concorde, boulevard Saint-Germain ou sur les Grands Boulevards. Mais celle du 6 février reçoit l'appui des conseillers municipaux de Paris, proches des ligues, des ministres de droite que Daladier avait appelés dans son gouvernement pour en élargir la légitimité, mais qui démissionnent pour se solidariser avec Chiappe, et de l'Union nationale des anciens combattants. Parallèlement, le Parti communiste décide également de manifester contre le «régime du profit et du scandale», et pour demander des sanctions contre Chiappe. Aussi, le 6 février au soir, alors que Daladier, grâce au vote des socialistes, obtient la confiance de la Chambre des députés, les manifestants se massent place de la Concorde et se heurtent aux forces de l'ordre qui tiennent le pont: des projectiles sont lancés sur les policiers et les gardes mobiles, des ligueurs tailladent les jambes des chevaux de ces derniers avec des lames de rasoir, des coups de feu éclatent. L'émeute fera une vingtaine de morts et environ deux mille blessés. Les choses auraient encore été plus graves si le colonel de La Rocque n'avait finalement donné l'ordre à ses Croix-de-Feu de ne pas engager le combat du côté du boulevard Saint-Germain moins bien protégé par la police.

Le ministère Doumergue (févr.-nov. 1934)

Le lendemain, l'ensemble de la presse attaque le «gouvernement d'assassins»; la justice et la police renâclent à appliquer des mesures répressives, et de nombreux députés et ministres radicaux lâchent Daladier. Celui-ci, qui ne veut ni faire appel à l'armée ni gouverner avec les seuls socialistes, démissionne dans la journée. Il est remplacé par l'ancien président de la République, Gaston Doumergue, avec à ses côtés André Tardieu, garant du retour de

la droite au pouvoir. Aussi, malgré de nouveaux incidents épars, le 7 février au soir, faisant encore des morts et des blessés, les ligues et la presse changent-elles d'attitude et le calme revient-il vite.
Le retour rapide au calme, après les émeutes des 6 et 7 février 1934, montre que ces événements n'entrent pas dans une stratégie de coup d'État fasciste, comme en Italie ou en Allemagne; ils sont plutôt le reflet d'un mécontentement général provoqué par les conséquences de la crise, par l'indignation face à la spéculation financière et l'affairisme des gouvernements, exploité certes par des organisations proches de la pensée fasciste, mais très divisées et sans véritable assise populaire.
Mais le gouvernement Doumergue va bientôt devoir faire face à d'autres difficultés:
– la mobilisation de la gauche, qui organise une grève générale le 12 février pour protester contre l'agitation d'extrême droite, prolongée par la création d'un Comité de vigilance des intellectuels antifascistes (3 mars), et par la conclusion d'un pacte d'unité d'action entre le Parti socialiste et le Parti communiste (27 juillet);
– l'hostilité provoquée par les décrets-lois qui l'autorisent à mener une politique économique déflationniste, marquée par une réduction des salaires des fonctionnaires et des pensions (pour suivre la baisse des prix) et une augmentation des impôts, afin de réduire le déficit budgétaire; mais l'objectif recherché ne sera pas atteint, et la crise économique ne sera pas résorbée pour autant;
– l'opposition à son projet de réforme des institutions, prévoyant le renforcement des compétences du président de la République (lui permettant de dissoudre la Chambre des députés sans avis conforme du Sénat), et la suppression de l'initiative des députés en matière de dépenses publiques; la gauche et les radicaux, dont les ministres démissionnent le 6 novembre, dénoncent alors ces manœuvres jugées anti-démocratiques, et Doumergue se démet de ses fonctions le 8 novembre.

Gouverner au centre (nov. 1934-mai 1936)

C'est Pierre-Étienne Flandin, hostile à la gauche comme à l'extrême droite, qui devient président du Conseil le 8 novembre 1934. Il est confronté au développement de la crise en France, qui se matérialise par la baisse des prix et des revenus, et qu'il explique par la surproduction, en particulier de produits alimentaires. Flandin propose ainsi de limiter la production pour soutenir les cours; mais cela provoque de vives oppositions et dégrade la position concurrentielle de la France, confrontée à la forte réduction des prix mondiaux et aux dévaluations britanniques et américaines. En conséquence, le déficit extérieur français se creuse, l'or se retire, le franc est attaqué. Flandin demande alors l'autorisation de gouverner par décrets-lois, mais le Parlement lui refuse la confiance : il est renversé le 31 mai 1935.

Après un éphémère gouvernement présidé par Fernand Bouisson (et comprenant Caillaux et Pétain), Pierre Laval revient au pouvoir le 7 juin 1935. Il obtient, lui, le droit de recourir aux décrets-lois, et va, par leur intermédiaire, prendre le contre-pied de la politique économique pratiquée par Flandin : il impose la réduction de 10 % des dépenses publiques (y compris des traitements des fonctionnaires), des loyers, de l'intérêt des dettes, réduit le prix de l'électricité, du gaz et du charbon, et invite le secteur privé à faire de même; il procède en outre à des augmentations sélectives d'impôts, afin de faire partager par tous les sacrifices. Il s'agit d'une politique déflationniste cohérente, allant plus loin que celle de Gaston Doumergue, et visant à rétablir l'équilibre budgétaire et extérieur (grâce à des prix français plus compétitifs) et à rétablir la confiance dans le franc. Or on tend alors à l'étranger à relancer l'activité par la dévaluation et le déficit public, qui entraînent une reprise que ne connaît pas la France, où le chômage se développe.

Laval est ainsi attaqué par la gauche et les radicaux, alors que sa politique extérieure de rapprochement avec l'Union soviétique provoque l'hostilité de la droite, et que de graves incidents éclatent dans le pays (comme à Limoges entre Croix-de-Feu et militants de gauche). En janvier 1936, la pression de la gauche devient encore plus forte : elle obtient du Parlement la dissolution des ligues paramilitaires alors qu'est publié, le 12, le programme de Rassemblement populaire ; puis Herriot et les radicaux quittent le gouvernement et Laval démissionne le 22 janvier.

Albert Sarraut accepte alors de former un gouvernement centriste de « concentration républicaine » (comprenant notamment Mandel, Flandin, Chautemps et de nombreux radicaux), qui se contente de gérer les affaires courantes en attendant les élections législatives d'avril ; il sera incapable de réagir en mars à l'occupation par l'Allemagne de la rive gauche du Rhin.

La politique extérieure

Après l'échec des conférences de 1932, la France cherche à reconstituer une alliance contre l'Allemagne. Ainsi, après la signature par Édouard Herriot d'un pacte de non-agression avec l'Union soviétique en novembre 1932, Pierre Laval va-t-il à Moscou conclure un pacte d'assistance mutuelle (mai 1935).

Par ailleurs, Louis Barthou tente un rapprochement avec l'Italie et la Pologne. Mais celle-ci signe un pacte avec l'Allemagne (janvier 1934) et Barthou lui-même est assassiné en même temps que le roi de Yougoslavie par des séparatistes croates soutenus par Mussolini. Pourtant, en janvier 1935, Laval négocie à Rome un accord de concertation en cas de menace sur l'intégrité autrichienne, et, en avril 1935, la France, l'Italie et la Grande-Bretagne s'entendent à Stresa pour réaffirmer leur fidélité au pacte de Locarno, qui garantit les frontières européennes.

Le Front populaire

Après la victoire électorale de la gauche, la mobilisation populaire obtient du pouvoir politique et du patronat une série de mesures sociales « historiques ».

Après le 6 février 1934, la gauche française, de la base au sommet des appareils politiques, prend conscience que le fascisme n'est pas nécessairement « pour les autres » et que les mouvements d'extrême droite constituent un réel danger pour la démocratie politique et économique.

Les 9 et 12 février 1934

Dès le 9 février, le Parti communiste (dont un certain nombre de militants de l'ARAC, Association républicaine des anciens combattants, s'étaient retrouvés dans la rue trois jours plus tôt au côté des ligueurs pour vilipender les « pourris » du Parlement) appelle à manifester « contre le fascisme et les fusilleurs ». Mais ils ne seront pas seuls, pour affronter la police dans de violents combats qui feront plusieurs morts et de nombreux blessés : de jeunes socialistes et anarchistes se retrouvent à leurs côtés, réalisant sur le terrain le premier pas vers le « Front commun contre le fascisme » que réclamait depuis l'arrivée d'Hitler au pouvoir le député radical Gaston Bergery. Puis, le 12 février, la CGT organise une grève générale, à laquelle se joint la CGTU, procommuniste, alors que la SFIO invite à défiler, et que le Parti communiste se joint à la manifestation.

Le revirement du Parti communiste

Les efforts unitaires d'intellectuels pacifistes proches du PC, comme Romain Rolland ou Henri Barbusse, qui avaient créé dès 1932 un comité « Amsterdam-Pleyel » pour dénoncer le danger hitlérien, mais qui étaient restés très isolés, vont finir par être couronnés de succès : brutalement, en juin 1934, le Parti communiste rompt avec sa stratégie « classe contre classe », qui faisait de la SFIO le parti des « sociaux-traîtres » ou des « sociaux-fascistes » et l'ennemi prioritaire des classes populaires. Fin juin, Maurice Thorez appelle en effet à l'unité d'action avec les socialistes, et les deux formations concluent le 27 juillet un pacte par lequel elles s'engagent à éviter de se critiquer ouvertement, à lutter conjointement contre le fascisme, la menace de guerre et les décrets-lois préparés par le gouvernement Doumergue. Puis, en octobre, le PC va encore plus loin en proposant un vaste rassemblement populaire réalisant « l'alliance des classes moyennes et de la classe ouvrière », ce qui signifie politiquement un rapprochement avec le Parti radical.

La rapidité de cette volte-face du PC s'explique peut-être par le changement d'analyse des dirigeants de l'Union soviétique, qui se rendent compte du danger qu'aurait fait courir à leur pays l'extension de régimes fascistes en Europe. Mais elle provient aussi des sentiments unitaires de la base, du profond désir de certains dirigeants d'éviter une évolution « à l'allemande », provoquée en partie par les divisions de la gauche, et du déclin que connaît le Parti communiste depuis plusieurs années : le nombre de ses adhérents est passé de près de 120 000 en 1921 à environ 40 000 en 1933 et celui de ses électeurs d'environ un million en 1928 à moins de 800 000 en 1932.

Quoi qu'il en soit, la réintégration du Parti communiste dans la vie politique française se confirme en 1935. Après la signature à Moscou du pacte d'assistance franco-soviétique le 2 mai, une manifestation unitaire a lieu le 14 juillet: elle rassemble une foule innombrable répondant aux appels de la SFIO, du Parti communiste, du Parti radical, de la CGT, de la CGTU, mais aussi d'une multitude d'organisations, tels le Comité de vigilance des intellectuels antifascistes, la Ligue des droits de l'homme, le Front social, l'ARAC (anciens combattants proches des communistes), etc.

L'union réalisée

Puis le 10 janvier 1936 est publié le programme du « Rassemblement populaire », suffisamment vague et ambigu pour ne heurter aucun signataire: on s'entend sur le principe de la défense des libertés, des droits syndicaux, de la laïcité, et sur la dissolution des ligues; mais, sur le plan économique, on ne prévoit guère que la nationalisation des industries d'armement, la transformation du statut de la Banque de France pour la soustraire à l'influence des « 200 familles », et une série de mesures conjoncturelles de relance: grands travaux, fonds de chômage, retraite des vieux travailleurs, réduction du temps de travail sans baisse de salaire, création d'un Office des céréales pour stabiliser les prix... Tout cela n'a rien de révolutionnaire, et a pour objet de permettre des désistements au second tour, après que chaque parti ait affronté le premier avec son propre programme. Les slogans « le pain, la paix, la liberté » ou « ni déflation, ni dévaluation » laissent en suspens les solutions à apporter pour sortir de la crise.
Le dernier acte du rapprochement est scellé en mars 1936, avec la réunification syndicale: la CGT et la CGTU reconstituent une CGT unique au congrès de Toulouse, qui réaffirme le principe de l'indépendance syndicale prévue par la charte d'Amiens de 1906, et interdit l'organisation en tendances. Les conditions sont désormais réunies pour la victoire électorale de la gauche.

La victoire électorale

Les 26 avril et 3 mai 1936, la France vote. Au premier tour, le nombre d'élus est relativement faible : 174 sièges sur 618 sont pourvus. Mais la gauche obtient déjà une victoire au nombre de voix, avec 5,4 millions contre 4,2 à la droite. Par rapport à 1932, celle-ci ne perd que 70 000 voix, mais la gauche en gagne 300 000 ; c'est surtout le Parti communiste qui progresse (puisqu'il reçoit 1,5 million de suffrages contre 780 000 en 1932), alors que la SFIO et les petits partis socialistes en obtiennent près de 2 millions (mais la SFIO, avec 1 950 000 de voix, en perd 30 000) ; le Parti radical perd environ 360 000 voix (1 955 000 contre 2 315 000 en 1932). Au second tour, les accords de désistement sont respectés et le report des voix de gauche s'effectue parfaitement : la gauche a finalement 376 élus : 147 SFIO, 106 radicaux, 72 communistes, 51 divers gauche (USR, radicaux indépendants, communistes dissidents...) ; la droite n'en a que 222.

Mais socialistes et communistes n'ont pas la majorité absolue : le groupe radical détient la clé du jeu politique. S'il se solidarise avec les partis « marxistes », la France peut être « gouvernée à gauche » ; s'il s'en éloigne, la Chambre de Front populaire peut basculer à droite ; les deux cas de figure vont de fait se rencontrer.

La pression populaire

Dès le 11 mai 1936 éclate dans le pays un mouvement de grèves qui va connaître une extension considérable. Parti des usines d'aviation (Breguet au Havre, Latécoère à Toulouse, Bloch, futur Dassault, à Courbevoie), il gagne rapidement tout le pays et tous les secteurs, et prend ainsi l'aspect d'une grève générale à laquelle participent près de 2 millions de salariés (sauf ceux des services publics). Bien que de petites organisations d'extrême gauche aient pu pousser à leur déclenchement, ces grèves sont généralement spontanées, car aucun mot d'ordre n'est lancé de la part des grandes centrales syndicales. Il s'agit en fait d'un mouvement qui exprime à la fois le désir de « fêter » la victoire du Front populaire, d'obtenir des mesures concrètes permettant de sortir de la crise économique, d'en finir avec la politique déflationniste mise en œuvre par les précédents pouvoirs, et d'imposer un véritable gouvernement de gauche, afin de ne pas connaître de nouveau la frustration qui a suivi la victoire électorale de la gauche en 1932.

Bien que les usines soient souvent occupées, aucun incident grave ne se produit, les ouvriers prenant soin de leur outil de travail et organisant leur vie à l'intérieur des entreprises.

Le président Albert Lebrun va alors confier le 4 juin la responsabilité des affaires à Léon Blum, qui remplace enfin Albert Sarraut. Le 5 juin, le nouveau gouvernement est formé et obtient le lendemain la confiance des députés (avec 384 voix contre 210). Il comprend pour la première fois trois femmes. Quant aux communistes, pour ne pas effrayer les classes moyennes, ils ne participent pas à ce gouvernement.

Les accords Matignon et les lois de l'été 1936

Léon Blum convoque immédiatement une réunion tripartite, avec les représentants des syndicats, du patronat et du gouvernement. Dans la nuit du 7 au 8 juin sont signés les célèbres accords Matignon : ils prévoient des augmentations de salaires allant de 7 à 15 %, le développement des conventions collectives par branches d'activité, la reconnaissance de l'exercice du droit syndical, l'élection des délégués du personnel, avec comme contrepartie l'arrêt des grèves. À Marceau Pivert, le leader de l'aile gauche de la SFIO, qui avait déclaré en avril que « tout est possible », Maurice Thorez répond le 11 juin qu'« il faut savoir terminer une grève » et appelle à la reprise du travail. Elle ne se produit que progressivement, mais tout sera « rentré dans l'ordre » début juillet.

Entre-temps ont été votées les 20 et 22 juin les lois sur les congés payés (deux semaines par an) et sur la réduction à 40 heures de la durée hebdomadaire du travail, qui constituent une vraie révolution dans les conditions de vie des travailleurs, et dont on espère une baisse du chômage. Puis, le 2 juillet, l'âge de la scolarité obligatoire est porté à 14 ans ; le 21 juillet est votée une première tranche de « grands travaux » (un milliard de francs durant le reste de l'année) ; le 24 juillet est décidée la réforme de la Banque de France, donnant le droit de vote aux 40 000 actionnaires et créant un conseil général de 20 membres avec une majorité nommée par le gouvernement ; le 11 août, la loi permettant la nationalisation des industries de guerre est adoptée, et, le 15 août, l'Office national interprofessionnel du blé est créé, afin de fixer annuellement le prix du blé et de permettre l'achat par des coopératives départementales de l'excédent éventuel. Autre innovation notable, la création d'un sous-secrétariat aux Sports et aux Loisirs dirigé par Léo Lagrange qui vise à favoriser l'essor du sport populaire et les départs en vacances (instaurations des billets « congés payés »).

Le printemps et l'été 1936 auront laissé au patronat et à la droite le souvenir de la « plus grande peur de leur histoire » et alimenteront les rancœurs contre la gauche jusqu'en 1944. Ces quelques mois auront certes apporté aux salariés des avancées historiques sur le plan du droit du travail, mais le retour rapide du centre droit au pouvoir donnera bien des regrets à ceux qui avaient espéré que la victoire électorale et ce mouvement populaire sans précédent permettraient de « changer la vie ».

Du Front populaire à la guerre

Dès l'automne 1936, le gouvernement Blum connaît des difficultés qu'il ne saura surmonter ; il laisse le pouvoir à un centre droit hésitant et inefficace face au péril extérieur.

La première difficulté que rencontre le gouvernement de Front populaire est la violente campagne que mène l'extrême droite, et qui prend des dimensions d'attaques personnelles antisémites et de calomnies haineuses.

Les attaques de la droite

Alors que les ligues, dissoutes en juin 1936, se transforment en partis politiques (les Croix-de-Feu deviennent le Parti social français ; Jacques Doriot, ancien communiste, crée le Parti populaire français, fascisant), la presse d'extrême droite se déchaîne dès l'arrivée de Léon Blum au pouvoir. Tandis que Xavier Vallat s'indigne à l'Assemblée que la France soit « gouvernée par un juif », Charles Maurras écrit dans *l'Action française* que « le cabinet Blum pose la question nationale », et dans ce même journal Léon Daudet fulmine contre Blum « le gentle youtre », « l'hébreu radiophonique », et contre le « cabinet crétins-talmud » ; Henri Béraud dénonce dans *Gringoire* la France-dépotoir accueillant une « tourbe de plus en plus fétide », aux « tristes puanteurs slaves », qui charrie « la semence d'Abraham » ; le 25 décembre 1936, il publie un article dressant la liste de tous les juifs membres du gouvernement ou des cabinets ministériels, qui composent la « tribu » de Léon Blum.

Si celui-ci est une cible privilégiée, Jean Zay (ministre de l'Éducation nationale) est dénoncé pour avoir écrit à l'âge de 20 ans un texte insultant le drapeau national, Pierre Cot (ministre de l'Air) est accusé de « dévergondage cérébral » et d'avoir voulu livrer aux Russes le secret du « canon de 23 », et surtout Roger Salengro (ministre de l'Intérieur) est attaqué pour avoir « déserté » en 1915. Bien que lavé de ces accusations, Salengro se suicide le 17 novembre 1936.

La guerre d'Espagne

En juillet 1936, le général Franco prend la tête d'un pronunciamiento militaire en Espagne, soutenu par la droite, la hiérarchie catholique et les classes privilégiées. La résistance républicaine s'organise, animée par les communistes, les socialistes et les anarchistes. Cette guerre suscite en France de violentes polémiques entre ceux qui souhaitent une aide active aux républicains, ceux qui la refusent par peur d'une généralisation du conflit (ce sera l'attitude du gouvernement de Front populaire) et ceux qui dénoncent « l'agression communiste ». Grâce aux aides allemande et italienne, les nationalistes franquistes finissent, en 1939, par écraser les républicains renforcés par les Brigades internationales.

Les difficultés économiques

La logique de la politique économique suivie par le gouvernement Léon Blum est claire et conforme au programme adopté par la SFIO (bien qu'elle soit imposée par les travailleurs en grève) : face à une crise de sous-consommation, il faut augmenter les salaires et dans le même temps accroître les dépenses publiques pour créer un surcroît de demande qui relance à la fois l'activité et l'emploi. Cependant, dès le mois de juin l'inquiétude des milieux financiers se traduit par une fuite des capitaux (Léon Blum se refusant à instaurer le contrôle des changes) : la couverture métallique de la monnaie tombe à 50 % en septembre, et les achats de bons du Trésor sont insuffisants. De plus, la hausse des prix intérieurs, qui se produit malgré une reprise de la production, gêne les exportateurs français : le déficit des échanges extérieurs atteint 600 millions de francs en août et 700 millions en septembre. Aussi, pour lutter contre la sortie des capitaux et pour relancer les exportations, Léon Blum et son ministre des Finances, Vincent Auriol, décident-ils de dévaluer le franc le 27 septembre 1936 (alors qu'ils déclaraient deux mois plus tôt que tout danger de dévaluation était écarté). Le franc Auriol (défini par un poids d'or pouvant fluctuer entre 42 et 49 mg) se substitue au franc Poincaré de 1928 (un franc valant alors 65,5 mg d'or), ce qui représente une dévaluation comprise entre 25 et 35 %. L'Action française accueille cette mesure par un slogan déjà utilisé en 1934, « À bas les voleurs ! », alors que dans *l'Humanité* Jacques Duclos condamne la dévaluation, considérant que « ce sont les riches qui doivent payer ! », et que la solution consiste en une réforme de la fiscalité permettant d'accroître les ressources de l'État.

De fait, la dévaluation ne parvient pas à résoudre les problèmes : le déficit extérieur atteint un milliard de francs en novembre 1936 et deux milliards en février 1937 ; la production intérieure s'essouffle à l'automne ; l'indice des prix des 34 articles passe de 451 en avril 1936 à 580 en avril 1937, ce qui provoque un tassement du pouvoir d'achat des salariés (le salaire réel passant de 100 en avril 1936 à 93 en mars 1937) ; de plus, les chefs d'entreprise et les milieux d'affaires refusent la nouvelle négociation nationale envisagée en novembre par le gouvernement afin de trouver une solution à l'agitation sociale qui reprend alors. Refusant de remettre en cause le libéralisme économique, mais dépassant en même temps les limites acceptables aux yeux du patronat et des forces conservatrices, le gouvernement Léon Blum n'est désormais plus qu'un ministère en sursis quand il fait voter le 31 décembre 1936 la loi sur l'« arbitrage obligatoire » pour régler les conflits du travail.

De « la pause » au départ de Léon Blum

Puis, le 13 février 1937, Léon Blum affirme la nécessité d'une « pause », et fait adopter le 5 mars une série de mesures destinées à rassurer les détenteurs de capitaux : rétablissement du marché libre de l'or, création d'un comité de stabilisation des changes, réduction de 6 milliards des dépenses publiques, lancement d'un emprunt de défense nationale (qui rapportera 8 milliards de francs en quelques jours). Si les milieux financiers sont satisfaits, les socialistes le sont moins, et les communistes accusent le gouvernement de « capituler devant les trusts » et le « mur d'argent ».
Quelques jours plus tard, une réunion du Parti social français à Clichy, qui provoque une contre-manifestation de militants communistes et socialistes, tourne à l'affrontement avec la police : elle fait cinq morts et de nombreux blessés, et achève d'éloigner le gouvernement de son soutien populaire, tout en inquiétant de nouveau la droite et les modérés. Le 18 mars, la CGT appelle à une grève générale. La panique financière reprend, l'activité se ralentit et le chômage partiel augmente. Le Parti radical se montre de plus en plus critique à l'égard du gouvernement, et Édouard Daladier lui-même, pourtant vice-président du Conseil, propose le 6 juin un programme de remplacement pour relancer la production dans l'ordre.
Face à cette situation inextricable, Léon Blum et Vincent Auriol déposent le 15 juin un projet de loi accordant au gouvernement les pleins pouvoirs en matière financière afin de « briser l'offensive habilement préparée depuis des semaines [...] contre l'épargne, la monnaie et le crédit ». La Chambre des députés vote la confiance,

mais le Sénat s'y oppose le 20 juin. Le lendemain, 21 juin 1937, Léon Blum démissionne.

Les cabinets Chautemps (juin 1937-mars 1938)

La majorité de la Chambre restant de gauche, et les radicaux n'ayant pas dénoncé explicitement le « rassemblement populaire », Albert Lebrun appelle à la présidence du Conseil le radical Camille Chautemps, au pouvoir du temps de l'affaire Stavisky. Le Front populaire existe donc toujours en théorie : Léon Blum est vice-président du Conseil, et plusieurs ministres socialistes font partie du gouvernement, dont le ministre de l'Intérieur Marx Dormoy. Après la dissolution des ligues en 1936, s'est constitué un « comité secret d'action révolutionnaire » clandestin (CSAR) appelé la Cagoule par ses adversaires. Il commet plusieurs assassinats (dont ceux des frères Rosselli, antifascistes italiens en exil), et des attentats (contre les sièges de la Confédération générale du patronat français et de l'Union nationale interprofessionnelle) en essayant de les faire attribuer au Parti communiste, selon les méthodes nazies. Mais cette organisation est démantelée par Marx Dormoy, fin 1937.

Toutefois l'opposition ne cesse de grandir entre les socialistes, soucieux de ménager les syndicats, et les radicaux (dont le ministre des Finances Georges Bonnet), qui désirent normaliser la situation économique et sociale.

Face à la poursuite des grèves et manifestations souvent violentes et après que le gouvernement a pris le 21 décembre 1937 deux décrets limitant l'application des 40 heures, Chautemps « rend la liberté » au Parti communiste, qui réclame au contraire l'application du programme de 1936 (13 janvier 1938). Les ministres SFIO se retirent alors, et Chautemps forme un nouveau gouvernement, composé essentiellement de radicaux et de quelques socialistes

indépendants (tels Ramadier et Frossard) ; il obtient toutefois un vote de confiance de la part des députés socialistes et communistes, qui ne veulent pas prendre l'initiative d'une rupture définitive avec les radicaux.
Mais la situation économique s'est dégradée depuis un an : le déficit des échanges extérieurs atteint 4 milliards de francs fin 1937, la spéculation contre le franc et les sorties d'or se poursuivent, le déficit budgétaire se creuse ; cela pousse Georges Bonnet à réduire les dépenses publiques, à augmenter les impôts et les tarifs publics au grand dam de la gauche. Le 9 mars 1938, alors que le franc tend à s'effondrer (la livre sterling valant alors plus de 150 francs), le gouvernement Chautemps annonce son intention de demander à la Chambre les pleins pouvoirs en matière économique pour appliquer une politique d'austérité : les députés socialistes prévenant qu'ils ne soutiendront pas cette initiative et ne voteront pas la confiance, Camille Chautemps décide alors de démissionner. Avant qu'un nouveau gouvernement ne soit formé, les troupes allemandes envahissent l'Autriche (12 mars 1938), désormais unie à l'Allemagne (Anschluss).

Le retour de Léon Blum (mars-avr. 1938)

Devant la menace extérieure, Léon Blum propose le 12 mars de constituer un gouvernement de très large union nationale, mais se heurte à l'hostilité résolue de l'opposition parlementaire des partis de droite qui refusent toute participation à un cabinet comprenant des ministres socialistes. Blum en revient pourtant à la formule et au programme du Front populaire. Alors qu'éclatent grèves et manifestations, il demande les pleins pouvoirs pour appliquer une politique de relance : accroissement de la masse monétaire, impôt sur le capital (jusqu'à 17 %), contrôle des opérations de Bourse et contrôle des changes, ce qui va plus loin que les mesures de juin

1936, alors que le Parti radical est à la limite de la rupture. Il vote cependant les pleins pouvoirs, sachant que le Sénat s'y opposera. Le 7 avril, effectivement, le Sénat refuse même de discuter le projet, à l'instigation de Joseph Caillaux qui anime les attaques contre le gouvernement. Léon Blum démissionne une seconde fois, mettant ainsi un terme à l'expérience de gauche.

Le nouveau ministère Daladier

Le 12 avril 1938, Édouard Daladier forme un gouvernement de « concentration », ne comprenant plus de socialistes, et orienté au centre droit, avec l'entrée de « modérés » (tels que Paul Reynaud ou Georges Mandel) ; il obtient toutefois un vote de confiance quasi unanime de la part des députés. Pour le nouveau président du Conseil, il s'agit de rétablir la situation financière et de « remettre la France au travail », pour permettre en particulier le réarmement du pays. C'est ainsi qu'il décide le 5 mai une nouvelle dévaluation qui officialise la perte de valeur du franc, rétablit la capacité concurrentielle des produits français et favorise le retour des capitaux.
Hitler réclamant l'annexion de la province tchèque des Sudètes, à forte population allemande, une conférence internationale se tient à Munich la nuit du 29 au 30 septembre 1938 pour tenter de régler le problème. Elle réunit Hitler, Mussolini, Chamberlain et Daladier, et se termine par la capitulation franco-britannique : pour sauver la paix, Français et Anglais reconnaissent les droits allemands sur les Sudètes, sans aucune contrepartie. Après la signature des accords de Munich, violemment attaqués par le Parti communiste (qui sera seul à ne pas les ratifier à l'Assemblée), les radicaux quittent le Comité national du rassemblement populaire le 12 novembre, signant ainsi l'acte de décès officiel du Front populaire ; et le 13 novembre sont décidés les « décrets Reynaud », permettant de porter

la durée du travail à 48 heures (mais prévoyant la rémunération des « heures supplémentaires »).

Pour s'opposer à cette politique économique, la gauche organise une grève générale le 30 novembre 1938. Elle n'est que partiellement suivie par les salariés et provoque une vive répression (révocations dans la fonction publique, licenciements dans le secteur privé) qui fait définitivement passer socialistes et communistes dans l'opposition : le renversement des alliances politiques est désormais devenu réalité.

En mars 1939, Daladier obtient les pleins pouvoirs grâce au vote de la droite ; puis il soutient la candidature d'Albert Lebrun, qui est réélu président de la République en avril, et fait passer en juin une modification de la loi électorale, destinée à affaiblir le Parti socialiste, par le retour au scrutin proportionnel (27 juin).

Alors que les Français règlent leurs comptes, les uns voulant liquider les séquelles du Front populaire, et les autres en maintenir les acquis, et que monte en France une vague d'antisémitisme et d'anticommunisme, Hitler annexe la Bohême et la Moravie en mars 1939, sans que les « antimunichois » (que l'on rencontre plutôt à gauche mais aussi à droite) aient de réelle solution à apporter.

Majoritairement, la France redoute la guerre, et la popularité de Daladier s'explique autant par son désir de retarder l'échéance que par ses alliances politiques et ses orientations économiques et sociales. Le nouveau coup de force hitlérien, le 1er septembre 1939 (l'invasion de la Pologne), amènera pourtant Daladier à déclarer la guerre à l'Allemagne deux jours plus tard.

1919-1939

La montée des extrêmes

Tant à gauche qu'à droite, l'entre-deux-guerres voit la montée en puissance des forces extrêmes.

La Première Guerre mondiale et la révolution russe provoquent une scission entre partisans et adversaires de l'adhésion à l'Internationale communiste. Cette scission politique entre socialistes et communistes entraîne une scission syndicale qui affaiblit le syndicalisme français. De plus, la France connaît, avant même l'Italie et l'Allemagne, un courant de pensée alliant le nationalisme et l'antisémitisme, et condamnant à la fois la démocratie, le capitalisme et le socialisme.

L'éclatement du mouvement socialiste

Le déclenchement du premier conflit mondial a entraîné le ralliement des socialistes à l'effort de guerre et leur participation à des gouvernements d'« union sacrée ».

Les conséquences de la guerre sur le mouvement socialiste

Albert Thomas, secrétaire d'État aux Armements en avril 1915, contribue activement à la réorganisation d'une économie tournée vers la guerre et désorganisée par le départ massif des ouvriers vers le front. Mais il s'oppose à Millerand, qui affirme qu'« il n'y a plus de droit ouvrier, plus de lois sociales : il n'y a plus que la guerre ». Son action conciliatrice comme son rappel d'un certain nombre de techniciens et d'ouvriers qualifiés devenant « affectés spéciaux » dans les usines d'armement désamorcent en grande partie les revendications syndicales. Des grèves éclatent toutefois dès 1915, mais restent limitées, peu connues en raison de la censure et facilement dénonçables comme des sabotages antipatriotiques. De plus, l'appel à une main-d'œuvre féminine peu politisée et à la recherche d'un salaire de substitution, comme l'emploi de travailleurs provenant des colonies, n'est pas de nature à favoriser le durcissement des conflits du travail.

En définitive, c'est seulement en 1917 que la situation commence à évoluer : après les éprouvants combats de 1916 et les vaines offensives du début de 1917, les mutineries de mai-juin entraînent plusieurs dizaines de milliers de soldats dans des actes d'insubordination, où parfois l'on agite des drapeaux rouges et où l'on chante *l'Internationale.* Ces révoltes ne sont cependant pas coordonnées avec les grandes grèves qui éclatent à l'arrière. Elles expriment surtout l'épuisement des combattants et le refus spontané de participer à de nouveaux massacres. Ainsi l'arrivée de Pétain à la tête des armées, qui préconise une stratégie plus attentiste et l'arrêt des offensives manifestement inutiles, calme-t-elle les esprits, alors que la répression contre les mutins et contre les grévistes de l'arrière achève de mettre un terme à ces mouvements. On ne peut donc voir en eux le fruit d'une action concertée des milieux socialistes et pacifistes.

Ceux-ci commencent cependant à étendre leur audience, en raison de la longueur du conflit, des dures conditions de travail dans les usines, de la baisse du pouvoir d'achat et des événements de février en Russie. Aussi le conseil national de la SFIO décide-t-il en mai 1917 d'envoyer des représentants à la conférence internationale des socialistes qui doit se tenir à Stockholm (ils avaient en revanche refusé de participer à la conférence de Zimmerwald, en septembre 1915, où seuls s'étaient rendus quelques syndicalistes minoritaires, tels Merrheim et Bourderon). Mais le gouvernement refuse de leur délivrer des passeports, ce qui contribue à amener la rupture de l'union sacrée : les socialistes décident de ne plus participer au gouvernement, la position des minoritaires réclamant une paix sans conquêtes ni indemnités se renforce ; mais la majorité continue à soutenir l'effort de guerre, tout en défendant le droit syndical et en luttant contre la censure.

Il faudra attendre la fin de la guerre pour que la SFIO retrouve son « identité socialiste », en votant, lors de son XVe congrès d'octobre 1918, un texte présenté par la minorité : il précisait que « c'est l'Internationale socialiste seule qui peut préparer la paix durable des peuples, en abolissant la mainmise de la grande finance et de la grande industrie sur les affaires publiques, et en tuant les haines savamment entretenues par les dirigeants entre les groupements humains ». D'autres motions rappellent l'urgence de la socialisation des moyens de production et d'échange, constituant le premier acte de la transformation sociale.

Vers la scission (1919-1920)

La paix revenue, la SFIO est déchirée par le problème de l'attitude à adopter à l'égard de la Russie bolchevique. Alors qu'une nouvelle majorité qui lui est favorable se dégage au sein de la SFIO, la minorité vote une motion condamnant la forme prise par la « dictature du prolétariat » pratiquée en Russie, cela à l'occasion d'une réunion des partis socialistes européens, tenue à Berne en février 1919. Puis le congrès de la SFIO, qui a lieu en avril 1919, est celui du durcissement doctrinal : s'il est décidé le maintien provisoire au sein de la IIe Internationale (socialiste), la réalité de la lutte des classes est réaffirmée et la dictature du prolétariat admise comme transition quasi inévitable. Cela conduit au refus d'alliance électorale avec les partis « bourgeois », et en particulier avec le Parti radical, avec qui

un accord de désistement était pourtant indispensable, compte tenu du mode de scrutin.
Aussi, lors des élections de novembre 1919, la SFIO, tout en obtenant 1 700 000 voix (contre 1 400 000 en 1914), n'a-t-elle que 68 députés (contre 103 en 1914). Deux attitudes sont alors possibles : celle que préconise la minorité, souhaitant conserver une stratégie parlementaire et garder ses distances à l'égard de la Russie révolutionnaire, et celle de la majorité, radicalisée par l'échec des grèves du printemps 1920, et acceptant les conditions d'adhésion à la IIIe Internationale (communiste), imposées par Zinoviev. Les premiers refusent la prépondérance de Moscou dans cette nouvelle Internationale et la soumission des syndicats aux partis politiques ; les seconds espèrent de cette adhésion une nouvelle dynamique révolutionnaire, permettant une extension de la révolution en Europe, à partir de l'exemple et avec l'appui de la Russie soviétique.
Au congrès de Tours, qui se tient du 20 au 26 décembre 1920, la scission est inévitable : les majoritaires, avec Cachin et Frossard à leur tête, quittent la SFIO pour fonder le Parti communiste français SFIC (Section française de l'Internationale communiste). Ils ont obtenu 3 247 voix contre 1 398 aux partisans de Léon Blum et de Guesde, qui restent fidèles à la tradition socialiste française.

La SFIO et le Parti communiste dans les années 1920

Après la scission, le fossé se creuse entre les socialistes, de plus en plus critiques face à l'évolution prise par la révolution russe et proposant des programmes d'action gouvernementale, et les communistes, que les difficultés internes de la Russie soviétique et les échecs des révolutionnaires allemands amènent à se replier sur eux-mêmes. Malgré leur déception, ceux qui avaient fondé le Parti communiste dans l'espoir de l'imminence d'une révolution européenne adoptent une nouvelle attitude: il s'agit de construire un parti bastion, refusant toute concession doctrinale et toute compromission politique, y compris avec le Parti socialiste, en attendant que se produise une hypothétique situation révolutionnaire. De ce point de vue, la représentation parlementaire est secondaire, l'important étant la constitution d'un «front unique prolétarien», de combattre les «sociaux-traîtres» et l'idéologie «petite-bourgeoise». C'est ainsi que Frossard, partisan de la reconstitution d'un grand parti de gauche, quitte en 1923 le secrétariat général du Parti communiste, puis le parti lui-même, étant remplacé par Albert Treint, qui poursuit la «bolchevisation» du Parti communiste.

Pendant ce temps la SFIO, qui doit faire face aux attaques incessantes du PCF, s'est rapprochée électoralement des radicaux, ce qui permet les victoires électorales de 1924 et 1932. Mais, sur le plan doctrinal, la SFIO rappelle dans son programme d'action de 1928 qu'elle est un «parti de classe» dont l'objectif ultime est une révolution sociale «substituant le régime collectiviste de la production, de l'échange et de la consommation au régime actuel fondé sur la propriété capitaliste». De même, Léon Blum précise en 1931 que «la démocratie ne sera réalisée qu'après que la révolution sociale aura effacé les privilèges héréditaires de la propriété et les servitudes héréditaires du travail».

Les divergences entre les deux partis ne portent donc pas sur les objectifs explicites qu'ils se donnent, mais sur les moyens à mettre en œuvre pour les atteindre: le Parti communiste, tout en défendant les «avantages acquis» comme la journée de huit heures et le pouvoir d'achat ouvrier, n'attend de salut que de la dictature du prolétariat; en revanche, les socialistes cherchent à développer la production nationale, acceptent la concentration du capital devant favoriser la collectivisation des moyens de production, veulent développer la tradition démocratique au sein d'une organisation plus

poussée de la classe ouvrière, et proposent des mesures immédiates pour améliorer la situation économique et les conditions de vie des salariés : hausse de salaires permettant en même temps d'augmenter la demande intérieure et donc l'activité, développement de la législation sociale et de l'éducation, impôt sur le capital, lutte contre la fraude fiscale, réduction des dépenses militaires, création de monopoles d'État et d'un office des céréales, etc.
Ainsi, alors que le Parti communiste entretient le mythe du « grand soir » et un purisme doctrinal au prix d'un isolement stérile, la SFIO se « compromet » avec le centre et dans le jeu parlementaire, mais fait progresser dans le pays l'idée que des améliorations sensibles du sort des moins favorisés sont possibles sans « apocalypse » sociale.

Les résultats électoraux du Parti communiste

Lors des élections de 1924, les communistes, qui obtiennent environ 900 000 voix, combattent autant le Cartel des gauches que le Bloc national ; il en est de même en 1928, où ils obtiennent plus d'un million de suffrages, mais appliquent la directive « classe contre classe » imposée par la IIIe Internationale. En refusant de reporter au second tour leurs voix sur les candidats socialistes et radicaux, ils font perdre à ces derniers de nombreux sièges au profit de la droite. Mais cela contribue à marginaliser encore plus le Parti communiste : le nombre de ses élus passe de 25 en 1924 à 14 en 1928 et à 11 en 1932, et celui de ses membres se réduit de 175 000 en 1919 à 60 000 en 1928 et à 25 000 en 1932. Le coût de cette stratégie est élevé et lourd de menaces pour l'avenir.

La scission syndicale

La limitation de la durée du travail

En 1919, la conférence générale du Bureau international du travail qui se tient à Washington adopte une convention limitant à

8 heures par jour et à 48 heures par semaine la durée du travail : elle fera en France l'objet d'un projet de loi adopté en avril de la même année mais souffrant de nombreuses dérogations. Auparavant, la journée de travail n'était limitée à 10 heures que pour les enfants de moins de 16 ans, à 11 heures pour les femmes de 16 à 18 ans, cela depuis 1892.

Puis, en 1936, la chambre de Front populaire fixe à 40 heures au maximum la durée hebdomadaire du travail et institue les congés payés (deux semaines par an) pour répondre à la pression populaire mais aussi pour lutter contre le chômage. Si ces dispositions ne parviendront que bien partiellement à le résorber (la France comptant environ 465 000 chômeurs en 1936 et encore près de 400 000 en 1939), 75 % des entreprises industrielles et commerciales pratiqueront effectivement la « semaine de 40 heures » à la veille de la Seconde Guerre mondiale.

La scission de la CGT

La CGT (fondée en 1895) compte 900 000 adhérents en 1913, 1,5 million en 1919 et plus de 2 millions en 1920, après avoir obtenu en mars-avril 1919 le vote de la journée de 8 heures, et une reconnaissance juridique des conventions collectives. Jusque-là fidèle à la charte d'Amiens, qui, en 1906, avait affirmé l'autonomie syndicale face aux partis politiques, elle se divise en 1921 entre les militants des « comités syndicalistes révolutionnaires », partisans d'un rapprochement avec le nouveau Parti communiste, et ceux qui voulaient maintenir l'indépendance syndicale. En décembre, la direction de la CGT constate la scission de fait. Les « révolutionnaires », qui lui reprochent son attitude lors des grèves de 1920, quittent alors la CGT et tiennent en juin 1922 le premier congrès d'une nouvelle CGT unitaire (CGTU). La CGT se réunifiera en mars 1936, après le congrès de Toulouse.

Les forces syndicales

Au début des années 1920, le mouvement syndical est composé de trois organisations principales.

La CGT. La plus ancienne est la CGT (Confédération générale du travail) dirigée par Léon Jouhaux, discréditée aux yeux des syndicalistes les plus radicaux par son action trop molle durant la guerre (la direction a accepté le principe d'union sacrée) et les grèves de 1919-1920 : l'échec du mouvement de grèves des cheminots (février-mars 1920), marqué par des heurts très violents avec les forces de l'ordre, entraîne le départ des éléments les plus révolutionnaires et le retour à une ligne plus réformiste de la CGT. Elle reçoit cependant le renfort des instituteurs en 1924 et des syndicats de fonctionnaires en 1928 (après leur légalisation obtenue sous le gouvernement d'Édouard Herriot en 1924) ; le nombre de ses adhérents passe ainsi de 490 000 en 1921 à 580 000 en 1930 ; plus modérée que la CGTU, elle accepte le dialogue avec le patronat, et obtient en 1925 la création d'un Conseil économique auquel elle participe, soumet des propositions de réformes, défend les idées nouvelles de nationalisation et d'intérêt général, favorise l'avènement du Cartel des gauches et envoie un délégué à la Société des Nations (SDN).

La CGTU. La deuxième est la CGTU (Confédération générale du travail unitaire), qui naît en 1921 du départ de la CGT des éléments révolutionnaires, après la scission au sein de la SFIO. Il s'agit d'une part de militants communistes animés par la conception d'un syndicalisme-courroie de transmission du parti révolutionnaire, devant donc adopter une stratégie complémentaire de celle du Parti communiste afin de réussir à mettre en œuvre la dictature du prolétariat. Il s'agit aussi d'anarcho-syndicalistes déçus par le manque de fermeté de la direction de la CGT, mais attachés à la vieille charte d'Amiens qui affirmait l'indépendance syndicale. Pour eux, cette autonomie doit être préservée afin d'éviter que le mouvement syndical ne soit subordonné à la stratégie des bureaucraties politiques. Ils s'affrontent donc avec les communistes, et quittent rapidement la CGTU. Cela explique que ses membres passent d'environ 360 000 en 1922 à 260 000 en 1932.

La CFTC. Le troisième grand syndicat est la CFTC (Confédération française des travailleurs chrétiens), qui est créée en novembre 1919. Elle regroupe des syndicalistes chrétiens, peu nombreux avant 1914, mais qui bénéficient après la guerre de l'apport de travailleurs d'Alsace-Lorraine, et qui s'inspirent de l'exemple des syndicats chrétiens belges. Ne touchant avant 1914 que le milieu des employés et fortement imprégné de corporatisme, ce syndicat connaît dans les années 1920 un développement certain, mais il demeure pour l'essentiel en retrait des grandes luttes politico-syndicales et le nombre d'adhérents reste limité à environ 150 000.

L'extrême droite révolutionnaire

Le nationalisme préfasciste

Le fascisme au sens strict naît en 1919 dans l'Italie mussolinienne. Se définissant lui-même comme « réactionnaire, antiparlementaire, antidémocratique, antilibéral et antisocialiste », Mussolini est le premier à créer une organisation politique d'extrême droite structurée, à en faire un mouvement de masse et à prendre le pouvoir. Mais c'est en France, à la fin du XIXe siècle, qu'est apparue cette idéologie, dans le contexte du développement du capitalisme industriel, de l'amertume de la défaite de 1870 et de la progression parallèle du libéralisme économique et des idées socialistes.

Un certain nombre d'auteurs voulaient en effet combattre la « décadence » de la société nouvelle en s'appuyant sur des analyses qui prétendaient parfois être « scientifiques ». C'est ainsi que Le Bon, Vacher de La Pouge, Soury ou Gobineau expliquaient l'affaiblissement de la France par le métissage racial et trouvaient dans le nationalisme volontiers antisémite de Maurras, Barrès, Déroulède ou Drumont un prolongement politique. Leur idée commune était que l'individu n'existe vraiment qu'en tant que membre d'une collectivité qui le dépasse et lui donne son sens, à savoir la nation, enraciné dans le sol qui lui a donné vie et lié par le sang de ses ancêtres.

Il s'agissait de retrouver, à travers l'unité d'une nation « purifiée » de corps étrangers, une solidarité organique détruite à la fois par l'égoïsme individualiste du capitalisme libéral et par la vision conflictuelle de la lutte des classes propagée par les marxistes.

Cette réaction antilibérale et antimarxiste s'exprime avant 1914 à travers une multitude de revues et d'organisations nationalistes, tels la Ligue des patriotes, la Ligue antisémite, les bandes de Morès ou le « mouvement jaune ». Elle trouve de plus dans l'antisémitisme une explication de la division des Français et un moyen de mobilisation populaire pour une « révolution nationale ».

Les liens entre le sentiment nationaliste et l'antisémitisme furent précoces : ainsi Édouard Drumont, l'auteur de *la France juive* (1886), dénonçait avant 1914 la « juiverie ennemie de la France, et les judaïsants complices des financiers cosmopolites » ; il affirmait que les Français « seraient disposés à s'embrasser si le juif payé par l'Allemagne n'était pas toujours là pour souffler la discorde » ; de même, Morès, parlant déjà de doctrine du Faisceau, annonçait que la révolution sociale nécessaire, purifiant le corps national, se ferait contre les juifs, et Vaugeois écrivait en 1902 que « le nationalisme sera antisémite [...] ou ne sera pas intégral ».

Ce courant avait pu s'exprimer et montrer son audience populaire à l'occasion du boulangisme et de l'affaire Dreyfus.

Les ligues d'extrême droite

De la fin du XIXe siècle à la Seconde Guerre mondiale, de nombreuses organisations d'extrême droite se constituent en France, dont l'audience dépasse les quelques milliers de membres qu'elles regroupent chacune : les plus célèbres sont avant 1914 la Ligue des patriotes de Paul Déroulède, la Ligue antisémite de Édouard Drumont, l'Action française de Charles Maurras et Léon Daudet et son service d'ordre, les Camelots du roi, rejointes durant l'entre-deux-guerres par le Faisceau, les Croix-de-Feu, la Solidarité française, la Francisque et les Jeunesses patriotes…

Le déclin de l'Action française

Née en 1899, lors de l'affaire Dreyfus, l'Action française, qui se transforme en ligue en 1905, fut fondée par Maurice Pujo, Henri Vaugeois et Charles Maurras, qui en est avec Léon Daudet, l'un des principaux animateurs. Liant nationalisme et monarchisme, elle connaît avant la Première Guerre mondiale, un grand succès, relié par le journal du même nom, diffusé par les Camelots du roi. Ralliée à l'« union sacrée » pendant la guerre, elle atteint son apogée au début des années 1920 en manifestant une hostilité sans faille au traité de Versailles et en dénonçant les affaires qui secouèrent la IIIe République durant l'entre-deux-guerres. Mais son influence ne cesse par la suite de décliner. La condamnation du journal par le pape Pie IX entraîne le départ de nombreux catholiques, dont un certain nombre d'intellectuels comme Jacques Maritain. D'autre part la montée de mouvements plus radicaux, voire ouvertement fascistes, attire désormais la jeune génération d'extrême droite. L'Action française jouera un rôle important lors de la préparation du 6 février 1934 et influencera d'une manière importante l'action du régime de Vichy.

Le nationalisme révolutionnaire

La dimension anticapitaliste du nationalisme va prendre de l'ampleur parmi ceux qui, parfois originaires du syndicalisme révolutionnaire, tel Sorel, sont déçus par le pacifisme et le légalisme des organisations socialisantes acceptant le régime parlementaire.

Exaltant l'action directe et les valeurs guerrières, dénonçant la démocratie et le parlementarisme, le Faisceau de Georges Valois reprend dans les années 1920 les idées émises avant la guerre par Lagardelle, Pouget, Hervé, Biétry, Berth et les membres du « cercle Proudhon ». Soutenu et financé par des industriels, comme Eugène Mathon et Gaston Japy, il publie une revue mensuelle, *les Cahiers des États généraux,* avant de lancer le *Nouveau Siècle* en février 1925, prélude à la fondation du Faisceau en novembre de la même année. La nature fasciste de cette organisation est explicite, par son titre même et par les idées qu'elle défend : refusant le retour en arrière ou le simple conservatisme, elle propose une révolution nationale remettant en cause le capitalisme, le libéralisme et la culture bourgeoise, en s'appuyant sur la mise en place d'un système corporatiste. Comme le disait lui-même Valois, cela doit permettre de rassembler « les membres épars d'un même corps pour les ressouder à la tête, qui est l'État, au tronc qui est la nation, avec son cœur qui est la famille [...] ; c'est la fin de l'individualisme civique et économique [...] ; c'est la révélation [...] de l'existence d'une nation organisée, formée de corps solidaires »...

La particularité de Valois est aussi d'avoir voulu lutter contre le capitalisme international, contre les valeurs bourgeoises, l'esprit mercantile qui avilit « la gloire, l'art, la pensée, la science et la religion », sans pour autant remettre en cause, comme le font les marxistes, la propriété privée et la recherche du profit capitaliste. Il s'agit de mettre en avant d'autres valeurs, comme le sang, l'héroïsme patriotique, la valeur du combattant, au service d'une renaissance française et d'un chef représentant la nation réunie.

Mais si pour Valois l'objectif est révolutionnaire, avec un État fort imposant un « ordre nouveau », où chaque groupe social aurait sa place entière, les chefs d'entreprise qui le soutiennent voient d'abord dans le corporatisme un moyen d'assurer la prospérité de l'industrie, d'imposer une stricte discipline aux ouvriers ainsi que de sauvegarder la toute-puissance patronale.

Le Faisceau et l'extrême droite

Cependant, ces conceptions « aventureuses » ne sont pas totalement partagées par l'ensemble de l'extrême droite traditionaliste : avant la fondation du Faisceau, le mouvement qui lui a donné naissance bénéficie certes du soutien de l'Action française, qui souhaite l'utiliser pour séduire de nouvelles couches sociales, de celui de nombreux industriels et de personnalités nombreuses des lettres et du journalisme : Maurice Barrès, James de Coquet, R. Jouhannet, J. Maritain, A. Maurois, X. Vallat, P. Dominique... Mais le succès même remporté par cette entreprise, le départ pour le Faisceau, à l'image plus jeune et offensive, de nombreux membres de l'Action française inquiètent les dirigeants de ce mouvement : Léon Daudet et Charles Maurras se livrent alors à une attaque en règle contre Valois et le Faisceau (qui critiquent pour leur part le conservatisme de classe de l'Action française) ; ils font pression sur ceux qui ont été tentés de rejoindre le Faisceau, et réussissent à le discréditer. Le Faisceau ne s'en remettra pas et restera finalement une organisation marginale : les notables de la vieille droite nationaliste et monarchiste ont efficacement contribué à empêcher la formation d'un véritable parti fasciste français. Et ce seront eux qui, durant les années 1930, seront aux premières lignes de l'action antiparlementaire. Il n'en reste pas moins que les idées de Valois sont partagées par une partie de l'extrême droite et se retrouveront dans l'idéologie de la « Révolution nationale » du régime de Vichy.

1919-1939

La France et son Empire colonial

Après avoir conquis quelques territoires complémentaires, la France cherche durant les années 1930 à faire de son empire colonial un remède à la crise économique.

Pour l'essentiel, la conquête coloniale est terminée en 1914 et la guerre n'a pas provoqué de soulèvements majeurs. Il ne se produit que quelques troubles ou agitations à Madagascar (1915) et en Algérie (dans les Aurès en 1916), et des intrigues de palais en Indochine. Lyautey étend même la présence française au Maroc, et des contingents de soldats sénégalais, algériens et marocains combattent avec héroïsme sur le front allemand.

De 1918 à 1930

Le traité de Versailles et les décisions de la SDN permettent à la France de récupérer la partie du Congo cédée à l'Allemagne en 1911, d'exercer sa tutelle sur le Cameroun et le Togo, d'une part, le Liban et la Syrie (anciennement à la Turquie) d'autre part. Malgré la cession à l'Italie d'une partie du Sahara, l'empire colonial français comprend environ 12 millions de kilomètres carrés et atteint ses dimensions maximales. Cependant, il se produit dans l'empire un début de contestation, face à laquelle les autorités françaises, sans véritable doctrine concernant la nature des relations à mettre en œuvre avec les colonies, vont renforcer l'administration directe des territoires, malgré ceux qui préconisent le développement des droits politiques des indigènes pour aller dans le sens de l'« assimilation ».

En Algérie. On permet aux populations locales d'accéder à toutes les fonctions (mais non à celles qui permettent l'exercice d'un pouvoir), on proclame l'égalité fiscale, on facilite la naturalisation (loi de février 1919). Mais cela reste insuffisant pour empêcher la création d'un mouvement nationaliste, l'Étoile nord-africaine de Messali Hadj (1924).

Au Maroc. Lyautey poursuit la conquête et cherche à mettre en valeur le territoire ; mais il doit faire face à un grave soulèvement en 1925, la guerre du Rif, menée par Abd el-Krim, qui provoque son départ. Malgré le soutien en métropole des communistes qui appellent les soldats français à déserter, Abd el-Krim est vaincu en 1926 par les troupes françaises commandées par Pétain.

En Tunisie. Des troubles nationalistes se produisent en 1920-1921, en liaison avec la montée du mouvement religieux Destour ; mais la France n'accorde qu'un « Grand Conseil » sans pouvoir, et développe l'administration directe.

En Indochine. Un Parti national vietnamien déclenche des grèves et des manifestations. En réponse, la France admet les Annamites dans l'administration (1926) et une minorité indigène au « Grand Conseil des intérêts économiques et financiers », créé en 1928.

Au Proche-Orient. Les Français séparent le Liban chrétien de la Syrie musulmane et gèrent difficilement une situation locale très complexe, en raison de la multitude d'ethnies et de religions ; une grave insurrection (djebel Druze) est écrasée en 1925.

En Afrique noire et en Océanie. Le gouvernement français impose en 1928 une législation tarifaire pénalisant l'importation des produits étrangers.

Les débuts du nationalisme

La guerre et la montée de nouvelles puissances et de nouvelles idéologies contribuent à modifier les rapports entre métropole et colonies : les « élites » européanisées des colonies développent les idées nationalistes, conformes aux principes de la SDN et soutenues aussi bien par les États-Unis que par l'Union soviétique, où se tient à Bakou en 1920 le premier « congrès des peuples opprimés », appelant à la révolte des colonisés.

La mode exotique et les expositions coloniales

Durant l'entre-deux-guerres, les vêtements, les crèmes et les parfums orientaux sont à la mode, et la colonisation suscite également réflexions et témoignages : Albert Sarraut publie *la Mise en valeur des colonies françaises* en 1923, *Grandeur et servitude coloniales* en 1931 ; André Gide écrit *Voyage au Congo* en 1927 et *Retour du Tchad* en 1928 ; André Maurois publie un *Lyautey* en 1934 ; Julien Duvivier tourne *la Bandera* en 1935 et *Pépé le Moko* en 1937.

L'intérêt des Français pour leurs colonies se manifeste en particulier à l'occasion de l'Exposition coloniale de Marseille en 1922 (pour laquelle fut construit un gigantesque monument en forme d'arc de triomphe et dédié « aux héros de l'armée d'Orient et des terres lointaines ») et surtout lors de l'Exposition coloniale internationale de Paris, qui se tient dans le bois de Vincennes de mai à novembre 1931. Regroupant de très nombreux pavillons (200), et trois palais pour le seul empire français, sur 110 hectares et suscitant diverses reconstitutions (dont le clou est celle du temple d'Angkor Vat), elle est inaugurée par le président de la République, Gaston Doumergue et le maréchal Lyautey, et reçoit 33 millions de visiteurs, dont les personnalités les plus célèbres de l'époque.

L'effet de la crise mondiale

Pour lutter contre les effets de la crise de 1929, la France resserre ses liens économiques avec les colonies. L'effondrement des cours mondiaux des produits bruts permet à la métropole d'accroître ses importations de matières premières industrielles (minerais non ferreux du Maroc, de Tunisie ou d'Indochine, laquelle fournit également du caoutchouc, de l'étain et même du charbon, coton du Soudan…) et alimentaires (café, cacao, bananes, riz, oléagineux, vin…). Les difficultés pour exporter vers le reste du monde incitent d'autre part la France à accroître ses exportations vers ses colonies où les produits français entrent sans supporter de droits de douane. Ainsi, la part de commerce avec l'Empire, qui représentait 12 % du total du commerce extérieur français en 1913, passe à 16 % en 1929 et à 27 % en 1938. Mais, sur le plan interne, aucune mesure ne prend en compte les aspirations des populations indigènes.

En Algérie. Dans ce pays, où les colons sont plus d'un million sur environ 7,2 millions d'habitants en 1939, et où l'extension de la vigne se fait au détriment des cultures vivrières et pose des problèmes d'exportation (le vin représentant plus de 50 % des exportations), le sort des populations indigènes tend à se dégrader. L'hostilité au système colonial y est donc active, mais certains, tel Ferhat Abbas, souhaitent l'accession des musulmans à la citoyenneté française. Sous le Front populaire, un projet Blum-Viollette envisage ainsi l'assimilation de 25 000 Algériens, mais on revient dès 1937 à une politique répressive, ruinant le possible rapprochement entre les deux communautés.

En Tunisie. Le pays compte un peu plus de 100 000 Français en 1936 ; les difficultés sont grandes à partir de 1933 : la concentration des terres au profit des grandes sociétés françaises a pris de vastes proportions, mais les produits se vendent mal, l'équipement du pays est très insuffisant, et la population des campagnes vit dans des conditions misérables. L'opposition se scinde alors en deux tendances : le Vieux Destour, plus religieux, veut rompre avec la France, et le Néo-Destour de Bourguiba souhaite une démocratie laïque coopérant avec l'ancienne métropole. Mais, comme en Algérie, les concessions accordées par le Front populaire sont vite remises en cause : après l'émeute d'avril 1938, les libertés sont restreintes et Bourguiba est emprisonné.

Au Maroc. L'action de Lyautey, de 1912 à 1925, et celle des colons et administrateurs français (moins de 200 000 personnes en 1939) ont permis de mieux respecter les traditions locales et de mettre en valeur le pays (routes et chemins de fer, port de Casablanca, construction de Rabat, exploitation du phosphate et du manganèse, accroissement de la productivité agricole, centrales électriques...). Pourtant, la prospérité n'est pas générale, la crise rend plus difficiles les exportations agricoles, et un « Comité d'action marocaine », créé en 1934, s'oppose à l'administration directe par la France et revendique le retour au strict protectorat.

En Indochine. De grandes entreprises françaises ont développé la plantation d'hévéas pour le caoutchouc (Michelin), les mines de charbon et d'étain, des industries textiles et mécaniques, mais aussi la production de riz. Parallèlement, la France a construit 30 000 kilomètres de routes, un réseau de voies ferrées et des ports (Haiphong, Saigon...), dotant l'Indochine d'une infrastructure efficace. Mais ici, comme dans tous les autres pays, l'effondrement des prix mondiaux devient dramatique après 1930 : les cours du riz et du caoutchouc s'effondrent de près de 80 %, et le commerce extérieur diminue d'environ 70 % entre les années 1926 et 1933. Cela va ruiner aussi bien la paysannerie locale que les salariés des grandes firmes capitalistes, et rendre insupportable la fiscalité coloniale. Éclatent alors en 1931-1932 des insurrections meurtrières, des troubles et des grèves, dont certaines sont organisées par le Parti national vietnamien et le Parti communiste indochinois fondé par Hô Chi Minh en 1930. La réponse du gouverneur Robin sera de mener une sévère répression (plusieurs milliers d'arrestations et treize condamnations à mort, emprisonnement d'Hô Chi Minh...), et de veiller à mieux garantir les intérêts des gros exportateurs (baisse des impôts pour les producteurs de caoutchouc, aide aux propriétaires des plantations de riz...). Si la situation semble redevenue « normale » à la veille de la Seconde Guerre mondiale, les problèmes de fond sont très loin d'être résolus.

Dossiers

Essor économique et crise de 1929

Au sortir de la guerre, l'affaiblissement du potentiel productif de la France et sa dette extérieure provoquent un mouvement lié d'inflation et de dépréciation de sa monnaie. Mais après les difficultés de l'immédiat après-guerre, la France connaît une phase d'essor spectaculaire du capitalisme industriel, favorisée par la faiblesse de sa devise. En 1926, le rétablissement du franc et l'arrêt de l'inflation permettent à la France de retrouver un prestige financier, mais au prix d'un ralentissement de l'activité. La mutation industrielle que la France connaît durant les années 1920 ne profite que bien partiellement à sa classe ouvrière. Partie des États-Unis, après le krach boursier de Wall Street, la crise de 1929 surprend l'ensemble du monde occidental et n'épargne personne. La crise touche en réalité la France dès 1930, mais n'est réellement perçue que quelque temps après, et durera pour le moins jusqu'en 1935. N'osant prendre des mesures radicales ni rompre avec le mythe de l'orthodoxie financière, les autorités économiques françaises vont hésiter entre une politique déflationniste et la relance par la consommation. Amorcée fin 1935, la reprise économique se poursuit en 1936 et en 1937, puis en 1939, après une nouvelle et brève récession en 1938.

Inflation et chute du franc

Jusqu'en 1914, en effet, la France était restée attachée au régime de l'étalon-or, selon lequel les espèces en circulation étaient garanties par une encaisse métallique. La monnaie « Banque de France » était convertible, et la fixité des changes entre devises nationales était assurée par des mouvements d'or, si d'aventure la variation de leurs cours sur les marchés libres atteignait les limites fixées au préalable (points d'or).

Ainsi, le franc avait gardé sa valeur or définie au temps de Napoléon Ier (franc germinal de 1803), la flexibilité acceptée étant celle des prix des marchandises, quels qu'en fussent les effets sur l'activité : rien ne devait remettre en cause l'orthodoxie monétaire assurant la pérennité du poids d'or que l'on pouvait obtenir contre un franc.

Guerre, monnaie et inflation

Mais, dès le 5 août 1914, le « cours forcé » de la monnaie est décrété, ce qui signifie que l'on ne peut plus convertir le franc en or : les réserves de la Banque de France doivent servir à couvrir les importations ou à gager les crédits que la France sollicite des Alliés pour financer la guerre. Il s'agit d'acheter à l'étranger ce que l'on ne peut plus produire en quantité suffisante, mais aussi de s'approvisionner en matières premières et en matériel de guerre.

La paix revenue, les entreprises françaises peuvent certes recommencer à produire ; mais la France doit faire face au coût élevé de la reconstruction de son infrastructure routière, ferroviaire, agricole et industrielle et ne peut rembourser séance tenante les quelque 20 milliards de francs de dette extérieure.

D'autre part, et bien qu'il n'y ait pas eu de « dérapage » salarial pendant la guerre, les salaires distribués dans toutes les entreprises produisant pour l'armée alimentaient la demande de biens de consommation civils, produits en quantités insuffisantes ; de plus, l'État avait recours au déficit budgétaire financé par l'émission monétaire et l'emprunt, pour assurer l'ensemble de ses dépenses civiles et militaires. Ainsi la dette publique est-elle passée de 33 milliards de francs en 1913 à 204 en 1919, et la masse

monétaire de 6 milliards en 1913 à 38 en 1920. Cela ne pouvait que conduire à une augmentation rapide des prix, qui se produit dans tous les pays belligérants ; mais cette augmentation est plus forte en France que chez ses alliés américains et britanniques.
Dans ces conditions, les exportations françaises, déjà désavantagées par les effets de la guerre, sont pénalisées par la hausse des prix, alors qu'elles devraient augmenter rapidement pour dégager un surcroît de devises permettant de rembourser les dettes de la France.

L'effondrement du franc

Les autorités françaises tentent alors d'obtenir des Alliés un allongement des délais de paiement, de nouveaux prêts permettant de financer la reconstruction et un soutien du franc, qui commence à perdre de son crédit sur le marché des changes ; elles voudraient également imposer à l'Allemagne un lourd tribut de guerre, dont le paiement conditionnerait le remboursement des dettes françaises : « l'Allemagne paiera », tel est le mot d'ordre volontiers avancé par les négociateurs français, et largement partagé par l'opinion publique.
Mais bien vite, après quelques nouvelles avances consenties par les Alliés à la fin de 1918 et au début de 1919, la solidarité financière anglo-américaine fait défaut ; de plus, les Britanniques s'opposent aux thèses françaises sur les réparations à exiger de l'Allemagne, dont ils souhaitent se faire un partenaire commercial, alors que la France ne songe qu'à lui faire supporter le plus possible le coût du conflit passé.
Affaibli objectivement par la situation générale de l'économie française, et attaqué par ceux qui anticipent sa baisse, le franc s'effondre rapidement : alors que durant le XIXe siècle et encore à la fin de 1918 le dollar valait environ 5,20 francs et la livre 25 francs, ils s'échangent respectivement, en décembre 1919, contre approximativement 11 et 42 francs. La chute du franc se poursuit dans

les années suivantes, la spéculation contre la monnaie française étant particulièrement forte au début de 1924 puis au début de l'été 1926 : en six ans, le pouvoir d'achat du franc en devise forte est divisé par huit.

L'effet « magique » du retour de Poincaré semble avoir suffi pour inverser les anticipations, permettre la remontée du franc, avant que ne soit officialisée sa stabilisation, en juin 1928. Celle-ci peut apparaître comme une réaction salutaire face au risque d'un affaiblissement indéfini du franc, au coût croissant de nos importations, entretenant l'inflation, et à l'insolvabilité française. Elle a le mérite de reconnaître ce que certains se refusent à admettre, à savoir l'impossibilité d'un retour aux parités d'avant-guerre. Reconnaissant la dévaluation du franc (un dollar valant 25,50 francs et une livre 125), la loi monétaire de 1928 met fin à la tempête spéculative et aux conséquences monétaires de la guerre de 1914. Elle augmente de plus la valeur en francs 1928 des réserves en or de l'État et favorise l'amortissement de la dette publique.

Mais en même temps le redressement et la stabilisation du franc vont provoquer des effets pervers : le franc faible a en effet été le moyen de rendre moins chers les produits français et de favoriser ainsi une croissance vigoureuse appuyée sur l'accroissement des exportations.

La croissance des années 1920

Si la France sort affaiblie de la Grande Guerre et si la valeur du franc s'effondre par rapport au dollar et à la livre, la reconstruction de son appareil productif est rapide et permet un essor industriel remarquable.

La crise de 1920-1921

La France doit faire face, au lendemain de la guerre, à une crise mondiale venant s'ajouter à ses problèmes de reconstruction : dès la fin de 1920 se produit une baisse des prix mondiaux, particulièrement forte en ce qui concerne les produits agricoles et les matières premières. Cela s'explique par le fait que les efforts réalisés partout dans le monde pour accroître la production conduisent à un excès de l'offre, maintenant que la paix est revenue et que les nations belligérantes se remettent à produire. De plus, des mesures de restriction du crédit pratiqué aux États-Unis et en Grande-Bretagne afin de lutter contre l'inflation et de satisfaire les milieux financiers se traduisent par une contraction des disponibilités monétaires. Enfin, ces mêmes pays déflationnistes prennent des mesures protectionnistes afin de lutter contre les importations de ceux qui acceptent la baisse de leurs devises (comme la France et l'Allemagne).

Cela produit dans les pays déflationnistes une baisse sensible de l'activité : entre 1920 et 1921, la production manufacturière baisse de 24 points aux États-Unis (qui comptent alors 5 millions de chômeurs) et de 38 points en Grande-Bretagne (où l'on recense 2,5 millions de chômeurs). Dans les pays inflationnistes, les choses évoluent différemment : l'indice de la production manufacturière gagne 16 points en Allemagne en 1921 et 7 nouveaux points en 1922. En France, la production industrielle diminue, mais dans de moindres proportions que chez ses anciens alliés : pour une base 100 en 1913, l'indice, qui était tombé à 57 en 1919, remonte à 62 en 1920 et redescend à 55 en 1921, avant de remonter à 78 en 1922. Cette dernière année 1922 marque la fin de la crise. La reprise s'amorce aux États-Unis grâce au développement du crédit à la consommation, qui va permettre l'essor de la production relayée par l'élargissement de la demande intérieure : le fordisme et la consommation de masse vont caractériser l'expansion américaine des années 1920. En Grande-Bretagne, l'orthodoxie monétaire permet la défense de la place de Londres et la pérennité du rôle de la livre dans le monde, mais au prix du maintien d'un taux de croissance plus faible qu'ailleurs. En Allemagne, le « pari inflationniste » dérape dans l'hyperinflation dramatique de 1923. La France, quant à elle, connaît grâce à son franc faible une expansion industrielle vigoureuse durant les années suivantes.

La reprise de la croissance

Pour une base 100 en 1913, l'indice de la production industrielle, qui était tombé à 57 en 1919, est égal à 109 en 1924 et à 139 en 1929, la branche des industries mécaniques connaissant la croissance la plus forte. La production agricole ne retrouve pas immédiatement son niveau d'avant-guerre en raison du temps nécessaire à remettre en culture les régions sinistrées, mais augmente également très vite dès la paix revenue, grâce aux progrès de la productivité. Au total, le revenu national par tête retrouve en 1922 sa valeur de 1913, et s'accroît ensuite d'environ 5 % par an jusqu'en 1929.

Si l'on compare la France aux autres grands pays industriels, entre les années 1911-1913 et la fin des années 1920, on s'aperçoit qu'elle fait presque aussi bien que les États-Unis, et bien mieux que la Grande-Bretagne et l'Allemagne : en effet, la production industrielle par tête augmente en moyenne annuelle de 2,1 % environ en France contre 2,3 % aux États-Unis, 0,4 % en Allemagne, alors qu'elle diminue de 0,4 % en Grande-Bretagne. De même, le revenu national par tête augmente en France de 1,5 % par an, de 1,9 % aux États-Unis, mais de 0,1 % seulement en Allemagne et de 0,3 % en Grande-Bretagne.

Cette croissance de la production industrielle, en France comme à l'étranger, provient de gains de productivité élevés, qui excèdent largement les hausses des salaires réels ; ainsi, alors que ceux-ci avaient augmenté en France plus vite que la productivité par tête de 1896 à 1913 (+ 2,1 % par an contre 1,8 %), ils stagnent durant les années 1920, tandis que la productivité augmente de près de 6 % par an, ce qui constitue un taux record dans l'histoire du capitalisme industriel en France. Au total, le taux de croissance annuel

moyen de la production est en France de 1,6 % pour la période 1913-1929 et de 4,2 % pour les seules années 1925-1929, alors que les salaires quotidiens dans l'industrie n'augmentent que de 0,4 % et de 1,7 % durant les mêmes périodes.
Le phénomène est le même dans les autres grands pays : de 1913 à 1929, la production augmente aux États-Unis de 3,1 % par an, en Grande-Bretagne de 1,5 %, alors que les salaires industriels ne s'accroissent respectivement que de 2,2 % et 1,1 % ; de 1925 à 1929, le décalage est, comme en France, encore plus frappant : + 3,6 % par an pour la production américaine et + 3,1 % pour celle de la Grande-Bretagne contre + 1,4 % environ pour les salaires dans les deux pays.
C'est donc sur une dynamique bien particulière, celle de l'investissement, des profits et du réinvestissement, que repose cette phase de croissance vigoureuse qui risque à tout moment d'être compromise par l'insuffisance de la demande intérieure de biens de consommation.

Un nouveau dynamisme du capitalisme

On doit en effet abandonner l'idée que la France des années 1920 continue à subir le contrecoup de la guerre et reste figée dans l'immobilisme et la nostalgie du passé : si la production industrielle augmente de près de 10 % par an de 1921 à 1929 (ce qui représente un doublement en moins de dix ans), si celle de l'acier est multipliée par 2,5 et celle des automobiles par 6, c'est parce que les industriels français ont massivement investi et modernisé leurs entreprises. Ainsi, la part de l'investissement dans le produit national, inférieure à 15 % avant la guerre, est de 19 % en 1928, et, pour une base 100 en 1913, l'indicateur de l'investissement atteint 223 en France en 1928-1929, contre 137 au Royaume-Uni et 101 en Allemagne.
Dans les grandes entreprises, le taylorisme, qui parcellise les tâches et introduit la rémunération au rendement, devient systématique

et intensifie les cadences de travail, alors que les effectifs augmentent de 1,2 million entre 1913 et 1929 dans les industries autres que le textile, qui, lui, perd 500 000 personnes ; tout cela permet les gains de productivité particulièrement élevés que l'on vient d'évoquer.

Grâce à cet investissement productif, à ces nouvelles méthodes de production et à l'importance des nouveaux secteurs « de pointe », le profit industriel grimpe rapidement, favorisé de plus par les hausses de prix : les bénéfices distribués par les sociétés passent ainsi de quelque 3,7 milliards de francs en 1921 à 11,8 milliards en 1929 ; le taux de profit des entreprises industrielles (rapport du profit au capital engagé) grimpe de 10 % en moyenne pour les années 1920-1922 à environ 30 % durant les années 1925-1929 ; les bénéfices imposables des 50 000 plus grosses entreprises passent de 10 milliards de francs en 1921-1922, à 17-18 milliards à la fin des années 1920.

Cette prospérité industrielle crée un climat de confiance qui permet aux entreprises de se financer en plaçant des titres sur le marché boursier : les émissions d'actions et d'obligations doublent à la Bourse de Paris, si l'on compare les années 1920-1929 aux années 1901-1910 ; elles représentaient 5,3 % de la production intérieure brute en 1913, et 7,8 % en 1930. Elles bénéficient de plus d'une bonne tenue des cours. Les crédits à l'économie accordés par les banques commerciales, d'une valeur annuelle égale en moyenne à 27 milliards de francs durant les années 1920-1924, atteignent environ le double (près de 54 milliards) durant la période 1925-1929 (alors qu'ils plafonneront à 58 milliards par an en moyenne durant la décennie suivante).

Toutefois, la plus grosse part de l'investissement provient des ressources propres des entreprises : le taux d'autofinancement a en effet été de 70 % en moyenne durant l'entre-deux-guerres, ce qui montre bien, même si ce taux est inférieur à celui d'avant 1914, en raison de l'accroissement du volume des investissements, l'importance de la motivation industrielle des chefs d'entreprise durant cette période.

Le rôle des exportations

Contrairement à une autre idée reçue, la France n'est pas, au lendemain de la guerre, un pays replié sur lui-même et vivant en quasi-autarcie. Déjà largement ouverte vers l'extérieur avant 1914, comme en témoignent l'importance de ses échanges internationaux, son expansion coloniale et ses placements financiers dans le monde, elle connaît un essor spectaculaire de son commerce extérieur dans les années 1920. Grâce à l'affaiblissement du franc, les produits français sont meilleur marché que ceux de leurs concurrents étrangers, malgré la hausse des prix plus élevée en France qu'aux États-Unis ou en Grande-Bretagne. En 1924, les prix de gros français sont multipliés par 5 environ par rapport à 1910, contre environ 1,5 dans ces deux pays, mais dans le même temps la valeur du franc par rapport au dollar et à la livre est divisée par près de 4 ; de même, si de 1924 à 1926 l'inflation s'accélère en France, les prix étant multipliés par près de 1,5 en deux ans, la valeur du franc est de nouveau divisée par 2, toujours par rapport à ces mêmes devises fortes. Il en résulte donc un « dopage » des exportations françaises, qui connaissent de 1920 à 1926 une croissance remarquable : leur valeur double et un excédent du solde des échanges extérieurs apparaît de 1924 à 1926.
Cette réussite de l'économie française est d'autant plus notable qu'elle dépasse celle des autres pays : alors que le volume des exportations mondiales de produits manufacturés augmente de 12 % en 1928 par rapport à 1913, celui de la France croît de près de 70 % ; et si l'on compare 1928 à 1922, cette progression est aussi d'environ 70 % pour la France, contre environ 35 % pour les États-Unis et l'Allemagne, et 22 % seulement pour la Grande-Bretagne.

Cela permet à la France d'accroître le volume de ses importations (malgré la hausse de leur coût) et de s'approvisionner en matières nécessaires à l'industrie (lesquelles représentent plus du tiers des importations).
Mais cela signifie aussi qu'elle trouve à l'extérieur les débouchés sans lesquels la croissance industrielle et le plein emploi ne seraient pas possibles. En effet, en 1926, la France exporte environ 38 milliards de produits fabriqués et n'en importe que 7,6 milliards ; en 1928 près du tiers de son produit physique est exporté, chiffre qui est encore bien supérieur dans le cas d'un certain nombre d'entreprises du textile ou de l'industrie de pointe (tel Pont-à-Mousson qui exporte près de deux tiers de sa production en 1926). Aussi la stabilisation du franc va-t-elle porter un coup fatal à cette dynamique du commerce extérieur malgré la fin de l'inflation et le retour de la confiance.

Une euphorie trompeuse

Dès la formation du gouvernement Poincaré, la spéculation contre le franc s'arrête et l'inflation, due en partie à la hausse du coût des importations, fait place à une baisse des prix de l'ensemble des produits nationaux en 1927, suivie d'une légère remontée en 1928.

Une France rassurée

D'une façon générale, les Français respirent mieux : la France qui a gagné la guerre ne subira pas le même sort honteux que l'Allemagne ébranlée par l'hyperinflation de 1922-1923. Le franc retrouve son honorabilité sur le marché des changes, et la France sa place parmi les puissances financières.
Parallèlement, le budget de l'État, qui accusait un déficit permanent depuis la guerre, redevient excédentaire en 1926 (+ 2 milliards de francs) et le restera durant les années suivantes (+ 0,2 milliard en

1927, + 3,9 en 1928). D'autre part, la croissance de la circulation monétaire, que l'on considère volontiers comme la cause de l'inflation et de la dépréciation du franc, est jugulée: la valeur des billets en circulation, qui était passée de 31,6 milliards de francs en janvier 1919 à 56 milliards en août 1926, revient à 53,5 milliards en moyenne, durant l'année 1927, alors que les avances faites à l'État par la Banque de France, qui atteignent 36 milliards en 1926, sont ramenées à 27,3 milliards en 1927 et à 22,5 milliards début 1928.

Mais cette plus grande rigueur monétaire de la part des autorités financières est compensée par un accroissement rapide des crédits accordés par les banques, bénéficiant du retour des capitaux étrangers. C'est ainsi que les escomptes d'effets privés consentis par la Banque de France passent de 45 milliards en 1927 à plus de 105 en 1929.

Dans ce climat favorable, la production industrielle comme celle de l'agriculture continue à augmenter jusqu'en 1929 et l'optimisme s'accentue sur le marché des titres: pour une base 100 en 1913, l'indice représentatif de 20 groupes de valeurs françaises qui était passé de 150 en 1920 à 200 en 1925 dépasse 500 en 1929! Tout semble aller pour le mieux dans le meilleur des mondes… si toutefois on ne se place que du point de vue financier.

Financiers contre exportateurs

Mais derrière l'image rassurante d'une France retrouvée se profile une menace inquiétante pour l'économie française. L'expansion des années précédentes a reposé, en grande partie nous l'avons vu, sur le dynamisme de l'exportation. C'est ainsi qu'en 1928 les industries de la laine exportaient 50 % de leur production, celles du tissage de la soie et de la rayonne les deux tiers, les aciéries 30 % et l'automobile 15 %. En 1930, alors que ce pourcentage diminue, des branches comme la parfumerie, l'horlogerie, la bijouterie, la maroquinerie réalisent encore 60 % de leurs ventes à l'exportation, les industries pharmaceutiques et celles de la mode 50 %, la sidérurgie 29 %, la chimie 25 %, le caoutchouc 15 %, les industries mécaniques 14 %, l'automobile et les houillères 10 %.

Or la remontée du franc fin 1926 puis sa « stabilisation » de 1928 ont cessé de faire bénéficier les entreprises exportatrices d'un avantage appréciable face à leurs concurrents étrangers. Ainsi, en francs constants, le recul des exportations est sensible dans la plupart des grands secteurs, de 1926 à 1929 : – 45 % pour le caoutchouc, – 25 % pour les vêtements et la lingerie, – 24 % pour les ouvrages métalliques, – 21 % pour l'automobile et les fils de laine, – 19 % pour les soieries, – 16 % pour les tissus de coton…

Le résultat en est un premier tassement du profit, dont le taux se réduit de quelques points dans les années 1927-1928, et une dégradation sensible du commerce extérieur : si en 1927 le solde reste positif (1,8 milliard de francs), c'est parce que les importations, rendues plus coûteuses, se réduisent de façon plus importante que les exportations ; mais, en 1928 et 1929, la poursuite du repli des exportations fait apparaître un déficit extérieur de 2 puis de 8 milliards de francs. Au total, les exportations sont passées de 59,7 milliards en 1926 à 50 en 1929, alors que les importations s'accroissent : égales à 53 milliards en 1927 et 1928, elles atteignent 58,2 milliards en 1929.

En lui-même, ce solde n'a rien de dramatique, d'autant plus que la France dispose de réserves en or et en devises. Mais il signifie que les entreprises françaises vendent moins bien leurs produits tant en France qu'à l'étranger. Pourtant, si certains industriels mettent l'accent sur le risque d'un ralentissement de l'activité, et si le cours des actions des entreprises exportatrices amorce un repli au printemps de 1929, l'optimisme du public et des autorités restera de mise même une fois la crise mondiale déclenchée.

Le bilan d'une décennie

L'investissement et la croissance des années 1920 sont en partie liés à un mouvement de concentration industrielle et financière.

Concentration et restructuration industrielle

Ce mouvement touche en particulier les secteurs de l'électricité, du pétrole et de la chimie : les grandes firmes qui dominent ces branches ont pour noms la Compagnie générale d'électricité et l'Union d'électricité, la Compagnie française des pétroles, Saint-Gobain, Pechiney, Kuhlmann ; elles rejoignent Schneider, Alsthom, Renault et Citroën…

Le phénomène touche aussi le domaine de la distribution, avec la création à la fin des années 1920 des Monoprix, Uniprix et Prisunic, magasins à succursales multiples aux prix plus bas que dans les commerces traditionnels ou dans les grands magasins, créés au siècle précédent.

Si cette concentration favorise la standardisation de la production et si l'apparition de la « réclame » sollicite les consommateurs, on ne peut toutefois dire que la France des années 1920 est entrée dans l'ère de la consommation de masse : une grande partie de la production reste tournée vers l'exportation ou s'adresse à une clientèle privilégiée et raffinée : les « Années folles » ne concernent qu'une partie de la population.

Cependant, l'appareil productif connaît bien une restructuration significative : entre 1913 et 1929, la population active des secteurs du textile, de l'habillement et du cuir diminue de 550 000 personnes, alors que celle des autres secteurs industriels augmente de 1,26 million ; dans le même temps, la part de la valeur ajoutée provenant des industries mécaniques, électriques et chimiques passe de 8,6 à 12,2 %. Ce phénomène, qui explique les gains de productivité élevés de la période, est favorisé par l'accroissement de la taille des entreprises industrielles : en 1906, 58 % de la population active industrielle travaillait dans des établissements employant moins de 10 salariés ; en 1926, cette part n'est plus que de 41 % et, en 1931, que de 34 % ; parallèlement, les établissements de plus de 100 salariés, qui employaient 25 % des effectifs industriels en 1906, en utilisent 36 % en 1926 et près de 42 % en 1931. Cela traduit en particulier la réduction rapide du nombre de très petites entreprises de type artisanal employant jusqu'à 4 salariés (618 000 en 1906 et 435 000 en 1936).

Cette mutation s'accompagne d'une diversification et d'une modernisation de la production : développement de l'électrification, de l'automobile, des aciers spéciaux, des textiles synthétiques ; tout cela est permis par la construction de barrages hydroélectriques, par la mise au point de nouveaux ciments, de nouvelles techniques d'usinage, la recherche fondamentale en chimie organique ou en chimie des colorants.

L'industrie française ne reste donc pas en dehors du grand mouvement de mutation industrielle qui caractérise cette décennie. Mais le pourcentage de la valeur ajoutée des industries « modernes » que l'on vient d'évoquer demeure suffisamment modeste pour ne pas exagérer l'ampleur du phénomène, et en 1929 la population agricole représente encore 33,5 % de la population active.

L'agriculture

Selon Alfred Sauvy, l'agriculture française se caractérise durant ces années par un « sous-emploi des terres, combiné à un sous-emploi des hommes ». Elle paie en effet les conséquences d'une politique de protection de l'emploi agricole, par le soutien des prix, freinant l'exode rural et n'incitant pas au progrès technique. La France est ainsi sous-équipée ; son matériel est vétuste et la recherche agronomique est particulièrement limitée. Cela explique que la productivité agricole soit plus faible que celle de ses voisins : ainsi, durant les années 1927-1931, elle est de 14,2 quintaux à l'hectare

pour le blé (mais de 20,5 en Allemagne, 21,9 en Grande-Bretagne), de 104 quintaux à l'hectare pour les pommes de terre (149 en Allemagne, 163 en Grande-Bretagne).
De plus, la France ne produit durant les années 1929-1931 que 75 % de sa consommation alimentaire; elle importe 16 % de l'étranger et 9 % de ses colonies.

Les rémunérations salariales

Les statistiques concernant l'évolution des rémunérations des employés, l'éventail des salaires et les salaires ouvriers moyens faisant cruellement défaut, on doit se contenter pour cette période de données parcellaires concernant certains corps de métiers qui font apparaître une croissance du pouvoir d'achat ouvrier au début des années 1920 (quand la croissance des salaires nominaux excède celle des prix des biens de consommation courante) suivie d'une quasi-stagnation jusqu'en 1929. Ainsi, la classe ouvrière, qui représente près de 44 % de la population active en 1926 (contre 40 % en 1913), n'a que partiellement bénéficié de la croissance des années 1920: en 1930, la production industrielle s'est accrue d'environ 40 % par rapport à l'immédiat avant-guerre, et le pouvoir d'achat ouvrier a progressé de moins de 20 %.

Le sort des salariés

Un début de protection sociale a cependant lieu: en novembre 1922, l'assurance contre les accidents du travail est étendue aux ouvriers agricoles, et un système d'assurances sociales est voté en 1928 (financé par un prélèvement sur les salaires de 5 % et une cotisation patronale du même montant).
Malgré le vote en avril 1919 de la loi sur la journée de 8 heures (dont l'application ne sera que progressive) et de celle de décembre 1923 sur le repos hebdomadaire (limitant à 48 heures la durée hebdomadaire du travail), les conditions de travail ne se sont pas améliorées pour tous: la standardisation de la production a

permis la généralisation du travail à la chaîne, organisé « scientifiquement » par les bureaux d'étude, selon les principes préconisés à la fin du XIXe siècle par l'Américain Taylor. Les gestes de l'ouvrier ou du mineur (« système Bedaux ») sont décomposés, un rendement moyen est exigé, assorti de primes ou de pénalités. C'est le travail « en miettes » rythmé par l'implacable chronomètre qui domine désormais le travail ouvrier, et qui fut immortalisé par les Temps modernes du truculent Charlie Chaplin.

D'autre part, si les fonctionnaires bénéficient du droit syndical en 1925 et si les conditions de vie des classes moyennes s'améliorent grâce au développement des activités tertiaires, le monde ouvrier reste largement isolé du reste de la nation : les sections syndicales d'entreprise n'ont pas d'existence légale, les délégués syndicaux ne jouissent d'aucune protection, l'accès à l'enseignement secondaire (qui ne deviendra gratuit qu'en 1930) et aux universités est quasiment fermé aux ouvriers et ce pour des raisons aussi bien économiques que culturelles. Cependant, le nombre et l'ampleur des mouvements de grève sont assez faibles de 1922 à 1929 : alors qu'on dénombre environ 1,1 million de grévistes en 1919, 1,3 million en 1920 et 400 000 en 1921, ils ne sont que de 200 à 300 000 durant les années suivantes. Cela peut s'expliquer principalement par l'échec des grandes grèves de 1919-1920 : 18 000 cheminots ont été révoqués, le harcèlement mené par la CGT s'est révélé inefficace, et l'espoir d'un changement social est rapidement abandonné ; puis la scission politique et syndicale de la gauche a probablement aussi pour conséquence de démobiliser la classe ouvrière.

Enfin, le taux de chômage assez bas durant cette période, représentant de 1 à 1,5 % de la population active, contribue sans doute également à expliquer cette léthargie ouvrière. Les statistiques concernant le chômage dans l'entre-deux-guerres sont divergentes et de mauvaise qualité, au moins jusqu'en 1931-1932. C'est ainsi que, selon une première méthode d'appréciation retenue jusqu'en

1925 par le Bulletin de statistiques générales de la France, les demandes d'emploi non satisfaites sont d'environ 50 000 début 1920, de 160 000 début 1921, et se stabilisent autour de 40 000 de 1923 à 1925. Mais selon le même bulletin, qui change de méthode fin 1925, ces demandes d'emploi n'auraient été que d'environ 10 000 en 1925-1926 et de 13 000 en 1930. Elles atteindraient 64 000 en 1931, 300 000 en 1932, 464 000 en 1935. Par ailleurs, selon l'Annuaire statistique de la France, le nombre de chômeurs secourus par l'État serait de 175 000 en 1926, soit beaucoup plus que les demandes d'emploi non satisfaites ! Il est donc bien difficile de se faire une idée précise de l'importance du sous-emploi durant les années 1920. Le recensement des chômeurs n'est effectué que dans les villes relativement importantes, l'habitude de « pointer au chômage » n'est pas véritablement entrée dans les mœurs (se déclarer chômeur étant l'aveu d'une déchéance sociale), et la situation de l'emploi dans les petites entreprises n'est pas vraiment connue ; de plus, de nombreux chômeurs repartent vivre dans leur famille, à la campagne, et échappent ainsi aux statistiques.

La crise mondiale de 1929

Lors du krach boursier d'octobre 1929, personne n'imagine les conséquences qu'il aura sur l'activité économique et l'ampleur de la crise qui allait ébranler le monde. Les Français en particulier ne se sentent pas concernés par les difficultés américaines : début novembre, le président du Conseil André Tardieu déclare que la France n'est pas touchée par cette crise, et que « la confiance est un devoir ». Ses propos font écho à ceux du président Hoover qui proclame outre-Atlantique que « la prospérité est au coin de la rue ». Certes, il s'agit de rassurer l'opinion ; mais cela reflète aussi l'état d'esprit qui règne dans les grands pays capitalistes, après la forte croissance des années 1920 et l'euphorie boursière qui l'a accompagnée.

La spéculation à Wall Street

Depuis deux ans, le cours des actions à la Bourse de New York n'a cessé de monter, et l'indice des valeurs industrielles double entre le début de l'année 1928 et septembre 1929; l'engouement pour le jeu boursier devient considérable: en 1929, entre 4 et 8 millions de titres s'échangent par jour et 1,5 million d'Américains de toutes catégories sociales participent à ces transactions par l'intermédiaire de sociétés d'investissement qui offrent d'attrayants placements, en raison de la hausse de la valeur des actions. Celle-ci s'explique par la confiance dans les entreprises américaines, plus que par l'importance des bénéfices distribués (souvent de 3 à 5 %); mais la confiance engendre des anticipations optimistes sur la valeur à venir de ces titres: la hausse crée la hausse.

Cependant, une part importante de ces achats se fait grâce aux prêts consentis par les courtiers américains à leurs clients, lesquels courtiers (ou «brokers») empruntent à leur tour aux banques pour pouvoir financer les achats de titres; c'est ainsi que le montant de leurs emprunts passe d'environ 4,4 milliards de dollars en décembre 1927 à 8,5 milliards au début d'octobre 1929. Une telle situation ne peut se poursuivre indéfiniment: un jour ou l'autre, l'écart entre la rentabilité économique des entreprises et la rentabilité financière des titres finit par inquiéter les milieux d'affaires, et les acheteurs d'actions deviennent vendeurs pour réaliser leur plus-value boursière. Il suffit alors que soit passé un nombre significatif d'ordres de vente pour que le cours des actions ralentisse sa progression; d'autres détenteurs de titres s'inquiètent et deviennent à leur tour vendeurs, «avant qu'il ne soit trop tard». La baisse des cours apparaît alors et précipite le renversement des anticipations: la panique se substitue à l'euphorie.

Le mouvement prend en octobre 1929 d'autant plus d'ampleur que les «brokers» américains endettés doivent liquider rapidement leurs actifs pour pouvoir payer leurs clients vendeurs: ainsi, le 24 octobre (le fameux « jeudi noir »), 13 millions de titres sont vendus à Wall Street, puis encore 16,5 millions le 29 octobre, malgré l'intervention des banques qui tentent d'enrayer la baisse des cours par des achats massifs. Mais cela n'empêche pas la poursuite de la baisse : la valeur moyenne des titres cotés s'effondre vers la mi-novembre à l'indice 198, soit la moitié de celui du mois de septembre. Une reprise s'effectue pourtant à la fin de l'année, l'indice atteignant le niveau 250 ; mais la tendance à la baisse réapparaît début 1930 et se poursuivra encore jusqu'au milieu de l'année 1932.

Une crise de surproduction

On peut se demander pourquoi une crise au départ purement financière a entraîné le monde capitaliste dans la récession la plus sévère de son histoire. Le rapport entre les deux phénomènes s'éclaire cependant si l'on considère que les grands pays développés sont confrontés, particulièrement à la fin des années 1920, au « vieux problème » des débouchés évoqués par les économistes « pessimistes ». Selon eux, en effet, le capitalisme doit faire face à une contradiction permanente : chaque capitaliste cherche à réduire ses coûts de production, en baissant les salaires réels et en utilisant de nouvelles techniques qui accroissent la productivité ; mais, ce faisant, il limite la demande intérieure de biens de consommation, tout en accroissant les quantités offertes. Cette surproduction de marchandises par rapport à la demande solvable provoque des baisses de prix qui altèrent les profits des capitalistes et compromettent la rentabilité du capital.

Deux solutions sont alors possibles : développer les exportations pour pallier l'insuffisance des débouchés internes et/ou avoir recours aux crédits bancaires pour financer la consommation et l'investissement. Or la première solution ne peut être utilisée simultanément par tous les pays, puisque les exportations des uns sont les importations des autres ; dans les années 1920, la reconstruction étant terminée et les rendements agricoles élevés, la concurrence se fait vive, d'autant plus que certains pays moins développés sont devenus exportateurs eux aussi. La seconde solution pourrait, elle, ne connaître aucune limite, puisque l'on peut toujours créer des lignes de crédit par un simple jeu d'écritures. Encore faut-il pour cela que les autorités monétaires acceptent d'accroître la liquidité de l'économie et l'endettement des agents, et que les crédits accordés servent effectivement à demander des biens de consommation et des moyens de production. Or les grands pays industriels restent encore, durant l'entre-deux-guerres, fidèles en grande partie à l'idée que la monnaie doit être gagée par un stock métallique. On hésite donc à aller encore plus loin dans la création monétaire, de peur d'une perte de confiance dans la devise nationale et d'une baisse incontrôlable de sa valeur. D'autre part, de nombreux crédits ont servi, aux États-Unis en particulier, à financer la spéculation boursière, sans effets positifs sur l'activité. S'il survient alors une restriction brutale des crédits, comme cela se produit fin 1929 après la crise financière, la surproduction latente devient effective.

La crise mondiale

La diminution brutale de la demande provoque une baisse des prix et des profits industriels, puis une réduction des investissements et de l'emploi, entraînant une nouvelle baisse de la demande, et généralisant la contraction de l'activité et des échanges internationaux : la crise s'étend à tous les secteurs et à tous les pays. Ainsi, entre 1929 et 1932, la production manufacturière baisse dans le monde d'environ 11 % (et de près de 20 % aux États-Unis, de 16 % en Allemagne, mais seulement de 6 % en Grande-Bretagne et de 9,5 % en France). Les prix de gros, pour une base 100 en 1913, s'effondrent aux États-Unis, passant de l'indice 141 en 1929 à 74

en 1932, en Grande-Bretagne de 135 à 92, en France de 627 à 405, et en Allemagne de 129 à 87.
Aux États-Unis, on compte 8 millions de chômeurs en 1931 (contre 1,5 en 1929) et 12,8 millions en 1933; en Grande-Bretagne, entre 3 et 4 millions de personnes sont sans emploi en 1933, et, en Allemagne, près de 6 millions. Le chômage commencera à régresser à partir de 1933, mais augmentera de nouveau en 1938, atteignant environ 10 % de la population active en Grande-Bretagne et 17 % aux États-Unis en 1939.
Le volume du commerce mondial, qui avait atteint l'indice 104 en 1926-1929, pour une base 100 en 1913, tombe à 76 en 1931-1935, cette baisse affectant plus particulièrement les produits primaires: les agriculteurs et le tiers-monde souffrent encore plus de la crise que les secteurs et les pays industriels.

La France dans la crise

Contrairement à une idée souvent admise, selon laquelle la France ne serait véritablement touchée par la crise qu'à partir de 1931 ou 1932, celle-ci connaît des difficultés dès 1930.

Une crise tardive en France?

L'indice général de la production industrielle (base 100 en 1913), qui passe de 127 en 1928 à 139,5 en 1929, plafonne à 140 en 1930. Mais certaines branches stratégiques sont déjà en recul: c'est le cas du textile (indice 99 en 1928, 92 en 1929, 89 en 1930) et de la métallurgie (indice 129 en 1929 et 125 en 1930); il en est de même pour la sidérurgie et l'automobile, dont l'indice de la production perd 3 ou 4 points en 1930 par rapport à 1929. Puis, en 1931, la baisse de la production industrielle est quasi générale: par rapport à 1929, l'indice global perd 14 points, les baisses les plus sensibles concernant encore le textile et la métallurgie (– 20 points); le bâtiment, également fort utilisateur de main-d'œuvre et qui avait connu un grand essor en 1930 (indice 191), revient à l'indice 101 en 1931.

Ainsi, on assiste bien en France à un phénomène de baisse de l'activité parallèle à celui des autres pays, bien que sa propagation soit plus lente et son ampleur plus réduite. Mais il persistera plus longtemps. La progression de la crise pourrait nous être indiquée par celle du chômage. Or il n'existe pas en 1930 de statistiques systématiques permettant de le mesurer avec précision. Dans ces conditions, l'information la plus fiable concernant la situation de l'emploi est constituée par les réponses aux recensements effectués en mars de chaque année.

D'après cet indicateur, le chômage ne prend de l'ampleur qu'à partir de 1931 (453 000 sans-emploi, contre environ 290 000 en 1929 et 1930) ; il touche environ 600 000 personnes de 1932 à 1934, près de 900 000 en 1935 et 1936, et encore environ 650 000 en 1937-1938.

Il faut cependant tenir compte du fait que ces réponses ne rendent pas compte du chômage partiel, qui est souvent plus fréquent que le licenciement brutal, mais dont l'ampleur est très mal connue. Alfred Sauvy propose quelques estimations : plus de 40 % des salariés seraient touchés par le chômage partiel en mai 1935, 12 % en décembre 1936, et encore 20 % en mai 1938.

Dans un premier temps tout au moins, les entreprises ont préféré réduire le temps de travail plutôt que de comprimer les effectifs, alors que parallèlement la forte croissance de l'activité du bâtiment créait des emplois. Mais dès 1931 la progression des sans-emploi devient une réalité, qui prend de l'ampleur au cours des années suivantes. Cependant, le chômage total ne représentait qu'un peu plus de 2 % de la population active en 1931, de 4 % en 1936 et de 3 % en 1938. Si l'on cumule chômage total et chômage partiel, c'est donc bien en 1935-1936 que le problème est le plus grave.

Le mécanisme et les effets de la crise

En tout cas, la France connaît dès avant 1929 des difficultés dues au rétablissement du franc. En premier lieu, les industries traditionnelles de qualité stagnent dès 1928 à cause de leurs difficultés à exporter, et diverses branches plafonnent depuis 1926. Les problèmes vont s'aggraver avec le ralentissement du volume des échanges internationaux et la baisse des prix mondiaux. De plus, les exportateurs français sont désavantagés par les dévaluations de la livre sterling (septembre 1931) et du dollar (avril 1933), qui vont renforcer la compétitivité des produits britanniques et américains.

Ainsi, la baisse des revenus distribués dans les premières branches affectées par le ralentissement des exportations a entraîné celle de la demande de biens de consommation, puis celle de biens d'équipement : tous les secteurs et toutes les catégories sociales sont finalement concernés par la crise, y compris les agriculteurs, dont les revenus baissent en volume de 16 % de 1930 à 1932 et de 17 % de 1932 à 1934 ; pour une base 100 en 1929, ils sont descendus à 41 en 1935.

Les profits industriels sont particulièrement atteints : les revenus des patrons de l'industrie et du commerce se réduisent de 23 % entre 1930 et 1932 ; l'indice du cours des valeurs françaises passe de 548 en février 1929 à 172 en novembre 1934, et les dividendes distribués baissent de 46 % entre mai 1930 et mai 1933 (mais d'une façon très inégale selon les secteurs) : la baisse est nulle dans les grands services publics (eau, gaz, électricité), de 33 % pour les entreprises « cartellisées » ou protégées de la concurrence étrangère (sucrerie, construction navale, houillère…), mais atteint 70 % dans les autres secteurs. Dans le textile, les profits disparaissent, et parfois le chiffre d'affaires ne couvre même qu'une partie des coûts. Ainsi les revenus non distribués des sociétés, permettant l'autofinancement, passent de 7,4 milliards de francs en 1928 à 2 milliards en 1934 et 1935. L'effondrement des profits provoque alors un blocage de l'investissement privé : l'indice de l'investissement global passe ainsi de 153 en 1929 à 98 en 1934-1938. Cette dégradation de la rentabilité du capital s'explique aussi en partie par la rigidité des coûts salariaux.

Les salaires nominaux baissent en effet moins vite que les prix, en raison de la rapidité de la propagation de la crise et de la résistance du monde du travail. C'est ainsi que les salaires horaires se maintiennent en 1931, et ne baissent que de 7 points de 1932 à 1935, alors que les prix à la consommation perdent 24 points de 1930 à 1935. En conséquence, le pouvoir d'achat du salaire hebdomadaire augmente de 18,5 % et celui des salaires moyens des fonctionnaires de 17 % entre 1930 et 1935. Cela amène Alfred Sauvy à s'étonner du « contraste entre l'impression de misère que ressent l'opinion à ce moment et la situation réelle ». Il ne faut cependant pas oublier que si les fonctionnaires, les employés de certains services ou une partie des ouvriers qualifiés ne subissent pas la crise, la plupart des salariés vivent dans l'angoisse du chômage, même s'ils ont conservé leur emploi ; et si moins de 5 % des actifs se retrouvent sans emploi, beaucoup sont victimes du chômage partiel, qui réduit les salaires effectivement perçus.

On comprend, dans ces conditions, le mécontentement des ouvriers, et le fait que malgré la hausse du pouvoir d'achat du salaire horaire la demande intérieure globale n'a pas été suffisante pour porter la consommation intérieure à un niveau permettant d'éviter la baisse des prix, des profits et de l'activité.

Comment sortir de la crise ?

Face à la crise, deux attitudes sont possibles : on peut chercher à réduire les coûts et les charges pour restaurer les profits et l'incitation à produire, en faisant confiance aux mécanismes de l'économie libérale; on peut au contraire chercher à relancer l'activité par un surcroît de dépenses publiques financées par le déficit budgétaire; on peut aussi accroître la demande intérieure par des hausses de salaires; mais celles-ci provoquent une élévation des coûts si des gains de productivité de même ampleur ne sont pas réalisés. La France va en fait expérimenter ces diverses politiques.

La crise? Quelle crise?

Dans un premier temps, les Français ne prennent pas conscience de la réalité de la crise; et quand la Grande-Bretagne dévalue la livre le 21 septembre 1931, la tendance est à se réjouir de ce que l'on considère comme une perte d'influence de ce pays et à s'enorgueillir de la bonne tenue du franc.

Le 22 septembre 1931, on peut lire dans le Figaro que «la crise anglaise accentue le prestige du franc». Mais ce patriotisme économique se double d'une grave erreur de pronostic: tout le monde s'attend à ce que l'avantage procuré aux exportateurs britanniques par la dévaluation soit détruit par l'inflation qu'elle ne manquera pas de provoquer.

Pourtant, la crise mondiale et les mesures d'austérité prises en Grande-Bretagne font baisser les prix anglais par rapport aux prix français. En voulant défendre avec les autres pays du «bloc or» (Suisse, Belgique, Italie, Pays-Bas) la valeur or de sa devise, la France perd sans combattre la bataille de la compétitivité internationale. Et si les gouvernements Laval et Tardieu mettent en œuvre quelques programmes de grands travaux destinés à lutter contre le chômage, ces mesures restent timides, nécessitent des artifices de présentation pour que le budget de l'État apparaisse en équilibre: on fait appel à des emprunts publics et l'on ne veut ni accroître les impôts à l'approche des élections ni parler ouvertement de déficit budgétaire de relance. D'ailleurs, la situation s'améliore au second semestre de 1932: la production reprend dans l'ensemble des branches, le chômage régresse, les salaires horaires augmentent légèrement, les exportations reprennent, de même que les importations de matières premières industrielles.

La rechute de 1933

Mais la dévaluation du dollar, le 19 avril 1933, fait grimper de 25 à 30 % les prix français et ceux du « bloc or », et provoque un nouveau choc mondial : la crise rebondit en France au second semestre de 1933.

Pourtant, et bien que Paul Reynaud insiste sur l'écart dangereux entre les prix français et anglo-saxons, les autorités économiques s'accrochent au mythe des vertus du franc fort et de l'équilibre budgétaire (qui n'est pourtant pas réalisé). Ainsi, en 1935, les exportations françaises en volume ont baissé de 44 % par rapport à 1929, et les importations de 22 % ; en valeur, la baisse est bien plus forte, compte tenu des prix français élevés (– 82 % et – 56 % pour les produits manufacturés) ; au total, la production nationale a baissé en 1935 de près de 30 % par rapport à 1929.

C'est dans ce contexte qu'interviennent les mesures déflationnistes du gouvernement Laval. Mais paradoxalement il s'agit moins de faire baisser les prix français pour les aligner sur les prix étrangers que de réduire les dépenses publiques pour éviter le déficit budgétaire… et ainsi mieux défendre le franc contre le risque d'une dévaluation qui amputerait le pouvoir d'achat des Français. Il s'agit aussi de faire baisser des rémunérations nominales qui ont moins reculé que les prix intérieurs pour permettre de réduire les coûts et de relancer la production.

La reprise de 1935-1936

Une reprise de l'activité va bien avoir lieu de l'été 1935 au printemps 1936 : la production industrielle augmente de 11,5 % et l'emploi de 1,6 % ; mais cela n'est pas le fruit de la politique déflationniste, car,

contrairement au but recherché, les prix de gros augmentent de 19 % et les prix de détail de 7 %.
La reprise s'explique par une certaine relance de la demande intérieure, qui provient principalement de l'accroissement du déficit budgétaire de l'État, et de l'accroissement de la monnaie émise par la Banque de France : ainsi le déficit passe-t-il d'environ 5 milliards de francs de 1930 à 1932 à 10,4 milliards en 1935 ; parallèlement, les crédits à l'économie accordés par la Banque de France passent de 7 milliards en moyenne annuelle de 1930 à 1934 à 11,2 milliards de 1935 à 1939.
Cependant, cette reprise reste fragile : les prix français excèdent encore d'environ 12 % les prix britanniques, de 18 % les prix américains, et le déficit extérieur s'est accru de mai 1935 à mai 1936. Rien ne permet d'affirmer que cette amélioration se serait poursuivie sans l'arrivée au pouvoir du Front populaire.

La logique « Front populaire »

Dès l'été 1936, les milieux conservateurs considèrent que la politique suivie par le Front populaire est une catastrophe économique, à cause de la hausse des salaires, de la réduction de la journée de travail et de l'instauration des congés payés, réduisant le volume de la production nationale, augmentant les coûts de production et développant le goût des loisirs, sinon de la paresse, au sein de la classe ouvrière.
En réalité, s'il est vrai que la loi des « 40 heures » ne se traduit pas par une embauche massive pour compenser la baisse du nombre d'heures travaillées, le nombre des chômeurs passe de 820 000 en 1936 à 600 000 en 1938, ce qui, compte tenu de l'arrivée de nouveaux demandeurs d'emploi, correspond à la création d'environ 300 000 emplois. D'autre part, le chômage partiel, qui touchait 35 % des salariés en mai 1936, ne frappe que 27 % d'entre eux en septembre et 12 % en décembre de la même année.

L'effet de ces mesures est différent suivant les entreprises : celles qui bénéficient d'un surcroît de demande (privée ou publique) et celles qui peuvent compenser la hausse des coûts par des gains de productivité voient leur situation s'améliorer alors que d'autres (les petites entreprises ne pouvant investir) ont du mal à supporter le poids des hausses de salaires.
Or l'évolution de la productivité est mal connue : d'après Alfred Sauvy, elle aurait baissé dans les mines, les chemins de fer, les sucreries, mais aurait augmenté de 2 % dans la métallurgie, de 5 % dans les industries textiles, de 11 % dans les industries chimiques si l'on compare les années 1937-1938 à 1935-1936. L'effet sur l'activité de la « relance par la consommation » est elle aussi difficile à saisir. Il n'en reste pas moins que la reprise est bien réelle en 1936-1937.

Une reprise ambiguë

L'arrivée au pouvoir du Front populaire n'a pas cassé la reprise commencée un an auparavant, malgré les grèves et la baisse d'activité de l'été 1936. Pour une base 100 en 1929, l'indice général de la production industrielle, qui avait baissé jusqu'à 72 en 1935, remonte à 78 en 1936 et à 82 en 1937 ; puis il redescend à 76 en 1938, avant d'atteindre 87 pour les sept premiers mois de 1939.

Vers la sortie de la crise

L'amélioration de la situation de l'économie française en 1936-1937 s'explique en partie par les mêmes causes que celles qui avaient joué en 1935 (reprise de la demande intérieure) : la hausse des rémunérations salariales accroît en effet le pouvoir d'achat des ménages ; et si parallèlement la hausse des prix des biens de consommation est très forte (60 % en rythme annuel de septembre à décembre 1936), et réduit progressivement le pouvoir d'achat des salaires, la réduction du chômage partiel signifie que le nombre d'heures travaillées et donc le montant des salaires distribués s'accroissent; de plus, la hausse des prix permet aux entreprises fabriquant les biens de consommation les plus demandés de restaurer leurs marges de profit.

Par ailleurs, un fait nouveau fondamental intervient: la dévaluation du franc, qui rétablit la compétitivité des produits français. C'est ainsi que le rapport des prix de détail français et britanniques, égal à 1,15 en septembre 1936, est de 0,9 à la fin de l'année: pour la première fois depuis 1931, les prix français descendent en dessous de ceux de leurs concurrents britanniques.

Cette dévaluation s'explique surtout par la fuite des capitaux et les sorties d'or (qui ruinent l'économie française et épuisent les réserves de la Banque de France), et par le refus du gouvernement de Front populaire d'instaurer le contrôle des changes qui aurait pu empêcher la spéculation contre le franc. Cette dévaluation qui met fin au «bloc or» le 1er octobre 1936, en définissant le poids d'or du franc entre 43 et 49 milligrammes d'or (soit une dévaluation comprise entre 25 et 35 %), stimule rapidement les exportations et l'activité: la production augmente de 12 % en trois mois et presque toutes les branches sont concernées; le chômage régresse d'une façon spectaculaire, le nombre de sans-emploi diminuant d'environ 160 000 en un seul trimestre.

Mais si l'activité continue à être soutenue en 1937, en particulier par le déficit du budget de l'État (– 24 milliards de francs), et si le chômage total régresse, les entreprises supportent le coût de la réduction à 40 heures de la durée hebdomadaire du travail, et le solde extérieur se dégrade: les exportations de produits manufacturés diminuent en volume, ainsi que les importations de matières premières; en revanche, les exportations de matières premières et les importations de produits fabriqués augmentent. Tout cela provoque de nouvelles sorties d'or et de nouvelles baisses de l'encaisse de la Banque de France. Cette spéculation contre le franc sera l'une des causes principales du discrédit du Front populaire.

La chute et le redressement

Quand Léon Blum cède la place à Camille Chautemps, en juin 1937, et alors que le franc est de nouveau dévalué (le 30), il semble que la réduction de la durée du travail ait limité la production de bon nombre d'entreprises et réduit leurs commandes, affectant ainsi l'activité intérieure. D'autre part, la reprise des mouvements de grève réduit également la production, mais crée surtout un climat de radicalisation politique. Les syndicats tentent de maintenir les acquis sociaux et Léon Blum prône un retour à la logique du Front populaire, proposant même d'aller encore plus loin dans l'interventionnisme de l'État. Au contraire, les milieux industriels et financiers n'attendent plus qu'une chose : un retour sans ambiguïté au libéralisme économique intégral, et les radicaux se font les champions de la défense du franc et du retour au réalisme économique.

La fin du Front populaire (quand Édouard Daladier prend la tête du gouvernement et promulgue ses décrets-lois de novembre 1938 autorisant le travail au-delà des 40 heures légales) contribue à rétablir l'optimisme des chefs d'entreprise ; d'autre part, l'établissement d'un budget prévoyant 28 milliards de déficit permet un soutien substantiel de la demande intérieure (ce qui est pourtant peu « orthodoxe »). Aussi la reprise se fait-elle de nouveau sentir dès l'automne 1938 : d'octobre 1938 à juin 1939, la production industrielle augmente d'environ 20 %. Le chômage total redescend en juin 1939 au niveau de celui de 1932, alors qu'augmente la durée moyenne du travail (39,2 heures en octobre 1938, 41,9 heures en juillet-août 1939).

Le bilan

À la veille de la guerre, l'économie française a donc retrouvé un rythme de croissance élevé. Bien que dans l'industrie la production par personne active ne dépasse guère en 1938 le niveau de 1929, la production par heure de travail est, suivant les estimations, entre 20 et 30 % supérieure à celle de 1929, ce qui signifie que la productivité a fortement augmenté (à partir de 1936). Celle-ci a été particulièrement forte dans les industries textiles, l'agriculture et les industries alimentaires, mais aussi dans des branches telles que le caoutchouc, le papier, le gaz et l'électricité. Mais la population active reste encore de 10 % inférieure à celle de 1929, et la production industrielle, durant l'été 1939, équivaut à peu près à celle de 1928, et est inférieure de plus de 10 points au maximum de 1929. Si l'on regarde de plus près l'évolution des différentes branches, seules l'énergie (gaz, électricité) et une industrie relativement secondaire comme celle du papier ont une production de près de 40 % supérieure à celle de 1929 ; en revanche, la métallurgie et la sidérurgie sont loin d'avoir retrouvé le niveau de 1929, malgré la vive reprise de 1937 et 1939 et la mise en œuvre d'un programme d'armement, sollicitant particulièrement ces secteurs.

D'autre part, le commerce extérieur français reste déficitaire malgré une amélioration à partir de la fin de 1938 (le déficit de la balance commerciale passant de 11,8 à 8,7 milliards de francs). Ainsi, en 1937, le taux de couverture des importations par les exportations est tombé à 56 %, et ne revient qu'à 66 % en 1938. Cela traduit le fait que la part de la France dans les exportations de produits manufacturés des grands pays industriels passe de plus de 11 % en 1929 à moins de 6 % en 1937.

La crise a donc fait perdre à la France sa place dans le concert des nations industrielles, son redressement s'effectuant en partie grâce aux exportations de produits primaires. Certes, les rentrées de capitaux fin 1938 (8 milliards de francs) et en 1939 (17 milliards) et la reconstitution de l'encaisse-or de la Banque de France (qui reçoit 248 tonnes d'or en 1939) montrent que la confiance est revenue parmi les milieux financiers, mais cela ne constitue pas nécessairement les signes d'une prospérité retrouvée.

De nouvelles relations entre les hommes

Les rapports entre les hommes se modifient grâce au progrès technique appliqué aux transports et à la transmission du son et des images. De même, les relations sportives deviennent un fait de société.

L'automobile

Les inventeurs français ont joué un rôle important dans l'histoire de l'automobile : **Nicolas Cugnot (1725-1804)** avait le premier mis au point en 1763 un tricycle à vapeur ; un siècle plus tard, **Étienne Lenoir (1822-1900)** invente le moteur à explosion (1860), **Eugène Beau de Rochas (1815-1893)** conçoit le principe du moteur à quatre temps avec compression (1862) et **Joseph Ravel (1832-1908)** utilise le carburant liquide (1868) ; puis **Amédée Bollée (1844-1917)** fabrique la première véritable automobile à vapeur, l'Obéissante. Après les expériences de Gottlieb Daimler et de Carl Benz sur le moteur à explosion fonctionnant à l'essence (1885-1886), **Léon Serpollet (1858-1907), Armand Peugeot (1849-1915)** perfectionnent les chaudières (1887), **René Panhard (1841-1908)** et **Émile Levassor (1844-1897)** mettent au point un nouveau système de changement de vitesse et les frères **Michelin** le pneu démontable (1891) ; puis **Albert de Dion (1856-1946)** invente le pont arrière suspendu (1894) et **Louis Renault (1877-1944)** le changement de vitesse à prise directe (1898).

C'est durant ces années 1890 qu'apparaît la production en série de véhicules automobiles : Armand Peugeot construit 29 voitures à essence en 1892 et 2 300 en 1908. Louis Renault, qui construit seul sa première voiture en 1898, munie d'un moteur De Dion-Bouton, monte avec son frère Marcel une usine à Boulogne-Billancourt en 1899. Travaillant pour l'armée durant la Première Guerre mondiale (il fabrique des chars et des pièces pour avions), il développe sa production automobile durant l'entre-deux-guerres, étant l'un des premiers à avoir appliqué les principes du « taylorisme » dans ses ateliers. De même, les usines Peugeot, installées à Sochaux en 1912, après avoir participé à l'effort de guerre, lancent de multiples modèles et atteignent une production de 48 000 véhicules en 1939.

Parallèlement, **André Citroën (1878-1935)** construit 10 000 voitures par an dès 1921, 400 par jour en 1928, et lance en 1934 la première « traction avant ». Sa popularité vient en partie des grandes expéditions qu'il organise en Afrique et en Asie : Croisière noire de Colomb-Béchar à Tananarive en 1924, Croisière jaune de Beyrouth à Pékin. De même, l'Italien Henri Pigozzi crée en France la société Simca (1934) et lance dès 1935 de petites voitures économiques, comme la Simca 5. Sa production dépassera les 20 000 véhicules par an en 1938.

Les pionniers français de l'aviation

L'histoire de l'aviation commence en 1890 avec le premier « vol » d'un appareil à moteur effectué par **Clément Ader (1841-1925)** sur son Éole, qu'il soulève à 20 cm du sol. Puis, après les expériences réussies aux États-Unis par les frères Wright en 1903, le Brésilien Santos-Dumont effectue en 1906 un vol de 220 mètres au-dessus du parc de Bagatelle. **Paul Cornu (1881-1944)** réalise ensuite un vol en hélicoptère à Lisieux, en 1907 ; **Henri Farman (1873-1958)** parcourt un kilomètre en circuit fermé à Issy-les-Moulineaux, en 1908; il créera en 1919 l'une des premières compagnies aériennes de passagers. **Louis Blériot (1872-1936)** réussit la première traversée de la Manche en 1909; **Henri Fabre (1882-1984)** vole en hydravion au-dessus de l'étang de Berre en 1910; la même année, **Léon Morane (1885-1918)** dépasse les 100 km/h, et en 1911 **Pierre Prier (1886-1950)** relie sans escale Londres et Paris. Puis **Roland Garros (1888-1918)** réalise en 1913 la première traversée de la Méditerranée. Il perfectionnera de façon définitive durant la guerre le tir à travers l'hélice, mis au point par **Raymond Saulnier (1881-1964)**, mais sera tué au combat.

Le 8 mai 1927, **François Coli (1881-1927)** disparaît à bord de l'Oiseau blanc avec l'as de la chasse aérienne française **Charles Nungesser (1892-1927)**, en tentant la première liaison Paris-New York sans escale; elle sera réussie dans le sens New York-Paris en mai 1927 par l'Américain Charles Lindbergh. Puis **Dieudonné Costes (1892-1973)** et **Maurice Bellonte (1896-1984)** réalisent la première traversée de l'Atlantique Nord dans le sens Paris-New York (septembre 1930). La même année, **Jean Mermoz (1901-1936)** effectue la première liaison aéropostale entre Toulouse, Buenos Aires et Santiago du Chili (il disparaîtra dans l'Atlantique Sud en décembre 1936). En 1933, le regroupement de petites compagnies privées avait permis la création d'Air France. Cette évolution est le fruit des recherches de nombreux constructeurs, en particulier de **Louis Breguet (1880-1955)**.

La radio et la télévision

Après les expériences de « télégraphe sans fil » du général **Gustave Ferrié (1868-1932)**, qui établit à partir de 1903 un système de liaison entre Paris et les postes de commandement de l'Est et perfectionne sa technique lors de la Première Guerre mondiale, le véritable essor de la radio date de novembre 1921 : le ministère des PTT réalise alors à partir de l'émetteur de la tour Eiffel les premières émissions régulières. L'année suivante, une firme privée monte la chaîne Radiola, diffusant musique et information, et animée par le populaire Marcel Laporte, dit Radiolo. En 1923, l'État se réserve le monopole de l'émission des signaux radioélectriques et organise en 1926 le réseau d'exploitation de la radio-diffusion. En 1939, les services de radiodiffusion deviennent une administration détachée des PTT. L'amélioration des techniques, surtout à partir de 1930, permet de standardiser la production de récepteurs, mis à la portée du grand public : la France comptera environ 3 millions de postes en 1939.

Si l'Anglais John Baird « invente » la télévision en 1928, les Français **Constantin Senlecq**, en 1877 et **Édouard Belin (1876-1963)**, en 1908, en avaient été les précurseurs. Puis **René Barthélemy (1889-1954)** effectue à l'École supérieure d'électricité de Malakoff une démonstration publique de télévision, qui constitue une première en France (1931) ; il organise une autre séance au Grand Palais en octobre 1932. Vivement intéressé, le ministre des PTT Georges Mandel le charge en 1935 de mettre en place dans la région parisienne un système de prise de vues et de diffusion qui sera réalisé en quelques mois. Collaborant avec **Henri de France (1911-1986)**, qui met au point un appareil de 120 lignes de définition (et plus tard la télévision en 819 lignes, puis le procédé SECAM de télévision en couleurs), René Barthélemy réussit à synchroniser le son et l'image, et invente l'isoscope, tube de prises de vues perfectionné pour les caméras de télévision.

À la fin des années 1930, la télévision commence à être produite en série et à attirer les artistes de la chanson et du spectacle.

Une riche créativité

L'influence du fauvisme persiste dans la peinture au début du XXe siècle. Parallèlement, Braque et Picasso sont à l'origine du cubisme, alors que le dadaïsme et le surréalisme trouvent une expression picturale. Certains restent cependant en marge de ces écoles. Fortement marqués par les conceptions modernistes au début du siècle, la sculpture et l'architecture connaissent aussi des synthèses réussies avec la tradition. La nouvelle expression musicale qui apparaît au début du siècle se prolonge durant l'entre-deux-guerres avec, en particulier, le groupe des Six ; parallèlement, l'influence des rythmes étrangers transforme l'art chorégraphique comme les danses populaires. Alors que le théâtre renouvelle son répertoire, le cinéma en pleine expansion connaît la révolution du « parlant », et le music-hall popularise les vedettes de la chanson. La richesse et la diversité des lettres françaises se retrouvent dans l'entre-deux-guerres avec des auteurs de sensibilités très diverses, bien difficiles à regrouper. Certains ont toutefois en commun leur foi humaniste, d'autres leur conviction nationaliste, d'autres un non-conformisme militant.

La peinture du premier XXe siècle

Les derniers « fauves »

Henri Matisse (1869-1954). Il se rapproche du cubisme avant 1914 (*le Peintre et son modèle,* 1912). Mais il reste fidèle à la pureté des formes qu'il admire chez Renoir et qui marque ses œuvres de l'après-guerre (*Fenêtre à Nice,* suite d'*Odalisques*). Ses voyages à Tahiti renforcent chez lui le sens de la couleur alors qu'il accentue le dépouillement de ses formes (*Grand Intérieur rouge,* 1948…).

Parallèlement, il réalise des eaux-fortes et des lithographies, peint des vitraux. Son œuvre est une synthèse originale de l'impressionnisme, du fauvisme et du cubisme.

Georges Rouault (1871-1958). Il étudie la peinture sur verre et devient l'élève de Gustave Moreau. Il en conservera un sens exceptionnel de la couleur dans ses portraits, à la fois sombres et lumineux, de clowns, de prostituées ou de juges, et dans ses aquarelles et vitraux inspirés par les thèmes religieux (comme son inoubliable Flagellation du Christ réalisée pour la chapelle d'Assy).

Maurice de Vlaminck (1876-1958) et André Derain (1880-1954). Ils peignent ensemble à Chatou avant 1914. Le premier évolue vers un semi-réalisme avec ses paysages de la région parisienne et ses ports qui ne sont pas sans rappeler les toiles des premiers impressionnistes (Voilier sur la Seine…). Le second, influencé par Cézanne et Picasso, peint les bords de Seine et la Tamise, avant de connaître une période « gothique » durant laquelle il atténue ses couleurs et précise le contour de ses œuvres. Puis il peint la Provence.

Othon Friesz (1879-1949). Il est d'abord influencé par l'impressionnisme avant de venir au fauvisme et d'en atténuer les couleurs. Il laisse de nombreuses peintures de bord de mer, des paysages, des portraits et des nus, le carton de la tapisserie *la Paix* pour la SDN (1935), et *la Seine,* réalisée avec Raoul Dufy pour le palais de Chaillot (1937).

Le cubisme

Il naît au début du siècle dans le milieu des artistes et poètes qui fréquentent le « Bateau-Lavoir », maison qui accueille Picasso, Van Dongen, Juan Gris, Apollinaire, Max Jacob… Le terme « cubisme », dû à Matisse et Louis Vauxcelles, s'explique par les formes géométriques (trapèzes, cônes, sphères…), utilisées par Braque et Picasso.

Fernand Léger (1881-1955). Il se rapproche du cubisme vers 1910 (*les Fumeurs,* 1911). Après la guerre, il trouve son originalité avec des oppositions de couleurs dans des compositions d'objets quotidiens et de personnages mécaniques: *les Hommes dans la ville* (1919), *Nature morte aux clés* (1930)... Puis il peint aux États-Unis des plongeurs et des acrobates, et réalise une mosaïque pour la façade de Notre-Dame d'Assy, en Haute-Savoie (1946).

Georges Braque (1882-1963). Élève de Charles Lhuillier, il est d'abord marqué par le fauvisme. Mais sa vision des *Demoiselles d'Avignon* de Picasso, en 1907, décide de son évolution vers le cubisme. Il abandonne les paysages pour les natures mortes (*le Violon et la Cruche,* 1910), où le réalisme et la perspective laissent la place à une stylisation très poussée des formes, avec l'utilisation de matières brutes (bois, sable, métaux) ou d'objets ordinaires (journal, tissu). Dans les années 1920-1940, il peint des «guéridons», des «guitares» puis des «Ateliers» (1949-1956) et des «Oiseaux», dont celui qui décore un plafond du Louvre (1952-1953).

Le cubisme s'illustre aussi avec **Albert Gleizes (1881-1953)**, qui pousse à son terme le refus du figuratif, **Jean Metzinger (1883-1956)**, **Robert Delaunay (1885-1941)**, **Jacques Villon (1875-1963)**, qui pratique la gravure en couleurs, et réalise des compositions d'objets géométriques, **Louis Marcoussis (1883-1941)** et **Roger de La Fresnaye (1885-1925)**, qui esquisse cependant un retour vers le réalisme.

La peinture « surréaliste »

Francis Picabia (1879-1953). D'abord impressionniste, puis cubiste, il évolue vers l'abstraction et la représentation de la machine *(l'Enfant carburateur).*

Amedeo Modigliani (1884-1920). Il s'installe à Paris en 1906, où il vit dans la misère et la maladie entre Montmartre et Montparnasse. Il peint de nombreuses toiles entre 1915 et 1920: portraits et nus aux formes allongées et aux couleurs vives, dans un style apuré proche de celui des « primitifs » italiens.

Hans Arp (1887-1966). À l'origine du dadaïsme, il compose des toiles abstraites faites de taches de couleurs (*Danseuses,* 1925...) et des sculptures originales.

Marcel Duchamp (1887-1968). Il est adepte d'un cubisme futuriste (*le Nu descendant l'escalier,* 1912) et est l'un des précurseurs de dada.

Max Ernst (1891-1976). D'origine allemande, il est lié au groupe dada. Ses œuvres prolongent les formes du cubisme et représentent des objets du monde industriel (fer, tuyaux, engrenages...) et des êtres hybrides (*l'Éléphant Célèbes,* 1921, *la Femme 100 têtes,* 1929...).

André Masson (1896-1963). Il se tournera vers l'abstraction tourmentée et influencera après 1945 l'« action painting » américain.

Yves Tanguy (1900-1955). Il applique à la peinture « la création automatique » suscitée par le rêve.

En marge des écoles

Pierre Bonnard (1867-1947). Membre des nabis vers 1890, il réalise des lithographies *(la Revue blanche)* et peint la vie parisienne avant 1914. Puis il évolue vers des thèmes plus intimistes (*la Toilette,* 1922, *le Corsage rouge,* 1925...) rappelant Degas ou Renoir et réalise un *Saint François de Sales* pour l'autel de l'église d'Assy.

Albert Marquet (1875-1947). Élève de Gustave Moreau, il participe au fauvisme du début du siècle et peint surtout Paris et ses quais dans un style semi-figuratif aux couleurs chaudes.

Charles Dufresne (1876-1938). Il peint dans un style moderne des thèmes antiques et religieux *(l'Enlèvement des Sabines, la Crucifixion).*

Raoul Dufy (1877-1953). Il se mêle au fauvisme après une période impressionniste. Puis il affirme au début des années 1920 un style léger, dépouillé, stylisé et aux couleurs claires (*Bateaux à Trouville...*) dans des toiles, des lithographies, des aquarelles et de nombreux décors de théâtre. Son œuvre majeure est *la Fée Électricité* (mesurant 600 m2), composée pour l'Exposition universelle de 1937.

Kees Van Dongen (1877-1968). D'origine néerlandaise, il peint des paysages, la vie parisienne, des natures mortes ainsi que des nus à l'aide de tons agressifs. Il devient durant les années 1920 le peintre à la mode chéri du « Tout-Paris ».

Maurice Utrillo (1883-1955). Séduit par l'impressionnisme de Pissarro et de Sisley, il peint au début du siècle le vieux Montmartre durant ses époques blanche, rouge et bleue (*Place Saint-Pierre, Rue du Mont-Cenis...*). Il composera ensuite un nombre considérable de tableaux dans un style tantôt proche de l'art figuratif, tantôt « naïf », mais aux teintes toujours lumineuses.

André Dunoyer de Segonzac (1884-1974). Il réalise des nombreux dessins, aquarelles, gravures et portraits (André Gide, Colette...) et peintures de paysages (*la Marne à Champigny,* 1927, *Méditerranée,* 1934...) qui allient un sens aigu de la composition et de la finesse des traits à la richesse de la couleur.

Marie Laurencin (1885-1956). Elle compose des tableaux et des lithographies d'une grande poésie, au dessin subtil et aux couleurs douces (*Femme à la colombe,* 1919)...

Marcel Gromaire (1892-1971). Influencé par le cubisme constructif (*la Guerre, les Lignes de la main...*), il décore en 1937 le palais de la Découverte et collabore avec Jean Lurçat à la rénovation de la tapisserie.

François Desnoyer (1894-1972). Il compose de très nombreux paysages aux couleurs et à la construction géométrique (*le Pont transbordeur à Marseille...*), des peintures murales, des cartons de tapisserie.

Les Espagnols à Paris

Pablo Picasso (1881-1973). Picasso est le plus illustre d'entre eux. Après ses périodes «bleue» (1901-1904) et «rose» (1904-1905), il expose à Paris ses *Demoiselles d'Avignon* (1907), qui sont à l'origine du cubisme. Puis il s'oriente vers le surréalisme dans les années 1920, accentue la décomposition des visages et des modèles (*La femme qui pleure,* 1937), tout en dénonçant les horreurs de la guerre (*Guernica,* 1937). Il réalise parallèlement des sculptures et des gravures, des lithographies et des céramiques.

Juan Gris (1887-1927). Il utilise la méthode du collage et prône la mathématique picturale.

Joan Miró (1893-1983). Fréquentant les milieux dadaïste et surréaliste parisiens, il mêle les influences fauviste, cubiste et surréaliste.

Salvador Dalí (1904-1989). Il est à la fin des années 1920 l'une des âmes du surréalisme parisien, prônant les «associations délirantes» et affirmant l'effet créateur du rêve et de la «paranoïa critique».

La sculpture et l'architecture

La sculpture

Antoine Bourdelle (1861-1929). Parallèlement, la sculpture plus traditionnelle trouve un illustre continuateur avec Bourdelle, influencé par Rodin mais aussi par l'Antiquité et l'art roman. La plus grande partie de son œuvre immense (neuf cents sculptures, plusieurs milliers de dessins, de pastels et de peintures) est réalisée avant 1914 (*Héraclès archer, Tête d'Apollon,* bustes et bas-reliefs).

Charles Despiau (1874-1946). Il est l'un des collaborateurs de Rodin. Son inspiration et son style sont également proches de Bourdelle, avec qui il expose. Il compose lui aussi plusieurs milliers de dessins, portraits, statues et bas-reliefs.

Raymond Duchamp-Villon (1876-1918). Il pratique le cubisme dans ses statues et ses bustes.

Henri Laurens (1885-1954). Il illustre aussi la sculpture abstraite et réalise des « papiers collés » et compositions en bois et fer peints.

Hans Arp (1887-1966). Il représente le courant dadaïste et surréaliste avec des œuvres abstraites.

Ossip Zadkine (1890-1967). Ses bronzes et ses sculptures taillées dans la pierre ou le bois, aux creux et aux vides originaux, témoignent également de l'influence surréaliste (*les Ménades,* 1932...).

Jacques Lipchitz (1891-1973). Il réalise des compositions de formes sans lien avec le réel.

Alexandre Calder (1898-1976). Cet Américain réalise des sculptures en métal (mobiles et stabiles).

Alberto Giacometti (1901-1966). Les sculptures de ce Suisse représentent des personnages d'une très grande minceur.

L'architecture

Auguste (1874-1954), Gustave (1876-1952) et Claude (1880-1960) Perret. Collaborateurs de Le Corbusier, les frères Perret sont à l'origine de l'utilisation du béton armé dans l'architecture dès les premières années du siècle. Après la Seconde Guerre mondiale, Auguste Perret concevra encore les reconstructions du Havre et du Vieux-Port de Marseille.

Pierre Chareau (1883-1950). Il imagine de nouvelles struc tures intérieures (« maison de verre », 1931, « mobilier rationnel », 1932...).

Robert Mallet-Stevens (1886-1945). Ses réalisations sont caractéristiques de l'art décoratif de l'entre-deux-guerres.

Le Corbusier (1887-1965). D'origine suisse, Charles-Édouard Jeanneret, dit Le Corbusier, bouleverse les traditions architecturales. Il imagine des structures aérées avec terrasses, montées sur des potences en béton, construit des villas et réalise le Palais des Nations à Genève. Il crée en 1942 l'Assemblée des constructeurs pour une rénovation architecturale (ASCORAL), puis conçoit des ensembles d'habitation à Marseille (Cité radieuse, 1947).

Marcel Lods (1891-1978) et André Lurçat (1894-1970). Leurs réalisations concernent des ensembles sociaux.

Jean Prouvé (1901-1984). Il utilise des menuiseries métalliques et des matériaux préfabriqués.

La tapisserie

Jean Lurçat (1892-1970). Il compose d'abord des peintures surréalistes, puis se consacre à la tapisserie. Après *les Illusions d'Icare* (1936), il compose *Soleil de minuit, l'Eau et le Feu, l'Apocalypse*...

La musique et la danse

La musique

Claude Debussy (1862-1918) et Maurice Ravel (1875-1937). Ces maîtres du piano dominent la création musicale française du début du siècle. L'essentiel de leur œuvre est antérieur à 1914, bien que les pièces de Ravel les plus célèbres soient postérieures (*la Valse,* 1919 ; *l'Enfant et les Sortilèges,* 1925 ; *le Boléro,* 1928). Debussy, influencé par Chopin, cultive le rêve, la nuance et la contemplation alors que Ravel, tout en partageant « son impressionnisme », évoque davantage Liszt et cherche à construire une musique plus « logique ».

Paul Dukas (1865-1935). Il a composé son célèbre *Apprenti sorcier* dès 1897 et son poème chorégraphique *la Péri* en 1912.

Erik Satie (1866-1925). Ami de Claude Debussy, il compose relativement peu, mais exerce une grande influence par son style direct et dépouillé : *les Gymnopédies* (1888), *Sarabandes* (1887), *le Fils des étoiles* (1891) avaient remporté peu de succès. En revanche, *Parade,* créé en 1916, sera un événement : il s'agit d'un spectacleballet « total » tenant du cirque et du théâtre, imaginé par Jean Cocteau avec des décors réalisés par Picasso, et dont l'un des interprètes est Léonide Massine. La musique de Satie sera alors révélée au grand public comme au monde des compositeurs.

Igor Stravinski (1882-1971). Né en Russie, il devient Français avant d'émigrer aux États-Unis. Il connaît la célébrité dès 1910 avec *l'Oiseau de feu,* puis *Petrouchka* (1911) et *le Sacre du printemps* (1913), musiques pour les Ballets russes de Serge de Diaghilev. Durant l'entre-deux-guerres, il connaît sa période « néoclassique » (*Pulcinella,* 1919...), où il s'inspire de nombreux compositeurs du passé tout en devenant le plus illustre représentant de la « musique moderne » antiromantique. Après 1950, il entrera dans sa « phase sérielle », réalisant alors des œuvres austères et religieuses.

Jacques Ibert (1890-1962). Il réalise des opéras-comiques (*le Roi d'Yvetot,* 1928).

Roland Manuel (1891-1966). Très lié au groupe des Six, il est l'auteur d'opéras-comiques (*le Diable amoureux,* 1932).

Georges Migot (1891-1976). Il écrit pour le piano (*le Zodiaque,* 1931) et des pièces religieuses (*Sermon sur la montagne,* 1936).

Le groupe des Six. Plus « modernes », influencés par l'originalité d'Erik Satie, ces jeunes musiciens prennent l'habitude de se fréquenter régulièrement dès 1917 et trouvent dans le poète Jean Cocteau leur porte-parole : **Arthur Honegger (1892-1955)**, d'origine suisse, compose des symphonies, un oratorio (*le Roi David,* 1924), collabore avec Paul Claudel (*Jeanne d'Arc au bûcher,* 1935) ; **Darius Milhaud (1892-1974)**, inspiré par le lyrisme méditerranéen, compose le ballet *le Bœuf sur le toit* en 1919, des opéras (*le Pauvre Matelot,* avec un texte de Jean Cocteau, en 1926, *Christophe Colomb,* sur un texte de Paul Claudel, en 1928...). **Georges Auric (1899-1983)** crée *les Fâcheux* (1924), compose des sonates pour piano et des musiques de film (dont ceux de Jean Cocteau) ; **Francis Poulenc (1899-1963)** laisse des mélodies, sa *Messe a* *cappella* (1937), de nombreuses pièces de musique de chambre, son *Dialogue des carmélites* (texte de Georges Bernanos, 1956) et *la Voix humaine* (texte de Jean Cocteau, 1959). **Louis Durey (1888-1979)** et **Germaine Tailleferre (1892-1983)** sont les deux autres membres du groupe.

Henri Sauguet (1901-1989). Marqué par Satie, il compose *les Forains* (1945)…

La « danse de société »

Dès la fin du XIXe siècle, elle connaît en France l'influence de diverses danses étrangères provenant surtout du continent américain : boston et cake-walk des Noirs américains vers 1900, tango dans les années 1910. Dès la fin de la guerre viennent à la mode le fox-trot nord-américain, puis la samba brésilienne, le « black bottom » afro-américain au milieu des années 1920, et le charleston popularisé par *la Revue nègre* de Joséphine Baker en 1926. Puis suivront vers 1930 le one-step d'origine américaine et la rumba cubaine. On est bien loin de la valse ou des danses « académiques » du XIXe siècle : dans les bals publics ou les fêtes privées, la danse suit l'évolution de la mode vestimentaire qui libère l'expression corporelle, et celle des rythmes influencés par le jazz ou les comédies musicales américaines.

Les Ballets russes

Serge de Diaghilev (1872-1929) fonde en 1909 les Ballets russes, première compagnie moderne de ballets, qui débuta au théâtre du Châtelet à Paris. Il attire de grands danseurs russes (Karsavina, Nijinski, Fokine…), suscite avant et après la Première Guerre mondiale l'intérêt de grands compositeurs (Ravel, Stravinski, Poulenc, Milhaud), de peintres (Picasso, Matisse, Utrillo, Braque) et de chorégraphes (Massine, Balanchine, Lifar). À la mort de Diaghilev en 1929, la troupe des Ballets de Monte-Carlo de René Blum et W. de Basil prend la relève et attire de nouveaux talents (Toumarova,

Lichine...). L'influence des Ballets russes sur la chorégraphie française est considérable, de par son esprit, son organisation et la qualité de ses interprètes renouvelant l'esthétique de la danse : le meilleur exemple est celui de **Serge Lifar (1905-1986)**, devenant en 1929 chorégraphe et premier danseur à l'Opéra de Paris, côtoyant Suzane Lorcia, Lycette Darsonval, Yvette Chauviré.

La littérature

Les inclassables

Paul Claudel (1868-1955). Il est d'abord influencé par la lecture de Rimbaud et de Mallarmé, mais aussi par la religion chrétienne. À l'âge de 21 ans, il écrit *Tête d'or,* puis se lance dans une carrière diplomatique qui le conduit de 1893 à 1914 aux États-Unis, en Chine, puis à Prague et à Francfort. Après la guerre, il est ambassadeur de France à Tokyo puis à Washington et à Bruxelles. Cela ne l'empêche pas d'écrire un nombre important de romans, de pièces de théâtre et de poésies dont *l'Échange* (1893), *l'Art poétique* (1903-1904), *l'Annonce faite à Marie* (1912), et surtout *le Soulier de satin* (1929), qui fait du renoncement à l'amour impossible la condition de la réconciliation avec Dieu. Le déchirement intérieur de l'auteur engendre ainsi une œuvre conciliant le drame poétique et le respect rigoureux du catholicisme traditionnel.

André Gide (1869-1951). Il publie dès les années 1890 plusieurs ouvrages dont *les Nourritures terrestres* (1897), où il fait l'apologie de la jouissance de la vie. Puis il écrit *l'Immoraliste* (1902), histoire d'un jeune puritain découvrant les plaisirs, *la Porte étroite* (1909) et *les Caves du Vatican* (1914). Mais c'est après la guerre que Gide connaît la célébrité, avec *la Symphonie pastorale* (1919), *Si le grain ne meurt* (1920-1924), récit autobiographique qui heurte le public en raison des mœurs dévoilées par l'auteur, et *les Faux-Monnayeurs* (1925). Puis, après un séjour en Afrique, il s'attaque aux compagnies commerciales coloniales, et critique l'expérience soviétique après avoir fait état de sa sympathie pour la Révolution russe. Après la Seconde Guerre mondiale, il publiera encore *Thésée* (1946) ainsi que ses correspondances avec Francis Jammes (1948) et Paul Claudel (1949). En apurant le style littéraire, il fait du roman l'expression d'une nouvelle forme d'humanisme contemporain.

Marcel Proust (1871-1922). Il mène d'abord une vie mondaine, et publie dès 1896 un premier recueil d'essais, *les Plaisirs et les Jours*. En 1905, il débute la rédaction de *À la recherche du temps perdu* ; il en publie le premier volume, *Du côté de chez Swann,* en 1913, puis le deuxième, *À l'ombre des jeunes filles en fleurs,* en 1918, grâce auquel il obtient le prix Goncourt l'année suivante. Proust devient alors célèbre, mais, solitaire et malade depuis déjà de longues années, il rédige fébrilement *le Côté de Guermantes* (1920) et *Sodome et Gomorrhe* (1922), publié après sa mort. L'œuvre de Marcel Proust marque son époque par sa description de l'atmosphère intérieure d'êtres tourmentés, par son art de la peinture du quotidien et sa façon de rendre compte de l'angoisse du temps qui passe.

Paul Valéry (1871-1945). Il est d'abord influencé par Stéphane Mallarmé puis par André Gide et publie des poèmes dans la revue *la Conque* dès les années 1891-1892. Il rompt avec le genre poétique, s'intéresse aux mathématiques, décrit l'économie allemande. Il revient ensuite à la poésie, avec *la Jeune Parque* (1917), *Charmes* (1922), et publie une série de cinq volumes intitulés *Variété* (1924-1944), regroupant des études variées sur la littérature, la philosophie, la poésie et l'esthétique, où il exprime un sens remarquable de la critique et une maîtrise exceptionnelle de la langue française. Sans être véritablement un philosophe – « mon système est de n'avoir pas de système », disait-il –, Paul Valéry réfléchit sur l'homme idéal capable d'aller jusqu'au bout des potentialités que renferme l'être humain.

Sidonie Gabrielle Colette (1873-1954). Elle exprime la sensibilité féminine sous toutes ses formes, en peignant le quotidien, la nature et le monde animal. On peut citer notamment la série des *Claudine* (1900-1903), publiée sous le nom de son premier mari, Henri Gauthier Villars (dit Willy), *l'Ingénue libertine* (1909), *Mitsou* (1919), *le Blé en herbe* (1923), *Sido* (1930), *la Chatte* (1933), *le Fanal bleu* (1949). Elle fut aussi actrice dès avant 1914, journaliste et critique dramatique.

Roger Martin du Gard (1881-1958). Son œuvre majeure, *les Thibault,* où s'exprime tout son talent de narrateur et son sens de l'observation de la société française, est constituée d'une suite de romans racontant l'histoire d'une famille au début du XXe siècle et pendant la Première Guerre mondiale. Ce « nouveau Balzac » obtient le prix Nobel de littérature en 1937.

André Maurois (1885-1967). De son vrai nom Émile Herzog, il est l'élève du philosophe Alain, puis devient interprète auprès de l'armée britannique durant la Grande Guerre ; cela lui inspirera des romans, tels *les Silences du colonel Bramble* (1918), et des biographies historiques, comme la *Vie de Disraëli* (1927). Il prolonge le premier genre avec *Climats* (1928), *le Cercle de famille* (1932), et le second avec *Lyautey* (1931) et *Chateaubriand* (1938). Après 1945, il poursuivra son œuvre romanesque (*les Roses de septembre,* 1956), écrira divers essais (*Retour en France,* 1947 ; *Alain,* 1949), tout en enrichissant ses recherches biographiques avec *À la recherche de Marcel Proust* (1949), *Olympio ou la Vie de Victor Hugo* (1954), *Prométhée ou la Vie de Balzac* (1965). D'autre part, ses nouvelles ont été réunies dans *Pour piano seul* (1960). Son œuvre se caractérise surtout par la qualité du style, la facilité de l'écriture, le sens de la description et la subtilité de l'ironie.

François Mauriac (1885-1970). Il illustre le déchirement de l'écrivain chrétien confronté aux tentations de la vie et à la difficulté d'être face à la famille et à la société : *le Baiser au lépreux* (1922),

Genitrix (1924), *le Désert de l'amour* (1925), *Thérèse Desqueyroux* (1927), *le Nœud de vipères* (1932), *la Vie de Jésus* (1936), etc. Après la Seconde Guerre mondiale, il reviendra au théâtre avec *les Mal-Aimés* (1945), donnera des essais critiques *Rencontre avec Barrès* (1945), *Du côté de chez Proust* (1947), écrira de nouveaux romans *le Sagouin* (1951) et récits autobiographiques *Mémoires intérieures* (1959) ; dans ses articles du *Figaro* et de *l'Express*, il prend parti pour la décolonisation et poursuit la publication de son *Journal* et de son *Bloc-Notes* (1950-1961). Il reçoit le prix Nobel de littérature en 1952.

Blaise Cendrars (1887-1961). D'origine suisse, de son vrai nom Frédéric Sauser, il écrit d'abord des poésies alors qu'il parcourt le monde, puis s'engage dans la Légion pendant la Première Guerre mondiale, durant laquelle il est amputé d'un bras. Il se consacre ensuite à une production romanesque consacrée à l'aventure au XXe siècle (*l'Or*, 1925 ; *Rhum*, 1930 ; *la Vie dangereuse*, 1938 ; *Bourlinguer*...). Son style original et non conformiste, reflet de la vie agitée qu'il mena au début du siècle, influença les premiers auteurs « surréalistes ».

Jean Cocteau (1889-1963). Ayant écrit avant 1914 des recueils poétiques (*la Lampe d'Aladin*, 1909, *le Prince frivole*, 1910), Jean Cocteau fréquente le milieu dadaïste, Picasso et des musiciens tels Darius Milhaud et Erik Satie. Il donne avec eux des spectacles « originaux » (*Parade*, 1917 ; *le Bœuf sur le toit*, 1920...), tout en composant des poèmes d'un genre nouveau (*Poésies*, 1920 ; *Plain-Chant*, 1923). Puis il aborde le roman avec *le Potomak* (1919), *les Enfants terribles* (1929), le théâtre avec *Roméo et Juliette* (1926), *Œdipe roi* (1928), *la Machine infernale* (1934), et le cinéma avec *le Sang d'un poète* (1931), *l'Éternel retour* (1943)... Après la guerre, il reviendra à la poésie avec *Clair-obscur* (1955), poursuivra sa création théâtrale avec *l'Aigle à deux têtes* (1946), et tournera pour le cinéma *la Belle et la Bête* (1946), *Ruy Blas* (1947), *les Parents terri-*

bles (1949), *Orphée* (1950). L'œuvre de Jean Cocteau est d'une richesse et d'une diversité remarquables mais trouve son unité dans un sens poétique exceptionnel et une recherche permanente de la création originale.

Maurice Genevoix (1890-1980). Il décrit d'abord l'héroïsme et les souffrances des soldats de la Première Guerre mondiale, durant laquelle il est grièvement blessé dans *Sous Verdun* (1916), puis dans plusieurs ouvrages rassemblés en 1950 sous le titre *Ceux de 14*. Il décrit également la vie campagnarde dans *Raboliot* (prix Goncourt 1925), et plus tard *la Forêt perdue* (1967), *les Bestiaires* (1969-1971)... Son dernier ouvrage, *Trente mille jours,* paraît en 1980.

Henry Millon de Montherlant (1895-1972). Il est blessé durant la Première Guerre mondiale, et en racontera ses souvenirs dans *le Songe* (1922) et *Chant funèbre pour les morts de Verdun* (1924). Puis il décrit dans divers romans ses expériences et ses voyages en Espagne et en Afrique du Nord. Dans les années 1930, il publie deux de ses œuvres majeures: *les Célibataires* (1934) et *les Jeunes Filles* (1936-1939), où s'exprime son sens de l'étude de mœurs et de sentiments. Puis il défend les valeurs traditionnelles dans *Équinoxe de septembre* (1938) et *Solstice de juin* (1941) et écrit durant la Seconde Guerre mondiale plusieurs pièces de théâtre, dont la Reine morte (1942); puis viendront après la guerre *le Maître de Santiago* (1948), *Malatesta* (1950), *Port-Royal* (1954), *Don Juan* (1958), *le Cardinal d'Espagne* (1960), qui en font un maître du théâtre dramatique dépeignant des passions violentes et excessives.

Marcel Pagnol (1895-1974). Il est le peintre incomparable de la Provence traditionnelle et du vieux Marseille. Il connaît le succès avec *Topaze* (1928), *Marius* (1929), *Fanny* (1931), et un film, *César* (1936). Il porte lui-même au cinéma trois romans de Giono, *Angèle* (1934), *Regain* (1937), *la Femme du boulanger* (1939), puis tourne en 1940 *la Fille du puisatier,* et après la guerre *Manon des sources* (1953) et *les Lettres de mon moulin* (1954). Il écrira encore plusieurs récits sur son enfance, dont *la Gloire de mon père* (1957), *le Château de ma mère* (1958), *le Temps des secrets* (1960)...

Antonin Artaud (1896-1948). Il participe au courant surréaliste durant les années 1920, mais, victime de graves troubles nerveux, il connaît l'internement psychiatrique durant la Seconde Guerre mondiale. Il avait auparavant publié des poèmes (*l'Ombilic des limbes,* 1925 ; *le Pèse-Nerfs,* 1927), et connu une expérience d'acteur aux côtés de Louis Jouvet et de Georges Pitoëff (*le Manifeste du théâtre de la cruauté,* 1932 ; *le Théâtre et son double,* 1938...). Il laisse également *Van Gogh, le suicidé de la société* et *Vie et mort de Satan-le-Feu.*

Antoine de Saint-Exupéry (1900-1944). Il raconte ses expériences de pionnier de l'aviation civile dans *Courrier Sud* (1931), *Vol de nuit* (1931), *Terre des hommes* (1939)... où s'expriment son humanisme et son idéal de grandeur et de solidarité entre les hommes. Son sens poétique s'exprime également dans son célèbre *Petit Prince* (1943). Il meurt au cours d'une mission aérienne en 1944.

André Malraux (1901-1976). Attiré par l'Orient et l'idéal révolutionnaire, il est en Chine lors des événements de 1926. Ils lui inspirent notamment *la Tentation de l'Occident* (1926) et *la Condition humaine* (1933), qui lui valut le prix Goncourt. Puis il dénonce les camps de concentration allemands (*le Temps du mépris,* 1935), participe au côté des républicains à la guerre d'Espagne, qu'il raconte dans *l'Espoir* (1937). En 1939-1940, il combat dans les chars, est fait prisonnier, s'évade et relate ces faits dans *les Noyers de l'Altenburg* (1943). Chef de maquis, il commande la brigade Alsace-Lorraine et devient en 1945 ministre de l'Information du général de Gaulle. Il s'intéresse ensuite surtout à l'art, écrivant *les Voix du silence* (1951), *la Métamorphose des dieux* (1957). Ministre des Affaires culturelles en 1959, il poursuivra une œuvre littéraire inspirée par des dialogues avec Mao Tsé-toung, Nehru, de Gaulle (*les Antimémoires,* 1967).

Marcel Aymé (1902-1967). Il laisse une œuvre romanesque et théâtrale à la fois fraîche, satirique, gaillarde et non conformiste, où il introduit le fantastique au cœur d'un récit réaliste : *la Jument verte* (1933), *le Passe-Muraille* (1943), *la Tête des autres* (1952) sont ses œuvres les plus célèbres. Il a également écrit pour les enfants les tendres *Contes du chat perché* (1934).

Raymond Radiguet (1903-1923). Il est l'auteur du *Diable au corps* et du *Bal du comte d'Orgel*, deux romans qui expriment à la fois la « fureur de vivre » des jeunes artistes qu'il fréquenta juste après la guerre et la qualité de l'analyse psychologique de l'auteur.

Les romanciers humanistes

Privilégiant le genre romanesque, ils critiquent l'absurdité des guerres, l'intolérance et le totalitarisme, et prêchent la réconciliation entre les hommes.

Romain Rolland (1846-1944). Il compose avant 1914 divers drames historiques et récits biographiques (tels *Danton*, 1901 ; *Haendel*, 1910 ; *Tolstoï*, 1911...) et un roman en dix volumes, *Jean-Christophe*, 1904-1912. Il y exprime déjà son attirance pour les personnages hors du commun vouant leur vie à l'art ou à la quête de l'absolu. Durant la guerre, il défend des idées humanistes et pacifistes (*Aux peuples assassinés*, 1917). Il revient ensuite au roman, fonde la revue *Europe*, s'intéresse à la pensée hindoue, publie une série d'ouvrages sur Beethoven (1929-1944), et son *Voyage intérieur* (1943). Parallèlement, il se rapproche du Parti communiste et milite contre la montée du fascisme en Europe.

Georges Duhamel (1884-1966). Il rapporte son expérience de médecin militaire durant la guerre dans *Civilisation* (1918), pour lequel il obtient le prix Goncourt. Il écrit ensuite deux longues séries (*Vie et aventures de Salavin*, 1920-1932, et *Chronique des Pasquier*, 1933-1945). Après 1945, il donnera encore *le Cri des profondeurs* (1951) et *les Compagnons de l'Apocalypse* (1957), qui exprimment un humanisme généreux et son inquiétude face au progrès technique.

Jules Romains (1885-1972). Louis Farigoule, devenu Jules Romains, défend le principe de l'« unanimisme », selon lequel l'écrivain se doit de décrire le caractère unique qui se dégage de toute collectivité significative. Après 1918, il écrit des pièces satiriques, tel *Knock ou le Triomphe de la médecine* (1923), *le Dictateur* (1926) ainsi que des poèmes ; en 1932, il commence à rédiger *les Hommes de bonne volonté* (27 volumes jusqu'en 1947), qui décrivent le drame de l'impuissance humaine, mais aussi les vertus de la solidarité. Il en écrira la suite après la Seconde Guerre mondiale, qu'il vivra en exil.

Georges Bernanos (1888-1948). Son œuvre est fortement marquée par le christianisme et l'angoisse religieuse : *Sous le soleil de Satan* (1926), *le Journal d'un curé de campagne* (1936), qui lui vaut le grand prix de l'Académie française), ou les *Dialogues des carmélites* (publié après sa mort). D'abord royaliste, il critique ensuite le traditionalisme catholique et condamne le franquisme (*les Grands Cimetières sous la lune,* 1938). Puis, dénonçant le gouvernement de Vichy il part vivre au Brésil. Après la guerre, il exprimera son inquiétude face au danger que fait courir à l'humanité « l'affreux néant du confort » (*la France contre les robots,* 1947...).

Jean Giono (1895-1970). Profondément marqué par sa participation à la guerre de 1914, il décrit la souffrance et la détresse des soldats du front, dans *le Grand Troupeau* (1931) et *Jean le Bleu* (1932). Il donnera ensuite *Regain* (1930), *le Chant du monde* (1934), *Que ma joie demeure* (1935), hymnes au retour à la vie pastorale, qu'il fait sienne dans sa retraite du Cantadour, en Provence près de Manosque, qui constitue aussi un lieu de rencontre. Parallèlement, Giono milite pour le pacifisme intégral (*Refus d'obéissance,* 1937) et signe en mars 1938 un manifeste (avec Alain, André Breton, Simone Weil) pour protester contre « l'enrôlement anticipé ».

Il continue à écrire durant la guerre (*l'Eau vive*, 1943), et sera emprisonné à la Libération, pour ses interviews à la revue collaborationniste *la Gerbe*. Après la guerre, il publiera : *Un roi sans divertissement* (1947), *le Hussard sur le toit* (1951), *le Bonheur fou* (1957), *les Deux Cavaliers de l'orage* (1965).

La réaction nationaliste

D'autres auteurs, nationalistes et xénophobes, dénoncent le progressisme social et le déclin de la France, qu'ils attribuent volontiers à la « corruption juive », comme leurs prédécesseurs de la fin du XIXe siècle.

Édouard Drumont (1844-1917). Il fait figure de précurseur de l'antisémitisme virulent : *la France juive, essai d'histoire contemporaine* (1886).

Maurice Barrès (1862-1923). Il dénonce la « décadence » française et le déclin des valeurs chrétiennes traditionnelles. Député boulangiste de Nancy en 1889, il publie *Du sang, de la volupté et de la mort* (1894), *l'Appel au soldat* (1900), *la Colline inspirée* (1913). Il publie une *Chronique de la Grande Guerre* (1920-1924), *Un jardin d'Oronte* (1922). Son culte de la patrie, de la terre ancestrale et de la rédemption guerrière lui vaut d'être « jugé » et « condamné » en 1921 par les surréalistes, pour « crime contre la sûreté de l'esprit ».

Charles Maurras (1868-1952). Il dirige à partir de 1908 avec Léon Daudet le journal monarchiste *l'Action française*, tout en exaltant le nationalisme et tout en dénonçant la déchéance de la France : *le Chemin du paradis* (1895), *l'Avenir de l'intelligence* (1905)… Dans les années 1930, il menace de mort les parlementaires hostiles à l'Italie fasciste. Il soutient le gouvernement de Vichy et sera pour cela condamné à la prison à vie en 1945.

Pierre Drieu La Rochelle (1893-1945). Héros de la Première Guerre mondiale, il évolue ensuite vers le fascisme et dirige *la Nouvelle Revue française* pro-allemande durant l'Occupation. Il écrit des nouvelles (*la Comédie de Charleroi,* 1924), des romans (*l'Homme couvert de femmes,* 1926...) et des textes politiques (*Socialisme fasciste,* 1934...). Il se suicide à la fin de la guerre.

Céline (1894-1961). Louis-Ferdinand Destouches, dit Céline, publie en 1932 *Voyage au bout de la nuit,* roman au style volontiers grossier, racontant l'histoire d'un médecin des pauvres à travers l'horreur de la guerre et de la misère ouvrière. Il reçoit le prix Renaudot et la gauche le salue pour sa critique sociale. Pourtant *Mort à crédit* (1936) est qualifié d'« abject, monstrueux, ignoble » par *le Figaro,* et son pamphlet antisémite, *Bagatelles pour un massacre* (1937), le fait condamner par la gauche : il y déclare préférer « douze Hitler plutôt qu'un Blum omnipotent ». Durant la guerre, il publie *les Beaux Draps* (1941), *Guignol's Band* (1943), et regrette que l'on s'éloigne des « bases racistes communautaires ». Il quittera Paris en 1944, sera amnistié, et publiera encore *D'un château l'autre* (1957), *Nord* (1960), récits de ses années d'exil, et *Rigodon* (1961).

Robert Brasillach (1909-1945). Il collabore à *l'Action française* dans les années 1930 en tant que critique littéraire. Il écrit un roman, *le Voleur d'étincelles* (1932), devient rédacteur en chef du journal d'extrême droite et antisémite *Je suis partout,* et défend une politique active de collaboration. Il sera pour cela fusillé en 1945.

Le dadaïsme et le surréalisme

Max Jacob (1876-1944). Il partage au début du siècle la vie de bohème menée à Montmartre par les peintres cubistes. Adepte du « rêve éveillé » avant les surréalistes, il écrit des romans mystiques, et des poèmes en prose. Durant l'entre-deux-guerres, il produit de nombreux ouvrages, dont *la Défense de Tartuffe* (1919), *l'Art poétique* (1922), *Visions infernales* (1924)... L'œuvre de Max Jacob, converti au catholicisme en 1921 après des « apparitions », oscille entre le réalisme, le fantastique et les préoccupations religieuses. Il laisse aussi des peintures des rues de Paris et de la vie théâtrale. Arrêté par les Allemands en 1944, il meurt au camp de Drancy d'une congestion pulmonaire.

Guillaume Apollinaire (1880-1918). Il écrit au début du siècle de nombreux poèmes (*Alcools,* 1913) et des essais sur la peinture (*les Peintres cubistes,* 1913) faisant de lui un écrivain et un poète d'avant-garde qui marquera toute une génération d'artistes. C'est chez lui qu'André Breton, Louis Aragon et les futurs « surréalistes » se rencontrent vers la fin de la guerre. Durant celle-ci, le groupe dada est fondé à Zurich et à New York par des écrivains et des artistes (Tristan Tzara, le sculpteur Hans Arp, le peintre Francis Picabia...). Ils protestent à leur manière contre l'absurdité de leur époque, en poussant à l'extrême le non-conformisme et le goût du scandale : la provocation consiste à proposer des poèmes sans paroles, à rejeter toute peinture figurative, à réaliser des « œuvres d'art » aux formes extravagantes.

Paul Eluard (1895-1952). Eugène Grindel, dit Paul Eluard, écrit durant la Première Guerre mondiale un manifeste pacifiste, puis fréquente le groupe dadaïste avant de participer à la fondation du mouvement surréaliste. Il publie alors *Mourir de ne pas mourir* (1924), *Ralentir, travaux* avec André Breton et René Char (1930), *la Vie immédiate* (1932). Puis il rejette le surréalisme « intégral » en voulant mettre la poésie au service d'un idéal de révolte et de fraternité humaine. Il soutient ainsi les républicains espagnols puis la Résistance durant la guerre. Il publiera ensuite *Poésie ininterrompue* (1946) et *Première Anthologie vivante de la poésie du passé* (1951)...

Tristan Tzara (1896-1963). D'origine roumaine, il désire détruire la morale et l'art traditionnels avec *la Première Aventure céleste de Monsieur Antipyrine* (1916), *Sept Manifestes dada* (1924), *le Cœur à gaz* (1938)... Il donnera après la Seconde Guerre mondiale des écrits moins provocants et davantage tournés vers un nouvel humanisme constructif. Mais, dès le début des années 1920, ceux qui l'avaient rejoint après la publication du *Manifeste dada* de 1918 (André Breton, Louis Aragon, Philippe Soupault...) s'éloignent du dadaïsme pour vivre l'expérience « surréaliste » avec Paul Eluard, Robert Desnos, Benjamin Péret : il s'agit d'un ensemble de pratiques originales (écriture « automatique », rêve éveillé, sommeil hypnotique, le « cadavre exquis », où l'on participe à la création d'une phrase sans en connaître le début...), pour trouver de nouvelles formes d'expression et de perception du réel.

André Breton (1896-1966). Il écrit d'abord des poèmes (*Clair de terre,* 1923...) et fait des essais d'« écriture automatique ». Il publie en 1924 *le Manifeste du surréalisme,* qui se veut une recherche d'un « vivre autrement ». André Breton écrit alors des romans non conformistes (*les Vases communicants,* 1932), des essais (*le Surréalisme et la peinture,* 1928), des séries d'articles (*les Pas perdus,* 1924), et devient membre du Parti communiste pour faire du surréalisme un mouvement révolutionnaire. Puis il quitte le parti pour conserver son autonomie et exclut de son groupe tous ceux qui à ses yeux s'éloignent du surréalisme : Louis Aragon, Philippe Soupault, Antonin Artaud, Robert Desnos, Raymond Queneau, Jacques Prévert, Georges Bataille. Toutefois, le groupe surréaliste connaît un nouveau dynamisme au milieu des années 1930 avec Paul Eluard, les œuvres de Pablo Picasso et de Salvador Dali, le cinéma de Luis Buñuel...

Louis Aragon (1897-1982). Il fonde en 1919 avec André Breton et Philippe Soupault la revue surréaliste *Littérature,* et publie durant les années 1920 divers romans et recueils poétiques. Après un voyage en URSS (1930), il adhère au marxisme, publie *Front rouge,* qui lui vaudra d'être accusé d'appel au meurtre politique, et entreprend une œuvre engagée politiquement avec *les Beaux Quartiers* (1936), *les Voyageurs de l'impériale* (1942). Comme Paul Eluard, il fait aussi de la poésie une arme de la résistance à l'Allemagne durant l'Occupation (*le Crève-cœur,* 1941 ; *le musée Grévin,* 1943 ; *la Diane française,* 1945), mais compose également des poèmes d'inspiration amoureuse (*les Yeux d'Elsa,* 1942). Après la guerre, il restera membre du Parti communiste, dirigera la revue *les Lettres françaises* et publiera *Aurélien* (1945), *la Semaine sainte* (1958).

Robert Desnos (1900-1945). Il contribue, avec René Crevel, à utiliser l'hypnose pour libérer l'imagination poétique des interdits de la morale. Sa *Liberté ou l'Amour* (1927) sera d'ailleurs censurée. Puis il s'éloigne des surréalistes et fait état d'un humanisme optimiste dans des recueils de poèmes (*Corps et biens,* 1930 ; *Fortunes,* 1942…). Il mourra en déportation.

Les spectacles

Le théâtre

Jacques Copeau (1879-1949). Après le renouveau théâtral initié dès la fin du XIXe siècle par André Antoine (1858-1943) et Paul Fort (1871-1960), Copeau ouvre en 1913 le théâtre du Vieux-Colombier pour redonner à l'auteur dramatique toute sa place, et éliminer les préoccupations mercantiles ; on y jouera aussi bien Molière et Shakespeare que les pièces de Paul Claudel. Il créera aussi en province le théâtre de plein air. De grands metteurs en scène se révèlent alors, tels Charles Dullin (1885-1949), Gaston Baty (1885-1952), ou Louis Jouvet.

Georges Pitoëff (1884-1939) et sa femme Ludmilla (1895-1951). Durant ces années, ils sont d'exceptionnels acteurs dramatiques au sein de leur troupe, qui interprètent des œuvres de Claudel, Pirandello, Anouilh… au Vieux-Colombier, à la Comédie des Champs-Élysées ou aux Mathurins.

Jean Giraudoux (1882-1944). Il publie après la guerre de nombreux romans (*Siegfried et le Limousin,* 1922 ; *Bella,* 1926 ; *Combat* *avec l'ange,* 1934), et s'affirme dans le genre théâtral avec en particulier *Intermezzo* (1933), *La guerre de Troie n'aura pas lieu* (1935), *Électre* (1937). Durant la guerre, il collabore à plusieurs films (*la Duchesse de Langeais* et *les Anges du péché*) et écrit des pièces de théâtre (*Sodome et Gomorrhe*...) dont certaines ne seront jouées qu'après sa mort (*la Folle de Chaillot*). Il laisse une œuvre subtile, alerte, surprenante, à la fois romantique et légère.

Sacha Guitry (1885-1957). Fils de l'acteur Lucien Guitry (1860-1925), il écrit et interprète de nombreuses pièces de théâtre: *Mon père avait raison* (1919), *le Mot de Cambronne* (1936), etc. Il s'intéresse ensuite davantage au cinéma, tournant en particulier *le Roman d'un tricheur* (1935), *Remontons les Champs-Élysées* (1938), puis *Si Versailles m'était conté* (1953), *Napoléon* (1954). Son maniement exceptionnel de la langue française, ses bons mots et sa vie privée mouvementée ont fait de lui une personnalité du Tout-Paris durant près de cinquante ans.

Louis Jouvet (1887-1951). Il dirige en 1927 la Comédie des Champs-Élysées. Il s'illustre en tant qu'interprète dans les pièces de Jules Romains (*Knock,* 1923...), de Jean Giraudoux (*la Folle de Chaillot,* 1945), et par ses qualités d'acteur de cinéma (*Drôle de drame,* 1937; *Entrée des artistes,* 1938).

Le music-hall

Aux Folies-Bergère, à Bobino, au Casino de Paris, à l'Olympia, qui ont ouvert leurs portes à la fin du siècle précédent, se produisent les artistes de la chanson de variétés ou meneurs de revues qui connaissent la popularité durant l'entre-deux-guerres, grâce aussi au rôle croissant de la radio: dès 1911, Mistinguett et Maurice Chevalier animent la revue des Folies-Bergère, puis en 1918, la revue Pa-ri-ki-ri montée par Jean-Charles, qui compose des chansons à succès et d'autres revues pour l'Olympia et le Moulin-Rouge. Henri Alibert, Fréhel, Joséphine Baker, Lucienne

Boyer, Damia, Marie Dubas, Yvonne Printemps sont parmi les interprètes les plus célèbres avec Fernandel, le très beau Tino Rossi, Charles Trenet et Johnny Hess, Pills et Tabet, Mireille, Édith Piaf, Ray Ventura et ses Collégiens.

Le cinéma

Lancé à la fin du XIXe siècle par Georges Méliès, Charles Pathé et Léon Gaumont, ce nouvel art connaît un essor rapide au début des années 1900. Les réalisateurs trouvent alors leur inspiration dans le roman sentimental ou les « courses poursuites », les scènes bibliques (*la Vie du Christ,* 1906), les évocations historiques (*l'Assassinat du duc de Guise,* 1908), les séries policières à épisodes : les *Nick Carter* de Jasset, les *Rocambole* de Pathé, les *Fantomas* (1913-1914) de Louis Feuillade, précédant ses *Judex* (1917-1918), alors qu'Alfred Machin tourne *Maudite soit la guerre.* De même les grands artistes de théâtre, telle Sarah Bernhardt, sont sollicités pour porter à l'écran les pièces à succès.

Après la guerre, de nouveaux metteurs en scène s'affirment : **Germaine Dulac** tourne *la Fête espagnole* (1919), **Louis Delluc**, auteur d'un premier essai sur le cinéma, réalise *Fièvre* (1921), *la Femme de nulle part* (1922) ; **Marcel L'Herbier** produit *Eldorado* (1922), *l'Inhumaine* (1923), puis *l'Argent,* tandis qu'**Abel Gance** donne plusieurs chefs-d'œuvre (*J'accuse,* 1919 ; *la Roue,* 1924, *Napoléon,* 1927). **Jacques de Baroncelli** porte à l'écran plusieurs romans (*Ramuntcho,* 1919 ; *le Père Goriot,* 1922 ; *Pêcheur d'Islande,* 1924). **Jacques Feyder** tourne *l'Atlantide* (1921), *Crainquebille* (1923), **Jean Renoir** *Fille de l'eau* (1924), *Nana* (1926), *la Petite Marchande d'allumettes* (1928), **René Clair** *Entr'acte* (1924), *le Voyage imaginaire* (1925), *la Tour* (1928). En 1924, **Jean Epstein** réalise *la Belle Nivernaise,* **Maurice Tourneur** *l'Île des navires perdus,* **Raymond Bernard** *le Miracle des loups.*

Après des débuts difficiles, dus à la mauvaise qualité des films et à la réticence des réalisateurs et des interprètes, le cinéma parlant se développe à partir de 1929-1930, d'abord aux États-Unis. Il faut attendre le milieu des années 1930 pour assister à l'essor véritable du « parlant » en France. Il trouve alors ses maîtres avec **Jean Renoir** (*le Crime de Monsieur Lange,* 1935 ; *les Bas-Fonds,* 1936 ; *la Grande Illusion,* 1937 ; *la Bête humaine,* 1938 ; *la Règle du jeu,* 1939) et **Jacques Feyder** (*le Grand Jeu,* 1934 ; *Pension Mimosa,* 1935 ; *la Kermesse héroïque,* 1936) ; ils sont rejoints par **René Clair** (*Sous les toits de Paris,* 1930 ; *À nous la liberté* et *le Million,* 1931 ; *Quatorze Juillet,* 1933 ; *Fantôme à vendre,* 1935), **Marcel Carné** qui utilise les talents de scénariste de Jacques Prévert (*Drôle de drame,* 1937 ; *Quai des brumes,* 1938 ; *Le jour se lève,* 1939...) et **Julien Duvivier** (*Maria Chapdelaine,* 1934 ; *la Bandera,* 1935 ; *Pépé le Moko,* 1936 ; *Carnet de bal,* 1937 ; *la Fin du jour,* 1939). D'autre part, **Marcel Pagnol** porte à l'écran des œuvres de Giono (*Angèle,* 1934 ; *Regain,* 1937 ; *la Femme du boulanger,* 1938). Ce nouvel art permet l'éclosion de grands interprètes dont certains, comme **Louis Jouvet**, viennent du théâtre : **Jean Gabin, Raimu, Pierre Fresnay, Fernandel, Carette, Jean-Pierre Aumont, Arletty, Michèle Morgan, Michel Simon, Jean-Louis Barrault, Françoise Rosay, Charles Dullin** sont parmi les plus célèbres.

Une pensée scientifique féconde

La recherche médicale française continue à être active durant l'entre-deux-guerres, plus particulièrement dans le domaine de la physiologie, de la vaccination et de l'étude clinique et pathologique. La pensée scientifique française, très féconde à la fin du XIXe et au début du XXe siècle, avec en particulier Henri Poincaré, Pierre et Marie Curie, s'illustre durant cette période en mathématiques, en physique et en recherche atomique, malgré la disparition pendant la Grande Guerre de nombreux jeunes savants.

Les sciences médicales

La physiologie

Charles Richet (1850-1935). Il travaille dès 1880 sur la chaleur animale, les sérums, puis sur les phénomènes « supranormaux », relevant du « métapsychisme ». Il publie de nombreux ouvrages dans ces domaines avant et après la Première Guerre mondiale, et reçoit le prix Nobel de médecine en 1913.

Paul Portier (1866-1962). Il enseigne la physiologie comparée à Paris, et celle des animaux marins à l'Institut océanographique de Monaco. Il avait découvert en 1902 avec Charles Richet le phénomène de l'anaphylaxie (hypersensibilité d'un être à la seconde introduction d'une substance dans son organisme).

La vaccination

Albert Calmette (1863-1933). Fondateur de l'Institut bactériologique de Saigon (1891) et de l'institut Pasteur de Lille (1896), il effectue des recherches sur les sérums antivenimeux et antipesteux. Il réussit surtout, en collaboration avec Camille Guérin (1872-1961), microbiologiste qui travaille avec lui à Lille et à Paris sur les maladies infectieuses, à mettre au point en 1923 le BCG, vaccin contre la tuberculose qui porte leur nom (Bacille Calmette Guérin) et qui est utilisé dans le monde entier.

Pierre Lépine (1901-1989). Fils de Jean Lépine, il fut à partir de 1927 l'élève de Constantin Levaditi (1874-1953) à l'Institut Pasteur de Paris. Ils y travaillent sur les affections à tréponèmes, les virus neurotropes et l'utilisation du bismuth dans le traitement de la syphilis. Pierre Lépine prolonge ses recherches sur les virus et leur rôle dans l'encéphalite, la rage, la poliomyélite, et mettra au point un vaccin contre cette maladie (en 1954). Il développe l'usage de l'ultracentrifugation et du microscope électronique dans l'étude des lésions cellulaires.

Clinique et pathologie médicales

Charles Achard (1860-1944). Professeur de clinique médicale à la faculté de médecine de Paris avant la Première Guerre mondiale, il travaille sur les kystes congénitaux, le colibacille, les leucocytes et les plaquettes, le choc anaphylactique et la glycolyse.

Fernand Widal (1862-1929). Professeur de clinique médicale à la faculté de Paris, il laisse une œuvre importante en biologie. Il spécifie le bacille d'Eberth et effectue avec André Chantemesse (1851-1919) la première vaccination antityphoïdique d'animaux de laboratoire. Il découvre le sérodiagnostic de la typhoïde, le cytodiagnostic des épanchements pleuraux et du liquide céphalorachidien avec Paul Ravaux (1872-1934), qui travaille aussi sur la syphilis, le paludisme et l'amibiase, et Jean Sicard. Fernand Widal travaille aussi sur la pathologie rénale et la déchloration avec son élève André Lemierre ; il précise le rôle de la rétention d'urée et développe la clinique des néphrites.

Jean Sicard (1873-1929). Professeur de pathologie à la faculté de Paris, il met également au point le traitement des varices par des injections sclérosantes, celui des algies par alcoolisation nerveuse et les injections d'huile iodée opaque à la radiographie.

André Lemierre (1875-1956). Il étudie ensuite les staphylococcies malignes de la face, les septicémies à anaérobies, et avec James-Paul Reilly la clinique des syndromes malins des maladies infectieuses.

James Paul Reilly (1887-1974). Il travaille également sur les septicémies, la pathologie rénale, ainsi que sur la fièvre typhoïde.

De grands chirurgiens

Alexis Carrel (1873-1944). Il est l'un des fondateurs de la chirurgie moderne, mettant au point la technique de la suture des vaisseaux sanguins et de la conservation des tissus in vitro et expérimentant la transplantation d'organe. Médecin major durant la Première Guerre mondiale, il a également imaginé le traitement des blessures par irrigation continue d'hypochlorite de soude (solution de Dakin). Mais c'est surtout aux États-Unis qu'il trouve un milieu favorable pour poursuivre ses recherches. Revenu en France, il crée durant l'Occupation la Fondation française pour l'étude des problèmes humains.

Thierry de Martel (1876-1940). Il travaille d'abord dans le service de Paul Segond (1851-1914), professeur de clinique chirurgicale à Paris et fondateur de l'enseignement de la gynécologie. Puis il développe cette spécialité, met au point une nouvelle technique de trépanation et crée avec Clovis Vincent la neurochirurgie française.

Clovis Vincent (1879-1948). Ce dernier étudie en particulier les tumeurs de l'hypophyse, les abcès du cerveau, l'œdème cérébral…

La neuropsychiatrie

Joseph-Jules Babinski (1857-1932), qui a décrit plusieurs signes cliniques d'affection neurologique («signe de Babinski»), et Pierre Marie (1853-1940), qui a travaillé sur l'aphasie et l'ataxie cérébelleuse, font figure de précurseurs en neurologie.

Jean Lépine (1876-1967). Professeur de clinique neurologique et psychiatrique à la faculté de Lyon à partir de 1911, il étudie le rôle des chocs sur les maladies mentales. Il prolonge la réflexion entreprise au XIXe siècle par Philippe Pinel (1745-1826), qui avait obtenu que les aliénés soient suivis par des médecins, et ne soient plus attachés, et celle de Jean Esquirol (1772-1840), son élève, qui continua son œuvre et enseigna la clinique des maladies mentales. L'un et l'autre peuvent être considérés comme les fondateurs de la psychiatrie moderne.

La parasitologie

Alphonse Laveran (1845-1922). Médecin militaire, il découvre l'hématozoaire du paludisme lors de son séjour en Algérie en 1878. Il quitte l'armée en 1897 pour se consacrer entièrement à l'étude des protozoaires pathogènes et entre à l'Institut Pasteur. Il obtient le prix Nobel de médecine en 1907 et laisse de nombreux ouvrages, en particulier sur le paludisme et les fièvres.

La chimiothérapie

Ernest Fourneau (1872-1949). Chef de laboratoire à l'Institut Pasteur à partir de 1911, il est à l'origine du développement de la chimiothérapie. Il utilise des dérivés de l'arsenic pour soigner la syphilis, le pian, les trypanosomiases, travaille sur l'usage des sulfamides, les anesthésiques, le traitement du paludisme.

Jacques Tréfouel (1897-1977). Il se consacre plus particulièrement à la chimiothérapie antibactérienne et à l'étude de l'action des sulfamides en ce domaine. Il sera directeur de l'Institut Pasteur de 1940 à 1964.

La pharmacologie

Guillaume Valette (1902-1982). Professeur à la faculté de pharmacie de Paris en 1938, il étudie la circulation lymphatique et développe la pharmacodynamie. Dans ce domaine, il travaille sur l'action des anesthésiques locaux, sur la pénétration cutanée des hydrocarbures, des alcools et des esters, sur la détoxication de l'histamine, sur la tachyphylaxie…, et d'une façon générale sur la biochimie médicamenteuse.

L'endocrinologie

Robert Courrier (1895-1986). Professeur au Collège de France, il travaille sur l'action et le métabolisme de la progestérone et de l'œstradiol, qu'il appelle « folliculine ».

Les mathématiques

Émile Picard (1856-1941). Il effectue dès les années 1880 des recherches de très haut niveau sur les fonctions analytiques uniformes, les équations différentielles et intégrales, et en donne des applications géométriques.

Paul Painlevé (1863-1933). Ministre de la Guerre, puis président du Conseil en 1917 (animateur du Cartel des gauches en 1924), il étudie les équations différentielles et les fonctions abéliennes, défend le principe du vol aérien et crée un cours de mécanique de l'avion (1909). C'est la raison pour laquelle il est chargé pendant la guerre de mettre au point les applications militaires de ces découvertes.

Jacques Hadamard (1865-1963). Il anime au Collège de France un célèbre séminaire. Il étudie les fonctions analytiques et la propagation des ondes et résout le problème de la répartition des nombres premiers.

Élie Cartan (1869-1951). Père de la géométrie moderne, il étudie plus particulièrement la théorie des groupes et celle des espaces généralisés. En 1922, il découvre, avant Einstein, l'espace à parallélisme absolu.

Émile Borel (1871-1956). Il travaille sur les fonctions de variables réelles. Son traité sur le calcul des probabilités contribue à structurer rigoureusement cette discipline. Il est député et ministre de la Marine du cabinet Painlevé, en 1925.

René Baire (1874-1932). Il développe, au même titre que Henri Poincaré, Émile Borel et Henri Lebesgue, la théorie des fonctions de variables réelles et complexes et publie des *Leçons sur les fonctions discontinues.*

Henri Lebesgue (1875-1941). Il introduit une généralisation décisive du concept d'intégrale, qui permet la solution d'innom brables problèmes.

Paul Montel (1876-1975). Il développe la théorie des fonctions de variables complexes, celle des familles normales de fonctions et jette les bases de la géométrie des polynômes. Il effectue également des travaux dans le domaine de la mécanique et de la résistance des matériaux.

Maurice Fréchet (1878-1973). Il fonde la théorie des espaces « abstraits » et approfondit le calcul différentiel, celui des intégrales et des probabilités ; il définit les « fonctionnelles » à valeurs réelles, et étudie leur continuité, leur convergence, leur dérivabilité.

Arnaud Denjoy (1884-1974). Il étudie la théorie des fonctions et celle des figures d'ensembles quelconques de points. Il imagine en 1923 le principe de la totalisation dans la recherche des primitives des fonctions, étudie les nombres transfinis et dépasse la méthode d'intégration de Lebesgue.

Paul Lévy (1886-1971). Il effectue des recherches sur la mécanique, les probabilités et le calcul fonctionnel.

Gaston Julia (1893-1978). Il travaille sur le calcul fonctionnel, ainsi que sur l'itération des fractions rationnelles et la théorie des nombres.

La chimie

Paul Sabatier (1854-1941). Collaborateur de Marcelin Berthelot dès 1878, il travaille sur la catalyse, découvre les propriétés du nickel, effectue la synthèse d'un certain nombre d'hydrocarbures, notamment du méthane, et réussit à produire des aldéhydes et carbures éthyléniques. Il obtient le prix Nobel de chimie en 1912.

Charles Moureu (1863-1929). Il découvre les anti oxygènes, qui jouent un rôle d'inhibiteur dans l'oxydation, travaille sur les dérivés de l'acétylène et les propriétés des gaz d'eaux minérales.

Victor Grignard (1871-1935). Il découvre en 1901 des dérivés organomagnésiens mixtes qui permettent d'effectuer de nombreuses synthèses en chimie organique. Il obtient avec Paul Sabatier le prix Nobel de chimie en 1912, et rédige un volumineux traité de chimie organique publié seulement en 1950.

La physique

Édouard Branly (1844-1940). Il a permis le développement de la télégraphie sans fil grâce à ses diverses découvertes (dont le cohéreur à limaille, datant de 1890).

Pierre Duhem (1861-1916). Critiquant Marcelin Berchelot, il est à l'origine d'une branche nouvelle de la thermodynamique en mettant en évidence les processus irréversibles à travers le concept de génération d'entropie. Bien que sa théorie ait été refusée en 1884 par d'illustres scientifiques (dont Gabriel Lippmann et Émile Picard), il fut reconnu en Amérique et en Allemagne.

Jean Perrin (1870-1942). Il étudie dès 1895 les rayons cathodiques et démontre qu'ils constituent des trajectoires de corpuscules d'électricité négative. Il travaille ensuite sur les rayons X, confirme l'hypothèse atomique par des travaux expérimentaux et imagine la représentation de l'atome comme microsystème solaire. Après la Première Guerre mondiale, il mène des recherches sur le rôle de la lumière dans les réactions chimiques et le rayonnement solaire. Il est à l'origine du Centre national de la recherche scientifique et du palais de la Découverte, et participe en 1936 au gouvernement de Léon Blum. Il a écrit plusieurs ouvrages dont *les Atomes* (1921), *Grains de matière et de lumière* (1935).

Paul Langevin (1872-1946). Il étudie l'ionisation des gaz, le magnétisme et l'orientation moléculaire, la relativité et l'inertie de l'énergie, ainsi que les ultrasons: durant la Première Guerre mondiale, il met au point l'appareillage nécessaire à la détection des sous-marins à l'aide d'ondes ultrasonores.

Maurice de Broglie (1875-1960). D'abord astronome et élève de Langevin, il effectue avant la guerre des recherches dans le domaine de la physique moléculaire (ionisation des gaz) et met au point la méthode du «cristal tournant» pour étudier les spectres des rayons X et la structure atomique des cristaux. En 1921, il découvre l'effet photoélectrique nucléaire permettant de mieux comprendre la structure de l'atome.

Jean Becquerel (1878-1953). Il découvre la polarisation rotatoire paramagnétique. Il est le fils d'Henri Becquerel, qui avait mis en évidence la radioactivité de l'uranium en 1896.

Fernand Holweck (1890-1941). Il travaille avec les Curie et découvre en 1920 la continuité entre les rayons ultraviolets et les rayons X et met au point une pompe à vide moléculaire. Il est mis à mort par les Allemands durant l'Occupation.

Louis de Broglie (1892-1987). Frère de Maurice de Broglie, il obtient, après avoir soutenu en 1924 une thèse intitulée «Recherches sur la théorie des quanta», le prix Nobel de physique en 1929: il met en évidence la nature ondulatoire des électrons, découverte fondamentale permettant le développement de la «nouvelle mécanique des quanta» (qui est confirmée empiriquement peu de temps après par les Américains Clinton J. Davisson et Lester H.

Germer). Il travaille ensuite sur le noyau atomique et publie de nombreux livres avant et après la Seconde Guerre mondiale.

Pierre Lejay (1898-1958). Il élabore avec Fernand Holweck un pendule à lame oscillante pour mesurer le champ de pesanteur (1930). Il étudie l'ozone de l'atmosphère, les radiations solaires et l'ionosphère.

L'astronomie et l'astrophysique

Benjamin Baillaud (1848-1934). Il est l'un des promoteurs de la réalisation de la carte du ciel (1887) et du Bureau international de l'heure (1910). En 1919, il est le premier président de l'Union astronomique internationale, dont son fils Jules Baillaud (1876-1960) préside de 1935 à 1952 la commission de la carte du ciel. Il dirige aussi l'observatoire du pic du Midi de 1937 à 1952. Son frère René Baillaud (1885-1977) dirige celui de Besançon (de 1928 à 1956), tout en effectuant des recherches sur la chronométrie.

Alfred Pérot (1863-1925). Astronome à l'observatoire de Meudon en 1908, il réalise avec Charles Fabry un interféromètre à lames semi-argentées pour étudier la structure fine des raies spectrales qui permet de définir la valeur du mètre international au moyen des longueurs d'onde. Il effectue également des recherches en astrophysique et sur la luminescence des gaz.

Charles Fabry (1867-1945). Il étudie avec Alfred Pérot les interférences à ondes multiples, la métrologie, la spectroscopie et la physique céleste. Il découvre et analyse l'ozone de la haute atmosphère et vérifie le principe de Doppler-Fizeau appliqué à l'optique.

Bernard Lyot (1897-1952). Astronome à l'observatoire de Meudon en 1920, il étudie la polarisation de la lumière provenant des planètes. À partir de 1930, il travaille sur la couronne solaire, et met au point le coronographe, qui permit de la photographier et d'étudier son spectre (1931-1939). Après 1945, il étudiera les émissions d'hydrogène dans la chromosphère solaire, et les éruptions solaires.

La physique nucléaire

Les chercheurs français occupent dans ce domaine une place exceptionnelle qui explique que la France pourra mener une politique nucléaire civile et militaire autonome.

Irène Joliot-Curie (1897-1956). Fille de Pierre et Marie Curie, elle est infirmière radiographe durant la Première Guerre mondiale, utilisant ainsi les nouvelles techniques mises au point par sa mère. Elle travaille ensuite sur les rayons alpha du polonium, la radioactivité naturelle et artificielle, la physique nucléaire, et obtient avec son mari, Frédéric Joliot, le prix Nobel de chimie en 1935. Dès avant la guerre, elle contribue à la découverte de la fission de l'atome d'uranium, à la suite de bombardements du noyau de cet atome par des neutrons lents. Secrétaire d'État à la Recherche scientifique en 1936, professeur à la faculté des sciences de Paris en 1937, elle sera nommée directrice de l'Institut du radium en 1946, et contribuera à créer la première pile atomique française (1948). Elle milite en outre pour améliorer la condition féminine.

Frédéric Joliot-Curie (1900-1958). Il travaille à l'Institut du radium de Marie Curie et épouse sa fille Irène en 1926. Il étudie avec elle la structure de l'atome et prépare ainsi la découverte du neutron par l'Anglais James Chadwick, en 1932. Puis ils mettent en évidence la radioactivité artificielle en 1934, en créant des isotopes qui se désagrègent en émettant des électrons positifs ou négatifs. Ils obtiennent pour cela le prix Nobel l'année suivante. Puis Frédéric Joliot-Curie étudie avec Hans Halban, Lev Kowarski et Francis Perrin les conséquences de la réaction en chaîne de la fission de l'atome et cherche à mettre au point une pile atomique à uranium et à eau lourde (1939-1940). Avant l'occupation allemande, il parvient à faire passer en Grande-Bretagne le résultat de ses recherches. Puis il devient en 1945 directeur du Centre national de la recherche scientifique et haut-commissaire à l'Énergie atomique de 1946 à 1950. À la mort de sa femme, il achève la réalisation du centre de physique nucléaire d'Orsay, qu'elle avait entreprise. Parallèlement à cette œuvre scientifique considérable, Frédéric Joliot-Curie participe aux grands événements politiques de son époque : membre du Parti socialiste en 1934, il soutient le Front populaire, rejoint le Parti communiste pendant la guerre et préside le Front national, l'une des principales organisations de résistance. C'est d'ailleurs à cause de son engagement politique qu'il est destitué de ses fonctions de haut-commissaire en 1950.

Francis Perrin (1901-1992). Fils de Jean Perrin, il étudie d'abord la dispersion diélectrique des solutions de grosses molécules, la diffusion de la lumière par des milieux opalescents, la matérialisation du rayonnement ; puis il travaille en 1939 avec l'équipe de Frédéric Joliot-Curie sur les effets énergétiques de la fission atomique et les seuils critiques nécessaires. Membre de l'Assemblée consultative d'Alger en 1944, il sera haut-commissaire à l'Énergie atomique en 1951.

Des personnalités exceptionnelles

La philosophie, la sociologie et l'histoire connaissent durant l'entre-deux-guerres un renouveau incarné par quelques personnalités exceptionnelles.

La philosophie

Alain (1868-1951). Émile Chartier, dit Alain, marque l'entre-deux-guerres par son enseignement et ses écrits, qui témoignent d'un humanisme cartésien dénonçant les forces qui écrasent la liberté et la responsabilité de l'individu et condamnant la guerre et les régimes autoritaires. Il publia notamment ses *Propos* (1908-1919), son *Système des beaux-arts* (1920), ses *Propos sur le bonheur* (1928).

Pierre Teilhard de Chardin (1881-1955). Ordonné prêtre en 1911, il enseigne la géologie et la paléontologie de 1920 à 1923. Puis il effectue de nombreux séjours d'étude en Chine, en Indonésie, en Afrique. Dans ses divers écrits, tels *le Cœur de la matière,* 1950 ou *le Phénomène humain,* 1955, se développe un nouvel humanisme reposant sur l'idée d'une évolution consciente du monde permise par le progrès de la pensée.

Georges Politzer (1903-1942). Membre du PCF, il a publié une *Critique des fondements de la psychologie* et *le Bergsonisme, mystification politique*. En 1941, il crée la revue clandestine *Pensée libre*; il sera fusillé pour faits de résistance en 1942.

Simone Weil (1909-1943). Agrégée de philosophie et élève d'Alain, elle travaille comme ouvrière chez Renault, combat aux côtés des républicains espagnols et laisse une œuvre majeure tournée vers l'étude de l'aliénation ouvrière, la défense de la justice sociale, l'analyse du nazisme comme maladie, et la réflexion sur le divin. Elle a écrit en particulier *la Pesanteur et la Grâce, la Condition ouvrière.*

La sociologie

Lucien Lévy-Bruhl (1857-1939). D'abord philosophe, il subit l'influence de Durkheim et écrit *l'Idée de responsabilité* (1885). Il étudie la morale des peuples primitifs : *la Mentalité primitive* (1922)…

Maurice Halbwachs (1877-1945). Tout en adoptant une définition des classes sociales proche de celle de Marx, il cherche à prolonger les recherches de Durkheim sur les représentations collectives débouchant sur la psychosociologie ; il introduit les instruments statistiques dans l'étude des phénomènes sociaux. Il meurt en déportation à Buchenwald. Il laisse de nombreux ouvrages dont *les Cadres sociaux de la mémoire* (1925), *les Causes du suicide* (1930), *Esquisse d'une psychologie des classes sociales* (1938), *Psychologie collective* (1942).

L'histoire

Marc Bloch (1866-1944) et Lucien Febvre (1878-1956). Ils créent en 1929 la revue des *Annales* (Économies, Sociétés, Civilisations), qui renouvelle la vision de l'histoire, conçue comme une discipline totale qui englobe les diverses dimensions de la réalité sociale (économie, politique, religion, science…), fondant ainsi ce que l'on appellera l'« école des *Annales* ». Marc Bloch publie en particulier *la Société féodale* (1938-1940), avant d'entrer dans la Résistance et d'être fusillé en 1944. Lucien Febvre, publie plusieurs ouvrages sur le XVIe siècle et participe en 1933 à l'élaboration de l'*Encyclopédie française.*

1939-1945

LA SECONDE GUERRE MONDIALE

Introduction

La Seconde Guerre mondiale trouve sa source dans le désir allemand d'effacer la défaite de 1918 et dans l'idéologie nazie, mais elle résulte aussi du laisser-faire des démocraties. Autant les responsabilités de la Première Guerre mondiale sont manifestement partagées, autant celles de la Seconde Guerre mondiale sont incontestablement unilatérales. Les grands pays démocratiques qui vont être entraînés dans ce conflit ont en effet jusqu'au bout cherché à l'éviter et n'ont engagé les hostilités que sous la contrainte. Ce pacifisme des démocraties ne peut être considéré en lui-même comme une cause de la guerre. Il a en revanche grandement favorisé les desseins d'Adolf Hitler en le laissant mener à sa guise et à son rythme une politique intérieure et extérieure ayant pour but de reconstituer une grande Allemagne dominant une Europe soumise.

Le pacifisme anglais

Durant l'entre-deux-guerres, la Grande-Bretagne, qui a elle aussi souffert de la crise, désire surtout maintenir le rôle financier de la place de Londres et celui de la livre sterling ainsi que l'intégrité de son Empire, non directement menacé par l'Allemagne. À l'abri de l'expansionnisme allemand, dans son île protégée par une flotte et une aviation puissantes, elle a longtemps ménagé l'Allemagne, qu'elle défendit contre les prétentions françaises de lui faire payer durement le coût de sa défaite de 1918 : les Britanniques préféraient jouer la carte des complémentarités économiques plutôt que d'obliger les Allemands à régler les réparations exigées par les Français.

Le pacifisme français

La France, quant à elle, garde encore profondément ancré dans sa chair à la fin des années 1930 le souvenir sanglant des tranchées de 1914-1918. « Tout, mais plus jamais cela » pourrait être, avec « l'Allemagne paiera », les phrases résumant l'état d'esprit de la grande majorité des Français durant l'entre-deux-guerres. Après avoir refusé toute idée de paix négociée durant la Première Guerre mondiale et le principe même d'une réconciliation avec l'Allemagne, une fois la paix revenue, la France a cherché à imposer à son nouvel ennemi héréditaire des réparations financières lui permettant de financer le remboursement de sa dette extérieure contractée envers ses alliés et à le conditionner au rythme du règlement des « réparations ». Cela ayant échoué, en raison des difficultés économiques et financières allemandes et de l'hostilité anglo-américaine, les Français en gardèrent rancune à leurs anciens alliés et firent du rétablissement (partiel) du franc le symbole de leur redressement et l'un de leurs objectifs prioritaires.

Le second axe de la politique française fut l'établissement d'un système défensif à l'égard de l'Allemagne reposant sur deux moyens principaux : d'une part, des alliances militaires à l'Est (Union soviétique et Pologne-Tchécoslovaquie) qui allaient se révéler caduques au fil du temps, la France « abandonnant » la Tchécoslovaquie, l'URSS signant le fameux pacte germano-soviétique, alors que l'alliance polonaise devait entraîner la France dans la guerre ; d'autre part, la construction de la ligne Maginot, ouvrage d'art impressionnant par sa dimension et sa longueur, mais non prolongée au-delà des Ardennes et enfermant l'armée française dans une stratégie purement défensive, entretenant le mythe de frontières inviolables.

« L'esprit de 36 »

Pourtant, la France avait connu, surtout depuis 1934, une forte mobilisation « antifasciste » qui s'était en particulier exprimée à travers la victoire du Front populaire ; mais la gauche ne sut pas oser le soutien aux républicains espagnols (alors que les nationalistes recevaient l'aide de l'Allemagne et de l'Italie) ni proposer une politique dynamique face au danger nazi, estimant avoir accompli son devoir en arrêtant sa montée en France. Bien que la gauche n'ait pas « désarmé » la France, comme cela lui a été reproché, il est certain que les grèves et la réduction de la durée du travail dans l'industrie furent, pendant ces années, un désavantage face à la militarisation allemande ; il fallut attendre 1938-1939 pour que soit mise en œuvre une véritable politique d'armement. Mais si Daladier fut l'un de ses instigateurs, il ne chercha pas à l'inscrire dans une stratégie susceptible de contrecarrer l'expansionnisme hitlérien, puisqu'il fut l'un des signataires des accords de Munich, et que sa hantise de la guerre l'amena à espérer qu'un renforcement de la défense française suffirait à décourager l'Allemagne.

Quel contraste au total entre les Français de l'été 1936, durant lequel les ouvriers dansent dans les usines occupées, et les Allemands fascinés par Hitler, qui défilent au pas cadencé des marches militaires et vibrent à ses discours ! De plus, ceux qui en France dénoncent le Front populaire ou s'en inquiètent le font par peur du « bolchevisme » ou des troubles sociaux et non pour exiger une attitude plus ferme à l'égard de l'Allemagne nazie : l'extrême droite salue en Hitler le défenseur de l'Occident anticommuniste et antisémite ; une partie de la droite rêve du retour à la vieille France des traditions patriotique et terrienne, et une autre rêve d'une nouvelle efficacité économique exigeant la paix sociale et extérieure ; aussi la France des couches moyennes, peu politisée, épargnée par la crise, ne pense-t-elle qu'à conserver le confort financier et matériel que lui a procuré la croissance des années 1920, et sera-t-elle profondément reconnaissante au maréchal Pétain d'avoir eu le « courage » de signer l'armistice avec l'Allemagne, permettant d'arrêter les combats.

On comprend ainsi pourquoi les démocraties occidentales et surtout la France ont laissé impunément l'Allemagne se réarmer, occuper la rive gauche du Rhin, annexer l'Autriche et les Sudètes après avoir accepté l'humiliation de la conférence de Munich ; elles ont fait mine de croire à la « bonne foi » du Führer dans l'espoir vain que de nouvelles concessions finiraient par satisfaire Hitler et éviteraient un nouvel embrasement européen.

Le bellicisme allemand

Le premier élément permettant de comprendre cette agressivité germanique est le sentiment d'humiliation éprouvé par le peuple allemand au souvenir de la défaite de 1918. Particulièrement fort chez les anciens combattants (dont Hitler lui-même fait partie), il est très largement répandu dans un pays qui accepte volontiers l'idée que la défaite n'était pas inéluctable et l'interprétation hitlérienne de l'issue de la Première Guerre mondiale : l'armée allemande n'a pas été vaincue mais trahie par les responsables politiques défaitistes, refusant de combattre jusqu'au bout ; il fallait puiser dans les forces profondes d'un Reich invincible depuis que le pangermanisme de Bismarck et l'industrialisation rapide de la fin du XIXe siècle avaient fait de l'Allemagne un grand pays industriel, discipliné et puissamment armé.

La capitulation sans conditions de l'Allemagne était donc injuste et inacceptable, de même que les concessions territoriales, les réparations financières et la démilitarisation du pays : le « diktat » du traité de Versailles devait être effacé, et l'honneur allemand rétabli, fût-ce au risque d'un conflit ouvert avec les anciens vainqueurs. Les exigences françaises de paiement des « réparations » et l'occupation de la Ruhr étaient jugées inadmissibles et ne pouvaient qu'exacerber le désir d'une revanche sur la France.

Cependant, si la prospérité était revenue en Allemagne par des moyens « ordinaires », l'audience de Hitler se serait certainement limitée à quelques franges marginales de l'armée et de la population, comme cela fut le cas lors du putsch raté de 1923. Mais l'hyperinflation et l'effondrement de la monnaie allemande en 1923-1924 provoquèrent de nouvelles rancœurs, et la crise de 1929 suscita la montée d'une idéologie radicale et totalitaire.

L'idéologie nazie

L'idéologie nationale-socialiste constitue en elle-même une cause directe de la guerre à partir du moment où elle était partagée par une partie notable – et même majoritaire – des populations allemande, tchécoslovaque et autrichienne.

L'origine de cette pensée se trouve chez certains idéologues français de la fin du XIXe et du début du XXe siècle, considérant qu'une telle purification et une telle résurrection ne pouvaient se faire que par la violence et la guerre nationaliste, servant à la fois de cérémonie rituelle associant le sang et la terre, et engendrant une nouvelle fraternité à travers les épreuves du combat.

Le slogan mis en avant par Hitler, « ein Reich, ein Volk, ein Führer » (un empire, un peuple, un chef), illustre les trois dimensions de cette unité à retrouver : un espace agrandi ; un peuple-race rassemblé au-dessus des frontières imposées par le traité de Versailles, qui avait dispersé des minorités allemandes dans des États hostiles ; un guide menant son peuple vers un destin glorieux et prospère, représentant l'autorité rassurante du père d'une famille unie par les seuls liens du sang.

La grande force de l'idéologie hitlérienne fut de mêler les registres économique, politique et psychologique : le nazisme constitue ainsi une organisation économique luttant efficacement contre le chômage et assurant la reprise industrielle ; une explication des difficultés et des échecs allemands, imputables aux parasites impurs ; mais aussi un moyen de réconciliation avec un père tyrannique, dont l'adoration se substitue au désir parricide refoulé.

Tout se passe ainsi comme si l'adhésion à la mythologie nazie constituait une « psychanalyse à l'envers » permettant à l'individu de fuir la « vraie solution » de ses problèmes en adhérant à une machine aliénante l'amenant à détruire ou à dominer les objets désignés de son malheur (tout ce qui n'est pas aryen et nazi), au lieu de se réconcilier avec lui-même et le reste de ses semblables. De ce point de vue, le « passage à l'acte » représenté par l'usage de la violence devient un élément indispensable de la « thérapeutique » nazie. Toutefois, la paranoïa hitlérienne n'a pu prendre la forme d'une guerre engageant toutes les forces du pays que dans la mesure où elle correspondait aux besoins objectifs d'un système économique spécifique, le capitalisme en crise.

Une économie de guerre

L'organisation économique de l'Allemagne mise en place à partir de 1933 conduit doublement à la guerre. D'une part, la reprise de l'activité et la baisse du chômage reposent largement sur les commandes publiques aux grandes entreprises des secteurs sidérurgique et mécanique et des biens d'équipement. Certes, il ne suffit pas d'avoir produit des armes pour nécessairement s'en servir. Mais cela incite à le faire, au moins au détriment des nations plus faibles. D'autre part, le modèle économique repose sur le contrôle des coûts salariaux, permis par une politique dirigiste et par la mise hors la loi des organisations politiques et syndicales. Ainsi le pouvoir d'achat de la classe ouvrière stagne durant les années 1930, réduisant la demande intérieure de biens de consommation, et créant par là même des difficultés pour les entreprises de ce secteur. L'objectif de l'« espace vital » (« Lebensraum ») à atteindre n'est donc pas une simple référence à une grande Allemagne mythique : il s'agit également de mettre la main sur des territoires pouvant apporter des matières premières alimentaires ou industrielles, fabriquer des biens complémentaires à ceux de l'industrie allemande, et enfin imposer les produits allemands aux populations soumises.

L'isolationnisme américain

Les États-Unis restent neutres jusqu'à l'agression japonaise de Pearl Harbor, malgré la sympathie qu'éprouvent la majorité des Américains pour la Grande-Bretagne et la France. L'isolationnisme américain est facile à comprendre : les affaires européennes paraissent lointaines pour un peuple qui a laissé vingt ans plus tôt plusieurs dizaines de milliers des siens sur les champs de bataille du nord de la France et dont le Sénat a refusé d'entériner le traité de Versailles, pour ne pas avoir à garantir, au besoin militairement, les nouvelles frontières de l'Europe. D'autre part, les séquelles de la crise de 1929 sont encore présentes et le souci principal des Américains est de retrouver la prospérité des années 1920, plutôt que de risquer de se trouver entraînés dans de nouvelles épreuves.

Chroniques

été 1939-été 1940

La « drôle de guerre » et la débâcle

Ayant choisi une stratégie défensive, les responsables politiques et militaires français seront incapables de résister à l'offensive allemande de mai-juin 1940.

Après Munich, Édouard Daladier a reçu le soutien de fait de tous les milieux pacifistes. D'ailleurs, à l'instigation de Georges Bonnet, ministre des Affaires étrangères qui veut rapprocher la France et l'Allemagne, « l'Esprit nouveau » inauguré par les accords de Munich se prolonge par la signature d'un pacte de non-agression entre les deux pays que Ribbentrop vient parapher à Paris le 6 décembre 1938. Les seuls opposants déclarés aux accords de Munich sont finalement les communistes, les syndicalistes de la CGT et une partie des socialistes. Mais Léon Blum lui-même est hésitant : il reconnaît durant l'automne 1938 éprouver un sentiment « partagé entre un lâche soulagement et la honte », et, le 4 octobre 1938, seuls les 73 députés communistes et un député socialiste refusent la confiance au gouvernement Daladier. Le nombre et l'audience des antimunichois restent donc bien limités à la fin de 1938. Il faut attendre le printemps 1939 pour que les mentalités commencent à évoluer.

L'ère Daladier

Durant les derniers mois de paix, la popularité dont jouit le président du Conseil est grande : il a su éviter la guerre, au grand soulagement de la France presque entière, et peut se féliciter, en décembre

1938, d'avoir refusé de « sacrifier encore un ou deux millions de paysans français ». Il a aussi mis fin à l'inquiétude de la bourgeoisie et des classes moyennes en rompant avec la SFIO et le parti communiste, et en réprimant la grève générale du 30 novembre 1938. Il confie en novembre 1938 le ministère des Finances à Paul Reynaud, qui mène une politique libérale, réduit les dépenses publiques, accorde de nombreuses dérogations à la loi sur les 40 heures et diminue le tarif des heures supplémentaires... Daladier reconnaît explicitement, en janvier 1939, que le parti radical recherche désormais l'alliance avec les classes moyennes et non plus avec le prolétariat.

La « drôle de paix »

Après avoir occupé militairement la rive gauche du Rhin en 1936, après avoir occupé l'Autriche et proclamé son rattachement au Reich (l'« Anschluss », mars 1938), après avoir, par les accords de Munich, obtenu le droit d'annexer les provinces tchèques des Sudètes peuplées à plus de 50 % par les Allemands, Hitler donne l'ordre à la Wehrmacht de pénétrer en Bohême, alors que les Slovaques se placent « sous la protection » de l'Allemagne (15-16 mars 1939). Ainsi, la Bohême et la Moravie deviennent un protectorat allemand sans qu'une nouvelle fois la France et la Grande-Bretagne réagissent.

Hitler émet aussitôt des prétentions sur une partie de la Pologne. Revendiquant le « couloir de Dantzig », qui coupe en deux le territoire du Reich, les nazis y provoquent des incidents faisant monter la tension entre les deux pays, et conduisant Londres à garantir les frontières de la Pologne (31 mars 1939), déjà liée militairement à la France. La seule manière de menacer effectivement le Reich étant de conclure une alliance avec l'Union soviétique, de façon à prendre l'Allemagne entre deux feux, s'ouvrent à Leningrad le 10 août des négociations entre la France, la Grande-Bretagne et l'URSS.

Cependant, l'épineux problème de la traversée de la Pologne par les troupes soviétiques conduit à la suspension des négociations. Pendant ce temps, Hitler propose à l'Union soviétique un pacte de non-agression, assorti d'un traité de commerce : il est signé le 23 août par Ribbentrop et Molotov. De plus, une clause secrète prévoit le partage de la Pologne.

La nouvelle de ce pacte germano-soviétique fait l'effet d'une bombe : c'est un « coup de poignard dans le dos » des communistes pour qui la résistance au nazisme reposait à l'intérieur par le maintien de l'union de la gauche et à l'extérieur par le rapprochement avec la « patrie du socialisme ». Le désarroi est complet à gauche, et l'inquiétude générale. Pourtant, le 25 août, la Grande-Bretagne conclut un traité d'alliance avec la Pologne. Or, le 1er septembre, l'armée allemande pénètre en Pologne.

La « drôle de guerre » (sept. 1939-mars 1940)

Devant ce nouveau coup de force, le gouvernement français décrète la mobilisation générale. Le lendemain, 2 septembre 1939, les Chambres votent un crédit extraordinaire de 70 milliards de francs pour faire face à la nouvelle « situation internationale ». Cependant, le mot « guerre » n'est toujours pas prononcé : Georges Bonnet s'efforce encore d'éviter le conflit et l'on espère que la « médiation italienne » permettra de trouver une solution acceptable par tous. Mais le préalable du retrait de l'armée allemande amène Mussolini à cesser sa mission de conciliation. Le 3 septembre à 11 heures, la Grande-Bretagne se déclare en guerre avec l'Allemagne et le même jour à 17 heures, c'est au tour de la France.

Le 13 septembre 1939, Édouard Daladier remplace le « pacifiste » Georges Bonnet aux Affaires étrangères et s'appuie sur Paul Reynaud, qui organise une « économie libérale de guerre » : il s'agit d'assurer le financement de dépenses publiques élevées (700 millions par jour de septembre 1939 à avril 1940) sans remettre en cause l'initiative privée. Pour cela, il accroît les impôts, ponctionne les salaires à la source, lance des emprunts, contrôle les prix, mais limite les mesures dirigistes et ménage les profits pour inciter les entreprises à accroître la production.

Se refusant à toute grande offensive, les Alliés se contentent d'assister de loin à l'écrasement de la Pologne, envahie de plus à l'est par les Soviétiques le 17 septembre. Varsovie tombe le 28 septembre et la Pologne est partagée par ses vainqueurs. De plus, l'URSS s'engage à vendre à l'Allemagne du pétrole et des métaux.

Le Reich peut désormais concentrer tous ses efforts vers l'Ouest, Hitler prévoyant d'attaquer le 12 novembre. Mais les difficultés rencontrées en Pologne jusqu'à l'entrée en guerre de l'Union soviétique, les mauvaises conditions atmosphériques et la forte opposition de son haut état-major considérant que l'Allemagne n'est pas prête pour lancer une grande offensive amènent Hitler à différer l'opération.

Pendant ce temps, les Français se contentent d'un « coup de main » en Sarre (où ils pénètrent le 6 septembre), que le général Gamelin refuse de poursuivre : l'armée française abandonne ses positions le 30 septembre, comme si l'on espérait que la fin de la guerre en Pologne ramènerait la paix, Hitler ayant obtenu ce qu'il voulait en Europe centrale, et les démocraties ayant montré qu'elles étaient prêtes à accepter la guerre si elles étaient directement menacées.

On en revient ainsi à la stratégie défensive qu'a faite sienne le haut état-major français : éviter à tout prix les massacres et les grandes offensives de la Première Guerre mondiale : se retrancher derrière la ligne Maginot, qui s'étend de l'Alsace aux Ardennes, prolongée ensuite par la Belgique neutre (si d'aventure celle-ci est envahie, la 7e armée française est prête à se porter au nord selon le « plan Breda ») ; compter sur le temps favorable aux Alliés, permettant l'envoi de renforts britanniques, l'essoufflement progressif de

l'Allemagne encerclée par les Empires français et britannique, la production accélérée de matériel de guerre en France et en Grande-Bretagne, et l'arrivée d'armes américaines (après le vote aux États-Unis d'une nouvelle « loi de neutralité » le 3 novembre 1939).
Le seul nouvel acte de guerre notable de cette fin d'année est, le 30 novembre, l'invasion de la Finlande par l'Armée rouge. Le conflit se terminera par la signature d'un traité de paix le 12 mars 1940.

La reprise des combats

La guerre russo-finlandaise, géographiquement limitée, a cependant pour effet de relancer l'anticommunisme en France ainsi que l'hostilité envers l'Union soviétique, alliée de fait à l'Allemagne, et de susciter une polémique sur la stratégie militaire à adopter. Il est question d'attaquer Bakou, fournissant du pétrole au Reich, et de soutenir la Finlande. Mais la guerre s'y termine avant que ces projets ne soient mis à exécution.
Daladier doit alors faire face aux critiques de ceux qui veulent mettre un terme à cette « drôle de guerre », comme à celles des partisans d'une politique militaire plus active. Les députés communistes « pacifistes » sont déchus le 20 janvier 1940 et condamnés à la prison le 3 avril : après avoir réclamé « l'union contre l'agression hitlérienne », et voté les crédits militaires, le PC a en effet condamné la « guerre impérialiste », accepté le partage de la Pologne, et Maurice Thorez a rejoint l'URSS le 4 octobre. De plus, la lassitude gagne une armée cantonnée dans un attentisme démobilisateur, alors que les salariés de l'arrière supportent les rigueurs d'une politique d'austérité visant à freiner l'inflation. Estimant ne plus avoir la confiance de l'Assemblée (où l'on dénombre 300 abstentionnistes le 19 mars, après une séance durant laquelle il subit de vives attaques), Daladier démissionne le lendemain. Le « belliciste » Paul Reynaud forme alors un

gouvernement élargi et relativement ambigu qui obtient de justesse la confiance des députés le 22 mars : il comprend des socialistes mais aussi des personnalités de droite et conserve Daladier à la Défense nationale. Il s'agit en fait d'une fausse nouvelle « union nationale », tant les positions des membres du gouvernement sont différentes, ou peu explicites. En fait, personne ne semble avoir les idées claires sur la politique à tenir, sauf, apparemment, le président du Conseil. En effet, Paul Reynaud veut passer à l'offensive en Scandinavie et sur le Caucase, estimant que le temps ne travaille pas nécessairement pour les Alliés. Mais si la France et la Grande-Bretagne s'engagent le 28 mars à ne pas signer de paix séparée avec l'Allemagne, les Britanniques ne veulent pas engager d'opérations militaires contre l'URSS. Ils acceptent en revanche une attaque au nord pour empêcher la Suède de continuer à fournir du fer au Reich. Cependant, les Allemands, informés, devancent les Alliés en envahissant le Danemark et la Norvège le 9 avril : c'est le début de la « guerre périphérique ». Elle fait rage sur mer (où la flotte britannique affronte la Kriegsmarine), et dans les airs, avant que les Franco-Britanniques ne parviennent à prendre difficilement le port stratégique de Narvik, au nord de la Norvège (27 mai). Cela permet à Paul Reynaud d'annoncer que « la route du fer est coupée ». Mais ces premiers combats montrent déjà les points forts des Allemands : leur rapidité d'action et l'efficacité de leur aviation, alors que la suprématie maritime des Alliés est loin d'être aussi nette qu'on le supposait. De plus, l'évolution de la situation militaire en France amène le retrait des Alliés quelques jours après la prise de Narvik.

La « guerre éclair »

Alors qu'Édouard Daladier, ministre de la Défense nationale, soutient le général Gamelin, chef des armées françaises, P. Reynaud le rend responsable des difficultés rencontrées en Norvège et présente sa démission au président de la République Albert Lebrun, le 9 mai. L'attaque allemande du lendemain amène Reynaud à revenir sur sa décision, mais cette crise révèle la division des responsables politiques français, leur opposition de personnes, et explique en partie l'incapacité à organiser efficacement la résistance à l'invasion allemande.

Entre-temps, en effet, l'armée allemande a déclenché sa grande attaque à l'Ouest. À l'aube du 10 mai, les aérodromes néerlandais et belges sont bombardés, puis les deux pays sont envahis (l'armée néerlandaise capitulera en rase campagne le 15 mai, et la Belgique le 28 mai). Après avoir franchi le canal Albert dès le 10 mai et pris le camp retranché de Liège, les troupes allemandes sont sur la Meuse, près de Dinant, le 12 au soir, tandis que plus au nord le groupe d'armée Billotte combat à Tirlemont en application du plan « Dyle-Breda » déclenché dès le matin du 10 mai par le général Gamelin : il s'agit d'arrêter l'avance allemande là où on la croit massive, c'est-à-dire en Belgique. Aussi la surprise est-elle totale quand les Allemands passent à l'offensive plus au sud, dans la région des Ardennes. Dix divisions allemandes, dont sept blindées, franchissent la Meuse le 13 mai : les blindés de Schmidt vers Dinant, ceux de Rheinhardt vers Monthermé, et ceux de Guderian vers Sedan. En trois jours, la percée allemande a permis de disloquer le front français.

Cette première avancée allemande a trois explications : d'une part, l'efficacité de la tactique allemande consistant à combiner une attaque massive de blindés et de bombardements aériens surprenant un ennemi statique ; d'autre part, la réussite du plan allemand faisant croire aux Alliés que leur offensive principale se situait plus au nord, comme en 1914, et attirant en Belgique les armées de réserve franco-britanniques ; enfin, la faiblesse des défenses alliées à l'extrémité nord-ouest de la ligne Maginot : partant du sud de Belfort, elle s'arrêtait près de Montmédy, à l'entrée des Ardennes. Mais le maréchal Pétain n'avait-il pas déclaré, quelques

années plus tôt, que ce secteur n'était pas dangereux, car, à partir de Montmédy, « il y a la forêt des Ardennes qui devient infranchissable moyennant quelques aménagements » ?
Pourtant, au prix de combats acharnés, une nouvelle ligne de défense parvient à être rétablie le 25 mai. Elle part du sud de Sedan (Le Chesne-Stonne-Beaumont), passe par l'Aisne et rejoint la Somme jusqu'à Amiens (après la contre-attaque des blindés de De Gaulle à Montcornet). Mais pendant ce temps, les armées allemandes ont contourné et encerclé quelque 45 divisions alliées en Flandre, repliées sur l'Escaut, Lille et Dunkerque, cela après la prise d'Anvers le 17 mai, l'abandon de Bruxelles le 18, et au sud l'occupation d'Arras le 23, de Boulogne le 24 et de Calais le 25. La capitulation belge du 28 mai amène les Franco-Britanniques à se replier sur Dunkerque, où 200 000 Britanniques et 130 000 Français seront évacués dans des conditions dramatiques dans les jours suivants, grâce à l'intervention de la marine et de l'aviation alliées. Le 4 juin, Dunkerque est prise à son tour, les Allemands faisant quelque 50 000 prisonniers, et récupérant un important matériel de guerre (artillerie, munitions, véhicules…), après avoir coulé 200 bateaux et abattu une centaine d'avions alliés.

La débâcle

Dès le 5 juin, la Wehrmacht reprend l'offensive en direction des lignes françaises sur la Somme, défendant Paris et la basse Seine. Malgré une vive résistance qui dure cinq jours, les Allemands atteignent Rouen le 9 juin, et attaquent le même jour sur l'Aisne. Après deux jours de violents combats à Rethel, les Français sont débordés et l'armée allemande atteint la Marne vers Épernay le 11 juin. Les blindés de Guderian s'engouffrent alors dans la brèche vers Chalons, Langres et Belfort, pour encercler les armées françaises de l'Est entre la ligne Maginot et la Meuse. Le 12 juin, le général Weygand donne l'ordre de retraite générale. Mais celui-ci intervient trop tard : Paris, déclarée « ville ouverte », est occupée le 14 juin, Orléans le 17, Le Mans le 18, Rennes et Nantes le 19, Brest et Lyon le 20, La Rochelle le 22. La résistance est devenue de plus en plus localisée : quelques unités combattent encore dans les Vosges, les cadets de Saumur se battent héroïquement sur la Loire, le général Orly interdit l'accès des Alpes aux Italiens (entrés en guerre le 10 juin) et aux Allemands. Mais, le 16 juin, le général Rommel peut faire 240 km sans rencontrer la moindre opposition.

Fuyant l'avance des armées allemandes par peur des combats et des exactions, de nombreux Français du Nord et des Belges se précipitent sur les routes, emportant ce qu'ils peuvent sur des équipages de fortune. Ils se joignent aux deux millions d'habitants de la région parisienne qui quittent la capitale du 10 au 14 juin. Au total, six à huit millions de personnes se seront déplacées dans toute la France entre le 10 mai et le 22 juin, dans des conditions difficiles, et parfois mitraillées par l'aviation allemande, puis italienne.

Quand l'armistice entrera en vigueur, le 25 juin, 1 400 000 soldats français auront été faits prisonniers, et l'avancée des armées allemandes leur aura permis d'atteindre une ligne passant par Bordeaux, Angoulême, Clermont-Ferrand, Saint-Étienne, Tournon, Aix-les-Bains.

L'armistice

La nomination du maréchal Pétain comme vice-président du Conseil (18 mai) ainsi que le remplacement du général Gamelin, manifestement peu compétent, par le général Weygand à la tête des armées (19 mai) ne suffisent pas pour redonner une stratégie à l'armée française, débordée de toute part : les héros de 14-18, âgés et eux aussi dépassés par les événements, sont désemparés, à l'image du pouvoir politique, malgré le désir de Paul Reynaud de poursuivre la résistance (il a ainsi appelé au gouvernement Baudouin, Bouthillier et de Gaulle, nommé sous-secrétaire d'État à la Défense nationale le 5 juin).

Mais la gravité de la situation a accentué les dissensions au sein du gouvernement, qui quitte Paris le 10 juin pour gagner la Touraine. Le 12 juin, le Conseil des ministres qui se tient à Cangey voit s'affronter partisans de l'armistice (dont Pétain et Weygand…) et adversaires (Reynaud, Jeanneney, Mandel…). Replié à Bordeaux le 15 juin, le gouvernement continue à se déchirer, et le 16 juin Reynaud démissionne; il est remplacé le lendemain par Pétain, qui s'enquiert des conditions d'un armistice. Le même jour, il prononce un discours radiodiffusé, appelant « le cœur serré » à « cesser le combat ».

Le lendemain, 18 juin, le général de Gaulle, depuis Londres, lance son appel à poursuivre la résistance. « Quoiqu'il arrive, la flamme de la résistance ne doit pas s'éteindre et ne s'éteindra pas », déclare-t-il en refusant l'armistice et en déniant toute légitimité à Pétain. De Gaulle se place dans une perspective de guerre mondiale et entend s'appuyer sur l'empire français ainsi que sur sa flotte demeurée intacte. S'adressant aux « soldats, ingénieurs et techniciens français », cet appel, qui ne sera entendu que par quelques Français, deviendra par la suite la référence symbolique de toute la Résistance.

Le 21 juin, vingt-six députés et un sénateur hostiles à l'armistice s'embarquent à bord du Massilia pour rejoindre le Maroc.

Le 22 juin, le général Huntziger, à la tête des plénipotentiaires français, signe à Rethondes la convention d'Armistice franco-allemande, dans le wagon même où les Allemands avaient capitulé le 11 novembre 1918. Les conditions sont dures : la France est désarmée (seule subsiste une « armée d'armistice » de 100 000 hommes en zone non occupée), la flotte désarmée; elle est coupée en deux par une stricte « ligne de démarcation » (passant par Nantua, Dole, Chalon-sur-Saône, Poitiers, Angoulême et Bayonne); elle assure les frais d'entretien des troupes d'occupation allemandes (ce qui conduira au paiement de lourdes indemnités de guerre: d'abord 400 millions de francs par jour, puis 500 en 1942); elle ne récupère pas ses deux millions de soldats prisonniers qui restent en Allemagne; elle accepte de livrer au Reich les réfugiés antinazis se trouvant sur le sol français. Même l'honneur n'est plus sauf.

Les causes de la défaite

Si la France apparaît prise de court et mal préparée en 1940, cela provient en partie des heures de travail perdues depuis 1936, qui ont affaibli le potentiel productif du pays, alors qu'il augmentait en Allemagne. En effet, en 1939, la production industrielle est en Allemagne 15 % plus élevée qu'en 1929, et celle de l'acier a augmenté de 50 %; la croissance la plus spectaculaire est celle des biens d'équipement, qui atteignent en 1939 l'indice 256, pour une base 100 en 1928. Cela a été permis par une politique industrielle volontariste et autoritaire, s'appuyant sur des grands groupes industriels et sur les industries d'armement: les investissements publics passent de 3,1 milliards de marks en 1933 à 21 en 1938, dont 15,5 dans le secteur de l'armement.

Cependant, le rapport de force militaire est relativement équilibré: en septembre 1939, l'Allemagne dispose de 103 divisions (dont 59 en Pologne et 44 à l'ouest), la France de 94 divisions (82 au nord, 3 sur les Alpes, 9 en Afrique du Nord), et la Grande-Bretagne a envoyé 4 divisions sur le continent. La France possède trois fois plus de pièces d'artillerie que l'Allemagne, mais trois fois moins de canons antichars et deux fois moins d'avions de combat. En mai 1940, l'Allemagne engage 136 divisions (dont 10 de chars de combat) contre 94 françaises, 11 britanniques, 20 belges, 8 néerlandaises et 2 polonaises; les Allemands disposent de 2 600 chars et les Alliés de 2 300; ils possèdent 1 300 chasseurs et 1 360 bombardiers, mais les Français n'ont que 750 chasseurs et 150 bombardiers, auxquels s'ajoutent 430 avions britanniques basés en France. Mis à part le domaine de l'aviation, l'infériorité de l'armement français est loin d'être évidente, d'autant plus que la qualité du matériel (y compris celle de ses chars) est souvent supérieure à celle du matériel des armées allemandes.

D'autre part, la combativité de l'armée française ne saurait non plus être mise globalement en cause, dans la mesure où, malgré l'inaction décourageante de l'hiver 1939-1940, les soldats français font preuve de détermination dans de multiples occasions (sur la Meuse, dans l'Aisne, sur la Somme, à Saumur…) et ont 100 000 tués au combat. En outre, plus de 1 000 avions allemands sont abattus par la chasse et la DCA françaises.

S'il est vrai que « l'esprit de 1936 » manifestait plus un désir de mieux vivre que de préparer la guerre, le refus des milieux conservateurs et patronaux de permettre un plus équitable partage des richesses et l'hostilité à une véritable politique de relance (comme celle que proposait Léon Blum en avril 1938 lorsqu'il était pour la deuxième fois président du Conseil) n'étaient pas de nature à stimuler « l'ardeur au travail » et le dynamisme productif.

Par ailleurs, l'attitude de ceux qui refusaient de s'opposer vigoureusement aux régimes fascistes pour ne pas « faire le jeu des communistes » contribue aussi à expliquer l'absence d'une politique plus déterminée face à l'Allemagne nazie. Enfin, et peut-être surtout, la responsabilité ultime de la débâcle incombe aux hautes autorités civiles et militaires, ne croyant pas à la possibilité d'une guerre de mouvement, sous-estimant l'efficacité des divisions blindées et plus encore de l'aviation, et incapables et d'envisager une attaque dans le terrain montagneux des Ardennes de prévoir et de répondre rapidement à l'offensive concentrée des troupes allemandes, ni d'organiser le regroupement des forces françaises pour contenir la première percée de la Wehrmacht.

juillet 1940

Le régime de Vichy

En juillet 1940, le maréchal Pétain en finit avec la IIIe République et engage la France dans la voie d'une dictature fascisante ayant pour devise : « Travail, famille, patrie. »

L'armistice du 22 juin 1940 ne signifie pas pour autant le retour à la paix, puisque aucun traité n'est signé et que l'armée allemande occupe la moitié du territoire français ; il permet cependant l'arrêt des combats et laisse espérer la reprise d'une vie « normale ». Cela explique le crédit, sinon la grande popularité, dont bénéficie le maréchal Pétain, qui, à 84 ans, devient président du Conseil. Peu suspect de sympathie pour l'Allemagne, le « héros de Verdun » dit aux Français ce que la grande majorité d'entre eux désire entendre : la guerre est perdue, la résistance est vaine, l'heure est venue de reconstruire la France et de panser les plaies de ce conflit désastreux. Pour cela, il convient de respecter une stricte neutralité dans la guerre entre l'Allemagne et la Grande-Bretagne, qui n'est plus celle de la France, d'honorer les dispositions de la convention d'armistice, afin d'obtenir une « paix honorable » ; celle-ci doit permettre le retour des prisonniers français et la reconstitution d'un pouvoir politique et administratif indépendant de l'occupant allemand, afin d'éviter une issue « à la polonaise ».

Pétain au pouvoir

Aussi le maréchal Pétain entreprend-il de mettre en place un nouveau régime permettant un « redressement intellectuel et moral » ; il faut en finir avec « l'esprit de jouissance qui l'a emporté sur l'esprit de sacrifice » et qui, à ses yeux, explique la défaite. Pour cela, à l'instigation de Pierre Laval, entré au gouvernement le 23 juin, le Parlement est convoqué par radio à Vichy, en zone* libre, le 2 juillet 1940. Sur près de 900 députés et sénateurs, 660 d'entre eux répondent à cet appel (mais certains n'ont pas reçu l'information, d'autres sont partis pour Casablanca, et 45 élus communistes ont été destitués).

Réunies séparément, les deux Chambres votent le 9 juillet le principe d'une révision constitutionnelle. Le lendemain, elles tiennent séance commune dans la grande salle du casino de Vichy et adoptent à une écrasante majorité (560 pour, 80 contre et 20 abstentions) un texte qui « accorde tous pouvoirs au gouvernement de la République, sous l'autorité et la signature du maréchal Pétain » ; il obtient les « pleins pouvoirs exécutifs et législatifs » pour donner « une nouvelle Constitution à l'État français (qui) devra garantir les droits du travail, de la famille et de la patrie ». Seuls 58 députés et 22 sénateurs votent contre l'acte de décès de la IIIe République : s'ils sont majoritairement de gauche (36 parlementaires socialistes, 12 députés radicaux, 14 sénateurs de la gauche démocratique), 88 socialistes sur 149 et la majorité des radicaux acceptent de donner les pleins pouvoirs au maréchal Pétain. Parmi ces opposants, 31 seront arrêtés et 10 déportés. Ainsi, la majorité importante des élus du Front populaire a cédé face à la pression exercée par Laval, à la personnalité de Pétain, au découragement et à la solution de facilité. En acceptant de se saborder, la classe politique a ainsi le sentiment de payer sa faute de n'avoir pas su préparer la France aux épreuves qu'elle allait subir.

Les 11 et 12 juillet, le maréchal Pétain promulgue quatre actes constitutionnels lui donnant tous les pouvoirs. Il devient « chef de l'État », mais aussi chef du gouvernement, a le droit de légiférer sans le contrôle d'une Assemblée, et détient une partie du pouvoir judiciaire : il s'agit d'une véritable dictature personnelle sans aucune instance de contre-pouvoir. Il subsiste cependant un gouvernement, qui tiendra un conseil restreint, où seront prises les décisions importantes. Aux côtés de Philippe Pétain, chef de l'État français et président du Conseil, on trouve Pierre Laval, vice-président, devenant « dauphin officiel » le 12 juillet, le général Weygand à la Défense nationale, Raphaël Alibert à la Justice, Paul Baudoin aux Affaires étrangères, Yves Bouthillier aux Finances, le général Colson, puis Huntziger à la Guerre, l'amiral Darlan à la Marine, le général Pujo à l'Air, Émile Mireaux à l'Éducation nationale, René Belin, ancien dirigeant de la CGT, à la Production industrielle, Pierre Caziot à l'Agriculture et au Ravitaillement, Adrien Marquet à l'Intérieur, Jean Ybarnegaray aux Anciens Combattants, ces deux derniers étant particulièrement représentatifs de l'extrême droite antiparlementaire des années 1930.

Un « fascisme à la française » ?

Cependant, la nature exacte de ce régime est difficile à cerner. Par certains côtés, il s'apparente à ceux d'Allemagne et d'Italie : pouvoir personnel d'un « guide » charismatique cherchant à régénérer un pays en crise ; suppression de toute vie démocratique, des partis politiques et des syndicats ouvriers ; anticommunisme virulent, substituant les valeurs nationalistes et patriotiques à la lutte des classes ; mythe du retour au passé enraciné dans la terre des ancêtres ; corporatisme créant de nouvelles solidarités par métier, et renforcement des unités de vie collective « naturelle » (famille, village, entreprise...) ; idéologie de l'inégalité naturelle entre les hommes, culte de la hiérarchie et de l'obéissance ; dirigisme de l'État qui renforce le pouvoir administratif, stimule l'activité des entreprises privées, suscite un état d'esprit « moderniste » tourné vers l'efficacité ; lutte contre les francs-maçons et antisémitisme avec la promulgation du « statut des juifs », les excluant de la fonction publique et d'une série d'autres activités ; création d'une

milice s'apparentant par ses méthodes et son idéologie à la Gestapo hitlérienne.
Toutefois, il n'est pas créé de parti unique contrôlant l'appareil d'État civil et militaire; la Légion des combattants, la Légion des volontaires français, la Milice restent relativement marginales par le nombre de leurs recrues et par le rôle qu'elles jouent; les Chantiers de jeunesse, créés pour occuper les classes d'âge ne pouvant servir sous les drapeaux et les «éduquer sainement», vont, quant à elles, devenir des lieux d'opposition au régime, voire dans certains cas, de résistance. D'autre part, l'antisémitisme de Vichy est en partie dû aux circonstances: obéir aux demandes allemandes (mais aussi les devancer) pour établir un «contre-feu» permettant de mieux protéger la population «française»; de même, les thèmes corporatistes et l'attrait pour la vie des champs révèlent surtout la nostalgie de la société préindustrielle «plus humaine», bien éloignée d'une société allemande militarisée, aux grandes entreprises industrielles.
Par ailleurs, les «vrais fascistes» français, admirateurs de l'Allemagne nazie, resteront le plus souvent hors du gouvernement et résideront plutôt à Paris occupé qu'à Vichy. Enfin, la politique de collaboration*, tout au moins jusqu'en 1943, peut aussi s'analyser comme une tentative pour éviter aux Français de subir une oppression trop dure de la part d'un vainqueur allemand disposant de tous les moyens militaires pour imposer sa loi.
Il n'en reste pas moins que la plupart des décisions prises par les gouvernements du maréchal Pétain et de Pierre Laval correspondent à l'objectif explicite d'établir un «ordre nouveau» supprimant les institutions démocratiques et «l'héritage de 1936», pour permettre la conservation des privilèges détenus par une «élite» économique et administrative, tout en s'accommodant de l'hégémonie européenne de l'Allemagne nazie.

La France hors la guerre

La France de Vichy devenue « neutre », seules la Grande-Bretagne et une poignée de « Français libres » combattent encore l'Allemagne nazie.

Dès la signature de l'armistice, le 22 juin 1940, le gouvernement du maréchal Pétain cherche à établir des relations « normales » avec l'Allemagne de façon à alléger le poids de la défaite et à mettre résolument la France en dehors du conflit qui se poursuit entre le Reich et la Grande-Bretagne.

Le coût de l'armistice

L'article 18 de la convention d'armistice prévoit que les frais d'entretien des troupes d'occupation allemandes seront à la charge de la France : à partir du 2 septembre 1940, elle verse ainsi à ce titre 400 millions de francs par jour à l'Allemagne. Cette somme sera ramenée à 300 millions de mai 1941 à novembre 1942, puis sera ensuite fixée à 500 millions. De plus, la France doit fournir au Reich 10 000 têtes de bétail et 1 000 tonnes de beurre par semaine, et 700 000 tonnes de charbon par mois, pendant un an. D'autre part, les houillères, les usines d'armement, les aciéries, l'industrie automobile doivent produire en partie pour l'Allemagne.

À la recherche de la paix

Aux yeux de Pétain, de Weygand et des partisans convaincus du rapprochement avec l'Allemagne comme Laval et Marquet, la résistance britannique ne saurait durer ; le repli en Grande-Bretagne ou en Afrique du Nord, permettant de continuer la guerre en s'appuyant sur les empires français et britannique, n'est que pure illusion, tant la supériorité allemande paraît écrasante et définitive. Mieux vaut en revanche collaborer avec les vainqueurs « dans le cadre d'une activité constructive du nouvel ordre européen », comme le dira explicitement le 30 octobre 1940 le maréchal Pétain, plutôt que d'entraîner la France dans des combats d'arrière-garde qui provoqueraient de nouvelles épreuves et diviseraient le pays, qu'il s'agit de réunir et de convertir à la « Révolution nationale ». De ce point de vue, l'armistice (bien que proscrit par l'engagement franco-britannique du 28 mars) vaut mieux qu'une capitulation : négocié, il engage les États signataires et constitue le premier pas vers une paix séparée, alors qu'une capitulation constitue un simple constat de défaite militaire ponctuelle, n'engageant en rien l'avenir des rapports entre les deux pays. Un élément supplémentaire renforce la détermination et l'audience du parti collaborationniste : craignant que contrairement aux dispositions de l'armistice qui prévoyait le désarmement de la flotte française l'Allemagne ne mette la main sur celle-ci pour attaquer la Grande-Bretagne, Winston Churchill déclenche début juillet l'opération « Catapult », visant à obtenir le ralliement ou le désarmement effectif de la flotte française. Les choses se passèrent la plupart du temps sans incidents graves, sauf dans la rade de Mers el-Kébir, près d'Oran : l'amiral français Gensoul refusant de répondre à l'ultimatum de l'amiral anglais Somerville, la flotte britannique ouvre le feu le 3 juillet 1940 sur l'escadre française qui ne peut manœuvrer, tuant 1 297 marins. Cette action permet au gouvernement qui s'installe à Vichy de fustiger les défenseurs de la poursuite de la guerre aux côtés de la Grande-Bretagne, en cultivant un sentiment d'anglophobie né au moment de l'épisode de Dunkerque, et de justifier ainsi une politique tranchant dans tous les domaines avec celle de

Paul Reynaud. La voie est désormais tracée : il s'agit de se concilier les bonnes grâces de l'Allemagne et de reprendre en main le pays.

Les débuts de la « Révolution nationale »

Dès le 30 juillet sont créés les Chantiers de jeunesse et le gouvernement Pétain-Laval promulgue le même jour une loi « francisant » l'Administration, prélude à une épuration progressive des éléments suspects (en quelques mois, 94 préfets seront démis et 104 mis à la retraite alors que maires et conseillers municipaux des communes de plus de 2 000 habitants ne sont plus élus mais nommés, et que les conseils généraux sont remplacés par des « commissions administratives »). Le 8 août sont arrêtés Daladier, Blum, Mandel et Gamelin, jugés responsables de la défaite ; ils seront traduits devant la Cour suprême de justice récemment créée ; d'autre part, le général de Gaulle est condamné à mort par contumace, pour trahison et désertion, par un tribunal militaire.

Le 13 août, les « sociétés secrètes » sont dissoutes, cette mesure visant les francs-maçons, très présents parmi la haute administration et le personnel politique de la IIIe République, alors que le maréchal Pétain annonce le début de la « Révolution nationale ».

Le 16 août sont créés des « comités provisoires d'organisation » et le 10 septembre un Office central de répartition de la production industrielle, visant à réorganiser une économie nationale touchée par la pénurie, en raison à la fois de l'absence de deux millions de travailleurs, du poids du tribut de guerre (fixé à 400 millions de francs par jour) et des difficultés de circulation causées par la coupure du pays en deux, les destructions des ponts et le manque de ressources énergétiques. Tout en permettant à l'État de contrôler la vie économique, ces organismes sont généralement confiés à des membres du haut patronat qui savent concilier une gestion plus efficace des ressources nationales et leurs intérêts personnels, en ordonnant par exemple la fermeture d'entreprises concurrentes non rentables.

Le 29 août est créée la Légion française des combattants, aux connotations fascisantes, et, le 18 septembre, les écoles normales d'instituteurs, soupçonnées d'inculquer des sentiments trop républicains, sont supprimées.

Puis un « statut des juifs de nationalité française » est promulgué le 3 octobre par Vichy, sans que les Allemands l'aient demandé (ils n'imposeront des mesures antisémites qu'en 1942). Ce statut instaure une discrimination de droit entre citoyens français, fondée sur la religion et la race : les juifs sont exclus des postes de responsabilités dans la fonction publique, la magistrature et l'armée : il leur est interdit d'exercer des fonctions électives et des activités ayant une influence sur la vie culturelle ; leur accès à diverses professions libérales est limité par un numerus clausus. De plus, le 4 octobre 1940, les juifs étrangers sont soumis au pouvoir préfectoral pouvant ordonner leur internement, et la loi Crémieux de 1871 accordant la nationalité française aux juifs d'Algérie est abrogée le 7 octobre. Le 18 octobre, toute affaire juive doit avoir un administrateur provisoire.

Montoire

Après l'armistice, les Allemands se soucient fort peu du devenir de la France. La préoccupation de Hitler est alors d'en finir avec la Grande-Bretagne, et la France n'est pour lui qu'une source de produits agricoles et industriels, de main-d'œuvre et d'argent. Le fait de ne pas l'occuper entièrement lui permet de laisser au gouvernement de Vichy suffisamment d'autonomie pour apparaître légitime, de lui confier le soin d'administrer le pays et de défendre les territoires de l'Empire français face aux initiatives britanniques ou gaullistes.

D'ailleurs, après que la France libre a passé un accord de coopération avec Londres le 7 août, et reçu le ralliement de l'Afrique-Équatoriale française les 26-28 août, et de Tahiti le 31 août, une opération militaire menée par de Gaulle contre Dakar échoue (23-25 septembre 1940). Aussi, malgré le ralliement de la Nouvelle-Calédonie le 24 octobre, du Gabon le 9 novembre, et la création par de Gaulle à Brazzaville, le 27 octobre, d'un Conseil de défense de l'Empire, les Forces françaises libres sont-elles peu nombreuses à l'automne 1940 (environ 30 000 hommes), et l'essentiel de l'Empire (Afrique du Nord, A.-O.F., Madagascar, Indochine) reste soumis à Vichy.

Mais le danger d'une dissidence reste toujours présent et la défense de Dakar par l'armée « légaliste » montre à Hitler l'intérêt qu'il peut avoir à ménager le régime du maréchal Pétain. Il finit donc par accepter de rencontrer les dirigeants de Vichy, qui recherchent une telle entrevue depuis l'armistice. Ainsi, le 22 octobre 1940, Hitler en route pour Hendaye, où il rencontrera Franco, a une entrevue avec Laval ; deux jours plus tard, il rencontre Pétain à Montoire. Si Pétain refuse l'entrée en guerre de la France contre la Grande-Bretagne et l'occupation de l'Afrique du Nord par les Allemands, il défend le principe d'une collaboration politique d'État à État, dans un message aux Français diffusé le 30 octobre. Pour prouver sa bonne foi et obtenir les bonnes grâces du Reich, Vichy signe même, le 14 novembre, des « accords de compensation », par lesquels il livre à l'Allemagne l'or déposé en France par la Belgique, et lui concède ses participations dans les mines de cuivre yougoslaves, sans véritable contrepartie, puisque les prisonniers français restent en Allemagne et que les trois départements français d'Alsace-Lorraine, annexés par le Reich le 7 août, ne lui sont pas rendus ; au contraire, 150 000 personnes sont expulsées de cette région en novembre-décembre ; de même le Nord et le Pas-de-

Calais restent sous le contrôle de l'administration allemande de Belgique (dont ils dépendent depuis le 15 septembre).

La chute de Laval

Les déboires de cette première étape de la collaboration comme des inimitiés expliquent le renvoi de Laval, le 13 décembre 1940, après un mois de novembre marqué par la dissolution de toutes les centrales syndicales, ouvrières et patronales (le 9), par une manifestation patriotique d'étudiants parisiens devant l'Arc de triomphe (le 11), par la déclaration du cardinal Gerlier, primat des Gaules, affirmant que « Pétain c'est la France, et la France c'est Pétain » (le 18), et la création d'un réseau de résistance lyonnais, France-Liberté (le 20).

Pierre Laval a en effet tenté depuis Montoire d'aller encore plus loin dans le rapprochement franco-allemand, envisageant même une coopération militaire contre la Grande-Bretagne, en particulier pour reprendre le Tchad passé à la dissidence gaulliste; cela était d'ailleurs en contradiction avec les engagements pris secrètement en octobre par le gouvernement de Vichy, par lesquels il assurait Churchill que la France ne fournirait pas d'appui à l'Allemagne en Méditerranée, ni n'attaquerait la Grande-Bretagne ou les territoires ralliés à la France libre. Laval, très lié avec l'ambassadeur d'Allemagne Otto Abetz, joue donc une carte personnelle, et envisage même de profiter du retour des cendres de l'Aiglon aux Invalides, prévu le 15 décembre, et auquel Pétain doit assister, pour l'empêcher de regagner Vichy et prendre le pouvoir avec l'aide des Allemands.

Mais Pétain devance la manœuvre. Le 13 décembre, il fait arrêter Laval ainsi que Déat à Paris, et reste à Vichy. L'intervention des autorités allemandes provoque la libération de Laval, qui

déclare : « Je sais maintenant où aller chercher mes amis : chez les Allemands. »
Alors que Pierre-Étienne Flandin devient le 14 décembre ministre des Affaires étrangères, l'amiral Darlan occupe désormais la place de Pierre Laval. Le 25 décembre, il rencontre Hitler, qui lui fait part de son vif mécontentement de l'exclusion de Laval, et du fait que la France ne doit s'attendre à aucun égard de la part de l'Allemagne.

Les débuts de la Résistance

Le 25 décembre 1940 est créé à Fort-Lamy, au Tchad, le premier groupe d'aviation autonome de la France libre. Deux jours plus tôt, Jacques Bonsergent avait été fusillé pour avoir porté la main sur un soldat allemand. Mais des actes de résistance avaient déjà été entrepris dès l'été 1940, dont celui d'Étienne Achavanne, le premier fusillé de la Résistance (20 juin 1940) pour avoir saboté des lignes téléphoniques près de Rouen.

1941-1942

Le conflit devient mondial

L'entrée en guerre de l'URSS et des États-Unis et le débarquement allié en Afrique du Nord donnent une dimension nouvelle à l'action de la France libre et de la Résistance intérieure.

La fermeté dont fait preuve le régime de Vichy à l'égard de l'Allemagne sur le plan de la politique extérieure ne signifie pas pour autant une remise en cause des orientations générales du gouvernement: collaboration civile avec l'Allemagne et « Révolution nationale ». Ainsi, après la réconciliation officielle entre Pétain et Laval le 18 janvier 1941, est créé à Vichy le 22 janvier, un Conseil national pour la France qui vise à constituer, selon les termes employés par Pétain lui-même, un « circuit continu entre l'autorité de l'État et la confiance du peuple ». Il s'agit en fait d'une assemblée consultative réunissant des personnalités et des notables choisis par le gouvernement: le physicien Louis de Broglie, le pianiste Alfred Cortot, d'anciens ministres (G. Bonnet, L. Amoureux, Germain-Martin), Mgr Beaussart, le pasteur Boegner, des présidents de chambres de commerce… Une commission élabore un projet de Constitution prévoyant la création d'une Chambre de 200 membres choisis par le chef de l'État, et une seconde de 300 membres, à moitié désignés par lui, à moitié composée d'élus d'assemblées provinciales, d'anciens combattants, de pères de familles nombreuses, d'associations professionnelles ou corporatives… Expression du patriarcat élitiste du régime, elle ne sera jamais appliquée car elle était conditionnée au retour de la paix. Le 27 janvier, les membres du gouvernement doivent prêter un serment de fidélité au maréchal Pétain. Le 28, le groupe de résistants du musée de l'Homme est arrêté. Le 1er février, Marcel Déat fonde le Rassemblement national populaire (RNP), collaborationniste, et le 7 reparaît à Paris le journal d'extrême droite *Je suis partout,* dirigé par Robert Brasillach.

Le gouvernement Darlan

Le 9 février, Flandin démissionne, et le 25 Darlan devient vice-président du Conseil, ministre des Affaires étrangères, de l'Intérieur, de la Marine et de l'Information. Le général Huntziger est ministre de la Guerre, Joseph Barthélemy ministre de la Justice, Yves Bouthillier ministre de l'Économie et des Finances.

L'intolérance et la répression s'accentuent alors : le 1er mars, le gouvernement instaure le corporatisme et interdit les augmentations de salaires ; le 29 mars, Xavier Vallat, virulent antisémite, est nommé commissaire général aux questions juives ; le 12 avril, le divorce est réglementé ; le 18 avril, la France se retire de la Société des Nations ; après une ordonnance allemande sur les juifs vivant en zone occupée (8 mai), et une nouvelle rencontre Darlan-Hitler (13 mai), un millier de juifs étrangers sont arrêtés à Paris par la police française et déportés en Allemagne ; le 28 mai, la conclusion des Protocoles de Paris permet l'abaissement de l'indemnité journalière versée à l'Allemagne et un passage plus facile de la ligne de démarcation mais, en échange, l'État français autorise l'Allemagne à utiliser ses aéroports de Syrie et des bases navales en Tunisie et au Sénégal.

Si le gouvernement de Vichy durcit le « statut des juifs » avec la loi du 2 juin 1941 – la liste des professions totalement interdites aux juifs s'allonge (s'y ajoutent la banque, l'immobilier, la publicité) ; le numerus clausus aggravé est étendu à d'autres activités (durant l'été 1941, une série de décrets fixe par exemple à 2 % le nombre de médecins ou dentistes juifs, et à 3 % le nombre d'élèves du secondaire et d'universitaires israélites) –, l'antisémitisme de Vichy connaît, il est vrai, certaines limites: Pétain interdit le port de l'étoile* jaune en zone libre, et Laval déclare en septembre 1942 au SS Oberg que les juifs ne peuvent être « livrés comme dans un Prisunic, à volonté et au même tarif ». De plus, le Conseil des ministres refuse d'entériner les Protocoles de Paris (3-6 juin).

Après l'invasion de l'URSS par l'Allemagne, le 22 juin, Doriot, chef du parti populaire français, crée une Légion des volontaires français contre le bolchevisme (LVF), le 7 juillet, et reçoit le soutien des dirigeants du RNP, Déat et Deloncle. En outre, le 14 août, sont créées les cours spéciales de justice et un serment de fidélité au maréchal Pétain est imposé aux fonctionnaires, militaires et magistrats. Le 15 août, la gratuité de l'enseignement secondaire est supprimée; le 21 août, 5 000 juifs sont internés au camp de Drancy, en attendant d'être déportés; le même jour, Fabien abat au métro Barbès un soldat allemand, ce qui provoque le lendemain la promulgation d'une ordonnance sur les otages. Puis, le 27 août, Laval et Déat sont blessés par balles au siège de la LVF; le 29, plusieurs résistants sont fusillés, dont d'Estienne d'Orves, puis 10 otages le 16 septembre.

Le 4 octobre est instituée la Charte du travail, qui crée des syndicats uniques obligatoires. Ce même mois verra se poursuivre la répression intérieure: le 16, Paul Reynaud, Édouard Daladier, Léon Blum et le général Gamelin sont condamnés à la réclusion perpétuelle en forteresse, par le Conseil de justice politique (mais parallèlement se poursuit l'instruction de leur procès par la cour de Riom); les 22 et 23, une centaine d'otages sont exécutés par les Allemands (dont 27 à Chateaubriant), ce qui pousse le général de Gaulle à demander la suspension des attentats effectués par la Résistance. Celle-ci, qui a bénéficié de la création du Conseil national de la Résistance, à Londres, le 24 septembre, s'étend avec la naissance à Grenoble du mouvement Combat, le 4 novembre, alors que le lendemain le maréchal Pétain transmet un message d'encouragement à la LVF. Le 12 décembre, jour où est constitué officiellement le Service d'ordre légionnaire, préfigurant la Milice, 750 personnalités juives sont arrêtées à Paris. Trois jours plus tard, le dirigeant communiste Gabriel Péri et 100 otages sont fusillés par les Allemands.

Les FFL en Afrique et au Levant (1941)

Le 10 février 1941, les Forces françaises libres du colonel Leclerc parties du Tchad attaquent Koufra, qui est prise aux Italiens le 2 mars. Les FFL y jurent de poursuivre le combat jusqu'à ce que le drapeau français flotte sur Metz et Strasbourg. Le 8 juin 1941, les FFL des généraux Catroux, Kœnig et Legentilhomme et des troupes britanniques pénètrent en Syrie et au Liban, contrôlés par l'armée de Vichy, pour contrer l'autorisation donnée aux Allemands d'y utiliser les aérodromes français. À Damas, les 35 000 hommes de l'armée vichyste du Levant combattent avec détermination durant un mois. Un armistice est finalement conclu le 14 juillet entre les FFL et le haut-commissaire de Vichy, Dentz, qui évacue Damas après avoir subi de lourdes pertes. L'indépendance de la Syrie sera proclamée par la France libre le 27 septembre, et celle du Liban le 27 novembre.

L'entrée en guerre des États-Unis

Du 9 au 12 août 1941, Churchill et Roosevelt se rencontrent au large de Terre-Neuve. Bien que les États-Unis ne soient pas en guerre, Roosevelt promet d'aider la Grande-Bretagne, et les deux pays s'engagent à favoriser l'avènement d'un « meilleur avenir pour le monde ». Ils déclarent espérer qu'après « la destruction définitive du national-socialisme et de sa tyrannie "pourra" s'ériger un état de paix où chacun pourra vivre paisiblement dans ses propres frontières, où tous les hommes de tous les pays pourront passer toute leur vie à l'abri de la peur et du besoin».

Attaqués à Pearl Harbor par le Japon le 7 décembre, les États-Unis entrent en guerre. Le conflit est désormais véritablement mondial. Cette nouvelle dimension du conflit (l'Allemagne et l'Italie ayant de plus déclaré la guerre aux États-Unis le 11 décembre) et la résistance des soldats soviétiques devant Moscou donnent tort à tous ceux qui croyaient à une victoire définitive de l'Allemagne quelques mois plus tôt, et redonne confiance aux résistants de l'intérieur comme aux divisions des Forces françaises libres qui combattaient jusque-là aux côtés des seuls Britanniques.

1942 : la collaboration à visage découvert

Ces événements pourraient infléchir l'orientation de la politique de collaboration suivie par le gouvernement de Vichy, d'autant plus que l'entrevue entre Pétain et Göring du 1er décembre 1941, à Saint-Florentin, s'est soldée par un amer constat: l'Allemagne n'est nullement décidée à traiter d'égal à égal avec l'État français, et Göring a violemment critiqué le manque de coopération des Français (Weygand s'étant opposé aux Protocoles de Paris). Pétain déplore ainsi que «s'il y a en haut un vainqueur et en bas un vaincu, il n'y a plus de collaboration, il y a [...] un diktat».

Le retour de Laval

Pourtant, après avoir assuré aux États-Unis (le 27 février 1942) que la flotte française ne tomberait pas aux mains de l'Allemagne, le maréchal Pétain rencontre Laval dans la forêt de Randan le 26 mars, prélude au retour de l'ancien dauphin du chef de l'État. Il a lieu le 18 avril, lendemain de la démission de Darlan: un acte constitutionnel crée la fonction de chef du gouvernement, qui est exercée par Pierre Laval, également ministre de l'Intérieur, des Affaires étrangères et de l'Information. Il s'entoure de secrétaires d'État acquis au rapprochement avec l'Allemagne, tels Fernand de Brinon, Jacques Benoist-Méchin et Paul Marion.

Il s'agit donc bien d'un nouvel élan dans la politique de collaboration, d'autant plus qu'ont lieu fin mars les premières « déportations raciales » de juifs à destination d'Auschwitz, et que début avril la Gestapo s'installe officiellement en zone occupée, sans que les autorités de Vichy ne s'y opposent. Puis, après la nomination de Darquier de Pellepoix, fasciste notoire, à la tête du commissariat général aux questions juives, le 6 mai, le port de l'étoile jaune est imposé aux juifs de la zone occupée le 28 mai, et les 16 et 17 juillet a lieu la grande rafle des juifs parisiens rassemblés au Vélodrome d'hiver : Laval avait négocié l'arrestation par la police française de 13 000 juifs étrangers résidant à Paris, et de 27 000 juifs étrangers de la zone libre, extradés vers la zone occupée, contre la promesse allemande de ne pas inquiéter les juifs français ; il estime ainsi avoir sauvé 75 000 juifs parisiens. Parallèlement, Pierre Laval négocie le 16 juin le principe de la « relève », selon lequel des Français iront travailler en Allemagne en échange de la libération de prisonniers de guerre. Le 22 juin, il l'annonce au pays, dans un discours radiodiffusé où il déclare : « Je souhaite la victoire de l'Allemagne parce que sans elle le bolchevisme s'installerait partout. » D'ailleurs, le 1er juillet, il autorise l'entrée de voitures de radiogoniométrie allemandes en zone libre pour détecter les émetteurs clandestins de la Résistance, et le 28 juillet un accord aéronautique franco-allemand est signé. En août, alors qu'arrivent les premiers soldats français libérés au titre de la relève (le 11), et que 5 000 juifs de la zone libre sont arrêtés (le 15), un débarquement anglo-canadien échoue à Dieppe (le 18) ; les Alliés perdent 3 000 hommes dans cette opération destinée à éprouver la défense allemande. À la fin du mois, de nouvelles rafles de juifs ont lieu en zone occupée. Le 4 septembre entre en vigueur la loi sur « l'utilisation et l'orientation de la main-d'œuvre », mobilisant les hommes de 21 à 35 ans au service de l'Allemagne.

La guerre en Afrique et ses conséquences

Après des offensives au Soudan et en Somalie, en juillet-août 1940, une armée italienne de 200 000 hommes attaque le 15 septembre l'armée britannique à Sidi-Barani (au nord-ouest de l'Égypte). Mais, après le bombardement de la flotte italienne à Tarente (12 novembre 1940), les Britanniques contre-attaquent en Cyrénaïque à partir du 8 décembre ; ils prennent Benghazi le 6 février 1941 et atteignent El-Agheila le 9. Hitler envoie aussitôt l'Afrikakorps de Rommel, qui, du 28 mars au 29 avril 1941, oblige l'armée britannique à se replier jusqu'au col d'Halfaya, en Égypte. Puis, du 18 novembre au 30 décembre, les Anglais repoussent Rommel vers El-Agheila, mais celui-ci repart de nouveau à l'attaque le 21 janvier 1942, pour atteindre le 10 février Bir-Hakeim, où il est arrêté seize jours par les Français libres de Kœnig. Le 21 juin, Rommel enlève Tobrouk, mais il est arrêté à El-Alamein, près d'Alexandrie, en juillet. Enfin, le 23 octobre 1942, Montgomery engage une grande offensive qui lui permet de chasser les Allemands de Libye et d'atteindre le 23 janvier 1943 Tripoli, où il retrouve la division française du général Leclerc qui a conquis la totalité du Fezzan.

Alors que les Britanniques déclenchent la contre-attaque en Libye, une armée américaine forte de 100 000 hommes et commandée par le général Eisenhower débarque le 8 novembre au Maroc et en Algérie, et se heurte à l'armée de Vichy. Mais l'amiral Darlan, qui n'est plus membre du gouvernement depuis le retour de Laval en avril, se trouve alors à Alger, en tant que commandant en chef. À ce titre, il donne l'ordre le 10 novembre de ne plus résister aux Alliés, et se proclame le 15 novembre « haut-commissaire dépositaire de la souveraineté française en Afrique du Nord », au nom du maréchal Pétain ; il s'appuie sur un télégramme secret envoyé par l'amiral Auphan, ministre de la Marine, qui aurait fait état de « l'accord intime » du chef de l'État.

En réalité, le gouvernement de Vichy a rompu dès le 8 novembre ses relations diplomatiques avec les États-Unis, et Pétain retire à Darlan toutes ses fonctions officielles le 16 novembre, donnant à Laval le lendemain « le pouvoir de promulguer sous sa seule signature lois et décrets ». Le désaveu est total et peut expliquer pourquoi Eisenhower reconnaît Darlan comme chef des Français d'Afrique du Nord (malgré l'hostilité des Anglais et des Français libres, qui voient en lui un homme de Vichy), et non le général Giraud. Celui-ci, qui représente la France combattante de 1940, s'était évadé le 17 avril 1942 de la forteresse de Königstein, puis était arrivé en Algérie le 9 novembre. Darlan, qui signe avec le général Clark les accords organisant les rapports entre autorités françaises et américaines en Afrique (le 22 novembre), nomme alors Giraud commandant des forces françaises en Algérie. Après l'assassinat de Darlan (le 24 décembre), le général Giraud devient haut-commissaire civil et militaire en Afrique du Nord, puis il deviendra coprésident, avec le général de Gaulle, du Comité français de libération nationale en mai 1943. Mais, brouillé avec celui-ci, il se consacrera uniquement à son rôle militaire de commandant en chef.

La France libre en 1942

Le 10 mars, Emmanuel d'Astier de La Vigerie et Christian Pineau, chefs de la Résistance intérieure, se rendent pour la première fois à Londres, et le 28 sont créés les Francs-Tireurs et Partisans français (FTPF), essentiellement communistes. En juin, les élèves du lycée Buffon, résistants, sont arrêtés (le 3) ; le 10, les troupes du général Kœnig retardent héroïquement l'Afrikakorps de Rommel à Bir Hakeim pendant seize jours, permettant la retraite en bon ordre des Britanniques. En juillet, alors que la France libre devient la « France combattante », se tiennent les premières réunions du « Comité général d'études » de Jean Moulin. Le 20 septembre est publié le premier numéro des *Lettres françaises*, journal d'écrivains résistants (dont François Mauriac, Jean Guéhenno, Charles Vildrac, Paul Éluard…). En novembre, les premiers maquis* se constituent dans la zone sud, que les Allemands viennent d'occuper.

La fin de la zone libre

En effet, le débarquement américain pousse les Allemands à renforcer leur mainmise sur la Tunisie et à franchir la ligne de démarcation pour occuper la zone sud. Ils font peu de cas des protestations du maréchal Pétain, élèvent à 500 millions de francs par jour l'indemnité d'occupation et dissolvent l'armée d'armistice le 27 novembre. Le même jour, alors que les forces allemandes pénètrent dans Toulon, l'amiral Laborde donne l'ordre à la flotte française qui y était regroupée de se saborder : 3 cuirassés, 7 croiseurs, 14 torpilleurs, 15 contre-torpilleurs, 4 avisos, 12 sous-marins et 30 autres navires sont ainsi détruits ; seuls 5 sous-marins gagnent la haute mer. Une nouvelle fois, faute d'unité de commandement (Darlan et Laborde étant en désaccord), de volonté de rejoindre les Alliés et de prévoyance (près de trois semaines séparent le débarquement américain de la décision de sabordage), un énorme potentiel de guerre est gaspillé. De plus, le gouvernement de Vichy n'a plus maintenant de monnaie d'échange à proposer à l'Allemagne.

1943-mai 1944

Échec au Reich

Alors que l'offensive alliée gagne l'Italie, le gouvernement de Vichy accentue sa collaboration avec un occupant durcissant la répression.

Alors que le 13 janvier Hitler proclame la «guerre totale», Roosevelt, Churchill, de Gaulle et Giraud se rencontrent le lendemain à Casablanca, où ils se fixent comme objectif la capitulation sans conditions de l'Allemagne, de l'Italie et du Japon, et envisagent l'ouverture d'un second front en Europe du Sud. Le 31 janvier se produit un événement majeur: la capitulation de l'armée de Paulus à Stalingrad (31 janvier 1943); elle est suivie en février par le recul des forces italo-allemandes d'Afrique après une dernière contre-offensive de Rommel le 14, mise en échec par les Britanniques de Montgomery. En mars, Rommel est rappelé, mais son successeur, le général von Arnim, doit se replier en Tunisie du Nord devant l'offensive générale des troupes anglaises et de l'armée de Leclerc au sud, et des Américains au centre. Le 3 avril, après un bombardement allié sur Tunis, les forces de l'Axe commencent à quitter la Tunisie, et, après la prise de Tunisie le 7 mai et de Bizerte, les Allemands retranchés au cap Bon capitulent le 13 mai. L'Afrique est désormais totalement contrôlée par les Alliés.

1943 en France

La fin du mois de janvier est marquée en France par la fusion des mouvements de résistance Combat, Libération et Franc-Tireur, qui constituent les MUR (Mouvements unis de résistance) dirigés par Jean Moulin (26 janvier), alors qu'est créée la Milice française, soumise à l'autorité de Pierre Laval et dont le secrétaire général est Joseph Darnand, déjà initiateur du Service d'ordre légionnaire, qui a combattu la Résistance (30 janvier).

Le 16 février, Vichy institue le Service du travail obligatoire (STO) pour les jeunes Français des classes 1940 à 1942, alors qu'est supprimée la ligne de démarcation. Le lendemain, de Brinon devient président de la Légion des volontaires français, reconnue d'utilité publique par le gouvernement. Le 26 mars, Pierre Brossolette coordonne cinq réseaux de résistance du nord de la France.

Le 4 avril, Reynaud, Daladier, Blum et Mandel sont livrés aux autorités allemandes. Puis, après l'arrestation du général Delestraint, chef de l'Armée secrète, le 9 juin, Jean Moulin, qui avait présidé le 27 mai la première séance du Conseil national de la Résistance, est arrêté à son tour par la Gestapo à Calluire le 21 juin ; il mourra le 8 juillet à la suite des tortures qui lui seront infligées.

Le 27 août, c'est Albert Lebrun, ancien président de la République, qui est arrêté par la Gestapo, et, le lendemain, c'est Jean Cavaillès, chef du réseau de résistance Cahors-Asturies. En septembre, après le soulèvement des résistants corses, appuyés par des troupes italiennes ralliées (le 9), le général Giraud décide la reconquête de l'île, réalisée par le général Martin à partir du 13. Le 4 octobre, l'île est libérée. Le 11 novembre, des grèves et des manifestations antiallemandes se produisent dans le Sud-Est : à Grenoble, les Allemands chargent à la baïonnette et déporteront 450 personnes ; deux jours plus tard, Aimé Requety y fait sauter le polygone d'artillerie allemand.

En décembre, un corps expéditionnaire français, commandé par le général Juin, débarque en Italie. Il comprend un important contingent de musulmans d'Afrique du Nord, et le général de Gaulle prononce à Constantine un discours sur leur intégration dans la communauté française (12 décembre).

Les institutions gaullistes

Le général de Gaulle, qui a évincé le 31 juillet 1943 le général Giraud (qui devient commandant en chef des forces françaises) de la co-présidence du Comité français de libération nationale, crée à Alger le 17 septembre une Assemblée consultative provisoire. Elle est composée de membres des mouvements unifiés de résistance et d'hommes politiques ayant joué un rôle durant la IIIe République, afin de doter la France d'une institution démocratique représentative. Sa première session a lieu le 12 novembre 1943. Entre-temps a été rétabli le décret Crémieux naturalisant les juifs d'Algérie (21 octobre).

1944 : La fascisation du régime

Alors que Philippe Henriot devient le 7 janvier secrétaire d'État à la Propagande, et Marcel Déat ministre du Travail le 17 mars, la Milice assassine à Lyon Victor Basch, président de la Ligue des droits de l'homme (le 10 janvier) ; des cours martiales destinées à juger les « terroristes » sont créées (le 20) ; le 2 février, le Service du travail obligatoire est étendu aux Français de 16 à 60 ans, et le 21 les résistants du groupe Manouchian sont exécutés ; le lendemain, Robert Desnos est arrêté ; puis, le 27 mars, le gouvernement de Vichy permet l'engagement de Français dans la Waffen SS.
Mais, parallèlement, la Résistance s'organise : le 1er février, les Forces françaises de l'intérieur (FFI) rassemblent toutes les organisations de résistance : l'Armée secrète gaulliste, l'Organisation de résistance de l'armée giraudiste, et les Francs-Tireurs et Partisans communistes. Le 13 février, les maquisards du plateau des Glières, en Haute-Savoie, bénéficient d'un important parachutage d'armes, mais sont attaqués par la Milice de Joseph Darnand à partir du 20 mars, puis par 12 000 soldats allemands ; le 26 mars, les 500 maquisards du capitaine Anjot sont anéantis. De même, le sabotage

d'un train militaire allemand, à Asq, près de Lille, provoque de sanglantes représailles : 26 personnes sont massacrées dans le village voisin le 2 avril.

Durant ce même mois d'avril, alors que le général de Gaulle succède au général Giraud écarté du commandement à la tête des armées de la France combattante (le 9) et que celle-ci accorde, pour la première fois dans l'histoire du suffrage en France le droit de vote aux femmes (le 29), le maréchal Pétain est acclamé par la foule parisienne (le 20). Il est venu dans la capitale pour assister aux obsèques des 641 victimes civiles des bombardements alliés qui ont eu lieu sur les quartiers industriels des Batignolles et de La Chapelle.

Les Parisiens applaudissent-ils le chef d'un gouvernement collaborant avec l'occupant nazi qui multiplie les actes de répression et intensifie les déportations ? Ou bien saluent-ils celui qui se plaint alors d'être « privé de sa liberté », et qui symbolise la France victime, accrochée à son illusoire neutralité ? Les uns et les autres se trouvent peut-être dans la rue ce jour-là. En tout cas, le 16 avril se tient au Vélodrome d'hiver, en présence de Jacques Doriot, un grand rassemblement de membres de la LVF (Légion des volontaires français) qui ont combattu par antibolchévisme sur le front russe, et que le général Puaud se propose de réorganiser pour lutter contre la Résistance.

De fait, en ce printemps 1944, le Reich, qui espère pouvoir utiliser de nouvelles « armes secrètes » (en particulier les fameux V1 et V2), n'a pas encore perdu la guerre : bien que ses armées reculent en Europe centrale et en Italie, et que la France et l'Allemagne subissent de la part des Alliés des bombardements de plus en plus rudes, l'Italie du Nord (où se constituera la ligne gothique) et la France (défendue par le « mur de l'Atlantique ») sont encore solidement tenues par les troupes allemandes.

L'été 1944 va cependant bouleverser de façon décisive le rapport de force militaire entre les Alliés et le Reich et mettre un terme au gouvernement de Vichy.

La campagne d'Italie (1943-1945)

Dans un premier temps, les Alliés débarquent en Sicile (10 juillet 1943) et, le 16 août, les armées de Patton et de Montgomery contrôlent l'île. Pendant ce temps, alors que Rome est bombardée (le 19 juillet), Mussolini rencontre Hitler à Feltre; ce dernier le convainc de poursuivre la guerre aux côtés de l'Allemagne; mais une partie des fascistes veulent la paix (Ciano) et la population s'agite contre Mussolini; le 25 juillet, le roi charge Pietro Badoglio de constituer un nouveau gouvernement et fait arrêter Mussolini. Puis Montgomery débarque le 3 septembre en Calabre, et Clark le 9 à Salerne, fortement défendue par les Allemands. Mais ceux-ci finissent par se replier et par se retrancher sur la ligne Gustav, au nord de Naples, en novembre. Parallèlement, l'Italie signe un armistice avec les Alliés (3 septembre), puis un commando SS délivre Mussolini (le 12), qui reconstitue une République fasciste dans le nord de l'Italie (à Salo, le 18 septembre).

Début 1944, l'offensive alliée reprend: le coup de boutoir des Français du général Juin, du 14 au 25 janvier, le débarquement américain d'Anzio (au sud de Rome, 22 janvier), puis l'attaque décisive de Juin dans les monts Aurunci (11 mai) permettent de mettre fin à la résistance allemande à Cassino sur la ligne Gustav, qui a duré cinq mois. Rome est prise le 4 juin. Puis les Français prennent Sienne le 3 juillet, les Américains Livourne le 19, et les Anglais Florence le 19 août. Mais les Allemands reconstituent des positions de défense (la ligne gothique) au sud de Bologne, où ils maintiennent leurs positions durant l'hiver 1944-1945.

En avril 1945, les Alliés lanceront l'offensive finale : le 22, ils seront à Bologne, le 26 à Vérone, et le soulèvement italien leur permettra de contrôler Gênes et Milan le 29, Turin le 1er mai, tandis qu'à l'ouest les Français prendront Cuneo et qu'à l'est les Néo-Zélandais feront leur jonction avec les partisans yougoslaves de Tito. Le 2 mai, l'armée allemande d'Italie capitulera sans conditions.

juin 1944-mai 1945

La France libérée et la fin de la guerre

Après les débarquements de Normandie et de Provence, les armées allemandes sont contraintes de se replier mais résisteront encore un an ; parallèlement, le général de Gaulle met en place de nouvelles institutions.

Deux jours après la prise de Rome par les Alliés a lieu sur les plages de Normandie le débarquement qui va changer la face de la guerre.

Le débarquement de Normandie

Le 6 juin 1944 vers 6 heures du matin commence le bombardement des plages normandes où vont débarquer en quelques jours environ 620 000 soldats américains, anglais, français, canadiens… entre Sainte-Mère-Église et Ouistreham. Ils ont été transportés par plus de 5 000 navires et soutenus par près de 15 000 avions, bombardiers, chasseurs et transporteurs de troupes aéroportées. Les Allemands s'attendaient certes à un débarquement allié, mais ils n'en connaissaient ni le lieu ni la date. Ils l'envisageaient plutôt dans le Pas-de-Calais, plus proche de la Grande-Bretagne, et sont surpris par le moment choisi par Eisenhower, compte tenu des mauvaises conditions atmosphériques. Cela explique la quasi-absence de défense aérienne le jour même du débarquement, et l'éloignement de leurs divisions blindées de réserve.
Cependant, les défenses côtières allemandes provoquent de lourdes pertes parmi les troupes de débarquement alliées, en particu-

lier américaines sur les plages d'Utah Beach et de Omaha Beach, au sud du Cotentin (le 10 juin, les Alliés compteront 15 000 tués et blessés). Pourtant, dans la soirée du 6 juin, les têtes de pont alliées sont suffisamment solides pour permettre le débarquement des blindés et du matériel lourd, et pour repousser les contre-attaques allemandes dans les jours suivants (9-10 juin), d'autant plus que Hitler, se refusant à croire qu'il s'agit bien là de la grande offensive alliée, ne lance pas toutes ses forces dans la bataille.
Malgré tout, la progression alliée est difficile. L'objectif prioritaire est de prendre Cherbourg et de réduire la résistance allemande dans le Cotentin; l'objectif sera atteint le 30 juin, par l'armée américaine du général Bradley, au prix de durs combats qui lui font perdre 22 000 hommes. Pendant ce temps, l'armée de Montgomery, dans la région de Caen, connaît également de sérieuses difficultés et ne peut prendre la ville. Toutefois, la progression américaine à l'ouest a permis d'élargir la zone contrôlée par les Alliés, et d'acheminer un potentiel de guerre considérable: en deux mois, 2 millions d'hommes, 500 000 véhicules et 3 millions de tonnes de matériel sont débarqués dans les ports artificiels construits en Normandie, bien protégés par les premières troupes débarquées début juin. Le 1er juillet, l'opération « Overlord » a définitivement réussi.

Sigmaringen

Après le débarquement, le gouvernement du maréchal Pétain n'a plus guère d'autorité. Laval préside un dernier Conseil des ministres le 17 août; ensuite, Pétain est emmené par les Allemands à Belfort, puis à Sigmaringen. Rejoint par Laval, Déat, Doriot, Darnand… Pétain, mi-otage, mi-volontaire, deviendra le chef moral d'un illusoire gouvernement français en exil, d'octobre 1944 à avril 1945. L'approche des troupes françaises provoquera la dispersion de ce gouvernement fantôme, mais Philippe Pétain décidera de se livrer. Il traversera la Suisse le 24 avril pour se rendre en France. Il sera incarcéré le 26 avril 1945 au fort de Montrouge.

La sauvagerie nazie

Alors que la « solution* finale » entre dans sa phase ultime avec la déportation massive des juifs de Hongrie, qui passe en mars 1944 sous le contrôle total du Reich, le débarquement de Normandie s'accompagne de l'intensification des actions de la Résistance ; les armées allemandes qui amorcent leur repli y répondent par la terreur. Ainsi, l'enlèvement d'un officier SS dans la région d'Oradour-sur-Glane provoque le 10 juin 1944 un horrible massacre de la population du village, accusée en outre d'avoir caché des maquisards : 642 hommes, femmes et enfants sont brûlés vifs et mitraillés dans l'église par un détachement de la division SS « Das Reich », qui laissera une traînée sanglante sur son passage. Deux jours auparavant, attaquée par des maquisards alors qu'elle remontait sur le front de Normandie, elle avait pendu 99 otages à Tulle, et également fusillé des otages à Mussidan, Gourdon, Argenton-sur-Creuse…

Les exécutions sommaires

Après que la Résistance a abattu Philippe Henriot, secrétaire d'État à l'Information, le 28 juin 1944, l'ancien ministre Georges Mandel, arrêté par les Allemands et livré à la France, est enlevé par des miliciens et assassiné dans la forêt de Fontainebleau le 8 juillet. Puis Jean Zay, ministre de l'Éducation nationale en 1936, est mitraillé dans le dos lors de son transfert par la Milice, de Riom vers le Vaucluse, le 20 juillet.

Le maquis du Vercors

À partir de la mi-juin 1944, de nombreux partisans* rejoignent le maquis du Vercors près de Grenoble, où est restaurée le 3 juillet

1944 la « République française », et où sont abolis les décrets de Vichy par le commissaire de la République Yves Farge, membre du Front national, organisation de résistance proche du Parti communiste. Toutes les voies d'accès au plateau sont alors « verrouillées », mais, malgré leurs demandes réitérées, les résistants ne bénéficient que de quelques parachutages très insuffisants et manquent cruellement d'armes lourdes. Aussi, quand les Allemands et la Milice de Darnand donnent l'assaut, le 17 juillet 1944, les maquisards sont-ils rapidement anéantis : le 27 juillet, 650 d'entre eux ont été tués, les survivants seront torturés à mort, les blessés achevés et la population civile martyrisée (on retrouvera des hommes, des femmes et des enfants horriblement mutilés).

Le Gouvernement provisoire de la République française

Après avoir fait transformer par l'Assemblée consultative, le 3 juin 1944 à Alger, le Comité français de libération nationale en Gouvernement provisoire de la République française (GPRF), le général de Gaulle arrive le 14 juin en Normandie, à Courseulles. Il s'agit pour lui de trouver une légitimité que lui contestent les Alliés : Eisenhower avait en effet chargé Montgomery d'administrer la France reconquise, et le général de Gaulle ne fut informé qu'in extremis de la date prévue pour le débarquement ; arrivé à Londres le 4 juin, de Gaulle avait d'ailleurs eu une entrevue très orageuse avec Churchill, les Alliés faisant peu de cas du gouvernement provisoire d'Alger. Aussi le fait de fouler le sol français lui permet-il de prouver sa popularité après un premier contact avec la population, à Isigny et à Bayeux, où il installe François Coulet en tant que commissaire de la République. Il constitue ainsi l'embryon d'un nouveau pouvoir politique gaulliste et obtient que ce soit la trésorerie du gouvernement provisoire, et non les autorités anglo-américaines, qui émette une nouvelle monnaie à partir du mois d'août.

La libération de Paris (18-25 août 1944)

La prise de Paris ne constitue pas un objectif privilégié pour l'armée alliée, qui envisage de la contourner par le nord et par le sud. Mais, dans la capitale, les différents mouvements de résistance, bien qu'en désaccord avec le type d'action à entreprendre (les communistes de Rol-Tanguy souhaitant un soulèvement populaire « dur », les gaullistes de Chaban-Delmas et Parodi voulant agir en fonction de l'avancée des Alliés), sont favorables à une insurrection armée. Aussi, après la reprise de l'offensive alliée (permettant la prise de Caen le 9 juillet, de Saint-Lô le 19, d'Avranches le 31, puis celles de Rennes le 5 août, du Mans, d'Alençon, de Chartres, de Dreux et d'Orléans, du 9 au 17 août), et après le déclenchement d'une grève générale parisienne le 18, l'insurrection est-elle décrétée le 19 août : la Préfecture de police est occupée par des policiers résistants, des barricades s'élèvent et les FFI attaquent les troupes allemandes ; puis une trêve est négociée entre Chaban-Delmas et le général von Choltitz, pour éviter à Paris le sort de Varsovie ; mais elle est mal respectée par les SS et certains partisans, et les combats reprennent de plus belle le 22 août.

Le général Leclerc obtient alors l'autorisation de foncer vers Paris avec sa « 2e DB », comptant 16 000 hommes, 4 000 véhicules, dont 500 blindés. Ses avant-gardes atteignent Paris le 24 août, et le lendemain son action conjuguée à celle des FFI permet de réduire la résistance allemande, après de brefs mais violents combats. Le général von Choltitz, refusant d'appliquer l'ordre de Hitler de « réduire Paris en cendres », signe une convention de reddition avec Leclerc et Rol-Tanguy dans l'après-midi du 25 août. Cependant, Paris reste encore sous la menace d'une contre-attaque allemande.

L'action du général de Gaulle

De Gaulle effectue un voyage aux États-Unis où il rencontre Roosevelt (6-10 juillet). Il revient ensuite en France, où il gagne Paris qui vient d'être libéré : le 25 août, il va de la gare Montparnasse au ministère de la Guerre, puis à l'Hôtel de Ville, où il rend hommage à l'insurrection parisienne, malgré ses divergences avec le Conseil national de la Résistance. Puis, le lendemain, une foule immense l'acclame à l'Arc de triomphe et le long des Champs-Élysées, transformant l'auteur solitaire de l'appel du 18 juin 1940 en chef d'État potentiel de la France libérée.

Début septembre, il constitue d'ailleurs un gouvernement d'union nationale, comportant deux ministres communistes (à l'Air et à la Santé), qui sera reconnu par les Alliés le 23 octobre 1944. Celui-ci prend une série de décisions dans divers domaines : le 4 novembre, René Pleven, ministre des Finances, lance un emprunt de « Libération nationale » qui aura rapporté 164,5 milliards de francs le 14 janvier, et contribuera à financer les dépenses de reconstruction ; le 15 novembre 1944, le Conseil des ministres décide la nationalisation des usines Renault pour fait de collaboration (elle deviendra effective le 16 janvier suivant), et, le 13 décembre 1944, les Houillères nationales sont constituées ; d'autre part, le 29 décembre est prise la décision d'appeler sous les drapeaux 200 000 hommes à la fin de janvier 1945.

Puis le gouvernement provisoire rétablit le 3 janvier 1945 la gratuité de l'enseignement secondaire. Le 22 février sont créés les comités d'entreprise dans les entreprises de plus de cent salariés, qui doivent recevoir une fois par an un bilan social de la part de leur direction ; mais les problèmes sociaux, et ceux, plus quotidiens, du ravitaillement ne sont pas résolus pour autant : le 11 mars, la CGT manifeste à Paris au cri de « nos gosses ont faim ».

Parallèlement, l'écrivain Robert Brasillach est condamné à mort le 19 janvier et exécuté le 6 février ; Charles Maurras est, quant à lui, condamné à la réclusion perpétuelle le 27 janvier 1945.

La guerre n'est pas finie

Après le débarquement, les Alliés progressent vers le sud de la Normandie en juillet et vers l'Île-de-France durant la première quinzaine d'août, la percée d'Avranches le 31 juillet et l'encerclement de l'armée allemande, à Falaise, écrasée sous les bombes, se révélant décisifs. Le 15 août, la 7e armée américaine du général Patch et celle du général de Lattre de Tassigny débarquent en Provence, de Saint-Tropez à Saint-Raphaël : 400 000 hommes, 800 navires et 3 600 avions participent à l'opération, et parviennent assez rapidement à prendre Toulon et Marseille. Fin août, toute la côte méditerranéenne est contrôlée par les Alliés, et la libération de Paris (le 25) est suivie de celle de la Champagne (les villes d'Épernay, Reims, Châlons-sur-Marne sont reprises les 30 et 31). Le 4 septembre, le général Patton franchit la Meuse, les 7 et 8 septembre les Alliés libèrent Bruxelles et Liège, et le 11 la 1re armée américaine atteint les environs d'Aix-la-Chapelle.

Mais l'Allemagne n'a pas encore perdu la guerre : aux Pays-Bas, l'offensive alliée est mise en échec au pont d'Arnhem (17 septembre), où les pertes sont lourdes chez les Britanniques, la brigade polonaise et les résistants néerlandais. Parallèlement, la Grande-Bretagne, qui avait subi le bombardement des V1 (« Vengeance 1 »), lancés depuis le Pas-de-Calais à partir du 12 juin, est touchée à partir du 8 septembre par le tir des fusées V2, partant de Poméranie et beaucoup plus meurtrières en raison de leur vitesse élevée (Mach 5), qui les rend difficiles à détecter et à abattre. Et si Bordeaux est libérée par les troupes françaises le 12 octobre, si après de rudes combats les Américains prennent

Aix-la-Chapelle le 21 octobre, de Lattre arrête son offensive dans les Vosges en raison de l'importance de ses pertes.

Pourtant, les troupes françaises atteignent le Rhin le 21 novembre, et le général Leclerc entre dans Strasbourg le 23, tenant ainsi le serment de Koufra. Mais les Allemands organisent une ligne de défense des Pays-Bas au Rhin et Hitler décide de déclencher le 16 décembre une grande contre-offensive dans les Ardennes; près de Saint-Vith, la division SS « Adolf Hitler » inflige de lourdes pertes à l'armée américaine, et exécute les prisonniers; le 21 décembre, les Allemands encerclent Bastogne, à 150 km de Bruxelles, défendue par près de 20 000 soldats américains, qui perdent 4 000 hommes; mais l'arrivée des blindés de Patton en provenance de Metz permet de dégager la ville et de mettre fin à la dernière tentative allemande pour renverser le cours de la guerre.

L'offensive finale

Après l'échec d'une contre-attaque allemande vers Strasbourg, l'essentiel des opérations militaires se déplace désormais vers l'Allemagne même, tandis qu'à l'est les Soviétiques accèdent à la demande britannique d'attaquer massivement sur la Vistule; le 12 janvier 1945, l'Armée rouge déclenche une grande offensive; elle occupe Varsovie le 17, libère le camp d'Auschwitz le 27 et entre en Poméranie le 29. Cela permet aux Alliés de bousculer les armées allemandes sur le front de l'Ouest: le 29 janvier, toute la Belgique est libérée et les Allemands sont repoussés derrière le Rhin. La dernière poche allemande dans les Vosges est réduite par de Lattre, qui entre dans Colmar le 2 février.

Le 3 février, Berlin est bombardée, et, les 13 et 14, la ville de Dresde est totalement détruite par trois vagues de bombardements alliés qui feront 250 000 morts parmi la population allemande, ceux qui

échappent aux bombes étant brûlés vifs dans de terribles incendies. Le 7 mars, l'avant-garde de l'armée américaine prend le pont Ludendorff, l'un des rares à rester utilisable, et pose le pied sur la rive droite du Rhin. Le 19, alors que Hitler décide de pratiquer la politique de la terre brûlée, la 1re armée française pénètre en Allemagne, et le 31 les Français attaquent dans les Alpes ; à l'est, l'Armée rouge atteint l'Autriche le 28 et prend Dantzig le 30.
Le 16 avril, les Soviétiques déclenchent l'offensive finale sur Berlin, dont ils atteignent les faubourgs le 21 ; le 18 avril, les Américains entrent en Tchécoslovaquie, la résistance allemande cesse dans la Ruhr ainsi que dans la région de Royan ; le 21, la 5e division blindée française prend Karlsruhe et Stuttgart, et Ulm le 25 ; ce même jour, les Russes et les Américains font leur jonction à Torgen, sur l'Elbe, à 50 km au nord de Leipzig. Le 30 avril, Hitler se suicide dans son bunker, alors que l'Armée rouge investit la ville et que le drapeau soviétique flotte sur le Reichstag.
Le 2 mai, Berlin capitule, puis le 4 c'est au tour des armées allemandes des Pays-Bas, de l'Allemagne du Nord et du Danemark ; le 5, le général Leclerc est à Berchtesgaden. Enfin, le 7 mai, le général Jodl signe à Reims une première capitulation de l'Allemagne, confirmée le lendemain 8 mai à Berlin par le maréchal Keitel, qui paraphe l'acte définitif de la capitulation du Reich. Celui-ci cesse d'exister le 23 mai après l'arrestation de l'amiral Doenitz, qui avait tenté de reconstituer un gouvernement autonome.

Dossiers

Les conséquences de la guerre

Après quatre ans d'occupation, la France sort très affaiblie de la guerre. Le pillage organisé, le rationnement qui a entraîné l'essor du marché noir, mais aussi les destructions durant la Libération laissent le pays dans une situation économique catastrophique.

La conférence de Yalta

Le 4 février 1945 s'ouvre la conférence qui réunit à Yalta Roosevelt, Staline et Churchill, mais pas de représentants français. Elle fait suite à celle de Téhéran (le 28 novembre 1943), qui avait prévu l'ouverture d'un second front à l'Ouest pour mai 1944. Les Alliés s'entendent sur plusieurs points : l'URSS participera à la première session de l'ONU et s'engage à entrer en guerre contre le Japon après la victoire sur l'Allemagne, en échange d'une zone d'influence dans la région ; la frontière orientale de la Pologne est fixée sur l'ancienne ligne Curzon, mais ce pays gagnera des territoires au nord et à l'ouest. L'URSS accepte que la France obtienne une zone d'occupation en Allemagne ; le montant des réparations que l'Allemagne devra payer est fixé à 20 milliards de dollars, dont la moitié pour l'URSS, et prendra en particulier la forme d'une récupération du potentiel industriel allemand ; les trois pays s'accordent sur la nécessité de restaurer la démocratie dans les pays soumis au Reich, d'aider leur redressement économique, et d'extirper totalement le nazisme d'Allemagne.

En fait, si la conférence de Yalta ne règle pas dans le détail les conditions d'occupation de l'Allemagne et des pays qu'elle dominait, et si elle ne constitue qu'une préparation de la conférence de Potsdam, qui s'ouvrira le 17 juillet 1945, elle entérine de fait le partage de l'Europe et d'une partie du monde en zones d'influence délimitées par la position respective des armées des futurs vainqueurs.

Les pertes humaines

Le nombre des victimes est d'au moins 40 millions dans le monde, dont à peu près la moitié de civils, une dizaine de millions étant morts en déportation : on peut en effet estimer à environ 6 millions le nombre de juifs exterminés durant la guerre et à 4 à 5 millions celui des déportés politiques en Allemagne, la plupart ayant péri dans les camps de la mort. Les principaux d'entre eux sont, de par le nombre de victimes : Auschwitz (entre 3 et 4 millions de morts), Treblinka (750 000 morts), Belzec (600 000), Chelmono (300 000), Maïdanek (250 000), ainsi que Sobibor, Bergen-Belsen, Ravensbrück, Terezin, Orianenburg, Buchenwald, Mathausen, Dachau, Dora…, et en France Struthof-Natzwiller (camp d'élimination des « politiques » français) et Schirmeck (camp d'internement pour Alsaciens).

La France compte environ 535 000 tués : 205 000 soldats et 330 000 civils, dont 182 000 déportés. Parmi les 70 000 (pour le moins) « déportés raciaux » à partir de la France (dont 10 000 enfants ou adolescents), et dont 2 500 survécurent à l'enfer des camps de concentration, le nombre de ressortissants français est d'environ 23 000.

Les États-Unis ont perdu 300 000 hommes, la Grande-Bretagne plus de 420 000, l'Italie 450 000, la Pologne environ 5,8 millions, la Tchécoslovaquie 415 000, la Chine entre 6 et 8 millions, le Japon 3 millions. L'URSS est toutefois le pays qui compte le plus

de victimes puisqu'elle a perdu sans doute près de 20 millions d'habitants, dont la moitié de civils : les combats y furent en effet particulièrement acharnés, les nazis laissant mourir de faim ou exterminant les nombreux prisonniers russes faits au début du conflit et pratiquant la politique de la terre brûlée, sans la moindre pitié pour les populations civiles : les « Oradour » s'y comptent par centaines.
L'Allemagne a perdu environ 3 250 000 soldats, 600 000 civils tués lors des bombardements, auxquels il faut ajouter environ 1,2 million d'Allemands vivant dans les différents pays d'Europe centrale qui ont disparu, soit environ 5 millions de victimes.

Le poids économique de la guerre

Pour la France, c'est d'abord celui de la défaite : au pillage direct des ressources nationales en hommes (avec le maintien d'environ deux millions d'actifs prisonniers en Allemagne, remplacés ensuite progressivement par les « appelés » du STO), en denrées agricoles (environ 10 % de la production totale) et en produits industriels (de 30 à 40 % en 1942-1943) s'ajoutent les indemnités monétaires que la France doit verser à son vainqueur : d'abord 20 millions, puis 25 millions de marks par jour (début 1943), avec un cours du mark surévalué de 50 % par rapport au cours du dollar en juin 1940 ; ces paiements représentent près de la moitié des dépenses publiques, environ 20 % du revenu national en 1941 et 1942, 36 % en 1943 et encore 27 % en 1944.
D'autre part, les destructions de capital productif (66 000 unités d'exploitation totalement détruites, 140 000 partiellement) ont été estimées à près de 400 milliards de francs, celles d'immeubles à plus de 300 milliards ; si l'on veut mesurer le « désinvestissement » total de l'économie française durant la période, il conviendrait d'ajouter le manque à gagner constitué par l'absence d'investisse-

ments, évalué à 160 milliards de francs : au total, c'est environ 45 % de la capacité de production nationale qui a disparu. Encore faut-il tenir compte des pertes de matériel militaire et civil, de la destruction de 9 000 ponts, de 4 900 km de voies ferrées, de 115 gares, de 14 500 locomotives, de 80 % des infrastructures portuaires, de deux tiers des wagons et des bateaux de marchandises, du vol d'œuvres d'art, et enfin de l'impact qualitatif causé par l'absence de recherche et de progrès technique en France pendant toute la durée de la guerre.

Quant à l'Allemagne, la guerre lui a coûté environ 650 milliards de marks ; les destructions représentent 50 % des écoles, 40 % de l'infrastructure de transport, 20 % des établissements industriels ; 5 millions de logements ont été détruits et 3,5 millions endommagés, sur un total de 16 millions.

De 1945 à nos jours

IVe RÉPUBLIQUE ET Ve RÉPUBLIQUE

Introduction

La libération du territoire à partir de l'été 1944 a permis aux Français d'être soustraits progressivement au joug de l'occupant nazi. Mais les problèmes du pouvoir, des institutions et de la nature de la société à reconstruire restent posés.

La IVe République

Si le général de Gaulle jouit d'une légitimité de fait, il s'efface derrière deux Assemblées constituantes parvenant difficilement à mettre en place une Constitution qui fonde la IVe République mais provoque le départ du chef de la France libre, hostile au « régime des partis ».

Se pose alors la question de la politique à mener, dans une France où la gauche est majoritaire, et où le Parti communiste constitue la première force politique. Écarté du gouvernement en 1947, et renonçant à une stratégie insurrectionnelle, il s'enferme dans un ghetto politique, reflet dans le pays de la guerre froide entre l'Est et l'Ouest. Le PC anime de nombreuses luttes sociales et sera aussi le principal opposant à la politique coloniale de la IVe République.

Celle-ci doit en effet faire face à la guerre d'Indochine qui débute dès 1945 et qui va occuper le devant de la scène politique après le désastre de Diên Biên Phu : c'est Pierre Mendès France qui mettra fin à la guerre et amorcera le règlement du problème tunisien. Mais aussitôt commence le drame algérien.

La Ve République « gaullienne »

Revenu au pouvoir sous la pression de l'armée et des Français d'Algérie, le général de Gaulle parvient à régler le conflit dans des conditions douloureuses tout en réformant les institutions. La fin des guerres coloniales, le retour de la paix civile et la stabilisation du pouvoir politique favorisent le développement économique de la France. Mais la mauvaise répartition des « fruits de la croissance », l'autoritarisme du pouvoir et l'arrivée à l'âge adulte des classes d'âge nées après la guerre provoquent l'explosion de mai-juin 1968, qui ébranle le régime gaulliste. Un an plus tard, après un échec électoral, le général de Gaulle se retire de la vie politique.

Son successeur, l'ancien Premier ministre Georges Pompidou, se présente en héritier du général ; mais le gaullisme tend à se banaliser au sein d'un monde politique retrouvant le clivage gauche-droite ; son dernier représentant historique, Jacques Chaban-Delmas, est d'ailleurs battu à l'élection présidentielle de 1974 par Valéry Giscard d'Estaing, incarnant un centrisme libéral à l'image moderniste. Mais parallèlement, la recomposition du Parti socialiste autour de François Mitterrand fait de celui-ci un candidat crédible à l'alternance politique. Sa victoire en 1981 suscite une « vague rose » qui amène au pouvoir une surprenante majorité absolue d'élus socialistes.

Les deux septennats de François Mitterrand

Mais cette majorité, après avoir dans un premier temps appliqué un programme conforme aux orientations traditionnelles de la gauche, en vient assez vite à une politique de « rigueur ».

La désinflation est réussie en 1986, quand Jacques Chirac devient pour deux ans Premier ministre d'un gouvernement de « cohabitation ». Mais les socialistes, qui voulaient « rompre avec le capitalisme », sont devenus entre-temps de bons gestionnaires réalistes et gagnent à nouveau les élections présidentielle et législatives de 1988. Pourtant le chômage reste élevé et apparemment irréductible, les inégalités s'aggravent, une « nouvelle pauvreté » apparaît.

Dès lors, le pouvoir ne peut plus guère compter sur les « déçus du socialisme », dont certains sont de plus perturbés par l'adhésion du président Mitterrand et de la direction du Parti socialiste au libéralisme économique préconisé par le traité de Maastricht adopté de justesse par référendum fin 1992.

La lourde défaite de la gauche aux élections législatives de 1993 ne surprend donc personne et la seconde « cohabitation » (1993-1995), durant laquelle Édouard Balladur occupe l'hôtel Matignon, apparaît comme une transition vers l'élection d'un successeur de droite à François Mitterrand.

L'ère chiraquienne

Jacques Chirac l'emporte, après avoir critiqué durant sa campagne la politique économique suivie par son ami et concurrent Édouard Balladur. Mais il renonce bien vite à changer de politique, alors que la situation de l'emploi ne s'améliore pas. À la recherche d'un second souffle, le président Chirac décide deux ans plus tard de dissoudre l'Assemblée nationale élue en 1993, provoquant le retour inattendu de la gauche au pouvoir, et conduisant Lionel Jospin à Matignon en 1997. À l'issue de cette nouvelle cohabitation, Jacques Chirac est réélu pour un mandat de cinq ans. Le gouvernement formé alors avec Jean-Pierre Raffarin à sa tête s'attaque au problème du déficit des comptes sociaux du pays. Cela provoque au printemps 2003 de grandes grèves et manifestations sans résultat. Le référendum sur le projet de Constitution européenne, en 2005, donne une nouvelle occasion de s'exprimer à ceux – de droite comme de gauche – qui contestent l'action du gouvernement. La majorité des Français rejette ce traité, pour des raisons parfois contradictoires : certains sanctionnent la politique sociale du pouvoir ; d'autres s'inquiètent de l'orientation jugée « trop libérale » du traité ; d'autres encore redoutent la perte de souveraineté de la France. Ce rejet a pour conséquence le remplacement de Jean-Pierre Raffarin par Dominique de Villepin.

La présidence Sarkozy

Nicolas Sarkozy entend « moderniser » la France en imposant rapidement des réformes (fiscalité, justice, universités, régime des retraites...). Mais ces mesures déclenchent le mécontentement d'une partie des Français.

Les transformations culturelles

Le « déclin des idéologies » qui caractérise la France depuis le milieu des années 1980 peut surprendre au regard des débats qui eurent lieu durant trois quarts de siècle. Mais il va de pair avec l'évolution culturelle d'un pays d'où les anciens motifs de division s'estompent. Le règne des nouvelles techniques auquel les savants et ingénieurs français ont pris part depuis 1945 (en particulier dans le domaine de l'énergie atomique, de l'aéronautique, des transports, de la chimie et de la médecine), a aussi contribué à créer un monde moderne où le repli de chacun sur soi-même est favorisé par la consommation domestique de sons et d'images. Un nouveau modèle de société reste à imaginer et à construire alors que la France est confrontée à une série de problèmes provoquant de nouvelles tensions: la persistance d'un chômage de masse; la peur des délocalisations économiques et de la disparition de secteurs d'activités traditionnelles; l'aggravation de la « fracture sociale » évoquée par Chirac en 1995, doublée d'une grave question d'intégration sociale et culturelle d'une partie de la population vivant dans les banlieues et se livrant à des actes de violence menaçant la cohésion de la société française.

Chroniques

La Libération et les Constituantes

Deux Assemblées constituantes sont nécessaires pour donner une nouvelle Constitution à la France, qui provoque le départ du général de Gaulle ; pendant ce temps débute la guerre d'Indochine.

Le pouvoir revient à ceux qui ont combattu sans compromission l'occupant nazi, et qui arrivent en vainqueurs aux côtés des Alliés, c'est-à-dire les Forces françaises libres et les résistants de l'intérieur.

Le gouvernement provisoire (1944-1945)

Le plus prestigieux des résistants de l'intérieur, qui avait dès le 18 juin 1940 appelé à poursuivre la lutte, qui s'est efforcé de coordonner toutes les forces combattantes et qui a su s'imposer aux dépens des autres dirigeants français en exil, est bien sûr le général de Gaulle. Il a trouvé sa légitimité en refusant d'admettre la défaite de la France et la collaboration avec l'occupant.

Le nouveau gouvernement

Ayant, dès le 2 juin 1944, transformé à Alger le Comité français de libération nationale en Gouvernement provisoire de la République française (GPRF), de Gaulle, après son accueil triomphal à Paris les 25 et 26 août, forme et préside un nouveau gouvernement provisoire, le 5 septembre, remanié quatre jours plus tard. Le gouvernement comprend 22 ministres, dont Jules Jeanneney, Louis

Jacquinot, Pierre Mendès France, les communistes Charles Tillon et François Billoux, ainsi que Georges Bidault (président du Conseil national de la Résistance), divers socialistes (tels Robert Lacoste, François Tanguy-Prigent...), le général Catroux et des personnalités qui marqueront l'histoire de la IVe République, comme René Pleven, René Capitant, Alexandre Parodi.

L'autorité locale revient aux nouveaux préfets nommés par le gouvernement provisoire et chapeautés par des commissaires de la République, mais devant souvent composer avec des comités départementaux de la libération (CDL) nés dans la clandestinité, et avec des comités locaux de libération (CLL), au prix d'inévitables conflits de compétence. Cependant, l'influence des CDL, qui, dans l'esprit des communistes en particulier, devaient exprimer un pouvoir populaire parallèle à celui de l'État, décline rapidement, au fur et à mesure que le pouvoir central se renforce, pour disparaître totalement à la fin de 1945. Le Parti communiste, contrôlant le Front national et les FTP, et bien implanté dans d'autres organisations de résistance, accepte même le désarmement des milices et mouvements de résistance décidé le 28 octobre 1944 par le gouvernement provisoire. Il renonce ainsi à toute stratégie insurrectionnelle.

Après l'échec d'une tentative d'unification de différentes branches de la Résistance au début de 1945, la vie politique traditionnelle renaît. Le seul élément nouveau est la création du Mouvement républicain populaire (MRP), fondé les 25-26 novembre 1944 par des chrétiens de gauche résistants, et qui profitera lors des élections à venir de la destructuration des anciens partis socialiste et radical, et du discrédit de la droite après l'épisode de la collaboration. En revanche, le projet de rapprochement entre socialistes et communistes (motion Jules Moch), envisagé à l'occasion du congrès de la SFIO qui se tient du 9 au 12 novembre 1944, n'aboutit pas en raison de l'attitude des communistes, qui proposent des modalités inacceptables pour les socialistes.

L'épuration

Elle prend en premier lieu la forme spontanée d'exécutions sommaires de miliciens, de dénonciateurs, de collaborateurs notoires, n'excluant pas des règlements de comptes personnels pour des faits n'ayant rien à voir avec la guerre. Des excès, des injustices et des jugements hâtifs ont certes lieu, et l'on peut avancer le chiffre d'environ 10 000 exécutions. Mais les souffrances de ceux qui avaient subi la barbarie nazie et celle de ses complices expliquent cette justice expéditive qui frappa parfois des innocents.

Parallèlement, une « épuration* légale » est mise en place dès la Libération* par l'intermédiaire de cours de justice, qui instruisent, jusqu'à la fin de 1948, 160 000 dossiers : elles prononceront environ 7 000 condamnations à mort (dont 4 400 par contumace, moins de 800 personnes étant exécutées), 13 200 peines de travaux forcés, 26 200 peines de prison, 40 000 dégradations nationales (privation des droits civiques et politiques) et 73 500 acquittements ou ordonnances de non-lieu.

Certains trouveront ce bilan considérable et dénonceront l'intransigeance des anciens combattants, l'absence d'équité lors de certains procès ou l'interdiction frappant les journaux ayant continué à paraître sous l'occupation. D'autres, au contraire, s'indigneront de la légèreté des sanctions touchant l'administration, la police et les profiteurs de guerre, et de l'impunité dont bénéficieront de nombreux collaborateurs de fait.

La fin de Pierre Laval

Arrêté en Autriche, livré aux Américains puis aux autorités françaises, il témoigne au procès de Pétain. Laval est ensuite jugé sommairement en octobre 1945 par la Haute Cour de justice. Les conditions de l'instruction sont telles que ses avocats refusent de plaider. Condamné à mort, il tente de s'empoisonner, mais il est sauvé de justesse pour être aussitôt fusillé, au matin du 15 octobre.

Son procès, qui aurait pu être celui de la collaboration, ressemble à une exécution sommaire. Le 10 octobre, Joseph Darnand, l'ancien chef de la Milice*, avait été également passé par les armes.

La première Assemblée constituante (oct. 1945-juin 1946)

La guerre terminée, le gouvernement provisoire peut désormais organiser une consultation démocratique portant sur la réforme des institutions républicaines. Conjointement à l'élection d'une Assemblée, un référendum est proposé aux Français qui ont à répondre à deux questions : l'Assemblée doit-elle être constituante ? Son mandat doit-il être limité à sept mois, temps nécessaire pour élaborer une nouvelle Constitution, devant faire l'objet d'un nouveau référendum ?

Référendum et élections d'octobre 1945

Le premier référendum et les élections (au scrutin proportionnel) ont lieu le 21 octobre 1945, les femmes votant pour la première fois, en vertu de l'ordonnance du 21 avril 1944 : la première question du référendum obtient 96,4 % de oui par rapport aux suffrages exprimés, et la seconde obtient 65,5 % de oui (les radicaux et les communistes ayant appelé à voter non à celle-ci) ; l'Assemblée élue devient donc constituante. Elle comprend une forte majorité de gauche : le Parti communiste (qui obtient 26 % des suffrages exprimés) a 159 élus ; le MRP (avec près de 24 % des voix) a 150 élus ; la SFIO (23,3 %) a 146 élus. Le Parti radical et les partis de droite sont les grands perdants : les radicaux (10 % des suffrages) n'ont que 29 élus ; l'UDSR en a autant qu'eux et l'ensemble de la droite a environ 16 % des voix et 70 élus.

Élu chef du gouvernement à l'unanimité par l'Assemblée constituante, le 13 novembre 1945, le général de Gaulle constitue, le 16, un cabinet tripartite (PC, SFIO et MRP recevant cinq postes chacun), complété par six personnalités extérieures. Refusant au Parti communiste les ministères clés qu'il sollicite, il confie cependant au secrétaire général du PC Maurice Thorez le poste de vice-président du Conseil et le titre de ministre d'État, à Charles Tillon l'Armement et à François Billoux l'Économie. Le socialiste Adrien Tixier est ministre de l'Intérieur, Jules Moch est aux Travaux publics, René Pleven aux Finances, Pierre-Henri Teitgen à la Justice, Georges Bidault aux Affaires étrangères, Jacques Soustelle aux Colonies et l'écrivain André Malraux à l'Information.

Le départ du général de Gaulle

Mais l'élaboration de la nouvelle Constitution va être particulièrement difficile, en raison de la divergence de vues entre les divers partis sur des points fondamentaux : certains, dont les proches du général de Gaulle, veulent deux Chambres, et un président de la République, véritable chef de l'État aux pouvoirs élargis (de Gaulle précisera sa pensée sur ces points lors du discours de Bayeux, le 16 juin 1946) ; les socialistes ne veulent pas d'un Sénat qui leur a laissé de mauvais souvenirs, et les communistes sont aussi favorables à une Assemblée unique dotée de tous les pouvoirs ; les uns et les autres sont de plus hostiles à une Constitution qui permettrait au général de Gaulle de contrôler le jeu politique.

Les divergences deviennent si graves entre la majorité de l'Assemblée constituante et le général de Gaulle que celui-ci démissionne le 20 janvier 1946, en dénonçant le « régime exclusif des partis ». Vincent Auriol est alors élu président de l'Assemblée constituante, alors que, le 23 janvier, le PC, la SFIO et le MRP s'entendent sur une charte de collaboration qui fonde le « tripartisme » : les trois partis auront chacun un tiers des ministères dans le gouvernement présidé par le socialiste Félix Gouin (26 janvier-12 juin 1946).

Mais le projet de Constitution, prévoyant une seule véritable Assemblée (et un Conseil de l'Union française sans pouvoir) ainsi que l'élection du président de la République par l'Assemblée nationale, est rejeté par les électeurs lors du référendum du 5 mai 1946 (les non obtenant 53 % des voix).

La seconde Assemblée constituante (juin-nov. 1946)

Les élections de juin 1946

De nouvelles élections sont donc nécessaires pour former une nouvelle assemblée constituante; elles ont lieu le 2 juin 1946 et confirment globalement les tendances des précédentes. Le Parti communiste obtient environ 26 % des voix et a 153 élus (sur 586), mais il est dépassé par le MRP (28,2 % et 169 élus); la SFIO reçoit 21 % des suffrages et a 129 élus, le Rassemblement des gauches républicaines (radicaux plus UDSR) 11,6 % et 53 élus, la droite 13 % et 67 élus auxquels s'ajoutent 15 divers. La victoire du MRP permet à l'un de ses membres, Georges Bidault, de devenir président du Conseil (du 23 juin au 28 novembre 1946), sans pour autant remettre en cause la formule du tripartisme.

La Constitution d'octobre 1946

La seconde Assemblée constituante élabore durant l'été un nouveau texte qui obtient 53,5 % de oui au référendum du 13 octobre 1946, malgré sa condamnation par le général de Gaulle (discours d'Épinal, 22 septembre 1946). Peu différente du premier projet, cette Constitution institue un Conseil de la République purement consultatif, à côté d'une Assemblée nationale élue pour cinq ans, qui ne peut déléguer ses pouvoirs au gouvernement; à la tête de celui-ci se trouve un président du Conseil, choisi par le président de la République; mais il doit obtenir l'investiture par un vote favorable de la majorité absolue de l'Assemblée.

Cette dernière et le Conseil de la République réunis en Parlement élisent pour sept ans le président de la République, sans aucun pouvoir décisionnel.
D'autre part, il est prévu la procédure de la question de confiance, par laquelle le président du Conseil peut engager la responsabilité de son gouvernement devant l'Assemblée nationale, la confiance n'étant refusée que si la majorité absolue de celle-ci vote négativement. Après l'adoption de cette nouvelle Constitution, la IVe République est née.

L'Union française

La Constitution de 1946 crée l'Union* française, comprenant outre la métropole, l'Algérie, les départements d'outre-mer (Guyane, Guadeloupe, Martinique, Réunion), les territoires d'outre-mer (ex-AEF, une partie de l'AOF, îles d'Océanie...), les territoires associés (Togo, Cameroun), et les États associés (Indochine, Maroc, Tunisie). Deux Assemblées consultatives voient également le jour : le Haut Conseil de l'Union française (qui regroupe une délégation française et des représentants des États associés) et l'Assemblée de l'Union française (dont la moitié des membres représente les différents pays d'outre-mer). Mais les décisions importantes seront toujours prises par le gouvernement et l'Assemblée nationale.

Les débuts de la guerre d'Indochine

La présence japonaise

L'Indochine est, durant la Seconde Guerre mondiale, le lieu d'opérations militaires liées à la présence japonaise (débarquement au Tonkin en septembre 1940). Cela va provoquer la naissance en 1941 d'un Front de l'indépendance (Viêt-minh), dominé par Hô Chi Minh et les communistes, qui vont lutter contre les deux occupants japonais et français, Vô Nguyên Giap organisant la guérilla et fondant en décembre 1944 une armée populaire vietnamienne. Puis, le 9 mars 1945, les Japonais s'attaquent brutalement à l'armée et aux autorités françaises et poussent l'empereur Bao Daï au Viêt Nam et le prince Sihanouk au Cambodge à proclamer leur indépendance (10 et 11 mars 1945). Mais en août, profitant du recul japonais, l'armée du Viêt-minh effectue une offensive générale. Bao Daï est contraint d'abdiquer le 25, et le 2 septembre est fondée la République démocratique du Viêt Nam indépendant ; Hô Chi Minh constitue alors un gouvernement d'union nationale regroupant toutes les tendances politiques du pays, alors que les dernières résistances japonaises sont vaincues par les Chinois au nord du 16e parallèle et par les Britanniques au sud.

L'indépendance du 6 mars 1946

Dès que possible, le général de Gaulle envoie des troupes pour rétablir l'hégémonie française : les blindés du général Leclerc entrent à Saigon le 5 octobre et soumettent le sud de l'Indochine alors que l'amiral Thierry d'Argenlieu est nommé haut-commissaire. Mais Leclerc se rend compte que le Nord, où se trouvent encore des troupes chinoises, pose un tout autre problème et que le règlement de ce problème passe par une solution politique et non pas seulement militaire. Pour le résoudre, lui-même et l'envoyé du gouvernement Jean Sainteny mènent une double négociation : ils obtiennent le départ des Chinois contre l'abandon des concessions françaises de Chine (22 février 1946) et pressent Hô Chi Minh de conclure la paix. Un accord est signé le 6 mars 1946 par lequel la France reconnaît la République du Viêt Nam comme un « État libre ayant son gouvernement, son armée et ses finances », mais intégré dans une Fédération indochinoise faisant elle-même partie de l'Union française. De plus, un référendum doit régler la question d'une éventuelle réunification des anciennes provinces du Tonkin (au nord), de l'Annam (au centre) et de la Cochinchine (au sud).

Le sabotage de la paix (mai-déc. 1946)

Mais l'initiative de Thierry d'Argenlieu, non désavouée par de Gaulle, et soutenue par Georges Bidault, ministre des Affaires étrangères, par le MRP, la droite, et même par une partie des socialistes, remet tout en question: refusant ce « nouveau Munich », il crée le 1er juin 1946 une République autonome de Cochinchine. Aussi, après que le 26 juin Georges Bidault est devenu président du Conseil, la conférence de Fontainebleau qui s'ouvre le 6 juillet en présence d'Hô Chi Minh ne peut être qu'un échec. Au Viêt Nam, à l'intransigeance de Thierry d'Argenlieu répond le début d'une guérilla communiste contre les Français, qui répliquent par un bombardement du port de Haïphong, faisant environ 6 000 morts le 23 novembre 1946. Et, alors qu'Hô Chi Minh demande encore en vain l'ouverture des négociations le 15 décembre, Giap lance le 19 une offensive militaire d'envergure dans le Tonkin, qui fait 200 morts à Hanoï. La France refuse désormais toute négociation et tout contact avec le Viêt-minh ; le socialiste Léon Blum (devenu entre-temps président du Conseil) envoie des troupes en Indochine pour réduire l'insurrection, et Hô Chi Minh, qu'il avait côtoyé dans le même parti quand il était jeune étudiant à Paris, appelle à chasser les Français. La guerre d'Indochine a réellement commencé.

1946-1951

Les débuts de la IVe République

Après le départ des communistes du gouvernement, l'agitation sociale est à son comble, tandis que la situation s'aggrave en Indochine et qu'une crise éclate au maroc.

Après l'adoption de la nouvelle Constitution, lors du référendum du 13 octobre 1946, les nouvelles institutions se mettent en place.

Les élections (1946-1947)

Le 10 novembre 1946, les Français élisent à la proportionnelle les députés de la nouvelle Assemblée nationale. Le Parti communiste est de nouveau vainqueur, avec plus de 28 % des suffrages exprimés, lui donnant droit à 182 élus (sur 619). Viennent ensuite le MRP (environ 26 % des voix et 173 députés), la SFIO (moins de 18 % et 102 élus), le RGR (radicaux et UDSR) qui obtient 11 % des voix et a 69 députés, les modérés (13 % des voix et 67 élus)… Une union gaulliste, voulant rester strictement fidèle à la démarche du général, ne recueille que 3 % des suffrages et n'a pas d'élus.
Le PC, le MRP et la SFIO, ayant obtenu environ 72 % des voix, peuvent poursuivre leur collaboration ; elle permet aux socialistes Vincent Auriol et Léon Blum de présider pour l'un l'Assemblée et pour l'autre le Conseil des ministres d'un gouvernement socialiste de transition (16 décembre 1946-16 janvier 1947), en attendant les élections suivantes. Le 8 décembre 1946 voit celle du Conseil de la République, et le 16 janvier 1947 celui-ci et l'Assemblée nationale

se réunissent au château de Versailles pour élire Vincent Auriol président de la République par 452 voix sur 883 (Champetier de Ribes, MRP et président du Conseil de la République, en a obtenu 242, le radical Glasser 122, et le fils de Georges Clemenceau, représentant les modérés, 60).

En plus des suffrages socialistes et communistes, Vincent Auriol a reçu ceux de certains radicaux qui obtiennent en échange qu'Édouard Herriot soit élu président de l'Assemblée nationale.

C'est le socialiste Paul Ramadier qui est alors chargé par Vincent Auriol de former le premier gouvernement de la IVe République. Il obtient à l'unanimité son investiture personnelle de la part de l'Assemblée nationale le 21 janvier 1947. Mais son gouvernement ne reçoit le 28 janvier que la seule confiance des présidents des groupes de la majorité parlementaire: les problèmes ne vont pas tarder.

Les premières difficultés

Le retour de la paix, vingt mois plus tôt, n'avait en effet pas suffi à rétablir des conditions de production et de circulation normales des marchandises, et des denrées alimentaires en particulier. La pénurie et l'inflation avaient même conduit Léon Blum à décréter le 2 janvier 1947 une baisse générale des prix de 5 %. Mais d'une façon générale, les prix tendent à augmenter plus vite que les salaires, les épargnants sont ruinés par l'inflation. Et si la France obtient des États-Unis la livraison de 200 000 tonnes de blé en février 1947, la ration quotidienne de pain baisse de 300 à 250 grammes par personne le 1er mai 1947, et une nouvelle baisse des prix de 5 % est décidée le 1er mars, mais ne sera pas véritablement suivie d'effet.

Parallèlement, la question indochinoise divise la majorité: après que le 5 mars 1947 Maurice Thorez a déclaré être favorable au maintien de la souveraineté française en Indochine, les députés

communistes s'abstiennent lors du vote sur les crédits militaires pour l'Indochine (22 mars 1947). C'est le début de la rupture entre socialistes et communistes.
Dans ce contexte, une grève se produit dans la presse parisienne du 11 février au 17 mars et une autre éclate le 25 avril aux usines Renault à l'initiative de minoritaires trotskistes. Elle s'étend rapidement et conduit la CGT, d'abord hostile, à prendre la tête du mouvement. Cela amène le Parti communiste à réclamer la fin du blocage des salaires décidé par le gouvernement pour combattre l'inflation. La tension entre socialistes et communistes conduit alors Ramadier à exclure les ministres communistes du gouvernement le 2 mai 1947 ; quelques jours plus tard, alors que débute une nouvelle vague de grèves dans le pays, il déclare que celles-ci ont un « chef d'orchestre clandestin », visant ainsi le Parti communiste. Durant l'été, un accord salarial entre le patronat et la CGT, prévoyant le relèvement des salaires de 11 %, ramène le calme (1er août). Mais le 27 du même mois, la ration de pain est encore réduite, passant à 200 grammes par jour.

Le RPF

Le général de Gaulle déclare le 14 avril 1947 que le système des partis doit céder la place à un autre, « où le pouvoir exécutif procède du pays » et où « tout conflit insoluble doit être tranché par le peuple lui-même ». Il crée le même jour à Strasbourg le Rassemblement du peuple français (RPF). Il reçoit dans les mois qui suivent près d'un million d'adhésions, et remporte les élections municipales d'octobre 1947, avec 40 % de voix dans les villes de plus de 9 000 habitants : il prend ainsi la direction de 13 des plus grandes villes et contrôle 52 préfectures. Cela autorise de Gaulle à réclamer le 27 octobre la dissolution de l'Assemblée nationale et la révision de la Constitution.

Les épreuves de l'automne 1947

Après que les dirigeants du PCF se sont fait rappeler à l'ordre par ceux d'Union soviétique, lors d'une conférence secrète tenue en Pologne en septembre 1947 et réunissant tous les partis communistes européens, les communistes français vont durcir leur attitude; renonçant à être un parti de gouvernement, ils s'aligneront d'une façon inconditionnelle sur les positions de l'Union soviétique et s'éloigneront de la SFIO et des partis de centre gauche: on en revient à la stratégie «classe contre classe» des années 1920.

La CGT et le Parti communiste orchestrent une série de grèves qui débutent à la mi-octobre, paralysant les transports durant une semaine. La situation des salariés est en effet difficile: en six mois, le prix des produits alimentaires a augmenté de plus de 40 %, et les salaires d'environ 10 % seulement. Le 15 novembre, la grève est générale dans les mines et s'étend à la métallurgie.

Le gouvernement Ramadier démissionne alors le 19 novembre. Robert Schuman (MRP) lui succède le 24, et forme un gouvernement moins à gauche, composé de 11 ministres MRP, 8 socialistes, 6 radicaux, 2 indépendants et 1 UDSR. Face à l'extension des grèves à la fin du mois, aux manifestations tournant parfois à l'émeute, aux actions de commandos et de sabotage, le gouvernement et son ministre de l'Intérieur socialiste Jules Moch font preuve d'une grande fermeté: la police occupe les journaux communistes parisiens le 27 novembre; le 30, l'Assemblée nationale vote un texte sur la défense de la République et rappelle 80 000 réservistes. La police et les CRS parviennent à réprimer un mouvement qui ressemble parfois à une insurrection. Devant la détermination gouvernementale, et sans doute aussi pour ne pas être débordée sur sa gauche, la CGT appelle le 9 décembre à reprendre le travail. Comme en 1936 et en 1944-1945, le Parti communiste français a renoncé à une révolution qui n'entrait pas dans la stratégie de l'Union soviétique mettant en place des régimes communistes prosoviétiques dans les pays d'Europe de l'Est.

La scission syndicale

La conséquence des événements de l'automne 1947 est le renforcement de l'isolement du PCF et la scission au sein de la CGT. Celle-ci, réunifiée en 1936, avant l'exclusion des communistes en 1939, et sa dissolution par le régime de Vichy en 1940, s'était reconstituée dans la clandestinité. Puis son congrès d'avril 1946 avait vu le contrôle total de la centrale par les communistes. Aussi, après l'échec des grèves de novembre-décembre et devant l'attitude ambiguë du Parti communiste, les militants proches du Parti socialiste ou anticommunistes quittent-ils la CGT le 19 décembre pour fonder la CGT-Force ouvrière, alors que la Fédération de l'Éducation nationale (FEN) s'en sépare également pour constituer une organisation syndicale autonome.

La « troisième force » (1947-1951)

Dès le 16 octobre 1947, Léon Blum avait évoqué dans un discours l'idée, reprise par Guy Mollet, d'une « troisième force » pour trouver une solution politique à la rupture avec le Parti communiste : elle consiste en un rapprochement entre la SFIO et le MRP, recevant le nécessaire appui de députés du centre droit pour réunir une majorité à l'Assemblée. Coalition hétérogène par certains côtés, elle a cependant comme ciment l'hostilité au RPF du général de Gaulle, et au Parti communiste, ainsi que le désir de s'opposer à la politique extérieure de l'Union soviétique, signifiant un rapprochement avec les États-Unis dans le cadre du plan Marshall et du Pacte atlantique.

Les désaccords restent toutefois importants, sur le plan de la politique économique, entre une SFIO au langage dirigiste et réformiste, un MRP plus prudent et des radicaux et modérés résolument libéraux. Cependant, quand de nouvelles grèves faisant plusieurs morts à Merlebach et à Alès, se produisent en octobre-novembre 1948, le socialiste J. Moch fait intervenir les blindés pour mater les émeutiers.

La cohésion des forces politiques au pouvoir permet finalement à la troisième force de se maintenir malgré sa fragilité apparente, grâce aussi à l'amélioration progressive de la situation économique qui permet en particulier, fin 1949, de mettre un terme au rationnement et d'enrayer l'hyperinflation d'après-guerre. Le 11 février 1950 est votée une loi sur les conventions collectives, prévoyant une négociation directe entre patronat et syndicats sur les salaires, alors qu'est créé le SMIG.

Cela provient aussi de l'habileté manœuvrière des présidents du Conseil de cette période, en particulier celle d'Henri Queuille, se maintenant plus d'un an au pouvoir (de septembre 1948 à octobre 1949), avant d'y revenir quatre mois en 1951, et parvenant à circonvenir les attaques des communistes et des gaullistes ; d'ailleurs, les élections au Conseil de la République de novembre 1948, puis les cantonales de mars 1949 marquent un recul du PC et du RPF.

Henri Queuille trouve même une formule originale pour réduire la représentation des communistes et des gaullistes aux futures élections législatives : la loi du 9 mai 1951 stipule en effet que si dans une circonscription, un groupement de partis ayant signé un « apparentement » obtient la majorité absolue des votants, ces partis se répartissent la totalité des sièges à pourvoir.

Les élections ont lieu le 17 juin 1951, le PC et le RPF n'ayant signé aucun apparentement avec les autres partis. Le PC reste la première formation politique en nombre de voix (près de 26 %), devant le RPF (21,7 %), qui le dépasse toutefois en nombre de sièges (121 contre 103), la SFIO (environ 15 %), qui perd 700 000 voix, mais accroît le nombre de ses élus, les modérés (près de 14 %), le

MRP (13,4 %), abandonné par de nombreux électeurs qui ont voté pour le parti gaulliste, et le RGR, regroupement des radicaux et de l'UDSR (10 %). Au total, ces quatre derniers partis obtiennent un peu plus de 50 % des suffrages, et, grâce aux apparentements, ont 388 députés sur 627. Mais la droite devient l'arbitre du jeu politique et le gouvernement constitué par l'UDSR René Pleven le 12 août 1951 ne comprend plus de ministres socialistes. La troisième force cesse donc pratiquement d'exister.

L'aggravation de la situation en Indochine

Après le départ d'Indochine du général Leclerc en janvier 1947, la résistance viêt-minh semble terminée. Hô Chi Minh appelle d'ailleurs en avril à l'ouverture de négociations, et en juillet écarte Giap, jugé trop intransigeant. Mais en octobre l'armée française prend l'offensive contre le maquis viêt-minh au Tonkin et la guérilla continue: le 1er mars 1948, l'attaque du convoi Saigon-Dalat fait cent cinquante morts. Aussi, pour isoler la résistance communiste, le gouvernement français reconnaît-il l'indépendance du Viêt Nam et le pouvoir de l'empereur Bao Daï, par les accords de la baie d'Along, le 5 juin 1948. De même, le Cambodge obtiendra son indépendance dans le cadre de l'Union française le 8 novembre 1949.

Les attentats et l'action du Viêt-minh reprennent, bien que la France ait renoncé à la colonie de Cochinchine rattachée au Viêt Nam, le 21 mai, et que le Laos soit devenu indépendant à son tour le 19 juillet 1949. Le 16 juillet, après l'attentat meurtrier du 14 à Saigon, l'armée française reprend l'offensive contre le Viêt-minh. Mais celui-ci, armé par la Chine communiste, contrôle le nord-ouest du Tonkin. En mai 1950, il déclenche une violente attaque des postes militaires français, prend Dông-Khé, que les Français réussissent à reconquérir au prix de lourdes pertes. Le 25 juin 1950 débute la guerre de Corée : l'armée du Nord, armée par l'URSS et soutenue par la Chine, franchit le 38e parallèle et envahit le Sud. Début juillet, l'armée américaine, sous le drapeau de l'ONU, s'engage dans le conflit et reçoit le soutien de Vincent Auriol et de Guy Mollet.

L'Indochine devient désormais le lieu de la lutte armée entre l'Est et l'Ouest. Aussi, quand les communistes français, dénonçant la « sale guerre », organisent des actions spectaculaires (contre le chargement des bateaux ou le passage des trains transportant du matériel militaire à destination du Viêt Nam), ils apparaissent comme des alliés du communisme international, et leurs protestations n'empêchent pas l'intensification des combats. En septembre 1950, une nouvelle offensive viêt-minh conduit à la perte de Dông-Khé et de Cao-Bang (où les troupes françaises sont écrasées) et à l'évacuation précipitée de Lang-Son : la moitié du Tonkin passe aux mains du Viêt-minh. Puis en décembre, le général de Lattre de Tassigny est nommé haut-commissaire en Indochine et commandant en chef de l'armée française.

Il interrompt l'évacuation des civils du Tonkin début janvier 1951, repousse une violente attaque viêt-minh sur Hanoï, et demande expressément des renforts, face à une situation qui reste difficile : en mai, un navire de transport de troupes saute à Saigon, et le fils du général de Lattre est tué lors de l'offensive viêt-minh du riz. Puis, en novembre, les Français prennent Hoa-Binh qu'ils défendent en décembre, alors que de Lattre, très malade, quitte l'Indochine ; il meurt le 11 janvier 1952.

Le Pacte atlantique

Le 4 avril 1949 à Washington est signé le pacte de défense des pays constituant l'Organisation du traité de l'Atlantique Nord (OTAN), réunissant les États-Unis, la Grande-Bretagne, la France, le Canada, les pays du Benelux, l'Italie, le Portugal, le Danemark, l'Irlande et la Norvège. Ces pays s'engagent à une assistance mutuelle en cas d'agression contre l'un d'entre eux et à la coordination de leurs forces armées, la fourniture d'armes étant assurée par les États-Unis. Il s'agit de faire poids face au danger d'expansion soviétique à l'ouest du « rideau de fer ».

La crise marocaine

Au début de 1951, le général Juin, résident général de France au Maroc, s'appuie sur le Glaoui, pacha de Marrakech, traditionaliste favorable aux Français, pour obtenir que le sultan Mohammed ben Youssef condamne les nationalistes modernistes de l'Istiqlal (qui avaient publié leur manifeste en janvier 1944) ; le sultan après un premier refus finit par les désavouer du bout des lèvres le 26 février 1951, après l'intervention du président Vincent Auriol.

Pleven, Pinay, Laniel

Leurs gouvernements difficilement investis ont à faire face à une vive tension sociale, au problème de la CED, et à l'échec militaire en Indochine.

Après les élections de juin 1951, les socialistes se démarquent du gouvernement : saisissant le prétexte de la défense de la laïcité de l'enseignement, ils combattent vivement la loi Barangé, accordant une modeste subvention aux familles ayant un enfant dans le primaire public ou privé (11 septembre 1951). Ils renversent finalement le cabinet Pleven le 7 janvier 1952, en refusant sa politique financière, et soutiennent un gouvernement Edgar Faure, qui succombe cependant fin février devant l'hostilité de la droite. Celle-ci se réorganise en effet, avec la création du Centre national des indépendants (CNI), réunissant les modérés, le MRP, les radicaux, l'UDSR et une trentaine de députés RPF apportant l'appoint nécessaire pour constituer une majorité parlementaire sans les socialistes.

Le « miracle » Pinay (8 mars-22 déc. 1952)

Cela permet à Antoine Pinay, l'« homme providentiel », de former un gouvernement engageant une politique économique apparemment couronnée de succès : la hausse des prix qui avait repris en 1951 avec la guerre de Corée se réduit rapidement ; la confiance des épargnants revient en partie grâce à l'amnistie fiscale comme en témoignent le retour des capitaux et le succès de son emprunt indexé sur l'or ; d'autre part, il institue l'échelle mobile des salaires (8 juillet 1952) et fait voter une loi sur l'assurance vieillesse des agriculteurs (10 juillet); mais un projet de réforme des allocations familiales provoque l'hostilité du MRP, qui se veut le défenseur des familles, et renverse le cabinet Pinay le 22 décembre 1952.

La valse des ministères

Constituer un gouvernement est alors un véritable tour de force, tant est difficile de réunir une majorité sur l'ensemble des problèmes à la fois…

Ainsi, si le ministère René Mayer dure de janvier à mai 1953, une longue crise suit sa démission: Guy Mollet, André Diethelm, Paul Reynaud, Georges Bidault, André Marie, Antoine Pinay renoncent à former un gouvernement ou n'obtiennent pas la confiance. Après qu'un état-major de crise a été constitué par Vincent Auriol, c'est finalement Joseph Laniel qui est investi grâce au soutien de la droite et d'anciens députés RPF, le général de Gaulle ayant pris ses distances avec le mouvement le 6 mai 1953, à la suite de son échec aux municipales du 26 avril; son isolement personnel et ses attaques sans concessions contre la IVe République avaient fini par décourager de nombreux électeurs et certains de ses fidèles.

L'agitation sociale

Le gouvernement Laniel profite de l'été pour faire adopter une série de décrets-lois visant à réduire le déficit budgétaire grâce à des hausses de tarifs et à des économies dans le secteur public, et prévoyant le recul de l'âge de la retraite.

Ces décrets-lois provoquent début août 1953 de vives réactions: le 4, la CGT et la CFTC appellent à des débrayages, et, le 5, les postiers FO se lancent dans une grève illimitée; très vite la grève s'étend et les PTT, puis la SNCF et l'EDF sont paralysées. Après

l'adoption des premiers décrets, le 9 août, la CGT appelle à la grève générale, qui touche aussi maintenant le secteur privé : environ 4 millions de travailleurs sont en grève après le 15 août, réclamant aussi des augmentations de salaire. Finalement, le gouvernement cède le 21, et la reprise du travail a lieu le 25.
Puis le pouvoir devra faire face à l'automne à une forte agitation paysanne : dès la fin de juillet, les viticulteurs du Midi avaient barré des routes et dressé des barricades ; à la mi-octobre, les agriculteurs manifestent de nouveau, en particulier dans le Centre et dans l'Ouest, pour protester contre la baisse des prix sanctionnant la reprise de la production, alors qu'ils se sont endettés pour moderniser leurs exploitations.

Le poujadisme

Pierre Poujade, libraire à Saint-Céré, dans le Lot, fonde en 1953 l'Union de défense des commerçants et artisans (UDCA). Il devient le porte-parole des victimes de la restructuration industrielle et de la concentration de la distribution, mais aussi de l'inflation qui, jusque-là, avait été favorable au petit commerce. La France des « petits », de la province et de la tradition se révolte contre l'oppression fiscale de l'État (qui s'acharnerait sur eux pour mieux épargner les gros fraudeurs), mais aussi contre la classe politique indifférente ou complice, et les « bradeurs de l'Empire ».
L'UDCA va en effet prendre parti pour l'Algérie française, et recevra le soutien de la droite nationaliste ; mais cela la détournera de son objectif corporatiste initial et se retournera contre elle. La reprise d'une croissance inflationniste en 1956-1957 et l'arrivée du général de Gaulle en 1958 la marginaliseront rapidement après son succès électoral de début 1956.

La CED

Sur le plan de la politique extérieure (et bien que la guerre d'Indochine soit entrée dans une phase dramatique), le débat porte principalement sur la question de la Communauté européenne de défense (CED). Sa création, envisagée par le plan Pleven du 14 octobre 1950, est entérinée par les accords de Bonn et de Paris, les 26 et 27 mai 1952, signés par le gouvernement Pinay. Ils prolongent la Communauté européenne du charbon et de l'acier (CECA), créée le 18 avril 1951 entre la France, l'Allemagne, l'Italie et le Benelux.

Mais l'adhésion à la CED, qui implique le réarmement allemand et une perte de souveraineté nationale, ne sera jamais ratifiée par l'Assemblée et provoquera de vifs affrontements : le Parti communiste et les gaullistes y sont résolument opposés ; le MRP en est le principal défenseur ; la SFIO est divisée, ainsi que les radicaux et les modérés. Aussi les différents gouvernements hésitent-ils à soumettre le traité au vote des députés, et la question ne sera toujours pas réglée lorsque Pierre Mendès France accédera au pouvoir en juin 1954.

L'élection de René Coty

En décembre 1953 a lieu l'élection du successeur de Vincent Auriol à la présidence de la République qui entrera en fonction le 16 janvier 1954. Le problème de la CED est encore au cœur du débat puisque le président du Conseil Joseph Laniel, qui lui est favorable, n'est pas élu alors que la majorité du Congrès lui semblait acquise. Mais il avait de plus contre lui les conséquences des mouvements sociaux de l'été et de l'automne.

C'est finalement au treizième tour de scrutin qu'est élu René Coty, vice-président du Conseil de la République, appartenant à la droite modérée et s'étant surtout abstenu de toute prise de position sur la question de la CED.

La suite du drame indochinois

Salan et Navarre

Au début de l'année 1952, Salan succède à de Lattre alors que la guérilla s'intensifie du nord au sud; Hoa-Binh est évacuée en février, puis en octobre l'opération Lorraine, répond à une offensive de Giap, mais ne parvient pas à réduire les sanctuaires du Viêt-minh. De janvier à mai 1953, celui-ci déclenche une nouvelle offensive en Annam. Entre-temps, le prince Sihanouk proclame l'indépendance du Cambodge, et les troupes françaises du Laos doivent reculer en avril devant une invasion viêt-minh appuyée par l'armée « neutraliste » du Pathet Lao. L'espoir réside désormais dans le plan d'action du général Navarre, nouveau commandant en chef (31 mai 1953). Le 20 juillet, il engage l'opération Hirondelle et prend Lang-Son au nord du Tonkin. Mais le 27 juillet est signé à Pan Mun Jom l'armistice en Corée. Désormais, la Chine pourra développer son aide au Viêt-minh.
En octobre a lieu l'opération Monette, au nord du Viêt Nam, suivie fin novembre par l'opération Castor: il s'agit d'établir un camp retranché autour d'un aérodrome, à partir duquel pourraient s'effectuer des opérations coupant la progression du Viêt-minh. Le général Navarre ne croit plus à une victoire militaire, mais cherche à stabiliser les opérations en vue d'une paix à la coréenne.

Diên Biên Phu

Le lieu choisi est Diên Biên Phu, investi par les parachutistes des commandants Bigeard et Bréchignac. Mais alors que, début décembre, le colonel de Castries entreprend la fortification de Diên Biên Phu, le camp est progressivement encerclé par le Viêt-minh. Si sa défense est plus difficile que prévu, le haut commandement espère toutefois qu'une attaque du Viêt-minh serait l'occasion de lui infliger une défaite décisive.

Mais quand l'offensive du général Giap se déclenche le 13 mars 1954, le Viêt-minh prend un à un, après de durs combats, les points d'appui protégeant la citadelle. L'aide aérienne devient très délicate et la défense du camp est désespérée. Après le refus des États-Unis d'aider militairement la France, l'assaut final a lieu début mai, marqué par de terribles corps-à-corps. Le 7 mai, Diên Biên Phu est tombé.

À l'issue de cette bataille, les Français comptent plus de 1 500 tués, 4 000 blessés graves et environ 12 000 prisonniers dont une majorité de combattants de l'Union française (Maghrébins et surtout Vietnamiens anticommunistes) ; le Viêt-minh a eu environ 8 000 tués et plus de 15 000 blessés. Le Viêt-minh a désormais la situation militaire bien en main, face à une armée française harcelée et démoralisée.

La situation au Maroc

Après l'assassinat du syndicaliste tunisien Ferhat Hached, le 5 décembre 1952, une grève de protestation a lieu dans ce pays et également au Maroc, à l'appel de l'Istiqlal, le 8 décembre ; elle tourne à l'émeute, des Français sont assassinés et la police ouvre le feu : on dénombre 52 morts à Casablanca. Les dirigeants de l'Istiqlal et ceux du Parti communiste sont arrêtés, et les deux partis interdits. Puis, le 16 août 1953, le Glaoui fait proclamer imam Mohammed ben Arafa, ce qui provoque des émeutes dans les villes du Nord ; ben Arafa remplace le sultan Mohammed ben Youssef, qui est destitué par les Français et exilé en Corse, le 20 août.

1954-1955

Le gouvernement Mendès France

En quelques mois, Pierre Mendès France met fin à la guerre d'Indochine, règle la question tunisienne et celle de la CED. Mais il est pris de court par les événements d'Algérie.

Après les mouvements sociaux de l'été et de l'automne 1953, le gouvernement Laniel ne résiste pas au désastre de Diên Biên Phu, le 7 mai 1954.

L'homme miracle

Pierre Mendès France, radical « indépendant », est alors investi à la présidence du Conseil le 18 juin, par 419 voix contre 47 et 143 abstentions, malgré l'opposition du MRP et des états-majors politiques. Ayant dès 1950 déclaré que la solution du problème indochinois résidait soit dans le triplement de l'effort de guerre, soit dans la négociation avec Hô Chi Minh, il avait depuis plusieurs mois combattu les divers aspects de la politique suivie par Laniel. Il arrive à la tête du gouvernement avec le désir annoncé d'en finir avec la guerre d'Indochine, et constitue pour ce faire un cabinet restreint, se voulant au-dessus des clivages politiques traditionnels, et composé d'hommes de confiance : François Mitterrand (UDSR), qui avait démissionné en septembre du cabinet Laniel, est ministre de l'Intérieur, le général Koenig et Jacques Chaban-Delmas, gaullistes, sont respectivement à la Défense nationale et aux Travaux publics, le MRP Robert Buron à l'Outre-Mer, le radical Edgar Faure aux Finances… Il s'entoure

également de personnalités qui feront carrière durant les années à venir : Michel Jobert, Claude Cheysson, Christian Fouchet, Jean-Jacques Servan-Schreiber, Simon Nora...
Précipitant l'ouverture de négociations à Genève, en annonçant le 7 juillet que si la paix n'était pas conclue le 20 il enverrait le contingent en Indochine, il obtient dans la nuit du 20 au 21 juillet la signature de l'armistice, reconnaissant l'indépendance du Viêt Nam, du Laos et du Cambodge. Après avoir arrêté les pendules à minuit, afin de respecter l'ultimatum de Mendès France, les représentants du Viêt-minh et de la France signent le matin du 21 juillet 1954 les accords de Genève qui mettent fin à la guerre d'Indochine. Ils prévoient la séparation du Viêt Nam en deux États, de part et d'autre du 17e parallèle ; le Nord revient au Viêt-minh procommuniste, qui se retire du Laos et du Cambodge ; le Sud devient un État indépendant qu'évacuera l'armée française ; des élections doivent avoir lieu dans les deux ans, sous contrôle international, pour décider d'une éventuelle réunification. Le 7 août, le cessez-le-feu est total en Indochine. Cette guerre aura provoqué du côté français plus de 90 000 morts et coûté 300 milliards de francs environ.
Puis, accélérant les événements, Pierre Mendès France se rend à Tunis le 31 juillet pour proclamer l'autonomie interne de la Tunisie, désamorçant ainsi un processus conflictuel qui risque de déboucher sur une nouvelle guerre coloniale.
Après avoir obtenu le 10 août des pouvoirs économiques spéciaux, et décidé, le 14, que les opposants au contrôle fiscal sont passibles d'emprisonnement (il s'agit de réduire l'agitation antifiscale de l'UDCA de Pierre Poujade), le gouvernement s'attaque au délicat héritage de la CED. Il établit des contacts sans succès avec les Alliés pour négocier les termes du traité, et cherche vainement à trouver une cohésion au sein même d'un Conseil des ministres divisé. Mendès France décide alors de régler la question en la soumettant

à l'Assemblée sans engager sa responsabilité. Dans un climat houleux, celle-ci vote le 30 août par 319 voix contre 264 une question préalable qui revient à refuser de débattre du projet. L'hypothèque de la CED est désormais levée.

Une opposition rancunière

Ainsi, en guère plus de deux mois, Mendès France a réussi à mettre fin au problème colonial, à sortir la France de sa division et à rétablir l'autorité de l'État. Malgré la rancœur du MRP, dont les ministres ont démissionné le 31 août, et celle des milieux nationalistes qui ne lui pardonnent pas d'avoir « bradé l'Empire », la popularité du président du Conseil est considérable. Pourtant, dès l'automne a lieu une campagne de dénigrement et d'accusations déguisées visant des membres du gouvernement (dont François Mitterrand), laissant entendre qu'ils suivent une politique neutraliste prosoviétique alors que Guy Mollet (favorable à la CED) refuse que la SFIO entre au gouvernement, et qu'au sein même du Parti radical les adversaires de la politique nord-africaine de Pierre Mendès France se mobilisent autour de René Mayer.

Parallèlement, la politique économique du gouvernement, pourtant novatrice, ne reçoit pas l'aide qu'elle pouvait espérer : soutien des cours du lait et de la viande, aide aux cultures industrielles (maïs, colza...), prêts avantageux, dynamisation des entreprises publiques, aménagement du territoire, incitations à la restructuration industrielle, programme de construction de logements sociaux, développement de la recherche scientifique, construction de locaux d'enseignement et recrutement de 12 000 professeurs, amorce d'une politique contractuelle de négociations salariales... En effet, la droite lui reproche son dirigisme excessif, le Parti communiste son « néo-capitalisme », et les bouilleurs de cru de préférer le lait au vin !

La révision constitutionnelle

Pour lutter contre l'instabilité gouvernementale, deux changements interviennent dans la Constitution le 7 décembre 1954 : désormais le président du Conseil et son gouvernement recevront simultanément l'investiture de l'Assemblée (alors que jusque-là le président du Conseil, une fois investi, sollicitait ensuite l'investiture de son gouvernement, cette double investiture étant source de bon nombre de crises ministérielles). En outre, la dissolution de l'Assemblée est facilitée par le fait que, si elle se produit, le président du Conseil continue à assurer l'exercice du pouvoir. De plus, le Conseil de la République retrouve le droit de présenter des projets de loi. Mais le droit de dissolution n'est pas élargi, et le retour au scrutin d'arrondissement est refusé.

Le début de la guerre d'Algérie

Cependant, la situation se détériore en Afrique du Nord : la solution définitive du problème tunisien est longue à intervenir, les derniers combattants ne déposant les armes qu'au début de 1955 ; des troubles se produisent au Maroc, où une commission d'enquête dénonce la torture.

Mais c'est en Algérie, à la surprise générale de la métropole, qui avait oublié la sanglante répression de la manifestation musulmane de Sétif, le 8 mai 1945, que se produit brutalement l'irréparable : le Comité révolutionnaire d'unité et d'action de Ben Bella, qui a créé en octobre 1954 le Front de libération nationale (FLN), organise le 1er novembre une série d'attentats, surtout en Kabylie et dans les Aurès, qui font 8 morts.

Aussitôt, le gouvernement envoie en Algérie des renforts militaires et prend des mesures répressives : le Mouvement pour le triomphe des libertés démocratiques (MTLD) de Messali Hadj est dissous et les indépendantistes sont traqués. Le 12 novembre Pierre Mendès

France proclame sa détermination de rétablir l'ordre et de ne pas transiger, alors que François Mitterrand, ministre de l'Intérieur, affirme que « l'Algérie, c'est la France » et que « les mesures militaires seront développées » ; mais il ajoute que tout sera fait pour que « le peuple algérien, partie intégrante du peuple français, se sente chez lui comme nous et parmi nous ».

De fait, les forces armées augmentent de 25 000 hommes en trois mois ; en janvier 1955 ont lieu les opérations Véronique dans les Aurès et Aloès en Kabylie ; mais parallèlement, Jacques Soustelle, considéré comme libéral, est nommé gouverneur général de l'Algérie. François Mitterrand propose le 5 janvier que l'Algérie soit intégrée à la France, ce qui signifie une modification de son statut voté en septembre 1947 ; celui-ci avait institué une Assemblée algérienne (divisée en deux collèges de 60 membres, l'un élu par 464 000 Français et l'autre par la majorité musulmane), qui envoyait six élus à l'Assemblée de l'Union française. Étaient également prévus la suppression des « communes mixtes », avantageant les Européens, l'institution du droit de vote pour les femmes, une réforme agraire et un plan de scolarisation. Mais les pressions locales et les manipulations électorales réduisirent encore la représentation musulmane et jetèrent dans l'ombre les projets de réforme.

Aussi, l'idée de remettre en cause les privilèges de la communauté française provoque-t-elle une levée de boucliers parmi ses représentants, rejoints par tous ceux qui cherchent depuis les accords de Genève ou l'abandon de la CED l'occasion d'abattre enfin le gouvernement.

Leurs attaques répétées aboutissent le 5 février 1955 : la droite, les modérés, le MRP, une partie des radicaux ainsi que le Parti communiste conspuent Mendès France à l'Assemblée et le renversent après un débat sur l'Afrique du Nord, par 319 voix contre 273 et 22 abstentions. La dernière chance d'éviter le pire est désormais passée.

1955-1958

Une république condamnée

De crises ministérielles en gouvernements contestés, la IVe République ne parvient pas à résoudre le conflit algérien, qui causera sa perte.

Après deux semaines et demie d'une nouvelle crise ministérielle, Antoine Pinay, Pierre Pflimlin et Christian Pineau échouant dans leur tentative pour former un gouvernement, Edgar Faure obtient l'investiture le 23 février 1955. Rival de Mendès France au sein du Parti radical, il constitue un ministère de « très large union nationale », plutôt orienté à droite.

Le gouvernement Edgar Faure (1955)

L'agitation poujadiste

Le lendemain de l'investiture d'Edgar Faure, le 24 février 1955, 20 000 commerçants et artisans parisiens assistent au Vel' d'hiv' à Paris à un meeting de l'UDCA de Pierre Poujade, qui avait déjà réuni 100 000 provinciaux à la porte de Versailles un mois plus tôt. Celui-ci s'en prend violemment aux « bradeurs de l'Empire », à la « bande d'apatrides et de pédérastes » qui gouverne le pays, aux agents du fisc, aux polytechniciens, aux philosophes… mélangeant ainsi pêle-mêle les responsables politiques, les technocrates, les intellectuels et les « métèques de tout poil », dans une dénonciation populiste aux relents de national-socialisme.

Le règlement du problème marocain

Après les événements tragiques des 17 et 20 août 1955 (émeutes, assassinats de Français, répression sanglante de l'armée), une solution inattendue survient au Maroc : le Glaoui de Marrakech, changeant de position, demande le retour de l'ancien sultan Mohammed ben Youssef. La France y consent, et début novembre le futur Mohammed V est reçu par Vincent Auriol à Saint-Germain. La déclaration de La Celle-Saint-Cloud énonce que le Maroc sera « indépendant dans l'interdépendance librement consentie », donnant satisfaction aux nationalistes de l'Istiqlal. Cela permet à Mohammed V d'effectuer un retour triomphal au Maroc, d'y unifier les forces politiques, et d'éviter que ne s'y poursuive l'enchaînement de la violence. La guerre du Maroc n'aura pas lieu.

L'aggravation de la situation en Algérie

L'état d'urgence est proclamé le 3 avril 1955 et la censure instaurée. Pourtant, quatorze membres de l'ancien Mouvement pour le triomphe des libertés démocratiques de Messali Hadj sont mis en liberté le 14 mai, et Jacques Soustelle tente de mener à bien la politique d'intégration qui semble encore possible. Mais après la grève générale organisée par le FLN le 5 juillet, le 20 août marque la coupure entre deux communautés : des commandos attaquent des postes militaires et des groupes de paysans massacrent des Européens à Philippeville et dans le Nord constantinois. Le dialogue devient alors impossible : la répression est brutale, faisant officiellement 1 273 morts, peut-être plusieurs milliers. Des renforts sont envoyés en Algérie et les réservistes appelés ; Soustelle se convertit à l'Algérie française et le gouvernement Edgar Faure affirme sa détermination de rétablir l'ordre ; le 18 octobre il n'obtiendra un vote de confiance de l'Assemblée que sur l'engagement de mener une ferme politique de pacification ; parallèlement, les musulmans modérés s'éloignent de la France : 61 parlementaires musulmans refusent en septembre l'intégration avec la France, et le modéré Ferhat Abbas rejoint le FLN. Seuls quelques intellectuels refusent l'engrenage de la guerre, alors que des soldats du contingent, appuyés par le Parti communiste, manifestent contre le départ en Algérie (le 11 septembre et le 8 octobre). Le général de Gaulle, quant à lui, avait annoncé le 2 juillet 1955 qu'il se retirait du monde politique, et met le RPF « en sommeil » le 14 septembre.

La chute du gouvernement

Ce n'est pourtant pas le problème algérien qui va provoquer la chute d'Edgar Faure. Ce sera son projet de réforme de la loi électorale, consistant à revenir au scrutin uninominal à deux tours ; il s'agit en fait d'une provocation destinée à avancer les élections législatives afin de prendre de vitesse Mendès France à la popularité ascendante. Il est effectivement renversé par une majorité absolue de 318 voix contre 218. Mais ce deuxième renversement de gouvernement en dix-huit mois l'autorise à dissoudre la Chambre des députés le 2 décembre 1955.

Les élections de 1956

Elles ont lieu le 2 janvier dans un climat passionnel opposant quatre forces politiques principales : d'abord le Front républicain de Mendès France (regroupant la SFIO, des radicaux, une partie de l'UDSR suivant François Mitterrand, la gauche des républicains sociaux [ex-RPF]) ; puis les radicaux RGR partisans d'Edgar Faure (lui-même exclu du Parti radical) soutenus par le MRP, les modérés, Pleven et l'autre partie de l'UDSR, ainsi que par la droite gaulliste des républicains sociaux ; ensuite le Parti communiste et enfin l'UDCA de Pierre Poujade appelant à « sortir les sortants ».
Le scrutin proportionnel avec apparentement donne l'image de la division de l'électorat français : le Front républicain, après une campagne dynamique orchestrée par *l'Express* de Jean-Jacques

Servan-Schreiber, obtient environ 27,2 % des voix et peut compter sur environ 180 députés (95 socialistes, 77 radicaux et UDSR, une dizaine de républicains sociaux) ; il est devancé par le centre droit qui recueille à peu près 32,5 % des suffrages et remporte plus de 200 sièges ; si le Parti communiste reste stable (avec environ 25 % des voix et 150 élus), le fait notable est la percée de l'UDCA : recevant plus de 2,5 millions de voix, soit 11,6 % des votants, le groupe poujadiste comptera 52 membres à l'Assemblée nationale, parmi lesquels Jean-Marie Le Pen. Mais si la droite a reçu environ 500 000 suffrages de plus que la gauche, elle ne dispose pas d'une majorité absolue à la Chambre.

Le gouvernenement Guy Mollet (1956)

L'arrivée de Guy Mollet

Alors que l'on attendait le retour de Mendès France, c'est le chef de la SFIO qui est pressenti le 26 janvier par René Coty pour former le gouvernement : bénéficiant d'une certaine estime au MRP (il avait été favorable à la CED) et plus acceptable par les communistes, Guy Mollet est investi le 5 février par 420 voix contre 71 et 83 abstentions. On espère que son gouvernement (comprenant 18 socialistes, 14 radicaux, Mendès France avec le titre ambigu de « ministre sans portefeuille », François Mitterrand au ministère de la Justice, Jacques Chaban-Delmas à celui des Anciens Combattants) saura régler le problème algérien.

De fait, Guy Mollet décide de se rendre immédiatement à Alger le 6 février pour proposer l'application du programme mendésiste du Front républicain (élection au collège unique, modernisation économique, réforme agraire) et pour investir sur place le général Catroux nommé ministre-résident à la place de Jacques Soustelle. Mais il doit affronter un climat insurrectionnel entretenu par le comité de défense de l'Algérie française créé le 14 janvier (Lagaillarde,

Ortiz, Biaggi...): bombardé de pierres, de tomates et d'œufs pourris, assailli par une foule exaltée, mal protégé par l'armée manifestement hostile au gouvernement parisien, Guy Mollet se soumet. Il remplace Catroux par Robert Lacoste (qui saura s'attirer les bonnes grâces des militaires et évoluera vers l'« Algérie française »), proclame désormais sa détermination de pacifier l'Algérie, c'est-à-dire de faire la guerre, même si l'objectif final est de permettre, après avoir obtenu un cessez-le-feu, la tenue d'élections libres et l'ouverture de négociations. Mais de telles négociations sont devenues sans objet, comme le montrent les quelques contacts secrets avec le FLN : celui-ci vise l'indépendance, alors que pour la France l'Algérie ne peut qu'être une province française. Heureuse de se débarrasser des responsabilités de la politique algérienne, l'Assemblée vote le 12 mars 1956 des pouvoirs spéciaux au gouvernement, par 455 voix contre 76 (essentiellement poujadistes) : Guy Mollet et Robert Lacoste pourront désormais prendre les décrets nécessaires au maintien de l'ordre en Algérie. Cette préoccupation ne sera cependant pas la seule du gouvernement Guy Mollet, qui mettra en œuvre une politique sociale (troisième semaine de congés payés, extension de la protection sociale) et engagera la France dans la voie européenne (signature du traité de Rome le 25 mars 1957).

L'affaire de Suez

Supportant mal un nouvel affront et soupçonnant l'Égypte de soutenir la rébellion algérienne, le gouvernement Guy Mollet décide d'intervenir aux côtés de la Grande-Bretagne et d'Israël après l'annonce par le colonel Nasser, le 20 juillet 1956, de la nationalisation du canal de Suez. Alors que l'armée israélienne attaque les Égyptiens dans le Sinaï, les parachutistes français et britanniques et des troupes débarquées prennent Suez et Port-Saïd le 5 novembre. Mais ils doivent quitter l'Égypte devant les menaces d'intervention soviétique et la condamnation de cette action par les États-Unis.

L'armée française subit une nouvelle frustration et cherchera à se venger en Algérie par une intransigeance encore plus grande face au terrorisme : l'affaire de Suez n'est pas étrangère aux formes que prendra la bataille d'Alger deux mois plus tard.

La guerre totale en Algérie

La terrible spirale attentats-répression-guérilla-représailles s'est totalement installée en Algérie où le pouvoir passe de plus en plus aux mains des militaires. Après la découverte des corps mutilés d'une vingtaine de jeunes soldats du contingent, à Palestro, en Kabylie (le 18 mai 1956), et la multiplication de meurtres d'Européens, se produisent les premières exécutions de membres du FLN (19 juin) ; à l'automne une vague de terrorisme fait de nombreux morts dans les lieux publics d'Alger, à laquelle répondent les premières « ratonnades ». À l'initiative des militaires, un avion marocain transportant Ben Bella et des dirigeants du FLN est intercepté (22 octobre), et une opération de représailles contre l'Égypte est déclenchée le 5 novembre. Puis, face à la recrudescence des attentats à Alger, les parachutistes du général Massu livrent à partir de la fin janvier 1957 une cruelle « bataille d'Alger » durant laquelle la torture est parfois utilisée pour obtenir les renseignements qui permettront de détruire les réseaux FLN de poseurs de bombes et de rétablir l'ordre public. Ces méthodes provoqueront les critiques du général de Bollardière qui demandera à être relevé de son commandement en Algérie (le 28 mars 1957).

En métropole, la division s'installe dans le monde politique comme dans tout le pays : le 1er avril, Jacques Soustelle, Georges Bidault et André Morice créent l'Union pour le salut et le renouveau en Algérie française (USRAF) tandis que Jean-Louis Tixier-Vignancour mobilise l'extrême droite sur les mêmes thèmes ; en revanche, Pierre Mendès France, critiquant la politique du gouvernement, démissionne le 22 mai, et Alain Savary, secrétaire d'État aux Affaires tunisiennes et marocaines, fait de même le 25 octobre. D'autres ministres tels François Mitterrand, Gaston Defferre ou Albert Gazier font également part de leur désaccord. Parallèlement, la prolongation du service militaire (qui sera porté à 27 mois en 1957) et le rappel sous les drapeaux de soldats du contingent déjà libérés provoquent partout dans le pays de violentes manifestations et des blocages de convois militaires en partance pour l'Algérie, souvent à l'initiative de la CGT et du Parti communiste. L'opposition à la guerre d'Algérie est toutefois encore minoritaire et reste le fait des communistes, d'un certain nombre d'intellectuels et de quelques journaux tels *l'Express, France-Observateur, le Canard enchaîné* ou *Témoignage chrétien*. Mais la politique algérienne coûte cher: les 200 000 soldats du contingent envoyés en Algérie fin 1956, qui deviendront 400 000 six mois plus tard, réduisent les capacités de production nationale, et donc les rentrées fiscales alors qu'au contraire les dépenses militaires s'élèvent à 300 milliards de francs, qui viennent s'ajouter au surcroît de dépenses civiles et creuser un déficit budgétaire atteignant 1 100 milliards en 1957.

Guy Mollet et son ministre des Finances Paul Ramadier proposent alors de nouveaux impôts. Cela va provoquer la chute du gouvernement: le 21 mai 1957, Guy Mollet est renversé par 250 voix (celles des communistes, des poujadistes et d'une partie des modérés et des radicaux) contre 213.

La politique dans les autres colonies

Le gouvernement Guy Mollet avait accordé l'indépendance en mars 1956 à la Tunisie et au Maroc. De même en Afrique noire, le ministre de la France d'outre-mer, Gaston Defferre, avait mis en œuvre une politique de nature à désamorcer les conflits, conformément à sa loi-cadre du 23 mars 1956: elle prévoyait l'élection, dans les différents territoires de l'Union française, d'une Assemblée locale se dotant d'un conseil de gouvernement, présidé par un gouverneur français, mais assisté d'un vice-président local. Ces nouvelles institutions permettent de doter ces pays d'organes de pouvoir disposant d'une autonomie suffisante pour mieux gérer leurs problèmes spécifiques, et de ne pas connaître une « issue algérienne ». Il est vrai que, dans ces pays, la colonisation française n'était pas de même importance qu'en Algérie.

Maurice Bourgès-Maunoury et Félix Gaillard (1957-1958)

Vont alors se succéder deux ministères sans grand relief. Celui du radical Maurice Bourgès-Maunoury (du 13 juin au 30 septembre 1957), durant lequel commence l'édification de la « ligne Morice », du nom du ministre de la Défense, suivant l'idée du général Vanuxem, commandant de l'Est constantinois : on construira un barrage électrifié de 320 km le long de la frontière algéro-tunisienne ; mais la proposition d'une loi-cadre envisageant des élections en Algérie au collège unique provoque sa chute. Après cinq semaines de crise ministérielle, Félix Gaillard, lui aussi radical, obtient la confiance de l'Assemblée le 5 novembre, par 337 voix contre 173 (celles des communistes, des poujadistes et des mendésistes). Il constitue un gouvernement dans lequel se trouvent Jacques Chaban-Delmas et Pierre Pflimlin, qui fait voter le 31 janvier 1958 la loi-cadre sur l'Algérie, mais dont l'entrée en vigueur est reportée trois mois après la fin des hostilités.

Sur le terrain, la situation a quelque peu évolué : la ligne Morice rend difficiles le ravitaillement en armes, le repli et l'entraînement en Tunisie des combattants FLN ; la répression efficace et le quadrillage du pays par l'armée portent des coups sérieux à la rébellion ; le nombre des attentats et l'audience du FLN se réduisent, comme en témoignent les désertions dans ses rangs et l'importance des troupes musulmanes engagées au sein de l'armée française (près de 100 000 hommes). Mais l'attaque menée à partir de la Tunisie par des éléments de l'Armée de libération (ALN) du FLN le 11 janvier 1958, et les tirs d'armes lourdes et de DCA effectués régulièrement depuis le village tunisien frontalier de Sakhiet Sidi Youssef vont précipiter les événements : le 8 février, un avion français ayant été touché, Robert Lacoste et les militaires obtiennent ce qu'ils réclament depuis longtemps : le droit de poursuite en Tunisie. Une escadrille française bombarde alors Sakhiet, détruit les installations militaires de l'ALN mais fait aussi 70 morts parmi la population civile. La Tunisie saisit alors les Nations unies qui condamnent la France, celle-ci devant de plus accepter une mission de « bons offices » américains ayant pour objectif d'ouvrir des négociations sur le conflit algérien.

Cette ingérence étrangère est jugée inacceptable par une partie des députés, qui accusent Félix Gaillard de manquer de détermination à l'égard des complices de la rébellion, alors que d'autres lui reprochent au contraire de s'être engagé dans une nouvelle escalade : par 321 voix contre 255, l'Assemblée renverse le gouvernement le 15 avril 1958.

Le 13 mai 1958

Une nouvelle crise ministérielle se produit alors, qui va durer un mois, marquée par des débats houleux à l'Assemblée nationale tandis qu'à Alger la tension monte, surtout après l'annonce le 9 mai de l'exécution de trois soldats français prisonniers du FLN. Le 13 mai, des manifestants favorables à l'Algérie française prennent d'assaut le siège du gouvernement général d'Alger, mal défendu par la police, qui sait que les milieux « activistes » sont soutenus par les militaires ; Félix Gaillard, président du Conseil par intérim, confie alors les pleins pouvoirs civils et militaires au général Salan, puis au général Massu, qui constitue un Comité

de salut public (qui réunira entre autres, à côté de ces deux généraux, Jacques Soustelle et Léon Delbecque).
Pour donner enfin un gouvernement au pays, l'Assemblée nationale investit alors Pierre Pflimlin (MRP) à la présidence du Conseil; mais sa réputation de libéral indispose encore plus les partisans de l'Algérie française, et le général Massu lance un appel au général de Gaulle, lui demandant de former un gouvernement de salut public. Celui-ci répond dans une conférence de presse, le 19 mai, qu'il est prêt à assumer les responsabilités du pouvoir, alors que les parachutistes envisagent l'envoi de plusieurs régiments à Paris, préparé le 24 mai par un coup de main en Corse; certaines forces de police (qui ont manifesté le 13 mars devant le Palais-Bourbon) semblent d'ailleurs prêtes à les soutenir. Le 28 mai, une grande manifestation du Comité d'action et de défense républicaine se déroule alors à Paris (à laquelle participent Mendès France, Mitterrand et J. Duclos...) pour s'opposer à la fois au projet antirépublicain des « factieux » de l'Algérie française et à l'investiture du général de Gaulle, toujours suspect à leurs yeux de vouloir instituer un régime de pouvoir personnel (bien qu'il ait déclaré qu'à 67 ans il n'avait pas l'intention de commencer une carrière de dictateur et qu'il ait lancé un appel à la discipline et au légalisme des forces armées).

Le retour du général de Gaulle

Pourtant, la démission de Pierre Pflimlin, ce même 28 mai, ne laisse pas d'alternative face au risque de coup d'État militaire ou de guerre civile. Ainsi, le 29 mai, le président Coty demande au Parlement d'investir Charles de Gaulle à la présidence du Conseil. Ce sera fait le 1er juin par 329 voix contre 290 grâce aux votes de la droite, de la majorité des radicaux et d'une bonne partie des socialistes. Le lendemain, le gouvernement du général de Gaulle reçoit les pleins pouvoirs pour six mois et obtient de l'Assemblée le droit de mettre en chantier une réforme des institutions.

Le retour du général de Gaulle s'explique par le soutien de forces contradictoires : les généraux et les Français d'Algérie attendent de lui une politique de défense de l'Algérie française ; une partie de la classe politique se contente de se décharger de la responsabilité du problème algérien ; d'autres, et la majorité des Français de la métropole, espèrent surtout qu'il empêchera la guerre civile et l'établissement d'un régime militaire, et saura trouver une solution à un conflit coûteux et meurtrier.

Les débuts de la Ve République

Tout en donnant à la France une nouvelle Constitution, le général de Gaulle met fin à la guerre d'Algérie mais doit faire face à la rébellion des chefs militaires et au terrorisme de l'OAS.

Afin de manifester son désir de rassembler les Français et de ne pas froisser les susceptibilités des partis politiques qui ont accepté son retour au pouvoir, le général de Gaulle constitue le 2 juin 1958 un gouvernement de large union où ne figurent que deux personnalités favorables à l'Algérie française (les gaullistes Michel Debré et Jacques Soustelle). En font également partie les anciens présidents du Conseil Pierre Pflimlin (qui assure la transition), Guy Mollet (qui fit le voyage de Colombey-les-Deux-Églises, pour convaincre le Général d'accepter la proposition de René Coty) et Antoine Pinay (rassurant la droite et le centre). Le général de Gaulle confie d'autre part le ministère de l'Intérieur au socialiste Jules Moch, nomme un autre socialiste, Max Lejeune, ministre du Sahara, et appelle également trois radicaux et trois MRP, ainsi que diverses personnalités tels Maurice Couve de Murville, Louis Jacquinot, Pierre Sudreau, Edmond Michelet, André Malraux…

De Gaulle à Alger

Le premier motif qui a poussé le général de Gaulle à revenir au pouvoir était certes de réformer la Constitution afin d'en finir avec le « régime des partis » qu'il avait combattu sans relâche depuis les débuts de la IVe République. Il en avait fait une condition expresse de son retour, considérant que ce régime était la cause de l'impuissance de la France. Mais s'il confie immédiatement cette tâche à une commission ad hoc, il sait que les Français de métropole attendent de lui qu'il les sorte du guêpier algérien, et que la menace d'une sécession ou d'une rébellion des Français et de l'armée d'Algérie n'a été écartée que grâce à la popularité dont il jouit auprès d'eux.

Ainsi, comme Guy Mollet l'avait fait deux ans plus tôt, il se rend dès le 4 juin à Alger. Il est accueilli par une foule enthousiaste et par de nombreux responsables de l'armée, pour qui il représente à la fois le chef de la France libre (à laquelle avaient adhéré de nombreux Français d'Afrique du Nord), un opposant aux précédents gouvernements et un militaire qui n'a pas condamné les événements du 13 mai. Au balcon du siège du gouvernement général, il prononce devant une foule algéroise en délire le célèbre « Je vous ai compris ». Par ces mots, le général de Gaulle achève de conquérir l'adhésion des Français d'Algérie. Mais il ajoute que « dans toute l'Algérie, il n'y a que des Français à part entière, avec les mêmes droits et les mêmes devoirs » devant un « seul et même collège ». Cette dernière idée, dont les Algérois, grisés, ne mesurent pas immédiatement le sens, signifie en fait l'application d'un statut de l'Algérie donnant aux musulmans majoritaires la possibilité d'imposer leurs vues aux Français d'Algérie. D'autre part, la personnalité du Général obscurcit celle des membres du Comité de salut public, relégués au rang de groupe de pression sans légitimité. Et si les Français d'Algérie font crédit au général de Gaulle, celui-ci n'aura de cesse d'affirmer l'autorité du gouvernement métropolitain légal, sans concession à la pression de la rue.

Aussi, la politique algérienne qui sera suivie par le gouvernement sera interprétée de différentes façons : les partisans de l'Algérie française parleront de revirement ou de trahison, alors que les fidèles du Général insisteront sur la seconde partie de son discours, mettant en évidence la nécessité d'une égalité réelle entre les deux communautés, refusée par la minorité française, et son engagement de consulter l'ensemble de la population algérienne par voie électorale. De Gaulle se rendra d'ailleurs au mois d'août en Afrique noire et prononcera le 23 un discours à Brazzaville, où il affirmera l'engagement de la France à organiser des référendums dans les anciennes colonies, leur permettant de choisir librement entre la coopération dans la Communauté française ou l'indépendance.

La nouvelle Constitution

Elle est élaborée en moins de trois mois par un comité d'experts, puis par un groupe réduit de ministres aux côtés de Michel Debré, véritable cheville ouvrière du projet ; un comité consultatif constitutionnel, présidé par Paul Reynaud, et composé de deux tiers de parlementaires et d'un tiers de membres nommés par le gouvernement, est ensuite amené à l'examiner, ainsi que le Conseil d'État. Le 3 septembre, le texte est adopté par le Conseil des ministres. Le lendemain, le général de Gaulle le défend publiquement place de la République à Paris.

Ce projet de Constitution prévoit l'élection d'un président de la République, pouvant exercer seul les pleins pouvoirs en cas de crise grave (article 16) ; élu par une assemblée de notables (et non plus par le Parlement), il devient en même temps président du Conseil des ministres ; c'est lui qui nomme le Premier ministre, chef du gouvernement (dont les membres ne peuvent être en même temps parlementaires) et qui ne peut être renversé par le vote négatif d'une majorité absolue de députés qu'après le dépôt d'une motion de censure ; l'Assemblée nationale, quant à elle, est élue pour cinq ans, au scrutin uninominal à deux tours ; d'autre part, le recours au référendum est introduit, le Sénat restauré dans ses anciennes

attributions et le Conseil constitutionnel est créé, ainsi qu'une communauté de territoires d'outre-mer rattachés à la France.
Les Français sont appelés à se prononcer sur ce texte le 28 septembre 1958; il s'agit en fait davantage de voter pour ou contre l'investiture du général de Gaulle que pour ou contre la nouvelle Constitution; la position des partis politiques est d'ailleurs conforme à leur attitude du mois de mai: la droite (mis à part les poujadistes), le MRP, la majorité des radicaux et de la SFIO (derrière Guy Mollet et Gaston Defferre) y sont favorables; le Parti communiste, la minorité des radicaux et de la SFIO, Pierre Mendès France et François Mitterrand y sont hostiles. Mais les Français, las des crises ministérielles et confiants dans la capacité du général de Gaulle à diriger le pays tout en sauvegardant la démocratie, et à mettre un terme au drame algérien, votent massivement en sa faveur: il n'y a que 15,6 % d'abstentions, et les oui représentent 79,25 % des suffrages exprimés. La Ve République est née et la France convertie au gaullisme.

L'indépendance de l'Afrique noire

Amorcée par la loi-cadre Defferre de 1956, l'autonomie des pays d'Afrique noire est renforcée par la Constitution de 1958 qui crée la « Communauté »: les territoires d'outre-mer peuvent en devenir États membres en s'autoadministrant, mais restant liés à la France dans les domaines militaire et économique. Ce sera le cas de tous les pays africains (à l'exception de la Guinée qui choisit l'indépendance). Le 4 juin 1960, une loi constitutionnelle permet aux États de la Communauté de choisir l'indépendance sans rompre avec la France. Ainsi choisiront: le Centrafrique, le Congo-Brazzaville, la Côte-d'Ivoire, le Dahomey, le Gabon, la Haute-Volta, Madagascar, le Mali, la Mauritanie, le Niger, le Sénégal, le Tchad et des territoires sous tutelle (le Cameroun et le Togo). La France, tout en poursuivant la guerre d'Algérie, apparaîtra ainsi aux yeux de la communauté internationale comme défenseur de la décolonisation.

Les élections de novembre 1958

La mise en place des nouvelles institutions se fait durant la fin de l'année. Les élections à l'Assemblée nationale ont lieu les 23 et 30 novembre. Au premier tour, les « modérés », regroupant les partis de droite, obtiennent plus de 22 % des suffrages exprimés en France métropolitaine, devant le nouveau parti gaulliste, l'Union pour la Nouvelle République (UNR), créée le 1er octobre, qui recueille 20,4 % des voix, le Parti communiste (19,20 %), la SFIO (15,7 %), le MRP (11 %), les radicaux (7,3 %) ; l'extrême droite n'attire que 2,6 % d'électeurs, et l'Union des forces démocratiques (UFD), regroupant le nouveau Parti socialiste autonome (PSA) constitué des opposants de gauche de la SFIO, des radicaux mendésistes et l'UDSR, est d'entrée marginalisée (avec 1,2 % des voix). À l'issue du second tour, l'UNR, qui a pris des voix à tous les partis, a 212 élus, les modérés 133, le MRP 57, les socialistes 44, les radicaux 33, le Parti communiste 10 : le nouveau système de scrutin et le découpage des circonscriptions permettent à un député UNR d'être élu avec moins de 20 000 voix, alors qu'il en faut près de 80 000 à un socialiste, et plus de 350 000 à un communiste.

Mais le verdict des Français est clair : ceux qui se sont opposés au retour de Charles de Gaulle sont laminés. Pierre Mendès France et François Mitterrand ne retrouvent pas leur siège de député ; il en est de même de Gaston Defferre, Jules Moch, Edgar Faure… qui font partie des 400 députés sortants battus. D'autre part, l'ensemble des 67 élus d'Algérie, y compris les musulmans, sont favorables à l'Algérie française.

De Gaulle président de la République

Le 21 décembre 1958, près de 82 000 grands électeurs choisissent le président de la République: le général de Gaulle obtient 78,5 % des voix contre 13,1 % au candidat communiste Georges Marane, maire d'Ivry, et 8,4 % à Albert Châtelet, doyen de la faculté des Sciences, soutenu par une partie de la gauche non communiste, mais non par la SFIO ayant appelé à voter de Gaulle. Le triomphe de Charles de Gaulle, premier président de la Ve République, est maintenant total. Il entre en fonctions le 8 janvier 1959.

Le général de Gaulle constitue en janvier 1959 un nouveau ministère avec à sa tête le fidèle Michel Debré, instigateur de la Constitution, et favorable à l'Algérie française, tout comme Jacques Soustelle qui devient ministre délégué auprès du Premier ministre; ce gouvernement ne comprend plus de socialistes, alors qu'Antoine Pinay, garant de l'orthodoxie économique, s'occupe des Finances et des Affaires économiques.

Ce gouvernement est de nature à rassurer les Français d'Algérie; mais l'objectif du général de Gaulle quant au devenir de l'Algérie reste peu explicite, peut-être parce que lui-même n'a pas encore définitivement choisi la marche à suivre. Certes, il s'était laissé entraîner à crier (en une seule occasion) « Vive l'Algérie française ! » lors d'un discours prononcé à Mostaganem, et il soumettait tout règlement politique à l'obtention d'un cessez-le-feu après le rétablissement de la situation militaire. Mais il annonce ensuite un ensemble de mesures économiques et sociales (redistribution de terres, scolarisation, aides à l'industrie) destinées à aider la population musulmane (plan de Constantine, 3 octobre 1958), et, le 9, ordonne aux officiers d'abandonner les comités de salut public qui s'étaient formés après le 13 mai. De même, il rappelle en France le général Salan, remplacé en Algérie par le général Challe, alors que les responsabilités civiles échappent à l'armée pour être confiées le

23 octobre 1958 au délégué général, Paul Delouvrier, un haut fonctionnaire. Il lance également à destination du FLN, qui a créé le 19 septembre un Gouvernement provisoire de la République algérienne (GPRA), un appel à une « paix des braves ». Parallèlement, de Gaulle déclare légitime le désir d'indépendance des peuples africains le 10 novembre.

Aussi peut-on penser que le général de Gaulle commence à envisager l'idée d'une indépendance de l'Algérie (sous une forme à préciser), devant l'intransigeance des deux partis : le scrutin au collège unique en Algérie n'a pas permis l'expression ni l'élection des nationalistes musulmans ; d'autre part le FLN n'a pas répondu à ses appels à la paix, alors que les opérations de pacification se succèdent en Algérie sans résultats décisifs (plan Challe, en Oranie, début février 1959, opération Jumelles en Kabylie, fin juillet). De Gaulle y effectue une série de « tournées des popotes », destinée à se concilier les chefs de l'armée, mais sans prolongements politiques ou militaires.

Algérie, « l'autodétermination »

La situation va ensuite évoluer rapidement quand le président de la République annonce le 16 septembre 1959 à la télévision qu'il lui paraît « nécessaire que le recours à l'autodétermination soit aujourd'hui proclamé » en Algérie pour permettre « aux hommes et aux femmes d'Algérie de décider de leur sort ». Il envisage ainsi trois possibilités : une « sécession » pure et simple, une « francisation », ou une « indépendance-association » avec la France. La stupeur et l'indignation sont grandes parmi les Français d'Algérie.

Après le rappel du général Massu, le 22 janvier 1960, pour avoir critiqué la politique du gouvernement dans une interview accordée à un journal allemand, les « activistes » d'Alger, avec à leur tête le député Paul Lagaillarde et Joseph Ortiz, organisent des manifestations qui tournent à l'émeute : c'est la « semaine des barricades » (24 janvier-1er février 1960) qui fera une vingtaine de morts et environ cent cinquante blessés et durant laquelle les insurgés retranchés et armés tiennent tête aux forces de l'ordre manifestant peu de zèle pour réprimer le mouvement. Mais la détermination du pouvoir et le légalisme de l'armée amènent la reddition des émeutiers, suivie de l'arrestation des meneurs activistes et de la dissolution de leurs organisations.

Puis le général de Gaulle effectue début mars 1960 une autre tournée en Algérie, où il déclare que la France y restera. Une amorce de négociation avec le FLN avorte à Melun à la fin du mois de juin, la France exigeant d'abord un cessez-le-feu, alors que le FLN veut obtenir préalablement l'assurance d'une consultation sur l'autodétermination. Parallèlement, le « réseau Jeanson » d'aide au FLN est démantelé le 24 février, mais les syndicats de gauche ainsi que l'UNEF appellent à la négociation en Algérie (30 juin) ; un groupe d'intellectuels (dont Jean-Paul Sartre, Simone de Beauvoir, Laurent Schwartz) publie le 5 septembre le manifeste des 121, proclamant le droit à l'insoumission en Algérie ; cela provoque une prise de position de deux cents intellectuels favorables à l'Algérie française et une manifestation d'anciens combattants à l'Arc de Triomphe (3 octobre).

Les événements vont s'accélérer à la fin de l'année : après que le GPRA (que la France refuse de reconnaître comme représentant unique du peuple algérien) a demandé un référendum sous le contrôle de l'ONU, le général de Gaulle parle d'« Algérie algérienne » (le 5 septembre 1960) et effectue du 9 au 13 décembre un nouveau voyage en Algérie : il est conspué par les Européens, mais applaudi par les musulmans, alors qu'éclatent de violents affrontements avec les forces de l'ordre et entre les deux communautés, faisant plusieurs dizaines de morts et plusieurs centaines de blessés. De retour en France, de Gaulle organise un référendum pour ou contre l'autodétermination en Algérie qui a lieu le 8 janvier 1961 ; l'ampleur des oui (75,3 % des suffrages exprimés et 70 % en Algérie même) représente un grand succès personnel pour le chef de l'État, et montre à quel point la métropole désire en finir avec ce conflit.

Du putsch à l'indépendance

Refusant le principe d'une consultation dont l'issue ne peut que leur être défavorable, les partisans de l'Algérie française créent l'Organisation armée secrète (OAS), et poussent les militaires à l'action. Ainsi, le 22 avril 1961, un putsch se produit à Alger : quatre généraux (Salan, Challe, Jouhaud et Zeller) s'emparent du pouvoir et neutralisent les autorités civiles afin de permettre la défense de l'Algérie française. Mais la résolution du gouvernement fera échec à ce pronunciamiento : le Premier ministre, Michel Debré, lance à la radio un pathétique appel à la mobilisation de la population parisienne afin de faire échec à un éventuel lancer de parachutistes, et le général de Gaulle, appliquant l'article 16 qui lui donne les pleins pouvoirs, prend des mesures d'urgence en Algérie et demande que « tous les moyens soient employés pour barrer la route, à [...] ce quarteron de généraux en retraite ». La défection d'un grand nombre d'officiers et l'hostilité des soldats du contingent amènent les putschistes à renoncer quatre jours plus tard. Le général Challe se rend le 26 avril, le général Zeller fera de même le 6 mai, les généraux Salan et Jouhaud rejoignent l'OAS clandestine, qui multiplie les attentats en métropole. Ces événements ont pour effet de renforcer la détermination du général de Gaulle d'en finir rapidement avec la question algérienne : le 20 mai s'ouvrent des pourparlers à Évian avec le FLN, qui butent toutefois sur le sort du Sahara, riche en pétrole.

Manifestations et attentats se poursuivent alors. Le 17 octobre 1961, un rassemblement d'Algériens à Paris tourne au drame : la répression fait plusieurs dizaines de morts, des cadavres sont repêchés dans la Seine et l'on compte plus de 10 000 arrestations. Les 18 et 23 janvier 1962 de nombreux plasticages ont lieu à Paris et une bombe éclate au Quai d'Orsay le 24 ; puis le 7 février une autre bombe de l'OAS mutile une fillette de huit ans. Cela provoque une manifestation de la gauche brutalement réprimée : au métro Charonne, huit personnes sont tuées par la police, dont sept membres du Parti communiste ; leurs obsèques réunissent une foule immense qui manifeste tout à la fois contre les brutalités policières et l'OAS, mais aussi pour la paix en Algérie.

C'est alors qu'une reprise secrète des négociations aux Rousses (10-19 février 1962) aboutit à une seconde conférence d'Évian qui s'ouvre le 7 mars. La paix finit par être signée le 18 mars 1962, de Gaulle cédant sur le Sahara, rattaché à une Algérie devenant indépendante. Le cessez-le-feu intervient le lendemain. Après la signature des accords d'Évian, l'OAS commet de nombreux attentats. Le 26 mars, elle appelle les Français d'Alger à une manifestation pacifique qui se termine par un massacre faisant 46 morts rue de l'Isly : l'armée, se croyant débordée, a tiré dans la foule. Le 2 mai, l'OAS fait exploser une camionnette piégée qui fait 62 morts parmi des ouvriers musulmans, tire sur les rescapés, et bombarde au mortier les quartiers arabes de Belcourt et Climat de France : le 8 mai, des hommes de l'OAS mitraillent des musulmans dans la rue. Le 14 mai, c'est au tour du FLN de tirer et de lancer des grenades sur des Européens. Mais parallèlement, plusieurs responsables sont arrêtés : le général Jouhaud est capturé à Oran le 25 mars 1962 et Roger Degueldre, chef des « commandos Delta », le 7 avril à Alger. Le général Salan est pris lui aussi à Alger le 20 avril. Un grave coup est ainsi porté à l'OAS ; mais celle-ci a entre-temps rendu impossible une réconciliation entre les deux communautés.

Deux référendums seront organisés pour ratifier les accords d'Évian. Le premier a lieu en métropole le 8 avril ; si l'on compte près de 25 % d'abstentions, les oui représentent plus de 90 % des suffrages exprimés. Le second se déroule en Algérie le 1er juillet, où les oui obtiennent plus de 99,7 % des voix. Le 3 juillet 1962, la France reconnaît officiellement l'indépendance de l'Algérie. Un million de Français regagneront la métropole après une colonisation qui aura duré un peu plus de cent trente ans et une guerre qui aura tué environ trente mille soldats français et plusieurs centaines de milliers de musulmans.

1962-1966

L'apogée du gaullisme

Après avoir renforcé le rôle du président de la République, le général de Gaulle impose le silence à la classe politique ; mais sa réélection au suffrage universel est plus difficile que prévu.

Après la signature des accords d'Évian, les problèmes politiques traditionnels reprennent leurs droits : le 14 avril 1962, pour affirmer la prééminence du président de la République, le général de Gaulle remplace Michel Debré, démissionnaire, par Georges Pompidou au poste de Premier ministre.

Les radicaux refusent alors de faire partie de son ministère, qui n'est investi que par 259 voix sur 506 : de nombreux parlementaires acceptent mal la nomination à la tête du gouvernement d'un nouveau venu ne bénéficiant que de la seule confiance du général de Gaulle ; puis, après une déclaration du Général, jugée anti-européenne par les ministres MRP, ceux-ci démissionnent le 15 mai.

Le problème algérien étant réglé, la classe politique ne verrait pas d'un mauvais œil le retrait du Général, comme elle avait obtenu celui de Pierre Mendès France après la fin de la guerre d'Indochine. Aussi de Gaulle désire-t-il imposer l'élection du chef de l'État au suffrage universel afin qu'elle lui donne l'autorité nécessaire pour mener à sa guise la politique du pays, et conduire à son terme la réforme des institutions qu'il juge indispensable.

L'attentat du Petit-Clamart

C'est encore le contrecoup du conflit algérien et l'activisme d'arrière-garde de l'OAS qui permettent au chef de l'État de renforcer sa position : le 22 août 1962, un commando dirigé par Bastien-Thiry mitraille la voiture du général de Gaulle au Petit-Clamart, alors qu'il se rend de l'Élysée à Villacoublay. Le Général est miraculeusement indemne, mais en sort déterminé à achever la réforme des institutions qu'il estime nécessaire pour doter le pays d'un pouvoir exécutif dégagé de l'emprise des partis, et qu'il estime être le seul capable de réaliser. Ainsi, une semaine après l'attentat manqué, le général de Gaulle exprime, à l'occasion d'un Conseil des ministres, son intention de modifier la Constitution afin que le président de la République soit élu au suffrage universel.

Le référendum du 28 octobre 1962

Pour y parvenir, le général de Gaulle annonce le 12 septembre qu'il recourra à un référendum constitutionnel, en vertu de l'article 11 de la Constitution. Or, l'article 89 stipule qu'une telle révision implique au préalable un vote favorable des deux Assemblées. C'est aussitôt une levée de boucliers de la part des parlementaires, des juristes, du Conseil constitutionnel. Gaston Monnerville parle de « forfaiture », Paul Reynaud s'indigne, Pierre Sudreau, gaulliste fidèle, démissionne du gouvernement que l'Assemblée nationale renverse par une motion de censure le 5 octobre. De Gaulle, refusant de céder en invoquant la souveraineté populaire, dissout l'Assemblée le 10 octobre et annonce que le référendum aura lieu le 28 octobre, et les élections législatives les 18 et 25 novembre.

Seule l'UNR va appeler à voter oui, le Parti communiste et les autres partis dénonçant le régime de pouvoir personnel et les atteintes aux principes républicains. Pourtant, après que le général de Gaulle eut fait de la consultation un plébiscite en annonçant qu'il se retirerait en cas de victoire des non, et même de succès médiocre, les oui l'emportent avec près de 62 % des suffrages exprimés. Compte tenu des abstentionnistes (près de 23 % des électeurs), ce n'est pas un triomphe pour le Général. Néanmoins, une confortable majorité de votants lui a apporté son soutien.

Les élections de novembre 1962

Les défenseurs du non espèrent renverser la situation en présentant un front commun des socialistes aux indépendants, avec parfois des candidatures uniques ; la SFIO envisage même des désistements au second tour avec le Parti communiste, ce qui inquiète cependant le centre et la droite. Mais ils vont être bien déçus au soir du 18 novembre : les partisans du général de Gaulle (UNR et gaullistes de gauche de l'Union démocratique du travail) recueillent au premier tour près de 32 % des suffrages exprimés, et les républicains indépendants du ministre des Finances Valéry Giscard d'Estaing plus de 4 %. Même le Parti communiste à ses meilleurs moments n'avait pas atteint les 30 %. Celui-ci n'obtient que 21,7 % des voix, la SFIO 12,6 %, les modérés moins de 10 %, le MRP moins de 9 %, les radicaux 7,5 %, l'extrême gauche 2,4 % et l'extrême droite moins de 1 %. À l'issue du second tour du 25 novembre, qui accentue la bipolarisation entre les gaullistes et les partis de gauche, l'UNR-UDT a 233 élus, la SFIO 65, le Parti communiste 41, le MRP et le centre droit 55, le Rassemblement démocratique (radicaux de gauche et UDSR) 42, les républicains indépendants 36... et le PSU a aussi 2 élus. Les personnalités favorables à l'Algérie française sont battues, de même que Paul Reynaud et Pierre Mendès France ; mais François Mitterrand et Gaston Defferre sont élus. L'Assemblée nationale comptant 482 députés (compte tenu de 17 représentants de l'outre-mer), il manque à l'UNR 9 sièges pour atteindre la majorité absolue ; mais elle peut compter sur l'appui des 36 républicains indépendants. Aussi, quand le gouvernement, avec à sa tête Georges Pompidou, reconduit dans ses fonctions de Premier ministre, se présente devant l'Assemblée nationale, sa déclaration de politique générale recueille 268 voix positives. La Ve République a atteint sa forme achevée et la majorité gaulliste peut gouverner à sa guise. La valse des ministères est définitivement terminée.

En attendant la présidentielle

Débarrassé du cancer algérien et des problèmes institutionnels, le Général peut désormais s'atteler à son grand dessein en attendant l'échéance présidentielle de 1965 : rendre à la France sa place dans le monde, remise en cause par la défaite de 1940 et les conflits coloniaux. Cela implique à ses yeux d'affirmer l'indépendance militaire du pays, de lui donner toute sa place au sein d'une Europe limitant les empiétements à la souveraineté nationale, et de rendre à la France une autorité morale lui permettant de faire entendre sa voix en toute occasion.

C'est ainsi que le général de Gaulle, qui s'est déclaré pour « l'Europe des patries » allant « de l'Atlantique à l'Oural », cherche à sceller la réconciliation franco-allemande : en janvier 1963, après avoir effectué un voyage en Allemagne fédérale, il signe à Paris avec le chancelier Adenauer un traité de coopération entre la France et l'Allemagne, prévoyant des rencontres régulières entre les responsables politiques des deux pays. Quelques jours plus tôt, il s'était opposé à l'entrée de la Grande-Bretagne dans la Communauté économique européenne, tant que celle-ci, trop alignée économiquement et militairement sur les États-Unis, n'accepterait pas de se plier à l'ensemble des conditions exigées pour adhérer à la CEE.

D'autre part, le président de la République veut se faire le défenseur de la détente avec l'Union soviétique (il avait accueilli Nikita Khrouchtchev en avril 1960). Cela ne signifie pas pour autant un renversement d'alliances, comme le prouve la solidarité que la France manifeste à l'égard de l'Occident lors de la crise de Cuba en octobre 1962. Il s'agit plutôt de lutter contre le « partage du monde » décidé à Yalta en 1945 (conférence à laquelle le général de Gaulle n'avait pas été invité), en affirmant l'indépendance politique de pays susceptibles de faire éclater le monolithisme des deux blocs. C'est ainsi que la France reconnaît en janvier 1964 la Chine communiste, que le général de Gaulle se rend en mars 1964 au Mexique, où il propose au peuple mexicain de marcher « main dans la main » avec le peuple français, et fin septembre en Amérique du Sud. Ce « tiers-mondisme » de la France se poursuivra durant les années suivantes.
Si la politique extérieure et les ambitions planétaires constituent l'essentiel des préoccupations du général de Gaulle, il n'en reste pas moins qu'il s'efforce parallèlement de favoriser le développement économique de la France, grâce à une politique d'industrialisation rapide, de régionalisation et d'incitations publiques, menée de pair avec une tentative de « contrat social », par la « politique des revenus » et la « participation des travailleurs aux fruits de l'expansion ». Mais si la France connaît effectivement durant ces années de paix extérieure et civile une croissance et une modernisation notables, les aspirations du monde du travail restent mal satisfaites, comme en témoigne par exemple la grève des mineurs du printemps 1963 et l'hostilité au « plan de stabilisation » Giscard de l'automne, qui ralentit l'inflation mais aussi les hausses de salaires en 1964.

La France puissance nucléaire autonome

Pour garantir l'indépendance de sa politique extérieure le général de Gaulle avait entrepris dès 1958 de poursuivre et d'accélérer la fabrication de la bombe atomique décidée par le gouvernement Félix Gaillard, afin de doter la France d'une « force de frappe » nucléaire. Une première expérience atomique a lieu le 13 février 1960, à Reggane, dans le Sahara. La France, qui refusera en août 1963 de signer l'accord de Moscou sur l'arrêt des essais nucléaires, après avoir commencé la fabrication en série de la bombe A, peut ainsi mener une politique de dissuasion autonome, l'amenant à prendre ses distances à l'égard des États-Unis et de l'OTAN ; en mars 1959, les forces navales françaises de Méditerranée avaient déjà été soustraites du commandement interallié ; il en sera de même de celles de l'Atlantique en juin 1963.

De Gaulle bat Mitterrand (1965)

La campagne présidentielle commence dès octobre 1963 avec le lancement par le journal *l'Express* de l'opération « Monsieur X », consistant à trouver un candidat idéal. Il s'agit en fait de sensibiliser l'opinion à la candidature de Gaston Defferre (qui sera soutenue par la SFIO, lors de son congrès des 1er et 2 février 1964), permettant de rassembler la gauche non communiste et le centre dans une vaste « Fédération démocrate et socialiste ». Mais le MRP refuse la référence au socialisme et de souscrire aux principes laïcs de la SFIO : le 18 juin 1965, les partis constatent leur désaccord et Gaston Defferre retire sa candidature le 25 juin.

La voie est ouverte à celle de François Mitterrand qui se déclare candidat le 9 septembre. Ayant subi le contrecoup de son hostilité au retour du général de Gaulle et de la mystérieuse « affaire des jardins de l'Observatoire » (où il avait été victime d'un « attentat », peut-être monté de toutes pièces, le 16 octobre 1959), l'ancien ministre de l'Intérieur de Pierre Mendès France était redevenu député en novembre 1962 et avait publié un livre, *le Coup d'État permanent*, qui faisait de lui l'une des personnalités de l'opposition en vue et non mêlées au fiasco de la candidature Defferre.

Dès le lendemain, la Fédération de la gauche démocrate et socialiste (FGDS) voit le jour, regroupant la SFIO, les radicaux et la Convention des institutions républicaines (fondée en 1964 par la fusion du Club des Jacobins de Charles Hernu et de la Ligue pour le combat républicain de François Mitterrand, qui remplaçait elle-même l'UDSR depuis 1959). François Mitterrand, qui reçoit aussi le soutien du Parti communiste, devient ainsi le candidat unique de la gauche.

Le 26 octobre, c'est au tour de Jean Lecanuet (devenu président du MRP en mai 1964) d'annoncer sa candidature placée sous le signe du centre et de l'Europe. Il est appuyé par le Centre national des indépendants d'Antoine Pinay et par une partie des radicaux.

Le général de Gaulle, sûr de son fait et voulant apparaître au-dessus des partis, néglige de faire campagne ; il ne se déclare candidat que le 4 novembre, et se limite au thème « moi ou le chaos ». Tout le monde pense en effet que le Général sera élu dès le premier tour malgré le succès des candidats de l'opposition lors des élections municipales des 14 et 21 mars 1965. Or de Gaulle n'obtient le 5 décembre 1965 que 44,6 % des suffrages exprimés contre 31,7 % à Mitterrand, 15,6 % à Lecanuet, 5,2 % au candidat d'extrême droite Tixier-Vignancour, et respectivement 1,7 et 1,1 % aux deux candidats marginaux, le sénateur « libéral » Pierre Marcilhacy et le « Français moyen » Marcel Barbu.

Il faut donc procéder à un second tour, qui a lieu le 19 décembre ; le général de Gaulle l'emporte certes, mais avec seulement 55,2 % des voix, aucun candidat éliminé au premier tour n'ayant appelé à voter pour lui. Avec près de 45 % des voix, François Mitterrand apparaît comme le chef d'une opposition dominée par la gauche.

L'« affaire Ben Barka »

Le 30 novembre 1965, Mehdi Ben Barka, chef de l'opposition marocaine et personnalité tiers-mondiste, est enlevé à Saint-Germain-des-Prés à Paris et ne sera jamais retrouvé. Si la responsabilité en incombe aux services secrets marocains, aidés par Antoine Lopez, chef d'escale à Orly, et correspondant des services secrets français, ce sont des policiers et indicateurs français qui ont réalisé l'opération (Souchon, Voitot, Figon) ; de plus, il est révélé que ceux-ci en avaient averti leurs supérieurs. On apprend ensuite, en janvier 1966, que Ben Barka aurait été conduit dans la villa du truand Boucheseiche, où s'est rendu le général Oufkir, ministre de l'Intérieur du Maroc, et son adjoint le lieutenant-colonel Dlimi. Le 20 janvier, un mandat d'arrêt est lancé contre eux. Mais malgré une instruction à rebondissements, et l'arrestation de Dlimi, venu comparaître devant les juges, le procès des ravisseurs qui s'ouvre en septembre 1966 sera ajourné à plusieurs reprises et ne permettra pas de connaître la vérité sur cette affaire et sur la fin de Ben Barka.

1966 : la grande politique internationale

En dépit des résultats décevants de la présidentielle, le général de Gaulle n'en est pas moins le premier président de la République française élu au suffrage universel par une nette majorité. Il peut donc poursuivre sa politique intérieure et surtout étrangère, sa première préoccupation qui ne peut être critiquée par la gauche. Ainsi, le 21 février, lors d'une conférence de presse, il annonce que la France, refusant le stockage d'armes nucléaires dans les bases militaires américaines situées en France, a l'intention de se retirer de l'OTAN « sans revenir sur son adhésion à l'Alliance atlantique ». Il s'agit que la France ne soit pas « impliquée automatiquement dans une guerre » en cas de conflit entre l'URSS et les États-Unis.

En mars, la France retire les troupes françaises d'Allemagne du commandement atlantique, et dénonce la convention de 1952 : elle ne fait plus partie de l'OTAN, dont le haut commandement sera transféré en Belgique.
Du 20 juin au 1er juillet, le général de Gaulle effectue un voyage en Union soviétique où il reçoit un accueil chaleureux et où Leonid Brejnev l'assure des intentions pacifiques de l'URSS. Le 25 août, il se rend en Éthiopie, puis à Djibouti (où des troubles se produisent durant sa présence) et au Cambodge : le 1er septembre, il prononce à Phnom Penh un retentissant discours condamnant l'intervention américaine croissante au Viêt Nam, affirmant le droit des peuples indochinois à disposer d'eux-mêmes. Poursuivant son voyage, le Général gagne ensuite la Nouvelle-Calédonie, où il est accueilli chaleureusement, et la Polynésie où il assiste depuis le croiseur *De Grasse* à la première explosion atomique française dans le Pacifique. Au retour, il s'arrête en Guadeloupe et rentre en France le 12 septembre. Trois jours plus tard, il déclare que la France ne fera pas obstacle à ce que Djibouti se sépare d'elle si les populations le désirent. La France apparaît comme le champion de l'indépendance de toutes les nations, le défenseur de la solution négociée aux conflits internationaux, et grâce à « sa force de dissuasion » a gagné une autonomie lui permettant de devenir l'allié le plus critique des États-Unis.

Un régime en sursis ?

Dès 1966, chacun s'organise en vue du « troisième tour » de 1967, que la majorité gaulliste ne remporte que de justesse ; les oppositions au régime se multiplient alors.

Compte tenu des résultats encourageants pour l'opposition lors de l'élection à la présidence de la République de décembre 1965, les différents partis préparent dès le début de l'année 1966 le « troisième tour » qui se produira en mars 1967, à l'occasion des futures législatives. C'est ainsi que, le 5 janvier 1966, le gouvernement de Georges Pompidou (qui reste Premier ministre) est remanié : Michel Debré devient ministre des Finances à la place de Valéry Giscard d'Estaing dont la politique de stabilisation avait été impopulaire (ce dernier, qui en garde rancune au chef de l'État, fonde la Fédération des républicains indépendants en mars, et n'apportera qu'un soutien critique au pouvoir, symbolisé par son « oui, mais... » de janvier 1967) ; Edgar Faure est nommé ministre de l'Agriculture afin de régler le problème paysan, Jean-Marcel Jeanneney ministre des Affaires sociales pour s'attaquer à celui de l'agitation sociale (il aura à répondre au pacte d'unité d'action passé entre la CGT et la CFDT le 10 janvier 1966), et Edgard Pisani, à l'image plus à gauche, ministre de l'Équipement.

Le 2 février, Jean Lecanuet crée le Centre démocrate, qui regroupe essentiellement le MRP et le Centre national des indépendants et paysans ; en mars, la FGDS constitue un « contre-gouvernement » préfigurant celui qu'elle constituerait après la victoire électorale, et parvient à réaliser l'unité de candidature dans chaque circonscription ; elle affirme ainsi sa crédibilité, d'autant plus qu'elle signe le

20 décembre avec le Parti communiste un accord de désistement en faveur du candidat le mieux placé au premier tour des futures législatives.

Les élections de 1967

Le début de l'année 1967 est marqué par de grands débats dans le pays : c'est ainsi par exemple que Georges Pompidou rencontre en public François Mitterrand le 22 février à Nevers et Pierre Mendès France le 27 février à Grenoble. C'est l'occasion d'un affrontement entre deux conceptions de la vie politique : la gauche dénonce le régime de « pouvoir personnel », la mise au pas du Parlement, la soumission inconditionnelle des « godillots » gaullistes au bon vouloir du Général, et l'accroissement des inégalités sociales ; les gaullistes se font les défenseurs des nouvelles institutions permettant à la France d'être gouvernée, de retrouver son indépendance et sa place dans le monde, de s'engager dans la voie de la modernisation et de la croissance, face aux nostalgiques du « régime des partis » ayant plongé la France dans l'anarchie politique et le marasme économique.

Le résultat des élections sera quelque peu décevant pour les gaullistes : le Comité d'action pour la Ve République constitué à l'instigation du Premier ministre pour imposer l'unité de candidature au sein de la majorité sortante n'obtient que 37,7 % des suffrages exprimés au premier tour du 5 mars 1967, soit moins que l'ensemble des formations de gauche qui recueillent 43,3 % des voix (22,4 % pour le Parti communiste, 18,7 % pour la FGDS, 2,2 % pour le PSU), le Centre démocrate recevant 13,4 % des suffrages. Malgré le système électoral et le vote favorable des Français d'outre-mer, les députés gaullistes (au nombre de 200), qui se regroupent dans l'Union des démocrates pour la Ve République (UDR), et leurs alliés républicains indépendants (qui ont 44 élus) ne disposent le

12 mars que d'une très étroite majorité absolue de députés : 244 sur 487. La FGDS (qui comprend la SFIO, les radicaux et le CIR), en dépit de son résultat décevant du premier tour, a 121 élus, le Parti communiste, gagnant 32 sièges, a 73 élus, le centre démocrate 41, les « non-inscrits » 8.

L'exercice solitaire du pouvoir

Le général de Gaulle n'entend pas pour autant infléchir sa politique : il maintient Georges Pompidou au poste de Premier ministre d'un gouvernement où le 7 avril entrent Jacques Chirac et Alain Peyrefitte, et obtient du Parlement l'autorisation de légiférer par ordonnances pour réaliser plusieurs réformes en matière économique (26 avril) ; cela provoque la démission d'Edgard Pisani (28 avril) et des manifestations contre les « pouvoirs spéciaux » (17 mai) ; durant l'été, et alors qu'est promulguée l'ordonnance sur l'intéressement des salariés aux bénéfices de leur entreprise, Valéry Giscard d'Estaing critique « l'exercice solitaire du pouvoir » (17 août).

Sur le plan de la politique extérieure, le général de Gaulle critique la politique de l'État d'Israël après la guerre des Six Jours (5-10 juin 1967). Poursuivant son tour du monde et sa politique visant à restaurer la libre parole de la France, le général de Gaulle se rend en juillet 1967 au Canada, et d'abord au Québec ; il y déclare assister à « l'avènement d'un peuple qui dans tous les domaines veut prendre en main ses destinées » avant de prononcer au balcon de l'hôtel de ville de Montréal son fameux « Vive le Québec libre ! Vive le Canada français ! », le 26 juillet. Ovationné par la foule, le Général décide de ne pas rejoindre la capitale fédérale Ottawa où cette déclaration est jugée très sévèrement par la majorité anglophone. Il s'agit bien d'une immixtion dans les affaires intérieures d'un État souverain, qui fera grand bruit, mais qui restera toutefois sans lendemain dans la mesure où les Canadiens français n'envisageront jamais sérieusement une sécession, et où la France s'abstiendra désormais de jeter de l'huile sur le feu. De Gaulle se rend ensuite en Pologne au mois de septembre.

Puis, au début de l'année 1968, une série de faits marquants se produisent dans le pays : des affrontements ont lieu sur les campus universitaires de Nanterre et de Caen (15 janvier) et dans cette même ville des heurts opposent les grévistes de la SAVIEM aux forces de l'ordre (26 janvier) ; le 11 février, à Bordeaux, des étudiants et des ouvriers de l'usine Dassault manifestent ensemble ; le 24, la FGDS et le Parti communiste adoptent un programme d'action, et, le 26, des enseignants du secondaire font grève alors que se tiennent les premiers meetings des comités d'action lycéens ; le 22 mars, de nouveaux incidents éclatent à Nanterre : à la suite de l'arrestation de manifestants contre la guerre du Viêt Nam, des étudiants occupent les bâtiments administratifs ; à leur tête se trouve Daniel Cohn-Bendit qui constitue le Mouvement du 22 mars (en janvier, il avait interpellé le ministre François Missoffe, lui reprochant d'avoir écrit « 600 pages d'inepties sur la jeunesse ») ; l'université sera fermée, ce qui tendra à déplacer l'agitation vers le Quartier latin.

Mai-juin 1968

Après avoir failli être emportés par les « événements » de 1968, le pouvoir gaulliste et les institutions sortent renforcés de l'épreuve.

Les « événements » de 1968 commencent dans l'après-midi du vendredi 3 mai, à la suite de l'entrée de la police dans la Sorbonne afin d'appréhender des étudiants d'extrême gauche qui s'y étaient barricadés. Aux yeux de ceux qui assistent à la scène, cela représente un viol inacceptable des vieilles franchises universitaires : les voitures de police sont bombardées de projectiles divers pris sur les chantiers du Quartier latin. La police, un moment débordée, réplique en chargeant les regroupements étudiants (matraquant au passage les simples passants et les consommateurs aux terrasses des cafés) et en lançant des grenades lacrymogènes qui asphyxient les automobilistes pris au piège d'un gigantesque embouteillage. Les radios relatant en direct l'événement, bon nombre d'étudiants accourent, alors que des renforts de police sont envoyés rétablir l'ordre : les affrontements se poursuivront une bonne partie de la soirée.

Dès le lendemain, la mobilisation estudiantine se développe : les universités parisiennes se mettent en grève les unes après les autres, des cortèges se forment ici et là dans la capitale, ponctués de petits accrochages avec la police. L'Union nationale des étudiants de France (UNEF), présidée par Jacques Sauvageot, le Mouvement du 22 mars de Daniel Cohn-Bendit, la majorité du Syndicat national de l'enseignement supérieur (SNE-Sup) organisent tous les soirs de grandes manifestations pour exiger le retrait des forces de l'ordre du Quartier latin, la réouverture de la Sorbonne et la libération des étudiants emprisonnés. Le mardi 7, plusieurs dizaines de milliers d'étudiants traversent Paris, remontent les Champs-Élysées et chantent *l'Internationale* devant la tombe du Soldat inconnu.

Le vendredi 10, une foule considérable encercle littéralement la Sorbonne, toujours « protégée » par les forces de l'ordre ; cette fois-ci les manifestants ne se dispersent pas et des pourparlers engagés tard dans la soirée avec le préfet de police échouent. Les manifestants dépavent les rues, constituent des barricades, en particulier rue Gay-Lussac. Vers 2 h 30 du matin, ils sont encore plusieurs milliers quand la police reçoit l'ordre d'attaquer : elle est accueillie par des jets de pierres et de cocktails Molotov, incendiant les barricades et plusieurs dizaines de voitures. Les affrontements dureront jusqu'à l'aube, les manifestants les plus durs, casqués, armés de barres de fer, utilisant des couvercles de poubelles comme boucliers, résistent aux charges des CRS, au milieu des flammes et de la fumée des grenades lacrymogènes. Il y aura environ mille blessés et cela permettra à la presse du samedi d'en faire ses gros titres et de publier les photos d'un Quartier latin dévasté. Mais il n'y eut aucun mort.

Le 13 mai et ses suites

Les grandes centrales syndicales décident alors d'appeler pour le lundi 13 mai à une journée de grève générale et à une grande manifestation parisienne de protestation contre les « brutalités policières ».

Bien que le Premier ministre Georges Pompidou ait déclaré qu'il rouvrirait la Sorbonne, cette manifestation réunit près de 800 000 personnes de la gare de l'Est à Denfert-Rochereau et pose d'autres problèmes que ceux du petit monde des étudiants : les grandes personnalités de la gauche font partie du cortège (François Mitterrand, Pierre Mendès France, Guy Mollet, Waldeck Rochet) et profitent de l'occasion pour dénoncer l'autoritarisme du pouvoir; mais surtout les plus jeunes des ouvriers qui ont manifesté le 13 mai refusent de reprendre le travail; à l'instar des étudiants qui occupent la Sorbonne dès le soir du 13 mai, des grèves avec occupations d'usines éclatent un peu partout dans le pays: d'abord à Nantes (Sud-Aviation) le 14, puis le lendemain dans diverses usines Renault, ainsi qu'à la RATP et à la SNCF; les syndicats, un instant débordés, prennent le train en marche et demandent des augmentations de salaires et l'amélioration des conditions de travail; à la fin de la semaine, on dénombre près de 2 millions de grévistes.

Durant cette même semaine, la contestation a gagné le monde de la culture avec l'occupation du théâtre de l'Odéon, le mercredi 15, dont le directeur Jean-Louis Barrault s'est associé au mouvement; le lundi 20, ce sont des journalistes de l'ORTF qui réclament « l'objectivité de l'information ». La France, paralysée par les grèves et la fermeture de nombreuses pompes à essence, est traversée par une agitation qui n'épargne même pas le CNPF, occupé pendant deux heures le 21 mai par un commando de cadres. Ce même jour, on compte environ 10 millions de grévistes.

Si le Parlement amnistie le 22 mai les auteurs d'actes de violence effectués durant les manifestations, l'agitation ne cesse pas pour autant: les étudiants manifestent leur solidarité avec Daniel Cohn-Bendit, interdit de séjour en France, et des écrivains occupent le 23 la Société des gens de lettres.

Le vendredi 24, de violents affrontements se produisent à Lyon (où un commissaire de police est écrasé par un camion) et le soir à Paris: alors que le général de Gaulle annonce à la radio un référendum sur la participation, une nouvelle manifestation partie de la gare de Lyon tourne à l'émeute: de violents heurts se produisent, le feu est mis à la Bourse et plusieurs commissariats sont attaqués.

Les accords de Grenelle

Pour sortir de la crise, Georges Pompidou décide de réunir le lendemain 25 mai, rue de Grenelle, les représentants des syndicats ouvriers et patronaux en présence de ceux du gouvernement (le Premier ministre, assisté du ministre des Affaires sociales Jean-Marcel Jeanneney, de Jacques Chirac, secrétaire d'État à l'Emploi, d'Édouard Balladur...). Pendant près de trente heures, jusqu'à l'aube du lundi 27, les négociations se poursuivent et se terminent par un protocole d'accord.

Les concessions importantes faites par le patronat semblent satisfaire les syndicats et Georges Séguy, secrétaire général de la CGT, qui se rend aussitôt à Billancourt, les annonce aux grévistes. Les accords de Grenelle prévoient en particulier une forte augmentation du SMIG (environ 35 %), une hausse des autres salaires d'environ 10 % à réaliser en deux fois, la reconnaissance de la section syndicale d'entreprise, la diminution du ticket modérateur de la Sécurité sociale, le paiement à 50 % des heures de grève ; sont également envisagées la réduction d'une heure de la durée hebdomadaire du travail, une meilleure formation du personnel, la revalorisation de la retraite des vieux travailleurs. Pour les éléments « révolutionnaires » qui veulent faire de ce vaste mouvement un instrument de remise en cause du pouvoir capitaliste, comme pour la plupart de ceux qui voudraient obtenir des changements substantiels concernant les conditions de travail et la définition des tâches, il ne s'agit que de quelques avantages « quantitatifs » qui s'évaporeront avec l'inflation. Repoussés par la base qui désavoue les directions syndicales, ils ne seront pas signés, mais un certain nombre de dispositions seront toutefois appliquées (en particulier concernant les augmentations de salaires).

La crise politique

La situation apparaît donc totalement bloquée. Bien plus, ce même 27 mai, une nouvelle manifestation estudiantine suivie d'un grand meeting au stade Charléty a lieu à l'appel de l'UNEF, du PSU de Michel Rocard, et d'une partie de la CFDT ; Pierre Mendès France y assiste. Les propos qui y sont tenus affirment que la solution à la crise est « révolutionnaire ».

Il est vrai que plus rien ne fonctionne dans le pays et que, au sein de la haute administration comme dans les ministères, les responsables « préparent leurs valises ». Cependant la classe politique traditionnelle ne veut pas se laisser déborder : le lendemain 28 mai, François Mitterrand donne une conférence de presse durant laquelle il constate la vacance du pouvoir et propose la constitution d'un gouvernement provisoire présidé par Pierre Mendès France ; il demande l'élection d'un nouveau président de la République et pose aussi sa candidature. De même, le Parti communiste, dénonçant « l'anticommunisme » des gauchistes de Charléty, appelle à la formation d'un « gouvernement populaire ».

Le pouvoir de la rue et la détermination ouvrière vont-ils avoir raison du régime et du « plus illustre des Français » ? On peut le penser quand, le 29 mai, les milieux « bien informés » apprennent que le général de Gaulle a quitté la capitale pour une destination inconnue. On apprendra qu'il s'est rendu en hélicoptère rencontrer à Baden-Baden le général Massu, commandant en chef des forces françaises en Allemagne. On ne saura jamais pour quelle raison. Allait-il s'assurer de la fidélité de l'armée ? Ou bien s'agissait-il d'une mise en scène destinée à créer une peur du vide favorisant son retour ?

Le 30 mai et ses conséquences

Toujours est-il que le lendemain, 30 mai, le chef de l'État, après un entretien avec le Premier ministre qui lui demande d'abandonner le projet de référendum, effectue une brève déclaration à la radio où d'un ton ferme il dénonce la subversion communiste, annonce la dissolution de l'Assemblée, la constitution d'un gouvernement de transition avec à sa tête Georges Pompidou, et des élections pour le mois de juin. Il appelle ainsi le pays à se prononcer démocratiquement sur la politique à suivre dans le cadre de la continuité des institutions de la Ve République.

Le soir même, une foule de près d'un million de personnes (gaullistes modérés et « majorité silencieuse » ayant repris confiance) défile sur les Champs-Élysées derrière André Malraux, Michel Debré, François Mauriac..., en chantant *la Marseillaise* et en brandissant des drapeaux tricolores. L'espoir a changé de camp. Le 31 mai, Georges Pompidou forme son gouvernement d'où disparaissent les acteurs du mois de mai. Une page vient d'être tournée.

La gauche institutionnelle ne peut dès lors qu'accepter le verdict des urnes. Seuls le PSU et les étudiants gauchistes dénoncent les « élections-trahison ». Et s'ils tentent d'établir un front uni avec les ouvriers grévistes, les efforts de la CGT pour éviter les contacts avec ces « éléments incontrôlés et irresponsables » sont couronnés de succès. Les « révolutionnaires » étudiants, au demeurant très marginaux, ne parviendront pas à entraîner la classe ouvrière dans l'insurrection. Pourtant, le 7 juin, un lycéen pourchassé par les CRS meurt noyé dans la Seine après des affrontements à Renault-Flins. À Peugeot-Montbéliard, deux manifestants sont tués par balles. Le Quartier latin est encore le théâtre d'affrontements nocturnes où des arbres sont abattus et des voitures incendiées : mais il ne s'agit là que de combats d'arrière-garde. Petit à petit, le travail reprend dans le pays. L'Odéon est évacué le 14 juin et la Sorbonne le 16 ;

le 18, la grève a cessé chez Renault. À l'approche des élections, le pays a presque retrouvé son image « normale ».

Des slogans et des images pour « changer la vie »

Le mois de mai 1968 est celui des formules chocs et des images parlantes : « Libérez nos camarades », « Les flics hors des facs », « CRS = SS », « À bas l'État policier » expriment la révolte face à l'« ordre » et à la « répression ». « Nous sommes tous des Juifs allemands », crié en solidarité avec Daniel Cohn-Bendit, marque la dimension « internationaliste » et « antifasciste » du mouvement. Le chant de *l'Internationale,* de *la Jeune Garde,* les slogans « Le pouvoir est dans la rue », « Élections-trahison » en expriment la dimension « révolutionnaire ». Les affiches couvrant les murs du Quartier latin, comme les dessins du journal *Action* publié à partir du 8 mai, illustrent également la condamnation de la brutalité policière, de la répression patronale et culturelle, et font l'éloge de la liberté de parole, de mœurs et de création (« Il est interdit d'interdire »).

Pour ceux qui ont 20 ans en 1968, le général de Gaulle, présente l'image insupportable d'un père autoritaire et conservateur. Pour les étudiants influencés par le marxisme, il est l'expression du « capitalisme monopoliste », ayant besoin d'un pouvoir fort pour imposer la concentration industrielle aux petites entreprises, et l'ordre social aux salariés exploités.

Les idées gaulliennes de « participation » ne sont donc à leurs yeux qu'un leurre destiné à intégrer la classe ouvrière. Mais la révolte vise moins la personne même du Général que les valeurs traditionnelles qu'il incarne, le mythe de la « société de consommation » et la morale sexuelle toujours rigoureuse. Il s'agissait donc de remettre en cause tous les pouvoirs, les hiérarchies et les interdits afin de « changer la vie ».

Les élections législatives

Le premier tour a lieu le 23 juin : il voit un succès considérable des partisans de la majorité, qui a su de plus se réconcilier avec les anciens de l'Algérie française (le général Salan a été gracié le 15 juin ; Georges Bidault et Jacques Soustelle ont été autorisés à rentrer en France).

Ainsi, les gaullistes regroupés dans la nouvelle Union pour la défense de la République (UDR) obtiennent plus de 43 % des suffrages exprimés, les républicains indépendants plus de 4 %, le centre (Progrès et Démocratie moderne) plus de 10 % ; le Parti communiste ne recueille que 20 % des voix, la FGDS 16,5 % et le PSU, qui a pourtant présenté plus de 300 candidats et qui défend seul les thèmes du mois de mai, moins de 4 %.

À l'issue du second tour, le triomphe gaulliste est total : l'UDR a 293 élus (sur 487), les républicains indépendants 61, la FGDS (qui perd 64 sièges) 57, le PC (qui en perd 39) 34, le centre 33, les « non-inscrits » 9 : l'UDR dispose désormais à elle seule d'une confortable majorité absolue. La « révolution » de 1968 est bien terminée.

1968-1969

Le départ du Général

Voulant poursuivre la réforme des institutions, Charles de Gaulle essuie un échec personnel qui le décide à se retirer définitivement de la vie politique en avril 1969.

L'été 1968 est calme. Les ouvriers ont repris le travail avant de partir en vacances. Les étudiants préparent leurs examens repoussés en septembre. Le Général a repris fermement en main les rênes du pouvoir : le 10 juillet, il remplace Georges Pompidou par Maurice Couve de Murville (ministre des Affaires étrangères depuis dix ans). Cette nomination surprend : Pompidou avait été l'un des principaux artisans du rétablissement de l'ordre et de la victoire électorale du mois de juin. Il va désormais être placé « en réserve de la République ». Fin juillet, de nombreux journalistes « contestataires » sont licenciés à l'ORTF.

La loi d'orientation universitaire

Préparée durant l'été par une équipe d'universitaires réformistes formée par Edgar Faure, elle prévoit une plus grande autonomie des universités, la participation des étudiants à leur gestion par l'intermédiaire de conseils d'université élus, et la constitution d'unités d'enseignement et de recherche (UER) pluridisciplinaires. Elle cherche à répondre aux aspirations émises par le milieu étudiant en mai, et souvent exprimées dans les « commissions » et « assemblées générales » remettant en cause le « mandarinat » professoral, les cours magistraux, les examens « couperets » et le dogmatisme du savoir. Mais elle constitue aussi un moyen pour diviser les contestataires et intégrer dans l'institution le maximum d'étudiants, conduisant les « gauchistes » à se marginaliser en dénonçant le piège de la participation et en s'y opposant parfois par la force. L'Assemblée nationale l'adopte le 12 novembre par 441 voix contre zéro et 39 abstentions.

Un mécontentement diffus

Mais l'attention du pays est attirée par d'autres problèmes : l'invasion de la Tchécoslovaquie par les chars soviétiques le 20 août, qui a mis un terme au « printemps de Prague », a achevé d'enterrer les rêves de la jeunesse de constituer une société plus libre, et encouragé l'anticommunisme de ceux qui avaient condamné par leur vote l'agitation gauchiste de mai-juin.

D'autre part, on redoute les retombées économiques des grèves et des augmentations de salaires ; les sorties de capitaux durant l'été ont certes été freinées par le contrôle des changes, mais se sont accélérées lors de sa levée, accompagnée de mesures impopulaires parmi les milieux favorisés consistant en une augmentation des droits de succession et des impôts sur les hauts revenus ; on s'attend de plus à une dévaluation du franc pour permettre une relance des exportations, désavantagées par la hausse des coûts de production, ce qui accroît la spéculation contre la monnaie nationale.

Pourtant, à la fin de l'année, la dévaluation n'a pas eu lieu, les gains de productivité ont permis de limiter l'inflation et de relancer la production. Par ailleurs, Paris voit s'ouvrir en décembre les préliminaires des négociations qui conduiront à la fin de la guerre du Viêt Nam.

Mais si l'année 1969 semble s'ouvrir dans des conditions favorables, un faisceau de mécontentements se forme dans le pays : celui des salariés, dont les augmentations de traitements sont rognées par l'inflation et qui n'obtiennent pas de nouvelles hausses de salaires (une journée de grèves et de manifestations aura lieu le 11 mars) ;

celui des chefs d'entreprise, souhaitant une dévaluation pour stimuler les exportations; celui des petits entrepreneurs, supportant mal la hausse du SMIG; celui enfin d'un certain nombre de personnalités de la majorité critiquant indirectement le chef de l'État. C'est ainsi que Georges Pompidou déclare le 17 janvier 1969 qu'il serait candidat si le général de Gaulle venait à se retirer, et que Valéry Giscard d'Estaing laisse entendre qu'il est en désaccord avec la politique monétaire du ministre des Finances François-Xavier Ortoli. C'est dans ce contexte que le général de Gaulle annonce le 2 février le référendum sur la régionalisation et la réforme du Sénat.

Les derniers projets du Général

Ce double projet de réformes avait été entrepris depuis l'été 1968 par Jean-Marcel Jeanneney.

D'une part, il s'agit d'amorcer une déconcentration du pouvoir étatique central, par la régionalisation : elle consiste à créer des conseils régionaux composés de trois cinquièmes d'élus (conseillers généraux et délégués de conseils municipaux) et de deux cinquièmes de représentants de chambres professionnelles, de syndicats ou d'associations; ces élus locaux et ces « forces vives de la nation » auraient à traiter des problèmes d'aménagement du territoire ou de planification concernant leur région.

D'autre part, et cela pour des raisons qui semblent peu évidentes, le second projet transforme l'ancien Sénat en une sorte de Grand Conseil économique et social représentant aussi bien les collectivités territoriales que les forces économiques, sociales et culturelles : certains de ses membres (173) seraient élus pour six ans par des grands électeurs (conseillers régionaux et généraux, délégués des conseils municipaux) ; d'autres (146) seraient nommés par des organisations représentatives de la vie économique, sociale et culturelle. Mais ce nouveau Sénat n'aurait plus qu'un rôle consultatif : l'Assemblée nationale devrait lui soumettre ses projets de loi, mais n'aurait pas à en suivre les avis : elle resterait seule investie de la fonction législative. Et, en cas de disparition du chef de l'État, ce ne serait plus le président du Sénat mais le Premier ministre qui assurerait l'intérim.

Le référendum du 27 avril 1969

L'opposition des sénateurs à cette réforme réduisant leurs attributions étant certaine, le général de Gaulle, comme il l'avait fait en 1962, la propose directement au pays sous la forme d'un référendum. Mais, désireux de se rassurer sur sa popularité, après les événements de 1968, et ayant renoncé alors au référendum sur la participation, il en fait un plébiscite : si les non l'emportent, il se retirera.

La gauche appelle à voter « non » au référendum pour prendre sa revanche sur 1968. Il en est de même de certaines personnalités politiques proches de la majorité, comme Valéry Giscard d'Estaing, le président du Sénat Alain Poher et Jean Lecanuet. Et si Georges Pompidou appelle à voter oui, tout le monde sait que la droite disposera en lui d'un candidat rassurant.

Les sondages à la mi-avril prévoient encore 52 % de oui. Mais ceux effectués à la fin de la campagne laissent penser à la victoire du non ; le 27 avril, celui-ci obtient effectivement 53,2 % des suffrages exprimés. Dès l'aube du 28 avril 1969, le président de la République publie un bref communiqué annonçant qu'il cesse d'exercer ses fonctions, et que cette décision prend effet à midi. Le général de Gaulle se retire alors définitivement de la scène politique.

1969-1974

La présidence de Georges Pompidou

Débutant sous le signe de l'ouverture vers le centre gauche, l'ère « pompidolienne » se poursuit par un raidissement conservateur avant d'être interrompue par la mort du président de la République.

Après le départ du général de Gaulle, l'intérim du pouvoir est exercé par le président du Sénat Alain Poher.

L'élection présidentielle (juin 1969)

Georges Pompidou, immédiatement candidat, reçoit le soutien de l'UDR, de Valéry Giscard d'Estaing et d'une fraction des républicains indépendants, ainsi que celui d'une partie des « centristes d'opposition » tels que René Pleven, Jacques Duhamel ou Joseph Fontanet. Il trouve en face de lui Alain Poher, bénéficiant de l'appui de la droite libérale, d'une partie du centre, de l'extrême droite antigaulliste, et d'une partie de la gauche non communiste.

François Mitterrand, président d'une FGDS en voie de décomposition, ne s'est pas lancé dans cette compétition hasardeuse.

Au premier tour de l'élection présidentielle qui a lieu le 1er juin, la gauche non communiste connaît un grave échec : Michel Rocard et Alain Krivine, qui représentent l'héritage du gauchisme de mai 1968, n'obtiennent que 3,6 % et 1,1 % des suffrages exprimés ; Gaston Defferre, soutenu par Pierre Mendès France, mais mollement par la SFIO, ne recueille que 5 % des voix ! En revanche, le communiste Jacques Duclos, jovial et habile orateur, obtient

21,3 % des voix. Il talonne Alain Poher, qui avec 23,3 % des suffrages s'opposera au second tour à Georges Pompidou, qui obtient près de 44,5 % des voix. Mais on compte 23,4 % d'abstentions, et de votes blancs ou nuls. Cependant, compte tenu de l'abstention au second tour d'une grande partie de l'électorat communiste (pour le PC, Pompidou et Poher, « c'est blanc bonnet et bonnet blanc »), Pompidou est élu le 15 juin 1969 avec 58,2 % des suffrages exprimés, contre 41,8 % à Alain Poher. Mais plus de 31 % des inscrits se sont abstenus, et 4,4 % ont voté blanc ou nul.

Le gouvernement Chaban-Delmas (1969-1972)

Le nouveau président de la République confie alors à Jacques Chaban-Delmas le poste de Premier ministre pour constituer un gouvernement assurant « l'ouverture dans la continuité » ; il va en effet comprendre des gaullistes « historiques », comme Michel Debré, qui devient ministre de la Défense nationale, et Maurice Schumann qui est nommé ministre des Affaires étrangères. Mais l'on y trouve aussi Valéry Giscard d'Estaing, revenant aux Finances, et les centristes qui avaient soutenu la candidature Pompidou : René Pleven (nommé à la Justice), Joseph Fontanet (devenant ministre du Travail) et Jacques Duhamel (à l'Agriculture).

Mais Chaban-Delmas, voulant reprendre et élargir les idées gaullistes de « participation » se donne pour objectif de réaliser une « nouvelle société » permettant le dialogue entre les différents groupes socioprofessionnels et substituant la négociation et l'idée de contrat social aux anciennes oppositions irréductibles. Il s'entoure pour cela de conseillers sociaux-démocrates tels Jacques Delors ou Simon Nora (ex-collaborateur de Pierre Mendès France), et cherchera à mener à bien une politique contractuelle associant aux décisions publiques les syndicats ouvriers et patronaux. Cela conduira à la mensualisation de tous les salaires et à la création en janvier 1970 du salaire minimum interprofessionnel de croissance (SMIC), intégrant dans son calcul l'évolution de la conjoncture économique. Ces mesures restent toutefois fort modestes, mais la majorité plus conservatrice de l'entourage du président de la République s'inquiète de la prétention réformatrice des conseillers du Premier ministre, comme de ses initiatives visant à libéraliser l'ORTF.

D'autre part, la réorganisation de la gauche en 1969-1971, les scandales financiers qui éclatent fin 1971, puis les accusations de fraude fiscale lancées contre le Premier ministre début 1972 affaiblissent encore la situation de Jacques Chaban-Delmas. Les choses vont encore plus mal quand le président de la République décide de soumettre aux Français, sous forme de référendum, le projet d'adhésion de la Grande-Bretagne à la Communauté économique européenne : le 23 avril 1972, les oui l'emportent avec 68,3 % des suffrages exprimés ; mais on a compté près de 40 % d'abstentions et 7 % de bulletins blancs ou nuls ; on attribuera cette désaffection de l'électorat au manque de persuasion du Premier ministre. Aussi, bien que le gouvernement de Chaban-Delmas ait obtenu le 24 mai un vote de confiance de l'Assemblée (par 368 voix contre 96), Georges Pompidou décide de le remplacer par une personnalité mieux à même, à ses yeux, de mobiliser l'électorat gaulliste en vue des élections législatives de l'année suivante.

Le nouveau PS et le programme commun

Après le cuisant échec de Gaston Defferre en juin 1969, la SFIO se transforme en un nouveau Parti socialiste lors de son congrès d'Issy-les-Moulineaux. Alain Savary remplace Guy Mollet à sa tête, alors qu'y adhèrent un certain nombre de clubs socialistes. Puis, en juin 1971, se tient le congrès d'Épinay, qui voit l'entrée de la Convention des institutions républicaines de François Mitterrand. Celui-ci obtient l'appui des anciens SFIO Pierre Mauroy et Gaston Defferre, et du CERES marxisant de Jean-Pierre Chevènement pour remplacer Alain Savary à la tête du PS. Un programme est alors publié, qui est de « changer la vie » par une transformation radicale des structures sociales et une « rupture avec le capitalisme ». Ce « gauchissement » du PS permet un rapprochement avec le Parti communiste et la signature d'un « programme commun de gouvernement » en juin 1972 : il se contente d'énoncer quelques orientations générales, telles que la nationalisation de plusieurs groupes industriels, mais permet de réaliser « l'union de la gauche ».

L'agitation gauchiste

Une certaine effervescence continue à régner dans le milieu estudiantin, et des affrontements sporadiques opposent les militants des différents groupes « gauchistes » (PSU, maoïstes de la Gauche prolétarienne, trotskistes de la Ligue communiste) aux groupuscules d'extrême droite voulant chasser les « marxistes » de l'université. De grandes manifestations contre le régime franquiste ou le coup d'État au Chili se produisent également. Mais les tentatives d'action clandestine des maoïstes resteront sans lendemain (leur chef Alain Geismar étant même emprisonné) comme les efforts de rapprochement avec le monde ouvrier. Le meurtre d'un militant maoïste, Pierre Overney, le 26 février 1972, par un vigile devant les usines Renault de Billancourt sera certes l'occasion d'une manifestation, le 4 mars, réunissant près d'un demi-million de personnes lors de ses obsèques. Mais elle n'aura pas de suite. La fin de la guerre du Viêt Nam, l'union de la gauche et la perspective d'une victoire électorale auront sans doute contribué à désarmer les héritiers de mai 1968.

Le gouvernement Messmer et les législatives (1972-1973)

Le 5 juillet, Pierre Messmer devient Premier ministre. Ancien combattant de la France libre et ministre de la Défense du général de Gaulle, président de l'association Présence et action du gaullisme, il incarne la fidélité à la mémoire du président disparu. Mais sa présence à la tête du gouvernement signifie aussi un infléchissement vers le conservatisme social et un renforcement de l'autorité du chef de l'État: Pierre Messmer apparaît en effet comme une personnalité politique relativement effacée, derrière celle de Georges Pompidou. Il appelle auprès de lui des gaullistes peu portés vers l'ouverture, tels Jean Foyer ou Philippe Malaud alors que le député UDR Arthur Conte est nommé à la direction de l'ORTF.

Ce gouvernement de combat, destiné à resserrer les rangs de la majorité pour faire face à la gauche unie, signataire du « programme commun », se dote lui aussi d'un projet social, le « programme de Provins », énoncé dans cette ville par Pierre Messmer le 7 janvier 1973. Il pousse à la constitution d'une « Union des républicains de progrès pour le soutien au président de la République » (URP), qui recueille au premier tour des élections législatives du 4 mars 1973 37,3 % des suffrages exprimés (représentant eux-mêmes 80 % des inscrits). Le Parti communiste en obtient 21,4 %, le Parti socialiste et le Mouvement des radicaux de gauche (créé par Robert Fabre en octobre 1972) 20,7 %, l'extrême gauche 3,3 % et le Mouvement réformateur (regroupant le parti radical dont Jean-Jacques Servan-Schreiber avait pris la direction en octobre 1970, et le Centre démocrate de Jean Lecanuet) près de 13 %. Ces résultats sont proches de ceux du premier tour de 1967, comme si les événements de 1968 et la signature du programme commun PS-PC n'avaient finalement eu aucun effet sur le corps électoral.

La clé du second tour dépend toutefois de l'attitude des « réformateurs ». Or ceux-ci vont se diviser : Jean-Jacques Servan-Schreiber, élu député de Nancy lors d'une élection partielle en 1970, veut avant tout abattre l'État UDR alors que Jean Lecanuet appelle à s'opposer au péril socialo-communiste, amorçant ainsi son ralliement à la majorité. Aussi le report des voix centristes permet-il l'élection, le 11 mars 1973, de 183 députés UDR ; les républicains indépendants en obtiennent 55, l'Union centriste, proche de la majorité, 30, le Parti socialiste 100 et les radicaux de gauche 3, le Parti communiste 73, et les réformateurs d'opposition 34 : l'UDR et ses alliés disposent donc d'une confortable majorité de 268 sièges sur 490.

La dernière année (1973-1974)

Le président Pompidou reconduit alors Pierre Messmer à la tête d'un gouvernement où entrent l'austère Jean Royer, maire de Tours, l'intransigeant Maurice Druon, Michel Poniatowski, fidèle de Valéry Giscard d'Estaing, et l'inattendu Michel Jobert.

Le pouvoir, pourtant renforcé, doit cependant faire face à une série de difficultés : l'agitation se poursuit dans les universités (en particulier contre la loi Debré votée en 1970 et réformant le système des sursis) et conduit en juin à la dissolution de la Ligue communiste trotskiste (comme à celle d'Ordre nouveau, mouvement d'extrême droite) après de violents affrontements avec la police.

Les grèves ouvrières tendent à se multiplier, et à Besançon les employés de Lip refusent la fermeture de leur entreprise ; durant l'été, ils bénéficient d'un grand mouvement de solidarité et une manifestation nationale rassemblant les syndicats ouvriers, mais aussi divers mouvements gauchistes, se déroule à Besançon ; ces derniers avaient également participé à « l'occupation » du Larzac pour protester contre l'extension d'un camp militaire. Puis en octobre, le président Pompidou essuie un échec personnel : désirant réduire à cinq ans la durée du mandat présidentiel, mais voulant éviter de recourir au référendum, il emprunte la procédure constitutionnelle. La réforme doit ainsi être votée d'abord séparément par les deux Chambres, puis par un Congrès commun ; celles-ci adoptent bien le projet, par 270 voix contre 211 à l'Assemblée nationale, et par 162 voix contre 112 au Sénat, mais la majorité requise des trois cinquièmes n'est pas atteinte. Georges Pompidou retire alors sa proposition.

On assiste parallèlement à une aggravation de la situation économique : le ralentissement de la croissance, la montée du chômage et de l'inflation, déjà sensibles durant l'année 1973, se précisent à partir de l'automne quand se produit le premier « choc pétrolier ». La guerre du Kippour a en effet provoqué en octobre un embargo sur le pétrole produit par les pays arabes, suivi d'une augmentation brutale et considérable des prix du brut. Cela va entraîner une vive tension sur les prix et une récession mondiale. Le gouvernement semblant par trop passif face à une crise qui se précise, sa popularité est au plus bas. Le 28 février, Pierre Messmer démissionne, pour constituer aussitôt un troisième gouvernement où entre Jacques Chirac nommé ministre de l'Intérieur. Mais deux mois plus tard, le 2 avril 1974, on apprend la mort du président de la République, diminué depuis plusieurs mois par une éprouvante maladie, que laissaient supposer ses dernières et rares apparitions officielles. L'incertitude concernant son état de santé et ses difficultés à assumer ses fonctions avaient d'ailleurs contribué à amplifier le malaise politique et à donner à la France l'impression de ne plus être véritablement gouvernée. Le président du Sénat, Alain Poher, exerce de nouveau l'intérim de la présidence de la République.

1974-1981

Le septennat giscardien

Après avoir fait preuve de libéralisme sur le plan des mœurs politiques et de la morale, le nouveau président, confronté à la crise économique, décevra une partie de son électorat.

En avril 1974, le rapprochement PS-PC permet à la gauche institutionnelle de présenter un candidat unique, François Mitterrand, qui n'est pas véritablement gêné par les candidatures trotskistes d'Alain Krivine et d'Arlette Laguiller, ou par celle de l'écologiste René Dumont. En revanche, du côté de la majorité, Jacques Chaban-Delmas, qui se déclare candidat deux jours après la mort de Georges Pompidou, est imité par Edgar Faure, puis par Valéry Giscard d'Estaing. Pierre Messmer, pressenti, déclare qu'il ne se présentera que s'ils se retirent tous les trois ; Edgar Faure s'exécute, mais Jean Royer se porte à son tour candidat.

VGE président

Mais alors que Valéry Giscard d'Estaing, qui veut « regarder la France au fond des yeux », effectue une campagne habile, où il se présente à la fois comme un proche du général de Gaulle mais aussi comme le symbole de la jeunesse et du changement, il n'en est pas de même de l'ancien Premier ministre Jacques Chaban-Delmas. De plus, le ministre de l'Intérieur Jacques Chirac se fait l'artisan d'un « appel » de 43 personnalités de la majorité (dont 4 ministres gaullistes) qui déplore la multiplicité des candidatures à droite, mais qui apparaît comme un soutien de fait à Valéry

Giscard d'Estaing. Cette « trahison » sera fatale au dernier grand « gaulliste historique » qui est devancé par Giscard.

Lors du premier tour de l'élection présidentielle, le 5 mai 1974, Jacques Chaban-Delmas n'obtient que 15,1 % des suffrages exprimés, contre 32,6 % allant à Valéry Giscard d'Estaing et 43,2 % à François Mitterrand. L'ensemble des « petits candidats » ne recueille qu'environ 9 % des voix (J. Royer 3,2 % ; A. Laguiller 2,3 % ; R. Dumont 1,3 % ; J.-M. Le Pen, E. Muller, A. Krivine, B. Renouvin, J.-C. Sebag et G. Héraud nettement moins de 1 % chacun). Le second tour promet donc d'être serré, compte tenu de l'incertitude concernant le vote des électeurs « gaullistes ». Un grand débat télévisé qui a lieu le 10 mai ne départage pas les candidats. De fait, le 19 mai, alors que 87,3 % des inscrits participent au scrutin, Giscard n'obtient que 400 000 voix de plus que François Mitterrand, avec 50,8 % des suffrages exprimés.

Cette élection a accentué le clivage gauche-droite qui s'était déjà amorcé lors des consultations précédentes : en raison du système électoral et de la place prise désormais par l'élection présidentielle, le centre a pratiquement disparu et ses derniers dirigeants ont rallié la majorité.

Le nouveau gouvernement

Prenant officiellement ses fonctions le 27 mai 1974, Valéry Giscard d'Estaing nomme Jacques Chirac Premier ministre. Dans son gouvernement, qui ne comprend que cinq ministres UDR, Michel Poniatowski devient ministre de l'Intérieur, Michel d'Ornano celui de l'Industrie, Christian Bonnet celui de l'Agriculture et Simone Veil celui de la Santé publique. Le centriste Jean-Jacques Servan-Schreiber est nommé ministre des Réformes (il sera toutefois démis de ses fonctions le 9 juin pour avoir critiqué les essais nucléaires) ; l'autre centriste, Jean Lecanuet, devient garde des Sceaux et Françoise Giroud (qui a voté Mitterrand) secrétaire d'État à la Condition féminine. C'en est bien fini de l'« État UDR ».

Les réformes

Durant le gouvernement Chirac (1974-1976) et bien que le Premier ministre UDR n'en ait pas l'initiative et n'y soit pas toujours favorable, une série de réformes sont prises touchant les institutions et la vie quotidienne des Français. C'est ainsi que l'âge de la majorité électorale est abaissé à 18 ans (5 juillet 1974) et que le Conseil constitutionnel peut être saisi si la demande est formulée par 60 parlementaires au moins, alors qu'auparavant seul le président de la République, ceux des deux Chambres et le Premier ministre pouvaient le faire (22 octobre 1974) ; d'autre part, afin d'éviter la multiplication des candidatures « farfelues », il faudra désormais justifier de 500 signatures d'élus répartis dans au moins trente départements pour pouvoir se présenter à l'élection présidentielle ; puis, le 31 décembre 1975, une loi prévoit l'élection d'un maire à Paris, administré jusque-là par un préfet ; le nouveau président institue également la séance hebdomadaire de « questions d'actualité » permettant aux députés de s'adresser directement aux ministres ; en outre, dès le 7 août 1974, l'ORTF est remplacé par sept sociétés (les trois chaînes de télévision, Radio France, la SFP, TDF et l'INA), dans le but de créer une concurrence et de décentraliser les décisions.

D'autres réformes vont modifier les conditions de vie des Françaises : en octobre 1974, l'application de la loi Neuwirth sur la contraception est favorisée, et, en décembre, la vente de la pilule contraceptive est autorisée en pharmacie, ainsi que son remboursement par la Sécurité sociale ; le 17 janvier 1975, la loi Veil permettant l'interruption volontaire de grossesse est votée après un dur débat parlementaire, et grâce au vote unanime de la gauche ;

seuls un tiers des députés UDR et un quart des républicains indépendants ont voté pour le projet; puis, le 11 juillet 1975, une loi simplifie la procédure de séparation entre époux et autorise de fait le divorce par consentement mutuel.
Dans un autre domaine, la Sécurité sociale est étendue à toutes les professions, et une autorisation administrative devient nécessaire en cas de licenciements collectifs. Puis en 1978, les administrations devront communiquer aux demandeurs les documents les concernant, et motiver leur décision alors qu'en janvier 1979 une réforme généralise et étend la compétence des conseils de prud'hommes à l'ensemble des conflits du travail.
L'Éducation nationale est aussi touchée par cette vague réformiste: le ministre René Haby supprime les filières dans l'enseignement du second degré afin d'uniformiser la formation. Mais d'autres projets (comme la réduction du mandat présidentiel, le contrôle des finances des partis politiques, la modification du mode de scrutin, et la réforme de l'entreprise envisagée par le rapport Sudreau) resteront lettre morte.
Bon nombre de députés et de personnalités de la majorité, y compris le Premier ministre, commencent d'ailleurs à se lasser de l'esprit réformateur du chef de l'État: la fin de toute référence au gaullisme, les coups de canif donnés à la Constitution, la loi Veil, mais aussi la création d'un impôt sur les plus-values spéculatives et l'augmentation de la pression fiscale, destinées à financer le surcroît de dépenses sociales, indisposent profondément l'UDR. Pourtant, Jacques Chirac s'est abstenu de toute critique officielle. En 1975, il a même mis en œuvre un plan de relance économique destiné à lutter contre le ralentissement de l'activité, qui impliquait une augmentation des dépenses publiques.
Aussi apprend-on avec surprise, le 25 août 1976, que Jacques Chirac est démissionnaire. Malgré les apparences, l'opposition allait croissant entre le chef de l'État et son Premier ministre:

Giscard d'Estaing reprochait à Chirac de rester trop proche de l'UDR et de renoncer à la « giscardiser ». Chirac était sensible aux critiques que ses conseillers (tels Pierre Juillet et Marie-France Garaud) et bon nombre de gaullistes conservateurs adressaient au « libéralisme » giscardien et aux réformes faisant selon eux le jeu de la gauche ; il voulait procéder à des élections anticipées, accroître l'intervention de l'État, et regrettait de ne pas disposer « des moyens nécessaires pour assurer efficacement les fonctions de Premier ministre ».

L'arrivée de Raymond Barre (1976)

Le choix du nouveau Premier ministre constitue une seconde surprise : il s'agit de Raymond Barre, professeur d'économie, récent représentant de la France à Bruxelles et ministre du Commerce extérieur. Celui que le chef de l'État qualifie de « meilleur économiste de France » a pour tâche explicite de rétablir la situation économique que le précédent gouvernement aurait été incapable de redresser et aurait même aggravé en sous-estimant l'ampleur de la crise : la relance chiraquienne aurait accéléré l'inflation et dégradé les échanges extérieurs sans pour autant réduire le chômage.

Aussi Raymond Barre, également ministre de l'Économie et des Finances, annonce-t-il en septembre 1976 au Parlement qu'il entend lutter en priorité contre l'inflation, à l'origine de tous les maux ; il en dénonce les causes dont la principale est la croissance excessive des rémunérations, la France vivant « au-dessus de ses moyens », compte tenu de la crise mondiale. Il annonce également la mise en œuvre d'un plan de redressement et un blocage pour trois mois des prix et des revenus. Raymond Barre n'en est pas pour autant un adepte du dirigisme : il s'agit simplement de « casser les anticipations inflationnistes », avant de revenir à une « régulation par le marché » permise par l'accentuation de la concurrence et par

le désengagement de l'État. Cela provoquera son impopularité et la critique de la gauche, voyant en lui le « chevalier de l'austérité ».
Précisément, l'absence de résultats sensibles sur le plan de l'inflation et surtout de l'emploi favorise la montée de l'opposition. Ainsi, lors des élections municipales de mars 1977, la gauche est majoritaire au nombre de voix et l'emporte dans 158 des 221 villes de plus de 30 000 habitants (hors la région parisienne). Ces élections sont aussi l'occasion d'affrontements au sein de la droite ; ainsi, à Paris, Jacques Chirac qui a pris la tête du Rassemblement pour la République (RPR), se substituant à l'UDR le 5 décembre 1976, l'emporte-t-il aux dépens du giscardien Michel d'Ornano.

Les législatives de 1978

De part et d'autre, l'objectif est désormais de remporter les élections législatives de mars 1978. Durant l'été 1977, la victoire semble promise à la gauche, face à la droite de plus en plus divisée, le RPR attaquant le libéralisme giscardien et le projet d'élection d'une Assemblée européenne au suffrage universel. C'est alors que se produit l'inattendu : les discussions entre le PS, le PC et les radicaux de gauche pour actualiser le « programme commun » échouent définitivement les 21 et 22 septembre 1977. La cause officielle en est le désaccord sur l'ampleur des nationalisations à réaliser, et sur le pouvoir syndical dans la direction des futurs groupes étatisés. Il semble qu'en fait le Parti communiste constate que l'union de la gauche bénéficie principalement au Parti socialiste, et que d'autre part il ne désire pas venir au pouvoir pour « gérer la crise » du capitalisme.
Cependant, au début de 1978, les sondages laissent encore entrevoir une victoire de la gauche, et le président de la République prononce le 27 janvier à Verdun-sur-le-Doubs un discours où

il précise qu'en cas de victoire de l'opposition il ne démissionnerait pas.

D'ailleurs au premier tour des législatives, le 12 mars 1978, celle-ci obtient un peu plus de 50 % des suffrages exprimés, alors que près de 84 % des électeurs ont voté. La nouvelle Union pour la démocratie française (UDF), qui rassemble le parti républicain (remplaçant depuis mai 1977 les républicains indépendants), le Centre des démocrates sociaux (CDS) de Jean Lecanuet et le Parti radical, recueille près de 24 % des suffrages, le RPR 22,8 %. Mais la gauche est légèrement majoritaire (le PS obtient 22,8 % des voix, le PC 20,6 %, les radicaux de gauche 2,2 %, l'extrême gauche et les écologistes 5 %).

Toutefois la désunion de la gauche a porté un coup fatal à sa crédibilité et malgré un accord de désistement de dernière minute entre le PS et le PC, qui n'efface pas les attaques que ce dernier a lancées contre le PS depuis six mois, le report des voix fonctionne mal à gauche lors du second tour : la droite obtient près de 50,5 % des voix et conserve nettement la majorité avec 291 sièges contre 200 à la gauche. Le groupe RPR compte 154 élus, l'UDF et ses alliés 137, les socialistes et apparentés 114 et les communistes 86.

La fin du septennat

Cette hypothèque étant levée, Raymond Barre est reconduit dans ses fonctions de Premier ministre, et si René Monory devient ministre de l'Économie, c'est pour appliquer la politique « libérale » de son prédécesseur. Mais les divisions reprennent à gauche comme à droite à propos en particulier de la politique européenne : le PC attaque le PS, accusé d'accepter l'« Europe du capital », et le RPR dénonce l'abandon des grands thèmes gaullistes sur l'indépendance nationale : le 6 décembre 1978, Jacques Chirac lance l'« appel de Cochin » (où il est hospitalisé), à l'instigation de Pierre

Juillet et Marie-France Garaud, dans lequel il critique le « parti de l'étranger » à la tête de l'État, mais qui, par son excès, se retourne contre ses auteurs.

De toute façon, les élections européennes qui se déroulent le 10 juin 1979 ne passionnent pas les Français : on dénombre près de 40 % d'abstentions, et plus de 5 % de votes blancs et nuls. Les grands partis de droite et de gauche obtiennent à peu près le même nombre de voix, soit 44 % des suffrages exprimés (27,6 % pour l'UDF, 16,3 % pour le RPR, 23,6 % pour le PS et 20,5 % pour le PC), et se répartissent les sièges à pourvoir ; les écologistes (avec 4,4 % des voix), Lutte ouvrière (avec 3,1 %), Jean-Jacques Servan-Schreiber et Françoise Giroud (avec 1,8 %), l'Euro-droite de Tixier-Vignancour (1,3 %) n'ont pas d'élus.

Le gouvernement doit faire face à d'autres difficultés. En effet, fin 1979, se produit le « second choc pétrolier » qui relance l'inflation seulement stabilisée depuis 1976, alors que la balance commerciale se dégrade à nouveau et que le chômage progresse sans cesse. Le mécontentement est donc grand dans le pays quand éclate fin 1980 l'affaire dite « des diamants », que le président de la République aurait reçu de l'empereur Jean Bédel Bokassa à l'occasion de ses « chasses africaines ». Malgré tout, les sondages prévoient, début 1981, une réélection de Valéry Giscard d'Estaing.

1981-1995

Mitterrand président

Le double septennat de François Mitterrand est marqué par la conversion des socialistes à une culture de gouvernement et une succession d'alternances politiques.

Après l'élection de François Mitterrand et la « vague rose » de 1981, la gauche pratique la « relance » puis la « rigueur » qui se poursuivra durant la première « cohabitation » et après la réélection du président. Son second septennat sera marqué par une ouverture plus poussée vers l'Europe, par le discrédit croissant et la déroute électorale du Parti socialiste en 1993, puis par une nouvelle « cohabitation ».

Le premier septennat (1981-1988)

L'élection présidentielle de mai 1981

Au soir du premier tour de l'élection présidentielle, le 26 avril 1981, la réélection de Valéry Giscard d'Estaing semble encore probable. Il obtient en effet 28,3 % des suffrages exprimés, devançant largement Jacques Chirac soutenu par le RPR (18 %), Michel Debré, voulant défendre le gaullisme orthodoxe (1,7 %) et Marie-France Garaud (1,3 %). À gauche, François Mitterrand obtient 25,8 % des voix. Le communiste Georges Marchais recueille 15,3 % des voix, la trotskiste Arlette Laguiller 2,3 %, le radical de gauche Michel Crépeau 2,2 % et la PSU Huguette Bouchardeau 1,1 %. En supposant un bon report de voix à droite comme à gauche, le président sortant frôle les 50 % alors que François Mitterrand ne pourrait compter que sur moins de 47 %. Il suffirait donc qu'une petite partie des 4 % d'électeurs écologistes ayant voté pour Brice Lalonde apportent leurs suffrages à Valéry Giscard d'Estaing pour que celui-ci soit élu.

Or cela ne suffira pas: Jacques Chirac annonce bien qu'il voterait pour lui mais n'appelle pas ses électeurs à en faire autant, alors que Marie-France Garaud préconise le vote blanc et que Michel Debré ne le soutient que du bout des lèvres. Ainsi on estime à 800 000 le nombre des électeurs gaullistes qui voteront au second tour pour François Mitterrand. Celui-ci est élu le 10 mai 1981 avec 51,8 % des suffrages exprimés contre 48,2 % à Valéry Giscard d'Estaing dont la campagne électorale trop distante par rapport aux problèmes quotidiens des Français et à celui du chômage en particulier, ainsi que l'hostilité irréductible de certains gaullistes expliquent l'échec.

Le programme socialiste

L'arrivée au pouvoir de François Mitterrand appuyé par une forte majorité parlementaire socialiste avait de quoi inquiéter les milieux d'affaires et tous ceux qui redoutaient une emprise accrue de l'État sur la société civile. N'avait-il pas signé en 1972 la présentation du programme du PS « Changer la vie », qui se donnait comme objectif de s'attaquer « au système économique et politique [...] sur lequel est édifiée une société injuste et décadente », afin « que cesse l'exploitation de l'homme par l'homme ».

Pour cela le PS envisageait de faire coexister un secteur public (élargi par la nationalisation de l'ensemble du système bancaire et de certains groupes industriels), un secteur d'économie mixte, et « un vaste secteur privé poursuivant librement ses activités ». Il s'agissait de franchir un premier seuil rendant « l'expérience socialiste irréversible », en tenant compte de l'intégration de la France dans le jeu de la concurrence internationale, et du fait que la démocratie économique et politique est indissociable d'un socialisme non bureaucratique.

D'autre part étaient prévus une augmentation substantielle des bas salaires, la réduction de la durée du travail, l'avancement de l'âge de la retraite, le resserrement de la hiérarchie des salaires, l'« extinction des privilèges de la fortune », la « municipalisation des sols », afin de maîtriser l'urbanisme et l'aménagement du territoire, la refonte du système d'enseignement afin de combattre l'inégalité de l'accès aux connaissances, la mise en pratique effective de l'« égalité de l'homme et de la femme », l'élection d'assemblées régionales au suffrage universel, permettant une réelle planification démocratique décentralisée.

Mais le parti socialiste acceptait l'essentiel des dispositions constitutionnelles : il proposait seulement l'établissement d'un « contrat de législature » entre le gouvernement et la majorité parlementaire. Enfin le PS rappelait son attachement à la coexistence pacifique, au désarmement afin de rompre le « cycle infernal de la fabrication de la bombe atomique », et désirait « associer intimement la construction européenne et l'avènement du socialisme en France ».

Ce programme n'envisageait ni une extension indéfinie de la propriété étatique, ni une planification brutale, ni une remise en cause des institutions, ni un renversement des alliances internationales, et proclamait bien haut l'attachement des socialistes à la liberté individuelle et à la démocratie ; il impliquait cependant une rupture avec la logique du profit capitaliste, et le primat des objectifs « qualitatifs » (mode de vie et rapports sociaux).

La droite et les défenseurs du libéralisme économique pouvaient ainsi annoncer une catastrophe économique et dénoncer le danger pour « les libertés » d'une dérive étatique favorisée par les surenchères du PC. Pourtant, les « 110 propositions » de François Mitterrand étaient apparues bien en retrait du programme socialiste, et ne faisaient aucune allusion à la « rupture avec le capitalisme ».

Pierre Mauroy et le changement (1981-1983)

Ne pouvant gouverner avec une Assemblée nationale hostile, François Mitterrand la dissout. Lors du premier tour des élections législatives qui a lieu le 14 juin, près de 30 % des électeurs s'abstiennent. Si le RPR et l'UDF obtiennent environ 43 % des suffrages exprimés, le PS en recueille à lui seul près de 38 %, le PC plus de 16 %, l'extrême gauche 1,3 %. Un bon report de voix à gauche permet l'élection de 283 députés socialistes (et celle de 44 communistes), alors que le RPR n'a que 83 élus et l'UDF 62, lors du second tour des élections qui a lieu le 21 juin. La Chambre comptant 490 députés, le PS dispose seul d'une confortable majorité absolue.

François Mitterrand charge Pierre Mauroy (déjà nommé Premier ministre d'un gouvernement de transition le 22 mai) de former un nouveau gouvernement ayant pour mission de mettre en œuvre le programme électoral du président, résumé dans ses « 110 propositions ». Trente-six des quarante-trois ministres et secrétaires d'État sont socialistes, dont Gaston Defferre, nommé à l'Intérieur, Jacques Delors (à l'Économie), Alain Savary (à l'Éducation), Charles Hernu (à la Défense), et Michel Rocard (au Plan). Robert Badinter devient ministre de la Justice et Michel Jobert ministre du Commerce extérieur. Mais le fait le plus notable est l'entrée de quatre ministres communistes au gouvernement : Charles Fiterman aux Transports, Jack Ralite à la Santé, Anicet Le Pors à la Fonction publique et Marcel Rigout à la Formation professionnelle. Bien que le PS n'ait pas besoin du PC pour gouverner, le chef de l'État montre ainsi qu'il sait apprécier l'aide électorale que lui ont apportée le parti et l'électorat communistes et veut ainsi associer l'ensemble de la gauche à la politique qui sera suivie. Celle-ci va être marquée par une série de réformes importantes.

Sur le plan économique et social, cinq groupes industriels et une quarantaine d'établissements bancaires sont nationalisés en février 1982 ; le SMIC est majoré ainsi que les allocations familiales et le minimum vieillesse ; une cinquième semaine de congés payés est accordée aux salariés (16 janvier 1982) ; la retraite est avancée à 60 ans (26 mars) ; la durée hebdomadaire du travail est ramenée à 39 heures sans aucune baisse de salaire ; plus de 150 000 emplois seront créés en deux ans dans la fonction publique. De plus, un impôt sur les grandes fortunes sera introduit dans la loi de finances.

D'autre part, la peine de mort est abolie le 9 octobre 1981, et les radios locales sont autorisées en novembre ; en juin 1982 est votée la loi Quilliot renforçant les droits des locataires, et en juillet est créée la Haute Autorité de l'audiovisuel ; puis d'août à décembre sont votées les quatre lois Auroux qui développent les droits des travailleurs dans leurs entreprises, et en octobre la loi Ralite qui supprime le secteur privé dans les hôpitaux publics.

Parallèlement, une loi Defferre (3 mars 1982) organise la décentralisation, par transfert d'une série de compétences de l'État aux Assemblées régionales ; de même les préfets se démettent d'une partie de leurs attributions au profit des présidents de conseils généraux.

Mais le changement de politique économique, à partir de 1983, et les futures dénationalisations ne laisseront subsister de ce programme que la réduction du temps de travail (39 heures, cinquième semaine de congé, abaissement de l'âge de la retraite).

La morosité et le début de la rigueur (1983-1984)

Malgré l'ampleur de ces réformes, le mécontentement et l'inquiétude se substituent progressivement dans le pays à l'« état de grâce » ; le passage aux « 39 heures » est critiqué par ceux qui y voient une charge supplémentaire pour les entreprises, qui s'ajoute au coût de la cinquième semaine de congé, aux hausses des bas salaires et de la fiscalité, alors que les syndicats souhaitent que l'on passe « aux 35 heures ». La progression du chômage, d'abord contenue grâce aux créations d'emplois par l'État, aux nouveaux cycles de formation et aux préretraites, reprend pour atteindre les 2 millions de sans-emploi en 1983. D'autre part, si l'inflation est stabilisée, l'écart s'accroît avec nos partenaires commerciaux, la balance commerciale se dégrade considérablement, et avec elle l'endettement de la France, et deux dévaluations apparaissent nécessaires en octobre 1981, puis en juin 1982.

Dès la seconde, qui fait suite aux élections cantonales des 14 et 27 mars 1982, qui voient la gauche perdre une centaine de sièges et la présidence de huit conseils généraux, un premier train de mesures vient infléchir la politique de relance pratiquée jusqu'alors : les prix et les salaires sont bloqués jusqu'au 31 octobre, afin d'éviter que les avantages de la dévaluation pour les exportateurs français soit annulés par la hausse des prix intérieurs.

Puis surviennent les élections municipales des 6 et 13 mars 1983 (la proportionnelle est introduite à Paris, Lyon et Marseille). La droite obtient 55 % des voix dans les 221 villes de plus de 30 000 habitants et la gauche perd une trentaine de villes. Aussitôt, Pierre Mauroy, qui forme le 22 mars un nouveau gouvernement (peu différent de l'ancien, Michel Rocard devenant ministre de l'Agriculture et Édith Cresson celui du Commerce extérieur), annonce une troisième dévaluation et un plan de rigueur destiné à réduire les dépenses de l'État et le déficit public : emprunt obligatoire, prélèvement de 1 % pour la Sécurité sociale, hausse de la taxe sur les carburants... De plus, le contrôle des changes est renforcé et l'État s'engage dans la voie de la réduction des hausses de rémunérations pour lutter contre l'inflation, devenue l'objectif prioritaire.

Le mécontentement se développe alors. De nombreuses manifestations ont lieu au printemps : celle des étudiants en médecine et des chefs de clinique, hostiles à la réforme hospitalière, celles des partisans de l'école « libre » et d'étudiants s'opposant aux divers aspects des projets de loi Savary (visant d'une part à réduire l'aide

financière de l'État aux établissements privés, d'autre part à réformer les conditions d'accès aux seconds cycles des universités)...
La défaite de la gauche aux élections européennes du 17 juin 1984 et la grande manifestation de défense de l'enseignement privé le 24, qui rassemble à Paris au moins un million de personnes, obligent François Mitterrand à infléchir sa politique.

Le gouvernement Fabius (1984-1986)

Ainsi, le 12 juillet 1984, le projet de loi Savary est-il abandonné, et, le 17, Pierre Mauroy cède sa place à Laurent Fabius. Les ministres communistes disparaissent de ce nouveau gouvernement, où Pierre Bérégovoy remplace Jacques Delors au ministère de l'Économie, Jean-Pierre Chevènement prend la place d'Alain Savary à l'Éducation nationale, Pierre Joxe celle de Gaston Defferre à l'Intérieur.
Mais si le nouveau Premier ministre offre une image rajeunie et moins doctrinaire d'un pouvoir insistant désormais sur la nécessaire modernisation de l'économie française et sur la rigueur de sa gestion, cela ne suffit pas pour rétablir la confiance ; certes, la hausse des prix se ralentit mais le pouvoir d'achat stagne, et le chômage est toujours aussi important.
D'autre part, de nombreux incidents éclatent en Nouvelle-Calédonie (le délégué du gouvernement Edgard Pisani y propose « l'indépendance-association » repoussée par la majorité européenne anti-indépendantiste, qui obtiendra 60 % des voix aux élections régionales de septembre 1985).
L'adoption par le Conseil des ministres, le 3 avril 1985, d'un projet de loi sur le retour au scrutin proportionnel provoque le lendemain la démission du ministre de l'Agriculture Michel Rocard.
Durant l'été, l'affaire Greenpeace jette le discrédit sur le ministre de la Défense nationale Charles Hernu (qui démissionne en septembre), mais aussi sur le Premier ministre, voire le président de la

République (le bateau Rainbow Warrior de l'organisation écologiste a été coulé en Nouvelle-Zélande par les services secrets français, provoquant la mort d'un photographe).

La fin de l'année et le début de 1986 sont marqués par le débat sur le réalisme d'une « cohabitation » entre un président de gauche dont le mandat ne se termine qu'en 1988 et une majorité parlementaire de droite devant sortir des élections de mars 1986. Le chef de l'État annonce qu'il ne se retirera pas, Jacques Chirac et le RPR qu'ils sont prêts à gouverner dans ces conditions.

La première « cohabitation » (1986-1988)

C'est ce cas de figure qui se réalise : lors des élections législatives du 16 mars 1986, qui se déroulent donc au scrutin proportionnel, la droite est majoritaire : le RPR a 145 élus et l'UDF 129 (les deux partis ayant recueilli 42,1 % des voix) et l'on compte encore 14 élus « divers droite » ; le Parti socialiste et les radicaux de gauche ont 215 élus (avec 31,6 % des voix), le Parti communiste a 35 députés (et moins de 10 % des voix). Disposant de 288 sièges sur 573, la coalition RPR-UDF-divers droite n'a pas besoin de l'appui des 35 élus du Front national pour soutenir l'action d'un gouvernement représentatif de la nouvelle majorité parlementaire.

Celui-ci sera dirigé par Jacques Chirac, nommé Premier ministre le 18 mars. Il se fixe comme objectif prioritaire de lutter contre le chômage, que le précédent gouvernement n'était pas parvenu à résorber. Pour cela, il veut rendre son dynamisme à l'économie française, en désengageant l'État et en donnant plus de liberté aux entreprises privées : il engage ainsi un grand programme de privatisations (touchant même des entreprises nationalisées avant 1982) dont les exemples les plus célèbres sont Saint-Gobain, la Société générale, le groupe Paribas, TF1... ; il achève la levée du contrôle des prix, déjà bien engagée, supprime l'impôt sur les

grandes fortunes et l'autorisation administrative de licenciement, revient sur les dispositions de la loi Quilliot…
Il s'agit donc d'un programme libéral visant à restaurer l'esprit d'entreprise et l'attrait pour les gains spéculatifs, ainsi que la rentabilité des placements industriels et financiers. Mais le chômage n'en sera pas pour autant résorbé, le pouvoir d'achat des salariés continue à stagner alors que d'énormes profits sont très rapidement réalisés par la spéculation boursière ou immobilière ; la crise financière de l'automne 1987, bien que sans conséquence grave sur la reprise de l'activité qui s'amorce, brise cependant le mythe de l'« argent facile » et montre les limites du libéralisme économique.
D'autre part, l'image sécurisante du ministre de l'Intérieur Charles Pasqua, apparaissant comme le garant de l'ordre public, est mise à mal par la poursuite des attentats terroristes, les « bavures » policières lors des manifestations lycéennes de novembre-décembre 1986 (mort de Malik Oussekine) et par l'aggravation de la situation en Nouvelle-Calédonie. La division de la droite lors de l'élection présidentielle de 1988 va achever de faire perdre leur crédit aux candidats qu'elle présente contre François Mitterrand.

Le second septennat (1988-1995)

Les élections de 1988

À l'occasion du premier tour des élections, le 24 avril, François Mitterrand obtient 34,1 % des suffrages exprimés, Jacques Chirac moins de 20 %, Raymond Barre 16,5 %, Jean-Marie Le Pen 14,4 %, André Lajoinie 6,8 %, Antoine Waechter 3,8 %, Pierre Juquin 2,1 %, Arlette Laguiller 2 %, et Pierre Boussel 0,4 %. Au second tour, le 8 mai, François Mitterrand est réélu avec 54 % des voix, contre 46 % à Jacques Chirac.
Fort de ce nouveau soutien populaire, il décide de dissoudre l'Assemblée comme en 1981. Au premier tour des législatives, qui

se déroulent au scrutin majoritaire à deux tours rétabli par la majorité sortante, le PS obtient le 5 juin 34,8 % des suffrages exprimés, le PC 11,3 % et le reste de la gauche 3 %, le RPR 19,2 %, l'UDF 18,5 %, le Front National 9,6 %. Le 12 juin, le PS et ses alliés obtiennent 49 % des suffrages, le PC 3 %, l'UPR (RPR + UDF) 46,8 %, le Front national 1 %. Le PS a 260 élus, le MRG 9, les « divers gauche » 7, le PC 27, l'UDF 129, le RPR 126, le FN 1, les « divers droite » 16, sur un total de 575 députés. Ainsi, le Parti socialiste ne dispose plus que d'une majorité relative à la Chambre ; mais il pourra compter sur la « neutralité » des élus communistes et sur l'appui ponctuel de certains députés centristes.

Le 14 juin, Michel Rocard, que François Mitterrand avait déjà nommé Premier ministre entre les deux élections, est reconduit dans ses fonctions. Il se donne pour tâche de poursuivre la politique de rigueur économique afin de rétablir « les grands équilibres » tout en s'efforçant de sauvegarder le dialogue social.

Le gouvernement Rocard (1988-1991)

Pour l'ancien dirigeant du PSU révolutionnaire de 1968 (âgé de 58 ans en 1988), successeur autoproclamé (mais malheureux) de François Mitterrand, il s'agit à la fois d'un honneur et d'une consécration mais aussi d'un cadeau empoisonné : la politique « réaliste » qu'il préconisait auparavant est mise en œuvre depuis 1983 sans qu'il en apparaisse l'inspirateur ; la haute autorité de François Mitterrand continue à brider ses éventuelles initiatives et le parti socialiste ne lui est guère plus favorable qu'au temps où il bataillait contre le CERES de Jean-Pierre Chevènement et les « mitterrandistes » du parti.

D'ailleurs, près de la moitié des membres du gouvernement qu'il constitue le 29 juin 1988 est constituée de personnalités extérieures au PS. Il comprend en particulier douze « techniciens » (dont Léon Schwarzenberg, Alain Decaux, Brice Lalonde, Bernard Kouchner...), et cinq UDF (dont Jean-Pierre Soisson).

La première tâche à laquelle s'attelle Michel Rocard est le règlement du conflit en Nouvelle-Calédonie, amorcé par les accords de Matignon signés dès le 26 juin par les représentants du FLNKS (Front de libération national kanak et socialiste de Jean-Marie Tjibaou) et du RPCR (Rassemblement pour la Calédonie dans la République, présidé par Jacques Lafleur). Ceux-ci permettront la tenue d'un référendum sur le statut de l'île, le 6 novembre, approuvant (avec 80 % de oui) la création dans ce territoire d'outre-mer de trois provinces, administrées par des assemblées de provinces et par un Congrès territorial (réunissant les élus de ces trois assemblées provinciales). Cela ne mettra pas définitivement fin à toute agitation en Nouvelle-Calédonie (saccage d'un centre commercial à Nouméa en mars 1992), mais permettra cependant aux communautés kanake et métropolitaine de mieux vivre ensemble. Ce conflit lointain ne constitue pas la préoccupation majeure des Français, confrontés à la montée du chômage et de la précarité.

Aussi le Premier ministre fait-il voter (dès le 1er décembre 1988) une loi créant le revenu minimum d'insertion (RMI), pour répondre aux besoins des plus démunis, et faciliter leur accès à la vie professionnelle (les intéressés s'engageant à chercher une insertion sociale). Ce revenu, égal à 2 300 F environ en 1995 pour une personne seule, sera versé à 582 000 allocataires fin 1991, et à 925 000 fin 1995.

Mais, durant les deux années et demie suivantes, Michel Rocard ne parviendra pas à créer une véritable dynamique économique et sociale. En effet, il ne cherchera ni à étendre l'initiative de l'État (« ni privatisation, ni nationalisation »), ni à relancer la demande intérieure en augmentant les rémunérations salariales (par peur de nouveaux « dérapages » des prix intérieurs et du déficit des échanges extérieurs), ni à innover sur le plan de la lutte contre le chômage.

Et bien que le parti socialiste se sorte honorablement des élections municipales de mars 1989 et des élections européennes de juin 1989 (en obtenant 23,6 % des voix contre 20,8 % en 1984), son crédit est entamé par une série d'« affaires » (controverse sur le « délit d'initiés » permettant à des proches du chef de l'État d'acheter des actions de la société Triangle, révélations de fausses factures permettant le financement occulte du PS...).

De plus, le climat social se tend (grèves aux usines Peugeot en septembre-octobre 1989, troubles dans les banlieues, comme à Vaulx-en-Velin en octobre 1990, manifestations étudiantes en novembre 1990...) et la création de la contribution sociale généralisée (CSG) en 1990, provoque des oppositions de la part de la droite mais aussi des syndicats ouvriers considérant que ce nouvel impôt ne devrait pas toucher les salariés et retraités modestes.

Les manifestations culturelles (inauguration du Grand Louvre en mars 1989 et de l'Opéra Bastille en juillet, fête du bicentenaire de la Révolution le 14 juillet 1989, suivie de l'inauguration de l'Arche de la fraternité à la Défense...) ne concernent finalement qu'une petite partie de la population parisienne et ne peuvent faire oublier les difficultés du quotidien qui tendent à s'aggraver pour beaucoup de Français modestes.

De plus, l'engagement de la France dans la guerre du Golfe, le 17 janvier 1991, aux côtés des États-Unis et des forces de l'ONU, afin d'obliger les troupes irakiennes de Saddam Hussein de se retirer du Koweït qu'elles avaient envahi, suscite des questions sur l'objectif réel de cette opération et sur les moyens utilisés : l'extrême gauche manifeste contre la guerre, et le ministre de la Défense, Jean-Pierre Chevènement, démissionne au début du conflit.

Les gouvernements Cresson et Bérégovoy (1991-1993)

Sentant son Premier ministre en perte de crédit, François Mitterrand tente de créer un « choc psychologique » en appelant pour la première fois une femme à la tête du gouvernement, Édith Cresson, le 15 mai 1991. Fidèle mitterrandiste, elle avait fait partie du premier gouvernement socialiste en 1981 (comme ministre de l'Agriculture), puis avait été ministre du Commerce extérieur et du Tourisme (en 1983-1984), du Redéploiement industriel (en 1984-1986), des Affaires européennes (en 1988-1990), et député européen (de 1979 à 1981).

Mais son volontarisme sera mal accepté et certaines de ses prises de position concernant la Bourse ou critiquant l'attitude des milieux industriels (elle sera décapitée en effigie par les extrémistes japonais) lui vaudront bien des inimitiés.

C'est durant son ministère qu'a lieu le sommet de Maastricht (9-10 décembre 1991), durant lequel les chefs d'État européens adoptent le traité prévoyant d'approfondir la construction de l'Union européenne. Le traité de Maastricht sera signé par les ministres des Affaires étrangères le 7 février 1992 et ratifié en France d'extrême justesse après un vif débat partageant la gauche et la droite, par le référendum du 20 septembre 1992 (les oui obtenant moins de 51 % des voix). Entre-temps, Édith Cresson avait été remplacée à la tête du gouvernement par Pierre Bérégovoy, le 2 avril 1992. Secrétaire général de l'Élysée en 1981, ministre des Affaires sociales de 1982 à 1984, puis ministre des Finances de 1984 à 1986 et de 1988 à 1992, cet ancien ouvrier autodidacte, fondateur du parti socialiste autonome en 1958, représente a priori l'image d'un militant sincère et dévoué.

Mais si la poursuite d'une politique de rigueur et celle de la réforme des marchés boursiers satisfont les milieux industriels et le monde des affaires, la popularité du Premier ministre est vite remise en cause par l'absence de reprise économique. De plus, le climat social se dégrade (paralysie du pays par l'action des chauffeurs routiers manifestant contre le permis à points), le procès dans l'affaire du sang contaminé par le virus du sida débouche sur une plainte contre d'anciens ministres socialistes de 1984-1985, et Pierre Bérégovoy lui-même voit son image ternie par ses amitiés douteuses (rappel de Bernard Tapie au ministère de la Ville après que celui-ci a eu affaire avec la justice, affaire du prêt personnel avantageux consenti au Premier ministre...).

La connaissance du mal dont souffre le président de la République (opéré en septembre 1992 d'un cancer de la prostate) n'est pas de nature à relever le moral des Français, qui n'attendent plus rien du parti au pouvoir et du Premier ministre: la sanction des élections de mars 1993 sera brutale, mais attendue.

Les élections législatives de mars 1993

Le discrédit du parti socialiste et de ses dirigeants est tel qu'il n'obtient le 21 mars, lors du premier tour des législatives, que 17,6 % des voix (contre plus de 30 % en 1988). Le RPR reçoit 20,35 % de suffrages, l'UDF 19,22 %, le Front national 12,52 %, le PC 9,21 %, les écologistes 7,70 %... À l'issue du second tour, le 28 mars, le RPR compte 242 élus et l'UDF 207; le PS n'a que 53 députés et le PC 24; le MRG et les divers gauche ont 14 députés, contre 36 divers droite. La droite dispose ainsi de 485 sièges sur 577.

François Mitterrand confie alors le 29 mars à Édouard Balladur (membre du RPR, parti ayant le plus d'élus), le soin de former un nouveau gouvernement. Jacques Chirac, président de ce parti, ne souhaite pas en effet renouveler l'expérience de 1986, qui ne lui avait pas permis d'aborder dans de bonnes conditions les élections présidentielles de 1988.

Le nouveau Premier ministre constitue aussitôt un gouvernement restreint ayant pour objectif de redresser la situation du pays et de rétablir la confiance. Celui-ci comprend en particulier Charles Pasqua à l'Intérieur et à l'Aménagement du territoire, François Léotard à la Défense, Alain Juppé aux Affaires étrangères, François Bayrou à l'Éducation nationale, Simone Veil aux Affaires sociales, Pierre Méhaignerie à la Justice, Edmond Alphandéry à l'Économie, Nicolas Sarkozy au Budget... Compte tenu de la présence de François Mitterrand à l'Élysée, et de la future échéance présidentielle de 1995, ce gouvernement a une marge de manœuvre limitée et tend à se consacrer surtout à la gestion des affaires courantes.

La seconde cohabitation (1993-1995)

Le 1er mai 1993 est marqué par le suicide de Pierre Bérégovoy (très affecté par l'échec socialiste et par l'évocation d'un prêt personnel avantageux dont il avait bénéficié). Ces deux années voient se succéder une série d'affaires ou de scandales révélateurs d'un malaise croissant au sein de la société française : procès Urbas-Sagès sur le financement occulte du parti socialiste ; affaire du match de football OM-Valenciennes, dans laquelle est impliqué Bernard Tapie...

D'une façon plus générale, la politique menée par le gouvernement Balladur, prêchant la poursuite de la rigueur économique et le retour à l'orthodoxie financière et n'attendant que de ceux-ci un lointain rétablissement de la situation de l'emploi, ne contribue pas à rendre l'espoir aux Français et suscite une vague de mécontentement. Ainsi durant l'hiver 1993-1994, les étudiants protestent contre le CIP (Contrat d'insertion professionnelle, qualifié de « SMIC-Jeune »), et le projet de révision de la loi Falloux provoque une gigantesque manifestation qui conduit en janvier à son abandon. Pourtant, à plusieurs mois de l'échéance électorale, les sondages restent favorables à Édouard Balladur, dont le calme, le discours « responsable » semblent rassurer une majorité de Français. Jacques Chirac souffre alors de son éloignement du pouvoir, et la gauche de l'absence de chef charismatique.

Bien plus, ces deux dernières années de la présidence de François Mitterrand voient le discrédit qui touchait le Parti socialiste atteindre son ancien chef. L'ouvrage de Pierre Péan sur la jeunesse du président, révélant son attirance à cette époque pour l'extrême droite, son amitié pour René Bousquet (ancien collaborateur notoire, inculpé en 1992 pour crime contre l'humanité, et assassiné par Christian Didier le 8 juin 1993), les affaires de délits d'initiés touchant des proches de François Mitterrand n'étaient pas de nature à restaurer la crédibilité de ceux qui l'avaient soutenu ou avaient bénéficié de sa protection.

Et si les Français rendent hommage au courage de F. Mitterrand, de plus en plus affecté d'une façon visible par la maladie dont il souffre, son affaiblissement le prive d'initiative politique susceptible de relancer la gauche. Son dernier grand projet, la poursuite de la construction européenne, ne semble pas de cette nature, comme en témoigne le mauvais résultat de la liste socialiste aux élections européennes, pourtant conduite par Michel Rocard, subissant lui-même le contrecoup de cet échec (ayant cependant pris la tête du parti socialiste en avril 1993, ce dernier sera supplanté en juin 1994 par Henri Emmanuelli). L'ensemble de ces faits permet sans doute d'expliquer la montée, dans les sondages préélectoraux, de Jacques Chirac tenant un discours volontariste néogaullien, séduisant une partie de l'électorat de gauche.

Les grands travaux de l'ère Mitterrand

Durant les deux septennats de François Mitterrand sont construits (ou achevés) un certain nombre de grands ouvrages architecturaux à vocation essentiellement culturelle. Les plus importants sont le Grand Louvre (dont la Pyramide conçue par l'architecte sino-américain Ieoh Ming Pei est inaugurée le 14 octobre 1988), la

Grande Arche de la Défense (inaugurée à l'occasion du sommet des sept pays les plus riches, en juillet 1989), l'Opéra Bastille (conçu par le Canadien Carlos Ott et inauguré le 13 juillet 1989), l'extension de la Cité des sciences et de l'industrie (dont François Mitterrand inaugure la Géode le 6 juin 1985), l'Institut du Monde Arabe (dû à Jean Nouvel et terminé en 1987), la reconversion de la gare d'Orsay en Musée (due à Gae Aulenti, et inaugurée le 1er décembre 1986), la Bibliothèque Nationale de France (d'abord appelée Très Grande Bibliothèque, et qui recevra le nom de Bibliothèque François Mitterrand), dont la construction avait été décidée par le président en 1988, et qu'il inaugure le 30 mars 1995, faisant ainsi sa dernière grande apparition officielle.

La montée du Front national

Jean-Marie Le Pen fonde le Front national en 1972. Les dix premières années du parti sont difficiles sur le plan électoral. En 1973, lors des élections législatives, le FN n'obtient que 1,3 % des voix. Mais, à partir de 1983, la situation change radicalement : aux municipales, la liste de Jean-Marie Le Pen obtient 11,3 % à Paris (XXe arrondissement), et l'année suivante le FN obtient près de 11 % des voix lors des élections européennes, et a 10 élus. Lors des législatives de 1986, les candidats FN reçoivent près de 10 % des suffrages, et plus de 20 % dans certaines circonscriptions. Grâce au scrutin proportionnel, le Front a 35 députés. Lors des élections présidentielles, Jean-Marie Le Pen recueille 14,4 % des voix au premier tour de 1988, puis 15 % à celui de 1995. Dans le même temps, le FN s'implante localement, enlevant la mairie de plusieurs grandes villes (Toulon, Marignane, Orange) en 1995. Affaibli un temps par la scission avec les partisans de Bruno Mégret qui fondent le MNR, le FN connaît à nouveau un essor en 2002 avec la présence au second tour de l'élection présidentielle de Jean-Marie Le Pen.

Parlant ouvertement du problème de l'immigration et de l'insécurité, préoccupant une bonne partie de l'opinion, flattant l'orgueil national, cultivant habilement les réflexes xénophobes, dénonçant l'« établissement » politique qui confisque le pouvoir au profit des partis dominants, Jean-Marie Le Pen a su capter la confiance de 10 à 15 % des Français, également inquiets des conséquences de la construction européenne qui restreint les prérogatives de la représentation nationale.

Mais l'élection présidentielle de 2007 a ébranlé sa position. Un tiers de ses électeurs ont été séduits par les thèmes de campagne de Nicolas Sarkozy, affichant une position ferme sur le problème de l'immigration. La question se pose désormais de savoir si le nouveau président saura fidéliser cet électorat, et si Marine Le Pen pourra prendre la place du chef vieillissant du Front national, âgé de plus de 80 ans.

1995-2007

Chirac président

Gouvernements de gauche et de droite se succèdent, mais sont confrontés au même problème : l'avenir du « modèle français ».

Après deux années de présidence marquées par une vive agitation sociale, la dissolution de l'Assemblée décidée par Jacques Chirac en 1997 débouche sur une victoire électorale de la gauche. Cette nouvelle « cohabitation » se termine en 2002 par la réélection de Jacques Chirac et le retour de la droite aux affaires.

Le septennat (1995-2002)

L'élection présidentielle et le gouvernement Juppé (1995-1997)

Le désarroi idéologique de la gauche, la guerre de succession au sein du Parti socialiste et l'aggravation du chômage, auquel le candidat Édouard Balladur n'apporte pas de solution, expliquent aussi cette remontée de Jacques Chirac.

Dénonçant l'aggravation de la « fracture sociale », la spéculation financière, la passivité de son concurrent-Premier ministre Balladur, il apparaît à la veille de l'élection comme le favori du scrutin. Pourtant, lors du premier tour, qui a lieu le 23 avril 1995, c'est le candidat du Parti socialiste, Lionel Jospin, qui arrive en tête avec 23,3 % des suffrages exprimés, devant Jacques Chirac (20,8 %), Édouard Balladur (18,6 %) et Jean-Marie Le Pen (15 %), confirmant le rôle croissant du Front national dans la vie politique française. Robert Hue, pour le Parti communiste, obtient 8,6 %, et Arlette Laguiller (Lutte ouvrière) dépasse les 5 %. Par contre, Philippe de Villiers n'obtient que 4,7 % et Dominique Voynet (les Verts) 3,3 %.

Au second tour, le 7 mai 1995, Jacques Chirac bénéficie d'un bon report des voix de droite et est élu président de la République avec 52,6 % des voix, Lionel Jospin obtenant un résultat honorable avec 47,4 % des suffrages.

À la suite de ces élections, Jacques Chirac appelle le 18 mai à Matignon Alain Juppé, en remplacement d'Édouard Balladur. Le nouveau Premier ministre constitue un gouvernement éphémère qui sera remanié en novembre 1995. Il comprendra en particulier: Jacques Toubon à la Justice, Charles Millon à la Défense, François Bayrou à l'Éducation, Jean-Louis Debré à l'Intérieur, Jean Arthuis à l'Économie, Hervé de Charette aux Affaires étrangères.

Dès les premiers mois, une série d'attentats terroristes touche à nouveau Paris comme en 1986: une bombe explose dans le RER parisien, le 25 juillet, faisant 7 morts. Peu après, un autre attentat a lieu place de l'Étoile (le 1er août), puis dans le métro, à la station Maison-Blanche (le 6 octobre, jour des obsèques de l'auteur présumé des premiers attentats, Khaled Kelkal, tué par la police), et enfin dans le RER, près du musée d'Orsay (le 17 octobre).

Les débuts de la présidence Chirac sont aussi marqués par la mise en place d'une nouvelle politique de défense. Après une brève reprise des essais nucléaires dans le Pacifique, qui suscite de nombreuses protestations dans le monde, le président Chirac décide leur arrêt définitif en janvier 1996. Dans le même temps, il propose la suspension du service militaire obligatoire, réforme s'inscrivant dans le cadre d'une professionnalisation de l'armée.

Mais c'est surtout sur le front social que le gouvernement Juppé doit intervenir. À l'automne 1995 se développe l'agitation des étudiants réclamant de nouveaux crédits pour l'Université, et surtout la grande vague de grève dans les transports, accompagnées de multiples manifestations contre le « plan Juppé » concernant la réforme du financement de la Sécurité sociale et du système de retraite. Ce mouvement social de novembre-décembre est aussi provoqué par les déclarations de Jacques Chirac, annonçant en octobre que la poursuite de la politique de rigueur et le respect des «critères de convergence» du traité de Maastricht, concernant en particulier la réduction des dépenses publiques, lui paraissent désormais inéluctables; alors qu'il avait pourtant affirmé, avant son élection, qu'il fallait infléchir cette politique afin de lutter efficacement contre le chômage et l'exclusion.

La «gauche plurielle» au pouvoir (1997-2002)

Craignant que ces mesures d'austérité ne fassent perdre les élections législatives à la droite, Chirac dissout l'Assemblée nationale et convoque des élections anticipées avant la mise en place d'un plan de rigueur. Mais, au second tour des législatives (1er juin 1997), le Parti socialiste, le Parti communiste, les Verts, les Radicaux de gauche et le Mouvement des citoyens de Jean-Pierre Chevènement, regroupés en une coalition appelée «gauche plurielle», obtiennent la majorité, avec 319 sièges sur 577, contre 257 pour la droite et 1 pour le Front national (qui avait pourtant recueilli 15 % des voix). Le PS avec 245 sièges n'ayant qu'une majorité relative, Lionel Jospin, nouveau Premier ministre, associe au gouvernement les autres partis de gauche: les communistes Marie-George Buffet et Jean-Claude Gayssot deviennent respectivement ministre de la Jeunesse et des Sports et ministre des Transports, l'écologiste Dominique Voynet ministre de l'Environnement, Jean-Pierre Chevènement ministre de l'Intérieur…

En triomphant du Brésil par trois buts à zéro, le 12 juillet 1998 au Stade de France, l'équipe de France de football apporte au pays son premier titre de champion du monde dans cette discipline particulièrement populaire. Cette victoire suscite dans le pays un grand enthousiasme partagé par toute la population, qui exprime sa joie dans les rues des grandes villes du pays, le soir de la demi-finale et surtout de la finale : les Champs-Élysées parisiens sont envahis par une foule immense rappelant celle des grands événements historiques du passé (libération de Paris en 1944, Mai 68). Cet événement est l'occasion de saluer la réussite d'une France « black-blanc-beur », le meneur de jeu de l'équipe de France, Zinedine Zidane, d'origine kabyle, devenant une sorte de « héros national ». Cette compétition sportive contribue aussi à redonner vie au sentiment d'appartenance à une communauté nationale, en des temps marqués par la régression du sens de l'identité collective et de l'idée de nation.

Aussitôt arrivé à Matignon, Lionel Jospin participe au sommet européen d'Amsterdam (16-17 juin), qui s'achève par la signature d'un traité d'une importance considérable pour la construction européenne. Le traité d'Amsterdam prévoit en effet de nouveaux transferts de responsabilité vers les instances européennes, la possibilité de prendre certaines décisions à la majorité qualifiée (et non plus à l'unanimité), et sur le plan économique des sanctions financières contre les États membres ne respectant pas les plafonds de déficit budgétaire prévus par le traité de Maastricht. La gauche, de retour au pouvoir, confirme ainsi son engagement européen, allant dans le sens du respect des mécanismes du marché et d'une limitation de la politique économique de l'État.

Cependant, le gouvernement adopte peu après des mesures relevant d'une logique plus conforme à sa tradition : un plan emploi pour les jeunes, prévoyant la création de 350 000 emplois d'utilité sociale dans les collectivités locales et les établissements publics ; sous l'impulsion du ministre de l'Emploi et de la Solidarité, Martine Aubry, deux lois fixant à 35 heures la durée hebdomadaire du travail (1998-2000).

Le gouvernement Jospin met également en place la couverture maladie universelle (juillet 1999) pour tous ceux, notamment les SDF, qui n'étaient pas jusqu'alors couverts par la Sécurité sociale.
Autre réforme importante, la loi créant le Pacte civil de solidarité (PACS), adoptée le 13 octobre 1999, permet désormais à des couples non mariés, homosexuels ou hétérosexuels, d'obtenir des droits en matière fiscale, patrimoniale ou sociale.
Mais la politique économique suivie par le gouvernement, qui s'appuie notamment sur le recours croissant à la privatisation du secteur public, suscite de vives critiques et de fortes tensions au sein de la gauche plurielle. Ainsi l'agitation des « sans-papiers », réclamant leur régularisation, est-elle soutenue par les écologistes et l'extrême gauche, qui connaît un certain regain.
Les élections au Parlement européen (juin 1999), marquées par une abstention élevée (53 %), voient cependant la victoire de la gauche plurielle : elle obtient 38,4 % des voix, contre 35,3 % pour la droite ; l'extrême droite divisée, recule (5,8 % pour la liste Le Pen, 3,3 % pour celle de Bruno Mégret), mais l'extrême gauche dépasse les 5 % et obtient des élus.
Les dissensions à gauche continuent de s'aggraver. Accusé de mener une politique trop modérée, le Premier ministre est également confronté à la montée du mouvement de l'anti-« mondialisation libérale », conduit par José Bové, et soutenu par une partie de la « gauche plurielle ».
Déchirée et désorientée, la gauche perd alors les élections municipales de mars 2001. Bien qu'elle parvienne à s'imposer à Paris (dont le maire devient le socialiste Bertrand Delanoë) et à Lyon, elle ne recueille que 44,8 % des suffrages au premier tour contre 47 % à la droite. Le recul du Parti communiste est important, alors que les Verts et l'extrême gauche progressent. Par ailleurs, l'extrême droite conserve Orange et Marignane.

Sur le plan extérieur, la France participe aux côtés des États-Unis, de l'Allemagne et du Royaume-Uni aux frappes aériennes effectuées par l'OTAN contre la Serbie de Slobodan Milosevic, mis au ban de la communauté internationale (24 mars-10 juin 1999) pour sa politique de répression au Kosovo. De même, elle apporte son soutien (qui reste très limité) à l'action militaire américaine en Afghanistan (7 octobre-13 novembre 2001) contre le régime des talibans, soupçonnés de soutenir et de cacher Oussama Ben Laden, considéré comme l'instigateur des attentats du 11 septembre contre le World Trade Center à New York.

Le quinquennat (2002-2007)

Le 1er janvier 2002, les monnaies des douze pays constituant alors la « zone euro » cessent d'être une référence et laissent leur place à la nouvelle monnaie unique.

Mais, au début de cette année, l'esprit des Français est bientôt accaparé par la proximité d'échéances politiques majeures : l'élection du président de la République (dont le mandat est ramené de 7 à 5 ans à la suite du référendum constitutionnel du 24 septembre 2000) et les élections législatives.

Les résultats du 1er tour de l'élection présidentielle, qui a lieu le 21 avril, font l'effet d'une bombe : si Jacques Chirac arrive en tête avec près de 20 % des suffrages exprimés, Jean-Marie Le Pen (avec 16,9 %) devance Lionel Jospin, qui n'obtient que 16,2 % des voix. Ce dernier annonce le soir même son retrait de la vie politique.

Au second tour, le 5 mai, Jacques Chirac est réélu, avec 82,2 % des suffrages exprimés, contre 17,8 % à Jean-Marie Le Pen. Il a bénéficié des voix des électeurs de gauche, et d'une mobilisation « anti-Front national » qui s'est traduite en particulier par de grandes manifestations de rues à l'occasion du 1er mai.

Les élections législatives des 9 et 16 juin, après une campagne sans passion, donnent à la droite une large victoire. L'UMP (Union pour la majorité présidentielle, remplaçant le RPR et regroupant aussi une partie de la droite libérale) obtient 369 sièges (soit la majorité absolue) et l'UDF 22 sièges, alors que le PS n'a que 141 élus, le PRG 7, les Verts 3, le PC 21, le Front national et le MDC aucun.
Déjà nommé au poste de Premier ministre par Jacques Chirac après sa réélection, Jean-Pierre Raffarin est reconduit le 17 juin dans ses fonctions à la tête d'un gouvernement très proche de celui constitué le 7 mai: les principaux ministres sont Nicolas Sarkozy à l'Intérieur, Francis Mer à l'Économie et aux Finances, Michèle Alliot-Marie à la Défense, Luc Ferry à la Jeunesse et à l'Éducation nationale, François Fillon aux Affaires sociales, Dominique de Villepin aux Affaires étrangères.
Ce gouvernement mettant en avant la lutte contre l'insécurité se trouve confronté à divers problèmes: le ralentissement de la croissance et la persistance du chômage, la réforme du financement des retraites et de la sécurité sociale, la question de la place du secteur public, et sur le plan extérieur l'attitude à adopter face aux contraintes européennes.
Jean-Pierre Raffarin et son ministre François Fillon s'attaquent à la question des retraites et font voter en juin 2003 une loi allongeant la durée de cotisation des agents de la fonction publique. Mais cela et le désir de poursuivre la libéralisation de l'économie et le désengagement de l'État suscitent une vive opposition qui se traduit par la victoire de la gauche aux élections régionales et cantonales (21 et 28 mars 2004), puis aux élections européennes. La perte de popularité du Premier ministre, mais aussi du président de la République, se manifeste à nouveau le 29 mai 2005 par la victoire du « non » au référendum sur le projet de Traité constitutionnel européen. Cela provoque le remplacement de Jean-Pierre Raffarin par Dominique de Villepin, et un remaniement partiel du gouvernement (départ

de François Fillon, de Michel Barnier...). Mais la campagne électorale a aussi suscité une vive tension à gauche, entre les partisans du « oui » (la direction du Parti socialiste derrière François Hollande, Dominique Strauss-Kahn, Jack Lang... et celle des Verts), et les défenseurs du « non » (les socialistes Laurent Fabius, Jean-Luc Mélenchon, Henri Emmanuelli, Arnaud Montebourg..., la communiste Marie-George Buffet, l'extrême gauche, et la confédération paysanne...).

Le gouvernement Villepin est confronté à l'automne 2005 au « soulèvement » des banlieues, puis au printemps 2006 au mouvement « anti-contrat première embauche », concernant l'emploi des jeunes, qui l'oblige finalement à retirer cette nouvelle disposition. Il en sort très affaibli, alors qu'au contraire s'affirme la personnalité active de son ministre Nicolas Sarkozy.

Sarkozy à l'Élysée

Nicolas Sarkozy propose de « moderniser » la France en imposant très vite des réformes mêmes impopulaires.

Après avoir pris la direction de l'UMP en novembre 2004, Nicolas Sarkozy prône une politique de rupture tout en faisant partie des gouvernements composés par Jacques Chirac, et en affichant ouvertement ses ambitions présidentielles.

L'élection de Nicolas Sarkozy

Fin 2006, Nicolas Sarkozy est encore devancé dans les sondages par la socialiste Ségolène Royal. Mais, dès le début 2007, il est crédité d'une avance qui va être confirmée lors du premier tour de l'élection présidentielle, le 22 avril : il obtient 31,1 % des voix, contre 25,8 % pour Ségolène Royal, 18,5 % pour François Bayrou et 10,4 % pour Jean-Marie Le Pen. Au second tour, le 6 mai, il recueille 53 % des suffrages. Un mois plus tard, les élections législatives donnent une forte majorité au nouveau président.

Fort de ce soutien, il charge François Fillon de former un gouvernement devant soumettre rapidement au Parlement divers projets de lois : allégements fiscaux pour certaines catégories sociales, exonérations de cotisations sociales et d'impôts sur les heures supplémentaires, autonomie des universités, restrictions à l'immigration, mise en place d'un « service minimum » dans les transports, réformes des « régimes spéciaux » de retraite et de la « carte judiciaire ». Mais ces mesures sont diversement appréciées et des grèves éclatent. Parallèlement est menée une réflexion sur la réforme des institutions et se tient un « Grenelle de l'environnement ». Nicolas

Sarkozy se propose aussi de faire adopter un nouveau traité européen « réduit », par voie parlementaire.

L'« hyperprésident »

Le président Sarkozy est ainsi fidèle à l'image qu'il s'est donné durant ses premières années de militantisme politique et durant la période où il exerça des responsabilités ministérielles : celle d'un responsable « hyper actif » imposant de multiples réformes impulsées par lui, contrôlant plusieurs dossiers à la fois, prenant des décisions rapides, laissant peu d'initiatives à ses ministres (qualifiés de « collaborateurs » et souvent rappelés à l'ordre). Il rompt ainsi avec la tradition de la Ve République, selon laquelle le président privilégie la politique internationale et laisse à son Premier ministre et à son gouvernement une part importante de responsabilités dans la gestion des affaires intérieures.

Cette « sur-exposition » lui fait perdre une grande partie de sa popularité, dans la mesure où il lui est reproché de prendre des décisions sans réelle concertation, d'afficher un train de vie tranchant avec les difficultés quotidiennes de beaucoup de Français (« présidence bling-bling »), de mélanger sa vie publique et sa vie privée trop médiatisée, et de ne pas tenir ses promesses de campagne en matière de pouvoir d'achat, de soutien de la croissance et du primat de la morale sur les considérations économiques (« affaire Kadhafi », absence de condamnation de la politique chinoise au Tibet et du défaut de démocratie en Russie...).

Assurant pour six mois la présidence de l'Union européenne à partir du 1er juillet 2008, Nicolas Sarkozy doit faire face à l'aggravation de la crise financière mondiale qui a commencé un an plus tôt aux États-Unis. Il joue alors un rôle actif, en collaboration avec les chefs de gouvernements européens, dans l'élaboration d'un plan d'urgence destiné à aider les banques en grande difficulté.

Il se signale également par des prises de positions condamnant le comportement des banquiers, et appelant à une « moralisation » du capitalisme, une plus grande « régulation » étatique, et une concertation internationale afin de réformer le système financier mondial. Il contribue aussi à la tenue d'un sommet du « G 20 » début avril 2009, à Londres, auquel participe le nouveau président des États-Unis, Barak Obama. Mais ses adversaires dénoncent le décalage entre ce discours « interventionniste » et la poursuite d'une politique économique libérale (baisse des effectifs dans la fonction publique, refus d'accroître les salaires et les retraites, faiblesse du plan de relance de l'activité, absence de sanctions effectives des responsables financiers et de mesures limitant les salaires et les avantages des chefs d'entreprises, malgré la condamnation par le Président des « patrons voyous »...). Les Français supportent mal, en particulier, que l'État sache trouver des fonds pour aider les banques, après avoir déclaré que « les caisses de l'État sont vides » et que le président lui-même a déclaré qu'il n'avait pas de recette miracle pour distribuer du pouvoir d'achat.

Les élections européennes de mai 2009 semblent sanctionner ce scepticisme : si l'UMP obtient plus de 27,8 % des suffrages exprimés (mais seulement 11,5 % des inscrits) et devance nettement le Parti socialiste (16,4 %), les listes d'opposition sont largement majoritaires, la gauche (PS, Front de Gauche, Europe écologie, NPA, LO) obtenant environ 45 % des voix, et l'opposition de droite plus de 10 %. Mais la division de l'opposition permet à Nicolas Sarkozy de ne pas changer de politique.

Il en est de même aux élections régionales du printemps 2010, qui sanctionnent nettement la majorité présidentielle : au premier tour (14 mars), elle obtient environ 26 % des suffrages exprimés contre 54 % pour l'ensemble des formations de gauche et Europe

écologie ; au second tour (21 mars), elle obtient 35,4 % des voix, les gauches 54 %, et le front national en moyenne 10 %.
Cela n'empêche pas le gouvernement Fillon et le ministre du travail Éric Woerth (pourtant fragilisé par « l'affaire Bettencourt ») de mener à son terme la réforme des retraites repoussant à 62 ans l'âge légal de départ, malgré l'opposition des syndicats de salariés attirant à plusieurs reprises plusieurs millions de personnes dans la rue.
Ayant fortement chuté dans les sondages, Nicolas Sarkozy aborde dans des conditions difficiles les échéances électorales de 2011 et 2012 : « l'affaire Karachi », les relations malsaines affichées avec les présidents tunisien, égyptien, libyen…, la montée dans les sondages de Marine Le Pen, les critiques émanant de la droite et du centre (François Bayrou, Dominique de Villepin…) rendent très incertaine son éventuelle réélection.

Dossiers

De la reconstruction à la mondialisation

Les premières années de l'immédiat après-guerre sont marquées par la mobilisation des ressources et des énergies afin de remettre en place l'infrastructure économique du pays. Mais les salariés acceptent mal les nouvelles privations. De 1950 à 1958, la France connaît un développement économique continu, marqué par une forte croissance industrielle, une amélioration considérable du niveau de vie de l'ensemble de la population et une ouverture nouvelle sur l'extérieur. La fin des années 1960, avec les accords de Grenelle, et le début des années 1970, avec leurs prolongements constitués par d'importances hausses de salaires négociées, représentent l'aboutissement d'une évolution en profondeur du mode de fonctionnement du capitalisme industriel, déjà à l'œuvre durant la croissance des deux décennies précédentes. Le septennat Giscard d'Estaing (1974-1981) correspond à des années de croissance lente et d'inflation « à deux chiffres » liées en grande partie à la conjoncture mondiale. Commencée sous le signe de la relance keynésienne et de l'extension du rôle de l'État dans l'économie, la période qui s'étend de 1981 à 2007 voit alterner gouvernements de gauche et de droite et s'achève par la victoire du « néolibéralisme ». Cette orientation fut réaffirmé en 2007 par le président Sarkozy, pourtant contraint de « relancer » l'économie en 2008 en utilisant des moyens contraires aux principes du « laisser faire ».

La reconstruction (1945-1950)

Alors que les destructions de la Première Guerre mondiale avaient surtout touché le nord-est du pays, celles causées par la Seconde sont réparties sur l'ensemble du territoire national ; elles concernent les voies de communication et un certain nombre de centres industriels touchés par les bombardements alliés, ainsi que les villes de Normandie. La France manque aussi de main-d'œuvre, de matières premières, d'énergie, de produits alimentaires et souffre du vieillissement de son appareil de production et de nombreux goulets d'étranglement qui bloquent ici et là la reprise de la production : en 1946, celle-ci est encore de 20 % inférieure au niveau de 1938. La France doit donc importer beaucoup et sa balance commerciale est très déficitaire.

L'extension du secteur public

Face à cette situation difficile, certains comptent sur la reprise des mécanismes spontanés du marché ; d'autres, plus nombreux, évoquant le souvenir de la crise de 1929 et constatant l'ampleur de la tâche à accomplir, souhaitent voir l'État jouer un rôle central dans la reconstruction du pays et dans la stimulation de la croissance. Il s'agit des forces politiques et syndicales de gauche, mais aussi de ceux qui (sans vouloir pour autant rompre avec le capitalisme) estiment indispensable l'extension du rôle de l'État pour sortir d'une crise ou éviter d'y retomber.

Aussi, afin que l'État puisse mener à bien son rôle de « guide » et de « tuteur » de l'économie de marché, un certain nombre de réformes structurelles importantes ont lieu durant les années 1944-1946 : nationalisation de Renault et de Berliet en novembre 1944 ; création des Houillères nationales du Nord-Pas-de-Calais en décembre 1944, englobant en mars 1946 tous les autres bassins miniers pour constituer les Charbonnages de France ; contrôle public de la Compagnie française des pétroles ; constitution, en mai 1945, de la

Société nationale d'étude et de construction de moteurs d'aviation (SNECMA); intégration à Air France de diverses compagnies aériennes privées, en mai 1945, et nationalisation de la Compagnie générale transatlantique; contrôle total de l'État sur la Banque de France et nationalisation de la Société générale, du Crédit lyonnais, de la Banque nationale pour le commerce et l'industrie (BNCI) et du Comptoir national d'escompte en décembre 1945, alors qu'est créé le Conseil national du crédit. De plus, les nationalisations sont étendues à 34 compagnies d'assurances en avril 1946.
S'appuyant sur un secteur public contrôlant les grands moyens de transport, la production d'énergie et une partie du système bancaire, l'État peut ainsi contribuer efficacement à la reconstruction du pays, et favoriser l'investissement dans les secteurs clés de l'économie. Mais il convient aussi de coordonner l'effort de modernisation.

La planification « à la française »

C'est ainsi que, pour permettre un redressement rapide de l'économie nationale, le général de Gaulle, à l'instigation de Jean Monnet, crée le plan de modernisation et d'équipement par un décret du 3 janvier 1946 (reprenant une proposition déjà émise par Pierre Mendès France). Il doit permettre de développer la production et les échanges extérieurs, d'accroître la productivité, d'assurer le plein emploi et d'élever le niveau de vie. Pour cela, il détermine des objectifs prioritaires, assure la cohérence et la complémentarité des projets d'investissement et cherche à associer dans la définition des buts et le choix des moyens les entreprises privées, les syndicats et le secteur public, travaillant en commun dans de nombreuses commissions. Le plan ou « l'anti-hasard », selon le mot de Pierre Massé, doit réduire l'incertitude des décisions individuelles et constitue une voie moyenne conciliant l'attachement à l'initiative privée et la nécessaire intervention de l'État; il fixe des objectifs macro-économiques à long terme et cherche à assurer les conditions du développement, sans se soucier de la rentabilité à court terme comme le font les entreprises privées, qui ne disposent pas de moyens financiers pour entreprendre de vastes programmes d'intérêt collectif, permettant d'atteindre un nouvel équilibre régional.

L'originalité de la planification française est d'être simplement indicative et non impérative : elle vise à informer les entreprises des secteurs où l'investissement public se concentrera, à définir une sorte de nouveau « contrat social », et de sensibiliser les différents milieux économiques et sociaux ; comme le dira le général de Gaulle en 1962, les projets du plan doivent devenir pour chaque Français une « ardente obligation ».

Sont créés parallèlement différents organismes chargés d'en favoriser le financement, tel le Fonds de modernisation et d'équipement, dépendant du Trésor (et qui deviendra le Fonds de développement économique et social).

Placés sous la direction de Jean Monnet (de 1946 à 1951), puis d'Étienne Hirsch (de 1952 à 1958) et de Pierre Massé (de 1959 à 1966), les premiers plans français atteindront l'essentiel de leurs objectifs. Le 5 juin 1947, le secrétaire d'État américain, le général Marshall, annonce un plan d'aide économique et financière à l'Europe, pour faciliter son redressement et lui éviter « de graves troubles économiques, sociaux et politiques » ; il s'agit aussi de la détourner du communisme et de l'intégrer davantage aux États-Unis. La France reçoit au titre du plan Marshall 2,6 milliards de dollars (ce qui représente environ 1/5 du total de l'aide américaine), de 1948 à 1951, principalement sous forme de dons (à hauteur de 85 %). Elle peut ainsi financer plus des deux tiers de son déficit extérieur total, et importer une bonne part des produits nécessaires à sa reconstruction et à sa modernisation. Le premier plan français, qui devait couvrir la période 1947-1950, est prolongé jusqu'en 1952 pour tenir compte du plan Marshall; il vise à moderniser l'économie, à augmenter de 25 % la production par rapport au niveau de 1929 et à rétablir l'équilibre de la balance des paiements. Pour cela, il définit six secteurs de base prioritaires (le charbon, l'électricité, l'acier, le ciment, les transports et le machinisme agricole) auxquels s'ajouteront les carburants et les engrais, l'ensemble des autres branches ne devant se développer que plus lentement tant que l'infrastructure de base n'aura pas été reconstituée.

Le difficile redressement économique

Mais l'effet de ces réformes ne peut se faire sentir immédiatement. Pour l'heure, les données quantitatives montrent la précarité de la situation économique du pays. La production industrielle ne retrouve qu'en 1947 son niveau de 1938; mais elle dépasse en 1951 celui de 1929. L'énergie produite, qui était égale à 20 millions de kilowattheures en 1939, et qui était tombée à 14 millions en 1944, remonte à 22,8 millions en 1946 et à près de 38 millions en 1951.

La production agricole reprend rapidement, mais sans retrouver, loin s'en faut, le niveau de l'entre-deux-guerres: ainsi, la production de blé passe de 64 millions de quintaux en 1943 à 77 en 1950 (contre 90 en 1929), celle de seigle de 3,4 à 6,1 (contre 9,3 en 1929), celle des légumes secs de 1,2 à 1,6 (contre 2 en 1929), le total des bovins passant lui de 14,5 millions de têtes en 1943 à 15,8 millions en 1950 (retrouvant ainsi l'importance des années 1930). Au total, la production intérieure augmente de 10 % environ en 1947, de 13 % en 1948, et de près de 8 % en 1949 et en 1950.

Les échanges extérieurs de la France sont longs à se rétablir: déjà déficitaires avant la guerre, ils laissent apparaître un solde très négatif avec l'étranger (hors pays de l'Union française): – 143 milliards de francs en 1946, – 171 en 1947, – 241 en 1948, – 228 en 1949, – 102 en 1950. Le déficit extérieur français provoque une dégradation prononcée du cours du franc à partir de 1948, malgré

l'aide internationale (la France a ainsi reçu 2,3 milliards de dollars de prêts entre 1945 et 1947) : le dollar qui valait 119 francs fin 1947 s'échange contre 214 francs en janvier 1948, 263 en octobre et 272 en avril 1949. Fin 1949, le franc ne vaut plus qu'un tiers environ de son équivalent en or de 1945. Mais sa valeur se stabilise en 1950, grâce au retour de la confiance dans l'économie française.
De plus la France bénéficie de crédits consentis par la nouvelle Union européenne des paiements (UEP) qui prend progressivement la relève de l'aide américaine accordée dans le cadre du plan Marshall.

Les prix et les salaires

Cette situation de pénurie qui sévit en France, et les besoins liés à la reconstruction expliquent la forte inflation de ces années d'après-guerre. Durant les années 1946 et 1948, les prix de gros ont augmenté d'environ 70 % et, en 1947, de 50 %. L'évolution est très voisine en ce qui concerne les prix de détail. Les hausses les plus fortes ont également eu lieu en 1946, 1947 et 1948 (60 % durant ces trois dernières années).
Les salaires horaires ouvriers, quant à eux, augmentent dans des proportions nettement moins importantes : entre 1938 et 1950, ceux des ouvriers professionnels (France entière) comme ceux des métallurgistes de la région parisienne sont multipliés environ par 10 et le salaire journalier des mineurs par 15. Comme les prix intérieurs ont été multipliés par 20 environ durant cette période, cela signifie que le pouvoir d'achat ouvrier a diminué malgré la pratique des heures supplémentaires rendues nécessaires par le besoin de main-d'œuvre (la France comptait 41,9 millions d'habitants au recensement de 1936 et 40,5 millions seulement en 1946) : certains travaillent jusqu'à 55 heures, et la durée hebdomadaire moyenne du travail est de 45,5 heures en 1950. On comprend dans

ces conditions le mécontentement des salariés face à la politique économique du gouvernement.

La politique économique

Pourtant, malgré l'inflation et l'insuffisance de l'offre, des hausses importantes de salaires avaient eu lieu durant l'été 1945 (entre 50 et 100 % suivant les branches), contrairement à la politique préconisée par Pierre Mendès France; parallèlement, on s'efforçait de réduire la masse monétaire en circulation (échanges de billets, « impôts de solidarité » assis sur le capital), sans toutefois y parvenir suffisamment: les conséquences en furent la poursuite de l'inflation et la dévaluation du franc, sans amélioration du pouvoir d'achat des salariés.

Dans ces conditions, le gouvernement convoque en juillet 1946 une conférence du Palais-Royal qui se termine, contrairement à son objectif, par une nouvelle hausse des salaires de 25 %, accompagnée de celle des prix agricoles et des tarifs publics, et finalement par une relance de l'inflation.

Le gouvernement Léon Blum, constitué à l'automne 1946, tente alors de mettre en œuvre une politique déflationniste, en imposant une baisse de 5 % pour les prix relevant des décisions publiques, et en cherchant à l'étendre au reste de l'économie. Mais les tensions inflationnistes sont toujours présentes, et le gouvernement Ramadier ne parvient pas à imposer de nouvelles baisses de prix en février 1947. Au contraire, il doit faire face à des revendications de hausses de salaires et à une succession de grandes grèves: dans la presse en février-mars, chez Renault en avril, provoquant le renvoi des communistes du gouvernement; après une hausse des salaires de 11 % négociée en août par la CGT et le CNPF, une nouvelle grève se produit dans les transports en octobre, prélude à la grève générale de novembre-décembre. Elle est marquée par des actions de commandos, de violents affrontements avec la police, des pri-

ses d'assaut de lieux publics entretenant un climat de guerre civile. Mais la CGT appelle à la reprise du travail le 9 décembre après l'obtention de hausses de salaires comprises entre 25 et 40 %.
En janvier 1948, le plan Mayer permet un ajustement des prix à la hausse (ceux du charbon, de l'acier et de l'électricité sont multipliés par plus de 2, les tarifs SNCF augmentent de 32 %), les subventions publiques sont réduites, un impôt sur les bénéfices est créé (transformable en souscription à un emprunt public), les billets de 5 000 francs sont retirés de la circulation, et l'on procède à une nouvelle dévaluation. Mais en même temps, on amnistie les détenteurs de capitaux sortis en fraude qui acceptent de les rapatrier. Il s'agit, dans l'esprit du gouvernement, de constituer un nouveau « palier de prix », dont la plupart sont pourtant libérés dans l'industrie (alors que les salaires ne le sont pas). En fait, les prix restent relativement stables jusqu'en juin 1948. Mais durant l'été, l'éphémère gouvernement André Marie et son ministre des Finances Paul Reynaud acceptent une augmentation des prix agricoles pour tenir compte des hausses de coût de production de fin 1947-début 1948. Cela provoque aussitôt de nouvelles revendications de hausses des salaires : le gouvernement Queuille accorde en octobre 1948 une hausse de 15 %, qui est jugée insuffisante par les syndicats ouvriers. La CGT organise alors la grève des mineurs, en octobre-novembre, ponctuée de nouveaux incidents sanglants, l'armée étant appelée pour réprimer les manifestations. Mais la grève se termine par un échec, le gouvernement ne cédant pas. La paix sociale revient toutefois à partir des années 1949-1950, à cause du découragement ouvrier, mais aussi grâce à la suppression du rationnement, au ralentissement de l'inflation et à l'amélioration des conditions générales de la production.
On peut considérer qu'au début des années 1950 la France a achevé sa reconstruction et a réussi à surmonter la pénurie de l'après-guerre.

L'économie française de 1950 à 1968

Le trait le plus spectaculaire de l'évolution économique de la France, du début des années 1950 à la fin des années 1960, est le rythme de croissance du produit national reposant sur la modernisation de l'appareil productif et les gains de productivité.

L'évolution démographique

La population totale de la France passe de 40,3 millions d'habitants en 1946 à près de 50 millions en 1968. Cela provient d'un accroissement du taux de natalité (qui passe de 16 ‰ en 1931-1936 à 20 ‰ de 1946 à 1954, pour se stabiliser autour de 18 ‰ de 1954 à 1968), alors que le taux de mortalité baisse de 15,5 ‰ durant les années 1930, à 12,5 ‰ de 1946 à 1954 et à moins de 11,5 ‰ de 1954 à 1968. Cela représente un taux d'accroissement naturel de la population compris entre 6,5 et 7,5 ‰ durant l'après-guerre, contre 2 ‰ durant les années 1920 et 0,5 ‰ de 1931 à 1936. De plus, l'immigration nette (constituée de travailleurs étrangers et de rapatriés) est élevée durant les années 1954-1968 et contribue à accroître annuellement d'environ 4 ‰ la population vivant en France durant cette période.

Croissance et industrialisation

Grâce aux progrès de l'information économique, il est désormais possible de suivre avec beaucoup plus de précision l'évolution des grandeurs économiques caractéristiques. C'est ainsi qu'après la croissance rapide des années 1947-1950 le taux de croissance annuel de la production intérieure brute (ou PIB, définie par l'INSEE comme la somme des valeurs ajoutées par l'ensemble des agents économiques productifs sur le territoire national) est d'environ 5 % par an de 1951 à 1968, ce qui signifie qu'en une vingtaine d'années l'ensemble des biens et services disponibles a été multiplié par plus de 2,5.

De plus, cette croissance a été régulière (environ 4,7 % de 1951 à 1957, 5 % de 1957 à 1968), même si certaines années sont meilleures que d'autres. Cet essor productif s'explique principalement par l'essor de l'investissement et par la croissance de la productivité du travail : c'est ainsi que les gains de productivité moyens par heure travaillée sont d'environ 4,5 % par an entre 1949 et 1968, alors que la population active totale n'augmente que faiblement jusqu'au début des années 1960 (elle passe de 19,3 millions de personnes en 1946 à 19,8 millions en 1962) malgré l'essor démographique (la part des enfants et des retraités augmentant) ; cependant elle croît ensuite d'environ 0,6 % par an. Mais la population au travail est mieux qualifiée, et bénéficie d'un outillage plus important et plus efficace. Une accélération des investissements se produit à partir du milieu des années 1950, conduisant à un doublement de la capacité de production durant ces vingt ans. La croissance est même encore plus rapide en ce qui concerne les investissements en logement et le capital des administrations.
Durant cette même période, la durée annuelle du travail n'a que peu baissé ; certes, le nombre de semaines de congés payés passe de deux à trois entre 1954 et 1956, puis de trois à quatre entre 1962 et 1964, mais la durée hebdomadaire moyenne du travail qui était d'environ 44 heures en 1950 atteint 46 heures en 1964 (hors agriculture). Cela revient donc bien à dire que c'est essentiellement la meilleure efficacité de la combinaison productive (capital technique-travail qualifié) qui a permis (comme durant les années 1920) ce remarquable essor industriel de la France.

Les transformations structurelles

Cette croissance s'est accompagnée d'une poursuite de la concentration industrielle et de l'augmentation de la taille moyenne des établissements : alors qu'en 1936 près de 40 % des actifs étaient employés dans des entreprises comptant moins de 10 salariés (contre 58 % en 1906), le rapport tombe à 25 % en 1954 et à 20 % en 1966. Mais, durant cette période, la concentration a surtout concerné les entreprises moyennes : si l'on compare la répartition des salariés travaillant dans des entreprises de plus de 10 personnes, on s'aperçoit que le pourcentage de la population employée par les grands établissements (de plus de 500 personnes) est plus faible en 1966 (30 %) qu'en 1926 et 1954 (33 %). De même, la part du chiffre d'affaires réalisé par les 10 plus grandes entreprises industrielles dans le total du chiffre d'affaires industriel reste stable (environ 6 %) entre le milieu des années 1950 et le milieu des années 1960 ; en revanche, celui des 50 plus grandes firmes augmente légèrement (passant de 14 à 15 % du chiffre d'affaires global). Au total, la France compte en 1969 1 663 000 entreprises (contre 1 764 000 en 1961) qui se répartissent ainsi : 832 000 dans le commerce, 575 000 dans l'industrie, 163 000 dans les services, 63 000 dans les transports...

Le mouvement de concentration est en revanche plus sensible dans l'agriculture : le nombre total d'exploitations passe de près de 3 millions en 1929 à 2,1 millions en 1955 et à 1,6 million en 1967 ; celui des exploitations de moins de 10 hectares diminue encore plus vite : on en compte 1,8 million en 1929, 1,1 million en 1955, 680 000 en 1967 ; mais le nombre d'exploitations moyennes (entre 10 et 50 hectares) reste important (973 000 en 1929, 913 000 en 1955, 785 000 en 1967), et celui des grandes exploitations de plus de 50 hectares est plus élevé en 1967 (109 000) qu'en 1955 (95 000), bien que ces chiffres soient en retrait par rapport à ceux de 1929 (114 000). Accompagnée par l'utilisation de plus en plus systématique des engrais et du machinisme, cette restructuration des campagnes françaises permet une forte croissance de la productivité agricole : généralement inférieurs à 2 % par an avant la Seconde Guerre mondiale, les gains de productivité sont en moyenne annuelle supérieurs à 6 % entre 1949 et 1969. Cela se traduit également par un départ massif de la population agricole vers les villes et les autres secteurs de l'économie : alors que la population rurale représentait encore au début du siècle environ 60 % de la population totale, ce rapport tombe à 50 % vers 1930, et à 30 % durant les années 1960. Quant à la population agricole proprement dite, elle passe de 25 % de la population totale au début des années 50 à 15 % en 1968 (et à 10 % en 1975).

Les catégories socio-professionnelles « bénéficiaires » de ce transfert de population active sont celles des ouvriers et employés : le nombre des ouvriers passe de 6,5 millions en 1962 à 7,3 millions en 1968 (et à 8 millions en 1975), et celui des employés de 2 millions en 1954 à 3 millions en 1968 (et à 3,8 millions en 1975).

Parallèlement, le revenu des entrepreneurs individuels (petites entreprises) passe de 32,6 % du revenu national en 1949 à environ 20 % en 1969. Quant au revenu disponible des ménages (y compris celui des petits entrepreneurs), il augmente d'environ 11 % par an de 1949 à 1973 alors que la hausse des prix à la consommation dans le même temps est de 5 % par an en moyenne : cela représente donc un gain substantiel de pouvoir d'achat qui permet de diversifier la demande des ménages.

C'est ainsi que la part de la consommation de produits alimentaires, qui représentait en 1950 près de la moitié de leur dépense totale, tombe à environ un tiers à la fin des années 1960 ; de même, celle des dépenses d'habillement passe de 15 % à moins de 10 % au bout de ces vingt années ; en revanche, les dépenses de logement augmentent de 11 % à plus de 20 %, celles de santé de 6 % à 13 %, de transport de 5 % à 10 %, et celles de loisirs (culture, hôtels, restaurants...) de 11 % à environ 18 %. Mais si, en 1957, 78 % des ménages français possèdent un poste de radio, moins de 1 sur 4 dispose d'un aspirateur, moins de 1 sur 5 d'un réfrigérateur ou d'une machine à laver.

Les principes de la politique économique

D'une façon générale, la politique économique suivie durant cette vingtaine d'années fut une application des préceptes keynésiens : on alimente la machine quand une récession menace (en cédant aux revendications syndicales, en acceptant un déficit budgétaire et en accroissant les crédits à l'économie) de façon à soutenir l'activité et à éviter la montée du chômage.

À l'inverse, on cherche à éviter les dérapages inflationnistes quand la croissance de la production est trop vive et se heurte à l'insuffisance de la main-d'œuvre et des matières premières et que des tensions trop fortes sur les coûts apparaissent : c'est le cas durant la guerre de Corée, ou quand les hausses de salaires effectives ou désirées et celles des revenus disponibles semblent trop fortes aux yeux des responsables économiques (grèves de 1953, « surchauffe » de 1962-1964). L'État réduit alors les dépenses publiques, restreint la création monétaire, bloque éventuellement les prix et refuse de céder aux syndicats tout en demandant au patronat du secteur privé d'en faire autant : c'est la politique du « stop and go », pratiquée également dans les autres économies occidentales où l'État est en charge de la surveillance des « grands équilibres » (budget, commerce extérieur, prix, emploi).

Le « stop and go » de 1950 à 1957...

Ainsi, par la loi du 11 février 1950, le gouvernement Pleven rend-il libre la détermination des salaires dans le cadre des conventions collectives, mais fixe un salaire minimum (le SMIG), égal à 74 francs de l'heure en août 1950, ce qui représente une augmentation des salaires de près de 10 %, permettant une relance par la consommation (phase de « go ») ; le SMIG sera de nouveau augmenté en mars et en septembre 1951 alors que les prix de l'énergie et du blé sont également relevés. Mais devant l'inflation qui se développe (alimentée aussi par les effets de la guerre de Corée), le déficit de la balance des paiements et la spéculation contre le franc, on tente de ralentir la machine : hausse du taux d'escompte fin 1951, proposition de nouveaux impôts début 1952, refusée par le Parlement.

Antoine Pinay, investi en mars 1952, va alors mettre en place un plan de redressement financier (phase de « stop ») : pas de nouveaux impôts, mais économies budgétaires de 110 milliards de francs, grand emprunt indexé sur l'or lancé en mai (rapportant 428 milliards de francs) et assorti d'une amnistie pour les sorties illicites de capitaux ; il décide également une baisse des prix du charbon et de l'acier, un blocage des autres prix en septembre, et s'il institue le 18 juillet 1952 l'échelle mobile des salaires, indexant le SMIG sur l'indice des prix, il s'oppose à l'indexation des salaires plus élevés.

La hausse des prix est bien arrêtée (grâce aussi à une meilleure situation internationale), mais le déficit budgétaire se creuse (– 240 milliards en 1951, – 629 en 1952, – 697 en 1953) et le solde de la balance commerciale reste négatif (– 771 millions de dollars en 1951, – 620 en 1952, – 340 en 1953). Le gouvernement Laniel et son ministre des Finances Edgar Faure veulent alors réduire les dépenses publiques durant l'été 1953, mais se heurtent aux grandes grèves du mois d'août qui remettent en cause la politique de « stop », sans que les salaires soient relevés pour autant. Mais une prime avait été accordée aux moins bien payés des fonctionnaires, et le SMIG sera relevé en octobre 1953, puis plusieurs fois en 1954 ; les autres salaires bénéficieront également d'augmentations négociées entre patronat et syndicats (souvent à la suite de grèves, comme en 1955), le gouvernement cherchant à ne pas intervenir directement dans la détermination des salaires. On se retrouve alors dans une phase de « go », de 1954 à 1956, jusqu'à ce que le dérapage des prix et la dépréciation du franc conduisent le gouvernement Gaillard investi en juin 1957 à prendre de nouveau des mesures restrictives: hausse des taux d'intérêt, contrôle du crédit, diminution du déficit public, contingentement des importations, et dévaluations du franc en août et octobre 1957, un dollar s'échangeant alors contre 420 (anciens) francs.

... et de 1958 à 1968

Mais les événements de mai 1958 aggravent la situation du franc, et le retour d'Antoine Pinay aux Finances se traduit par un nouveau plan de redressement, essentiellement financier: nouvel emprunt public et nouvelle amnistie pour permettre le rapatriement des capitaux (sans grand succès); création du « franc lourd » par simple opération d'écriture: 100 francs valent désormais 1 nouveau franc; restriction de crédit, économies budgétaires, augmentation des impôts sur les sociétés (passant à 50 % des bénéfices).

Il s'agit avant tout de rétablir la confiance dans la monnaie nationale, de financer les dépenses publiques tout en freinant la croissance des liquidités, et de rétablir l'équilibre extérieur: équilibrée en 1955, la balance commerciale affiche un déficit de 800 millions de dollars en 1956 et de 950 en 1957; en 1958, le déficit se réduit à 300 millions de dollars, mais cela grâce à la baisse des importations, les exportations stagnant depuis 1956. Pour les stimuler, le franc est dévalué de 17,5 % en décembre 1958, 1 dollar valant alors 4,93 francs nouveaux.

Parallèlement, le plan Pinay-Rueff, adopté en 1958, limite à 4 % la hausse annuelle des salaires dans la fonction publique et réduit les subventions aux entreprises nationales. On assiste de fait à une reprise de la croissance peu inflationniste de 1959 à 1962, grâce en particulier à l'instauration du nouveau franc en 1960 et à une action dirigiste de l'État, fixant par l'intermédiaire du plan un objectif de croissance élevé: 5,5 % par an.

Mais une nouvelle poussée des prix conduit le ministre des Finances Valéry Giscard d'Estaing à mettre en œuvre en 1963 un

nouveau plan de stabilisation: réduction des hausses de salaires, blocage des prix, nouveaux impôts (sur les plus-values foncières et les hauts revenus...), encadrements du crédit, emprunt de 2 milliards ainsi que réduction du déficit budgétaire pour 1964 qui passe de 7 à 4,7 milliards de francs.
De fait, l'inflation recule en 1964 mais également les investissements et l'activité. La détérioration du climat social en 1964-1965 conduit à un assouplissement du «stop» qui permet une reprise de la croissance mais dans des conditions de partage des richesses et dans un contexte social morose expliquant l'explosion de mai-juin 1968.

Une économie d'endettement

Depuis la Seconde Guerre mondiale, le secteur bancaire et ses fonctions se sont considérablement transformés en France. La distinction entre banque d'affaires et banque de dépôt disparaît dans les années 1960, permettant aux premières d'ouvrir des guichets, de recevoir des dépôts à court terme, et aux secondes de collecter des dépôts à long terme et de financer les investissements.
L'activité bancaire se trouve ainsi stimulée, d'autant plus que la pratique de payer les salaires par virement sur un compte-chèques est institutionnalisée: ainsi le nombre de succursales passe d'environ 5 500 en 1947 à près de 21 000 au milieu des années 1980; le Crédit agricole, qui constitue un dense réseau de guichets en milieu rural, contribue fortement à collecter l'épargne des campagnes et à y généraliser les pratiques bancaires. La part de la monnaie scripturale (par opposition aux billets et espèces) passe ainsi de 50 % environ de la masse monétaire au lendemain de la guerre à plus de 60 % au début des années 1960 et à 80 % durant les années 1980.
Mais les banques ne se contentent pas de gérer les dépôts et l'épargne de leurs clients: leur objectif est de prêter les fonds recueillis (afin d'en tirer bénéfice) et elles répondent ainsi au besoin de

financement de l'économie. C'est ce qui permet d'expliquer le développement spectaculaire de l'endettement des entreprises et des ménages que l'on observe depuis le milieu des années 1950 : entre 1954 et 1974, le total des crédits accordés aux entreprises passe de 43 milliards de francs à 640 (soit une multiplication par 15), et celui aux ménages de 4,3 milliards à 238 (ils sont multipliés par plus de 55). Ainsi, les crédits accordés à l'économie croissent à un rythme annuel compris entre 15 et 20 % alors que le produit intérieur brut n'augmente en valeur que d'environ 10 % par an durant cette période.

En conséquence, la dette des ménages représente 15 semaines de leur revenu disponible en 1973 contre 2 semaines en 1954 ; celle des entreprises passe dans le même temps de l'équivalent de 2,5 années d'autofinancement à 4 années, et leurs charges financières de 22 % de leurs profits en 1960 à 44 % en 1974.

Mais l'endettement est d'autant plus intéressant que l'inflation allège le poids des remboursements, et que le taux de rentabilité des investissements est supérieur au taux d'intérêt versé aux créanciers. Le taux d'intérêt réel (taux d'intérêt nominal moins taux d'inflation) devient négatif autour de 1974. Mais la remontée des taux d'intérêt qui va suivre va progressivement rendre plus coûteux l'endettement, alors que la conjoncture économique devient mauvaise. On assistera ainsi au début des années 1980 à un processus de désendettement de la part des entreprises, alors que les ménages subissent le contrecoup de la hausse des taux d'intérêt réels. Les entreprises, qui investissent moins, se tourneront alors durant les années 1983-1987 vers le financement par le biais d'obligations ou d'actions, auxquelles les épargnants commencent à s'intéresser ; mais la crise boursière d'octobre 1987 montre les limites de l'évolution vers une « économie de marché de capitaux ». De plus, le besoin de crédits de la part des ménages, pour pallier la stagnation du pouvoir d'achat des salaires et répondre aux sollicitations d'une publicité envahissante, et des entreprises à l'autofinancement insuffisant contribue également au recours accru au crédit bancaire : la croissance de l'endettement reste le pilier sur lequel repose la croissance des économies actuelles.

La Communauté économique européenne

Au lendemain de la Seconde Guerre mondiale, un certain nombre de personnalités, en particulier Robert Schuman et Jean Monnet, défendent l'idée d'un rapprochement entre les différents pays d'Europe, afin de coordonner leurs efforts de développement et d'éviter le retour des antagonismes fratricides.

Les premières étapes. Le 18 avril 1951, la France, l'Allemagne fédérale, l'Italie, et les pays du Benelux signent à Paris le traité créant la Communauté européenne du charbon et de l'acier (CECA) : il s'agit de créer une sorte de pool commun pour ces deux produits à la base de tout nouvel essor industriel. La CECA est de plus dotée d'une haute autorité présidée par Jean Monnet, d'un Conseil des ministres, d'une Assemblée et d'une Cour de justice. La seconde étape de l'intégration européenne aurait dû être la création de la Communauté européenne de défense (CED), dont les Six adoptent le projet le 27 mai 1952. Mais le nouveau refus de l'Assemblée nationale française de la ratifier rend impossible sa réalisation.

L'idée européenne continue pourtant à faire son chemin ; après une réunion des six à Messine en juin 1955, puis à Venise en mai 1956, le traité de Rome est signé le 25 mars 1957. Il institue la Communauté économique européenne reposant sur une élimination progressive des barrières douanières entre les Six et sur la détermination de politiques économiques communes : il ne s'agit donc pas de créer une simple zone de libre-échange, ou « Marché commun », mais également d'harmoniser le développement des pays signataires. De plus, une Communauté européenne de l'énergie atomique voit le jour, avec pour objectif d'accélérer les recherches en matière de production d'énergie nucléaire à des fins d'utilisation civile. Le traité de Rome institue de plus un Parlement et un Conseil des ministres européens, des commissions économiques ainsi qu'une Cour de justice.

L'Europe en marche. Le 1er janvier 1959, les droits de douane sont réduits de 10 % puis de 50 % le 1er juillet 1962, encore de 10 % le 1er juillet 1963 ; le 1er juillet 1968 les droits de douane frappant les produits industriels et agricoles sont supprimés. Mais l'acceptation par chacun de politiques communes et l'adoption de prix agricoles communs vont se heurter aux divergences d'intérêts des différents pays. Les négociations concernant la fixation des prix des produits alimentaires seront particulièrement dures. Certes, si les prix du marché s'éloignent des prix indicatifs définis par le Conseil des ministres, le Fonds européen d'orientation et de garantie agricole (FEOGA) verse aux agriculteurs un complément de ressources. Mais ces derniers estiment souvent qu'il est trop bas pour leur permettre de survivre, alors que le Conseil des ministres cherche à en abaisser les montants pour inciter ce secteur à se moderniser, cela pour favoriser la consommation des populations non agricoles et aussi pour éviter la surproduction.

La croissance inflationniste (1969-1973)

Au XIXe siècle, les déséquilibres sur les différents marchés (excès ou insuffisance de la main-d'œuvre par rapport aux besoins de l'industrie, pénurie ou surproduction de marchandises par rapport à la demande solvable…) se traduisaient par des fluctuations des prix nominaux et par des cycles d'activité récurrents, permettant de parler de « régulation concurrentielle ». En effet, la concurrence entre offreurs et demandeurs de tout bien ou service se traduisait par des hausses ou des baisses de la production et des prix, sans que l'État intervienne pour infléchir l'évolution « spontanée » de l'économie.

La « régulation monopoliste »

Mais dès la fin du XIXe siècle, la concentration industrielle, l'essor des organisations ouvrières, la légalisation des syndicats et la création des partis socialistes... permettent aux salariés d'obtenir des augmentations régulières de rémunérations nominales : pour maintenir la rentabilité du capital, les entreprises augmentent désormais leurs prix, cette tendance à la hausse étant accélérée par les effets de la Première Guerre mondiale. La grande crise de 1929 remet provisoirement en cause ce phénomène, qui reprend pourtant à partir de 1936, et après la Seconde Guerre mondiale.

Une nouvelle « régulation monopoliste » s'articule ainsi autour des caractéristiques suivantes :

– détermination sur le plan national des rémunérations salariales dans le cadre de grandes branches, avec « effets de contagion » d'une branche à l'autre sans tenir compte de la diversité des situations spécifiques à chaque entreprise, les hausses de salaires étant généralement fonction des conditions de productivité les plus favorables, celle des « firmes motrices » ;

– ces entreprises les plus compétitives, aux techniques de pointe, produisant des biens recherchés et largement à l'abri de la concurrence par les prix, peuvent accorder de hauts salaires leur permettant d'attirer la main-d'œuvre la plus qualifiée, et de s'assurer de la « paix sociale » tout en bénéficiant d'une rentabilité élevée ; en revanche, les autres entreprises ou branches moins favorisées répercutent sur les prix les hausses de salaires pour maintenir leurs profits ;

– cette spirale inflationniste coût-prix-salaires ou salaires-coût-prix est rendue possible par l'action de l'État, qui accepte d'alimenter l'économie au moyen de paiement, soit directement en pratiquant un déficit budgétaire et en créant de la monnaie, soit indirectement en laissant le système bancaire développer les crédits à l'économie, de façon à stimuler la croissance et à permettre le plein-emploi.

Les hausses de salaires, le desserrement de la « contrainte monétaire » (la quantité de monnaie en circulation n'étant plus fonction du stock d'or ou d'argent disponible) fournissent des débouchés stables et évitent les crises provoquées par l'insuffisance de la demande globale; mais la hausse des prix sanctionne tout état de « surchauffe » de l'économie.

L'accélération de l'inflation

La « régulation monopoliste » avait déjà caractérisé la croissance des années 1950-1968, qui s'était effectuée dans le contexte d'une inflation « rampante » limitée toutefois à moins de 5 % l'an (4,8 % en moyenne annuelle de 1953 à 1959, 4 % de 1960 à 1968). Mais durant les cinq années qui suivent 1968, on assiste à une croissance plus rapide de la production intérieure (7,6 % en 1969, entre 5 et 6 % de 1970 à 1973), accompagnée d'une hausse plus forte des prix à la production (3 % seulement en 1968, mais 7,1 % en 1969, 6,3 % en 1970, environ 5,5 % en 1971 et 1972, 8,5 % en 1973).

Cela s'explique par le fait que les hausses de salaires consenties en 1968, et qui seront suivies de nouvelles hausses importantes (supérieures à 10 %) durant les années suivantes, permettent d'élargir le marché intérieur (et donc de stimuler la production) tout en pesant sur les coûts de production. Comme les gains de productivité ne sont que légèrement supérieurs à ceux des années précédentes (malgré un rythme élevé d'investissement productif, surtout en 1969), l'augmentation du coût salarial par unité produite se traduit par une répercussion sur les prix à partir de 1969.

Cette inflation est en quelque sorte le prix à payer pour maintenir la paix sociale, le patronat et les pouvoirs publics ne voulant pas s'opposer aux revendications salariales pour ne pas risquer de provoquer un nouveau Mai 68. Mais si la hausse des prix et celle des salaires s'auto-entretiennent, les salariés bénéficient d'une amélioration du pouvoir d'achat, et les entreprises parviennent globalement à maintenir leur rentabilité grâce à l'inflation qui compense la hausse des coûts et qui allège les dettes.

La France dans l'inflation mondiale

L'accélération de la hausse des prix n'est pas propre à la France, dont le « différentiel d'inflation » avec les autres grands pays industrialisés reste encore peu important, bien que l'Allemagne fédérale, principal partenaire commercial de la France, la contienne mieux que les autres.

Ce phénomène peut être rapproché du mouvement des coûts unitaires de la main-d'œuvre (coût salarial total rapporté aux quantités produites, qui peut donc être amorti par les gains de productivité) : dans l'industrie, ces coûts unitaires augmentent en France de 5,2 % par an de 1968 à 1973, et de 10,7 % de 1973 à 1979 ; durant ces mêmes périodes, ils passent aux États-Unis de 3,2 % à 8 % et de 9 % à 17,9 % en Grande-Bretagne ; mais en Allemagne, ils décélèrent (de 6,9 % à 4,9 %) et restent constants au Japon (6,6 % et 6,8 %), y préparant la désinflation à venir.

Cette évolution s'explique aussi par le fait que la politique économique reste peu contraignante : en 1968, on se contente de prévoir une série d'actions de concertation avec l'industrie et le commerce pour éviter un trop fort dérapage des prix, et d'instituer le contrôle des changes (de mai à septembre, puis en novembre quand se produit une violente spéculation contre le franc). En 1969, un plan Giscard institue un blocage provisoire des prix, suivi de « contrats de programmes » destinés à limiter leurs hausses ; il décide une réduction du déficit budgétaire et des mesures restrictives en matière de crédit, une hausse du taux d'intérêt afin de freiner la croissance de la demande intérieure; enfin, une dévaluation du franc doit décourager la spéculation et stimuler les exportations. Mais, jusqu'en 1974, la préoccupation principale du gouvernement est de ne pas « casser » la croissance par des mesures trop brutales qui risqueraient de provoquer une nouvelle explosion sociale.

La stagflation (1974-1981)

Le « choc pétrolier » qui se produit à la fin de 1973 provoque une crise caractérisée par une récession mondiale (suivie d'une croissance moins rapide qu'auparavant), par une montée spectaculaire du chômage, par une nouvelle accélération de l'inflation et par une baisse de la rentabilité du capital.

Les deux « chocs pétroliers »

À la suite de la guerre du Kippour, les pays arabes pétroliers relèvent en plusieurs fois le prix du baril de pétrole brut, qui passe de 3 dollars début octobre 1973 à 11,65 dollars début 1974. Le prix moyen du brut sera encore multiplié par plus de 2 entre la fin de 1978 et la fin de 1979 (il passe alors de 13 à plus de 27 dollars le baril). Si, en pourcentage, le second choc pétrolier est donc moins brutal que le premier, il est en fait plus important si on l'évalue en dollars.

La conséquence n'est pas simplement une nouvelle accélération de l'inflation mais aussi une aggravation du déficit des échanges de produits énergétiques (– 14,8 et – 17,9 milliards de francs en 1972 et 1973, – 51,5 et – 45,7 milliards en 1974 et 1975), entraînant celui du solde global du commerce extérieur de la France: celui-ci atteint – 23 milliards en 1974 (mais + 4,6 milliards en 1975 grâce à la diminution des importations), – 24 milliards en 1976, – 16 en 1977, + 0,3 en 1978, – 13,5 en 1979; l'effet du second choc pétrolier se fait alors lourdement sentir: – 57 milliards en 1980, – 54 en 1981, – 104 en 1982...

Mais d'autre part cette « facture pétrolière » a un effet direct sur la croissance : le surcroît de dépenses qu'elle provoque s'élève à 6,8 milliards de dollars en 1974, ce qui représente 2,7 % du produit national brut. Cela signifie autant de débouchés en moins pour les autres produits.

La crise

Il s'ensuit une récession en 1975, après une trentaine d'années de croissance, qui se reproduit en 1980-1981.
Dans l'ensemble des pays de la CEE la récession est encore plus forte qu'en France : + 1,7 % de croissance du PIB en 1974, – 1,6 % en 1975 ; aux États-Unis, elle est plus longue : – 1,3 % en 1974 et – 1 % en 1975. Et si la reprise qui se produit en 1976 pouvait laisser croire à un simple « accident conjoncturel », l'impossibilité de retrouver durant les années suivantes un taux de croissance comparable à celui des Trente glorieuses, en particulier en ce qui concerne la production industrielle, indique que l'on est bien en présence d'une crise structurelle.
L'une de ses caractéristiques est la montée du chômage : d'environ 1,7 % de la population active française durant les années 1960-1967, le taux de chômage atteint 2,8 % en 1974 (ce qui représente environ 600 000 sans-emploi). Puis il augmente sensiblement à partir de 1975 : il atteint 5 % en 1977 (soit environ 1,1 million de chômeurs), et plus de 7 % en 1981 (soit près de 1,8 million de chômeurs). Dans les sept grands pays de l'OCDE, ce taux de chômage passe de 2,8 % en moyenne annuelle entre 1960 et 1967, à 6,5 % en 1981.
Un autre fait marquant est la baisse de la rentabilité du capital : le rapport du profit au stock de capital physique investi baisse de 18 % en 1971-1972 à 10-11 % au début des années 1980, et la rentabilité financière (rapport des revenus distribués et de l'épargne des entreprises à leurs fonds propres) baisse de 7,6 % en 1973 à 3,9 % en

1980-1981. De plus, cela se produit dans le contexte d'une poussée inflationniste, alors que dans le passé le ralentissement de l'activité s'accompagnait d'une moindre hausse des prix.

La lutte contre l'inflation

Après le plan Fourcade de refroidissement de l'économie, décidé en 1974 (encadrement du crédit, élévation du taux d'escompte, taxation des plus-values nées de l'inflation, augmentation du prix de l'énergie pour en réduire la consommation), Jacques Chirac procède en 1975 à une relance importante : dégrèvements fiscaux, hausse des allocations familiales, aides aux investissements (représentant environ 45 milliards de francs). Cela permet à la France de connaître une récession moins marquée qu'à l'étranger, mais provoque une poussée inflationniste plus forte, favorisée par la hausse importante des rémunérations nominales (les salaires bruts augmentant de près de 20 % en 1974, de 18,1 % en 1975 et de 16,3 % en 1976) ; cela entraîne également un important déficit du commerce extérieur en 1976. En août de cette année, Raymond Barre prend en main la politique économique : selon lui, il faut s'attaquer en priorité à l'inflation, due principalement, en dehors du renchérissement du coût des importations, à la croissance trop rapide des revenus intérieurs et du pouvoir d'achat des ménages par rapport à celle de la production intérieure.

Le 22 septembre 1976, il fait adopter par le gouvernement un plan d'austérité : réduction des investissements publics, majoration exceptionnelle de l'impôt sur le revenu, hausse de l'impôt sur les signes extérieurs de richesse, moindre croissance de la masse monétaire (+ 12,5 % en 1977 contre + 16 % en 1976), élévation du taux d'escompte, blocage des prix pendant les trois derniers mois de l'année. Les résultats en sont décevants sur le plan de l'inflation qui se stabilise simplement entre 8 et 10 % jusqu'en 1978, avec une croissance du produit intérieur de 3,5 %.

Mais la philosophie du Premier ministre est en fait de lutter contre la stagflation par la restauration de la concurrence et de l'initiative des chefs d'entreprise : c'est ce qui l'amène à entreprendre la libération des prix industriels en 1978, à réduire les aides aux entreprises en difficulté (les « canards boiteux ») et à pratiquer une politique de « vérité des prix » dans le secteur public ; c'est la sanction du marché qui doit pousser les entrepreneurs à refuser d'augmenter inconsidérément les salaires, et les syndicats à modérer leurs revendications pour ne pas provoquer des hausses de coûts entraînant des licenciements massifs ou la disparition de leur entreprise. Dans cette perspective, la modération des hausses de salaires est le seul moyen de réduire à la fois l'inflation et le chômage.

Pourtant, le second choc pétrolier révèle la fragilité du système productif français et de l'amélioration toute relative des années 1977-1979 : l'inflation s'accélère de nouveau en 1980-1981, alors que la récession s'installe, que le chômage s'accroît, et que le déficit extérieur se creuse. Pour Raymond Barre cela s'explique par le fait que les Français n'ont pas compris la nécessité de réduire leur train de vie dans un contexte international devenant très contraignant.

De la relance à la rigueur néolibérale (de 1981 à nos jours)

Quand les socialistes arrivent au pouvoir, en juin 1981, le contrecoup du second choc pétrolier est toujours présent : la production industrielle diminue en volume par rapport à 1980, année durant laquelle sa croissance était nulle ; parallèlement, le produit intérieur brut n'augmente que faiblement, la hausse des prix à la production et à la consommation atteint 13 %, et l'on compte près de 1,7 million de chômeurs.

Ayant condamné depuis plusieurs années la politique suivie par Raymond Barre, les socialistes décident, conformément à leur programme, de relancer l'activité grâce à un rôle accru de l'État.

La relance (1981-1982)

Selon eux, la « stagnation » que connaît alors l'économie française s'explique en grande partie par l'insuffisance de la demande intérieure, qui réduit les perspectives de vente des entreprises et leur motivation à investir et à embaucher. Il convient donc d'augmenter les bas salaires et les dépenses publiques pour stimuler le marché intérieur, tout en accroissant l'offre en aidant les entreprises privées par le biais de subventions, et en développant les investissements de l'État par l'intermédiaire d'un secteur public élargi : des nationalisations doivent en effet permettre à l'État d'accroître et de diriger les investissements des entreprises industrielles passées sous contrôle public, tout en facilitant leur financement via l'extension du secteur bancaire nationalisé.

Ainsi sont décidés :

– l'acquisition de 100 % du capital d'Usinor et Sacilor (contrôlés à 85 % auparavant) ;

– la nationalisation complète de la Compagnie générale d'électricité (CGE), de Thomson, de Saint-Gobain-Pont-à-Mousson, de Pechiney-Ugine-Kuhlmann et de Rhône-Poulenc (ainsi que des filiales de ces cinq grands groupes industriels) ;

– la participation majoritaire dans le capital de Dassault-Breguet et de Matra ;

– l'achat des filiales françaises d'entreprises étrangères : CII-Honeywell-Bull, Roussel-Uclaf et Compagnie générale de construction téléphonique (CGCT) ;

– la nationalisation complète des compagnies financières Paribas et Indosuez, ainsi que de 36 établissements bancaires.

Un déficit budgétaire «de relance» est décidé pour dégager les fonds nécessaires au rachat des entreprises privées, aux aides publiques et aux créations d'emplois prévues dans le secteur public (150 000). Le lancement d'emprunts d'État doit permettre de financer une partie de ces dépenses, et la reprise espérée de l'activité contribuera à accroître progressivement les recettes fiscales de l'État.

Le gouvernement estime que le risque de « dérapage » inflationniste est réduit, car une reprise des investissements, de la croissance et de l'emploi permettra de réduire les coûts unitaires de production et les dépenses d'assistance.

La logique de cette politique est conforme à la pensée keynésienne selon laquelle le sous-emploi et la stagnation durable de l'activité ne peuvent être surmontés que grâce à l'action de l'État, seul en mesure de restaurer, par ses dépenses, un climat propice à la reprise.

Cette politique a pour conséquence de stabiliser le niveau du chômage en 1982-1983, grâce parfois à un traitement social du problème (stages de formation pour les jeunes, possibilités de départ anticipé en préretraite...). Elle permet également une légère reprise de l'activité en 1982, et l'amélioration de la situation des entreprises nationalisées, alors que la hausse des prix marque un léger recul.

Cependant, la production industrielle baisse de nouveau en 1982; la hausse du SMIC, la réduction du temps de travail hebdomadaire (passage aux 39 heures) et la cinquième semaine de congés payés alourdissent les coûts unitaires des entreprises bien que les gains de productivité soient élevés cette même année: la rentabilité des entreprises reste pratiquement au niveau plancher de 1981 durant les années suivantes.

Aussi la conséquence la plus visible à court terme est-elle la dégradation du solde de la balance commerciale, qui atteint

– 136 milliards de francs en 1982 (contre – 87 milliards en 1981). Cela s'explique par le fait que les hausses des rémunérations et le surcroît des dépenses publiques ont provoqué une augmentation des importations deux fois plus importante que celle des exportations de produits français. En effet, en dehors du problème de l'énergie, un certain nombre de biens de consommation courante comme de biens de production doivent être importés dans une proportion croissante, et la compétitivité des produits français tend à se dégrader : le « différentiel d'inflation » (c'est-à-dire l'écart des taux d'inflation) entre la France et ses principaux partenaires commerciaux augmente en 1981-1983, car la désinflation française est moins marquée que celle des autres pays.
Cette situation est alors jugée intolérable par le gouvernement socialiste, qui décide de changer de politique.

Le tournant de la rigueur (1982-1983)...

Dès la fin de 1982, la priorité devient la lutte contre l'inflation, jugée responsable du déficit extérieur, qui entraîne l'endettement de la France, la dépréciation du franc, et risque d'engager le pays dans une spirale incontrôlable de nouveaux déficits commerciaux, d'effondrement de la devise nationale et d'inflation importée.
Ainsi Pierre Mauroy décide-t-il de bloquer durant six mois les prix et les salaires, et le responsable du Budget, Laurent Fabius, prépare pour 1983 un budget moins déficitaire que le précédent. Il est procédé également à trois dévaluations destinées à relancer les exportations françaises. Mais, au-delà de ces mesures ponctuelles, le gouvernement s'engage dans une politique de « rigueur » visant à réduire considérablement les hausses de salaires, en proclamant la fin de leur indexation sur le taux d'inflation anticipé : désormais, il convient de s'attacher à limiter au maximum les hausses de prix, et de se contenter, dans la mesure du possible, de maintenir après coup le pouvoir d'achat des salaires. Contenir la demande inté-

rieure est de plus jugé nécessaire pour éviter la croissance trop rapide des importations, qui compromettrait le rétablissement recherché de la balance commerciale. De fait, le rythme de progression des salaires va se réduire d'une façon rapide, passant d'environ 15 % en 1981-1982 à 4 % en 1986. D'autre part, en raison de la réduction de certaines dépenses publiques, de l'établissement d'une nouvelle tranche d'imposition sur les hauts revenus (taxés à 65 %), de l'augmentation des cotisations sociales (1 % Bérégovoy), le déficit budgétaire, d'abord stabilisé, commence à se réduire : égal à 153 milliards de francs en 1985, il baisse à 141 milliards en 1986 (puis à 120 et 115 milliards en 1987 et 1988). Le résultat de cette politique est de ramener effectivement la hausse des prix à moins de 3 % en 1986 (éliminant ainsi le différentiel d'inflation avec les principaux pays de l'OCDE), de réduire sensiblement le déficit commercial (88 milliards en 1983, 69 en 1984-1985, 37,5 en 1986), l'année 1986 voyant également une légère reprise de l'activité. Mais la production industrielle croît toujours aussi faiblement (moins de 1 % par an), le taux de chômage dépasse les 10 % et le nombre des chômeurs passa de 1,9 à 2,5 millions entre 1983 et 1986.
L'effet principal de la rigueur aura finalement été de briser la hausse des coûts salariaux, permettant ainsi l'amorce du rétablissement de la rentabilité des entreprises, mais au prix d'une stagnation d'ensemble du pouvoir d'achat des salariés.

... et le retour du libéralisme

En fait, le retournement de politique économique effectué en 1982-1983 se traduit par un début de désengagement de l'État : les services de la planification ne jouent plus aucun rôle actif en matière de détermination des grands objectifs nationaux ; les stratégies des différents établissements industriels et financiers nationalisés, agissant comme des firmes privées, cessent d'être coordonnées ; l'acceptation du jeu concurrentiel et l'intégration de l'économie française dans l'Europe élargie soumet les critères de décision aux normes capitalistes de rentabilité; de même, la réforme de la Bourse, avec la création en 1986 du marché à terme d'instruments financiers (MATIF), marque le désir du gouvernement socialiste de favoriser les mécanismes de financement privés. Au total, l'objectif de gestion plus « efficace » du système économique existant se substitue à celui des nouvelles réformes économiques ou sociales.

Cela peut expliquer à la fois le manque de soutien rencontré par les partis de gauche lors des élections de 1986 et la facilité avec laquelle est mise en œuvre la politique du gouvernement Chirac à partir du printemps 1986. Dans ses grandes lignes, la politique conjoncturelle ne se modifie pas : poursuite de la réduction du déficit du budget de l'État (dont le solde négatif passe de 3,3 % du produit intérieur brut en 1985 à 2,8 % en 1986, 2,3 % en 1987 et 2 % en 1988) ; désir d'alléger le poids de la fiscalité avec la suppression de l'impôt sur les grandes fortunes et de la tranche d'imposition à 65 %, et avec la baisse de l'impôt sur les bénéfices des entreprises ; maintien de taux d'intérêt réels élevés pour freiner le développement du crédit. Pourtant, le taux des prélèvements obligatoires, impôts plus cotisations sociales, qui est passé de 44,6 % en 1984 à 44,1 % en 1986, atteint 44,8 % en 1987.

Cependant, la nouvelle majorité se distingue de la précédente par sa référence explicite aux bienfaits de l'initiative privée et de la déréglementation : une partie des entreprises nationalisées en 1981-1982 sont privatisées, pour restaurer ou accentuer l'« esprit de profit » dans ces firmes comme dans le pays, respecter leur autonomie de gestion, et permettre également à l'État de trouver des recettes nouvelles permettant d'amortir une partie de sa dette (ce fut le cas de Saint-Gobain-Pont-à-Mousson, de la CGE, de la CGCT, de la Société générale, du Crédit commercial de France, de Paribas, de l'agence Havas, de TF1, de plusieurs banques régionales, et en par-

tie d'Elf-Aquitaine) ; la libération des prix industriels, déjà engagée par Raymond Barre et poursuivie par les gouvernements socialistes, est menée à son terme afin d'instaurer un système de « vrais prix » ; l'autorisation administrative de licenciement est supprimée pour permettre aux entreprises d'adapter l'emploi à leurs besoins et donc de comprimer leurs coûts, tout en favorisant l'embauche dans celles qui hésitent à accroître le nombre de leurs employés par peur de ne pouvoir le réduire en cas de difficultés ultérieures.
Dans l'esprit de Jacques Chirac et de son ministre de l'Économie Édouard Balladur, il s'agit donc d'activer les mécanismes de l'économie de marché, de rétablir la rentabilité des entreprises privées et de les inciter ainsi à investir et à embaucher. La remontée des profits est de fait importante à partir de 1986 : le « taux de marge » (rapport du profit brut à la valeur ajoutée) passe dans l'industrie d'environ 28 % en 1981-1985 à près de 33 % en 1988. De même, leur rentabilité économique (rapport du profit brut au capital engagé), qui est tombée de près de 18 % en 1973 à 12-13 % en 1975 et à 11 % de 1981 à 1985, tend vers 13 % en 1988.
Cependant, la rentabilité de l'activité industrielle reste insuffisante aux yeux des épargnants et des chefs d'entreprise (en raison en particulier du coût élevé de l'endettement) ; cela les pousse à préférer le placement boursier à l'achat de machines et à l'emploi de main-d'œuvre supplémentaire. Ce phénomène (d'ailleurs non limité à la France) explique la frénésie de placements boursiers qui s'observe de 1982-1983 à 1987. La montée excessive des cours par rapport à la rentabilité réelle des entreprises est à l'origine du retournement brutal d'octobre 1987 : la vente entraîne une perte de confiance et un effondrement rapide des cours de nombreux titres. Ce krach de 1987, qui n'a finalement pas de répercussion sur le monde de la production, montre cependant les limites des placements spéculatifs et conduit un certain nombre d'investisseurs à accroître (pour un temps) l'investissement productif.

1988-1995 : une compétitivité retrouvée...

Le retour des socialistes au gouvernement en 1988, permis par la réélection de François Mitterrand, ne se traduit pas par un infléchissement de la politique suivie durant la « cohabitation » : la rigueur reste à l'ordre du jour, aussi bien en ce qui concerne la politique salariale que sur le plan des finances publiques (malgré une légère augmentation des dépenses) ; aucune re-nationalisation n'est envisagée, et l'harmonisation des politiques européennes reste un objectif central.

Durant ce second septennat de François Mitterrand, la poursuite de la politique de désinflation compétitive, menée aussi bien par les gouvernements socialistes que par celui d'Édouard Balladur, permet à la France de conserver sa place parmi les pays les moins inflationnistes du monde.

Cela s'explique par la faible augmentation des coûts salariaux et par une politique monétaire plus restrictive limitant la croissance des moyens de paiement mis à la disposition de l'économie. C'est ainsi que le coût unitaire de la main-d'œuvre dans le secteur des entreprises (coût total du travail rapporté aux quantités produites), qui a augmenté de 13 % en 1980 et de plus de 10 % en 1982, ne s'accroît que de 3,5% en 1990, de 1,4 % en 1992 et de 0,5 % en 1995, et que la masse monétaire, qui augmente de 9 à 10 % par an à la fin des années 1980, diminue en 1993 et ne s'accroît que de 0,8 % en 1994 et de 4 % en 1995.

Cette compétitivité-prix retrouvée par les entreprises françaises leur permet de développer leurs exportations, et à la France de connaître un rétablissement spectaculaire du solde de ses échanges extérieurs, à partir de 1991-1992 : il est porté à un niveau historique record en 1995 (plus de 50 milliards de francs d'excédents pour les produits manufacturés, et près de 200 milliards pour le total des échanges de biens et services).

Mais cette évolution favorable est aussi en partie la conséquence de la baisse du coût global de l'énergie importée et d'une façon générale de la hausse limitée des importations, provenant elle-même de la faible croissance de l'économie française.

... mais des inégalités qui se creusent

Or cette faible croissance s'accompagne d'une montée apparemment inexorable du chômage, qui provoque l'exclusion sociale d'un nombre croissant de Français, et qui pèse sur la rémunération des actifs modérant leurs revendications salariales par peur de perdre leur emploi. C'est ainsi que les salaires, qui augmentent de 10 à 15 % par an avant 1983, n'augmentent plus en moyenne que de 4,5 % par an de 1988 à 1991, et de 2,5 % de 1992 à 1995.

L'évolution des revenus d'activité des ménages telle qu'elle ressort d'une étude du Conseil supérieur de l'emploi, des revenus et des coûts, rendue publique en janvier 1997, apparaît même préoccupante. Cette étude montre en effet que le revenu des ménages actifs (salariés et entrepreneurs individuels) a baissé en moyenne de 0,5 % par an de 1989 à 1994, alors que les revenus du patrimoine ont augmenté de 3,9 % par an et ceux des retraités de 2,3 %.

En d'autres termes, le travail s'avère de moins en moins rémunérateur alors que le revenu des ménages inactifs s'accroît. De plus, parmi les salariés, les inégalités se creusent: « en dix ans », relève ce rapport, « le niveau de vie des ménages d'ouvriers non qualifiés a diminué de 5 %, celui des employés n'a pas bougé, et celui des cadres a augmenté de 13 % ».

Pourtant, si la situation globale des salariés tend à se dégrader, il n'en est pas de même de celle des entreprises, vue dans son ensemble.

En effet, le taux de profit des entreprises industrielles gagne encore près de deux points et demi en 1995 (15,2 %) par rapport à

1988 (12,8 %), année durant laquelle la rentabilité du capital avait déjà retrouvé un niveau comparable à celui de la moyenne des années 1970.

Cela n'exclut pas, bien sûr, qu'un certain nombre de firmes de toutes tailles connaissent de sérieuses difficultés et soient contraintes de fermer leurs portes ou de se séparer d'une partie de leurs employés. Mais cela révèle le fait que de nombreuses entreprises en bonne santé financière procèdent elles aussi à des licenciements en privilégiant les critères de rentabilité à court terme impliquant l'allègement du coût salarial. Comme elles ne procèdent pas non plus à des augmentations de leur stock de capital productif, ainsi qu'en témoigne la stagnation des investissements, ce comportement explique la faible croissance de la production globale et la baisse des effectifs employés.

Dès lors, la récession n'est évitée qu'au prix d'un soutien de l'activité par l'État, dont les dépenses augmentent plus vite que les recettes ; ainsi, le déficit des finances publiques et l'endettement de l'État s'accroissent d'autant plus que les taux d'intérêt réels (qui rémunèrent les souscripteurs d'emprunts publics) restent relativement élevés.

Ainsi, durant ces années, le redressement économique de la France a surtout profité aux entreprises exportatrices. L'exportation, de moteur secondaire de l'économie, tend à devenir son moteur principal. Mais celui-ci n'est pas suffisamment puissant pour susciter un essor de l'activité aussi ample qu'il le faudrait pour résorber le chômage. On peut même se demander si ce n'est pas cette course à l'exportation qui provoque la montée du chômage, puisqu'elle pousse les entreprises à réduire toujours plus leurs coûts de production, et donc par conséquent l'emploi.

La France dans l'Europe : une monnaie unique contraignante

Après la conférence de La Haye, en décembre 1969, se met progressivement en place une politique monétaire commune par l'intermédiaire du Fonds européen de coopération monétaire. Puis en avril 1972 les accords de Bâle créent le « serpent monétaire européen », qui limite les fluctuations des cours des devises de chaque pays. Mais ce « serpent » ne résiste pas à la crise de 1974 ; il fait place à une nouvelle forme de coopération dans le cadre du Système monétaire européen (SME) ; il doit permettre à terme de faire de l'écu l'unique monnaie de référence européenne, même si chaque pays conserve une devise propre définie par un certain nombre d'« écus ». Dans le prolongement du traité de Rome de 1957 créant la Communauté économique européenne (CEE) qui a institué la libre circulation des marchandises, et de l'Acte unique de 1986 qui a pour but de poursuivre la formation d'un grand marché européen, est conclu en décembre 1991 le traité de Maastricht, adopté de justesse en France par voie référendaire en septembre 1992. Il se propose de parachever l'unification économique de l'Europe en supprimant les frontières freinant le déplacement des personnes et des capitaux, et en créant les conditions pour qu'une monnaie unique européenne irrigue ce grand marché en se substituant aux monnaies nationales. Le Traité crée une Union économique et monétaire (UEM) dotée d'un Institut monétaire européen (IME) et une Banque centrale européenne (BCE) indépendante des pouvoirs politiques, chargés de créer cette nouvelle monnaie, l'écu, rebaptisé euro en décembre 1995.

La mise en place de ces institutions se termine le 31 décembre 1996, et la liste des États membres ayant accès à cette monnaie unique est dressée en 1998. Le taux de conversion de chaque monnaie en euros est fixé le 1er janvier 1999, et le remplacement définitif de ces monnaies nationales par des euros a lieu le 1er janvier 2002.

L'objectif explicite du traité de Maastricht est de faire de l'Europe une zone de stabilité monétaire dotée d'une monnaie forte capable de rivaliser avec le dollar américain. Cela doit être possible grâce à l'attitude vigilante d'institutions monétaires déterminées à éviter tout dérapage inflationniste (qui affaiblit le pouvoir d'achat et la confiance dans la monnaie), en limitant la création monétaire à un montant jugé compatible avec la stabilité des prix. Ainsi, l'Europe pourrait attirer les capitaux étrangers, avoir des taux d'intérêt modérés, et bénéficier de bonnes conditions pour financer ses investissements. Par ailleurs, les avantages d'une monnaie unique sont multiples :

– elle empêche la « guerre des dévaluations » que se livrent des pays cherchant à développer leurs exportations en manipulant les taux de change ;
– elle supprime l'incertitude quant aux revenus futurs procurés par l'exportation ou par des placements dans les autres pays européens, puisqu'ils ne sont plus désormais susceptibles d'être modifiés par un changement de parité monétaire ;
– elle met fin aux mouvements financiers spéculatifs au sein de l'UEM, provoqués auparavant par l'attrait pour les devises fortes ou par l'anticipation de dévaluation, ou de réévaluation ;
– elle élimine le coût des transactions monétaires, constitué par les frais de change que les banques font supporter à leurs clients ;
– elle transforme la nature des échanges extérieurs entre pays, puisque importateurs et exportateurs n'ont plus à se procurer la devise de leur vendeur ou à convertir dans leur propre monnaie celle de leur acheteur : la notion même de commerce « extérieur » tend à disparaître au sein de cette zone monétaire puisqu'il ne subsiste qu'un marché unique et une monnaie unique.

Mais le traité de Maastricht prévoit que, pour avoir accès à cette monnaie unique, les pays signataires doivent respecter durant plusieurs années des critères de convergence particulièrement contraignants : avoir un déficit du budget de l'État inférieur à 3 % du produit intérieur brut, une dette publique brute cumulée n'excédant pas 60 % de ce même PIB, un taux d'inflation ne dépassant pas de 1,5 % le taux d'inflation des pays les moins inflationnistes, et des fluctuations de la valeur de leur monnaie nationale inférieures à 2,5 % par rapport à un cours de référence.

De plus, il est précisé dans le traité que les États doivent cesser d'aider ou de protéger les entreprises du secteur concurrentiel (publiques ou privées), afin de ne pas faire obstacle à la « concurrence libre et non faussée ». Cela revient à remettre en cause le statut des entreprises nationalisées, et la notion même de service public. En effet, la plupart des activités considérées (en France en particulier) comme relevant du service public, peuvent faire l'objet d'une « privatisation » et être gérées selon une autre rationalité visant à assurer leur rentabilité financière et non plus à satisfaire les besoins essentiels de tous les usagers. C'est le cas des services postaux, de la fourniture d'énergie, des transports ferroviaires..., mais peut être aussi celui des assurances sociales, de l'éducation, de la médecine...

Les États doivent également s'abstenir de financer leurs déficits budgétaires par la création monétaire, et ne plus imposer leur vue à la Banque centrale autonome. C'est la raison pour laquelle le statut de la Banque de France est modifié en 1993, son gouverneur et les membres de son Conseil de politique monétaire étant certes nommés par le pouvoir politique mais désormais dégagés de sa tutelle.

La situation économique de 1995 à 2007

Durant les deux mandats présidentiels de Jacques Chirac, la France connaît une situation économique contrastée. La croissance, relativement faible en 1995-1997 (moins de 2% en moyenne), s'accélère en 1998-2000 (plus de 3,5 % par an), retombe en 2002-2003

(1,1 % et 0,5 %) et est de l'ordre de 2 % depuis 2004. Cela explique l'évolution du taux de chômage, qui atteint près de 12 % en 1998, retombe à moins de 9 % en 2001 (1,8 million d'emplois sont créés entre 1997 et 2002), mais remonte ensuite à près de 10 % en 2003-2004, en raison d'une croissance insuffisante, le nombre de chômeurs s'élevant à environ 2,7 millions de personnes en 2005. Mais le chômage connaît ensuite un repli important, puisqu'il retombe à 2,2 millions fin 2007 (bien que ce chiffre soit contesté en raison de nouvelles méthodes d'estimation qui le minoreraient).

Cette amélioration s'inscrit cependant dans un contexte de précarité croissante du travail : c'est ainsi que le travail à temps partiel, qui représentait 7 à 8 % de l'emploi total au début des années 1980 et environ 15 % en 1995, en représente plus de 17 % en 2007 (soit plus de 4 millions de personnes, dont 1,3 million souhaitant explicitement travailler plus) ; de plus, 3 millions de personnes exercent un emploi à durée limitée (titulaires d'un contrat à durée déterminée, intérimaires – volontaires ou non – apprentis, stagiaires…).

De plus, on compte en 2007 plus de 2,5 millions de smicards, et plus de 1 million de bénéficiaires du RMI (contre 500 000 en 1992). Ainsi, et bien que certaines personnes peuvent appartenir à plusieurs de ces catégories (on peut être à la fois smicard et travailler à temps partiel…), le nombre de ceux qui sont exclus du monde du travail, qui vivent mal de leur travail (les « travailleurs pauvres ») ou ne disposent pas de conditions de travail assurant la stabilité de leur emploi et de leur revenu s'élève en 2007 à environ 10 millions d'individus pour une population active de l'ordre de 28 millions de personnes.

Cela explique en grande partie la « fracture sociale » largement évoquée dans les milieux politiques et considérée par beaucoup comme préoccupante.

En ce qui concerne l'évolution des prix, le taux d'inflation déjà inférieur à 3 % au début des années 1990, reste inférieur à 2 % jusqu'en 2007, ces taux étant de l'ordre de ceux observés avant la poussée inflationniste des années 1970. Cette modération de l'inflation explique en partie la bonne tenue du commerce extérieur français durant cette période : grâce à l'essor des exportations, le solde de la balance commerciale (exportations moins importations de biens et services marchands) atteint des niveaux élevés durant les années 1996-1999 (respectivement 34, 117, 98 et 65 milliards de francs). Mais il se réduit par la suite et devient négatif en 2006 (– 20 milliards d'euros) et en 2007 (– 17 milliards pour les trois premiers trimestres) révélant une perte de compétitivité inquiétante de l'économie française.

Par ailleurs, le déficit du budget de l'État – supérieur jusqu'en 1996 à 3 % du produit intérieur brut (maximum autorisé par le traité de Maastricht) – descend sous cette barre de 1998 à 2001, avant de dépasser à nouveau les 3 % en 2002, et de revenir sous les 3 % en 2005. Mais la dette publique cumulée qui devrait être inférieure à 60 % du PIB, (maximum toléré par ce même traité), est supérieure à 64 % du PIB en 2007.

La politique économique de 1995 à 2007

Durant les présidences Chirac, les divers gouvernements, de droite ou de gauche, acceptent la « sanction des marchés », sans pour autant céder à la tentation de l'« ultralibéralisme » qui aurait impliqué un recul plus important de l'État, un allègement notable des prélèvements et des dépenses publiques, et une remise en cause véritable de la protection sociale.

Le gouvernement Juppé (1995-1997) tente bien une réforme de certains régimes des retraites et de la Sécurité sociale, afin de réduire le déficit de ces caisses ; mais l'énorme mobilisation populaire l'amène à renoncer à ses projets. L'essentiel de sa politique consiste ensuite à effectuer une série de privatisations représentant un total de 9,4 milliards d'euros, soit 62 milliards de francs (Usinor-Sacilor, Pechiney, BFCE, AGF, Renault, Bull...).

Ces privatisations sont moins importantes que celles réalisées par Édouard Balladur, entre 1993 et 1995 (17 milliards d'euros), et par Jacques Chirac, alors Premier ministre, entre 1986 et 1988 (13 milliards d'euros). Mais c'est ensuite sous le gouvernement Jospin (1997-2002) que le montant des privatisations (totales ou partielles) est le plus élevé (31 milliards d'euros) : France Télécom, Thomson, le GAN, le Crédit Lyonnais, l'Aérospatiale-Matra, la Banque Hervet, la SFP, des autoroutes... passent dans le secteur privé, ou font l'objet d'une « ouverture de capital ».

Cette politique ne représente cependant qu'un aspect de l'orientation économique du gouvernement Jospin. En effet, plusieurs mesures de nature « interventionniste » sont prises : instauration de la couverture maladie universelle (CMU) ; « prime pour l'emploi » (2001), accordant un crédit d'impôt à ceux qui perçoivent des bas salaires ; réduction du temps de travail à 35 heures hebdomadaires (lois Aubry, 13 juin 1998 et 19 janvier 2000), qui ouvre en France un grand débat toujours d'actualité.

Le passage aux 35 heures, violemment combattu par le patronat, apparaît en effet comme une décision dirigiste de nature politique visant à obtenir le soutien des salariés par ailleurs déçus par une politique salariale assez rigoureuse et par des perspectives d'emploi restant très médiocres. L'objectif affiché est de permettre des créations d'emplois, puisque le recours aux heures complémentaires (au-delà de 35 heures) est strictement limité. Mais les créations d'emplois liées à l'ARTT (aménagement et réduction du temps de travail) sont finalement assez faibles, et le passage aux 35 heures s'accompagne d'une « annualisation » du temps de travail souvent mal vécue par les salariés devant adapter leur rythme de travail aux besoins de l'entreprise, et voyant le plus souvent leurs revenus stagner.

En définitive, la droite n'osa pas mener en profondeur une réforme des structures de l'économie française, tandis que la gauche fut jugée trop « néolibérale » par ceux qui lui étaient proches, brouillant ainsi l'idée classique d'une droite antiétatique et d'une gauche antilibérale.

De 2002 à 2005, le gouvernement Raffarin est confronté au même dilemme : soit poursuivre dans la voie du recul de l'État et respecter strictement les engagements européens, avec le risque de voir se développer un nouveau grand mouvement social de contestation ; soit au contraire abandonner cette orientation et défendre finalement le « modèle français ».

Le choix fait par Jean-Pierre Raffarin est en définitive de s'attaquer aux déficits des budgets sociaux (problème de financement des retraites et de la Sécurité sociale), provoquant en 2003 de vives réactions. Malgré de longues grèves et de multiples manifestations, le gouvernement ne cède pas, et continue en parallèle la politique de privatisation totale ou partielle d'un certain nombre de sociétés publiques ou semi-publiques (Autoroutes, Gaz de France, Société nationale Corse-Méditerranée, EDF…). Sur ce plan, le successeur de Raffarin, Dominique de Villepin, poursuit la politique de son prédécesseur.

Mais il échoue dans sa tentative d'instituer le CPE (contrat première embauche) concernant les jeunes accédant à un emploi, vivement critiqué par les étudiants et la gauche. Pour ceux-ci, le CPE et le contrat nouvelle embauche (concernant les petites entreprises) aurait accentué la précarité de l'emploi (puisque les employeurs aurait disposé d'un délai de deux ans pour licencier sans motif leurs salariés), cela annonçant de plus une refonte plus générale du droit du travail.

L'économie française depuis 2007

Depuis l'arrivée au pouvoir de Nicolas Sarkozy, en juin 2007, la politique économique semble pilotée depuis l'Élysée par le président de la République, la marge d'initiative du Premier ministre, François Fillon, et de sa ministre de l'Économie, Françoise Lagarde, étant limitée : il s'agit pour eux d'appliquer les grandes orientations présidentielles.

En application du programme électoral de Nicolas Sarkozy, les premières mesures ont pour objectif de soutenir l'activité en allégeant le poids de la fiscalité : des dégrèvements d'impôts sont décidés et intégrés dans la loi de finance de 2008, bénéficiant surtout à des catégories sociales favorisées (déductibilité d'intérêt sur certains emprunts permettant l'acquisition de logements immobiliers, allégements des droits de succession, « bouclier fiscal » limitant à 50 % au maximum le taux d'imposition sur les revenus...).

En application du slogan « travailler plus pour gagner plus », les heures supplémentaires font l'objet d'une exonération de cotisations sociales et d'impôts sur le revenu. Mais l'impact recherché sur la croissance s'avère très limité, ces mesures, coûtant à l'État plus de 10 milliards d'euros aggravent le déficit budgétaire déjà élevé (de plus de 40 milliards, il dépassera les 50 milliards d'euros en 2008), et suscitent un sentiment d'injustice dans la mesure où la plupart des ménages pauvres ou modestes n'en bénéficient pas (la possibilité de faire des heures supplémentaires dépendant de la décision des chefs d'entreprises et non du désir des salariés).

De plus, le climat social tend à se détériorer à l'automne, en raison de réformes touchant les régimes de retraite dans le secteur des transports publics, ou destinées à rendre effectif l'objectif de ne pas remplacer un fonctionnaire sur deux partants à la retraite, affectant l'enseignement (suppression de postes...), la justice (fermeture de tribunaux de proximité), l'armée et la police..., qui provoquent de nombreuses grèves ou manifestations. À cela s'ajoutent plusieurs crises, venant certes de l'extérieur, mais qui ont un fort impact sur l'économie française : d'une part, la hausse du prix des matières premières, celle du pétrole en particulier (qui est cependant suivie par une forte baisse à partir de l'été 2008) ; d'autre part et surtout, la crise des « subprimes », venant des États-Unis, qui devait se limiter à ce pays, mais qui touche la France comme les autres économies du monde, dans la mesure où il s'avère que de nombreuses banques françaises ont « spéculé » en achetant des titres douteux émis par les sociétés financières américaines, et se retrouvent avec des pertes importantes ; de plus, des « traders » irresponsables ont pris des positions aventureuses (affaires de la Société Générale éclatant en janvier 2008, et de la Caisse d'Épargne au mois d'octobre...).

Cette crise financière s'étend à la Bourse, car les difficultés des banques provoquent la baisse sensible du cours de leurs actions et une restriction du crédit, entraînant une défiance générale qui fait chuter progressivement la cote de l'ensemble des titres : en France, le « CAC 40 » (mesurant le cours des quarante plus grosses sociétés cotées à la Bourse de Paris), passe en un an de l'indice 6 000 à environ 3 000 en décembre 2008. Et encore, le pire est évité grâce à l'annonce de plans de soutien au secteur financier et bancaire d'une ampleur inconnue jusque-là, aux États-Unis depuis l'été 2007, mais aussi en Grande-Bretagne, puis dans les autres pays européens ; en France, le gouvernement annonce à l'automne 2008 que l'État est prêt à mobiliser plus de 350 milliards d'euros pour venir au secours du secteur bancaire en cas de besoin, s'ajoutant à des prêts immédiats de plus de 20 milliards et au sauvetage de la Société franco-belge Dexia menacée de faillite.

Le plus inquiétant dans cette situation est le fait que cette crise a gagné « l'économie réelle », c'est-à-dire l'activité productive et l'emploi, car les difficultés bancaires ont affecté le financement de l'économie (prêts aux entreprises et prêts aux ménages). La récession (baisse de la production nationale) a touché les États-Unis en 2008 et s'est étendue à de nombreux pays européens, dont la France en 2009, le Produit intérieur brut reculant de 2,6 %, soit moins cependant qu'en Allemagne (-4 %). Le corollaire en est la montée du chômage qui avait diminué jusqu'à l'été 2008, le taux de chômage baissant alors jusqu'à environ 7,5 % de la population active : les destructions d'emplois sont de l'ordre de 50 000 à 60 000 par mois durant le premier semestre de l'année 2009. On compte 2,5 millions de chômeurs en juin (le taux de chômage tendant vers les 9 %), et l'INSEE évalue à 3,1 millions le nombre de personnes sans emplois qui souhaiteraient travailler. La croissance sera de retour en 2010 (environ +1,6 %), mais cela ne permettra que de réduire la croissance du chômage, touchant 2,7 millions de personnes fin 2010 (chômeurs de Catégorie A, n'ayant effectué aucune heure de travail, soit près de 10 % de la population active), et plus de 4 millions si l'on tient compte de tous ceux qui exercent une activité à temps partiel ou sont en période de stage ou de formation).

Face à cette situation, le Président Sarkozy, qui avait durant sa campagne de 2007 affirmé qu'il « irait chercher avec les dents » le point de croissance manquant, s'efforce de rassurer les Français en s'engageant à ce que l'État intervienne vigoureusement pour éviter la faillite des banques et pour les pousser à continuer à financer l'économie, et en essayant de mettre sur pied une politique de relance concertée européenne, tentative qui ne trouve pas de réel écho. Il avait annoncé à Douai le 4 décembre 2008 un plan français, visant à aider principalement les secteurs les plus touchés par la crise (l'automobile et le bâtiment), prévoyant en particulier une aide au financement pour l'achat d'une automobile, une « prime à la casse » pour inciter les propriétaires de véhicules anciens de les remplacer par des voitures neuves moins polluantes, le doublement des crédits « à taux zéro » au bénéfice des ménages modestes souhaitant acquérir un logement... ; sont également décidés des remboursement anticipés de TVA et de crédits d'impôts au bénéfice des entreprises, des investissements publics dans les infrastructures, des exonérations de charges sociales sur les nouveaux salariés embauchés dans les entreprises de moins de dix salariés et le versement d'une prime exceptionnelle de deux cents euros aux personnes en difficulté... Mais l'ensemble de ces mesures portent le déficit des finances à 150 milliards d'euros en 2010 (soit environ 8 % du PIB), ce qui constitue un niveau historique, et dépasse largement les 3 % autorisés par les traités européens.

Pourtant, aux yeux de nombreux observateurs, ces mesures apparaissent insuffisantes face à l'ampleur de la crise pour permettre le retour d'une croissance soutenue. Une partie de la gauche préconise le recourt à un interventionnisme plus actif, reposant sur des investissements publics massifs, en particulier dans les infrastructures et la recherche, sur l'extension (et non la réduction) du secteur public, sur la hausse des bas salaires pour relancer la consommation, et sur la remise en cause des dispositions des Traités européens qui limitent le rôle de l'État et cantonnent la Banque centrale à une fonction de défense de la valeur de l'euro, et interdisent les interventions de l'État qui remettraient en cause « la concurrence libre et non faussée ». Mais cela signifierait un infléchissement majeur de la politique économique française, jusque-là fidèle aux prescriptions de ces Traités, que le président Sarkozy a toujours soutenu ces traités (bien qu'il ait à plusieurs reprises demandé plus de souplesse dans la politique monétaire de la BCE), étant l'un de ceux qui a le plus vigoureusement défendu et fait voter par le Parlement le Traité de Lisbonne.

La marge de manœuvre de Nicolas Sarkozy apparaît donc assez étroite, bien qu'il soit en charge de la présidence du « G 20 » en 2010 : il doit tenter de relancer la croissance pour réduire le chômage, lutter contre le déficit du commerce extérieur français battant en 2010 un record historique (50 milliards d'euros), réduire également le déficit budgétaire de l'État, mais sans augmenter les impôts (à l'aube des élections présidentielles) ni trop réduire les dépenses publiques afin de ne pas faire replonger le pays dans la récession, et sans pouvoir non plus recourir à la création monétaire dévolue à la BCE. Faire en sorte que la crise ne s'amplifie pas, permettre une croissance verte, s'attaquer aux « paradis fiscaux » et « moraliser » le capitalisme, comme semble le souhaiter le président de la République constitue donc d'énormes défis apparemment lancés aux autorités économiques de notre pays, qui ne semblent pas disposer pour le moment des armes permettant de les relever.

Nouvelles cultures de l'après-guerre

Entre la fin de la Seconde Guerre mondiale et le début des années 1970, les Français retrouvent le goût de vivre, certains celui de la provocation, qui s'exprime dans les lettres, le théâtre, le cinéma et la musique, alors que la télévision devient une compagne quotidienne.

La recherche musicale

La composition musicale du second XXe siècle est fortement marquée par l'œuvre d'**Olivier Messiaen (1908-1992)**. Organiste à l'église de la Trinité dès 1930 et professeur au Conservatoire de Paris à partir de 1942, il s'illustre dans trois registres principaux : l'étude scientifique des chants d'oiseaux (*Catalogue d'oiseaux pour piano,* 1958) ; l'adaptation des rythmes traditionnels asiatiques ou latino-américains (*Chronochromie,* 1960) ; les œuvres religieuses, qui culminent avec son *Saint François d'Assise* en 1983.

Pierre Schaeffer (1910-1995) s'oriente en 1948 vers la « Musique concrète » et compose avec Pierre Henry *Bidule en ut* (1949), *Symphonie pour un homme seul* (1950), *Orphée 51* (1951). Travaillant à la radio, il crée en 1951 le Groupe de recherches musicales (GRM), invente en 1952 le « phonogène » et étudie les sons (*Études aux sons animés,* 1958…).

Pierre Henry (né en 1927) a fréquenté Olivier Messiaen avant de travailler avec Pierre Schaeffer. Il est l'un des initiateurs de la musique électroacoustique, créant *Microphone bien tempéré* (1951), *Haut Voltage* (1955)… Il compose ensuite pour Maurice Béjart *la*

Reine verte (1963) et *Messe pour le temps présent* (1967) et mène plus avant la recherche de nouvelles sonorités dans de nombreuses œuvres, dont *l'Apocalypse de Jean* (1968).

Pierre Boulez (né en 1925), lui aussi élève de Olivier Messiaen, devient après la guerre le principal représentant de l'école sérielle. Il compose des *Sonates pour piano* (1946-1948), collabore avec Pierre Schaeffer, fonde les concerts du « Domaine musical » en 1954 et connaît le succès dans les années suivantes avec *le Marteau sans maître, Pli selon pli.* Parallèlement, Pierre Boulez s'illustre comme chef d'orchestre et prendra en 1976 la responsabilité de l'Institut de recherche et de coordination acoustique-musique (IRCAM), au Centre Georges-Pompidou.

La littérature

La création littéraire est dense durant l'après-guerre. Quelques auteurs marquent plus particulièrement ces années.

C'est le cas d'**Albert Camus (1913-1960),** auteur de romans à dimensions philosophiques (*l'Étranger,* 1942, *la Peste,* 1947, *la Chute,* 1956), de pièces de théâtre (*le Malentendu,* 1944, *Caligula,* 1945, *l'État de siège,* 1948, *les Justes,* 1949), et de célèbres essais (*le Mythe de Sisyphe,* 1942, *l'Homme révolté,* 1951), qui résument sa pensée : l'absurdité de la vie, la solitude humaine, le destin tragique du révolutionnaire. Éditorialiste au journal *Combat* après guerre, il s'engage à gauche, mais critique violemment le stalinisme, se brouille avec Sartre et défend l'idéal d'un humanisme lucide contre toutes les oppressions.

De même, **Simone de Beauvoir (1902-1986),** compagne de Jean-Paul Sartre, effectue à partir des années 1940 une brillante carrière littéraire tout en menant un combat féministe intransigeant et en participant aux luttes politiques aux côtés des forces de gauche. Après avoir publié *le Sang des autres* (1944), *les Bouches inutiles*

(1945), *Pour une morale de l'ambiguïté* (1947), *le Deuxième Sexe* (1949), elle obtient le prix Goncourt pour *les Mandarins* (1954), et écrira encore la trilogie autobiographique *Mémoires d'une jeune fille rangée* (1958), *la Force de l'âge* (1960), *Tout compte fait* (1972). Durant les années 1950 s'affirme une forme littéraire qualifiée de «Nouveau Roman», ou «antiroman» ou «nouveau réalisme» (se démarquant des auteurs plus traditionnels qui poursuivent leurs œuvres tels André Maurois, François Mauriac, Henri de Montherlant, André Malraux, Marcel Pagnol, évoqués dans la période 1919-1939). Ces nouveaux venus sont en particulier **Alain Robbe-Grillet (1922-2008), Marguerite Duras (1914-1996), Nathalie Sarraute (1900-1999), Claude Mauriac (1914-1996), Michel Butor (né en 1926), Claude Simon (1913-2005)**...

D'autres noms s'imposeront dans des genres différents, tels **Maurice Druon (1918-2009), Marguerite Yourcenar (1903-1987), Paul Léautaud (1872-1956), Boris Vian (1920-1959), Jules Supervielle (1884-1960), Saint-John Perse (1887-1975),** prix Nobel de littérature en 1960, et **Michel Tournier (né en 1924),** auteur en particulier du *Roi des aulnes* (prix Goncourt 1970) et des *Météores* (1975)...

Le théâtre

Durant ces années, le théâtre connaît un dynamisme remarquable, grâce à un renouvellement de la mise en scène: **Jean Vilar (1912-1971)** connaît le succès en 1945 avec son adaptation de *Meurtre dans la cathédrale,* de T.-S. Eliot et son jeu d'acteur dans diverses pièces comme *Henri IV* de Pirandello ou les classiques de Molière. Créateur du Festival d'Avignon en 1947, il dirige le Théâtre national populaire (TNP) de 1951 à 1963. Il rencontre en **Gérard Philipe (1922-1959)** un interprète exceptionnel qui domine les années 1950 par son talent de comédien et sa personnalité de «jeune premier». Il triomphe dans *le Cid* (1951), *le Prince de Hombourg* (1951), *Lorenzaccio* (1953), *Ruy Blas* (1954), *On ne badine pas avec l'amour* (1959).

Eugène Ionesco (1912-1994), d'origine roumaine, fait œuvre révolutionnaire avec *la Cantatrice chauve* (1950), *les Chaises* (1952), *Amédée ou Comment s'en débarrasser* (1954), *Rhinocéros* (1959), *Le roi se meurt* (1962).

Samuel Beckett (1906-1989), d'origine irlandaise, qui allie l'ironie et le burlesque, donne en particulier *En attendant Godot* (1953), *Fin de partie* (1957) puis *Oh les beaux jours* (1963)…

Jacques Audiberti (1899-1965) laisse également une œuvre non conformiste, dominée par le culte du langage recherché (*Le mal court*, 1947).

Après une jeunesse agitée le conduisant en prison, **Jean Genet (1910-1986)** publie le *Journal du voleur* (1949), *le Condamné à mort* (1951), mais se consacre surtout au théâtre; il exprime dans ses pièces ses fantasmes sexuels, sa condamnation des préjugés et du racisme, avec un style volontiers provocateur: *les Bonnes* (1947), *le Balcon* (1957), *les Nègres* (1959), *les Paravents* (1961).

Le théâtre plus traditionnel trouve en **Jean Anouilh (1910-1987)** un illustre continuateur. Déjà connu avant la guerre, il produit en 1939 *le Rendez-vous de Senlis,* puis de nombreuses pièces tragiques, ironiques ou légères, dont *Colombe* (1951), *Becket ou l'Honneur de Dieu* (1959), *la Foire d'empoigne* (1962). De même **Armand Salacrou (1899-1989),** auteur de *l'Inconnue d'Arras* en 1935, et d'*Histoire de rire* en 1939, continue après la guerre à écrire des pièces dramatiques ou récréatives (*les Nuits de la colère*, 1946). Dans un autre genre, **Félicien Marceau (né en 1913),** d'origine belge, lance la pièce-monologue, avec *l'Œuf* (1956), puis *la Bonne Soupe* (1958), et **Marcel Marceau (1923-2007),** après avoir joué Arlequin, fait renaître la pantomime en 1947 avec le personnage

de Bip, bouffon au visage et au costume blancs, et crée une école de mime en 1958.
De son côté, **Jean-Louis Barrault (1910-1994),** déjà metteur en scène (*le Soulier de satin,* 1943) et acteur (*Drôle de drame,* 1937, *les Enfants du paradis,* 1944) avant et pendant la guerre, poursuit ensuite une œuvre de création théâtrale avec sa femme, **Madeleine Renaud (1900-1994)** [Compagnie Renaud-Barrault fondée en 1947, création du théâtre d'Orsay en 1974]. Ils interprètent également de grandes œuvres classiques et celles de Ionesco, Beckett, Genet.

Le cabaret et le music-hall

Tandis que Charles Trenet, Maurice Chevalier, Tino Rossi… poursuivent une brillante carrière, de nouveaux noms apparaissent ou s'affirment dans les domaines de la chanson populaire et des sketches comiques. Débutant le plus souvent dans les cabarets de la rive gauche à Paris (La Galerie 55, l'Échelle de Jacob, le Port du salut, l'Écluse, avant de passer aux Trois Baudets, véritable marchepied d'une grande carrière passant par Bobino et l'Olympia), ils acquièrent par la suite une célébrité nationale grâce au développement de la radio et de l'industrie du disque.
Ainsi **Bourvil** et **Luis Mariano** débutent en 1946, **Yves Montand** chante en 1947 *les Poètes, C'est si bon…*; **Francis Lemarque** compose *À Paris.*
En 1948, **Juliette Gréco** chante au Tabou *Si tu t'imagines,* et **les Frères Jacques** *la Queue du chat,* à la Rose rouge.
En 1949, **Édith Piaf** connaît la gloire et **Line Renaud** interprète les chansons de Loulou Gasté. En 1950-1951, **Patachou, Mouloudji, Zizi Jeanmaire** se font connaître, et de nouveaux amuseurs apparaissent, tels **Pierre Dac** et **Francis Blanche, Robert Lamoureux** et **Darry Cowl**.

En 1952, **Georges Brassens** débute aux Trois Baudets et chante *le Gorille* et *la Mauvaise Réputation* dans un spectacle où **Henri Salvador** tient le premier rôle. En 1953, **Jacques Brel** chante quelques chansons aux Trois Baudets, à l'Échelle de Jacob… et **Léo Ferré** parvient à faire interpréter *Paris Canaille, Pauvre Rutebeuf.* L'année suivante, **Gilbert Bécaud** passe à l'Olympia; on voit **Annie Cordy, Bourvil** et **Georges Guétary** dans l'opérette *la Route fleurie.* **Roger Pierre** et **Jean-Marc Thibault, Jean Poiret** et **Michel Serrault, Fernand Raynaud** et **Raymond Devos** viennent étoffer le monde des comiques. En 1955, **Jean Ferrat** débute avec *Ma môme,* **Charles Aznavour** chante *Sur ma vie,* à l'Olympia, **Tino Rossi** *Méditerranée,* **Dalida** *Bambino.*

Le jazz à Saint-Germain-des-Prés

Dès 1945, les cabarets du quartier Saint-Germain-des-Près, à Paris (le Caveau des Lorientais, le Vieux-Colombier, le club Saint-Germain, le Tabou) deviennent les hauts lieux d'une nouvelle joie de vivre symbolisée par le jazz Nouvelle-Orléans, **Claude Luter** à la clarinette, **Mezz Mezzrow, Marcial Solal, André Rewellotty**… accompagnent **Sidney Bechet**. En 1949, ce dernier triomphe au festival de jazz de la salle Pleyel, et en 1955 il peut fêter à l'Olympia son disque d'or. Durant ces mêmes années, **Boris Vian** à la trompette et **Henri Salvador** à la guitare animent aussi les nuits de Saint-Germain; en 1955, ils réalisent un disque-pastiche « Rock and roll-mops ».

De nouvelles musiques

Puis une nouvelle génération s'adressant à un public plus jeune s'affirme en 1958 avec l'apparition de **Johnny Hallyday**. L'année suivante, **Eddy Mitchell** et les Chaussettes noires font leur apparition, puis **Hugues Aufray** s'illustre en adaptant en français des chansons de Bob Dylan.

Plus tard s'affirmeront **Serge Gainsbourg** puis **France Gall, Michel Berger, Véronique Sanson, Francis Cabrel, Renaud, Jean-Jacques Goldman**...

Le « rap » et la « techno » apparaissent durant les années 1990 et tendent à devenir un véritable nouvel élan créatif.

Le cinéma

Les grands réalisateurs des années 1930 (René Clair, Marcel Carné, Sacha Guitry) et ceux qui s'affirment après la guerre **(Henri-Georges Clouzot, Jean Cocteau, Max Ophuls, Jacques Becker, Claude Autant-Lara)** bénéficient du talent confirmé de **Louis Jouvet, Charles Dullin, Raimu, Pierre Brasseur, Jean Gabin, Michel Simon, Bernard Blier**..., du charme et de la sensibilité d'**Arletty,** de **Michèle Morgan,** de **Martine Carole**..., de la personnalité exceptionnelle de **Gérard Philipe,** aussi présent à l'écran que sur la scène. De même, **Simone Signoret** et **Serge Reggiani** se révèlent dans *Casque d'or,* en 1952, et **Yves Montand** exprime ses talents d'acteur dans *le Salaire de la peur* en 1953. Puis, en 1956, naît le mythe **Brigitte Bardot,** après son apparition dans *Et Dieu créa la femme.*

En 1960, c'est **Jean-Paul Belmondo** qui apparaît dans *À bout de souffle.* Avec **Alain Delon, Philippe Noiret, Lino Ventura, Michel Serrault, Jean-Louis Trintignant, Catherine Deneuve** et **Romy Schneider**... il fera partie des acteurs les plus populaires des trente dernières années, rejoints plus récemment par **Gérard Depardieu, Isabelle Adjani**...

C'est à la fin de ces années 1950 qu'apparaît le terme de « Nouvelle Vague » pour qualifier la nouvelle sensibilité qui se manifeste dans différents domaines de la vie littéraire et artistique. Toutefois, elle se limitera bien vite à un groupe de jeunes réalisateurs sans réelle unité, mais ayant en commun un certain non-conformisme et le fait d'animer *les Cahiers du cinéma*: **Claude Chabrol, Jean-Luc Godard, Éric Rohmer, Jacques Rivette, François Truffaut,** dont se démarqueront **Louis Malle, Alain Resnais et Roger Vadim**.

Les vrais débuts de la télévision

La télévision devient durant les années 1950 un instrument culturel privilégié dont les pionniers sont en particulier **Pierre Dumayet** et **Pierre Desgraupes,** qui produisent avec **Pierre Lazareff** et **Igor Barrère** le grand magazine d'information *Cinq Colonnes à la une,* **Max-Pol Fouchet** *(Lecture pour tous),* **Pierre Sabbagh** *(Au théâtre ce soir),* **Stellio Lorenzi** *(La caméra explore le temps),* **Léon Zitrone,** présentateur du journal télévisé et de grands événements, **Jean Nohain** et ses *Trente-six chandelles*; ce sera aussi le temps de *la Piste aux étoiles,* de *l'Homme du* XXe *siècle,* ou de *la Tête et les Jambes,* qui constitueront de grands classiques de l'histoire de la télévision à une seule chaîne et en noir et blanc.

Une société sans culture ?

Après l'effervescence intellectuelle des années 1950-1960, la créativité littéraire, philosophique, voire artistique et musicale, s'est ralentie à partir du début des années 1970. Le « Nouveau Roman », les « nouveaux philosophes », les « nouveaux romantiques » et même la « Nouvelle Histoire » n'ont pas engendré une révolution dans la façon de voir ou d'interpréter le monde.

La mode des années 1980 a plutôt été celle du retour au réalisme des récits biographiques, racontant le destin exceptionnel d'êtres solitaires. Les grands auteurs ou les chercheurs originaux en sciences sociales et humaines n'ont fait que peu d'émules, dans le contexte d'un discrédit croissant des disciplines « littéraires ». La montée du chômage et la crise économique ne sont certes pas étrangères à ce phénomène, poussant les jeunes (et les moins jeunes) à rechercher l'« utile » et le « concret » au détriment de la spéculation intellectuelle. Même ceux qui à l'âge de vingt ans ont participé à la mode « beatnik » ou « hippie », ou vibré aux idées contestatrices de 1968, se sont finalement intégrés dans une société « consensuelle » et normalisée.

La disparition prématurée d'esprits « non conformistes » comme **Thierry Le Luron** et **Coluche** (en 1986), ou **Pierre Desproges** (en 1988), se fait cruellement sentir.

La télévision contribue à standardiser le mode de vie et l'univers intellectuel des nouvelles générations, et joue le rôle de compagne privilégiée de leurs premières années, tenu à l'époque de leurs parents par les Pieds-Nickelés, Tintin ou Spirou, et par la radio.

Cela peut expliquer pourquoi aucun nouveau courant de pensée ou d'expression culturelle véritablement original n'est apparu depuis la fin des années 1970.

Certes les émissions « culturelles » (séries documentaires, grands reportages, grandes réalisations historiques…) n'ont pas disparu. Mais la contrainte commerciale pousse les chaînes privées à se livrer à une « course à l'audimat » qui les amène à privilégier la « télé réalité », la retransmission sportive, au détriment – aux heures de grande écoute – d'émissions considérées comme plus confidentielles.

Sans idéologie, peu politisés et habitués au confort que la croissance de l'après-guerre a banalisé, les moins de trente ans ont tendance à prendre comme modèle d'identification les vedettes de la chanson, de la télévision, du sport ou du cinéma et à rêver d'un enrichissement rapide grâce à une carrière médiatique fulgurante, ou à la réussite dans le monde de la finance ou du sport. Pourtant le besoin de repenser la spécificité française bouleversée par l'évolution des techniques, par l'intégration dans l'Europe et par la mondialisation, exige des jeunes générations un effort de recul critique et imaginatif afin que la France du XXIe siècle reste une société créatrice intégrant les influences extérieures tout en sachant les maîtriser pour proposer un modèle original.

Une recherche scientifique de haut niveau

Le haut niveau de la recherche scientifique française peut se mesurer par la reconnaissance internationale que constitue l'attribution de prix Nobel en physique, chimie et médecine, ou de médailles Fields (équivalent du Nobel) en mathématiques ; mais de telles récompenses sont loin d'épuiser la richesse d'un pays dans ces disciplines. La recherche scientifique est de plus en plus une œuvre collective, plus particulièrement en physique, en astrophysique ou en médecine, car elle s'effectue dans le cadre de laboratoires internationaux, auxquels sont associés des chercheurs français.

La médecine

En 1965, **André Lwoff (1902-1994), Jacques Monod (1910-1976) et François Jacob (né en 1920)** reçoivent le prix Nobel de physiologie et de médecine pour leurs découvertes sur la régulation génétique de la synthèse des protéines, représentant un saut décisif de la connaissance dans le domaine capital de la biochimie génétique et moléculaire. En 1970, Jacques Monod écrira un ouvrage grand public, *le Hasard et la Nécessité,* à la fois œuvre de vulgarisation scientifique et essai philosophique.

En 1980, **Jean Dausset (1916-2009)** obtient à son tour le prix Nobel, qu'il partage avec les Américains George D. Snell et Baruj Benacerraf. Il avait découvert en 1958 le système HLA (antigènes à la surface des leucocytes), jouant un rôle fondamental dans le processus immunitaire. Cela a permis des progrès considérables dans les greffes d'organes.

En 1989, **Dominique Stehelin (né en 1943),** chercheur à l'institut Pasteur de Lille, aurait mérité de partager le prix Nobel de médecine pour avoir participé aux recherches des deux lauréats américains, Michael Bishop et Harold E. Varmus, débouchant sur l'identification des oncogènes, qui expliquent le développement des cancers.

Citons également les Américains d'origine française **André Cournand (1895-1988) et Roger Guillemin (né en 1924),** qui ont obtenu le prix Nobel de médecine en 1956 et en 1977, pour leurs travaux respectifs en cardiologie et sur les hormones du cerveau, et **René Dubos (1901-1982),** biochimiste et bactériologiste, auteur de travaux sur les antibiotiques.

D'autre part, **Robert Debré (1882-1978)** fut un pionnier en pédiatrie ; **Alexandre Minkowski (1915-2004)** a développé la médecine des prématurés ; l'hématologiste **Jean Bernard (1907-2006)** a fait avancer le traitement des leucémies ; le néphrologue **Jean Hamburger (1909-1992)** a mis au point un rein artificiel et réalisé la première greffe du rein entre faux jumeaux (1959) ; **Robert Merle d'Aubigné (1900-1989)** s'est signalé dans le domaine de l'orthopédie, **François Lhermitte (1921-1998)** en neurologie, et **Marc Gentilini (né en 1929)** en médecine tropicale. **Luc Montagnier (né en 1932),** chercheur à l'Institut Pasteur, est le premier à avoir identifié le virus du sida (1983). Plus récemment, les progrès de la connaissance du génome humain ont permis à l'équipe du généticien **Axel Kahn (né en 1944)** d'identifier la fonction de plusieurs gènes dont les altérations peuvent être responsables de maladies. **Alain Fischer (né en 1949) et Marina Cavazzana-Calvo** ont corrigé par thérapie génique le grave déficit immunitaire responsable de la « maladie des bébés-bulles ». **Philippe Menasché** améliore par la greffe de cellules musculaires la fonction cardiaque de sujets atteints d'infarctus du myocarde. La microchirurgie a permis à **Jean-Michel Dubernard (né en 1941)** de réussir la première transplantation des deux mains. Enfin, la télémédecine permet l'enseignement et la consultation à distance et a permis à **Jacques Marescaux (né en 1948)** de réaliser à l'aide d'un robot une intervention chirurgicale à plusieurs milliers de kilomètres.

Les mathématiques

L'École normale supérieure demeure le lieu principal de la formation de grands mathématiciens français. Les mathématiques pures connaissent ainsi un essor remarquable, comme le montre l'attribution de la médaille Fields à Laurent Schwartz (1950), Jean-Pierre Serre (1954). René Thom (1958), Alexandre Grothendieck (1966), Alain Connes (1982), Pierre-Louis Lions, Jean-Christophe Yoccoz (1994), Laurent Lafforgue (2002) et Wendelin Werner (2006).
Travaillant sur le calcul différentiel et intégral, **Laurent Schwartz (1915-2002)** est l'auteur d'une théorie des distributions généralisant la notion de fonction et développant l'étude des équations aux dérivées partielles. Ses recherches trouvent des applications dans le domaine de la physique. **Jean-Pierre Serre (né en 1926),** après sa thèse sur la topologie algébrique, a reformulé la théorie des espaces analytiques complexes, qu'il a étudiés avec Henri Cartan ; il a contribué avec Alexandre Grothendieck à renouveler la géométrie algébrique, puis s'est tourné vers la théorie des nombres. L'œuvre de **René Thom (1923-2002)** est essentielle dans le domaine de la géométrie, où il introduit un certain nombre de concepts nouveaux : cobordisme, transversalité et singularité. Il a formulé une célèbre théorie des catastrophes selon laquelle toute forme instable correspond au passage entre deux structures stables selon sept types de catastrophes élémentaires qu'il définit. Il a écrit en

particulier *Stabilité structurelle et morphogenèse* (1977) et *Esquisse de sémiophysique* (1988), ouvrage plus philosophique que mathématique. **Alain Connes (né en 1947)** est le promoteur d'un programme de géométrie non commutative, reliant les mathématiques et la mécanique quantique. Il a développé la classification des facteurs, introduite par von Neuman, et inventé l'homologie cyclique. Plus récemment, **Pierre-Louis Lions (né en 1956)** s'est illustré par ses travaux concernant l'équation de Boltzmann et le contrôle optimal, et **Jean-Christophe Yoccoz (né en 1957)** s'est distingué par ses recherches sur les systèmes dynamiques et les petits diviseurs.

Sous le pseudonyme **Nicolas Bourbaki,** un groupe de jeunes mathématiciens issus de l'École normale supérieure de la rue d'Ulm entreprend en 1935 la réalisation d'un traité *(Éléments de mathématiques)* présentant une synthèse des connaissances dans leur domaine. Il ne s'agit ni d'une encyclopédie ni d'une œuvre didactique, mais d'un essai de classification et de clarification de la pensée mathématique, dont la publication commença en 1939 et reste inachevée. L'idée maîtresse est celle de structure, qui débordera de son champ initial durant les années 1960 pour s'étendre aux sciences humaines. Parmi les fondateurs du groupe Bourbaki figurent Jean Delsarte, André Weil, Henri Cartan, René de Possel, Jean Dieudonné, Claude Chevalley... chaque membre ayant atteint la cinquantaine étant remplacé. Le groupe continue à se réunir aujourd'hui et anime en outre des séminaires Bourbaki, qui aboutissent à une publication annuelle faisant le point sur l'actualité de la recherche mathématique.

Plusieurs fondateurs de groupes Bourbaki ont joué un rôle important dans la recherche mathématique : ainsi, **Henri Cartan (1904-2008)** cherche à unifier la géométrie différentielle, la théorie des fonctions analytiques et la topologie algébrique. Il a imaginé le concept de convexité holomorphe, conduisant à la théorie de

Cartan-Serre, et celui d'espace annelé. Parallèlement, les recherches de **Jean Dieudonné (1906-1992)** ont porté sur la théorie des fonctions analytiques, l'algèbre topologique, les espaces vectoriels, la théorie spectrale... Il a publié en 1987 *Pour l'honneur de l'esprit humain, les mathématiques aujourd'hui.* **Claude Chevalley (1909-1984)** renouvelle pour sa part les méthodes de l'arithmétique, de la géométrie algébrique, et développe surtout la théorie des groupes algébriques.

Dans le domaine du calcul des probabilités apparaissent les noms de **Paul André Meyer (1934-2003),** de **Paul Malliavin (né en 1925)** et de **Jacques Neveu,** qui joue le rôle de chef d'école dans une discipline profondément renouvelée depuis 1950. D'autre part, **Jean Leray (1906-1998)** a travaillé sur la mécanique des fluides, les théorèmes de point fixe en analyse non linéaire et la suite spectrale avec Serre et Cartan.

Yves Meyer (né en 1939) s'est intéressé à l'analyse harmonique liée au phénomène de résonance. Il est l'auteur d'une théorie des ondettes qui a de nombreuses applications en recherche pétrolière et en météorologie. **Jacques-Louis Lions (1928-2001),** président du Centre national d'études spatiales, a joué un rôle déterminant dans le développement des mathématiques appliquées à l'industrie, la recherche nucléaire et la recherche fondamentale en informatique. Citons aussi dans un autre domaine les recherches d'**Ivar Ekeland (né en 1944)** sur les problèmes d'équilibre dynamique.

À l'Institut des hautes études scientifiques (IHES) de Bures-sur-Yvette travaillent également d'autres mathématiciens français de renom : **Marcel Berger (né en 1927)** y a créé une école florissante de géométrie riemannienne, utile en théorie de la relativité ; il poursuit en cela l'œuvre de son maître **André Lichnerowicz (1915-1998),** qui a présidé des commissions nationales et internationales de réflexion sur l'enseignement des mathématiques ; **Pierre Cartier (né en 1932),** après une thèse consacrée aux problèmes de

base de la géométrie algébrique, a contribué au développement des parties les plus diverses des mathématiques (théorie des groupes, arithmétique, calcul des probabilités...) et poursuit des recherches se situant aux confins de la géométrie, de l'algèbre et de la physique mathématique. Le 20 août 2002, **Laurent Lafforgue (né en 1966)** professeur à l'IHES et directeur de recherche au CNRS, recevait la médaille Fields pour ses travaux sur le programme de Langlands. L'IHES abrite aussi des chercheurs étrangers installés en France depuis de longues années et appartenant de fait à l'école française de mathématiques, tels **Jean Bourgain** (analyse harmonique), **David Ruelle** (turbulences), **Mikhael Gromov** (inégalités géométriques liées à l'optimisation). Parmi eux, **Alexandre Grothendieck** (à l'origine d'un gigantesque travail collectif de reconstruction de la géométrie algébrique), et le Belge **Pierre Deligne,** son plus brillant disciple, ont reçu la médaille Fields respectivement en 1966 et 1978 pour leur démonstration des conjectures de Weil (du nom du Français André Weil, frère de la philosophe Simone Weil, auteur d'une œuvre immense en arithmétique et géométrie de 1930 à 1960, et inspirateur du groupe Bourbaki). Le Russe **Maxim Konsévitch** également professeur à l'IHES obtint lui aussi la médaille Fields en 1998.
D'une façon générale, cette discipline est marquée par un glissement des mathématiques fondamentales vers les grands problèmes issus de la physique et de l'industrie, et se trouve amenée à utiliser et à orienter l'usage de grands calculateurs.

La cartographie du génome humain

La première carte du génome humain a été publiée en 1993 par une équipe de l'INSERM (Institut national de la santé et de la recherche médicale) dirigée par Daniel Cohen. L'inventaire du génome humain permet de dépister les maladies héréditaires et certaines prédispositions morbides dès la vie intra-utérine. En 1994, les gènes de 928 maladies ont été localisés et dix mille séquences codées d'ADN identifiées comme gènes probables. Des chercheurs français ont participé, au sein d'un consortium international, à la cartographie du génome humain qui a été achevée en 2003. Chaque individu sur la terre partage 99,99 % du même code génétique. Ce génome serait composé d'environ 25 000 gènes dont la connaissance précise permettra de mieux comprendre certaines maladies et de mettre au point de nouvelles stratégies thérapeutiques.

La physique et la chimie

Durant l'entre-deux-guerres, **Léon Brillouin (1889-1969)** découvre « l'effet Brillouin » (portant sur l'interaction entre les ondes lumineuses et les ondes acoustiques), prolonge les découvertes de Louis de Broglie en mécanique ondulatoire (théorie du paramagnétisme, et des corps solides, « zones de Brillouin »), et en chimie quantique (« théorème de Brillouin »). En 1939, il est nommé directeur de la Radiodiffusion nationale afin de remédier au retard de la France dans le domaine de la transmission des ondes. En 1941, il part aux États-Unis, où il s'installe définitivement après la guerre. Il y développera la théorie de l'information, montrera qu'elle est quantifiable, mais susceptible de « néguentropie » : plus on cherche une information précise et plus on doit employer une énergie importante.

La recherche en physique est essentiellement, le fait des équipes du CNRS et du CEA (Commissariat à l'énergie atomique). Mais des Français participent également aux expériences en physique des particules élémentaires qui ont lieu au Conseil européen de recherche nucléaire (CERN) situé à Genève, où a été construit le LEP (accélérateur d'électrons et de positons), entré en fonction en juillet 1989 ; les expériences qui y sont effectuées repoussent l'horizon des connaissances de l'infiniment petit, et éclairent également la compréhension des phénomènes cosmiques.

Malgré cet aspect collectif de la recherche, il est possible d'isoler quelques noms, en particulier ceux des prix Nobel. **Alfred Kastler (1902-1984)** reçoit celui de physique en 1966 pour sa découverte du pompage optique, procédé de stimulation électromagnétique des atomes permettant des mesures fines d'écart d'énergie à l'origine du fonctionnement des lasers. En 1970, **Louis Néel (1904-2000)** l'obtient également (conjointement avec le Suédois Alfven) pour ses travaux en physique atomique des substances magnétiques (ferrimagnétisme).

C'est aussi le domaine d'**Anatole Abragam (né en 1914),** auteur d'un *Traité de magnétisme nucléaire* en 1961, ouvrage de référence dans la discipline, alors que **Louis Leprince-Ringuet (1901-2000)** a travaillé à partir de 1925 avec Maurice de Broglie sur les neutrons et les transmutations artificielles, puis sur les rayons cosmiques après 1933. Il fit construire le laboratoire de haute montagne de l'aiguille du Midi et aménager celui du pic du Midi de Bigorre. On lui doit des travaux sur les propriétés des mésons lourds et des hypérons. **Hubert Curien (1924-2005),** directeur du CNRS en 1969, du Centre national d'études spatiales en 1979, a dirigé la recherche en minéralogie sur le mouvement des atomes dans les cristaux, les structures cristallines et les échanges isotopiques avant de devenir ministre de la Recherche scientifique. Par ailleurs, **Claude Cohen-Tannoudji (né en 1933)** travaille dans le domaine de la physique atomique et moléculaire, **Jean Lliopoulos (né en 1940)** dans celui de la théorie des particules élémentaires, **Bernard Julia (né en 1952)** et **Claude Itzykson (1938-1995)** sur la mécanique statistique, **Pierre-Gilles de Gennes (1932-2007)** en physique des liquides et sur la supraconductivité, **Thibault Damour (né en 1951)** et **Brandon Carter** en astrophysique des

trous noirs et des pulsars, **Louis Michel (1923-1999)** sur l'interaction des particules élémentaires, la cristallographie…
Deux années de suite, le prix Nobel de physique est attribué à des chercheurs français : **Pierre-Gilles de Gennes** le reçoit en 1991 pour ses travaux sur les polymères permettant de nombreuses applications dans le monde moderne (colles, adhérences…). **Georges Charpak (né en 1924),** d'origine polonaise, l'obtient en 1992 pour sa mise au point de chambres à fils utilisées pour détecter les particules chargées électriquement, d'une grande utilité aussi bien en recherche fondamentale que dans le domaine appliqué (radiographies industrielles et médicales). Tous deux sont d'ardents défenseurs d'une rénovation de l'enseignement des sciences dans le système scolaire français.
En chimie, **Marc Julia (né en 1922)** a travaillé dans le domaine de la chimie organique et sur la vitamine A. En 1987, le Strasbourgeois **Jean-Marie Lehn (né en 1939)** se voit attribuer le prix Nobel (avec les Américains Pedersen et Cram) pour son étude des molécules complexes à haut niveau de sélectivité d'interactions avec d'autres molécules, créant ainsi la chimie supramoléculaire.

L'astronomie

André Lallemand (1904-1978) a travaillé à l'observatoire de Strasbourg dès 1938, puis à celui de Paris en 1943; il a étudié en particulier la photométrie de la couronne solaire, et l'utilisation de la photoélectricité en astronomie. Ses recherches entreprises dès avant la guerre ont abouti à la mise au point du télescope électronique permettant l'observation des étoiles et des spectres stellaires.

Les grands penseurs depuis 1945

Depuis la guerre, l'intérêt pour l'économie a pris en France une place croissante au cœur du discours politique et de la grande information. Parallèlement, les approches de l'histoire se renouvellent ainsi que l'objet de la sociologie et les problématiques en philosophie, grâce à l'œuvre de quelques personnalités d'exception.

La philosophie des sciences

L'un des maîtres de la philosophie française contemporaine est **Gaston Bachelard (1884-1962),** l'un des rares philosophes qui se sont intéressés à l'histoire des sciences. Il a en particulier étudié la naissance de la pensée scientifique moderne, autonome, rationaliste et appliquée. Il a publié *le Nouvel Esprit scientifique* (1938), *la Philosophie du non* (1940), *le Matérialisme rationnel* (1953).

Jean Cavaillès (1903-1944), exécuté par les Allemands pour faits de résistance, était l'auteur d'une thèse sur la philosophie des sciences et des travaux concernant la logique mathématique. *Sur la logique et la théorie de la science* fut publié à partir de 1946.

Michel Serres (né en 1930) s'est consacré à l'histoire des sciences (*Hermès,* 1969-1977), en reliant les uns aux autres les différents champs de la connaissance et en tentant ainsi de rétablir les ponts rompus entre la philosophie et la science. Chroniqueur au *Nouvel Observateur,* il participe à de nombreuses émissions télévisées de vulgarisation scientifique.

La phénoménologie

Chez Husserl, fondateur du courant phénoménologique contemporain, la démarche consistait à réagir contre le subjectivisme et l'irrationalisme du début du siècle, pour faire de la philosophie une réflexion sur la scientificité des connaissances, en considérant chaque phénomène réel comme un objet que l'on doit prendre en tant que tel.

Le principal représentant français de cette école est **Maurice Merleau-Ponty (1908-1961)**. Opposé à la conception d'une conscience absolument transparente à elle-même, il défend l'idée d'une dialectique entre la signification admise des choses et celle qui est intériorisée par le sujet qui les envisage. Considérant que « la phénoménologie est d'abord le désaveu de la science », il s'intéresse aux causalités physiques et physiologiques qui déterminent *la Structure du comportement humain* (1942), et critique dans *Phénoménologie de la perception* (1945) les concepts traditionnels de la psychologie. Il développe une nouvelle théorie de la compréhension des choses selon laquelle la « vision » de l'observateur est conditionnée par son « intentionnalité », qui représente la conscience comme perpétuelle transgression d'elle-même, c'est-à-dire comme « existence » (*Sens et non-sens,* 1948 ; *les Aventures de la dialectique,* 1955 ; *le Visible et l'Invisible,* 1964). Proche de Jean-Paul Sartre sur le plan philosophique, il fonde avec lui *les Temps modernes* en 1945 et se rapproche de la pensée marxiste. Mais il n'acceptera pas l'idée d'une « fin de l'histoire ».

L'existentialisme

L'existentialisme est un courant philosophique pour lequel l'existence précède et détermine l'essence des choses. S'opposant ainsi à l'idéalisme et à la croyance en une nature humaine universelle, il met en avant le primat du vécu ; celui-ci est la source d'une perception du monde propre à chacun ; il permet la connaissance de soi-même et de son environnement, et fonde le principe de la totale liberté et de la pleine responsabilité humaine. Cette philosophie se développa dans deux directions : l'une, athée et influencée par le marxisme (Jean-Paul Sartre), qui mit en avant la solitude de l'être face au monde extérieur qu'il crée en cherchant à le maîtriser ; l'autre, chrétienne, et selon laquelle la liberté s'acquiert en trouvant Dieu par une existence tournée vers autrui.

L'un des précurseurs de la pensée existentialiste française et qui illustre ce second courant est **Gabriel Marcel (1889-1973)** ; influencé par Kierkegaard et Jaspers, il chercha comme Emmanuel Mounier une convergence entre sa démarche philosophique et sa foi chrétienne. Il laisse notamment *Existence et objectivité* (1914), *Être et savoir* (1918-1937), *Du refus de l'invocation* (1940).

Emmanuel Mounier (1905-1950), influencé par Péguy, fonde en 1932 la revue *Esprit* où il développe sa conception du « personnalisme » se voulant une synthèse de la pensée chrétienne et des idées socialistes. Il s'agit d'affirmer le primat de l'individu sur les forces matérielles et les organisations, en fondant philosophiquement la liberté humaine face au déterminisme marxiste. Ses œuvres majeures sont *Révolution personnaliste et communautaire* (1935), *Qu'est-ce que le personnalisme, Introduction aux existentialismes* (1947).

L'existentialisme de **Jean-Paul Sartre (1905-1980)** constitue une autre dimension de la phénoménologie, qu'il cherche à introduire au sein du marxisme en y intégrant une théorie de la conscience, à travers le concept d'« intentionnalité » : c'est par la prise de conscience de ce qui n'est pas, de l'existence de l'irréel que procède la connaissance de soi ; il s'ensuit une opposition fondamentale entre l'« en-soi » et le « pour-soi », ou entre l'« être » et le « non-être », dont la transcendance constitue le principe de la dialectique sartrienne. Mais, de plus, l'individu qui se réalise en se projetant hors de lui-même doit faire face au regard d'autrui (« L'enfer, c'est les autres »). Parallèlement à ses œuvres philosophiques (*la Transcendance de l'ego,* 1938; *l'Être et le Néant,* 1943; *L'existentialisme est un humanisme,* 1946; *Critique de la raison dialectique,* 1960...), il écrit des romans (*la Nausée,* 1938; *le Mur,* 1939; *les Chemins de la liberté,* 1945-1949) et des pièces de théâtre (*Huis clos,* 1944; *la Putain respectueuse,* 1946; *les Mains sales,* 1948; *le Diable et le Bon Dieu,* 1951; *les Séquestrés d'Altona,* 1960), et met en scène *Kean* de Victor Hugo. D'autre part, Jean-Paul Sartre participe au Comité national des écrivains résistants durant la guerre, fonde *les Temps modernes* avec **Maurice Merleau-Ponty, Raymond Aron, Simone de Beauvoir,** devient « compagnon de route » du Parti communiste (« un anticommuniste est un chien », déclare-t-il en 1952), avant de rompre avec lui en 1956 après l'invasion de la Hongrie. Il dénonce la torture en Algérie, soutient les étudiants révoltés en 1968, puis devient directeur de publications d'extrême gauche dont *la Cause du peuple* maoïste, pour permettre l'expression politique des mouvements « gauchistes » durant les années 1970.

Le structuralisme

Il s'agit d'un courant de pensée qui envisage les productions humaines comme des objets d'étude indépendants de leurs créateurs, et comme des éléments d'un ensemble cohérent dont ils tirent leur signification et dont ils ne peuvent être abstraits. Dans cette approche qui accorde la préférence à la permanence et à la synchronie au détriment de l'évolution et de la diachronie, l'homme tend à disparaître comme sujet et acteur de l'histoire, au profit des rapports durables qui s'établissent entre les individus au sein d'une société organisée et « structurée ».

Le véritable fondateur est le linguiste suisse **Ferdinand de Saussure (1857-1913)** qui introduisit dans son *Cours de linguistique générale* (publié en 1916) l'idée que le langage doit être appréhendé comme une structure composée d'éléments interdépendants, dont chacun n'a de sens que relativement à l'ensemble du mécanisme de la langue saisi dans sa durée.

Le structuralisme toucha aussi différentes sciences sociales après la Seconde Guerre mondiale. En France, en particulier, il se développe dans les années 1950-1970 ; un certain nombre de chercheurs y trouvent une méthode permettant de rompre avec une forme d'idéalisme considérant l'individu comme un créateur libre, et avec un « historicisme » rendant impossible une connaissance scientifique à partir du moment où la modification des conditions historiques rend précaire tout savoir. Les grands auteurs qui ont été influencés ou ont introduit le structuralisme dans leurs disciplines sont principalement le linguiste **Émile Benveniste** (*Problèmes de linguistique générale,* 1966), l'anthropologue **Claude Lévi-Strauss** (*Anthropologie structurale,* 1958), le critique littéraire **Roland Barthes** (*Système de la mode,* 1967), le psychanalyste **Jacques Lacan** (*Écrits,* 1966), le psychologue **Jean Piaget** (*la Pensée sauvage et le Structuralisme,* 1963), le sociologue philosophe *Michel Foucault* (*les Mots et les Choses,* 1966, *l'Archéologie du savoir,* 1969), le philosophe marxiste **Louis Althusser** (*Pour Marx, Lire le Capital,* 1965...), le philosophe mathématicien **Michel Serres** (*le Système de Leibniz et ses modèles mathématiques,* 1968), l'historien philologue **Georges Dumézil** (*l'Idéologie tripartie des Indo-Européens,* 1958, *Mythe et épopée,* 1968-1973)...

Le champ le plus fécond du structuralisme, après la linguistique, est l'anthropologie, qui s'intéresse à des sociétés à évolution lente. C'est dans ce domaine que s'illustre **Claude Lévi-Strauss (né en 1908)**. Influencé par Durkeim, Mauss et la linguistique structurale de Ferdinand de Saussure, il définit sa méthode dans plusieurs articles : *l'Analyse structurale en linguistique et en anthropologie* (1945) et *la Notion de structure en ethnologie* (1952). Après avoir étudié diverses sociétés « primitives » au Brésil et au Pakistan, il publie de nombreux ouvrages dont *les Structures élémentaires de la parenté* (1949), *Anthropologie structurale* (1958 et 1973), *la Pensée sauvage* (1962). Il s'est aussi intéressé à la signification des mythes, en particulier amérindiens, qu'il envisage également du point de vue structural, c'est-à-dire en les étudiant dans leur combinaison et dans leur transformation à partir d'un « mythe de référence » (*le Cru et le Cuit*, 1964 ; *Du miel aux cendres*, 1967 ; *l'Homme nu*, 1971).

Le sauvetage des œuvres philosophiques

Pour faire face au désintérêt pour la philosophie marquant les années 1980, Michel Serres anime une équipe (comprenant notamment Louis Audibert, André Pessel, Jean-Michel Olle...) qui entreprend de publier des œuvres philosophiques tendant à disparaître, entraînant dans l'oubli les étapes de l'histoire de la pensée française. Une quarantaine d'ouvrages (dont *la République* de Jean Bodin, *la Logique* de Scipion Dupleix...) ont déjà été réédités en 1988. Une démarche du même type avait été entreprise en 1834 à l'initiative de Guizot et de Victor Cousin, et durant les années 1940 par Gaston Bachelard, Henri Gouhier, André Lalande... publiant des écrits philosophiques de Condillac, Buffon, Cabanis.

Les sciences économiques

François Perroux (1903-1987), fondateur de l'Institut de sciences économiques appliquées en 1944, a donné une grande impulsion à l'étude de la croissance et des faits économiques et sociaux. Il a écrit entre autres ouvrages *le Revenu national, son évaluation et son utilisation* (1947), *les Comptes de la nation* (1948), *l'Économie du* XXe *siècle* (1961).

L'économie mathématique s'illustre avec **Gerard Debreu (1921-2004)** et **Maurice Allais (né en 1911)**. Ancien Bourbaki, ayant émigré aux États-Unis en 1948, Gerard Debreu construit avec Kenneth Arrow dans les années 1950 un célèbre modèle approfondissant les conditions mathématiques de l'équilibre général. Il a reçu le prix Nobel d'économie en 1983. Maurice Allais, polytechnicien, le reçoit à son tour en 1988. Il a travaillé comme Debreu sur le concept d'équilibre général, mais critique l'hypothèse de maximisation de l'utilité (paradoxe d'Allais), celle de l'autonomie des décisions individuelles (individualisme relativisé) introduit le temps et le risque... Il a aussi écrit sur la monnaie, le taux d'intérêt et l'inflation, et a prévu le krach boursier d'octobre 1987. Il critique aujourd'hui la logique économique du traité de Maastricht.

Edmond Malinvaud (né en 1923) a développé en France les instruments d'analyse quantitative. Ancien directeur de l'INSEE, il est l'auteur d'ouvrages de statistiques économiques de microéconomie, et de comptabilité nationale, d'une étude sur *la Croissance française* (1972), avec Jean-Jacques Carré et Paul Dubois et d'un *Réexamen de la théorie du chômage.*

L'approche critique en économie politique est représentée notamment par **Robert Boyer (né en 1943)** et **Jacques Mistral (né en 1947)**. Ils ont publié *Accumulation, inflation, crise* (1978), prolongement de leur participation à l'étude du CEPREMAP *Approches de l'inflation. L'exemple français* (avec **Jean-Paul Benassy, Rose Marie Gelpi, Alain Lipietz**...), qui constitue l'axe de référence de l'école postmarxiste française dite de la régulation, montrant les transformations structurelles du capitalisme mondial.

Sur le plan des études historiques descriptives, il convient de citer les travaux de **Jean Bouvier, Jean Marczewski, Maurice Lévy-Leboyer** et **Alfred Sauvy**. Ce dernier, polytechnicien et démographe, fut directeur de l'Institut de conjoncture de 1937 à 1945, et de l'Institut national des études démographiques de 1945 à 1962. Il a publié de nombreux ouvrages, dont une *Théorie générale de la population* (1954-1956), une *Histoire économique de la France entre les deux* *guerres* (1965-1975), qui constitue l'étude de référence sur la période, *Croissance zéro* (1973)...

René Dumont (1904-2001), qui fut à la fois agronome, économiste du développement et militant écologiste, a milité pour la défense de l'équilibre écologique de la planète, pour le non-gaspillage des ressources, le développement de l'agriculture, et pour la transformation radicale des relations entre les nations développées et les pays du tiers-monde, condamnés par les premières au sous-développement. Il a écrit en particulier *l'Afrique noire est mal partie* (1962), *l'Utopie ou la Mort* (1973), *Agronomie de la faim* (1974), *Seule une écologie socialiste* (1977)... et a été candidat à l'élection présidentielle de 1974.

L'histoire

L'école dite « des Annales » a trouvé en **Fernand Braudel (1902-1985)** un illustre continuateur, à l'origine du concept d'« économie-monde » et auteur en particulier de *Civilisation matérielle, économie et capitalisme,* XVe-XVIIIe *siècles* (1979).

De même, **Georges Duby (1919-1996)** poursuivit le renouveau de l'étude de la société féodale dans *Guerriers et Paysans* (1973), *le Temps des cathédrales* (1976), *le Chevalier, la Femme et le Prêtre* (1981). Il a également dirigé deux volumineuses *Histoire de la France rurale* et *Histoire de la France urbaine.*

Emmanuel Le Roy Ladurie (né en 1929) appréhende également les phénomènes historiques en diversifiant leurs déterminants et en s'intéressant à toutes leurs manifestations (*Histoire du climat depuis l'an mil,* 1967 ; *Montaillou, village occitan,* 1971 ; *le Carnaval de Romans,* 1979... *le Siècle des Platter,* 1995).

Philippe Ariès (1914-1984) a surtout étudié l'histoire des mentalités et des attitudes (*l'Enfant et la Vie familiale sous l'Ancien Régime,* 1960 ; *l'Homme devant la mort,* 1977...) et **Jean Delumeau**

(né en 1923) celle des religions *(Naissance et affirmation de la Réforme, Le Christianisme va-t-il mourir ?)* et de l'inconscient *(la Peur en Occident)*. Il en est de même de **Pierre Chaunu (né en 1923)** *(le Temps des réformes, la Mémoire et le Sacré)*.

Jacques Le Goff (né en 1924), avec ses écrits sur *la Nouvelle Histoire*, **Jean Favier (né en 1932),** directeur des Archives nationales, et auteur notamment d'un *Philippe le Bel* et d'une *Guerre de Cent Ans*, **Régine Pernoud (1909-1998)** avec ses études de la femme médiévale et sa défense du Moyen Âge, **Albert Soboul (1914-1982), François Furet (1927-1997),** travaillant sur la Révolution française, et **Pierre Goubert (né en 1915)** sur le XVIIe siècle (*Louis XIV et vingt millions de Français*...), **René Remond (1918-2007), Alain Decaux (né en 1925)** et **André Castelot (1911-2004)**... ont contribué parmi bien d'autres à la connaissance de l'histoire de France et à la faire partager par le grand public.

La paléontologie et l'archéologie

L'abbé **Henri Breuil (1877-1961),** le plus illustre paléontologue français a dégagé les subdivisions du paléolithique supérieur et découvert de nombreuses peintures rupestres. Plus récemment, **Yves Coppens (né en 1934)** a découvert en 1974, avec Donald Johanson et Maurice Taïeb, le squelette d'un nouvel Australopithèque, baptisé Lucy. **André Leroi-Gourhan (1911-1986)**, auteur de *Milieu et Technique* (1945) et *le Fil du temps* (1983), observa l'art et les matériaux préhistoriques pour connaître les mentalités.

La sociologie

Marcel Mauss (1872-1950), élève du fondateur de la sociologie française, Émile Durkheim (1858-1917), laisse un *Essai sur le don. Forme et raison de l'échange dans les sociétés archaïques* (1925) et de nombreux articles, regroupés dans un *Manuel d'ethnographie* (1947) et dans *Sociologie et anthropologie* (1950). Il a également influencé l'école structuraliste.

Georges Gurvitch (1894-1965) développa la sociologie structurelle et « différentielle » mettant en évidence la diversité des déterminants, sociaux mais prônant le rapprochement avec la philosophie. Il écrivit des *Essais de sociologie* (1939), *Déterminismes sociaux et liberté humaine* (1955). *Les Cadres sociaux de la connaissance* et ses *Études sur les classes sociales* furent publiés en 1966.

Raymond Aron (1905-1983), d'abord philosophe (*Introduction à la philosophie de l'histoire,* 1938) est surtout connu pour ses écrits relevant de la sociologie et sa critique du marxisme : *l'Opium des intellectuels* (1955), *Dix-Huit Leçons sur la société industrielle* (1963), *la Lutte des classes* (1964), *les Étapes de la pensée sociologique* (1967).

Jean Stoetzel (1910-1987), fondateur de l'Institut français de l'opinion publique (IFOP), a également écrit plusieurs ouvrages dont *les Sondages d'opinion publique* (1948) et *la Psychologie sociale* (1963).

Edgar Morin (né en 1921) analyse le lien entre le réel et l'imaginaire à travers le phénomène de la culture de masse. Il a écrit de nombreux ouvrages dont *le Cinéma ou l'Homme imaginaire* (1956), *le Paradigme perdu : la nature humaine* (1973), *Sciences avec conscience* (1982).

Michel Crozier (né en 1922) étudie plus particulièrement les organisations et le comportement de groupes sociaux résistant au changement (*le Phénomène bureaucratique,* 1964 ; *la Société bloquée,* 1970...).

Alain Touraine (né en 1925), sociologue du travail, s'éloigne de la problématique marxiste en introduisant dans l'étude des rapports sociaux la complexité des déterminants du monde moderne (*Sociologie de l'action,* 1965; *la Société postindustrielle,* 1969; *l'Après-socialisme,* 1980; *Pourrons-nous vivre ensemble? Égaux et diférents,* 1997).

Pierre Bourdieu (1930-2002) est l'un des chercheurs les plus originaux dans le domaine des sciences sociales françaises, au début des années 1990. Auteur en 1964, avec Jean-Claude Passeron d'un ouvrage de référence sur la transmission de la culture, *les Héritiers,* il publia *la Distinction* en 1979, *Homo academicus* en 1984, *Raisons pratiques* en 1994, et anima une étude collective de grande portée sur la pauvreté en France: *Misère du monde,* publiée en 1993. À la fin de 1995, il sera l'un des rares intellectuels à s'être intéressé et à avoir soutenu d'une façon militante le « mouvement social », qu'il considère comme l'ébauche d'une nouvelle expression collective de révolte contre la normalisation de la pensée et des comportements sociaux.

La psychanalyse

Jacques Lacan (1901-1981), médecin et psychiatre, a joué un rôle décisif dans le développement de l'approche freudienne en France, qu'il préconisait contre la psychanalyse « officielle » et américaine. Il fonda ainsi l'École freudienne à Paris en 1964, avant de la dissoudre en 1980 pour excès de « conformisme » de pensée. Il a développé dans ses célèbres séminaires (dont le contenu fut publié sous les titres *Écrits,* 1966, *Écrits techniques de Freud,* 1975, *les Psychoses,* 1981...) l'idée que l'« inconscient est structuré comme un langage », rejoignant ainsi la démarche structuraliste. Il met en avant le rôle du « désir de l'autre », de la « castration » qui pousse à combler ce « manque », du « symbolique » comme lieu de l'existence humaine. Il a influencé **Roland Barthes (1915-1980),** critique structuraliste, qui a publié de nombreux ouvrages sur le langage, la littérature, le pouvoir et les signes: *le Degré zéro de l'écriture*

(1953), *Mythologies* (1957), *le Système de la mode* (1967), *l'Empire des signes* (1970), *Fragments d'un discours amoureux* (1977).

Le philosophe **Michel Foucault (1926-1984)** a subi l'influence de l'approche psychanalytique et de la démarche structuraliste. Il les applique à l'étude des idées, des connaissances et du discours, et met l'accent sur les discontinuités et les « coupures épistémologiques ». Il a publié de nombreux ouvrages qui ont fait date, dont *l'Histoire de la folie à l'âge classique* (1961), *les Mots et les Choses, une archéologie des sciences humaines* (1966), *l'Archéologie du savoir* (1969), *Surveiller et punir, naissance de la prison* (1975), et le début d'une *Histoire de la sexualité* (1976).

En outre, le Suisse **Jean Piaget (1896-1980)** laisse une œuvre majeure dans le domaine de la psychologie. Il a cherché à étudier les structures successives du savoir et le développement de l'intelligence humaine (psychologie génétique). Il a écrit de nombreux ouvrages dont *la Naissance de l'intelligence* (1936), *la Psychologie de l'intelligence* (1947), *les Mécanismes perceptifs* (1961), *l'Équilibre des structures cognitives* (1975).

La psychiatrie infantile

Deux femmes s'illustrent en ce domaine : **Françoise Dolto (1908-1988)** est la principale initiatrice de la psychanalyse des enfants en France et participa à l'École freudienne de Paris. Elle a publié en particulier *Psychanalyse et pédiatrie* (1939), *le Cas Dominique* (1971).

Maud Mannoni (1923-1998), qui a subi l'influence de Lacan, a milité pour la création du Centre de thérapie pour enfants psychotiques, débouchant sur l'ouverture de celui de Bonneuil en 1979. Elle a publié notamment *l'Enfant arriéré et sa mère* (1964), *le Psychiatre, son « fou » et la psychanalyse* (1970), *Un lieu pour vivre* (1976)...

En marge des écoles

Vladimir Jankélévitch (1903-1985), philosophe refusant tout conformisme de pensée, a subi l'influence de Bergson et du courant existentialiste. S'interrogeant sur *la Mauvaise Conscience* (1933), *le Mal* (1947), *la Mort* (1966), *le Pardon* (1967), il a su aussi déconcerter par ses réflexions sur les thèmes du « je ne-sais-quoi » et du « presque-rien ».

Gilles Deleuze (1925-1995) s'inscrit dans le courant philosophique interrogé par la démarche psychanalytique mais tentant de défendre l'authenticité du désir et de la vie inconsciente contre la prétention normalisatrice d'une certaine psychanalyse. Il a écrit *Empirisme et subjectivité* (1953), *Nietzsche et la philosophie* (1962), *Logique du sens* (1969) et surtout *l'Anti-Œdipe* (1972), avec **Félix Guattari (1930-1992),** psychanalyste s'intéressant aux contenus sociopolitiques de l'inconscient, et auteur de *Psychanalyse et transversalité.*

Dans une perspective assez proche, **Jacques Derrida (1930-2004)** interroge la signification de l'écrit, qu'il considère comme déjà contenu dans la parole, elle-même expression du désir. Il a publié principalement *l'Écriture et la différence* (1967) *l'Archéologie du frivole* (1976), *la Carte postale, de Socrate à Freud et au-delà* (1980)...

Philosophe et sociologue, résistant durant la Seconde Guerre mondiale, **Henri Lefebvre (1905-1991)** illustre la pensée marxiste critique, faisant du matérialisme dialectique un instrument non dogmatique de compréhension de la réalité sociale. Il a écrit *Logique formelle et logique dialectique* (1947), *Critique de la vie quotidienne* (1947 et 1962), *Sociologie de Marx* (1965), *De l'État* (1976-1978).

François Châtelet (1925-1985) approfondit l'histoire des idéologies et de la philosophie, dirigeant la publication de plusieurs séries

d'ouvrages sur ces thèmes, **Jean-Pierre Faye (né en 1925)** étudie la philosophie politique et le langage totalitaire, **Georges Balandier (né en 1920)** publie en 1967 une *Anthropologie politique*.
Jean Baudrillard (1929-2007) étudie l'attitude et le désir de l'individu face à la «société de consommation», dans *le Système des objets* (1968), *Pour une critique de l'économie politique du signe* (1972), *le Crime parfait* (1995).

Quelle relève ?

Les grands penseurs français que l'on vient d'évoquer ont disparu ou ont vieilli sans avoir formé, semble-t-il, des élèves susceptibles d'égaler leurs maîtres.
La société française (mais n'en est-il pas de même ailleurs) n'abrite plus de grands esprits capables d'expliquer les transformations qu'elle subit, ni de rendre compte de l'avenir qui l'attend. De ce point de vue, le «grand silence des intellectuels» peut surprendre et inquiéter alors que le besoin de compréhension de ce monde en rapide mutation est pourtant essentiel.
Peut-être ne s'agit-il cependant que d'une période de maturation d'une réflexion nécessairement difficile face à la complexité d'un réel en bouleversement. Mais il peut s'agir aussi du fruit d'un monde dépréciant la réflexion philosophique et critique au profit de la recherche pragmatique de solutions et de formations techniques, le souci du savoir-faire l'emportant sur celui du savoir que faire.

LE GUIDE
de l'histoire de France

Préhistoire -1 million à 1 800 av. J.-C.

France

Aux origines les plus lointaines

v. 1 million d'années • Plus ancienne trace d'occupation humaine en Europe de l'Ouest : grotte du Vallonnet, près de Nice.

v. 900 000 av. J.-C. • Premiers habitats en Europe : blocs aménagés à Soleihac (Haute-Loire).

v. 650 000 av. J.-C. • Utilisation du feu (grotte de l'Escale, Bouches-du-Rhône).

v. 400 000 av. J.-C. • Le plus vieux « Français » connu : l'homme de Tautavel (Pyrénées-Orientales).

v. 380 000 av. J.-C. • Plus ancien foyer organisé connu en France, à Terra Amata, près de Nice.

v. 80 000 av. J.-C. • L'homme de Neandertal s'impose en Europe.

v. 30 000 av. J.-C • Disparition de l'homme de Neandertal, qui coexistait avec l'homme de Cro-Magnon. • Peintures de la grotte Chauvet.

v. 20 000 av. J.-C. • Épanouissement de l'art pariétal (Lascaux). On estime à environ 10 000 le nombre de chasseurs nomades installés sur le territoire actuel de la France. Les principaux foyers de peuplement se trouvent en Dordogne (Rouffignac, Lascaux, Font-de-Gaume, Combarelles...) et dans les Pyrénées (Tuc d'Audubert, Mas-d'Azil, Niaux, Fontanet...)

v. 17 000 av. J.-C • Peintures de la grotte Cosquer.

Les premiers paysans

v. 10 000 av. J.-C. • Avec le réchauffement climatique, disparition des troupeaux de rennes et de mammouths.

Monde

v. 1 million d'années • Début de la glaciation de Günz. (Mammouths, bisons, chevaux et aurochs, rennes constituent l'essentiel de la faune de l'Europe.)

v. 700 000 av. J.-C. • Glaciation de Mindel.

v. 300 000 av. J.-C. • Glaciation de Riss.

v. 80 000 av. J.-C. • En Europe, début de la dernière glaciation alpine, la glaciation de Würm.

v. 10 000 av. J.-C. • Fin de la dernière glaciation (Würm).

dans le midi de la France.

v. 4500 av. J.-C. • Attestation d'un premier village « danubien » à Cuiry-lès-Chaudardes dans la vallée de l'Aisne.

v. 4500-4 000 av. J.-C. • Constructions mégalithiques à usage funéraire (dolmens, menhirs, cromlechs), principalement en Bretagne : Barnenez, Gavrinis, Locmariaquer... Alignements de Carnac.

2000-1800 av. J.-C. • Âge du bronze. Site de la vallée des Merveilles (Alpes-Maritimes).

v. 3200 av. J.-C. • Narmer unifie les royaumes de Haute- et Basse-Égypte ; naissance de l'État pharaonique.

Antiquité - 1800 à 61 av. J.-C.

La Gaule celtique

v. 1200 av. J.-C. • Premiers témoignages de sites funéraires celtes appartenant à la civilisation des « champs d'urnes » (Fontaines-Salées, Sublaines, Pougues-les-Eaux...).

600 av. J.-C. • Fondation de Marseille par des Grecs phocéens.

500 av. J.-C. • Tombe de Vix.

450 av. J.-C. • Les Celtes occupent toute la Gaule du Nord et de l'Ouest.

IIIe siècle av. J.-C. • Marseille étend son emprise et fonde des comptoirs sur la côte : Nicea (Nice), Antipolis (Antibes), Agatha (Agde) et dans l'arrière-pays : Avenio (Avignon), Cabellio (Cavaillon), Théline (Arles).

200-50 av. J.-C. • Urbanisation croissante de la Gaule ; ère des sites fortifiés, les *oppida*.

122 av. J.-C. • Conquête de la Provence par les Romains • Fondation d'Aix-en-Provence.

121 av. J.-C. • Victoire romaine sur les Arvernes à Bollène • Fondation de la province romaine de Gaule transalpine.

118 av. J.-C. • Les Romains fondent la colonie de Narbo Martius (Narbonne), qui sera suivie par celles d'Orange, de Valence, de Fréjus, de Vienne...

61 av. J.-C. • Les Germains d'Arioviste envahissent la Gaule.

v. 1304 av. J.-C. • En Égypte, règne de Ramsès II (1304 -1236).

776 av. J.-C. • En Grèce, fondation des jeux Olympiques, célébrés en l'honneur de Zeus.

753 av. J.-C. • Fondation de Rome.

479 av. J.-C. • En Chine, mort de Confucius.

v. 443 av. J.-C. • Périclès (quinze fois réélu entre 443 et 429) dirige la vie politique à Athènes.

336 av. J.-C. • Philippe de Macédoine meurt assassiné. Son fils Alexandre le Grand, lui succède.

217 av. J.-C. • Victoire d'Hannibal sur les Romains à Trasimène.

146 av. J.-C. • Les troupes romaines de Scipion Émilien s'emparent de Carthage, qui est détruite et rasée.

France

« Pax Romana » : les Gallo-Romains

58 av. J.-C. • Début de la guerre des Gaules. Victoire de César contre les Helvètes à Bibracte (mont Beuvray).
56 av. J.-C. • Victoires de César en Armorique et de Crassus en Aquitaine.
53 av. J.-C. • Jules César réunit l'Assemblée des Gaules à Lutèce.
52 av. J.-C. • Soulèvement général de la Gaule sous l'autorité de Vercingétorix. Victoire de Gergovie et défaite d'Alésia. Reddition de Vercingétorix.
43 av. J.-C. • Fondation de Lyon, instituée capitale des trois Gaules.
48 • L'empereur Claude accorde aux notables gaulois le droit d'accéder aux magistratures sénatoriales.
v. 50 • Construction du pont du Gard.
70 • Révolte de Gaulois alliés à des Germains sous le commandement de Classicus, Tutor et Civilis.
250 • Incursion des Alamans en Bourgogne.
251 • Raids de guerriers francs en Gaule.
260 • Le général gaulois Posthumus est proclamé « empereur des Gaules » par ses troupes.
269 • Assassinat de Posthumus.
269-274 • Victorinus puis Tétricus « empereurs des Gaules ».
273 • Aurélien bat Tétricus à Châlons-sur-Marne, fin de l'empire gaulois.

Le temps des « barbares »

Monde

59 av. J.-C. • Consulat de Jules César.

49 av. J.-C. • César franchit le Rubicon et marche sur Rome ; Pompée abandonne l'Italie pour l'Orient.

44 av. J.-C. • Assassinat de Jules César par Brutus et Cassius.

27 av. J.-C. • Octave prend le nom d'Auguste. Rome cesse d'être une république : c'est l'Empire.

79 • Une éruption du Vésuve ensevelit les villes de Pompéi et d'Herculanum.

et les Alamans.

397 • Mort de saint Martin, évêque de Tours.

406 • Des milliers de Suèves, Alains, Germains et Vandales envahissent la Gaule • Les Wisigoths s'installent dans le sud-ouest de la Gaule.

413-418 • Installation des Wisigoths en Aquitaine.

435-437 • Grande révolte des Bagaudes.

443 • Les Burgondes s'établissent en Savoie.

451 • Attila traverse le Rhin, détruit Metz, Reims, Troyes et assiège Orléans. Paris est défendue par sainte Geneviève • Les Huns sont vaincus aux champs Catalauniques par le Romain Ætius et le Wisigoth Théodoric.

Attila, le fléau de Dieu

456 • Avitus « empereur des Gaules ».

461 • Les Burgondes étendent leur domination sur la Bourgogne, la basse vallée du Rhône et les Cévennes.

471 • Le général Romain Syagrius « roi » du nord de la Gaule Lyonnaise.

de l'Empire byzantin.

392 • Théodose fait du christianisme la seule religion tolérée dans l'Empire romain.

410 • Les Wisigoths d'Alaric pillent Rome.

476 • Le Germain Odoacre s'empare de Rome et dépose l'empereur Romulus Augustule. Fin de l'Empire romain d'Occident.

Règnes	France	Monde

Les premiers rois

Mérovingiens

Clovis
481-511

481 • Avènement de **Clovis**.

486 • Clovis bat Syagrius à Soissons.

Le vase de Soissons

496 • Bataille de Tolbiac contre les Alamans.

v. 498 • Baptême de Clovis à Reims.

507 • Victoire de Vouillé : Clovis écrase les Wisigoths d'Alaric.

511 • Mort de Clovis et partage du royaume entre ses quatre fils.

Dagobert Ier
623-639

623 • **Dagobert Ier**, roi d'Austrasie.

687 • Victoire de l'Austrasien Pépin de Herstal sur les Neustriens à Tertry.

732 • Victoire de **Charles Martel** sur les Arabes à Poitiers.

Les rois « fainéants »

737 • Mort de **Thierry IV**. Le pouvoir appartient désormais au maire du palais, Charles Martel.

Monde

622 • Fuite de Mahomet de La Mecque à Médine : c'est l'hégire.

700 • Conquête arabe du Maroc (700-710), au terme de laquelle l'ensemble de l'Afrique du Nord sera sous domination musulmane.

711 • Les musulmans arabo-berbères d'Afrique du Nord conquièrent l'Espagne.

L'Empire carolingien

Carolingiens

Pépin le Bref
751-768

768 • Mort de Pépin, son royaume est partagé entre ses fils Carloman et Charles.

Charlemagne
768-814

771 • Mort de Carloman, **Charlemagne** règne seul.

774 • Conquête du royaume des Lombards.

778 • Charles échoue devant Saragosse ; mort de Roland à Roncevaux.

800 • Charlemagne est sacré empereur d'Occident à Rome, le 25 décembre.

814 • **Louis le Pieux** succède à son père, Charlemagne.

Louis le Pieux
814 - 840

839 • Louis le Pieux procède au dernier partage de l'Empire entre ses trois fils.

840 • Serments de Strasbourg, entre Charles et Louis, fils de Louis le Pieux.

Naissance de la France

Charles le Chauve
843-877

843 • Traité de Verdun, qui organise un partage de l'Empire en trois royaumes. **Charles le Chauve** devient roi de la *Francia occidentalis*.

845 • Les Normands mettent à sac Paris.

875 • Charles le Chauve est sacré empereur à Rome.

Louis II le Bègue
877-879

877 • Mort de Charles le Chauve. Son fils **Louis II le Bègue** lui succède.

881 • Charles le Gros est couronné empereur à Rome.

Charles le Gros
884-887

885 • La totalité de l'Empire de Charlemagne réunie entre les mains de **Charles le Gros.**

885-886 • Le comte de Paris, Eudes, défend Paris contre les Normands.

Eudes
888-898

888 • **Eudes** est sacré roi de France à Compiègne.

Charles III le Simple
893-923

898 • Mort de Eudes. **Charles III le Simple** seul roi de France.

910 • Fondation de l'abbaye de Cluny.

911 • Traité de Saint-Clair-sur-Epte qui accorde la Normandie aux Vikings.

---

762 • Fondation par al-Mansur de Bagdad, qui devient le siège du califat abbasside.

780 • Réforme de la règle bénédictine par Benoît d'Aniane.

786 • Califat de l'Abbasside Harun al-Rachid (786-809).

852 • Inauguration de la cité léonine (Vatican) par le pape Léon IV.

Capétiens directs

Règnes	France	Monde
	La France féodale	962 • Otton Ier est sacré empereur à Rome. Création du Saint Empire romain germanique (qui dure jusqu'en 1806).
Hugues Ier Capet 987-996	987 • **Hugues Capet**, fils de Hugues le Grand, est sacré roi à Reims. 996 • Mort d'Hugues Capet. Début du règne de **Robert le Pieux**.	
Philippe Ier 1060-1108	1066 • Bataille d'Hastings : Guillaume le Conquérant, duc de Normandie, s'empare de l'Angleterre. v. 1080 • *Litt. : La Chanson de Roland*, première épopée française. 1095 • Urbain II prêche la première croisade au concile de Clermont. 1096-1099 • Première croisade. **LES CROISADES (1096-1270)** 1099 • Les croisés s'emparent de Jérusalem. Godefroi de Bouillon prend le titre d'avoué du Saint-Sépulcre. 1108 • Sacre de **Louis VI le Gros**.	1054 • Le conflit entre le patriarche de Constantinople et le pape Léon IX aboutit au schisme définitif entre les Églises d'Orient et d'Occident (schisme d'Orient). 1100 • Au Pérou, fondation de l'Empire inca par Manco Cápac Ier.
Louis VI le Gros 1108-1137	1118 • Fondation de l'ordre des Templiers. 1137 • **Louis VII** est sacré à Reims et épouse Aliénor d'Aquitaine.	
Louis VII	1152 • Aliénor d'Aquitaine épouse Henri II Plantagenêt, duc de Normandie. 1154 • Henri II Plantagenêt est sacré roi d'Angleterre. 1163 • Début de la construction de Notre-Dame de Paris. 1169 • Paix de Montmirail entre la France et l'Angleterre	1152 • Frédéric Ier Barberousse est élu roi de Germanie.

L'affermissement du royaume

Rois	France	Monde
Philippe Auguste 1180-1223	**1180** • Mort de Louis VII. **Philippe Auguste** est sacré roi de France. **1189** • Départ de Philippe Auguste pour la 3e croisade (1189-1191). **1194** • Bataille de Fréteval : défaite de Philippe Auguste contre Richard Cœur de Lion. **1204** • Prise de Château-Gaillard. La Normandie est réintégrée au domaine royal. **1209** • Sac de Béziers. Début de la croisade contre les Albigeois. LES CHÂTEAUX CATHARES **1213** • La défaite des Albigeois à Muret entraîne le rattachement du Languedoc au royaume. **1214** • Victoire de Philippe Auguste à Bouvines contre les armées impériales.	**1187** • Saladin Ier reconquiert Saint-Jean-d'Acre et Jérusalem. **1206** • L'assemblée générale des tribus mongoles proclame Gengis Khan empereur de toutes les tribus de Mongolie. **1211** • Sous la conduite de Gengis Khan, les Mongols entreprennent la conquête de la Chine du Nord ; Pékin est pris en 1215. **1212** • Les rois chrétiens de Castille, d'Aragon et de Navarre infligent une défaite écrasante aux musulmans à la bataille de Las Navas de Tolosa. Début du recul de l'islam en Espagne.
Louis VIII 1223-1226		
Louis IX (Saint-Louis) 1226-1270	**1226** • Sacre de **Louis IX** (Saint Louis). **1270** • Mort de Louis IX à Tunis. **Philippe III le Hardi** roi de France.	**1271** • Le Vénitien Marco Polo part pour la Chine, où il séjournera jusqu'en 1291.
Philippe III le Hardi 1270-1285	**1285** • **Philippe IV le Bel** monte sur le trône.	
Philippe IV le Bel 1285-1314	**1302** • Bataille des éperons d'or, défaite de Philippe le Bel sur les Flamands. **1304** • Victoire des troupes royales sur les Flamands à Mons-en-Pévèle. **1309** • Clément V, élu pape en 1305, s'installe à Avignon. **1312** • Suppression de l'ordre des Templiers.	**1291** • Prise de Saint-Jean-d'Acre par les Mamelouks ; fin de la présence franque en Palestine.
Louis X, Jean Ier, Philippe V, Charles IV	LES « ROIS MAUDITS » **1317** • L'assemblée des Grands décide qu'une femme ne peut monter sur le trône de France.	**v.1325** • Fondation par les Aztèques de Tenochtitlán (future Mexico).
Valois — **Philippe VI de Valois** 1328-1350	**1328** • **Philippe VI de Valois** proclamé roi en application de la loi salique.	

Règnes	France	Monde
	La guerre de Cent Ans	
Philippe VI de Valois 1328-1350	**1337** • Édouard III d'Angleterre revendique la couronne de France. **1346** • Défaite française à Crécy. **1347** • Les Anglais s'emparent de Calais. LES BOURGEOIS DE CALAIS **1348-1349** • L'épidémie de peste noire tue un tiers de la population.	
Jean II le Bon 1350-1364	**1356** • Bataille de Poitiers : **Jean II le Bon** est fait prisonnier. **1358** • Étienne Marcel, prévôt des marchands, provoque une émeute à Paris ; le dauphin Charles prend la fuite • Assassinat d'Étienne Marcel et retour du dauphin à Paris • Révolte des paysans (Jacquerie). **1360** • Traité de Brétigny : le roi Jean II le Bon est libéré, Édouard III renonce à la couronne de France • Instauration d'une nouvelle monnaie : le franc. **1364** • Mort de Jean II le Bon et avènement de **Charles V le Sage**. • Bertrand Du Guesclin vainqueur des Anglo-Navarrais à Cocherel.	**1354** • Les Ottomans prennent pied en Europe.
Charles V 1364-1380	DU GUESCLIN **1370** • Bertrand Du Guesclin est fait connétable de France et entreprend de reconquérir l'Aquitaine. **1380** • Mort de Charles V, avènement de **Charles VI le Fou**.	**1381** • Timur Lang (Tamerlan) entreprend des raids dévastateurs en Iran et en Afghanistan.

alois

Charles VI
1380-1422

1392 • Première crise de folie du roi. Philippe le Hardi, son oncle, et Louis d'Orléans son frère, se disputent le pouvoir.

1404 • Mort de Philippe le Hardi, duc de Bourgogne. Jean sans Peur lui succède.

1415 • Défaite française contre les Anglais à Azincourt.

Azincourt

1420 • Signature du traité de Troyes qui livre la France aux Anglais.

Charles VII
1422-1461

1429 • Libération d'Orléans par Jeanne d'Arc • **Charles VII** est sacré à Reims.

Jeanne d'Arc

1430 • Jeanne d'Arc est faite prisonnière à Compiègne et livrée aux Anglais.

1431 • Procès de Jeanne d'Arc qui est brûlée vive à Rouen le 30 mai.

1435 • Traité de paix d'Arras, conclu entre Charles VII et le duc de Bourgogne.

1450 • Les Anglais sont défaits à Formigny.

1453 • Défaite anglaise lors de la bataille de Castillon : fin de la guerre de Cent Ans.

1461 • Mort de Charles VII. **Louis XI** est sacré roi à Reims.

Louis XI
1461-1483

1461/1462 • *Litt. : Le Testament* de François Villon.

1467 • Charles le Téméraire devient duc de Bourgogne • Entrevue de Péronne entre Louis XI et Charles le Téméraire qui retient le roi prisonnier.

1472 • Charles le Téméraire tente de s'emparer de la Picardie mais échoue devant Beauvais, défendue par Jeanne Hachette.

Louis XI et le Téméraire

sur les Serbes à Kosovo.

1399 • En Angleterre, Henri IV de Lancastre renverse Richard II ; fin de la dynastie des Plantagenêts.

1410 • Ladislas II Jagellon, roi de Pologne, défait les chevaliers Teutoniques à Tannenberg.

1417 • Martin V est élu pape par le concile de Constance : fin du Grand Schisme d'Occident.

1442 • Roi d'Aragon et de Sicile, Alphonse V achève la conquête du royaume de Naples et fonde le royaume des Deux-Siciles.

1453 • Constantinople, assiégée par les Turcs, se rend. Fin de l'Empire byzantin.

1455 • En Angleterre, début de la guerre des Deux-Roses (1455-1485) opposant les Lancastre et les York pour la possession de la couronne.

1469 • Mariage d'Isabelle de Castille et de Ferdinand d'Aragon et union de leurs royaumes.

Moyen Âge — 1477 à 1491

Règnes | **France** | **Monde**

Louis XI
1461-1483

La France féodale

1477 • Charles le Téméraire est tué à la bataille de Nancy.

1481 • À la mort du roi René, Louis XI reçoit en héritage le Maine, l'Anjou et la Provence.

1482 • Louis XI récupère le duché de Bourgogne à la mort de Marie de Bourgogne.

1483 • Mort de Louis XI. **Charles VIII** monte sur le trône.

1491 • Charles VIII épouse Anne de Bretagne.

Monde

1480 • Le grand-prince de Moscou Ivan III libère définitivement la Russie de la domination mongole.

1487 • Le Portugais Bartolomeu Dias passe le cap de Bonne-Espérance : la route des Indes est ouverte et tout le littoral occidental de l'Afrique a été reconnu.

1492 • Christophe Colomb découvre l'Amérique • Reconquête de Grenade, dernier bastion musulman en Espagne. Expulsion des Juifs d'Espagne.

Les Temps modernes — 1494 à 1572

Charles VIII
1483-1498

La Renaissance

1494 • Charles VIII écrase les Napolitains à Rapallo. Victoire de Fornoue.

1497 • Perte du royaume de Naples.

Les guerres d'Italie (1494-1559)

1498 • Mort de Charles VIII. **Louis XII** devient roi de France.

1499 • Louis XII épouse Anne de Bretagne.

Louis XII

Monde

1494 • Traité de Tordesillas entre les Rois Catholiques et Jean II de Portugal, précisant la ligne de démarcation entre leurs possessions dans le Nouveau Monde • Le prédicateur Savonarole chasse les Médicis de Florence et instaure (1494-1498) sa dictature.

1498 • Le Portugais Vasco de Gama double le cap de Bonne-Espérance et contre les Suisses le 14 septembre. François Ier se fait armer chevalier par Bayard.

François Ier
1515-1547

Le chevalier Bayard

1520 • Entrevue du camp du Drap d'or entre François Ier et Henri VIII d'Angleterre.

1521 • Début de la guerre avec Charles Quint.

1525 • Défaite de Pavie. François Ier est fait prisonnier. Il sera libéré l'année suivante.

1529 • Signature de la paix des Dames : François Ier renonce à l'Italie.

1532 • *Litt.* : *Pantagruel* de Rabelais.

1539 • Ordonnance de Villers-Cotterêts qui réforme en profondeur l'administration de l'État.

1547 • Mort de François Ier. **Henri II** monte sur le trône de France.

Henri II 1547-1559

1559 • Traités de Cateau-Cambrésis, où Henri II renonce à ses visées sur l'Italie.

François II
1559-1560

1560 • « Tumulte d'Amboise » : conjuration protestante pour tenter d'éloigner les Guises du pouvoir • Sacre de **Charles IX** ; régence de Catherine de Médicis.

Charles IX
1560-1574

1562 • L'édit de Fontainebleau autorise le culte protestant • Massacre de Wassy, qui marque le début des guerres de Religion.

Les guerres de religion (1562-1598)

1572 • Mariage d'Henri de Navarre et de Marguerite de Valois, sœur du roi. • Massacre de la Saint-Barthélemy, le 24 août • Henri de Navarre est contraint d'abjurer le protestantisme.

La Saint-Barthélemy

de l'Église (trafic des Indulgences). Il affiche ses 95 thèses qui donne naissance à la Réforme • Les Ottomans, après avoir conquis la Syrie et la Palestine (1516), s'emparent de l'Égypte.

1520 • Apogée de l'Empire ottoman sous le règne (1520-1566) de Soliman le Magnifique.

1521 • Prise et destruction de Tenochtitlán (Mexico) par les Espagnols : fin de l'Empire aztèque.

1571 • Victoire navale de la Sainte Ligue sur les Ottomans à Lépante. Fin de la suprématie ottomane en Méditerranée • En Angleterre, les 39 Articles fondent une Église d'État (Église anglicane).

Régnes	France	Monde
Valois — **Henri III** 1574-1589	**1574** • Mort de Charles IX. Son frère **Henri III** monte sur le trône. **1576** • Henri de Navarre abjure le catholicisme et prend la tête de l'armée protestante. • L'édit de Beaulieu accorde aux protestants la liberté de culte et huit places fortes. • Constitution de la Ligue autour du duc de Guise, à Péronne. **1587** • Victoire de Henri de Navarre à Coutras. **1588** • Journée des barricades à Paris, Henri III s'enfuit à Blois • À Blois, Henri III fait assassiner le duc de Guise. **1589** • Réconciliation d'Henri III et Henri de Navarre • Assassinat de Henri III. Henri de Navarre devient roi de France sous le nom d'**Henri IV**.	**1588** • Échec de l'Invincible Armada, envoyée par Philippe II d'Espagne contre l'Angleterre.
Henri IV 1589-1610	**1590** • Victoire d'Henri IV à Ivry. **1593** • Henri IV abjure le protestantisme. **1594** • Sacre d'Henri IV à Chartres, puis entrée dans Paris. **1598** • Signature de la paix de Vervins avec les Espagnols • Promulgation de l'édit de Nantes. L'ÉDIT DE NANTES **1600** • Mariage d'Henri IV avec Marie de Médicis. **1610** • Assassinat d'Henri IV par Ravaillac. **Louis XIII** devient roi de France ; régence de Marie de Médicis.	**1598** • Boris Godounov, tsar de Russie (1598-1605). **1603** • Jacques VI Stuart, roi d'Écosse, succède à Élisabeth Ire sur le trône d'Angleterre sous le nom de Jacques Ier : union personnelle de l'Angleterre et de l'Écosse.
	1614 • Révolte du prince de Condé. Convocation des états généraux. **1615** • Fin de la régence de Marie de Médicis ; Louis XIII épouse Anne	**1613** • Michel Fedorovitch Romanov

Bourbons

Louis XIII
1610-1643

1624 • Le cardinal de Richelieu entre au Conseil du Roi.

1628 • Capitulation de La Rochelle, où les protestants étaient assiégés depuis un an.

1629 • La paix d'Alès marque la fin des guerres de Religion.

Le gouvernement des cardinaux

1635 • Richelieu déclare la guerre à l'Espagne. Entrée de la France dans la guerre de Trente Ans.

1637 • *Litt. : Discours de la méthode* de Descartes. *Le Cid* de Corneille.

1642 • Mort de Richelieu. Mazarin entre au Conseil du roi.

Les mousquetaires du roi

Louis XIV
1643-1715

1643 • Mort de Louis XIII. **Louis XIV** est sacré roi de France ; régence d'Anne d'Autriche • Mazarin devient chef du Conseil • Victoire de Condé sur les Espagnols à Rocroi.

1648 • Les traités de Westphalie mettent fin à la guerre de Trente ans.

1648-1649 • Fronde parlementaire.

La Fronde

1650-1652 • Fronde des princes.

1651 • Exil de Mazarin, jusqu'en 1653.

1652 • Turenne remporte la bataille de Bléneau sur les troupes de Condé.

1654 • Louis XIV est sacré à Reims.

1659 • Traité des Pyrénées, qui met fin à la guerre avec l'Espagne • *Litt. : Les Précieuses ridicules* de Molière.

1618 • Défenestration de Prague, qui ouvre la guerre de Trente Ans (1618-1648). Les protestants se révoltent contre l'autorité des Habsbourg. Ce conflit politique et religieux qui concerne toute l'Europe, ravage l'Allemagne.

1642 • Première révolution d'Angleterre (1642-1649) : guerre civile (appelée aussi Grande Rébellion) qui oppose Charles Ier au Parlement.

1644 • En Angleterre, victoire des parlementaires (ou Têtes rondes) sur les royalistes (ou Cavaliers) à Marston Moor.

1645 • En Angleterre, défaite décisive des royalistes à Naseby, devant l'armée parlementaire réorganisée par Cromwell.

1653 • Établissement du Protectorat (dictature militaire) de Cromwell en Angleterre. Triomphe du puritanisme.

Règnes	France	Monde

Le siècle de Louis XIV

Louis XIV
1643-1715

1661 • Mort de Mazarin. Louis XIV annonce sa décision de gouverner seul • Disgrâce de Nicolas Fouquet, surintendant général des Finances.

1662 • Colbert devient ministre d'État.

1667-1668 • Guerre de Dévolution contre les Pays-Bas espagnols.

1672-1678 • Guerre de Hollande.

1673 • *Litt.* : *Le Malade imaginaire* de Molière.

1677 • *Litt.* : *Phèdre* de Racine.

1682 • La Cour s'installe à Versailles.

La Cour à Versailles

1685 • Révocation de l'édit de Nantes. Le culte protestant est interdit.

1688-1697 • Guerre de la Ligue d'Augsbourg.

1701-1714 • Guerre de Succession d'Espagne.

1702 • Révolte des Camisards dans les Cévennes.

1709-1710 • Le « Grand Hyver » provoque une famine dans le royaume.

1715 • Mort de Louis XIV. Son arrière-petit-fils **Louis XV** est sacré roi de France • Régence de Philippe, duc d'Orléans.

La Régence (1715-1723)

Monde

1666 • Grand incendie de Londres. • Avènement de Mulay al-Rachid (1666-1672), fondateur de la dynastie alaouite, qui, aujourd'hui encore, règne sur le Maroc.

1688 • Seconde révolution d'Angleterre dite "Glorieuse Révolution". En 1689, Guillaume III d'Orange et Marie II, qui ont accepté la Déclaration des droits (*Bill of Rights*) équilibrant les pouvoirs entre monarchie et Parlement, deviennent roi et reine d'Angleterre.

1707 • Acte scellant l'union définitive de l'Angleterre et de l'Écosse.

La France des Lumières

Louis XV
1715-1774

1720 • Marseille ravagée par la peste noire • Banqueroute de la banque de Law.

1721 • *Litt.* : *Lettres persanes* de Montesquieu.

1722 • Le Régent fait couronner Louis XV dès sa majorité à 13 ans.

1723 • Mort du Régent le duc d'Orléans.

1733-1738 • Guerre de Succession de Pologne.

1740-1748 • Guerre de Succession d'Autriche.

1745 • Bataille de Fontenoy.

1748 • La guerre de Succession d'Autriche s'achève par le traité d'Aix-la-Chapelle : la France, qui s'est « battue pour le roi de Prusse », restitue toutes ses conquêtes. • *Litt.* : Montesquieu publie *De l'esprit des lois.*

1751 • *Litt.* : Parution du premier volume de l'*Encyclopédie.*

1756-1763 • Guerre de Sept Ans contre l'Angleterre.

1759 • *Litt.* : *Candide* de Voltaire.

Les encyclopédistes

1762 • *Litt.* : l'*Émile* et *Du Contrat social* de Jean-Jacques Rousseau.

1772 • Parution du dernier volume de l'*Encyclopédie.*

1774 • Mort de Louis XV. Son petit-fils **Louis XVI** est sacré roi de France.

Louis XVI
1774- 1792

1778 • Mort de Voltaire et de Jean-Jacques Rousseau.

1784 • *Litt.* : *Le Mariage de Figaro* de Beaumarchais.

1785-1786 • Affaire du Collier de la reine.

1740 • Règne (1740-1786) de Frédéric II de Prusse, modèle du « despote éclairé ».

1756 • Début de la guerre de Sept Ans opposant la Prusse à une coalition franco-autrichienne puis européenne.

1762 • En Russie, règne (1762-1796) de Catherine II. Extension du servage.

1776 • Déclaration d'Indépendance des colonies américaines et guerre d'Indépendance (1775-1782) contre l'Angleterre.

1783 • Le traité de Versailles met fin à la guerre d'Indépendance américaine.

La France contemporaine XIXe siècle — 1789 à 1803

Régimes	France	Monde
Bourbons	**La Révolution**	
Constituante 1789-1791	**1789** • Séance inaugurale des états généraux (5 mai) • Le tiers état se constitue en Assemblée nationale (17 juin) • Serment du Jeu de Paume (20 juin) • Prise de la Bastille (14 juillet) • La Grande Peur (mi-juillet-fin août) • Abolition des privilèges (nuit du 4 août) • 26 août : Déclaration des droits de l'homme et du citoyen.	**1789** • G. Washington, premier président (1789-1797) des États-Unis • En Océanie, mutinerie à bord du navire anglais *Bounty*.
	PRISE DE LA BASTILLE	
Louis XVI 1774-1792	**1790** • Adoption définitive de la Constitution civile du clergé (12 juillet) • Fête de la Fédération (14 juillet) • Le drapeau tricolore remplace le drapeau blanc fleurdelisé comme emblème de la France (21 octobre).	
	1791 • Fuite et arrestation du roi à Varennes (21 juin) • Manifestation au Champ-de-Mars pour réclamer la République (17 juillet) • Promulgation de la nouvelle Constitution à laquelle le roi prête serment (14 septembre).	**1791** • Premier amendement de la Constitution des États-Unis, garantissant la liberté de la presse.
Législative 1791-1792	**1792** • Déclaration de guerre à l'Autriche, à la Hongrie et à la Bohême (20 avril) ; Rouget de Lisle compose la Marseillaise (25 avril) • Proclamation de « la patrie en danger » (11 juillet) • Les sans-culottes donnent l'assaut aux Tuileries (10 août) • Massacres de Septembre dans les prisons parisiennes • Victoire de Valmy (20 septembre) • An I de la République (22 septembre) • Défaite autrichienne à Jemmapes (6 novembre).	

Ire République

Période	France	Monde
Convention 1792-1795	l'Angleterre, l'Espagne et la Hollande (février) • Début de l'insurrection vendéenne et création du Tribunal révolutionnaire (10 mars) • Formation du Comité de salut public (6 avril) • Vote de la Constitution de l'an I (24 juin) • Assassinat de Marat par Charlotte Corday (13 juillet) • Robespierre entre au Comité de salut public (17 juillet) • Décret de levée en masse (23 août) • Vote de la loi des suspects et début de la Terreur (17 septembre) • Institution du calendrier révolutionnaire (5 octobre) • Exécution de Marie-Antoinette (16 octobre).	
	LA TERREUR	
	1794 • Création des « colonnes infernales » pour soumettre la Vendée (17 janvier) • Abolition de l'esclavage dans les colonies (4 février) • Chute de Robespierre qui est exécuté le lendemain (27 juillet) • Fin de la Terreur (1er août).	**1794** • Soulèvement polonais contre l'occupant russe. Intervention de la Prusse et de l'Autriche ; la Pologne est partagée entre les vainqueurs.
Directoire 1795-1799	**1795** • Instauration du Directoire. **1796** • Fin de l'insurrection vendéenne • Victoires de Bonaparte en Italie (Castiglione, Arcole). **1798** • Campagne d'Égypte : bataille des Pyramides et défaite d'Aboukir. • Loi Jourdan instituant le service militaire obligatoire. **1799** • Coup d'État du 18 brumaire ; Bonaparte premier consul.	
Consulat 1799-1804	**1800** • Loi sur l'organisation administrative de la France et création des préfets • Victoire de Marengo sur les Autrichiens. **1801** • Signature du Concordat. **1802** • Paix d'Amiens avec l'Angleterre • Napoléon nommé consul à vie. **1803** • L'Angleterre rompt la paix • Préparatifs du camp de Boulogne en vue d'envahir l'Angleterre.	**1800** • L'Acte d'Union réalise la fusion complète de la Grande-Bretagne et de l'Irlande. Naissance du Royaume-Uni. **1801** • Thomas Jefferson est président des États-Unis • Révolte de Toussaint-Louverture à Haïti contre les Français. **1803** • Les États-Unis achètent la Louisiane à la France, doublant ainsi leur superficie.

Règnes	France	Monde
	Le Ier Empire	
Ier Empire **Napoléon Ier** 1804-1814	**1804** • Promulgation du Code civil • Exécution du duc d'Enghien • **Napoléon Ier** est sacré empereur le 2 décembre. **1805** • La flotte française est détruite à Trafalgar • Victoire d'Austerlitz. LE SOLEIL D'AUSTERLITZ **1806** • Rétablissement du calendrier grégorien • Campagne de Prusse. Victoires d'Iéna et d'Auerstedt. **1807** • Campagne de Pologne. Batailles d'Eylau et de Friedland • Traité de Tilsit. **1808** • Intervention française en Espagne • Soulèvement madrilène contre les Français. Victoire de Somosierra. **1809** • Batailles d'Eckmühl, d'Essling et de Wagram. **1810** • Mariage de Napoléon et Marie-Louise • Annexion de la Hollande. **1812** • Campagne et retraite de Russie. LA BEREZINA **1814** • Campagne de France, entrée des Alliés dans Paris • Napoléon abdique. Adieux de Fontainebleau et départ pour l'île d'Elbe • **Louis XVIII** monte sur le trône de France. Promulgation de la Charte constitutionnelle. LES CENT JOURS	**1811** • Indépendance du Venezuela. Début des mouvements d'indépendance menés par Simon Bolivar en Amérique latine, contre les Espagnols.

Restauration

1814/1815-1824

de Waterloo le 18 juin. Abdication de Napoléon • Retour de Louis XVIII. Exil de Napoléon à Sainte-Hélène

germanique, réunissant 38 États allemands souverains, dont la Prusse. • Création du royaume des Pays-Bas constitué des anciennes Provinces-Unies, des anciens Pays-Bas autrichiens (future Belgique) et du Luxembourg.

La Restauration et la monarchie de Juillet

1821 • Mort de Napoléon.

Charles X
1824-1830

1824 • **Charles X** succède à son frère Louis XVIII • Loi dite « du milliard », qui indemnise les émigrés.

Monarchie de Juillet

Louis-Philippe
1830-1848

1830 • Prise d'Alger par les Français, début de la conquête d'Algérie. • Soulèvement parisien des « Trois Glorieuses » (27, 28 et 29 juillet). Fuite de Charles X • **Louis-Philippe** est proclamé roi des Français.

1832 • Émeutes lors de l'enterrement du général républicain Lamarque.

1833 • Loi Guizot organisant l'enseignement primaire.

1840 • Retour des cendres de Napoléon • *Litt.* : *Les Trois mousquetaires* d'Alexandre Dumas.

1847 • Prise de la smala d'Abd el-Kader et fin de la conquête de l'Algérie.

1830 • Révolution de la Belgique qui se sépare des Pays-Bas et proclame son indépendance • Indépendance de la Grèce (à l'exclusion de la Crète), imposée aux Ottomans par les grandes puissances.

1837 • En Angleterre, avènement de Victoria Ire.

1846 • Grande Famine en Irlande (1846-1848) • Guerre (1846-1848) opposant le Mexique aux États-Unis, qui annexeront tous les territoires mexicains au nord du Rio Grande, soit, outre le Texas, le Nouveau-Mexique et la Californie.

La Révolution de 1848 et la IIe République

IIe République

1848 • Des barricades se dressent dans le centre de Paris (23 février), l'insurrection est générale le lendemain • Abdication de Louis-Philippe, instauration d'un gouvernement provisoire (24 février) • Proclamation de la République (25 février) • Adoption du suffrage universel masculin (5 mars) • Abolition de l'esclavage (27 avril) • Soulèvement ouvrier à Paris, écrasé par le général Cavaignac (23-26 juin) • Louis-Napoléon est élu président de la République (10 décembre).

1851 • Coup d'État de Louis-Napoléon le 2 décembre.

1848 • Soulèvement d'une partie de l'Europe, ébranlant en particulier la domination de l'Autriche : insurrections à Prague, en Hongrie,en Italie et en Allemagne. Abdication de l'empereur d'Autriche Ferdinand Ier en faveur de François-Joseph Ier (qui régnera jusqu'en 1916).

La France contemporaine XIXe siècle — 1852 à 1899

Règnes	France	Monde
	Le second Empire	
Second Empire — **Napoléon III** 1852-1870	**1852** • Le second Empire est proclamé le 2 décembre. **1854-1856** • Guerre de Crimée. **1857** • *Litt.* : *Les Fleurs du mal* de Baudelaire et *Mme Bovary* de Flaubert. **1859** • Napoléon III aide les Italiens à battre l'Autriche. Victoires de Magenta et de Solférino. **1859-1862** • Conquête de la Cochinchine. **1870** • Plébiscite en faveur de l'Empire (8 mai) • Dépêche d'Ems (13 juillet) • La France déclare la guerre à la Prusse (19 juillet) • Défaites de Wissembourg, Froeschwiller, Forbach • Capitulation de Metz • L'empereur est fait prisonnier à Sedan (1er septembre) • Déchéance de Napoléon III et proclamation de la République (4 septembre) • Début du siège de Paris • Gambetta quitte Paris en ballon (7 octobre).	**1860** • Abraham Lincoln est élu président des États-Unis. Les États du Sud font sécession (1860-61). **1861** • Proclamation, à Turin, du royaume d'Italie, dont Victor-Emmanuel II devient le premier souverain • Abolition du servage en Russie par Alexandre II • Aux États-Unis, début de la guerre civile (dite guerre de Sécession, 1861-1865). **1870** • Rome, occupée par les troupes italiennes, devient la capitale de l'Italie.
Présidences	**La République triomphante**	
Adolphe Thiers 1871-1873	**1871** • Capitulation de Paris (28 janvier) et armistice franco-prussien. • Élections législatives, l'Assemblée nationale se réunit à Bordeaux. • Signature de la paix à Versailles. Perte de l'Alsace et de la Lorraine. • La Commune de Paris (18 mars- 28 mai) s'achève par la Semaine sanglante.	**1871** • Proclamation de l'Empire allemand (IIe Reich) au château de Versailles. **1873** • Proclamation de la Ire République espagnole.

IIIe République

1873-1879

1880 • Instauration de la fête nationale le 14 juillet • Ministère Jules Ferry.

JULES FERRY

Jules Grévy 1879-1887

1881 • Ministère Gambetta • Lois sur la liberté de la presse et sur la gratuité de l'enseignement primaire.

1882 • Loi sur l'enseignement obligatoire jusqu'à treize ans.

1885 • Mort de Victor Hugo.

Sadi Carnot 1887-1894

1894 • Assassinat du président de la République Sadi Carnot • Arrestation et condamnation au bagne d'Alfred Dreyfus.

Jean Casimir-Périer 1894-1895

1895 • Fondation de la C.G.T.

Félix Faure 1895-1899

1898 • Émile Zola publie « J'accuse ». Début de l'Affaire Dreyfus.

L'AFFAIRE DREYFUS

1899 • Procès en révision de Dreyfus à Rennes.

impératrice des Indes.

1882 • Constitution de la Triplice, ou Triple-Alliance, entre l'Allemagne, l'Autriche-Hongrie et l'Italie.

1894 • Nicolas II, tsar de Russie (1894-1917).

1899 • En Afrique du Sud, guerre des Boers contre les Anglais (1899-1902) • En Chine, révolte des Boxers.

La France contemporaine XXe siècle — 1900 à 1906

La Belle Époque

Émile Loubet 1899-1906

1900 • Exposition universelle de Paris ; inauguration du métro.

1901 • Loi sur les associations.

1904 • Jean Jaurès fonde *l'Humanité* • Loi interdisant l'enseignement aux congrégations ; rupture diplomatique avec le Vatican.

1905 • Fondation de la S.F.I.O. • Loi sur la séparation des Églises et de l'État.

1906 • La Cour de cassation innocente Dreyfus.

1900 • Expédition internationale en Chine pour délivrer les légations étrangères attaquées par les Boxers (les « 55 Jours de Pékin »).

1905 • Première révolution russe (Dimanche rouge de Saint-Pétersbourg, mutinerie à bord du Potemkine, premiers soviets). Promulgation par le tsar du « manifeste d'octobre » garantissant les principales libertés • La Norvège se sépare de la Suède et devient un État indépendant.

La France contemporaine XXe siècle — 1912 à 1939

Présidences	France	Monde
Armand Fallières 1906-1913	**1912** • Protectorat sur le Maroc. **1913** • Raymond Poincaré président de la République. • La durée du service militaire est portée à trois ans.	**1911** • Révolution nationaliste de Sun Yat-sen en Chine. Elle met fin à la dynastie des Qing et instaure la république.
	La Grande Guerre	
Raymond Poincaré 1913-1920	**1914** • Création de l'impôt sur le revenu. • Assassinat de Jean Jaurès le 31 juillet. • Ordre de mobilisation générale (1er août) • Déclaration de guerre de l'Allemagne à la France (3 août) • Gouvernement « d'union sacrée » (26 août) • Avancée allemande, le gouvernement se replie à Bordeaux (2 septembre) • « miracle » de la Marne (6-13 septembre) • Course à la mer et débuts de la guerre de tranchées ; retour du gouvernement à Paris (décembre).	**1914** • Assassinat de l'archiduc d'Autriche François-Ferdinand à Sarajevo. L'Autriche-Hongrie déclare la guerre à la Serbie. Par le jeu des alliances, la crise balkanique débouche sur la Première Guerre mondiale.
	1915 • Offensive allemande sur Ypres (22 avril) • Échec de l'expédition franco-anglaise des Dardanelles • Offensives de Joffre en Artois et en Champagne.	**1915** • Dans l'Empire ottoman, massacre de la population arménienne, qui fait 1 500 000 victimes.
	1916 • Bataille de Verdun (21 février-15 décembre) • Bataille de la Somme (1er juillet-28 novembre) • Le général Nivelle remplace Joffre à la tête des armées.	**1916** • En Grande-Bretagne, gouvernement de D. Lloyd George (1916-1922). Insurrection irlandaise à Dublin.
	1917 • Offensive française du chemin des Dames (16 avril-15 mai) • Le général Pétain prend la tête des armées françaises • Mutineries dans l'armée et grèves ouvrières • Clemenceau président du Conseil (16 novembre).	**1917** • Révolution russe. Abdication de Nicolas II ; prise du pouvoir par les bolcheviks • Entrée en guerre des États-Unis
	1918 • Offensive allemande en Champagne (mars-juillet) • Contre-offensive française (juillet-août) • Signature de l'armistice le 11 novembre	**1918** • Paix germano-russe de Brest-Litovsk.

Années folles et Front populaire

Présidents	Événements en France
Paul Deschanel 1920	**1919** • Signature du traité de Versailles. L'Alsace et la Lorraine sont de nouveau françaises • Victoire du « Bloc national » aux élections législatives. **1920** • Congrès S.F.I.O. de Tours et scission entre socialistes et communistes qui fondent le Parti communiste français.
Alexandre Millerand 1920-1924	**1924** • Le Cartel des gauches remporte les législatives, Édouard Herriot président du Conseil.
Gaston Doumergue 1924-1931	**1925** • Évacuation de la Ruhr par l'armée française • Troubles au Maroc • Début de la guerre du Rif, qui durera jusqu'en 1927. **1926** • Fin du Cartel des gauches et retour au pouvoir de Poincaré.
Paul Doumer 1931-1932 / **Albert Lebrun** 1932-1940	**1934** • Violentes émeutes antiparlementaires le 6 février. **1935** • Formation du « Rassemblement populaire ».

Les congés payés

1936 • Victoire du Front populaire aux élections législatives, Léon Blum président du Conseil • Accords Matignon. Lois instaurant deux semaines de congés payés et la semaine de 40 heures.

1938 • Daladier président du Conseil, fin du Front populaire • Daladier signe les accords de Munich.

La Seconde Guerre mondiale

1939 • La France déclare la guerre à l'Allemagne le 2 septembre.

1919 • Création de la Société des Nations (S. D. N.) • En Allemagne, écrasement de la révolution spartakiste ; adoption de la Constitution de la république de Weimar.

1922 • Mussolini, après la marche sur Rome, prend le pouvoir en Italie.

1929 • Krach de la Bourse de New York (« Jeudi noir »), qui marque le début de la crise économique mondiale.

1933 • Hitler devient chancelier d'Allemagne.

1934 • En Chine, Mao Zedong conduit la Longue Marche (1934-35) des communistes.

1936 • Hitler occupe la rive gauche du Rhin (Rhénanie), démilitarisée depuis 1918 • En Espagne, guerre civile (1936-1939) entre républicains et nationalistes dirigés par Franco.

1938 • Annexion de l'Autriche par l'Allemagne (Anschluss). Conférence de Munich. Annexion du territoire tchécoslovaque des Sudètes.

1939 • Pacte de non-agression germano-soviétique • Invasion de la Pologne par les Allemands (1er sept.).

Présidences	France	Monde
État français — **Gouvernement de Vichy sous l'autorité de Pétain** 1940-1944	**1940** • Campagne de France et armistice (10 mai-22 juin), Pétain chef du gouvernement • Évacuation du corps expéditionnaire britannique à Dunkerque (mai-juin) • Appel du général de Gaulle (18 juin) • Naissance de l'État français, fin de la IIIe République (10 juillet) • « statut des Juifs » adopté par Vichy (3 octobre) • Entrevue de Montoire entre Pétain et Hitler (24 octobre) • Pétain renvoie Laval (13 décembre).	**1940** • Invasion allemande de la Norvège, du Danemark, des Pays-Bas, de la Belgique et du Luxembourg • Bataille d'Angleterre ; la Royal Air Force (RAF) l'emporte sur la Luftwaffe • Signature d'un traité tripartite entre le Japon, l'Allemagne et l'Italie.
	APPEL DU 18 JUIN	
	1941 • Darlan devient le dauphin de Pétain (10 février) • Nouveau statut des Juifs (2 juin) • Création de la Légion des Volontaires Français (11 juillet) • Création à Londres du Comité national de la France libre (24 septembre).	**1941** • Rupture du pacte germano-soviétique et attaque de l'U.R.S.S. par l'Allemagne ; début du siège de Leningrad • Les Japonais bombardent Pearl Harbor et déclarent la guerre aux États-Unis • Entrée en guerre des États-Unis.
	1942 • Laval remplace Darlan (20 avril) • Le port de l'étoile jaune est obligatoire pour les Juifs de la zone occupée (29 mai) • Rafle du Vel' d'Hiv' (16-17 juillet) • Débarquement allié en Afrique du Nord (8 novembre) • Invasion de la zone libre par les Allemands (11 novembre) • Sabordage de la flotte à Toulon (27 novembre).	**1942** • Conférence de Wannsee organisant l'extermination des Juifs (la « solution finale ») • Conquêtes japonaises en Asie du Sud-Est : Philippines, Malaisie, Birmanie, Indonésie. Victoire navale américaine de Midway et débarquement à Guadalcanal • Avancée de Rommel en Libye et en Égypte • Débarquement anglo-américain en Afrique du Nord.
	1943 • Création de la Milice (30 janvier) • Création du STO, Service du travail obligatoire (17 février) • Création du Conseil national de la Résistance (27 mai) • Création du Comité français de libération nationale (C.F.L.N.), dirigé par de Gaulle (3 juin) • Arrestation de Jean Moulin (21 juin) • Libération de la Corse (octobre) • Création des F.F.I., Forces françaises de l'intérieur (29 novembre).	**1943** • Débarquement allié en Sicile ; démission de Mussolini • En U.R.S.S.,

GPRF

1944 • Discours de De Gaulle à Brazzaville sur l'avenir de l'empire colonial (30 janvier) • Le C.F.L.N. devient le G.P.R.F., gouvernement provisoire de la République française (2 juin) • Débarquement en Normandie (6 juin) • Massacre d'Oradour-sur-Glane (10 juin) • Anéantissement du maquis du Vercors (21-23 juillet) • Débarquement en Provence (15 août) • Libération de Paris (25 août) • Le droit de vote est accordé aux femmes (5 octobre) • Libération de Strasbourg (23 novembre).

1945 • Capitulation de l'Allemagne (8 mai) • Émeutes à Sétif et Guelma réprimées dans le sang (8 mai) • Fin du procès et condamnation à mort du maréchal Pétain, peine commuée en prison à perpétuité (15 août) • Hồ Chi Minh proclame la République démocratique du Viêt Nam (2 septembre) • Création de la Sécurité sociale (octobre) • Rejet du projet de Constitution de la IVe République par référendum (21 octobre).

1944 • Libération de Rome (4 juin) • Victoire soviétique à Leningrad • Écrasement de la flotte japonaise aux Philippines (bataille de Leyte).

1945 • Conférence de Yalta entre Staline, W. Churchill et F. D. Roosevelt, qui prévoit la partition de l'Allemagne et prépare la paix • Jonction des armées américaines et russes sur l'Elbe. Hitler se suicide. Capitulation sans condition de l'Allemagne le 8 mai. Conférence de Potsdam entre Truman, Staline, Churchill, définissant le contrôle des Alliés sur l'Allemagne. Début des procès de criminels nazis à Nuremberg • Dans le Pacifique, reconquête de l'île d'Iwo Jima par les Américains • Bombardement atomique d'Hiroshima et de Nagasaki (6 et 9 août). Capitulation du Japon • Signature de la Charte de l'Organisation des Nations unies (O.N.U.).

La Quatrième République

IVe République

Vincent Auriol
1947-1954

1946 • Démission du général de Gaulle du G.P.R.F. • Proclamation de la IVe République le 13 octobre • Bombardement de la baie d'Haiphong et début de la guerre d'Indochine.

1947 • Création du RPF par de Gaulle • Adoption d'un nouveau statut pour l'Algérie.

1948 • Grande vague de grèves.

1951 • Naissance de la CECA (Communauté européenne du charbon et de l'acier).

1954 • Défaite de Diên Biên Phu (7 mai) • Signature des accords de Genève (20 juillet) qui marquent la fin de la guerre d'Indochine • « Toussaint rouge » et début de la guerre d'Algérie • Appel de l'abbé Pierre.

La guerre d'Algérie (1954-1962)

1947 • Indépendance de l'Inde et partition en deux États : l'Inde à majorité hindoue, et le Pakistan à majorité musulmane.

1948 • Proclamation de l'État d'Israël et première guerre israélo-arabe.

1949 • En Chine, les communistes (Mao Zedong) fondent la République populaire de Chine. Les nationalistes se replient à Formose (auj. Taïwan).

Présidences	France	Monde
IVe République **René Coty** 1954-1958	**1956** • Accession à l'indépendance du Maroc et de la Tunisie • Vote des « pouvoirs spéciaux » en Algérie • Vote de la loi-cadre Defferre sur l'évolution des territoires d'outre-mer • Intervention militaire franco-anglaise à Suez. **1957** • Signature du traité de Rome fondant la CEE • Bataille d'Alger. **1958** • Émeutes à Alger et retour du général de Gaulle au pouvoir.	
	Les Trente Glorieuses de la Ve République	
Charles de Gaulle 1958-1969	**1958** • La Constitution de la Ve République est adoptée par référendum. • De Gaulle, président de la République. **1960** • Apparition du « nouveau » franc • Semaine des barricades à Alger. • Accession à l'indépendance des colonies d'Afrique noire. **1961** • Naissance de l'O.A.S. ; putsch des généraux à Alger (22-25 avril). **1962** • Manifestation contre l'OAS au métro Charonne • Les accords d'Évian marquent la fin de la guerre d'Algérie (18 mars) • Attentat du Petit-Clamart contre de Gaulle. **1965** • De Gaulle est élu président de la République au suffrage universel. **1968** • Événements de « Mai 68 » ; signature des accords de Grenelle. **1969** • Victoire du « non » au référendum sur la régionalisation et la réforme du Sénat ; démission de De Gaulle • Georges Pompidou président	**1959** • Triomphe de la révolution castriste à Cuba. **1961** • Construction du mur de Berlin. • John F. Kennedy président des États-Unis. **1962** • Crise internationale provoquée par l'installation de fusées soviétiques à Cuba. **1963** • Assassinat de J. F. Kennedy à Dallas. Le vice-président L. B. Johnson lui succède. **1965** • Intensification de la guerre au Viêt Nam, où L. B. Johnson a décidé (1964) l'intervention directe des États-

Georges Pompidou
1969-1974

1971 • Mitterrand prend le contrôle du PS au congrès d'Épinay.

1972 • Signature du « Programme commun de gouvernement » entre le PS, le PCF et le MRG • Pierre Messmer succède à Chaban-Delmas à Matignon.

1974 • Mort de Georges Pompidou ; Valéry Giscard d'Estaing président de la République. Jacques Chirac Premier ministre.

Valéry Giscard d'Estaing
1974-1981

1976 • Raymond Barre Premier ministre • Jacques Chirac fonde le RPR.

Les années Mitterrand

1981 • François Mitterrand est élu président de la République. Pierre Mauroy entre à Matignon • Abolition de la peine de mort.

François Mitterrand
1981-1995

1984 • Laurent Fabius Premier ministre • Grande manifestation pour la défense de l'école libre.

1986 • Victoire de la droite aux législatives ; Jacques Chirac devient Premier ministre, première cohabitation • Série d'attentats terroristes à Paris • Manifestations étudiantes contre le projet de réforme de l'Université.

1988 • François Mitterrand est réélu à la présidence de la République ; Michel Rocard Premier ministre • Référendum en faveur de l'autodétermination en Nouvelle-Calédonie.

1991 • Édith Cresson, première femme à Matignon.

1992 • Adoption par référendum du traité européen de Maastricht.

1993 • Victoire de la droite aux législatives ; Édouard Balladur devient Premier ministre.

1969 • En Irlande du Nord, des troubles sanglants éclatent à Belfast et à Londonderry. Début de l'action terroriste de l'IRA.

1973 • Le « choc pétrolier » frappe le monde industrialisé • Quatrième guerre israélo-arabe, dite « guerre du Kippour » • Accords de Paris sur un cessez-le-feu au Viêt Nam • Coup d'État militaire de Pinochet au Chili.

1980 • En Pologne, mouvement de grèves et création d'un syndicat indépendant, Solidarité, présidé par L. Walesa • Début de la guerre Iran-Iraq.

1985 • M. Gorbatchev, secrétaire général du P.C. soviétique. Il fait de la glasnost (transparence) et de la perestroïka (restructuration) ses mots d'ordre.

1986 • Catastrophe nucléaire de Tchernobyl.

1989 • En Europe de l'Est, mouvements de contestation des régimes en place qui aboutissent à l'effondrement du communisme • Achèvement du retrait des troupes soviétiques d'Afghanistan • En Chine, manifestations pour la démocratie (printemps de Pékin), qui sont écrasées par l'armée, notamment place Tian'anmen.

1990 • Réunification de l'Allemagne • L'Iraq envahit le Koweït.

1995 à 2009

Ve République

Présidences

François Mitterrand 1981-1995

Jacques Chirac 1995-2007

Nicolas Sarkozy 2007-

France

La présidence de Jacques Chirac

1995 • Jacques Chirac, président de la République ; Alain Juppé Premier ministre • Grandes grèves contre la politique de réformes du gouvernement Juppé.

1997 • Dissolution de l'Assemblée par Jacques Chirac et victoire de la « gauche plurielle » aux législatives. Lionel Jospin est nommé Premier ministre.

1998 • Assassinat du préfet de Corse, Claude Érignac.

2000 • Entrée en vigueur de la loi sur les 35 heures.

2002 • Mise en circulation de l'euro et disparition du franc • Jacques Chirac est réélu président de la République au deuxième tour face à Le Pen ; Jean-Pierre Raffarin Premier ministre.

2005 • Victoire du « non » au référendum sur le traité constitutionnel européen • Dominique de Villepin Premier ministre • De violentes émeutes embrasent les banlieues.

La présidence de Nicolas Sarkozy

2007 • Nicolas Sarkozy est élu président de la République • François Fillon est nommé Premier ministre.

2009 • La France est touchée par la crise financière et économique mondiale.

Monde

1995 • Négociations de Dayton qui aboutissent à un accord de paix sur la Bosnie-Herzégovine.

2001 • Attentats terroristes meurtriers contres les Twin towers de New York. Les États-Unis entament une « croisade contre le mal » et envahissent l'Afghanistan.

2003 • Les Américains envahissent l'Irak et pénètrent dans Bagdad. Chute de Saddam Hussein.

2004 • Attentats meurtriers à Madrid, perpétrés par les islamistes d'al-Qaida • Un raz de marée ravage les côtes de l'Océan indien, causant la mort de près de 200 000 personnes.

2005 • Attentats sanglants à Londres, attribués à al-Qaida • Décès du pape Jean-Paul II ; Benoît XVI lui succède.

2007 • Entrée de la Bulgarie et de la Roumanie dans l'Union européenne.

2008 • Barack Obama est élu à la présidence des États-Unis.

LES EMBLÈMES DE LA FRANCE

Le drapeau tricolore

Les trois couleurs du drapeau national ont tour à tour été celles des monarques français : le manteau royal, depuis Clovis était bleu et paré de fleurs de lys d'or ; l'oriflamme que les rois allaient chercher à Saint Denis était rouge ; le drapeau des armées royales et le pavillon de la marine furent blancs, de 1638 à 1790.

Ce sont les révolutionnaires qui réunissent ces trois couleurs dans la cocarde imposée à Louis XVI, quand celui-ci se rend à l'Hôtel de ville le 17 juillet 1789 : le blanc royal est associé au bleu et au rouge, couleurs de la ville de Paris. Et le 27 Pluviôse An II (15 février 1794), un décret de la Convention stipule que « le pavillon et le drapeau national seront formés des trois couleurs nationales disposées en trois bandes égales, le bleu attaché à la garde, le blanc au milieu et le rouge flottant ».

Marianne

C'est un décret de 1792 qui décida que désormais le sceau de l'État représenterait « une femme vêtue à l'antique [...] tenant de la main droite une pique surmontée du bonnet phrygien », bonnet que portaient les esclaves affranchis à l'époque romaine. Sa main gauche devait être appuyée sur un faisceau d'armes, et à ses pieds devait apparaître un gouvernail.

Elle symbolisait à la fois la guerrière victorieuse, la liberté retrouvée, la mère protectrice guidant la peuple.... Son prénom provenait de Marie-Anne, très répandu au XVIIIe siècle. Ses représentations seront nombreuses et diverses, jusqu'à ce que Brigitte Bardot, Catherine Deneuve et Laetitia Casta lui prêtent leur visage.

Le 14 juillet

Le 14 juillet, date anniversaire de la prise de la Bastille, symbole de l'absolutisme, en 1789, n'est devenu jour de fête nationale que le 6 juillet 1880, à la suite du vote d'une proposition de loi déposée par le député de la Seine Benjamin Raspail.

Cette décision fut prise à un moment où les institutions républicaines s'affermissaient : les lois constitutionnelles fondant la Troisième République avaient été votées en 1875 et le président Mac Mahon favorable à une restauration de la monarchie avait démissionné en 1879 et avait été remplacé par Jules Grévy. Durant cette même année 1880, les « Communards » de 1871 étaient amnistiés, ce qui permit aux déportés en Nouvelle-Calédonie (dont Louise Michel) de rentrer en France.

La Marseillaise

Ce « chant de guerre pour l'armée du Rhin », fut composé par le capitaine du génie Claude-Joseph Rouget de Lisle, durant la nuit du 24 au 25 avril 1792, à la demande du maire de Strasbourg, où il était en garnison. Il s'agissait de galvaniser les troupes, alors que la France venait de déclarer la guerre à la Prusse. Son succès et son nom s'expliquent par le fait que les volontaires venant en août de Marseille vers Paris en feront leur champ de marche, repris par les révolutionnaires lorsqu'ils attaqueront les Tuileries.

Il est prévu par le décret du 14 juillet 1795 que l'« Hymne des Marseillais » devra être joué par les musiques militaires, lors de cérémonies officielles, disposition rappelée par une circulaire du ministre de la Guerre en 1879. La Marseillaise, chantée aussi bien sous l'État français que par les résistants durant la Seconde Guerre mondiale, sera consacrée officiellement hymne national par l'article 2 de la Constitution de 1958.

Le coq

On prête aux Romains l'origine de ce symbole associé à la France d'aujourd'hui, le mot latin « Gallus » signifiant à la fois « coq » et « gaulois ».

Au Moyen Âge le coq est signe d'espoir et de foi, puis apparaît souvent aux côtés des représentations royales à partir du XVIe siècle. Mais c'est surtout à l'époque révolutionnaire que ce symbole prend de l'importance : coiffé du bonnet phrygien, il figure sur le sceau du premier consul et sur les bâtons tenus par les allégories de la Fraternité. Louis Philippe le sort de l'oubli pour le faire apparaître sur les drapeaux et les boutons d'uniforme de la garde nationale. On le retrouve ornant la grille du palais de l'Élysée et sur des pièces d'or frappées à la fin du XIXe siècle. Mais c'est surtout durant la Première Guerre mondiale que le coq s'affirme comme symbole du patriotisme et du combat contre l'aigle allemand, tout en rappelant les racines paysannes, la fierté et l'opiniâtreté des Français.

SOUVERAINS ET RÉGIMES

Mérovingiens

CLOVIS
roi des Francs (481-511)

Premier partage (511) entre les quatre fils de Clovis

- AUSTRASIE
  - **THIERRY IER** (511-v. 534)
    - **THÉODEBERT IER** (534-547/548)
      - **THÉODEBALD** (547/548-555)
- ORLEANS
  - **CLODOMIR** (511-524)
- NEUSTRIE
  - **CLOTAIRE IER** (511-561) seul roi de 558 à 561
- PARIS
  - **CHILDEBERT IER** (511-558)

Deuxième partage (561) entre les quatre fils de Clotaire Ier

- AUSTRASIE
  - **SIGEBERT IER** • ***BRUNEHAUT*** (561-575)
    - **CHILDEBERT II** (575-595)
      - **THÉODEBERT II** (595-612)
      - **THIERRY II** roi de Bourgogne (596-613) roi d'Austrasie (612-613)
- ORLEANS ET BOURGOGNE
  - **GONTRAN** (561-592)
- NEUSTRIE
  - **CHILPÉRIC IER** • ***FRÉDÉGONDE*** (561-584)
    - **CLOTAIRE II** (584-629) seul roi de 613 à 629
      - **DAGOBERT IER** (629-v. 638) seul roi de 629 à 634
        - **SIGEBERT III** roi d'Austrasie (634-656)
          - **DAGOBERT II** roi d'Austrasie (676-679)
        - **CLOVIS II** roi de Neustrie et de Bourgogne (639-657) roi d'Austrasie (656-657)
          - **CLOTAIRE III** roi de Neustrie et de Bourgogne (657-673)
          - **CHILDÉRIC II** roi d'Austrasie (662-675)
            - **CHILPÉRIC II** roi de Neustrie (715-721)
          - **THIERRY III** roi de Neustrie et de Bourgogne (673-691)
            - **CLOVIS III** roi d'Austrie (675)
            - **CHILDEBERT III** roi de Neustrie, de Bourgogne et d'Autrasie (695-711)
              - **DAGOBERT III** roi de Neustrie et de Bourgogne (711-715)
                - **THIERRY IV** roi des Francs (721-737)
- PARIS
  - **CARIBERT** (561-567)

?
- **CLOTAIRE IV** roi d'Austrasie (717-719)

Interrègne de 737 à 743

CHILDÉRIC III
roi des Francs (743-751)
dernier roi mérovingien

CHARLES MARTEL
Maire du Palais (v. 688-741)

Légendes

| Filiation

CLOVIS SOUVERAINS

• *ÉPOUSE*

(511-v. 534) : dates de règne

SOUVERAINS ET RÉGIMES

Carolingiens

- **Pépin le Bref**, élu roi des Francs (751-768)
  - **Charlemagne**, roi des Francs (768-814), règne seul à partir de 771, empereur d'Occident (800-814)
    - **Louis Ier le Pieux**, empereur d'Occident (814-840)
      - **Partage de l'empire en 843**
        - **Lothaire Ier**
        - **Charles II le Chauve**, roi de France et empereur d'Occident (843-877)
          - **Louis III le Bègue**, roi de France (877-879)
            - **Louis III et Carloman**, règnent ensemble de 879 à 882, Carloman seul de 882 à 884
            - **Charles III le Simple**, roi de France (893-923), avec Eudes de 893 à 898
              - **Louis IV d'Outremer**, roi de France (936-954)
                - **Lothaire**, roi de France (954-986)
                  - **Louis V le Fainéant**, roi de France (986-987), dernier roi carolingien
        - **Louis II le Germanique**
          - **Louis III le Germanique**
            - **Charles III le Gros**, régent de 884 à 887

- **Robert le Fort** (ancêtre des Capétiens)
  - **Eudes**, roi de France (888-898), avec Charles III de 893 à 898
  - **Robert Ier**, roi de France (922-923)
    - **Emme** — épouse de **Raoul**, roi de France (923-936)
    - **Hugues le Grand**
      - **Hugues Capet**

SOUVERAINS ET RÉGIMES

Légendes
- | Filiation
- Clovis Souverains
- ● *Épouse*
- (511-v. 534) : dates de règne

Capétiens directs

- Hugues Ier Capet (987-996)
- Robert II le Pieux (996-1031)
- Henri Ier (1031-1060)
- Philippe Ier (1060-1108)
- Louis VI le Gros (1108-1137)
- Louis VII le Jeune (1137-1180)
  - ● *ALIÉNOR D'AQUITAINE*
- Philippe II Auguste (1180-1223)
- Louis VIII le Lion (1223-1226)
  - ● *BLANCHE DE CASTILLE* régente de 1226 à 1234 et de 1248 à 1252
- Louis IX dit Saint Louis (1226-1270)
  - Philippe III le Hardi (1270-1285)
    - Charles de Valois
    - Philippe IV le Bel (1285-1314)
      - Louis X le Hutin (1314-1316)
        - Jean Ier le Posthume (1316)
      - Philippe V le Long (1316-1322)
      - Charles IV le Bel (1322-1328)
  - Robert de Clermont
    - Louis Ier duc de Bourbon
      - voir Bourbons

Valois

(fils de Charles de Valois)

- Philippe VI de Valois (1328-1350)
- Jean II le Bon (1350-1364)
- Charles V le Sage (1364-1380)
  - Charles VI le Bien-Aimé (ou le Fou) (1380-1422)
    - Charles VII (1422-1461)
      - Louis XI (1461-1483)
        - ● *ANNE DE BEAUJEU* régente de 1483 à 1491
        - Charles VIII (1483-1498)
          - ● *ANNE DE BRETAGNE*
  - Louis Ier d'Orléans
    - Jean d'Angoulême
      - Charles d'Angoulême
        - ● *LOUISE DE SAVOIE* régente en 1515 et de 1525 à 1526 à 1252

Valois-Angoulême

- François Ier (1515-1547)
- Henri II (1547-1559)
  - ● *CATHERINE DE MÉDICIS* régente de 1560 à 1574
  - François II (1559-1560)
  - Charles IX (1560-1574)
  - Henri III (1574-1589)

- Charles d'Orléans (fils de Louis Ier d'Orléans)

Valois-Orléans

- Louis XII (1498-1515)
  - ● *ANNE DE BRETAGNE*

SOUVERAINS ET RÉGIMES

Bourbons
(issus de Robert, comte de Clermont, 6e fils de Saint Louis)

HENRI IV (1589-1610)
• *MARGUERITE DE VALOIS, « la reine MARGOT »*
• *MARIE DE MÉDICIS* (régente de 1610 à1615)

LOUIS XIII LE JUSTE (1610-1643)
• *ANNE D'AUTRICHE* (régente de1643-1661)

LOUIS XIV LE GRAND (1643-1715)
• *MARIE THÉRÈSE D'AUTRICHE*

PHILIPPE D'ORLÉANS

PHILIPPE D'ORLÉANS
(régent de 1715 à 1723)

LOUIS DE FRANCE (1661-1711)

LOUIS DE FRANCE (1682-1712)

LOUIS XV LE BIEN-AIMÉ (1715-1774)
• *MARIE LESZCZINSKA*

LOUIS DE FRANCE (1729-1765)

LOUIS XVI (1774-1792)
• *MARIE-ANTOINETTE D'AUTRICHE*

Ire République

CONVENTION (1792-1795)

DIRECTOIRE (1795-1799)

CONSULAT (1799-1804)

Ier Empire

NAPOLÉON IER
empereur (1804-1815)
Les Cent-Jours (1815)
• *JOSÉPHINE DE BEAUHARNAIS*
• *MARIE-LOUISE D'AUTRICHE*

Restauration
(Bourbons)

LOUIS XVIII (1814-1824)

CHARLES X (1824-1830)

Monarchie de Juillet
(Bourbons-Orléans)

LOUIS-PHILIPPE IER
roi des Français, arrière-petit-fils de Philippe d'Orléans
(1830-1848)

IIe République

LOUIS NAPOLÉON BONAPARTE
(1848-1852)

Second Empire

NAPOLÉON III
empereur (1852-1870)

PRÉSIDENTS DE LA RÉPUBLIQUE ET CHEFS DE GOUVERNEMENT

(de 1870 à nos jours)

IIIe République

(4 septembre 1870-10 juillet 1940)

Adolphe Thiers

(28 août 1871-24 mai 1873)

• Armand Dufaure (19 févr. 1871-24 mai 1873)

Maréchal de Mac-Mahon

(24 mai 1873-30 janvier 1879)

• Albert de Broglie (25 mai 1873-22 mai 1874) • Ernest de Cissey (22 mai 1874-9 mars 1875) • Louis Buffet (10 mars 1875-23 févr. 1876) • Armand Dufaure (23 févr.-13 déc. 1876) • Jules Simon (13 déc. 1876-16 mai 1877) • A. de Broglie (17 mai-23 nov. 1877) • Gaëtan de Rochebouet (23 nov.-14 déc. 1877) • A. Dufaure (14 déc. 1877-4 fév. 1879)

Jules Grévy

(30 janvier 1879-2 décembre 1887)

• William Waddington (4 févr.-28 déc. 1879) • Charles de Freycinet (28 déc. 1879-23 sept. 1880) • Jules Ferry (23 sept. 1880-14 nov. 1881) • Léon Gambetta (14 nov. 1881-30 janv. 1882) • C. de Freycinet (30 janv. -7 août 1882) • Charles Duclerc (7 août 1882-29 janv. 1883) • Armand Fallières (29 janv.-21 févr. 1883) • J. Ferry (21 févr. 1883-6 avril 1885) • Henri Brisson (6 avr. 1885-6 janv. 1886) • C. de Freycinet (7 janv.-11 déc. 1886) • René Goblet (11 déc. 1886-30 mai 1887) • Maurice Rouvier (30 mai-12 déc. 1887)

Sadi Carnot

(3 décembre 1887-24 juin 1894, assassiné)

• Pierre Tirard (12 déc. 1887-3 avril 1888) • Charles Floquet (3 avr. 1888-22 févr. 1889) • P. Tirard (22 févr. 1889-17 mars 1890) • Charles de Freycinet (17 mars 1890-27 févr. 1892) • Émile Loubet (27 févr.-6 déc. 1892) • Alexandre Ribot (6 déc. 1892-4 avr. 1893) • Charles Dupuy (4 avr.-3 déc. 1893) • Jean Casimir-Perier (3 déc. 1893-30 mai 1894) • C. Dupuy (30 mai-1er juil. 1894)

Jean Casimir-Perier

(27 juin 1894-15 janvier 1895)

• Charles Dupuy (1er juill. 1894-26 janv. 1895)

Félix Faure

(17 janvier 1895-16 février 1899)

• Alexandre Ribot (26 janv.-1er nov. 1895) • Léon Bourgeois (1er nov. 1895-29 avr. 1896) • Jules Méline (29 avr. 1896-28 juin 1898) • Henri Brisson (28 juin-1er nov. 1898) • Charles Dupuy (1er nov. 1898-18 févr. 1899)

Émile Loubet

(18 février 1899-17 janvier 1906)

• Charles Dupuy (18 févr.-22 juin 1899) • Pierre Waldeck-Rousseau (22 juin 1899-7 juin 1902) • Émile Combes (7 juin 1902-24 janv. 1905) • Maurice Rouvier (24 janv. 1905-19 févr. 1906)

Armand Fallières

(17 janvier 1906-17 janvier 1913)

• Maurice Rouvier (19 févr.-14 mars 1906) • Ferdinand Sarrien (14 mars-25 oct. 1906) • Georges Clemenceau (25 oct. 1906-24 juill. 1909) • Aristide Briand (24 juill. 1909-2 mars 1911) • Ernest Monis (2 mars-27 juin 1911) • Joseph Caillaux (27 juin 1911-14 janv. 1912) • Raymond Poincaré (14 janv. 1912-21 janv. 1913) • A. Briand (21 janv. 1913-18 févr. 1913)

Raymond Poincaré

(17 janvier 1913-janvier 1920)

• Aristide Briand (18 févr.-22 mars 1913) • Louis Barthou (22 mars-9 déc. 1913) • Gaston Doumergue (9 déc. 1913-9 juin 1914) • Alexandre Ribot (9 juin-13 juin 1914) • René Viviani (13 juin 1914-29 oct. 1915) • A. Briand (29 oct. 1915-20 mars 1917) • A. Ribot (20 mars-12 sept. 1917) • Paul Painlevé (12 sept.-16 nov. 1917) • Georges Clemenceau (16 nov. 1917-20 janv. 1920) • Alexandre Millerand (20 janv.-18 févr. 1920)

Paul Deschanel

(17 janvier 1920-21 septembre 1920)

• Alexandre Millerand (18 févr. 1920-24 sept. 1920)

Alexandre Millerand

(25 septembre 1920-11 juin 1924)

• Georges Leygues (24 sept. 1920-16 janv. 1921) • Aristide Briand (16 janv. 1921-15 janv. 1922) • Raymond Poincaré (15 janv. 1922-9 juin 1924) • Frédéric François-Marsal (9 juin-14 juin 1924)

Gaston Doumergue

(13 juin 1924-13 mai 1931)

• Édouard Herriot (14 juin 1924-17 avr. 1925) • Paul Painlevé (17 avr.-28 nov. 1925) • Aristide Briand (28 nov. 1925-19 juill. 1926) • É. Herriot (19 juill.-23 juill. 1926) • Raymond Poincaré (23 juill. 1926-11 nov. 1928 ; (18 nov. 1928-26 juill. 1929) • A. Briand (29 juill.-3 nov. 1929) • André Tardieu

(3 nov. 1929-21 févr. 1930) • Camille Chautemps (21 févr.-2 mars 1930) • A. Tardieu (2 mars-13 déc. 1930) • Théodore Steeg (13 déc. 1930-27 janv. 1931) • Pierre Laval (27 janv.-13 juin 1931)

Paul Doumer

(13 mai 1931-6 mai 1932, assassiné)

• Pierre Laval (13 juin 1931-20 févr. 1932) • André Tardieu (20 févr.-3 juin 1932)

Albert Lebrun

(10 mai 1932-11 juillet 1940, réélu)

• Édouard Herriot (3 juin-18 déc. 1932) • Joseph Paul-Boncour (18 déc. 1932-31 janv. 1933) • Édouard Daladier (31 janv.-26 oct. 1933) • Albert Sarraut (26 oct.-26 nov. 1933) • Camille Chautemps (26 nov. 1933-30 janv. 1934 • É. Daladier (30 janv.-9 févr. 1934) • Gaston Doumergue (9 févr.-8 nov. 1934) • Pierre-Étienne Flandin (8 nov. 1934-1er juin 1935) • Ferdinand Bouisson (1er juin-7 juin 1935) • Pierre Laval (7 juin 1935-24 janv. 1936) • Albert Sarraut (24 janv.-4 juin 1936) • Léon Blum (4 juin 1936-22 juin 1937) • C. Chautemps (22 juin 1937-14 mars 1938) • L. Blum (14 mars-10 avr. 1938) • É. Daladier (10 avr. 1938-21 mars 1940) • Paul Reynaud (21 mars-16 juin 1940) • Philippe Pétain (16 juin-10 juill. 1940)

État français

(10 juillet 1940-9 août 1944)

Philippe Pétain

(1940-1944)

Gouvernement provisoire de la République française (GPRF)

(3 juin 1944-13 octobre 1946)

• Charles de Gaulle (chef de gouvernement) (3 juin 1944-26 janvier 1946) • Félix Gouin (26 janv.-24 juin 1946) • Georges Bidault (24 juin-16 déc. 1946)

IVe République

(13 octobre 1946-28 septembre 1958)

Vincent Auriol

(16 janvier 1947-16 janvier 1954)

• Léon Blum (16 déc. 1946-22 janv. 1947) • Paul Ramadier (22 janv.-24 nov. 1947) • Robert Schuman (24 nov. 1947-26 juill. 1948) • André Marie (26 juill.-5 sept. 1948) • R. Schuman (5 sept.-11 sept. 1948) • Henri Queuille (11 sept. 1948-28 oct. 1949) • Georges Bidault (28 oct. 1949-2 juill. 1950) • H. Queuille (2 juill.-12 juill. 1950) • René Pleven (12 juill. 1950-10 mars 1951) • H. Queuille (10 mars-11 août 1951) • R. Pleven (11 août 1951-20 janv. 1952) • Edgar Faure (20 janv.-8 mars 1952) • Antoine Pinay (8 mars-23 déc. 1952) • René Mayer (8 janv. 1953-28 juin 1953) • Joseph Laniel (28 juin 1953-19 juin 1954)

René Coty

(16 janvier 1954-21 décembre 1958*)

• Pierre Mendès France (19 juin 1954-23 févr. 1955) • Edgar Faure (23 févr. 1955-1er févr. 1956) • Guy Mollet (1er févr. 1956-13 juin 1957) • Maurice Bourgès-Maunoury (13 juin-6 nov. 1957) • Félix Gaillard (6 nov. 1957-14 mai 1958) • Pierre Pflimlin (14 mai-1er juin 1958) • Charles de Gaulle (1er juin-21 déc. 1958*)

** Du 28 septembre au 21 décembre 1958, durant la période transitoire d'instauration de la Ve République, René Coty et Charles de Gaulle restèrent en fonctions.*

Ve République

(depuis le 28 septembre 1958)

Charles de Gaulle

(21 décembre 1958-27 avril 1969, réélu)

• Michel Debré (9 janv. 1959-14 avr. 1962) • Georges Pompidou (14 avr. 1962-10 juill. 1968) • Maurice Couve de Murville (10 juill. 1968-21 juin 1969)

Georges Pompidou

(15 juin 1969-2 avril 1974)

• Jacques Chaban-Delmas (21 juin 1969-5 juill. 1972) • Pierre Messmer (5 juill. 1972-27 mai 1974)

Valéry Giscard d'Estaing

(19 mai 1974-10 mai 1981)

• Jacques Chirac (27 mai 1974-25 août 1976) • Raymond Barre (25 août 1976-21 mai 1981)

François Mitterrand

(10 mai 1981-7 mai 1995, réélu)

• Pierre Mauroy (21 mai 1981-17 juill. 1984) • Laurent Fabius (17 juill. 1984-20 mars 1986) • Jacques Chirac (20 mars 1986-9 mai 1988) • Michel Rocard (9 mai 1988-15 mai 1991) • Édith Cresson (15 mai 1991-2 avr. 1992) • Pierre Bérégovoy (2 avr. 1992-29 mars 1993) • Édouard Balladur (29 mars 1993-18 mai 1995)

Jacques Chirac

(7 mai 1995-16 mai 2007, réélu)

• Alain Juppé (18 mai 1995-4 juin 1997) • Lionel Jospin (4 juin 1997-6 mai 2002) • Jean-Pierre Raffarin (6 mai 2002-31 mai 2005). • Dominique de Villepin (31 mai 2005-17 mai 2007).

Nicolas Sarkozy

(depuis le 16 mai 2007)

• François Fillon depuis le 17 mai 2007.

LES MOTS DE L'HISTOIRE DE FRANCE

Après nous, le déluge.

Mme de Pompadour en janvier 1757 à Louis XV, qui venait d'apprendre la défaite des Français à Rossbach. La marquise le consola : « Il ne faut point s'affliger, vous tomberiez malade ; après nous le déluge ! »

Ce n'est pas possible, m'écrivez-vous ; cela n'est pas français.

Napoléon Ier dans une lettre du 9 juillet 1813 au général Lemarois, commandant de Magdebourg qui avait des difficultés à tenir la place. Cette phrase est à l'origine du dicton « Impossible n'est pas français ».

C'est donc une révolte ? – Sire, c'est une révolution.

Duc de La Rochefoucauld-Liancourt, qui venait de réveiller Louis XVI, pour lui annoncer la prise de la Bastille, le 14 juillet 1789.

C'est légal parce que je le veux.

Louis XVI, devant le Parlement de Paris qui refusait le lancement d'un nouvel emprunt, le 19 novembre 1787.

Courbe la tête, fier Sicambre, adore ce que tu as brûlé, brûle ce que tu as adoré.

Grégoire de Tours dans *Historia Francorum* (575-592). Exhortation de saint Remy lorsqu'il donna le baptême au roi des Francs, Clovis.

De la boue dans un bas de soie.

Mot attribué à lord Granville, ministre britannique des Affaires étrangères pour désigner Talleyrand et ses manœuvres diplomatiques. D'autres en donnent la paternité à Napoléon dans une version plus scatologique (de la m…).

De l'audace, encore de l'audace, toujours de l'audace !

Danton à l'Assemblée législative, le 2 septembre 1792. Il prononça cette phrase alors que la situation de la Révolution, face aux avances ennemies paraissait désespérée.

Ils seront tous boutés hors de France, excepté ceux qui y périront.

Jeanne d'Arc à propos des Anglais lors de son procès de condamnation, le 17 mars 1431.

Je désire reposer […] en face de cette ligne bleue des Vosges d'où monte jusqu'à mon cœur fidèle la plainte des vaincus.

Jules Ferry (1832-1893) dans son testament. Il demandait à être enterré dans sa ville natale, à Saint-Dié, tout près de la nouvelle frontière établie après la défaite française de 1870. Il s'agissait dans son esprit que l'on n'oublie pas la question Alsace-Lorraine.

Je veux qu'il n'y ait si pauvre paysan en mon royaume qu'il n'ait tous les dimanches sa poule au pot.

Mot attribué à Henri IV, mais inventé en 1681 par Hardouin de Péréfixe, dans son *Histoire d'Henry IV le Grand*.

Labourage et pâturage sont les deux mamelles dont la France est alimentée et les vrais mines et trésors du Pérou.

Sully dans *Économies royales* (1638).

La Fayette nous voici !

Colonel Charles Stanton, le 4 juillet 1917, sur la tombe du marquis de La Fayette, peu après l'entrée des États-Unis en guerre.

La France a perdu une bataille, mais la France n'a pas perdu la guerre.

Cette phrase de Charles de Gaulle ne figure pas dans l'Appel du 18 juin 1940, mais dans une proclamation affichée en juillet à Londres.

La garde meurt et ne se rend pas !

Répartie attribuée au général Cambronne (1770-1842), le 18 juin 1815 à la bataille de Waterloo, face aux injonctions anglaises de se rendre. Selon une autre tradition, le général aurait plus simplement répondu : « Merde ! »

L'État c'est moi.

Mot prêté à Louis XIV qu'il aurait prononcé en avril 1655 ou en décembre 1665 pour forcer le Parlement de Paris à enregistrer les édits royaux.

Messieurs les Anglais, tirez les premiers.

Réponse d'un officier français à un officier anglais qui le sommait d'engager les hostilités, lors de la bataille de Fontenoy le 11 mai 1745.

Ô liberté ! que de crimes on commet en ton nom !

Madame Roland (1754-1793), juste avant d'être guillotinée le 8 novembre 1793.

Paris vaut bien une messe.

Mot attribué à Henri IV au moment de sa conversion au catholicisme, le 25 juillet 1593. Paris était alors tenu par les catholiques de la Ligue et refusait de se rendre à Henri IV.

Père, gardez-vous à droite ; père, gardez-vous à gauche.

Avertissement donné par le futur roi Philippe II le Hardi à l'attention de son père Jean II le Bon, lors de la bataille de Poitiers (19 septembre 1356), au cours de laquelle les deux hommes se retrouvèrent encerclés et faits prisonniers par les Anglais.

Pourvu que ça dure !

Laetizia Bonaparte (1750-1836), la mère de Napoléon Ier, au sujet des victoires de son fils.

Qu'il est grand ! Il paraît même plus grand mort que vivant !

Phrase attribuée à Henri III, le 23 décembre 1588, devant le corps du duc de Guise, qu'il venait de faire assassiner.

Qui m'aime me suive.

Philippe VI de Valois (1328-1350), auprès de ses barons, peu de temps après son accession au trône, contestée par l'Anglais Édouard III.

Ralliez-vous à mon panache blanc.

Appel qu'aurait lancé Henri IV à ses troupes le 14 mars 1590, lors de la bataille d'Ivry. Son porte-drapeau étant mort, Henri IV regroupa ses partisans derrière son panache blanc, couleur des rois de France.

S'ils n'ont pas de pain, qu'ils mangent de la brioche.

Mot attribué, pour la discréditer, à Marie-Antoinette au sujet d'une émeute de paysans affamés.

Soldats, songez que, du haut de ces pyramides, quarante siècles vous contemplent !

Phrase attribuée à Bonaparte, qu'il aurait prononcée le 21 juillet 1798, aux soldats de l'armée d'Égypte avant que ne commence la bataille victorieuse des Pyramides, contre les Mamelouks.

Tout est perdu fors l'honneur.

François Ier après la défaite de Pavie, le 23 février 1525, où il fut fait prisonnier par les armées de Charles Quint.

Tuez-les tous, Dieu saura reconnaître les siens !

Ordre attribué à Arnauld Amalric de Cîteaux, légat du pape, avant le sac de la ville de Béziers, le 22 juillet 1209, lors de la croisade des Albigeois, qui s'acheva par le massacre des cathares.

Vivre libre ou mourir.

Mot d'ordre de la Révolution française prononcée la première fois par la jeunesse de Pontivy le 19 janvier 1790, avant de devenir le maître mot de la fête de la Fédération, le 14 juillet 1790.

DE LA LÉGENDE À L'HISTOIRE

L'histoire de France est pleine de ces mythes, clichés ou idées fausses qui hantent nos mémoires et ont la vie dure.

Les Gaulois ont ainsi donné lieu à nombre de représentations erronées. On les montre avec de longues chevelures et de larges moustaches alors même que d'après les monnaies gauloises retrouvées, ils ont les cheveux courts et que des rasoirs ont été retrouvés dans leur tombe. De même le sanglier est un plat très rare et les Gaulois, lorsqu'ils mangent de la viande, dégustent plutôt du porc, du bœuf, ou du mouton. Enfin les menhirs et autres dolmens sont bien antérieurs aux tribus gauloises du temps de César.

Mais chaque période comprend son lot d'erreurs ou de mythes. Les rois mérovingiens sont devenus des **rois fainéants,** sous la dynastie suivante, celle des Carolingiens qui justifiaient ainsi leur prise de pouvoir. Ce mythe est repris et amplifié par la IIIe République qui, par l'intermédiaire des manuels scolaires, fait porter une condamnation morale sur la monarchie d'Ancien Régime.

La IIIe République a d'ailleurs joué un rôle essentiel dans la fixation de nombreux mythes et clichés. Dans la perspective d'un combat contre les partisans de la monarchie, l'histoire est réécrite par les historiens républicains. Reprenant souvent des anecdotes signalées par des chroniqueurs du Moyen Âge, ils leur donnent un autre sens. Ainsi **les terreurs de l'an mil.** Les historiens du XIXe siècle, animés par des motivations anticléricales, décrivent les moines cherchant à intimider les paysans, pour les inciter à faire don de leurs biens et s'amusant ensuite de leur naïveté ! En réalité, peu de contemporains de l'an mil connaissaient avec précision l'année dans laquelle ils vivaient ni ne savaient qu'un nouveau millénaire commençait. Autre mythe, **Charlemagne, inventeur de l'école**. Lorsque Jules Ferry instaure l'école gratuite, laïque et obligatoire, il se heurte à la vive opposition du clergé qui voit dans la laïcité, une opération anticléricale. Aussitôt, s'inspirant des chroniques d'Éginhard, qui parle de l'effort de Charlemagne pour fonder une école par évêché, on fait de l'empereur à la barbe fleurie (qui en fait devait être imberbe), l'ancêtre de l'école primaire, afin de réconcilier les Français autour du projet de l'école républicaine. En réalité, si Charlemagne cherche à développer l'instruction, c'est en s'appuyant sur l'église et plus particulièrement sur les moines, dont les écoles monastiques jouèrent un rôle essentiel dans cette « renaissance culturelle ».

Mais la religion n'est pas la seule visée par les Républicains. La monarchie, les grands seigneurs et la féodalité sont aussi attaqués. Le **droit de cuissage** devient le symbole de la barbarie des temps médiévaux. L'expression inventée par Voltaire en 1755 se rapporte à une prétendue pratique des seigneurs féodaux qui auraient eu le droit de coucher avec toute jeune paysanne, le premier soir de ses noces, si elle prenait un mari en dehors de la seigneurie. En fait, l'étude des documents montre qu'il s'agissait d'une taxe perçue par les seigneurs sur les mariages contractés hors de leurs domaines. En fait ce mythe fut forgé par la Révolution française.

Des « énigmes » sont également source de bien des interprétations ou des mensonges. Le **trésor des Templiers** a agité nombre d'aventuriers et de chercheurs, bien que la fortune de cet ordre de moines-chevaliers repose plus sur des terres et des biens immobiliers. De même la malédiction de Jacques de Molay, le grand maître de l'ordre, envers Philippe le Bel et sa descendance est une légende qui a été fondée plus tardivement. Les rois ne sont devenus maudits qu'après leur mort sans descendance, ce qui a frappé les esprits.

Autre grande énigme, celle du **Masque de fer**, cet étrange prisonnier qui est resté enfermé pendant des années jusqu'à sa mort, à qui Louis XIV interdisait tout contact avec le monde. L'étude des registres d'écrou permet aujourd'hui d'affirmer que cet homme au masque de fer n'est pas le demi-frère aîné du roi, ni Molière, mais un certain Eustache Dauger ou Danger, chevalier accusé d'avoir été mêlé à l'affaire des poisons. La seule énigme, si énigme il y a, est la nature des secrets qui ont pu lui faire encourir une telle peine.

La mort est souvent aussi une source d'énigme. Est-ce bien **Louis XVII**, qui est mort le 8 juin 1795 à la prison du Temple ? Une légende tenace voulait que le secret qui avait entouré son enterrement soit dû au fait que ce n'était pas le dauphin qui était mort. Ainsi durant plusieurs décennies, une quarantaine de personnes prétendirent être l'héritier du trône. L'analyse ADN en avril 2000 a prouvé que l'enfant mort au Temple et Louis XVII n'était qu'une seule et même personne. La nature de la mort peut également être source d'énigmes. La découverte de traces d'arsenic dans les cheveux de **Napoléon Ier** a ouvert la voie à l'hypothèse de l'assassinat. Malgré la faiblesse des preuves, la difficulté de trouver un mobile sérieux et du coup un coupable, les explications des historiens et des scientifiques, nombre sont ceux qui continuent à prétendre à une mort non naturelle…

Entre mythe et légende, clichés et « énigmes », les historiens ont encore de beaux jours devant eux à redresser et rétablir la « vérité »…

En économie aussi…

Sur le plan économique, on a souvent évoqué **le retard français**. En fait, la France connaît une évolution comparable à celle de la Grande-Bretagne, mais privilégie moins la recherche de la rentabilité financière. Elle emboîte cependant le pas à l'Angleterre dès l'époque napoléonienne, joue un rôle important dans l'essor des chemins de fer, avant l'industrialisation américaine, prussienne ou japonaise. Et à la fin du XIXe siècle, la France sera en grande partie à l'origine de la mise au point de l'automobile, de l'aviation, de la télégraphie sans fil, de l'électrification, du cinéma… et de la découverte du phénomène atomique. De même, on a fait de la France un pays à **tradition inflationniste**. Or au XIXe siècle, l'évolution des prix industriels est identique en France et à l'étranger, tandis que le rapport entre le franc et l'or reste remarquablement stable. Et depuis le milieu des années 1980, la France fait partie des pays les moins inflationnistes du monde.

DICTIONNAIRE BIOGRAPHIQUE

Aliénor d'Aquitaine (1122-1204) Héritière des duchés d'Aquitaine et de Gascogne, comtesse de Poitou, elle épouse le roi de France Louis VII l'année de son accession au trône (1137). L'Aquitaine devient ainsi terre royale. Mais elle se brouille avec le roi, après leur participation commune à la deuxième croisade, et celui-ci obtient l'annulation de leur mariage en 1152. Aliénor épouse alors Henri Plantagenêt, qui devient roi d'Angleterre deux ans plus tard. Cela a pour conséquence d'apporter aux rois d'Angleterre tous les territoires français dont ils sont suzerains, et de faire d'eux des vassaux du roi de France. Ce sera le prétexte des conflits à venir entre les deux royaumes, dont le premier oppose Philippe Auguste à Richard Cœur de Lion, fils préféré d'Aliénor. Elle est enterrée avec lui dans l'abbaye de Fontevraud, où elle a fini sa vie.

Anne d'Autriche (1601-1666) Fille de Philippe III d'Espagne et de Marguerite d'Autriche, elle épouse Louis XIII en 1615 et devient reine de France. Ses sympathies pour l'Espagne et pour le parti dévot l'amènent à comploter contre le roi et Richelieu (complot de Chalais, 1626), mais elle échoue dans ses manœuvres (journée des Dupes, 10 novembre 1630). À la mort de Louis XIII (1643), son fils Louis XIV n'ayant que 5 ans, elle assure la régence du royaume en s'appuyant sur Mazarin (qu'elle épouse peut-être secrètement), avec qui elle traverse les difficiles années de la Fronde. À la mort de Mazarin (1661), elle se retire au Val-de-Grâce, qu'elle a fait construire.

Anne de Bretagne (1477-1514) Fille de François II, duc de Bretagne, auquel elle succède en 1488, elle épouse Charles VIII en 1491 et devient reine de France. Après la mort de ce dernier (1498), elle se remarie avec Louis XII (1499) ce qui renforce le rattachement de la Bretagne à la France ; il deviendra effectif quand François Ier épousera Claude de France, fille d'Anne et de Louis XII.

Vincent Auriol (1884-1966) Avocat, député socialiste de Muret en 1914, il reste membre de la SFIO après le congrès de Tours (1920). Proche de Léon Blum, il est son ministre des Finances (juin 1936-juin 1937) et procède à la dévaluation du 1er octobre 1936. Il est ensuite ministre de la Justice dans le cabinet Chautemps (juin 1937-mars 1938). Durant la guerre, il participe à la Résistance et rejoint le général de Gaulle à Londres en 1943. Il préside les deux Assemblées constituantes de 1945-1946, puis l'Assemblée nationale, et est élu président de la République le 16 janvier 1947. À la fin de son mandat (janvier 1954), il n'en demande pas le renouvellement et est remplacé par René Coty. Il siège ensuite jusqu'en 1960 au Conseil constitutionnel créé par la Constitution de 1958.

Gracchus Babeuf (1760-1797) Le désintérêt du Directoire pour le sort des plus pauvres, le désir de poursuivre la révolution, le mécontentement populaire et les aspirations égalitaires s'expriment dans le mouvement animé par « Gracchus » Babeuf. Il édite un journal, le Tribun du Peuple, et développe ses idées au « club du Panthéon ». Décrété d'arrestation en décembre 1795, Babeuf passe à la clandestinité et organise la « conspiration des Égaux », afin d'établir la communauté des biens et l'égalité sociale. Les idées babouvistes se propageant jusque dans l'armée, la répression s'abat sur les comploteurs. Arrêté avec ses amis le 10 mai 1796, Babeuf est condamné à mort après un long procès et exécuté le 27 mai 1797.

saint Benoît d'Aniane (v. 750-821) Fils du comte de Maguelonne, il fonde l'abbaye d'Aniane, en Languedoc (780). S'inspirant de la règle bénédictine (provenant de saint Benoît de Nursie (480-547) qui a fondé le monastère du Mont-Cassin), il insiste sur la séparation complète d'avec le monde. Il est ainsi le restaurateur de la discipline monastique dans l'Empire carolingien.

saint Bernard de Clairvaux **(1090-1153)** Moine cistercien (1113), il fonde l'abbaye de Clairvaux (1115), donne un grand développement à l'ordre de Cîteaux. Grand théologien et docteur de l'Église, il combat Abélard, prêche la deuxième croisade et est le conseiller des rois et des papes. Il est canonisé dès 1173.

Blanche de Castille **(1188-1252)** Fille du roi Alphonse VIII de Castille, elle épouse en 1200 le futur Louis VIII et devint reine de France quand celui-ci succède à son père Philippe Auguste en 1223. Durant la minorité de son fils Louis IX (1226-1234), elle exerce la régence du royaume, brise la révolte des barons (1226-1231), met fin à la croisade des albigeois en concluant le traité de Paris (1229), et organise le mariage de Louis IX avec Marguerite de Provence (1234). Elle exerce à nouveau la régence lorsque le roi participe à la septième croisade (1248-1252).

Auguste Blanqui **(1805-1881)** Socialiste et théoricien du « coup de main insurrectionnel » mené par une minorité agissante, il est durant toute sa vie un opposant insoumis et irréductible. Acteur de la révolution de 1848, puis emprisonné jusqu'en 1859 et à nouveau en 1861, il s'évade en 1865, s'enfuit en Belgique, d'où il continue à inspirer les socialistes français. De retour en 1870, il est encore arrêté peu avant la Commune. Gracié en 1879, il est élu député de Bordeaux.

Léon Blum **(1872-1950)** Membre du cabinet de Marcel Sembat durant la Première Guerre mondiale, il s'affirme, la paix revenue, comme le digne successeur de Jaurès à la tête de la SFIO. Devenu, avec Jules Guesde, le gardien de la « vieille maison » après le congrès de Tours de 1920, il incarne alors le socialisme démocratique et légaliste acceptant la responsabilité du pouvoir, comme ce sera le cas en 1936 et 1938. Il doit faire face aux attaques de la droite antisémite : ainsi, le 13 février 1936, alors que sa voiture se trouve mêlée au cortège funèbre de Jacques Bainville, membre de l'Action française, les sympathisants de ce mouvement (dont le chef, Charles Maurras, appelle à « fusiller, mais dans le dos », Blum, ce « juif allemand » et « détritus humain ») le blessent au visage et tentent de le lyncher ; il est sauvé par l'intervention d'ouvriers travaillant sur un chantier voisin. À la suite de cet attentat, l'Action française est dissoute, et une grande manifestation de protestation a lieu du Panthéon à la Bastille le 16 février, renforçant la solidarité des partis et forces de gauche. La victoire du Front populaire en fait le chef du gouvernement, et associe son nom aux acquis sociaux de 1936 (congés payés et semaine de 40 heures...). Arrêté par le régime de Vichy et jugé au procès de Riom comme responsable de la défaite, il est déporté en Allemagne en 1943. Après la Libération, il revient à la tête du gouvernement de décembre 1946 à janvier 1947.

Louis Napoléon Bonaparte > Napoléon III.

Napoléon Bonaparte > Napoléon Ier.

Jacques Bénigne Bossuet **(1627-1704)** Évêque de Condom (1669), célèbre pour ses prédications, il devient précepteur du Dauphin, pour qui il écrit le *Discours sur l'histoire universelle*. Devenu évêque de Meaux en 1681, il soutient la politique religieuse de Louis XIV, combat le protestantisme, inspire la déclaration sur le gallicanisme et fait condamner le quiétisme de Fénelon. Il écrit de nombreux sermons et oraisons funèbres.

Georges Boulanger **(1837-1891)** Après s'être illustré durant les campagnes militaires d'Algérie, le général Boulanger est utilisé par Clemenceau pour défendre la République radicale. Nommé ministre de la Guerre (1886-1887), il affiche des positions nationalistes et démagogiques qui lui permettent de devenir populaire. Il réunit sur son nom un ensemble de mécontentements hétérogènes, comprenant des royalistes qui espèrent une révision de la Constitution, des ouvriers et des paysans appauvris par les difficultés économiques, et ceux qui voient en lui celui qui permettrait la revanche sur les Prussiens. Mis à la retraite en 1888 par le gouvernement inquiet, il se présente aux élections législatives dans divers départements, comme la loi le permet, et est triomphalement élu dans plusieurs d'entre eux, et à Paris en particulier (27 janvier 1889). Mais il hésite à tenter un coup de force pour s'emparer du pouvoir, malgré les exhortations de Déroulède, ce qui déçoit ses fidèles et laisse le temps au gouvernement d'organiser la riposte. Boulanger s'enfuit alors en Belgique, où il se suicide sur la tombe de sa maîtresse, Marguerite de Bonnemains.

Aristide Briand **(1862-1932)** Syndicaliste et membre de la SFIO, il est député de 1902 à sa mort, et prépare la loi de séparation des Églises et de l'État de 1905. Il est vingt-cinq fois ministre, dont dix-sept fois ministre des Affaires étrangères, à partir de 1906, et onze fois président du Conseil, à partir de 1909. Il fait preuve de beaucoup de modération sur le plan intérieur, et cherche sur le plan diplomatique à rapprocher la France et l'Allemagne afin de consolider la paix en Europe. Son nom reste associé à la conférence de Locarno (octobre 1925), débouchant sur le pacte Briand-Kellogg (1928), par lequel soixante nations déclaraient leur intention de renoncer à la guerre. Il reçoit le prix Nobel de la paix en 1926.

Brunehaut **(vers 543-613)** Fille du roi des Wisigoths, elle épouse en 566 Sigebert Ier, roi d'Austrasie. L'assassinat de sa sœur Galswinthe (568), femme de Chilpéric Ier, roi de Neustrie, provoque la guerre entre les deux royaumes. Sigebert ayant été assassiné (575) à l'instigation de Frédégonde, reine de Neustrie, Brunehaut gouverne l'Austrasie au nom de son fils Childebert II. Alliée au roi de Bourgogne, elle repousse les attaques de Frédégonde et fait conclure le traité d'Andelot (587), qui assure l'héritage de la Bourgogne à Childebert. À la mort de ce dernier (595), elle exerce la régence sur l'Austrasie et la Bourgogne (595-613). Sa politique autoritaire pousse les grands d'Austrasie et de Bourgogne à la livrer à Clotaire II, roi de Neustrie, qui la fait périr en l'attachant à la queue d'un cheval sauvage.

Charles Alexandre de Calonne **(1734-1802)** Nommé contrôleur général des Finances par Louis XVI en 1783, il est chargé de résoudre la crise financière en rétablissant la confiance dans l'État afin d'assurer le placement de nouveaux emprunts ; pour cela, il mène une politique de grands travaux (construction du canal de Bourgogne, rénovation des ports de Bordeaux, Marseille, Cherbourg…), mais cette politique creuse le déficit du budget royal. Il envisage alors de créer une subvention territoriale devant frapper tous les propriétaires fonciers. Prévoyant l'opposition du parlement, il présente ce plan à une assemblée de notables qui le refuse et qui critique sa gestion (22 février 1787) ; Louis XVI le disgracie peu après (8 avril 1787). Auparavant, pour relancer l'activité, il a tenté d'abolir les douanes intérieures et la corvée royale, et a signé en 1786 un traité de libre échange avec l'Angleterre, ayant eu pour effet pervers d'accroître les importations de produits manufacturés anglais.

Jean Calvin **(1509-1564)** Défenseur des idées luthériennes (1533), il doit quitter Paris et effectue des séjours à Strasbourg, Bâle et Genève, où il se fixe définitivement en 1541. Il cherche à faire de cette ville une place forte du protestantisme reposant sur une stricte discipline religieuse. Son œuvre principale, l'*Institution de la religion chrétienne* (1536) affirme la souveraineté absolue de Dieu et le dogme de la prédestination, selon lequel Dieu a choisi ceux qui seraient sauvés, indépendamment de leurs œuvres terrestres. Calvin est avec Luther le principal promoteur de la Réforme religieuse brutalement rejetée par l'Église catholique, ce qui déchire l'Europe chrétienne au XVIe siècle et débouche sur de multiples guerres de religion en France et dans les États allemands. La Réforme protestante progresse surtout dans ces derniers, en Angleterre et dans l'Europe du Nord sous différentes formes.

Jean-Jacques de Cambacérès **(1753-1824)** Conseiller à la Cour des comptes de Montpellier (1771), rédacteur des cahiers de la noblesse de l'Hérault (1789), il est élu député à la Convention (1792), où il vote sans enthousiasme la mort du roi (1793). Il condamne ensuite la trahison de Dumouriez et demande l'arrestation des Girondins. Après la fin de la Terreur, il devient président de l'Assemblée, puis est membre du Conseil des Cinq-Cents, en juin 1799, et est choisi par Sieyès et Bonaparte, pour être deuxième consul après le coup d'État de Bonaparte (décembre 1799), incarnant la tradition révolutionnaire. Il contribue à l'élaboration du Code civil, sur lequel il a commencé à travailler dès 1793. Archichancelier d'Empire (1804), duc de Parme (1808), conseiller de Napoléon Ier, il se rallie à Louis XVIII en 1814, mais reprend ses fonctions pendant les Cent-Jours. Exilé en 1815 comme régicide, il rentre en France en 1818.

Carloman (vers 751-771) Fils de Pépin le Bref, roi des Francs (768-771), il règne avec son frère aîné Charlemagne, avant de se brouiller avec lui. Après sa mort, sa femme se réfugie auprès de son père Didier, roi des Lombards, avec ses enfants. Charlemagne, vainqueur de Didier, les fait enfermer dans un couvent.

Lazare Carnot (1753-1823), dit « le Grand Carnot » Jacobin, député à la Législative (1791) et à la Convention (1792), membre du Comité de salut public (1793), il organise les armées de la République et est surnommé « l'Organisateur de la victoire ». Membre du Directoire (1795), ministre de la Guerre (1800), il s'oppose au pouvoir personnel de Napoléon, tout en devenant ministre de l'Intérieur durant les Cent-Jours (1815). Il est exilé durant la Restauration, étant considéré comme régicide. Son fils Sadi (1796-1832) est un grand scientifique dont les travaux portèrent en particulier sur la chaleur ; il est l'un des inventeurs de la thermodynamique.

Sadi Carnot (1837-1894) Marie François Sadi Carnot est le fils du ministre Hippolyte Carnot, et le petit fils de Lazare Carnot. Il sort major des Ponts et Chaussées en 1863, et est d'abord un grand ingénieur qui développe le réseau de voies ferrées en Savoie, et y construit des routes et des ponts. Élu député de la Côte-d'Or en 1871, collaborateur de Freycinet, il est ministre des Travaux publics (1880-1881) et des Finances (1885). Après le scandale Wilson, écartant Jules Grévy, le Congrès l'élit président de la République (1887). Homme de bonne volonté, il sait défendre la République menacée par le boulangisme, les scandales et les difficultés économiques. En juin 1894, alors qu'il inaugure l'Exposition universelle de Lyon, il est assassiné par l'anarchiste italien Caserio.

Jean Casimir-Perier (1847-1907) Député de l'Aube (1876), puis sous-secrétaire d'État à la Guerre (1883-1885), il devient président du Conseil (décembre 1893-mai 1894) et réprime les menées anarchistes. Élu président de la République (27 juin 1894) après l'assassinat de Sadi Carnot, il fait preuve d'un excès d'autoritarisme et doit démissionner (15 janvier 1895).

Catherine de Médicis (1519-1589) Fille de Laurent II de Médicis, nièce du pape Clément VII, elle épouse Henri II en 1533. D'abord effacée derrière la maîtresse du roi, Diane de Poitiers, elle devient régente durant la minorité de Charles IX. Elle tente de concilier les partis catholique et protestant (édit de tolérance d'Amboise, 1563) avant de choisir le parti catholique contre Coligny et de cautionner le massacre de la Saint-Barthélemy. Ses trois fils règnent sur la France : François II de 1559 à 1560, Charles IX de 1560 à 1574 et Henri III de 1574 à 1589.

Jacques Chaban-Delmas (1915-2000) Engagé dans la Résistance, il participe à la libération de Paris et est nommé général de brigade. Député de la Gironde en 1946, il devient maire de Bordeaux à partir de 1947. Trois fois ministre durant la IVe République, il est élu président de l'Assemblée nationale de 1958 à 1969, avant de devenir Premier ministre (1969-1972). Grande figure du « gaullisme historique », il est « trahi » par Jacques Chirac qui se rallie à Valéry Giscard d'Estaing lors de l'élection présidentielle de 1974. Il préside à nouveau l'Assemblée nationale de 1978 à 1981 et de 1986 à 1988.

Charlemagne ou Charles Ier le Grand (742 ou 747-814) Roi des Francs (768-814), empereur d'Occident (800-814), il est le plus illustre représentant de la dynastie carolingienne. Fils aîné de Pépin le Bref, il règne seul (771) à la mort de son frère Carloman. Vainqueur des Lombards en Italie du Nord, il en devient le roi (774). Il crée le royaume d'Aquitaine, s'empare de la Bavière, soumet les Frisons (785), les Avars de Pannonie (796) et les Saxons (804), au terme d'une lutte de plus de trente ans. Il ne parvient pas à conquérir l'Espagne musulmane, mais crée la marche de Catalogne au sud des Pyrénées, et fait de même en Bretagne (789-790). Poussé par Alcuin et ses conseillers, il est couronné empereur par le pape à Rome, le jour de Noël de l'an 800, obtenant une nouvelle légitimité tout en se faisant le protecteur de l'Église et le défenseur du monde chrétien. Depuis Aix-la-Chapelle, où il a fixé sa résidence, il contrôle l'administration de l'empire, formée des comtes et des marquis installés dans les provinces, par l'intermédiaire des missi dominici porteurs de ses instructions (rédigées sous forme de capitulaires) et de l'assemblée annuelle des grands du royaume. Son règne connaît une véritable renaissance culturelle et artistique; il fait appel à des lettrés (Alcuin), crée une école du palais et les ateliers d'enluminures se développent dans les monastères. Il restaure une monnaie d'argent pour faciliter les échanges et rétablit des contacts commerciaux avec l'Orient. Personnage devenu légendaire, Charlemagne devient le héros de nombreuses chansons de geste qui perdureront à travers les siècles des temps féodaux.

Charles II le Chauve (823-877) Petit fils de Charlemagne, fils de Louis Ier le Pieux et de Judith de Bavière, roi de France (843-877) et empereur d'occident (875-877), il revendique sa part de l'empire carolingien, en contestant l'héritage devant revenir à son frère aîné Lothaire. Avec son autre frère Louis le Germanique, il vainc Lothaire à Fontenoy-en-Puisaye (841), leur alliance étant confirmée par les Serments de Strasbourg (842). Puis le traité de Verdun (843) le fait roi de la Francia occidentalis, correspondant grossièrement à la géographie de la France actuelle. Son règne est marqué par les invasions normandes, par des guerres avec ses cousins germaniques et par le progrès de la féodalité. À la mort de l'empereur Louis II (875), il obtient à son tour le titre très symbolique d'empereur d'occident, et peut ajouter la Provence au royaume de France.

Charles III le Gros (839-888) Fils cadet de Louis Ier le Germanique, il hérite à la mort de ses frères Carloman et Louis II le Jeune de leurs royaumes d'Italie et de Germanie, puis est reconnu roi de France par les grands en 884. Déjà couronné empereur d'Occident en 881, il reconstitue, au moins en théorie, l'unité de l'Empire de Charlemagne. Mais il se montre faible face aux grands féodaux, est incapable de refouler les Normands assiégeant Paris (885-886), et est dépossédé de la Germanie par son neveu Arnoul (887). Il abdique lors de l'assemblée de Tribur (887).

Charles III le Simple (879-923) Fils posthume de Louis II le Bègue, il est écarté du trône par les grands au bénéfice de Charles le Gros (884), fils de Louis le germanique, puis de Eudes, comte de Paris (888), avant d'être reconnu roi de France à la mort de celui-ci (898). Pour mettre fin aux incursions des Normands, il conclut avec leur chef, le Danois Rollon, le traité de Saint-Clair-sur-Epte (911) par lequel il leur cède la basse vallée de la Seine, devenant le duché de Normandie. Il cherche à restaurer l'unité impériale, et pour cela s'empare de la Lotharingie (911). Mais il doit faire face à l'hostilité des partisans de Robert, comte de Paris, et de Raoul, duc de Bourgogne, briguant le titre royal. Il est vaincu et fait prisonnier près de Soissons en 923, et meurt captif à Péronne.

Charles IV le Bel (1295-1328) Troisième fils de Philippe IV le Bel, roi de Navarre par sa mère Jeanne Ire, il accède au trône de France à la mort de son frère Philippe V. Il poursuit la politique de ses prédécesseurs consistant à renforcer l'autorité royale vis-à-vis de la noblesse et de ses vassaux flamands. Mais ses besoins d'argent l'amènent à vivre d'expédients (création d'impôts, vente d'offices). Il provoque l'Angleterre en confisquant et en occupant la Guyenne en 1324, avant de la restituer en 1327, tout en conservant l'Agenais et le Bazadais. Il meurt un an plus tard sans laisser d'héritier mâle, ce qui a pour conséquences l'extinction de la dynastie des Capétiens directs et d'ouvrir la question de sa succession qui provoque le début de la guerre de Cent Ans.

Charles V le Sage **(1338-1380)** Fils de Jean II le Bon, il joue le rôle de régent du royaume pendant la captivité de son père (1356-1360), fait prisonnier par les Anglais à la bataille de Poitiers. Il est confronté aux intrigues de Charles II le Mauvais, roi de Navarre, et doit faire face au soulèvement parisien mené par Étienne Marcel ainsi qu'à la Jacquerie paysanne qui éclata en Île-de-France (1358). Il doit accepter le traité de Brétigny avec l'Angleterre (1360), cédant à celle-ci le sud-ouest du royaume. Devenu roi en 1364, il réussit à mâter Charles le Mauvais, débarrasse le royaume des Grandes Compagnies qui ravageaient le pays en les envoyant combattre en Espagne, et reprend progressivement à l'Angleterre presque toutes les provinces cédées. Ces succès s'expliquent par sa politique prudente et méthodique et par l'action militaire de Du Guesclin. Charles V mène également des réformes financières, étend les privilèges de l'Université, renforce les enceintes de Paris, fait construire plusieurs palais (hôtel Saint-Pol, le Louvre…).

Charles VI le Bien-Aimé **(1368-1422)** Fils de Charles V, il accède au trône en 1380 dans un contexte toujours difficile (poursuite de la guerre de Cent Ans, retour périodique de la peste, misère populaire…). Il gouverne d'abord sous la tutelle de ses oncles, qui se disputent le pouvoir, dilapident le Trésor et provoquent des révoltes (dont celle des Maillotins à Paris), en raison de la levée de nouveaux impôts. Il défait toutefois les Flamands à Rozebeke (1382), épouse Isabeau de Bavière en 1385, et renvoie ses oncles en 1388, pour les remplacer par les Marmousets, anciens conseillers de son père. Mais, en 1392, il commence à sombrer dans la folie, ce qui réactive la rivalité entre ses oncles (les ducs de Bourgogne et de Berry) et son frère Louis d'Orléans ; cela débouche sur une ruineuse guerre civile opposant les Bourguignons aux Armagnacs (partisans du duc d'Orléans). Sous la tutelle de la reine Isabeau, il signe le traité de Troyes (1420) prévoyant que la couronne de France reviendrait au fils du roi d'Angleterre Henri V, marié à Catherine de France.

Charles VII **(1403-1461)** Fils de Charles VI et d'Isabeau de Bavière, il doit fuir Paris occupé par les Bourguignons. Exclu du trône de France par le traité de Troyes, il s'installe à Bourges, à l'abri des Anglais. Il se proclame roi après la mort de son père (1422), et tente sans succès la reconquête des pays situés au nord de la Loire où règne le duc de Bedford, « régent de France et d'Angleterre », au nom de Henri VI d'Angleterre. Mais en 1429, le « petit roi de Bourges » bénéficie des exploits militaires de Jeanne d'Arc à qui il a confié le commandement de son armée et qui libère Orléans en avril, l'emporte à Patay, et le fait sacrer à Reims (17 juillet), ce qui légitime son pouvoir. Après avoir abandonné Jeanne d'Arc, tombée aux mains des Bourguignons, il se réconcilie avec le duc de Bourgogne Philippe le Bon (traité d'Arras, 21 septembre 1435), et entre dans Paris (13 avril 1436). Aidé de conseillés avisés (dont le grand marchand Jacques Cœur), il réforme la fiscalité du royaume, relance l'activité économique, réorganise son armée (création de compagnies d'ordonnance en 1445, des francs-archers en 1448) dotée d'une puissante artillerie par les frères Bureau. Grâce à l'argent avancé par Jacques Cœur, il achève la reconquête du royaume en battant les Anglais à Formigny (15 avril 1450), en Normandie, puis à Castillon (17 juillet 1453), près de

Bordeaux. Les Anglais ne conservent plus en France que Calais. Parallèlement, Charles VII renforce le pouvoir royal : il soumet le clergé par la pragmatique sanction de Bourges (1438) et brise la révolte des grands féodaux (Praguerie, 1440) conduite par le dauphin Louis (le futur Louis XI) à qui il laisse un royaume unifié et pacifié.

Charles VIII **(1470-1498)** Fils de Louis XI et de Charlotte de Savoie, il est placé à la mort de son père sous la tutelle d'Anne de Beaujeu. En 1490, il épouse Anne de Bretagne, préparant ainsi l'annexion de cette province à la France. Attiré par l'Italie et voulant s'illustrer par une « grande entreprise », il cherche à mettre la main sur le royaume de Naples, en invoquant les droits de Charles III, comte du Maine, légués à Louis XI. Il paye cher la neutralité de ses voisins, en cédant le Roussillon et la Cerdagne à Ferdinand II le Catholique (traité de Barcelone, 1493) et en abandonnant à Maximilien Ier l'Artois et la Franche-Comté (paix de Senlis, 1493). Quittant la France en 1494, il traverse l'Italie et conquiert Naples sans difficulté (février 1495). Mais la ligue de Venise, réunissant l'empereur, le pape et Ferdinand d'Aragon, l'oblige à rentrer en France, après avoir bousculé les coalisés à Fornoue (juillet 1495). Il meurt accidentellement alors qu'il préparait une nouvelle expédition en Italie.

Charles IX **(1550-1574)** Deuxième fils d'Henri II et de Catherine de Médicis, il règne à la mort de son frère François II (1560), mais laisse sa mère exercer le pouvoir. Voulant s'émanciper de la tutelle de celle-ci, il se rapproche des protestants et de l'amiral de Coligny voulant que la France intervienne aux Pays-Bas pour y soutenir les réformés révoltés contre Philippe II d'Espagne. Devant l'échec de cette entreprise, et sous la pression de sa mère et des chefs catholiques, craignant une nouvelle guerre contre l'Espagne, il désavoue les huguenots et assiste passivement au massacre des protestants réunis à Paris pour le mariage de sa sœur Marguerite avec Henri de Navarre (Saint-Barthélemy, 24 août 1572).

Charles X **(1757-1836)** Petit-fils de Louis XV, frère de Louis XVI et de Louis XVIII, il porte d'abord le titre de comte d'Artois. Vivant dans le faste, il se met dès 1789 à la tête de la contre-révolution en choisissant l'émigration (17 juillet). Il pousse à la déclaration de Pillnitz (27 août 1791), par laquelle l'empereur et le roi de Prusse menacent de représailles les révolutionnaires français, et assiste à la bataille de Valmy à la tête de l'armée des émigrés. Lieutenant général du royaume (février 1793), il réside en Angleterre jusqu'en 1814. Il prépare le retour de Louis XVIII, devient général de la garde nationale, et prend la tête de l'opposition ultraroyaliste qui se renforce après l'assassinat de son fils le duc de Berry (1820). Devenu roi à la mort de Louis XVIII (1824), il soutient la politique « réactionnaire » de Villèle (loi sur le sacrilège, milliard des émigrés, 1825). Le succès électoral des libéraux (1827) l'oblige à appeler Martignac (1828), qui doit faire des concessions à l'opposition. Mais il le renvoie au profit de Polignac et de son ministère ultra (1829). L'opposition libérale réplique par « l'adresse des députés » (mars 1830) qui réaffirme leurs droits. Le roi renvoie la Chambre et, devant le nouveau succès électoral des libéraux (juillet 1830), signe quatre ordonnances (25 juillet) suspendant la liberté de la presse, dissolvant la Chambre et restreignant le droit de vote. Cela provoque l'insurrection parisienne des 27, 28 et 29 juillet 1830 (les « trois glorieuses »), qui l'oblige à abdiquer (2 août 1830) et porte Louis-Philippe Ier au pouvoir. Réfugié en Écosse puis en Autriche, il y meurt du choléra en 1836.

Charles Martel **(vers 688-741)** Fils de Pépin de Herstal, maire du palais d'Austrasie, il est emprisonné à la mort de son père (714). Il s'échappe en 715, soulève les Austrasiens, vainc les Neustriens et devient le maître de l'Austrasie et de la Neustrie en tant que maire du palais. En 721, il place sur le trône un jeune enfant, Thierry IV, et lorsque celui-ci meurt, il ne lui donne pas de successeur. Il entreprend une successions de guerres de conquête contre les Saxons et les Frisons, s'empare de la Bavière et de l'Alamannie ; en Aquitaine, il arrête l'invasion musulmane dirigée par Abd al-Rahman, grâce à la victoire de Poitiers en octobre 732 ; cela lui permet d'obtenir la soumission d'Eudes, duc d'Aquitaine, qui avait dû l'appeler à son secours. Il parvient également à faire reconnaître son autorité sur la Bourgogne et la Provence. Charles Martel s'impose également face à l'Église en n'hésitant pas à destituer les hauts dignitaires qui lui résistent, et en mettant la mains sur des terres d'Église redistribuées afin de s'assurer la fidélité de ses troupes. Mais il ne peut se faire reconnaître roi des Francs.

Childéric Ier (vers 436-481), roi des Francs Saliens de Tournai (vers 458-481 ou 482). Fils présumé de Mérovée et père de Clovis Ier, il lutte aux côtés d'Egidius puis de Syagrius contre les Wisigoths, les Alamans et les Saxons.

Jacques Chirac (né en 1932) Elève de l'ENA en 1957-1959, élu en mars 1967 député de Corrèze, et collaborateur de Georges Pompidou, il participe aux négociations de Grenelle en mai 1968. Il devient ministre des Relations avec le Parlement en janvier 1971, ministre de l'Agriculture en juillet 1972, et ministre de l'Intérieur en mars 1974. Il soutient la candidature de Valéry Giscard d'Estaing lors de l'élection présidentielle du printemps 1974, contre Jacques Chaban-Delmas, candidat gaulliste. Devenu Premier ministre après l'élection de Valéry Giscard d'Estaing, il se brouille avec lui et laisse sa place à Raymond Barre en août 1976. Il pousse à la création du RPR (Rassemblement pour la République) remplaçant l'UDR en décembre 1976, dont il est le président. En mars 1977, il est élu maire de Paris (et sera réélu en 1983 et 1989). Après son échec à l'élection présidentielle de 1981 (il est devancé par François Mitterrand et Valéry Giscard d'Estaing), il devient Premier ministre en 1986 après la victoire de la droite aux législatives et forme le premier gouvernement de cohabitation. En 1988, il est de nouveau battu par Mitterrand lors de l'élection présidentielle. Mais, en 1995, il l'emporte en devançant Édouard Balladur au premier tour et Lionel Jospin au second. Après la « fausse bonne idée » de la dissolution de l'Assemblée nationale en 1997, et le retour inattendu d'une majorité de gauche, il est toutefois réélu président de la République en mai 2002, pour cinq ans. Il se retire de la vie politique en mai 2007.

Georges Clemenceau (1841-1929) D'abord médecin, puis maire de Montmartre en 1870, il joue un rôle de conciliateur durant la Commune. Il devient ensuite le chef des radicaux de gauche, s'opposant aux opportunistes, à Jules Ferry et au boulangisme. Il est alors surnommé « le tombeur de ministères ». Puis il soutient activement Dreyfus, dans le journal l'Aurore, avant de devenir président du Conseil de 1906 à 1909. « Le Tigre » s'illustre alors par son intransigeance face aux grèves ouvrières, et provoque l'hostilité des socialistes. Rappelé en 1917, il manifeste une énergie et une détermination dans la poursuite de la guerre qui lui vaudront d'être alors surnommé « le Père la Victoire ».

Clotaire Ier (vers 498-561) Fils de Clovis Ier et de Clotilde, roi des Francs (511-561), il reçoit de son père (511) les pays situés entre la Marne et la Meuse (royaume de Soissons). Il s'empare de Tours et de Poitiers à la mort de son frère Clodomir (524), et reconstitue à son profit l'unité du royaume des Francs à la mort de son frère Childebert Ier (558).

Clotaire II (584-629) Fils de Chilpéric Ier à qui il succède sous la tutelle de sa mère Frédégonde, roi de Neustrie (584-629), d'Austrasie et de Bourgogne (613-629), il parvient à régner seul sur royaume franc après la mort de son cousin Thierry II, roi de Bourgogne et d'Austrasie et de la reine Brunehaut, qu'il fait exécuter sauvagement (613). Il doit renforcer le pouvoir des maires du palais, fonction devenant inamovible, maintenir un maire du palais dans les trois royaumes, et faire de multiples concessions aux aristocraties bourguignonne et austrasienne. Son fils Dagobert Ier lui succède.

sainte Clotilde (vers 475-545) Nièce de Gondebaud, roi des Burgondes, elle devient reine des Francs en épousant Clovis Ier vers 493. Profondément chrétienne, elle joue un rôle important dans la conversion du roi, qui s'explique aussi par son désir d'obtenir le soutient de l'Église. À la mort de celui-ci (511), elle se retire à Tours, près de l'abbaye de Saint-Martin, et se consacre à la prière et aux bonnes œuvres.

Clovis Ier (vers 465-511) Il est proclamé roi des Francs Saliens de Tournai à la mort de son père Childéric Ier (481 ou 482), peu de temps après l'effondrement de l'Empire romain d'Occident. Cela lui permet d'étendre ses possessions vers le Sud en vainquant le Romain Syagrius (Soissons, 486), les Alamans (vers 495), les Burgondes (500) et les Wisigoths (Vouillé, 507). Il devient ainsi seul roi de toute l'ancienne Gaule romaine, et le fondateur de la monarchie franque. Sa conversion au christianisme (il est baptisé par saint Remi à Reims vers 498), fait de lui le premier roi barbare chrétien ; il réunit également un concile à Orléans en 511. Cela lui permet de recevoir de l'empereur d'Orient le titre de patrice et d'avoir son soutien politique. Après sa mort, son royaume est partagé entre ses quatre fils.

Jacques Cœur (1400-1456) Originaire de Bourges, il s'enrichit grâce au commerce lointain, exportant de France des draps, des armes, du bois, des métaux industriels et de l'argent, et important de la soie, du coton et des tapis, des pierres et des perles, des épices, du savon, des colorants... Ces produits s'adressent à des clients fortunés vivant dans l'entourage du roi Charles VII, que Jacques Cœur réussit à toucher en devenant fournisseur de la cour. Mais il doit aussi leur prêter de l'argent, pour s'attacher leur faveur et mieux vendre ses marchandises, finançant ainsi ses propres acheteurs ! Introduit au Conseil du roi qui fait de lui son Grand Argentier, il participe à la réforme des finances et de l'armée, et au financement de la reconquête de la Normandie. Mais sa richesse, son anoblissement et son influence sur le roi suscitent des jalousies. Il est victime d'un complot fomenté par ses débiteurs et ses concurrents, et emprisonné en 1451. Mais il s'évade en 1453, se réfugie auprès du pape et part combattre les Turcs. Il meurt dans l'île de Chio, en 1456.

Jean-Baptiste Colbert (1619-1683) Né à Reims au sein d'une famille de marchands-drapiers, ce grand commis de l'État devient intendant de la fortune personnelle de Mazarin, et accède aux responsabilités dès que Louis XIV exerce la réalité du pouvoir en 1661. Après avoir évincé Fouquet, Colbert devient Contrôleur général des Finances (1665), secrétaire d'État à la Maison du roi et à la Marine (1668), et influence fortement la politique intérieure et extérieure de roi. Il est l'instigateur du « mercantilisme-industrialiste » français (qu'on qualifiera de « colbertisme »), en développant les manufactures afin d'attirer l'or dans le royaume grâce à l'essor des exportations industrielles de qualité (tapisserie et produits textiles divers, porcelaine...), tout en limitant les importations. Il fait preuve d'un grand autoritarisme en réglementant étroitement les manufactures, en s'attaquant aux corporations afin de faire baisser les salaires, et pousse au travail des enfants. Il tente également de mettre sur pied des compagnies commerciales, avec un succès mitigé (Compagnie des Indes orientales, 1664 ; Compagnie du Levant, 1670 ; Compagnie du Sénégal, 1673...). Il crée par ailleurs l'Académie des Sciences (1666), l'Académie de Musique, l'Académie d'Architecture..., afin de faire de la France un royaume brillant dans tous les domaines.

Gaspard II de Coligny, dit l'amiral de Coligny (1519-1572) Nommé par Henri II amiral de France en 1552, gouverneur de Picardie (1555), il tombe prisonnier des Espagnols en défendant Saint-Quentin (1557). Converti au calvinisme après sa libération (1559), il devient le chef du parti protestant (1561) et obtient de Catherine de Médicis la liberté de culte (janvier 1562). Durant les guerres de Religion, il combat à Dreux (1562), à Saint-Denis (1567), à Moncontour (1569) et à Arnay-le-Duc (1570). Appelé au Conseil privé du roi par Charles IX (1571), il veut entraîner la France dans une guerre de soutien aux Provinces-Unies protestantes révoltées contre l'Espagne. Mais il se heurte à l'opposition de Catherine de Médicis qui décide de l'éliminer. Blessé à Maurevert lors d'un attentat le 22 août 1572, il est assassiné le 24 août, ce qui marque le début de la Saint-Barthélemy.

Concino Concini (vers 1575-1617) Fils d'un notaire florentin, il arrive en France en 1600, et devient le favori de la reine Marie de Médicis grâce aux intrigues de sa femme Leonora Galigaï. Il est comblé d'honneurs par la reine devenue régente en 1610, qui le nomme conseiller d'État, le fait marquis d'Ancre (1610) et maréchal de France (1613). Quasi maître de la France, il s'attire la jalousie de l'aristocratie, la haine du peuple et l'hostilité croissante de Louis XIII, qui finit par l'écarter du pouvoir et le fait assassiner par son capitaine des gardes (24 avril 1617).

Louis Ier de Bourbon (1530-1569), 1er prince de Condé Fils de Charles de Bourbon, duc de Vendôme, roi de Navarre et oncle d'Henri IV, il défend les calvinistes et est l'adversaire des Guises : il organise la conjuration d'Amboise (1560) visant à soustraire le roi François II de leur emprise. Son échec et le massacre des protestants qui s'en suivit sont le prélude des guerres de Religion. Après le massacre de Wassy (1562), Condé organise l'armée protestante et trouve la mort lors de la bataille de Jarnac (1569).

Louis II de Bourbon, dit le Grand Condé (1621-1686) 4e prince de Condé. Encore duc d'Enghien, il s'illustre lors de la victoire de Rocroi (1643) sur les Espagnols, puis lors des batailles de Fribourg (1644), de Nördlingen (1645) et de Lens (1648) contre le Saint Empire. Devenu prince de Condé en 1646, il prend la tête de la Fronde des princes et se rallie aux Espagnols (1652). La paix des Pyrénées (1659), lui permet de rentrer en grâce auprès de Louis XIV. Il se distingue à nouveau durant les guerres de Dévolution (1668) et de Hollande (1672-1674).

marquis de Condorcet (1743-1794) Philosophe et mathématicien, lié à d'Alembert, à Voltaire et à Turgot, il collabore à l'*Encyclopédie*. En 1789, il se fait le défenseur des droits de l'homme. Député à l'Assemblée législative et à la Convention, il prépare un plan de développement de l'instruction publique et un projet de Constitution, restés lettre morte. Proche des Girondins et opposé à la peine de mort contre Louis XVI, il est décrété d'accusation en juillet 1793 et se cache pendant 8 mois. Arrêté et emprisonné, on le retrouve mort, sans doute empoisonné. Membre de l'Académie des sciences (1769) et de l'Académie française (1773), il laisse une *Esquisse d'un tableau historique des progrès de l'esprit humain*, synthèse de l'esprit du « siècle des Lumières » et faisant l'apologie des bienfaits de la science.

Charlotte Corday (1768-1793) Arrière-petite-nièce de Corneille, elle est séduite par les idées républicaines avant même le début de la Révolution. Mais elle est choquée par la Terreur et par les attaques contre les Girondins (mai-juin 1793), dont elle se sent très proche. Considérant Marat comme l'un des principaux responsables, elle le poignarde dans son bain (13 juillet 1793) et est guillotinée.

René Coty (1882-1962) Chef du groupe des indépendants à l'Assemblée nationale en 1946, il est élu président de la République en 1953, et succède à Vincent Auriol en 1954. Personnage sympathique mais effacé, favorable au retour du général de Gaulle en 1958, il lui transmet ses fonctions le 8 janvier 1959, déclarant que « le premier des Français est désormais le premier en France ».

Dagobert Ier (vers 600-638) Fils de Clotaire II, qui le fait roi d'Austrasie et le place sous la tutelle du maire du palais Pépin de Landen et d'Arnoul, évêque de Metz, il succède à son père en 629 et règne dès lors sur l'ensemble du royaume des Francs. Assisté de saint Éloi, d'abord orfèvre de renom, de saint Ouen, du trésorier Didier), il renforce l'autorité royale tout en respectant les particularismes régionaux : il transforme l'Aquitaine en une sorte d'apanage, sous l'autorité de son frère, Caribert II (629) ; il fait son fils Sigebert III roi d'Austrasie (634), puis soumet les Gascons et les Bretons (638). Il résiste aux attaques des Slaves établis en Bohême et en Moravie en confiant aux Saxons la défense des frontières orientales (631). Enseveli à l'abbaye de Saint-Denis, à laquelle il a accordé divers privilèges, il laisse un royaume en proie à l'anarchie en raison des rivalités entre ses fils.

Édouard Daladier **(1884-1970)** Député radical-socialiste du Vaucluse de 1919 à 1940, puis de 1946 à 1958, il est plusieurs fois ministre (des Colonies, des Travaux publics, de la Guerre) et trois fois président du Conseil. Contraint de démissionner après le 6 février 1934, il milite pour un rapprochement avec les socialistes et participe au gouvernement de Front populaire en 1936. De nouveau président du Conseil en avril 1938, dans une alternative de centre droit, il signe les accords de Munich (septembre 1938) mais s'oppose à la politique expansionniste de Hitler l'année suivante en déclarant la guerre à l'Allemagne le 3 septembre 1939. Arrêté et emprisonné par le gouvernement de Vichy en septembre 1940, il est déporté en Allemagne de 1943 à 1945. Après la guerre, il devient président du parti radical en 1957, s'oppose à la Constitution de 1958, et est alors remplacé par Félix Gaillard.

Jacques Danton **(1759-1794)** Avocat d'origine champenoise, il fonde en avril 1790, à Paris, le club des Cordeliers, au recrutement populaire et dominé par les chefs de la «Montagne» (Desmoulins, Marat, Hébert...) : ils siègent sur les hauteurs de l'Assemblée nationale et adoptent des positions révolutionnaires radicales. Membre de la commune en 1790 et du directoire du département de Paris en janvier 1791, il joue un rôle important dans la mobilisation des républicains, surtout après la fuite du roi à Varenne (juin 1791). Ministre de la Justice en août 1792, il dirige de fait le gouvernement insurrectionnel, est le principal artisan de la journée du 10 août 1792 et organise les armées qui combattent aux frontières. Il est élu député de Paris à la Convention, en septembre 1792, décrète la levée en masse en 1793, crée le Tribunal révolutionnaire et fait partie du Comité de salut public. Mais ne parvenant pas à rétablir la situation intérieure et extérieure, il laisse sa place à Robespierre, à qui il s'oppose bientôt en lui reprochant sa dureté. Accusé de faiblesse et de corruption par Robespierre et Saint-Just, il est décrété d'arrestation et guillotiné le 5 avril 1794 avec Camille Desmoulins.

Paul Deschanel **(1855-1922)** Député républicain d'Eure-et-Loir (1885-1920), président de la Chambre (1898-1902 et 1912-1920), il est élu président de la République (18 janvier 1920), mais doit se démettre de ses fonctions le 21 septembre pour raisons de santé.

Camille Desmoulins **(1760-1794)** Avocat au parlement de Paris (1785), il publie de violents pamphlets contre la monarchie. Orateur populaire, il pousse la foule, réunie dans le jardin du Palais-Royal, à prendre les armes (12 juillet 1789). Animateur du club des Cordeliers avec Danton, il fonde un journal, où il exprime ses idées républicaines. Secrétaire de Danton (août 1792), il est élu député de Paris à la Convention nationale où il siège avec les Montagnards. Désapprouvant les excès de la Terreur, il fonde le *Vieux Cordelier* (décembre 1793) où il attaque les hébertistes, et fait campagne pour la clémence. Sa modération amène son arrestation (mars 1794). Il est condamné à mort et guillotiné avec Danton (5 avril).

Paul Doumer **(1857-1932)** Élu député radical en 1888, il est ministre des Finances (1895-1896), puis gouverneur général d'Indochine (1897-1902). De nouveau ministre des Finances (1921-1922, 1925-1926), il est élu président du Sénat (1927-1931), puis président de la République en 1931. Il est assassiné en 1932 par un Russe blanc, Gorgoulov.

Gaston Doumergue (1863-1937) Avocat et député radical-socialiste de Nîmes, sa ville natale, à partir de 1893, il devient ministre des Colonies (1902-1905), du Commerce (1906-1909), et président du Conseil (décembre 1913-juin 1914). Il participe à divers ministères de Guerre, puis est élu président du Sénat (février 1923) et président de la République (juin 1924). Représentant le centre gauche démocratique, il se fait apprécier par sa prudence, sa diplomatie et son sens de l'arbitrage dans un contexte politique difficile. Retiré des affaires en 1931, il est rappelé après le 6 février 1934 pour former un gouvernement d'Union nationale qui devient vite impopulaire et échoue sur le projet de réformes institutionnelles. Il se retire alors définitivement des affaires.

Bertrand du Guesclin (1320-1380) Durant la guerre de Cent Ans, il contribue à régler la question bretonne et soumet Charles le Mauvais. Charles V envoie ensuite du Guesclin et les « grandes compagnies » de mercenaires sans emploi, qui vivent de pillages et de rançons, combattre en Espagne Pierre le Cruel, roi de Castille, allié des Anglais. Les troupes de Du Guesclin sont écrasées à Najera (avril 1367), et lui-même est fait prisonnier. Libéré contre paiement d'une forte rançon et devenu connétable, il participe à la reconquête de l'Aquitaine et de la Bretagne.

Charles François du Périer, dit Dumouriez (1739-1823) Après avoir participé à la guerre de Sept Ans (1756-1763) et avoir été chargé de mission diplomatique à Madrid (1763-1767), il commande la garde nationale de Cherbourg en 1789. Il fait partie du club des Jacobins en 1790. Ministre des Affaires étrangères en 1792, il pousse à la déclaration de guerre contre les Autrichiens. Commandant en chef de l'armée du Nord, il vainc les Prussiens à Valmy (20 septembre 1792), les Autrichiens à Jemmapes et occupe la Belgique. Battu à Neerwinden (mars 1793), il est relevé de son commandement et décide de se rallier aux Autrichiens.

saint Éloi (vers 588-660) Orfèvre habile, travaillant à Limoges chez Bobbon, où il fabrique deux trônes d'or pour le roi, il devient trésorier et conseiller de Clotaire II puis de Dagobert Ier. Il est évêque de Noyon-Tournai (641) et crée de nombreux monastères (Noyon, Tournai, Saint-Quentin). Saint Éloi est le patron des orfèvres et des métallurgistes.

Eudes (vers 860-898) Fils aîné de Robert le Fort, il est fait duc de Paris par Charles III le Gros (882). Il s'illustre en défendant victorieusement Paris contre les Normands (885-886) et est proclamé roi de France, en 888, par les grands au détriment de son rival Charles III le Simple. À sa mort, il désigne ce dernier pour lui succéder.

Eugénie de Montijo (1826-1920) Née Eugenia María de Guzmán, comtesse de Teba, elle épouse en 1853 Napoléon III, et devient ainsi impératrice des Français. Elle se mêle à la vie politique en se faisant la protectrice du parti ultramontain. Elle pousse Napoléon III à s'engager dans la guerre du Mexique, puis dans le conflit contre la Prusse. Nommé régente en août 1870, elle doit quitter la France après la capture de Napoléon III à Sedan et la proclamation de la République (4 septembre 1870). Elle meurt à Madrid cinquante ans plus tard, ayant vu disparaître son mari en 1873, et son fils en 1879 tué en combattant les zoulous.

Armand Fallières (1841-1931) Député de la Gauche républicaine (1876-1890), il occupe divers postes ministériels de 1882 à 1892. Sénateur en 1890, il est président du Sénat de 1899 à 1906. Candidat des gauches, il est élu en février 1906 président de la République contre Paul Doumer. Il bénéficie d'une période de relative prospérité économique mais doit faire face à la montée des tensions entre la France et l'Allemagne. Il termine son mandat en 1913 et se retire alors de la vie politique.

Edgar Faure (1908-1988) Avocat, membre du Comité français de libération nationale à Alger (1943-1944), il est député (1946-1958) puis sénateur du Jura (1959-1966). Plusieurs fois ministre (des Finances et des Affaires économiques) à partir de 1948, il est deux fois président du Conseil (en 1952 et en 1955-1956). Membre du parti radical depuis 1946, Edgar Faure se rapproche progressivement du général de Gaulle qui lui confia plusieurs missions, notamment en Chine (1963) afin d'établir des relations diplomatiques avec la République populaire. Ministre de l'Agriculture du général (1966-1968), puis ministre de l'Éducation nationale (1968-1969), il prépare la loi d'orientation concernant les Université (octobre 1968), qui organise la participation des étudiants et des enseignants à leur gestion. Il est ensuite ministre des Affaires sociales (1972-1973), puis président de l'Assemblée nationale (1973-1978). Revenu au Parti radical (1977), il est élu député au Parlement européen en 1979, et réélu en 1984, sur la liste présentée par l'UDF. Il est sénateur du Doubs de 1980 à sa mort.

Félix Faure (1841-1899) Élu en 1881 député républicain modéré, et plusieurs fois ministre, il est président de la République en janvier 1895, avec le soutien des monarchistes. Son septennat est marqué par l'affaire Dreyfus (il s'oppose à la révision du procès) et par le rapprochement avec la Russie (venue du tsar Nicolas II à Paris en 1896). Sa mort subite est l'occasion de graves troubles politiques, l'extrême droite tentant un coup d'État nationaliste.

Jules Ferry (1832-1893) Avocat et élu député de Paris en 1869, maire de Paris en novembre 1870, il s'oppose à la Commune en 1871. Plusieurs fois ministre et président du Conseil de 1879 à 1885, il fait voter les lois de 1881 et 1884 sur les libertés publiques et syndicales, et celles de 1880-1882 instaurant l'enseignement public, laïc, gratuit et obligatoire. Malgré l'hostilité de l'extrême gauche et celle des nationalistes cherchant la revanche contre l'Allemagne, il mène une politique d'expansion coloniale (Tunisie, Congo, Madagascar, Tonkin...), pour des raisons de prestige national mais aussi économiques : « Une colonie, c'est un débouché qui permet de pallier la saturation des marchés européens », affirme-t-il. Mais sa politique coloniale entraîne sa chute après l'échec au Tonkin (1885).

Ferdinand Foch (1851-1929) Polytechnicien et professeur à l'École de guerre, il s'illustre en 1914 lors de la bataille de la Marne en s'opposant aux armées allemandes dans les marais de Saint-Gond. Puis il est chargé par Joffre de coordonner l'action des armées britannique, belge et française en Flandre. En 1916, il commande, avec Haig, les troupes franco-britanniques durant la bataille de la Somme. En 1917, il est nommé chef d'état-major, puis devient en 1918 général en chef des armées alliées, qu'il mène à la victoire. C'est lui qui reçoit la capitulation allemande à Rethondes, le 11 novembre 1918.

Joseph Fouché (1759-1820) Élu à la Convention en 1792, il siège avec les Montagnards et vote la mort du roi. Il mène une entreprise de déchristianisation du pays et réprime l'insurrection royaliste de Lyon. Désavoué par Robespierre, il contribue à sa chute. Puis il participe au coup d'État du 18 Brumaire mené par Bonaparte. Ministre de la Police générale de 1799, il réorganise la police et la gendarmerie. Napoléon, inquiet de sa puissance, le renvoie en 1802, puis le rappelle en 1804, ayant besoin de ses services, et le fait duc d'Otrante en 1809. Ayant établi des contact secrets avec l'Angleterre, Fouché est disgracié (1810), puis nommé gouverneur des Provinces Illyriennes (1813). Après avoir rallié Louis XVIII lors des Cent-Jours, il retrouve ses fonctions de chef de la Police en 1815, mais est exilé en 1816 en tant que régicide.

Nicolas Fouquet (1615-1680) Proche de Mazarin, il achète la charge de Procureur général au parlement de Paris (1650). Il devient ensuite surintendant général des Finances (1653), et dirige la Compagnie des îles d'Amérique. Il acquiert ainsi une énorme fortune, lui permettant de rassurer les souscripteurs de rentes émises par l'État, mais aussi de mener grande vie, d'entretenir des artistes et des écrivains (comme Molière et La Fontaine) et de construire le somptueux château de Vaux-le-Vicomte, suscitant ainsi la jalousie de Colbert et de Louis XIV. Il est alors arrêté et condamné, après un procès inique, à la confiscation de ses biens et à l'exil (1664), peine commuée en un emprisonnement dans des conditions inhumaines au fort de Pignerol (dans le Piémont) où il meurt.

Antoine Quentin Fouquier-Tinville (1746-1795) D'abord procureur au Châtelet, il devient membre du jury d'accusation (août 1792), puis accusateur public du Tribunal révolutionnaire durant la Terreur. Il prononce des réquisitoires impitoyables contre les suspects, faisant de lui un pourvoyeur de condamnés à la guillotine. Après la chute de Robespierre, arrêté par les thermidoriens, il est guillotiné à son tour.

François Ier (1494-1547) Né à Cognac, fils du comte d'Angoulême et de Louise de Savoie, il est cousin de Louis XII, dont il épouse la fille en 1514. Devenu roi de France en 1515, il poursuit la politique italienne de ses prédécesseurs, en allant remporter (grâce à l'aide de Venise), la bataille de Marignan contre les Suisses (14 septembre 1515). Il obtient ainsi le Milanais et oblige le pape à signer le concordat de Bologne. À la mort de l'empereur Maximilien, il tente vainement de lui succéder, mais c'est le roi d'Espagne Charles Ier qui obtient la faveur des grands électeurs, grâce à l'argent des Fugger, et devient empereur sous le nom de Charles Quint. La rivalité franco-espagnole se poursuit, au désavantage de François Ier : l'entrevue du Camp du Drap d'or avec Henri VIII d'Angleterre est un échec (juin 1520), la trahison du connétable Bourbon lui fit perdre le Milanais (1524), et il est fait prisonnier par Charles Quint après la défaite de Pavie (1525). Son alliance avec le turc Soliman le Magnifique s'avère également décevante. Son règne ne permet pas d'étendre le territoire français, ruine le royaume, mais a renforcé l'autorité royale sur la noblesse et les institutions judiciaires et généralisé l'usage du français dans les textes officiels (ordonnance de Villers-Cotterêts, 1539).

François II (1544-1560) Fils de Henri II et de Catherine de Médicis, il épouse Marie Stuart, reine d'Écosse, en 1558 et succède à son père l'année suivante, à l'âge de 15 ans. D'une santé fragile, il laisse les Guise, oncles de son épouse, et le parti catholique exercer le pouvoir. Cela pousse Condé et les Réformés à organiser la conjuration d'Amboise (mars 1560) dont la répression conduit aux guerres de Religion. Il promulgue cependant l'édit de Romorantin, qui atténue la persécution menée contre les protestants.

Frédégonde (545-597) Elle devient reine des Francs en 568, en épousant Chilpéric Ier, roi de Neustrie, dont elle est la troisième femme. Elle a auparavant fait étrangler Galswinthe, la deuxième épouse de Chilpéric, qui est la sœur de Brunehaut, reine d'Austrasie. Elle fait également assassiner Sigebert (575), époux de Brunehaut, qu'elle tient en captivité, puis Mérovée et Clovis, premiers fils de Chilpéric. Cela provoque une longue guerre entre les deux royaumes, caractéristique de l'anarchie de la période mérovingienne.

Joseph Gallieni (1849-1916) Saint-Cyrien, il combat à Bazeilles durant la guerre de 1870. En mission au Soudan, il négocie un traité accordant à la France le commerce avec le haut Niger (1880). Il sert ensuite au Sénégal, puis au Tonkin de 1893 à 1895. Nommé gouverneur général de Madagascar (1896-1905), il dépose la reine Ranavalona et pacifie l'île. Bien qu'atteint par la limite d'âge en 1914, il est nommé gouverneur militaire de Paris en 1914 et contribue à la victoire de la Marne en engageant l'armée Maunoury. Ministre de la Guerre (octobre 1915-mars 1916), il doit résilier ses fonctions, pour raisons de santé, deux mois avant sa mort. Il est nommé maréchal de France à titre posthume en 1921.

Léon Gambetta **(1838-1882)** Brillant avocat, il devient député républicain en 1869 et défend un « programme de Belleville » libéral et social à la fin du second Empire. Il fait proclamer la République le 4 septembre 1870, devient ministre de l'Intérieur du gouvernement provisoire et s'échappe en ballon de Paris assiégé par les Prussiens (octobre 1870) pour organiser la poursuite de la guerre. Député siégeant à l'extrême gauche, il combat les royalistes et les partisans de « l'ordre moral », organise l'Union républicaine tout en cherchant un rapprochement « opportuniste » avec le centre, qui aboutit aux lois républicaines de 1875. Il préside ensuite la Chambre des députés en 1879, puis dirige un éphémère « grand ministère » (1881-1882).

Charles de Gaulle **(1890-1970)** Né à Lille, et élève de Saint-Cyr, il combat durant la Première Guerre mondiale, est fait prisonnier et tente de s'évader à plusieurs reprises. Après avoir participé à la guerre contre l'Armée rouge au côté des Polonais, il enseigne l'histoire militaire à Saint-Cyr, et entre en 1925 au Conseil supérieur de la guerre présidé par le maréchal Pétain. Il écrit durant les années 1930 plusieurs ouvrages (*le Fil de l'épée, Vers l'armée de métier...*), dans lesquels il préconise la constitution de divisions blindées. Devenu colonel en 1937, il commande un régiment de chars qui combat en mai 1940 (à Montcornet), et devient général de brigade. En juin 1940, il est nommé sous-secrétaire d'État à la Défense dans le cabinet Reynaud, et fait partie de ceux qui refusent d'admettre la défaite et qui s'opposent à l'armistice demandé par le maréchal Pétain. Le 18 juin, depuis Londres, il lance son fameux appel invitant les Français à poursuivre le combat. Condamné à mort par contumace, il rallie autour de lui ceux qui veulent résister à l'Allemagne en s'enrôlant dans les « Forces françaises libres » qui s'organisent dans les colonies africaines (Tchad et Afrique-Équatoriale française). Après le débarquement allié en Afrique du Nord, de Gaulle crée à Alger en 1943 le Comité français de libération nationale, puis à Paris en août 1944 le Gouvernement provisoire de la République française. Avant la fin de la guerre, ce gouvernement prend diverses mesures de grande importance (nationalisations, droit de vote accordé aux femmes...). En janvier 1946, le général de Gaulle démissionne pour manifester son opposition à la Constitution de la IVe République, qu'il estime trop soumise au pouvoir des partis politiques. En 1947, il fonde le RPF (Rassemblement du peuple français), qui ne rencontre pas le succès qu'il espérait. Mais la guerre d'Algérie provoque son retour en 1958, à la demande du président René Coty. Devenu président du Conseil, il fait adopter une nouvelle Constitution, et cherche à mettre fin à la guerre d'Algérie. Il y parvient en 1962 (accords d'Évian), en accordant l'indépendance à l'Algérie ; mais cela provoque une série d'attentats commis par l'OAS. La paix revenue, le général s'efforce de redonner à la France un rôle important sur le plan international en la dotant d'un armement nucléaire, en manifestant son indépendance vis-à-vis des États-Unis, et en se rapprochant de l'URSS et de la Chine. La crise de mai-juin 1968 ébranle son autorité, et, malgré la victoire « gaulliste » aux élections législatives de juin, la victoire du « non » au référendum d'avril 1969 portant sur son projet de réforme du Sénat provoque sa démission. Il s'éteint l'année suivante, après avoir incarné « une certaine idée de la France » et de l'État reposant sur plusieurs principes : pouvoir central fort, institutions républicaines efficaces, grandeur et indépendance nationales, participation des salariés aux fruits de l'expansion, refus de se soumettre aux « forces du marché »...

Valéry Giscard d'Estaing **(né en 1926)** Il s'engage dans l'armée de De Lattre en 1944. Polytechnicien, il entre à l'École nationale d'administration et devient inspecteur des Finances. Membre du cabinet d'Edgar Faure en 1955, il est élu député du Puy-de-Dôme en 1956, à l'âge de 30 ans. Membre des Républicains Indépendants, dont il prend la direction, il est secrétaire d'État au Budget alors qu'Antoine Pinay est ministre des Finances, puis remplace W. Baumgartner à ce poste en janvier 1962. Fidèle au général de Gaulle lors de la réforme constitutionnelle de l'automne 1962, il supporte mal son éviction en 1965, et joue alors le rôle de « cactus » de la majorité. Il appelle ainsi à voter « non » lors du référendum qui provoque le départ du Général. Élu président de la République en 1974, alors que se produit le premier « choc pétrolier », il mène des réformes « libérales » (abaissement de l'âge de la majorité, loi autorisant l'IVG…). Après avoir nommé Raymond Barre à la tête du gouvernement en remplacement de Jacques Chirac en 1976, il subit le contrecoup de la perte de popularité de celui-ci, qualifié par la gauche de « chevalier de l'austérité », et est discrédité par « l'affaire des diamants » alors que le chômage progresse dans le pays. Il est ainsi battu en 1981 par François Mitterrand. Il dirige ensuite l'UDF (1988-1996) qu'il a fondée en 1978. En 2002, il prend la présidence de la Convention qui prépare l'avenir de l'Union européenne, et est le maître d'œuvre du projet de Traité constitutionnel européen qui est rejeté par une majorité de Français en 2005.

Godefroi de Bouillon **(vers 1061-1100)** Fils cadet d'Eustache II, comte de Boulogne, il obtient de l'empereur Henri IV le duché de Basse-Lorraine en 1089, après avoir participé avec lui au sac de Rome (1084). Après avoir vendu son duché de Bouillon à l'évêque de Liège (1096), il est l'un des principaux chefs de la première croisade et joue un rôle important dans la prise de Jérusalem (juillet 1099). Fondateur du royaume de Jérusalem (1099), il se contente du titre d'avoué du Saint-Sépulcre et combat victorieusement le sultan d'Égypte (prise d'Ascalon, 1099).

Olympe de Gouges **(1748-1793)** Considérée comme l'une des premières féministes française, elle réclame l'émancipation des femmes dans une Déclaration des droits de la femme et de la citoyenne (1792). Révolutionnaire ardente mais humaniste, elle prend la défense de Louis XVI et soutient les Girondins, ce qui lui vaut d'être arrêtée et guillotinée le 3 novembre 1793.

Jules Grévy **(1807-1891)** Avocat libéral, élu républicain aux Assemblées constituante (1848) et législative (1849), il s'oppose à l'évolution conservatrice du régime et à l'expédition de Rome. Hostile à l'empire, il est élu député d'opposition dans le Jura en 1868, et dénonce la guerre contre la Prusse en 1870. Il devient président de l'Assemblée nationale réunie à Bordeaux (1871), puis de la Chambre des députés (1876), et succède à Mac-Mahon dans les fonctions de président de la République le 30 janvier 1879. Réélu en 1885, il est obligé de démissionner (1887) à la suite du scandale du trafic des décorations, dans lequel est impliqué son gendre Daniel Wilson.

Guillaume le Conquérant **(1027-1087)** Fils bâtard du duc Robert le Diable, il devient duc de Normandie en 1035, mais ne parvient que difficilement à se faire reconnaître. Il combat ensuite victorieusement le roi de France Henri Ier (qui lui a pourtant apporté son aide auparavant). Mais sa préoccupation première se porte sur l'Angleterre, puisque le roi Édouard le Confesseur l'a choisi comme son successeur. À la mort de celui-ci, Guillaume traverse la Manche avec son armée et emporte la bataille d'Hastings (1066) contre son rival Harold. Devenu roi d'Angleterre, il renforce l'autorité royale et impose un recensement des propriétés foncières (le « Domesday book ») qui permet de connaître les droits et les devoirs de chacun.

François Guizot **(1787-1874)** D'origine protestante, il devient professeur d'histoire moderne à la Sorbonne (1812), secrétaire général au ministère de l'Intérieur (1814), puis haut fonctionnaire au ministère de la Justice (1816). Il inspire les mesures libérales du cabinet Decazes, et est révoqué à la chute de ce dernier (1820). Il écrit alors ses principaux ouvrages, dont l'*Histoire de la révolution d'Angleterre* (1826-1827). Député de Lisieux (1830), il contribue à l'établissement de la monarchie de Juillet. Rallié aux conservateurs et membre du parti de la Résistance, ministre de l'Intérieur (1830) puis de l'Instruction publique (1832-1837), il fait adopter la loi sur l'instruction primaire (loi Guizot, 28 juin 1833) qui affirme le principe de la liberté de l'enseignement primaire et oblige chaque commune à entretenir une école élémentaire. Devenu ministre des Affaires étrangères et chef du gouvernement (1840-1847), il favorise l'esprit d'entreprise (« Enrichissez-vous »). Il tente sans succès de renforcer les liens avec l'Angleterre et avec l'Autriche (1847) pour freiner les mouvements libéraux en Europe. Son hostilité aux réformes électorales et sociales est à l'origine de la campagne des banquets républicains qui débouche sur la révolution de février 1848. Renvoyé par le roi (23 février), il se consacra ensuite à son œuvre d'historien.

Jacques Hébert **(1747-1794)** Fondateur du journal *le Père Duchesne* (1790), il est membre du club des Cordeliers (1791), et de la Commune insurrectionnelle de Paris (août 1792). Il devient le chef de la faction dite « hébertiste » et l'un des principaux porte-parole des « sans-culottes »,condamnant les Girondins et les modérés, et engageant la Convention dans la voie de la Terreur (1793-1794). Jugé trop extrémiste par Robespierre, il est arrêté avec ses proches, et est guillotiné le 27 mars 1794.

Henri Ier **(1008-1060)** Fils de Robert II le Pieux, roi de France (1031-1060), il doit céder le duché de Bourgogne à son frère Robert (1032) et résiste à une révolte des grands féodaux grâce à l'aide du duc de Normandie. Mais après s'être brouillé avec lui, il est vaincu par le futur Guillaume le Conquérant à Mortemer (1054) et à Varaville (1058).

Henri II **(1519-1559)** Second fils de François Ier et de Claude de France, il épousa en 1533 Catherine de Médicis, nièce du pape Clément VII. Roi de France (1547-1559), soumis aux influences contradictoires de sa femme, des Guise, des Coligny et de Diane de Poitiers, il maintient les grands axes de la politique de son père en poursuivant la construction d'un État centralisé et en développant l'absolutisme monarchique : création de quatre secrétaires d'État (1547), surveillance des provinces par des commissaires (1553)... Il lutte durement contre les protestants (édits de Châteaubriant, 1551 ; de Compiègne, 1557 ; d'Écouen, 1559) et crée la Chambre ardente qui ordonne plus de 500 exécutions (1547-1550). Fidèle aux ambitions italiennes de ses prédécesseurs, il s'empare du marquisat de Saluces (1548) et reprend également Boulogne aux Anglais (1550). Avec le soutien des princes protestants allemands (traité de Chambord), il occupe les Trois-Évêchés (Metz, Toul et Verdun). Après l'échec de Charles Quint devant Metz (1552-1553), il signe avec l'empereur la trêve de Vaucelles (1556), mais il reprend la guerre avec son fils Philippe II, devenu roi d'Espagne. Après la défaite de Saint-Quentin (1557) et la prise de Calais (1558), cette guerre s'achève par le traité du Cateau-Cambrésis (1559), par lequel Henri II renonce définitivement aux prétentions françaises en Italie mais garde Calais et les Trois-Évêchés. Il est mortellement blessé d'un coup de lance par le comte de Montgomery lors d'un tournoi (30 juin 1559).

Henri III **(1551-1589)** Troisième fils d'Henri II, il vient d'être élu roi de Pologne lorsque la mort de son frère Charles IX le fait roi de France en 1574. Intelligent et cultivé, mais critiqué pour ses goûts efféminés et les faveurs qu'il accorde à ses « mignons », il hésite longtemps entre le parti des protestants ayant à sa tête Henri de Navarre, et celui de la Ligue catholique, dirigée par les Guise. Humilié par ces derniers, obligé de s'enfuir de Paris (journée des Barricades, 12 mai 1588), le roi convoque les états généraux à Blois, où il fait assassiner Henri de Guise et son frère, le cardinal de Lorraine (décembre 1588). Il se rapproche alors d'Henri de Navarre, qu'il reconnaît comme son héritier, et entreprend le siège de Paris tenu par la Ligue, au cours duquel il est poignardé par le moine Jacques Clément. Ne laissant pas d'héritier, il est le dernier des Valois.

Henri IV (1553-1610) Né à Pau, fils d'Antoine de Bourbon et de Jeanne d'Albret, il devient roi de Navarre en 1562, et prend la tête des Huguenots protestants en 1569. Marié à Marguerite de Valois, et venu à Paris, il échappe au massacre de la Saint-Barthélemy (août 1572). Déjà choisi par Henri III comme son successeur, il devient l'héritier du trône de France après la mort de François d'Alençon, en 1584. L'opposition de la Ligue catholique l'oblige à combattre ses opposants, même après son accession à la royauté (1589) et son abjuration (1593). La paix civile revenue, Henri IV contribue au redressement économique du pays, en s'appuyant en particulier sur son entourage d'origine huguenote et mercantiliste (Sully, Barthélemy de Laffemas, Olivier de Serres…). Il ramène la paix civile et réconcilie les Français (édit de Nantes, 1598) tout en évitant les conflits extérieurs après ses victoires sur les Espagnols. Il est assassiné par Ravaillac en 1610. Henri IV n'est pas un modèle de fidélité conjugale, puisqu'il eut pour le moins quatre maîtresses « officielles » (dont la fameuse Gabrielle d'Estrées) qui lui laissèrent huit bâtards reconnus, sans compter ses très nombreuses aventures.

Édouard Herriot (1872-1957) Ancien dreyfusard et maire de Lyon à partir de 1905, Édouard Herriot est ministre des Travaux publics durant la guerre et président du Parti radical presque sans interruption de 1919 à sa mort. Président du Conseil après la victoire du Cartel des gauches en 1924, il doit démissionner en 1925, puis revient au pouvoir quelques jours, en juillet 1926, et devient ministre de l'Instruction publique sous le gouvernement Poincaré. Il est de nouveau président du Conseil de juin à décembre 1932, et ministre dans les gouvernements Doumergue, Flandin et Laval (1934-1936). Il est ensuite président de la Chambre des députés sous le Front populaire (1936), qu'il a soutenu à ses débuts. Hostile au gouvernement de Vichy, il est placé en résidence surveillée (1942), puis emprisonné en Allemagne (1944-1945). Après la guerre, il redevient président de l'Assemblée.

Lazare Hoche (1768-1797) Engagé volontaire dans les gardes françaises en 1784, à l'âge de 16 ans, capitaine en 1792, il adresse au Comité de salut public un mémoire sur la situation militaire qui lui vaut le grade de général (1793). Commandant en chef de l'armée de la Moselle, vainqueur des Autrichiens et des Prussiens (Geisberg, 26 décembre 1793), il délivre Landau assiégée. Dénoncé comme suspect par Pichegru en 1794, il est incarcéré jusqu'au 9 Thermidor (27 juillet 1794). Il réprime ensuite l'insurrection royaliste de l'Ouest et pacifie la Vendée (1796). Ministre de la Guerre en 1797, il commande l'armée de Sambre-et-Meuse, bat les Autrichiens à Neuwied, et Altenkirchen, mais décède des suites d'une maladie.

Hugues Capet (vers 941-996) Fils d'Hugues le Grand et duc de France (956-987), époux d'Adélaïde, fille du duc d'Aquitaine (970), il s'illustre dans la défense de Paris contre Otton II (978). À la mort du roi Louis V, l'appui d'Adalbéron, archevêque de Reims, lui permet d'être proclamé et sacré roi à Noyon le 3 juillet 987, à la place du dernier carolingien, Charles de Lorraine, oncle de Louis V, qui est capturé et emprisonné (991). Hugues Capet doit lutter contre son vassal, le comte Eudes Ier de Blois, et ne parvient pas à maintenir l'autorité royale face aux grands féodaux. Il réussit toutefois à conserver sous son pouvoir direct l'archevêché de Reims et à accroître le domaine royal en s'emparant de Senlis et de Dreux. Il fait sacrer son fils de son vivant, dès 987, assurant ainsi le pouvoir héréditaire de la dynastie capétienne.

Isabeau de Bavière (1371-1435) Fille d'Étienne II, duc de Bavière, elle devient reine de France en épousant Charles VI en 1385. Elle se lie avec son beau-frère, le duc Louis d'Orléans (1392), alors que son époux sombre dans la folie. Après l'assassinat de Louis d'Orléans (1407), elle se rapproche de Jean sans Peur, duc de Bourgogne, avec qui elle s'empare du pouvoir (1418). Entretemps, la neutralité bourguignonne et la défaite française d'Azincourt ont livré le Nord de la France aux Anglais. Alliée au duc de Bourgogne Philippe III le Bon, elle favorise la conclusion du traité de Troyes (1420) qui donne en mariage sa fille Catherine à Henri V de Lancastre et déshérite son fils le futur Charles VII.

Jean Jaurès (1859-1914) Professeur de philosophie, il est élu député opportuniste du Tarn en 1885, puis député socialiste de Carmaux en 1893. Dreyfusard, il est ensuite favorable à la participation de Millerand au gouvernement, s'opposant alors à Jules Guesde. Grand orateur, il milite pour l'unification des partis socialistes, fonde le journal *l'Humanité* en 1904, puis devient le chef de file de la nouvelle SFIO. Il s'oppose alors violemment à la politique sociale de Clemenceau et à la politique extérieure de Poincaré. Il lutte jusqu'au bout pour éviter la guerre avec l'Allemagne, mais est assassiné fin juillet 1914, quelques jours avant le déclenchement d'un conflit qu'il redoutait. Après sa mort, son parti participera à « l'union sacré ».

Jean Ier le Posthume (15-19 novembre 1316) Fils posthume de Louis X le Hutin, il a régné théoriquement durant ses quelques jours d'existence sous la régence de son oncle, qui lui succède sous le nom de Philippe V.

Jean II le Bon (1319-1364) Fils aîné de Philippe VI de Valois, roi de France (1350-1364), il doit combattre son gendre Charles le Mauvais, allié à Édouard III d'Angleterre (1356) et faire face à l'arrivée en Aquitaine du fils de ce dernier, le Prince Noir. Il le combat près de Poitiers (19 septembre 1356), mais est vaincu et fait prisonnier. Emmené à Londres, il est libéré en 1362 après la conclusion du traité de Brétigny (1360) par lequel il cède l'Aquitaine à l'Angleterre, et contre la promesse de verser une rançon de 3 millions d'écus d'or. Ne parvenant pas à réunir cette somme, et en raison de la fuite de son fils Louis, otage à Calais (1363), il regagne Londres (janvier 1364) où il meurt durant l'année. Durant son retour en France, il avait donné la Bourgogne en apanage à son fils Philippe, ce qui provoque par la suite de graves conflits au sein du royaume.

Jeanne d'Arc (1412-1431) Née à Domrémy et fille de simples paysans, Jeanne rencontre à Chinon le dauphin Charles, en février 1429. L'ayant persuadé qu'elle est inspirée par des voix divines, elle obtient le commandement de ses troupes qu'elle emmène libérer Orléans assiégée, avant de poursuivre l'offensive le long de la Loire et vers le Nord. Elle permet à Charles VII d'être reconnu roi de France, en le convainquant d'aller se faire sacrer à Reims, mais perd son soutien en raison de son désir de continuer la guerre alors que Charles cherche à négocier avec les Anglais. Faite prisonnière devant Compiègne, Jeanne est brûlée le 30 mai 1431, sur la place du Vieux-Marché de Rouen, après avoir été jugée par un tribunal qui représentait à la fois les intérêts anglais et bourguignons, mais aussi ceux des théologiens et universitaires qui se considéraient comme les seuls habilités à parler au nom de Dieu. Elle sera béatifiée par l'Église en 1909 et canonisée en 1920.

Joseph Joffre (1852-1931) Officier aux colonies, il combat au Tonkin (1885), au Soudan (1892) et à Madagascar (1900-1903). Chef d'état-major général des armées françaises, il décide la contre-attaque décisive sur la Marne (septembre 1914). En 1915, il organise la coordination des armées alliées (conférences de Chantilly). Pendant la bataille de Verdun, en 1916, il met sur pied l'offensive sur la Somme, mais l'absence de décision amène son remplacement par Nivelle. En 1917, il part aux États-Unis préparer l'intervention américaine.

Joséphine de Beauharnais (1763-1814) Née Marie-Josèphe Tascher de La Pagerie, elle appartient à une famille installée depuis un demi-siècle en Martinique. En 1779, elle épouse Alexandre de Beauharnais, qui meurt sur l'échafaud en 1794, et dont elle a eu deux enfants, les futurs prince Eugène et reine Hortense (mère de Napoléon III). Elle épouse en 1796 le général Bonaparte, et devient impératrice des Français lors du sacre de Napoléon Ier, le 2 décembre 1804. Mais comme elle ne lui donne pas d'héritier,

Napoléon l'oblige à accepter le divorce (1809) et elle se retire à la Malmaison.

La Fayette (1757-1834) Le marquis Marie Joseph de La Fayette s'illustre d'abord en allant combattre en Amérique au côté des insurgés réclamant l'indépendance envers la métropole anglaise. Député de Riom aux États généraux de 1789, chef de la garde nationale, il tente de ménager le roi tout en soutenant le mouvement révolutionnaire. Commandant l'armée du Nord en 1792, il est accusé de favoriser l'ennemi et rejoint les émigrés. Il revient en France en 1800, mais ne se manifeste qu'en 1815 pour demander l'abdication de Napoléon. Il est ensuite député en 1818 et 1827, affiche des idées libérales et favorise l'accès de Louis-Philippe sur le trône en 1830, en tant que commandant de la garde nationale.

Pierre Laval (1883-1945) Né à Châteldon, dans le Puy-de-Dôme, d'un père boucher-cafetier, Pierre Laval obtient des licences en histoire naturelle et en droit, et devient avocat. Il est élu député socialiste en 1914, puis député indépendant en 1924. Il est tour à tour ministre des Travaux publics en 1925, ministre de la Justice en 1926, ministre du Travail en 1930, président du Conseil de janvier 1931 à février 1932, ministre des Colonies et des Affaires étrangères en 1934, à nouveau président du Conseil de juin 1935 à janvier 1936. Il devient ministre du gouvernement Pétain en juin 1940 et participe activement à la mise en place de l'« État français », en tant que vice-président du Conseil. Il apparaît alors comme le dauphin du maréchal. Après avoir préparé l'entrevue de Montoire entre Pétain et Hitler, il est renvoyé en décembre 1940, puis placé à la tête du gouvernement de Vichy sous la pression allemande le 18 avril 1942. Souhaitant la victoire de l'Allemagne, il favorise la création du Service du travail obligatoire et de la milice (1943). Emmené en Allemagne en septembre 1944, il se réfugie en Espagne à la fin de la guerre, est livré aux Américains, puis condamné à mort par la justice française et fusillé le 15 octobre 1945 après avoir tenté de s'empoisonner.

Albert Lebrun (1871-1950) Président du Sénat (1931), il est élu président de la République en 1932 et réélu en 1939. Homme politique relativement effacé, il confie à Léon Blum la présidence du Conseil après la victoire du Front populaire et le début des grandes grèves de mai 1936, et se retire en juillet 1940, lorsque le Parlement accorde les pleins pouvoirs au maréchal Pétain.

Philippe Marie de Hauteclocque, dit Leclerc (1902-1947) Il commence sa carrière militaire au Maroc (1925), et est officier de cavalerie durant la Seconde Guerre mondiale. Prisonnier à Lille en mai 1940, il s'évade et reprend le combat sur l'Aisne. Blessé et à nouveau prisonnier, il s'échappe encore pour rejoindre de Gaulle à Londres, puis joue un rôle décisif dans le ralliement du Cameroun et du Gabon à la France libre. Commandant militaire de l'Afrique Équatoriale française, il attaque les Italiens à Koufra et emmène sa 2e division blindée depuis le Tchad prendre part aux campagnes de Tripolitaine et de Tunisie (1943) au côté des Anglais. En juin 1944, il débarque en Normandie et entre dans Paris où il reçoit la reddition de Von Choltitz (24 août). Après s'être emparé de Saverne (23 novembre 1944), il libère Strasbourg et entre à Berchtesgaden. Commandant des troupes françaises en Indochine (1945), il signe au nom de la France l'acte de capitulation du Japon. Nommé inspecteur des troupes d'Afrique du Nord en 1946, il se tue dans un accident d'avion l'année suivante et est élevé au grade de maréchal à titre posthume (1952).

Jean-Marie Le Pen (né en 1928) Élu député de l'UDCA de Pierre Poujade, en 1956, à l'âge de 27 ans, il s'engage ensuite dans les parachutistes et participe à la guerre d'Algérie en tant qu'officier de renseignement. Il fonde le Front national (FN) en 1972. Les dix premières années du parti sont difficiles sur le plan électoral. Mais lors des législatives de 1986, les candidats FN reçoivent près de 10 % des suffrages, et plus de 20 % dans certaines circonscriptions. Grâce au scrutin proportionnel, le FN a 35 députés. Lors des élections présidentielles, Jean-Marie Le Pen recueille 14,4 % des voix au premier tour de 1988, puis 15 % à celui de 1995. Dans le même temps, le FN s'implante localement, enlevant la mairie de plusieurs grandes villes (Toulon, Marignane, Orange) en 1995. Affaibli un temps par la scission avec les partisans de Bruno Mégret qui fondent le MNR, Jean-Marie Le Pen connaît son apogée politique en 2002 en étant présent au second tour de l'élection présidentielle. Mais l'élection présidentielle de 2007 ébranle sa position, un tiers de ses électeurs ayant été séduits par les thèmes de campagne de Nicolas Sarkozy.

Étienne de Loménie de Brienne (1727-1794) Évêque de Condom (1760) puis archevêque de Toulouse (1763), il s'oppose à Calonne lors de l'assemblée de 1787, et lui succède à la direction des Finances. Mais les notables et le parlement rejettent son plan de réforme fiscale prévoyant un impôt général et un grand emprunt. Devant l'hostilité des Parlements à ses mesures fiscales, il ordonne leur dissolution, et le clergé ayant refusé un don gratuit, il avance la convocation des états généraux. Les émeutes en province et la menace de banqueroute amènent le roi à le renvoyer (24 août 1788). Devenu cardinal en 1788, il accepte, en 1790, de prêter serment à la Constitution civile du clergé.

Lothaire (941-986) Fils de Louis IV d'Outremer, roi de France (954-986), il tente de résister à la pression de l'empereur germanique puis à celle de Hugues Capet. Son fils Louis V lui succédera brièvement, et sera le dernier des rois carolingiens.

Émile Loubet (1838-1929) Député républicain (1876-1885), puis sénateur (1885-1889), il est président du Sénat (1896), avant d'être élu président de la République (1899-1906). Sa présidence est marquée par une intense activité diplomatique, qui permet le rapprochement avec l'Italie et l'Entente cordiale avec la Grande Bretagne (1904).

Louis Ier le Pieux (778-840) Roi d'Aquitaine (781-814), et seul fils survivant de Charlemagne, il lui succède sur le trône impérial. Il s'appuie sur l'Église et prolonge la renaissance carolingienne. En 817, il tente de régler le problème de sa succession en confiant à ses trois fils Lothaire, Pépin et Louis le gouvernement de l'empire et un apanage à son autre fils Charles. Mais ses fils se révoltent contre lui, il est détrôné en 833 au profit de Lothaire, puis est rétabli en 835. Après sa mort, les rivalités entre Lothaire, Louis et Charles débouchent sur le partage de l'empire (traité de Verdun, 843).

Louis II le Bègue (846-879) Deuxième fils de Charles le Chauve, devenu roi des Francs en 877, il se fait difficilement reconnaître en France.

Louis III (863-882) Fils aîné de Louis II le Bègue, proclamé roi (879) avec son frère Carloman à la mort de leur père, il cède la Lotharingie occidentale à Louis le Jeune, roi de Germanie. Il a pour héritier son frère Carloman, qui règne seul de 882 à 884.

Louis IV d'Outremer (vers 921-954) Fils de Charles le Simple, il est évincé du trône à la mort de celui-ci (923) au profit de Raoul. Après la mort de ce dernier (936), il est rappelé d'Angleterre par le Robertien Hugues le Grand, qui espère exercer la réalité du pouvoir. Il ne parvient à résister à Hugues le Grand que grâce à l'aide du roi de Germanie Otton Ier, il perd toute autorité au sud de la Loire, et ne conserve comme domaine propre que la région de Laon.

Louis V le Fainéant (vers 967-987) Fils de Lothaire, roi de France (986-987), il meurt accidentellement à l'âge de vingt ans sans héritier. Il est le dernier roi carolingien de France, le trône étant attribué à Hugues Capet par les grands et par l'Église.

Louis VI le Gros (1080-1137) Fils aîné et successeur de Philippe Ier, roi de France (1108-1137), il bénéficie des conseils avisés de Suger, abbé de Saint-Denis. Il pacifie le domaine royal (constitué alors principalement de l'Île-de-

France) et lutte énergiquement contre les seigneurs pillards. Il cherche à mettre ses terres en valeur et accorde des franchises aux villes (dont Lorris en Gâtinais), afin de les rendre attractives et prospères. Il combat Henri Ier Beauclerc, duc de Normandie et roi d'Angleterre, et force l'empereur Henri V à se retirer de France en 1124. Il marie son fils aîné, le futur Louis VII, avec Aliénor, héritière du riche duché d'Aquitaine.

Louis VII le Jeune (1120-1180) Fils de Louis VI le Gros, son règne (1137-1180) débute par un conflit avec le pape Innocent II à propos de l'attribution de l'archevêché de Bourges (1141-1142). En 1147, il prend le commandement de la deuxième croisade, mais l'expédition échoue et il rentre en France en 1149. Poursuivant la politique de son père, il s'efforce de renforcer l'autorité royale, aide les communautés rurales et développe les franchises urbaines. Il s'appuie sur l'Église et soutient le pape Alexandre III contre Frédéric Barberousse. Mais la répudiation de son épouse, Aliénor d'Aquitaine (1152), est à l'origine d'un long conflit avec l'Angleterre, car Aliénor épouse aussitôt Henri II Plantagenêt, comte d'Anjou et duc de Normandie, qui devient roi d'Angleterre en 1154 : ainsi, les rois d'Angleterre deviennent vassaux des rois de France, qui eux cherchent à affirmer leur suzeraineté sur ces territoires. Louis VII épouse ensuite Constance de Castille (1154) puis Adèle de Champagne (1160), mère de Philippe Auguste, afin de consolider ses alliances avec ses puissants voisins.

Louis VIII le Lion (1187-1226) Fils de Philippe Auguste et d'Isabelle de Hainaut, il épouse Blanche de Castille, future mère de saint Louis. Au moment où son père l'emporte à Bouvines, il bat le roi d'Angleterre Jean sans Terre à La Roche-aux-Moines (juillet 1214). Devenu roi en 1223, il met la main sur diverses terres anglaises (le Poitou, la Saintonge, l'Angoumois, le Limousin, le Périgord et une partie du Bordelais). Il dirige également la dernière croisade contre les Albigeois (1226), qui permet la mainmise royale sur le comté de Toulouse et Avignon.

Louis IX ou Saint Louis (1214-1270) Fils de Louis VIII et de Blanche de Castille, il n'a que douze ans à la mort de son père en 1226. C'est sa mère qui exerce la régence avec autorité, et parvient à réprimer une révolte des grands vassaux ; elle met également un terme à la question albigeoise en signant avec le comte Raymond IV de Toulouse le traité de Paris (1229) ; puis elle marie son fils avec Marguerite de Provence (1234), renforçant ainsi les frontières au sud-est du royaume. Gouvernant seul à partir de 1240, Louis IX écrase en 1242 à Taillebourg et à Saintes une révolte de barons poitevins soutenus par le roi d'Angleterre Henri III, et conclut plus tard le traité de Paris (1259), qui lui donne la Normandie, l'Anjou, le Maine et le Poitou, et qui fait d'Henri III son vassal comme duc d'Aquitaine. Entre-temps, en 1248, il a pris la tête de la septième croisade dirigée vers l'Égypte. Battu à Mansourah, il est fait prisonnier (1250), et n'est libéré qu'en échange d'une lourde rançon. Il passe ensuite quatre ans en Syrie. De retour en France en 1254, il réorganise l'administration du royaume, fortifie son autorité, impose la monnaie royale et réforme la justice en renforçant les prérogatives royales. Sa réputation d'intégrité et de vertu lui vaut de plus l'estime des souverains européens et fait de lui l'arbitre de nombreux conflits. Par ailleurs, il fait construire la Sainte-Chapelle, la Sorbonne et l'hôpital des Quinze-Vingts. En 1270, malgré l'opposition de ses conseillers, il entreprend la huitième croisade qui le conduit vers Tunis, où il meurt le 25 août, probablement victime d'une épidémie de peste. Il est canonisé en 1297.

Louis X le Hutin (1289-1316) Fils aîné et successeur de Philippe IV le Bel, son court règne (1314-1316) est marqué par une réaction féodale contre l'autorité royale et un mouvement de revendications communales. Son épouse Marguerite de Bourgogne ayant été emprisonnée pour adultère à Château Gaillard, où elle meurt peut-être assassinée, il se remarie avec Clémence de Hongrie, qui lui donne un fils, Jean Ier le Posthume, qui ne règne que quelques jours.

Louis XI (1423-1483) Fils de Charles VII et de Marie d'Anjou, il prend part à la révolte féodale de la Praguerie contre son père (1440). Devenu roi en 1461, Louis XI renvoie les conseillers de Charles VII mais doit faire face au soulèvement des grands refusant de se soumettre à son autorité (ligue du Bien public, 1465). Il donne l'impression de leur céder, joue de leurs divisions, puis reprend l'offensive dès 1468. Son principal adversaire est alors le duc de Bourgogne Charles le Téméraire. Celui-ci l'attire à Péronne et le retient prisonnier (1468). Libéré à de très dures conditions qu'il ne respecte pas, Louis XI évite ensuite la guerre contre l'Angleterre en traitant avec Édouard IV s'apprêtant à envahir la France (traité de Picquigny, 1475) et déjoue son alliance avec la Bourgogne. Puis il réalise l'union des cantons suisses et de la Lorraine contre le Téméraire, qui est vaincu et tué près de Nancy (1477). Louis XI met alors la main sur la Picardie et l'Artois, hérite du comté d'Anjou (1480) et de la Provence (1481), et obtient le duché et le comté de Bourgogne par le traité d'Arras (1482). Il renforce en définitive le pouvoir royal sur un territoire étendu, poursuit l'œuvre de réorganisation militaire entreprise par son père et favorise le renouveau économique du royaume, en améliorant les voies de communication, en développant la foire de Lyon, en créant une industrie de la soie à Tours… Il s'efforce également d'accroître les rentrées fiscales de l'État en s'appuyant sur ses « bonnes villes » qu'il met à contribution sur le plan financier.

Louis XII (1462-1515) Fils de Charles d'Orléans et de Marie de Clèves, il participe à la « Guerre folle » contre la régence d'Anne de Beaujeu. Fait prisonnier en 1488, libéré en 1491, il se rallie à Charles VIII, son cousin, avec qui il combat lors de la première guerre d'Italie (1494-1495). Charles VIII étant mort sans héritier, il lui succède en 1498, fait annuler son mariage avec Jeanne de Valois, fille de Louis XI, pour épouser Anne de Bretagne, veuve de Charles VIII, afin d'empêcher que le duché de Bretagne n'échappe à la France. Il revendique par ailleurs le duché de Milan qu'il occupe en 1500 avant se s'emparer de Naples ; mais les Français en sont chassés et capitulent devant Gaète (1504). Louis XII participe ensuite à la ligue de Cambrai contre Venise (1508) et remporte la victoire d'Agnadel (1509). Mais, abandonné par ses alliés, il doit affronter la « Sainte-Ligue » constituée par le pape Jules II (octobre 1511) : après la mort de Gaston de Foix à Ravenne (1512) et la défaite de Novare (1513), les Français sont chassés d'Italie, et la France est envahie par les Espagnols, les Suisses, les Anglais et les impériaux. La mort du pape Léon X permet à Louis XII de faire la paix avec son successeur (1514). Il meurt l'année suivante en laissant la couronne à son cousin François Ier qui a épousé sa fille Claude.

Louis XIII le Juste (1601-1643) Fils d'Henri IV et de Marie de Médicis, il n'a que neuf ans à la mort de son père en 1610. Sa mère exerce la régence et laisse le pouvoir à l'intrigant Concini, qui est assassiné en 1617 à l'instigation du roi, et remplacé par Luynes. L'opposition entre la reine mère et son fils débouche sur un conflit armé (bataille des Ponts-de-Cé, 7 avril 1620), se terminant par la paix d'Angers (10 août 1620), et par le retour de la reine à la cour, sur les conseils de Richelieu. Mais de nouvelles révoltes des grands se produisent, encore appuyés par Marie de Médicis, et une nouvelle guerre de Religion éclate, marquée par le siège de Montauban (1621). Après la mort de Luynes (1621), et plusieurs années désordre (1621-1624), le roi donne le pouvoir à Richelieu (1624), dont il suit les conseils malgré les intrigues de sa mère et de Gaston d'Orléans (journée des Dupes, 1630). Louis XIII et son ministre s'efforcent de rétablir l'autorité royale en créant le corps des intendants et en abaissant les grands (interdiction des duels…) Ils développent le commerce et la marine, mais la participation de la France à la guerre de Trente Ans (1635) est très coûteuse et creuse le déficit du budget royal : cela provoque un fort accroissement des impôts, qui pèsent lourdement sur la paysannerie et le petit peuple des villes, et de nombreux soulèvements violents. La mort de Richelieu (1642) précède de peu celle du roi, dont le fils aîné, Louis, né de son mariage avec l'infante Anne d'Autriche (1615), n'a alors que cinq ans.

Louis XIV le Grand, dit le Roi-Soleil (1638-1715) Fils de Louis XIII et d'Anne d'Autriche, âgé de cinq ans à la mort de son père en 1643, il subit l'influence de sa mère, la régente Anne d'Autriche, et de Mazarin, et est profondément marqué par la Fronde (1648-1653), qui l'oblige à fuir Paris en 1649. Majeur en 1651, Louis XIV, encore jeune, laisse Mazarin tenir les rênes de l'État. Celui-ci le pousse à signer le traité des Pyrénées avec l'Espagne (1659), afin de rapprocher les deux pays en guerre, prolongé par le mariage de Louis XIV avec l'infante Marie-Thérèse (1660). À la mort de Mazarin (1661), le jeune souverain décide d'exercer personnellement le pouvoir, et tend à devenir un monarque absolu. Aidé de Colbert et de Louvois, et d'un petit nombre de collaborateurs choisis parmi la noblesse de robe et la bourgeoisie, il réforme le gouvernement et entreprend la centralisation et l'unification de l'administration. Colbert mène une politique économique « mercantiliste » et « industrialiste » s'appuyant sur des manufactures royales devant produire des biens de qualité destinés en partie à l'exportation, afin de faire entrer de l'or dans le royaume.
Sur le plan religieux, Louis XIV cherche à affirmer son autorité sur l'Église de France et entre en conflit avec la papauté (affaire de la régale sous Innocent XI) ; mais il s'engage dans une politique répressive vis-à-vis des protestants (dragonnades), et révoque l'édit de Nantes (1685) ; il combat également le quiétisme et le jansénisme (fermeture de Port-Royal en 1710).
Sur le plan culturel, Louis XIV protège les arts et les lettres, fait de Versailles et de Paris les hauts lieux de la culture et de l'art classique en Europe, et attire à sa cour de nombreux artistes et créateurs, dans les domaines du théâtre, de la musique, de la peinture... Parallèlement, Colbert crée l'Académie des Sciences, fait construire l'Observatoire et réorganise le Jardin du Roi, qui deviendra le Jardin des Plantes.
Voulant faire de la France la première puissance européenne, et soucieux de sa gloire personnelle, Louis XIV cherche à étendre la géographie de son royaume. Il peut s'appuyer, grâce à Louvois, sur une armée bien organisée, bénéficie de grands généraux comme Condé et Turenne, alors que Vauban révolutionne l'art de la construction des forteresses. La France se trouve ainsi engagée dans une longue série de guerres l'opposant à diverses coalitions européennes : guerre de Dévolution (1667-1668) contre l'Espagne, donnant à la France une partie notable de la Flandre ; guerre de Hollande (1672-1679), qui permet à Louis XIV d'acquérir la Franche-Comté ; guerre de la ligue d'Augsbourg (1688-1697), qui se termine par les traités de Ryswick ; guerre de la Succession d'Espagne (1701-1714). Les traités d'Utrecht et de Rastatt (1713-1714) mettent fin à une trentaine d'années de guerres quasi permanentes et marquent la fin du désir d'expansionnisme français : la France, qui n'a pas réussi véritablement à élargir ses frontières, reconnaît la séparation des Couronnes d'Espagne et de France et cède une partie de ses colonies canadiennes à l'Angleterre. Ces guerres interminables ont fini par ruiner le pays, et rendu difficiles les conditions de vie de la plus grande partie de la population française, comme en témoignent les écrits de Vauban ou de Boisguilbert. La révocation de l'édit de Nantes a aussi fait fuir de nombreux protestants, dont beaucoup étaient tournés vers le monde des affaires, ou faisaient preuve d'un esprit inventif (comme Denis Papin).
Louis XIV, qui a eu de nombreuses maîtresses lui laissant plusieurs enfants bâtards ou légitimés, épouse secrètement, après la mort de Marie-Thérèse (1683), l'austère Mme de Maintenon, qui a sur lui une profonde influence.

Louis XV le Bien-Aimé (1710-1774) Fils du duc Louis de Bourgogne et de Marie-Adélaïde de Savoie, et arrière-petit-fils de Louis XIV, Louis XV n'avait que cinq ans à la mort du roi en 1715. La régence fut exercée par Philippe d'Orléans, neveu de Louis XIV, puis, après la mort du régent (1723), le roi laisse gouverner le duc de Bourbon (1723-1726), qui lui fait épouser Marie Leszczynska (1725). Après le renvoi du duc devenu impopulaire, Louis XV appelle à ses cotés le cardinal de Fleury (1726-1743). Celui-ci engage la France dans la guerre de la Succession de Pologne (1733-1738), qui se termine par le traité de Vienne, puis dans la guerre de la Succession d'Autriche (1740-1748), à laquelle met fin la paix d'Aix-la-Chapelle. La bonne gestion du contrôleur général Orry (1730-1745), l'absence de guerre sur le territoire national et de meilleures conditions climatiques favorisent toutefois l'expansion économique.

À la mort de Fleury (1743), le roi gouverne personnellement tout en subissant l'influence politique de Mme de Pompadour (1745-1764), alors que l'opposition parlementaire prend une dimension nouvelle, et que le train de vie royal discrédite le souverain (attentat de Damiens, 1757). À la suite du « renversement des alliances » destiné à faire échec aux ambitions de la Prusse et de l'Angleterre, la France entre dans la guerre de Sept Ans (1756-1763) qui aboutit à la perte de ses possessions en Inde et au Canada (traité de Paris, 1763).

La paix revenue, Louis XV doit faire face de nouveau à l'opposition des Parlements, qui imposent au roi la dissolution de la Compagnie de Jésus (1764). Mais le ministre Choiseul, qui a pourtant réorganisé la marine et l'armée, et annexé la Lorraine (1766) et la Corse (1768), jugé trop favorable aux parlementaires, doit céder sa place au triumvirat Maupeou, Terray et d'Aiguillon (1770-1774). Maupeou supprime le parlement de Paris et transforme les magistrats en fonctionnaires payés par l'État, tandis que Terray réforme les finances. Durant les dernières années du règne, la situation s'améliore sur plan intérieur, et le pouvoir royal s'en trouve renforcé.

Louis XVI **(1754-1793)** Fils du Dauphin Louis et de Marie-Josèphe de Saxe, petit-fils de Louis XV, il épouse Marie-Antoinette d'Autriche en 1770, qui lui donne quatre enfants. Monté sur le trône en 1774, conseillé par Maurepas, il s'entoure de ministres de talent, tels Turgot, Saint-Germain ou Malesherbes (qui abolit la torture et rend leur état civil aux protestants). Mais, influencé par son épouse et par les privilégiés, le roi abandonne Turgot en 1776, alors que ce dernier cherche à mettre en pratique une réforme de l'organisation économique du pays (liberté de circulation des grains, abolition des corporations). Turgot est remplacé par Necker, renvoyé à son tour après sa publication du Compte rendu au roi sur l'état des finances et le gaspillage de la Cour (1781). La politique extérieure menée par Vergennes, qui apporte le soutien de la France aux colonies anglaises d'Amérique devenant les États-Unis (traité de Paris, 1783), permet à la France de prendre sa revanche sur l'Angleterre et restaure son prestige.

Mais, sur la plan intérieur, l'opposition des privilégiés rend impossible toute réformes des finances, alors que le déficit structurel du budget de l'État se creuse : Calonne (à partir de 1783) puis Loménie de Brienne (en 1787) échouent dans leur tentatives. Louis XVI doit rappeler Necker (1788) et décide de convoquer les États généraux, après avoir dissous les parlements qui s'opposent aux projets de nouveaux impôts supportés principalement par le tiers état. Ils se réunissent à Versailles, le 5 mai 1789. Mais les députés du tiers, refusant de se séparer et se décrétant le 17 juin Assemblée nationale, initient le processus révolutionnaire dont les premiers temps forts sont la prise de la Bastille (14 juillet), puis la Déclaration des droits de l'homme et du citoyen (26 août). Louis XVI, déconsidéré par sa tentative de fuite (Varennes, 20 juin 1791) et par ses négociations avec l'étranger, perd toute popularité. Réduit, par la Constitution de 1791, au rang de roi des Français, il s'efforce de freiner la Révolution en appliquant son veto suspensif. Mais il ne fait qu'accentuer le mécontentement et son discrédit. Espérant sans doute une défaite française qui aurait mis fin à la Révolution, il déclare la guerre à son neveu François II (20 avril 1792). Mais les revers français se retournent contre lui et suscitent un sursaut patriotique alors qu'il est soupçonné de connivence avec l'ennemi. Prisonnier de la Commune insurrectionnelle (10 août), accusé de trahison et enfermé au Temple alors que la Convention proclame la République, il est jugé, condamné à mort et guillotiné (le 21 janvier 1793).

Louis XVII (1785-1795) Duc de Normandie, devenu Dauphin à la mort de son frère aîné (4 juin 1789), Louis est enfermé avec sa famille dans la prison du Temple. Devenu théoriquement roi après l'exécution de Louis XVI, il succombe au manque d'hygiène à l'âge de dix ans, le 8 juin 1795. Il est enterré secrètement, mais les doutes émis sur l'identité du mort et l'hypothèse d'une évasion du jeune prisonnier sont à l'origine de diverses impostures.

Louis XVIII (1755-1824) Petit-fils de Louis XV, frère de Louis XVI, c'est sous le nom de comte de Provence qu'il émigre en juin 1791 et rejoint son autre frère, le comte d'Artois, à Coblence, avant de se rendre à Vérone. À la mort de Louis XVI (janvier 1793), il prend le titre de régent, et proclama roi son neveu Louis XVII. À l'annonce de la mort de ce dernier (juin 1795), il prend le nom de Louis XVIII, postulant ainsi au trône de France. Mais il est expulsé de Vérone par la République de Venise et doit se réfugier en Courlande (1796), puis en Suède et en Angleterre (1807). Après la chute de Napoléon, il restaure la monarchie (avril-mai 1814), tout en accordant une Charte, promulguée le 4 juin 1814, qui la transforme en monarchie constitutionnelle inspirée du modèle anglais. Durant les Cent-Jours (mars-juin 1815), Louis XVIII se réfugie à Gand. De retour à Paris (8 juillet 1815), il tente de mener une politique de réconciliation nationale, en contenant la pression des ultraroyalistes conduite par son frère, le comte d'Artois. Il ne peut éviter la « Terreur blanche » (1815), mais dissout la Chambre introuvable (1816), et s'efforce de pratiquer une politique libérale par l'intermédiaire de son ministre Decazes. Mais l'assassinat, en 1820, du duc de Berry, fils du comte d'Artois, oblige Louis XVIII à écarter Decazes au profit des ultras (le duc de Richelieu et Villèle), dont la politique réactionnaire se poursuivra quand le comte d'Artois lui succédera sous le nom de Charles X en 1824.

Louis-Philippe Ier (1773-1850) Fils de Louis-Philippe-Joseph d'Orléans (dit Philippe Égalité), duc de Chartres en 1785, il grandit dans un milieu influencé par les idées révolutionnaires et est membre du club des Jacobins en 1790. Après avoir pris part aux combats de Valmy et de Jemmapes (1792), il se réfugie à l'étranger après la bataille de Neerwinden (mars 1793), mais refuse de servir dans les armées anti-républicaines. Passant de pays en pays, il épouse Marie-Amélie de Bourbon en 1809. Rentré en France en 1817, durant le règne de Louis XVIII, il est proclamé lieutenant du royaume lors de la révolution de 1830, puis roi des Français par la Chambre des députés (7 août) après révision de la Charte de 1814. Bien que soutenus par les milieux libéraux, il écarte les ministres du « parti du Mouvement » pour s'appuyer sur le parti de la Résistance de Casimir Perier. Il ordonne au maréchal Soult (ministre de la Guerre de 1830 à 1832, et qui sera plusieurs fois président du Conseil), d'écraser la révolte des canuts lyonnais qui réclament de meilleures rémunérations (1831). Après la mort de Casimir Perier, en mai 1832, les troubles se poursuivent : insurrection républicaine à Paris (5 et 6 juin 1832), action de la duchesse de Berry en Vendée (1832), soulèvements populaires de Lyon et de Paris (1834), coup de main Blanquiste à Paris (1839), tentatives de coup d'État de Louis Napoléon Bonaparte (1836 et 1840), attentats contre le roi (dont celui de Fieschi, en 1835). Après les ministères Soult (1832 et 1839), Molé (1836-1839) et Thiers (1840), Louis-Philippe, reprochant à ce dernier sa politique anti-anglaise, appelle Guizot, qui exerce la réalité du pouvoir durant huit ans, en tant que président du Conseil ou ministre des Affaires étrangères. Cela conduit à une première « entente cordiale » avec la Grande-Bretagne, interrompue en 1846. Guizot se rapproche alors de l'Autriche. Sur le plan intérieur, Guizot, qui a cherché à développer l'enseignement primaire (loi de 1833), mène une politique conservatrice favorable aux milieux d'affaires, devenant très impopulaire. La crise agricole, industrielle et financière des années 1846-1847 accentue les mécontentements et suscite la « campagne des banquets » républicains organisée dans le pays par une opposition privée de droits d'expression politique. L'interdiction d'un banquet prévu à paris provoque la révolution de février 1848. Refusant de « verser le sang des Français », alors que Thiers souhaite écraser la révolution parisienne, il abdique en faveur de son petit-fils, le comte de Paris, et se réfugie en Grande-Bretagne, où il meurt deux ans plus tard.

François Michel Le Tellier, marquis de Louvois **(1639-1691)** Fils du chancelier Michel Le Tellier, il est associé par son père au Conseil des dépêches (1661) puis au secrétariat d'État à la Guerre (1662). Il réorganise l'armée française, sur les plans de la hiérarchie, du recrutement, de l'armement et de l'intendance ; il organise un corps d'ingénieurs et des écoles de cadets, et crée l'hôtel des Invalides pour les soldats gravement blessés. Véritable ministre de la Guerre de 1672 à 1689, il mène une politique agressive qui conduit à l'invasion des Provinces-Unies (1672), à la politique des « réunions » à partir de 1679, à la mise à sac du Palatinat (1689)... et décide les dragonnades contre des huguenots. Il est par ailleurs un actif surintendant des bâtiments, arts et manufactures (1683).

Louis Hubert Lyautey **(1854-1934)** Après avoir participé aux opérations militaires au Tonkin et à Madagascar, il dirige la conquête du Maroc à partir de 1906 et y devient Résident général (1912-1925). Il y mène une politique visant à y créer les conditions de l'unification politique et du développement économique, appliquant les idées sociales qu'il a professées auparavant. Il est ministre de la Guerre en 1916-1917 et prépare l'Exposition coloniale de 1931.

Mac-Mahon **(1808-1893)** Il participe à la conquête de l'Algérie, se distingue durant la guerre de Crimée et devient maréchal et duc de Magenta après ce conflit. Gouverneur de l'Algérie de 1864 à 1870, il est battu en août 1870 par les Prussiens, et fait prisonnier à Sedan. Libéré à la demande de Thiers, en mai 1871, il commande l'armée versaillaise qui écrase la Commune parisienne. Favorable aux monarchistes, il est choisi par eux pour succéder à Thiers en 1873 comme président de la République. Après s'être soumis à la majorité républicaine en 1876, il démissionne en 1879.

Françoise d'Aubigné, marquise de Maintenon **(1635-1719)** Petite-fille d'Agrippa d'Aubigné, elle reçoit une éducation calviniste, et épouse le poète Scarron, en 1652. Devenue veuve en 1660, elle est prise sous la protection de Mme de Montespan et est chargée en 1669 de l'éducation des enfants que celle-ci a eu avec Louis XIV. Remarquée par le roi qui la fait marquise de Maintenon en 1674, elle devient dame d'atours de la Dauphine en 1680, et exerce une influence grandissante sur le roi aux dépens Mme de Montespan. Après la mort de la reine, elle épouse secrètement le roi (1684) et continue de mener une vie discrète et dévote qui contribue à l'évolution de Louis XIV vers l'intolérance religieuse et vers l'austérité imposée à la Cour. Après la mort de Louis XIV (1715), elle se retire à Saint-Cyr, qu'elle a fondée en 1686 pour assurer l'éducation des jeunes filles pauvres appartenant à la noblesse.

Malesherbes **(1721-1794)** Premier président de la Cour des aides et directeur de la Librairie (1750), il aide les encyclopédistes. Secrétaire de la Maison du roi (1775), il améliore le régime pénal, supprime les lettres de cachet et abolit la torture, mais il n'obtient pas des économies sur le train de vie royal et doit démissionner en 1776. Il émigre en 1789, rentre en France en 1792 pour défendre Louis XVI devant la Convention et est guillotiné en 1794.

Jean-Paul Marat **(1743-1793)** Médecin auprès du comte d'Artois, il publie ensuite des ouvrages philosophiques, scientifiques et juridiques. Puis il fonde en 1789 un journal, l'*Ami du peuple*, défendant les « sans culottes », devient membre actif du club des Cordeliers et doit se réfugier deux fois en Angleterre. Rentré en France, il contribue à préparer la prise des Tuileries (10 août 1792). Député de Paris à la Convention, membre du Comité de surveillance de la Commune, il affiche des idées montagnardes radicales, vote la mort de Louis XVI, réclame une dictature révolutionnaire et s'attaque aux Girondins. Ceux-ci le font décréter d'accusation, mais le Tribunal révolutionnaire l'acquitte (24 avril 1793) et Marat obtient leur arrestation (2 juin 1793). Marat est assassiné dans son bain le 13 juillet 1793 par Charlotte Corday, jeune républicaine qui lui reproche son extrémisme et sa brutalité.

Étienne Marcel **(vers 1316-1358)** Fils d'un échevin et riche marchand drapier, il est élu prévôt des marchands de Paris en 1355 et contrôle ainsi le commerce de la capitale. Après la bataille de Poitiers (1356), durant laquelle le roi Jean le Bon est fait prisonnier par les Anglais, il devient le porte-parole de la bourgeoisie désireuse de participer à l'administration du royaume et de contrôler les finances royales, lors des états généraux de 1356 et de 1357. Le Dauphin, futur Charles V, ne cédant qu'en apparence (grande ordonnance de 1357), Étienne Marcel fait assassiner ses conseillers, les maréchaux de Champagne et de Normandie (22 février 1358), et entre au Conseil royal. Mais le Dauphin s'enfuit, laissant Étienne Marcel maître de Paris, où il agit en dictateur. Mais après avoir cherché une alliance avec les paysans d'Île-de-France révoltés (les Jacques, écrasés par les princes) et avoir fait entrer dans Paris les anglo-navarrais, il est assassiné par Jean Maillart, partisan du Dauphin, le 31 juillet 1358.

Marguerite de Valois, **(1553-1615)** **dite la reine Margot.** Fille d'Henri II et de Catherine de Médicis, elle est mariée à Henri de Navarre (futur Henri IV) en 1572, et devient ainsi reine de Navarre puis reine de France. Séparée de son mari, elle mène une vie amoureuse tumultueuse, et complote avec son frère, le duc d'Alençon. Son mariage avec Henri IV est annulé en 1599.

Marie-Antoinette **(1755-1793)** Fille de François Ier, empereur d'Autriche et de Marie-Thérèse, reine de Hongrie et de Bohème : elle est ainsi archiduchesse d'Autriche et princesse royale de Hongrie et de Bohème. Elle épouse le 19 avril 1770, par procuration à Vienne et le 16 mai à Versailles, le futur roi de France Louis XVI. Menant une vie insouciante, elle s'intéresse à la vie champêtre (ferme du hameau de la Reine) et se trouve impliquée malgré elle dans l'affaire du Collier. Elle s'attire la haine des révolutionnaires. Arrêtée en 1792, elle est accusée de favoriser les « ennemis extérieurs de la République » et de tenter de provoquer la guerre civile. Elle est guillotinée le 16 octobre 1793.

Marie de Médicis **(1573-1642)** Elle épouse Henri IV en 1600 après qu'il a obtenu l'annulation de son premier mariage avec Marguerite de Valois. Bien que Marie de Médicis ait six enfants d'Henri IV, elle ne lui est proche ni par le cœur ni par les convictions. Liée aux catholiques intransigeants, elle mène après la mort de son époux une politique contraire à la sienne, éloigne ses conseillers, appelle l'intrigant Concini et se rapproche de l'Espagne.

Marie-Louise **(1791-1847)** Fille de l'empereur François II, archiduchesse d'Autriche, elle est mariée pour des raisons politiques à Napoléon Ier (1810), devenant ainsi impératrice des Français, et donne naissance au roi de Rome (1811). Elle est régente pendant la campagne de 1813, regagne l'Autriche à l'abdication de l'Empereur (1814) et devient duchesse de Parme. En 1821, elle épouse secrètement le maréchal autrichien von Neipperg, et après la mort de Napoléon, en 1829, le vicomte de Bombelles (1834).

Marie-Thérèse d'Autriche **(1638-1683)** Fille du roi d'Espagne Philippe IV, elle épouse Louis XIV en 1660, dans le cadre d'un rapprochement entre la France et l'Espagne, et a avec lui six enfants, dont seul survit Louis de France, dit le Grand Dauphin. Elle mène une vie effacée à la cour, le roi lui préférant ses nombreuses maîtresses.

René Nicolas de Maupeou (1714-1792) Premier président du parlement de Paris (1763), il est nommé chancelier de France par Louis XV en 1768. Après la disgrâce de Choiseul (1770), il forme avec l'abbé Terray, contrôleur général des Finances, et le duc d'Aiguillon, nommé aux Affaires étrangères, un triumvirat antiparlementaire. En 1771, il exile le parlement, réalise une grande réforme judiciaire abolissant la vénalité des charges, instaurant la gratuité de la justice et créant des conseils supérieurs pour remplacer le parlement de Paris. Mais en 1774, Louis XVI disgracie le chancelier et rétablit le régime antérieur.

Jules Mazarin (1602-1661) Originaire de Sicile, il suit des études de droit canon, est capitaine dans l'armée pontificale, puis participe à des négociations avec la France durant lesquelles il est remarqué par Richelieu. Vice-légat du pape à Avignon, il se met au service de la France et est naturalisé français en 1639. Richelieu le fait nommer cardinal en décembre 1641, bien qu'il ne soit pas prêtre, et, avant de mourir, le recommande à Louis XIII. Après la mort du roi (1643), Mazarin devient le favori et le principal ministre de la régente Anne d'Autriche (Louis XIV n'a que cinq ans à la mort de son père), le soutenant malgré l'hostilité des princes. Il met fin à la guerre de Trente Ans par les traités de Westphalie (1648), mais la Fronde l'oblige à s'exiler momentanément alors que le jeune roi et sa mère doivent quitter Paris. De retour en 1653, il contribue à restaurer l'autorité royale, contrôle la noblesse, rétablit les intendants, limite les droits du parlement, et confie la gestion des finances à Nicolas Fouquet… Il établit la paix avec l'Espagne en négociant le traité des Pyrénées (1659), qui accorde à la France l'Artois, la Cerdagne et le Roussillon, et arbitre la paix du Nord entre les puissances de la Baltique (1660-1661). Grand serviteur de l'État ayant préparé le règne de Louis XIV, il sut aussi amasser une énorme fortune personnelle et se constituer de riches collections d'art dans son palais (aujourd'hui bibliothèque Mazarine).

Pierre Mendès France (1907-1982) Avocat, il devient le plus jeune député de France en 1932, sous l'étiquette radical-socialiste; puis il est sous-secrétaire d'État au Trésor dans le cabinet Blum de 1938. Il s'engage ensuite dans l'aviation en 1939, puis quitte la France à bord du Massilia en 1940. Arrêté le 31 août à Casablanca, il est condamné en mai 1941 à six ans de prison ; mais il parvient à s'évader, rejoint Londres et combat dans le groupe d'aviation Lorraine. Commissaire aux Finances à Alger en novembre 1943, il est ensuite ministre de l'Économie du gouvernement provisoire en septembre 1944. Redevenu député de l'Eure en 1948, après son départ provoqué par le rejet de son plan de redressement économique, il devient président du Conseil en 1954 et règle de problème indochinois. Vice-président du Parti radical en 1955, il participe au Front républicain, et au cabinet Mollet de février à mai 1956. Exclu du Parti radical en 1959, il adhère au PSA, futur PSU, est élu député de Grenoble en 1967, avant d'être battu en 1968 ; durant les événements de mai il manifeste, par sa présence au meeting du stade Charléty, à Paris, son intérêt pour le mouvement estudiantin. Il se retire ensuite de la vie politique, mais soutient en 1981 la candidature de François Mitterrand.

Mérovée Roi des francs à l'existence incertaine, fils présumé de Chlodion le Chevelu, roi de Cambrai vers 450, il a donné son nom à la première dynastie des rois de France débutant véritablement en 481 avec Clovis Ier, qui serait son petit fils.

Louise Michel (1830-1905) Fille d'un châtelain et d'une servante, elle obtient un brevet d'institutrice mais refuse de prêter serment à l'Empire. Venue à Paris en 1856, elle enseigne à de jeunes enfants, collabore à des journaux d'opposition, et fait la connaissance des futurs communards Rigault, Vallès, Varlin, et Charles Ferré, qui devient son compagnon. Élue au Comité de vigilance après la chute de l'Empire, elle participe à la défense de Paris durant le siège de l'hiver 1870-1871, et joue un rôle actif durant la Commune du printemps 1871. Arrêtée et condamnée à six ans de réclusion, elle est déportée en Nouvelle-Calédonie en août 1873. Elle s'intéresse à la vie des Kanaks, participe à leur instruction et lutte pour l'amélioration de leur sort. Elle refuse une grâce individuelle, et attend l'amnistie générale accordée aux communards pour rentrer en France (1880). Elle continue à militer jusqu'à la fin de sa vie, donne des conférences, écrit des poèmes, publie des livres (*Contes et Légendes*, 1884, *la Commune, histoire et souvenirs*, *1898*…), exprimant sa fidélité au mouvement social et sa soif de liberté et de justice sociale, ce qui lui vaut encore plusieurs arrestations.

Alexandre Millerand **(1859-1943)** Élu député radical en 1885, réélu en 1889 et 1893, il évolue vers le socialisme, et lance dans son discours de Saint-Mandé (1896) un appel à l'union de toutes les tendances socialistes. Ministre du Commerce et de l'Industrie (1899-1902), il accomplit une œuvre sociale importante (réglementation du temps de travail et repos hebdomadaire obligatoire). Mais sa participation au gouvernement de défense républicaine de Waldeck-Rousseau (1899), comprenant le général de Galliffet, qui avait participé à l'écrasement de la Commune en 1871, suscite la critique des socialistes hostiles à l'entrée dans des gouvernements « bourgeois ». Il s'éloigne alors progressivement des socialistes, devient ministre des Travaux publics (1909-1910), puis ministre de la Guerre (1912-1913 et 1914-1915). En 1919, il est Commissaire général en Alsace-Lorraine, devient l'un des chefs du Bloc national, est nommé président du Conseil en 1920, puis élu président de la République en 1920. Trouvant Briand trop conciliant avec l'Allemagne, il le pousse à démissionner (1922) et apporte son soutien à Poincaré lors de l'occupation de la Ruhr (1923). La victoire électorale du Cartel des gauches l'oblige à quitter ses fonctions (1924).

Mirabeau **(1749-1791)** Fils du marquis de Mirabeau, économiste disciple du physiocrate François Quesnay, Honoré Gabriel Riqueti, comte de Mirabeau se fait remarquer par une jeunesse débauchée. Condamné à trois ans de prison pour rapt et adultère, il est emprisonné à Vincennes et libéré en 1780. Après des séjours en Angleterre, en Hollande et en Prusse, il participe à diverses sociétés libérales et se fait élire en 1789 représentant du tiers état de la sénéchaussée d'Aix-en-Provence, malgré son appartenance à la noblesse. Le 23 juin, il aurait prononcé la fameuse formule : « nous sommes ici par la volonté du peuple et [...] nous n'en sortirons que par la force des baïonnettes », marquant le refus du tiers état de quitter la salle du Jeu de paume comme le demandait le roi. À l'automne il revendique la « mise à la disposition de la nation » des biens du clergé, mais défend par ailleurs le droit de veto du roi. Il souhaite en fait l'émergence d'une monarchie constitutionnelle, et mène une sorte de double jeu entre les révolutionnaires et les royalistes, s'attirant l'hostilité des uns et des autres. Il meurt brusquement le 2 avril 1791.

François Mitterrand **(1916-1996)** Né à Jarnac, licencié es lettres et diplômé en droit et en sciences politiques, il est d'abord attiré par les idées nationalistes avant la Seconde Guerre mondiale. Blessé et prisonnier durant le conflit, il s'évade, travaille pour le compte du gouvernement de Vichy, rejoint la Résistance, fonde le mouvement national des prisonniers de guerre et des déportés, et participe au gouvernement provisoire présidé par le général de Gaulle en 1944. Après la guerre, il contribue à la fondation de l'UDSR (Union démocratique et socialiste de la Résistance), dont il sera le président de 1953 à 1958, et devient député de la Nièvre à partir de 1946. Il est tour à tour ministre des Anciens Combattants (1947-1948), secrétaire d'État à la présidence du Conseil (1948-1949), ministre de la France d'outre-mer (1950-1951), ministre délégué au Conseil de l'Europe (1952), ministre de l'Intérieur du gouvernement Mendès France (1954-1955), garde des Sceaux de Guy Mollet (1956-1957). En 1958, il combat le retour du général de Gaulle, et affiche ensuite une opposition résolue au gaullisme. Maire de Château-Chinon à partir de 1959, il fonde en 1965 la FGDS (Fédération de la Gauche démocrate et socialiste). S'il échoue face au général de Gaulle à l'élection présidentielle de 1965, il tente de s'afficher comme une relève possible du général en mai 1968. En 1971, sa Convention des institutions républicaines adhère au nouveau Parti socialiste, dont il devient premier secrétaire. En 1972, il signe au nom du PS le « programme commun de gouvernement » de la gauche, avec le Parti communiste et le Mouvement des radicaux de gauche. Après son échec contre Valéry Giscard d'Estaing en 1974, et malgré la rupture de l'Union de la gauche en 1977, il parvient à incarner le renouveau d'un idéal socialiste, et à être élu président de la République en mai 1981. Il est réélu en 1988, bien que la gauche ait changé de politique en 1983 et perdu les élections législatives de 1986, provoquant une première cohabitation. Une seconde cohabitation eut lieu de 1993 à 1995, période difficile pour François Mitterrand très affaibli par une pénible maladie qui l'emporte en 1996, moins d'un an après sa retraite de la vie politique.

Jacques de Molay (vers 1243-1314) Après avoir combattu en terre sainte, il devient, en 1298, le dernier grand maître de l'ordre du Temple. Son ordre ayant perdu son prestige et son rôle principal depuis la chute de Saint-Jean-d'Acre (1291), il doit faire face aux accusations de Philippe le Bel, cherchant à mettre la main sur l'hypothétique trésor des Templiers. Arrêté en 1307, il avoue sous la torture les torts énoncés à leur encontre, puis se rétracte et est envoyé au bûcher en 1314.

Guy Mollet (1905-1975) Membre de la SFIO à partir de 1923, résistant, il est secrétaire général de son parti de 1946 à 1969. Député du Pas-de-Calais et maire d'Arras à partir de 1945, il est plusieurs fois ministre avant de devenir président du Conseil (1956-1957). Son gouvernement réalise des réformes sociales et accorde une certaine autonomie aux territoires d'outre-mer (loi-cadre Defferre, 1956). Il décide l'envoi de troupes françaises aux côtés des Britanniques à Suez (octobre-novembre 1956), mais cette intervention se solde par un échec. Il obtient des pouvoirs spéciaux en Algérie, et se résout à y envoyer le contingent. Devant la dégradation de la situation en Algérie, il est de ceux qui souhaitent le retour du général de Gaulle. Ministre d'État dans le gouvernement de Gaulle (1958-1959), il rentre ensuite dans l'opposition, et est l'un des fondateurs de la FGDS (1965). Son nom reste associé à l'ambiguïté d'une politique se référant aux idées socialistes et ouvriéristes, mais faite en réalité de compromis trahissant les objectifs affichés (le « mollétisme »).

Jean Monnet (1888-1979) Ministre du Commerce du Gouvernement provisoire en 1944, il propose, l'année suivante, l'adoption d'un « plan de modernisation et d'équipement » de l'économie française et devient premier commissaire général au Plan. Cette planification souple, faisant du plan un « anti-hasard », contribue largement à la reconstruction et à la modernisation de la France durant la période des Trente Glorieuses. Jean Monnet est également, avec Robert Schuman, l'un des promoteurs de l'idée européenne, et préside, de 1952 à 1955, la Haute Autorité de la Communauté européenne du charbon et de l'acier, qui prépare la création de la Communauté économique européenne (1957).

marquise de Montespan (1640-1707) Venue à la Cour en 1660, elle devient fille d'honneur de la reine. En 1663, elle épouse le marquis de Montespan. Devenue la maîtresse de Louis XIV (1667), elle évince la duchesse de La Vallière, à laquelle elle succède comme favorite en titre. En dépit d'un exil (1675) et de nombreuses rivales, elle règne pendant douze ans sur le roi et la Cour (1667-1679), mais sans jamais jouer de rôle politique. Joignant à la beauté et à la grâce un esprit très vif et une grande ambition, elle contribue à l'éclat de la cour de Versailles, protégeant écrivains et artistes, notamment Racine, Corneille et Lully. Elle reçoit du roi le château de Clagny, construit pour elle par Hardouin-Mansart de 1674 à 1677, obtient pour son père la charge de gouverneur de Paris et de l'Île-de-France (1669) et pour son frère, le duc de Vivonne, le grade de maréchal de France (1675). Supplantée par Mme de Maintenon et impliquée dans l'affaire des Poisons, elle perd la faveur du roi (1679), qui lui conserve cependant une place à la Cour et la nomme surintendante de la maison de la reine. Elle quitte Versailles en 1691 pour se retirer au couvent Saint-Joseph, qu'elle a fondé à Paris, rue Saint-Dominique. Elle donne à Louis XIV huit enfants, dont cinq survivent et sont légitimés.

Jean Moulin **(1899-1943)** Préfet de Chartres en 1940 et mis en disponibilité par le gouvernement de Vichy, Jean Moulin gagne Londres avant d'être parachuté en Provence le 1er janvier 1942. Représentant le général de Gaulle, il rassemble et organise la Résistance en zone sud, crée l'Armée secrète, et fonde le Conseil national de la Résistance, dont il devient le premier président. Regroupant huit mouvements de résistance, ce conseil se compose de six personnalités politiques et de deux syndicalistes, et tient sa première réunion le 27 mai 1943 à Paris. Dénoncé, Jean Moulin est arrêté le 21 juin 1943 à Calluire et meurt sous la torture peu après.

Joachim Murat **(1767-1815)** Aide de camp de Bonaparte en Italie (1796), il participe au coup d'État du 18 Brumaire et épouse Caroline Bonaparte (janvier 1800). Membre du Corps législatif (1803), gouverneur de Paris (1804), maréchal (1804), grand amiral et prince d'Empire (1805), il participe à la campagne d'Allemagne de 1806-1807, et devient grand-duc de Berg et de Clèves (mars 1806-juillet 1808). Commandant en chef de l'armée d'Espagne, il réprime durement l'insurrection de Madrid (2 mai 1808). Devenu roi de Naples (juillet) sous le nom de Joachim Napoléon, il s'empare de Capri et réalise dans son royaume d'importantes réformes : allégements fiscaux, abolition de la féodalité. Bien qu'ayant conspiré avec Talleyrand et Fouché (1809), il échappe à la disgrâce et participe à la campagne de Russie, à la tête de la cavalerie de la grande armée, où il se distingue à la Moskova. Prenant la direction des opérations après le départ de Napoléon (décembre 1812), il abandonne son poste au profit du prince Eugène (janvier 1813) pour rentrer à Naples, où il négocie secrètement avec l'Autriche. Après avoir combattu à Dresde et à Leipzig, il signe avec Vienne et Londres un traité lui garantissant ses États (11 janvier 1814). Il tente de se rallier à Napoléon durant les Cent-Jours et, après Waterloo, se réfugie en Corse, d'où il essaye de reconquérir son royaume. Capturé en Calabre, il est fusillé (13 octobre 1815).

Napoléon Ier **(1769-1821)** Napoléon Bonaparte naît à Ajaccio, dans une famille de huit enfants. Il obtient une bourse du roi, et, en 1784, est admis à l'École royale militaire de Paris. À la suite du siège de Toulon (décembre 1793), il est nommé général de brigade dans l'armée d'Italie au printemps 1794. Puis il réprime le soulèvement royaliste d'octobre 1795, et devient commandant en chef de l'armée de l'Intérieur. En 1796, il épouse Joséphine veuve du général de Beauharnais et est nommé commandant de l'armée d'Italie où il mène une campagne victorieuse (1796-1797), faisant de lui un héros national. Sa popularité inquiète le Directoire, qui lui confie le commandement de l'expédition d'Égypte (1798-1799). De retour en France, il organise le coup d'État du 18 Brumaire, qui met fin au Directoire. Devenu Premier consul, il entreprend, après dix années de révolution, la réorganisation administrative (création des préfets), économique (Banque de France) et judiciaire (Code civil) du pays. Il signe avec le pape un Concordat et parvient à faire la paix avec l'Autriche et l'Angleterre. Consul à vie (1802), il fait face à une nouvelle menace de guerre avec les Anglais et à un complot royaliste (il fait exécuter le duc d'Enghien). Il se fait proclamer empereur, le 2 décembre 1804, établissant ainsi une monarchie héréditaire et une noblesse impériale. Mais la guerre accapare l'essentiel de son règne. Après son échec contre les Anglais (Trafalgar, 1805), il démantèle les 3e et 4e coalitions (victoires d'Austerlitz, d'Iéna et de Friedland). Au lendemain de la paix avec la Russie (traité de Tilsit), l'Empire atteint son apogée, et compte 132 départements. Mais le Blocus continental contre l'Angleterre replonge l'Empire dans la guerre, qui touche désormais l'Espagne, envahie par Napoléon (1808-1814). À nouveau vainqueur de l'Autriche (Wagram, 1809), Napoléon cherche à faire la paix, répudie Joséphine et épouse en 1810 Marie-Louise de Habsbourg-Lorraine, dont il a un fils : le roi de Rome. La désastreuse retraite (la Berezina) durant la nouvelle guerre contre la Russie provoque sa chute, après la bataille de Leipzig (1813) et l'invasion de la France. Exilé à l'île d'Elbe, il s'en évade pour Cent-Jours sanctionnés par la défaite de Waterloo (1815). Il doit abdiquer de nouveau et est interné à l'île de Sainte-Hélène où il meurt en 1821.

Napoléon II (1811-1832) Le fils de Napoléon et de Marie-Louise naît à Paris en 1811. Il reçoit le titre de roi de Rome, et doit hériter du titre impérial. Napoléon abdique d'ailleurs deux fois en sa faveur, le 4 avril 1814 et le 22 juin 1815, la Chambre des Cent-Jours l'ayant reconnu. Mais l'effondrement de l'Empire le place sous l'emprise de son grand-père maternel, François II, empereur d'Autriche. Fait duc de Reichstadt en 1818, il meurt à Schönbrunn en 1832.

Napoléon III (1808-1873) Né en 1808, Louis Napoléon Bonaparte est le fils de Louis Bonaparte, frère de Napoléon et roi de Hollande, et d'Hortense de Beauharnais, fille de Joséphine. Élevé en Suisse, puis emprisonné au fort de Ham pour avoir à deux reprises tenté de prendre le pouvoir (en 1836 et 1840), il s'évade en 1846, puis séjourne à Londres jusqu'en 1848. Élu président de la République avec le soutien du parti de l'Ordre qui pense pouvoir le manipuler à sa guise, il renvoie l'Assemblée après le coup d'État du 2 décembre 1851 et restaure l'Empire un an après. Sous son règne, la France connaît un profond essor économique (développement des chemins de fer, « révolution urbaine », à Paris en particulier, création de nombreuses banques et des grands magasins, traité de libre-échange avec l'Angleterre…) et un certain nombre de succès diplomatiques. Recourant à la pratique du plébiscite, le régime évolue de l'autoritarisme vers un certain libéralisme (ministère Ollivier), mais la défaite contre la Prusse entraîne sa chute le 4 septembre 1870. Napoléon III se réfugie en Angleterre où il meurt peu après.

Jacques Necker (1732-1804) Né à Genève au sein d'une famille protestante, il est d'abord commis à Paris de la banque Vernet avant de créer sa banque en 1762, et de s'enrichir en prêtant au trésor royal et en spéculant sur les céréales. Il fréquente ensuite les savants et philosophes dans le salon que sa femme tient à Paris, et écrit des ouvrages hostiles aux physiocrates et aux libéraux : *Éloge de Colbert* (1773), *Essai sur la législation et le commerce des graines* (1778). Après la disgrâce de Turgot, Necker est appelé par Louis XVI pour lui succéder et devient directeur général des Finances en 1777. Il entreprend diverses réformes concernant la fiscalité, abolit le servage sur les terres royales, diminue les dépenses de la cour et recourt aux emprunts, ce qui alourdit la dette de l'État. Devenu impopulaire auprès des fermiers généraux et des grands, il doit démissionner en 1781. Critiquant Calonne et

Loménie de Brienne, il est rappelé en août 1788 pour remplacer ce dernier. Mais il ne parvient pas à rétablir la situation financière, déçoit le tiers état par son discours d'ouverture des États généraux le 5 mai 1789, et n'obtient du roi ni la délibération en commun des trois ordres, ni l'abolition des privilèges, ni l'égalité d'accès aux fonctions publiques. Renvoyé le 11 juillet, rappelé le 16 juillet en raison de sa popularité, il ne peut maîtriser la situation troublée et se retire définitivement en septembre 1790 à Coppet, en Suisse où il trouve le réconfort apporté par sa fille, Madame de Staël.

Michel Ney (1769-1815) Il sert dans les armées du Nord, de Sambre et Meuse, de Mayence avant de commander l'armée française en Suisse (1802). Maréchal d'Empire en 1804, vainqueur à Elchingen, il conquiert ensuite le Tyrol. Il se distingue à Iéna et pendant les campagnes de Prusse (1806) et de Pologne (1807), où il gagne son surnom de « Brave des braves » (Friedland, 14 juin). Duc d'Elchingen (1808), il combat en Espagne puis au Portugal. Sa conduite glorieuse en Russie (1812) lui vaut le titre de prince de la Moskova. Vainqueur à Lützen, Bautzen et Dresde en 1813, il est blessé à Leipzig. Rallié à Louis XVIII, qui le fait pair de France (juin 1814), chargé d'arrêter Napoléon au retour de l'île d'Elbe, il rejoint l'Empereur et dirige les charges de cavalerie à Waterloo. Il est condamné à mort par la Cour des pairs (6 décembre 1815) et fusillé le lendemain.

Philippe Pétain (1856-1951) Saint-Cyrien d'origine paysanne, il enseigne à l'École de guerre de 1901 à 1910 et devient général de brigade en août 1914 et divisionnaire en septembre. Après s'être illustré durant la bataille de la Marne, le mois suivant, puis en Artois en mai 1915, il commande en 1916 l'armée française qui lutte héroïquement à Verdun. En 1917, promu commandant en chef en remplacement de Nivelle, il réussit à rétablir le moral des troupes par des mesures humanitaires. Maréchal de France en 1918, il combat victorieusement la révolte marocaine dans le Rif en 1925. Inspecteur de la défense aérienne du territoire de 1931 à 1934, il devient ministre de la Guerre du gouvernement Doumergue en 1934, puis ambassadeur en Espagne en 1939. Président du Conseil lors de la débâcle, il signe l'armistice avec l'Allemagne le 22 juin 1940. Après quatre années à la tête de l'État français, il veut réaliser une «révolution nationale » constituant une sorte de « fascisme à la française», permettant une «revanche» contre le Front populaire, et s'ancre toujours plus avant dans la collaboration. Après le débarquement, il est enlevé par les Allemands le 20 août 1944 et conduit à Sigmaringen ; puis il réussit à gagner la Suisse en avril 1945, et se présente ensuite spontanément devant la justice française : son procès devant la Haute Cour, du 23 juillet au 14 août 1945, se conclut par sa condamnation à mort, commuée en détention à vie. Il est emprisonné au fort du Pourtalet, puis à l'île d'Yeu.

Philippe Ier (vers 1053-1108) Fils d'Henri Ier et d'Anne de Kiev, il est couronné en 1059 du vivant de son père et lui succède en 1060. Il règne d'abord sous la tutelle de son oncle Baudouin V, comte de Flandre (1060-1066). En 1071, il est battu à Cassel par Robert le Frison, mais il peut réunir au domaine royal une partie du Vermandois, le Gâtinais et le Vexin français. Face à la puissance de son vassal Guillaume Ier le Conquérant, duc de Normandie, il s'allie aux comtes d'Anjou et de Flandre et pousse Robert Courteheuse à se soulever contre Guillaume, devenu roi d'Angleterre en 1066, puis contre son fils Guillaume II le Roux (1087-1096). Ayant répudié Berthe de Hollande et épousé Bertrade de Montfort, il est excommunié en 1095 par le pape Urbain II, venu à Clermont, d'où il prêche la première croisade. En 1098, Philippe Ier associe à la couronne son fils, le futur Louis VI.

Philippe II, duc d'Orléans (1674-1723) Fils de Philippe Ier d'Orléans et neveu de Louis XIV, duc de Chartres, il épouse en 1692 Mlle de Blois, fille légitimée de Louis XIV et de

Mme de Montespan. À la mort de Louis XIV (1er septembre 1715), il devient régent comme premier prince du sang. Il fait casser par le parlement de Paris le testament royal qui limite ses pouvoirs, et a ainsi l'autorité absolue. La Régence marque une réaction violente contre l'austérité dévote de la fin du règne de Louis XIV. Le Régent avec ses amis, les « roués », donne au Palais-Royal l'exemple de la liberté des moeurs. Il rend le pouvoir à la noblesse en remplaçant les ministres par huit conseils aristocratiques (1715) ; mais cette politique est abandonnée en 1718. Il cherche à résoudre la crise financière avec l'expérience de Law (1716-1720), qui est un échec. À l'extérieur, conseillé par l'abbé Dubois, il lutte contre les prétentions de Philippe V à la Couronne de France, s'allie contre lui avec l'Angleterre et les Provinces-Unies (1717), puis l'Autriche (1718), déjoue la conspiration de Cellamare (1718) et vainc Philippe V au terme d'une courte guerre (1719). À la majorité de Louis XV (février 1723), il se retire, puis devient Premier ministre (10 août 1723).

Philippe II Auguste **(1165-1223)** Fils de Louis VII et d'Adèle de Champagne, roi de France en 1180, il s'emploie à triompher des rois anglais Henri II, puis Richard Cœur de Lion (fils de celui-ci et d'Aliénor d'Aquitaine), avec lequel il mène cependant la troisième croisade. Cette rivalité, marquée par l'échec de Philippe à Fréteval (1194), se termine à la mort de Richard, tué en 1099 durant le siège de Châlus, en Limousin : Philippe Auguste ne reconnaît le fils de Richard, Jean sans Terre, comme roi d'Angleterre, qu'en échange d'une partie du Vexin normand et du pays d'Évreux. Jean ayant refusé de se reconnaître vassal du roi de France, Philippe lui confisque ses fiefs, s'emparant de la Normandie (1204), du Maine, de l'Anjou, de la Touraine, d'une grande partie du Poitou puis, plus tard, de l'Auvergne. Allié à l'empereur d'Allemagne et au comte de Flandre battus à Bouvines par Philippe (1214), Jean est vaincu à La Roche-aux-Moines par le futur roi de France, Louis VIII. À l'intérieur, Philippe Auguste renforce le pouvoir monarchique en instituant des baillis et des sénéchaux et en organisant la Curia regis. Il fait bâtir un mur d'enceinte autour de Paris, ordonne le pavage de plusieurs rues, fait aménager des halles au cœur de la capitale et creuser des égouts, et favorise le commerce et le développement urbain. Son règne marque une étape décisive dans l'élargissement du domaine royal et le renforcement l'autorité monarchique.

Philippe III le Hardi **(1245-1285)** Fils de Louis IX et de Marguerite de Provence, roi de France (1270-1285), il épouse Isabelle d'Aragon (1262), puis Marie de Brabant (1274), qui obtient de lui la pendaison de son conseiller Pierre de La Brosse (1278). De son oncle, Alphonse de France, il hérite le comté de Toulouse, le Poitou et l'Auvergne (1271). Il cède au pape Grégoire X le Comtat Venaissin (1274). Soutenant son oncle Charles d'Anjou contre le roi d'Aragon Pierre III, il intervient en 1282 après le massacre des Vêpres siciliennes et mène la croisade d'Aragon. Sa flotte est détruite à Las Hormigas (1285), et il meurt de maladie à Perpignan durant cette campagne.

Philippe IV le Bel **(1268-1314)** Roi de France (1285-1314), fils de Philippe III le Hardi et d'Isabelle d'Aragon, il intervient en Flandre, provoquant un soulèvement général. Battu par les milices urbaines à Courtrai (1302), il parvient néanmoins à soumettre les cités flamandes après une nouvelle expédition militaire en 1304 (Mons-en-Pévèle). Son règne est marqué par le grave conflit l'opposant à la papauté. Entouré de légistes (Pierre Flote, Enguerrand de Marigny, Guillaume de Nogaret) imbus de l'idée de la toute-puissance royale, il cherche à renforcer ses prérogatives et s'oppose à Boniface VIII. Débutant à propos de la levée des décimes (1296), le conflit rebondit avec l'arrestation par le roi de l'évêque de Pamiers (1301). Sur le point d'excommunier Philippe le Bel, le pape est victime à Anagni d'une conjuration ourdie par Nogaret (1303).

L'élection de Clément V (1305), que Philippe pousse à s'installer à Avignon, marque la victoire complète du roi de France. Parallèlement, Philippe le Bel, animé par une volonté centralisatrice, accroît l'importance de la chancellerie et de l'hôtel du roi, et précise le rôle des parlements. Aux prises avec de graves difficultés financières, il fait mettre en accusation les Templiers, moines-soldats jouant aussi le rôle de banquiers de la Couronne, dont les principaux chefs sont arrêtés (1307) et plusieurs d'entre eux brûlés entre 1310 et 1314. Celui que l'on a surnommé le «roi de fer» laisse trois fils qui règneront tour à tour (Louis X, Philippe V, Charles IV). Mais ils disparaîtront sans laisser d'héritier mâle ce qui provoquera une crise de succession, d'autant plus que la fille de Philippe, Isabelle, ayant épousé le roi d'Angleterre, leur fils Édouard III deviendra prétendant au trône de France ; cela sera à l'origine de la guerre de Cent Ans.

Philippe V le Long (1293-1322) Deuxième fils de Philippe IV le Bel, il accède au trône en 1316, après le très court règne du fils de Louis X, et en écartant sa fille Jeanne. Il mâte une révolte féodale, pacifie la Flandre, intègre Lille, Douai et Orchies au domaine royal, et poursuit la politique de Philippe le Bel en matière de réorganisation administrative du royaume.

Philippe VI de Valois (1293-1350) Fils de Charles de Valois (frère de Philippe IV le Bel), il se fait reconnaître roi par les grands princes du royaume à la mort de Charles IV le Bel, dernier fils de Philippe le Bel, qui n'avait pas d'héritier (1328). Il écarte ainsi les candidatures féminines au trône, celle de la fille de Louis X, Jeanne, en lui cédant la Navarre, et celle de la fille de Philippe le Bel, Isabelle, mère du roi d'Angleterre Édouard III, qui viendra lui rendre hommage à Amiens, en 1329. Philippe VI écrase à Cassel (1328) les villes flamandes à nouveau révoltées. Mais en 1337, Édouard III, qui n'a pas renoncé à ses ambitions, se proclame roi de France, amenant Philippe VI à mettre la main sur ses fiefs français, ce qui conduit à la guerre de Cent Ans. Les Anglais l'emportent sur mer à L'Écluse, près de Bruges (1340), sur terre à Crécy-en-Ponthieu (1346), et prennent Calais après un long siège (1347). La guerre amplifie les difficultés économiques causées par des mauvaises récoltes et des hausses des prix en désorganisant les échanges. Mais le pire se produit avec la propagation de la terrible épidémie de peste noire (1347-1348) importée en Europe par les marins génois, qui provoque la mort, par vagues successives, de près de la moitié de la population française. Pour faire face à ses besoins financiers, Philippe VI réunit plusieurs fois les états généraux (1346-1347), recourt à divers expédients et généralise la gabelle. Par ailleurs, il étend le royaume en achetant le Dauphiné en 1343, et Montpellier au roi de Majorque en 1349.

Philippe, duc d'Orléans, dit Philippe Égalité (1747-1793) Arrière-petit-fils du régent Philippe II, il devient franc-maçon et grand maître en 1786. Député de la noblesse aux États généraux de 1789, il fait de sa résidence du Palais-Royal un foyer révolutionnaire. Après un exil en Angleterre d'octobre 1789 à juillet 1790, il est élu député de Paris à la Convention (septembre 1792), sous le nom de « Philippe Égalité » et vote la mort de Louis XVI. Mais, quand son fils, le futur roi Louis-Philippe, déserte avec Dumouriez, il est arrêté (avril 1793), puis condamné à mort et guillotiné (novembre 1793).

Charles Pichegru (1761-1804) Après avoir professé à l'École militaire de Brienne, où il enseigne à Napoléon, il prend le commandement de l'armée du Rhin (1793) puis de celle du Nord et des Ardennes en remplacement de Jourdan (1794) et conquiert les Pays-Bas après une brillante campagne militaire (janvier 1795). Revenu à Paris, il écrase le soulèvement populaire du 1er avril 1795. Puis il prend contact avec l'armée des émigrés, hésitant à rejoindre leurs rangs. Soupçonné de trahison, il est obligé de démissionner en 1796. Puis il est élu au conseil des Cinq-Cents qu'il préside (1797). Mais il est arrêté le 4 septembre 1797, à nouveau soupçonné de collusion avec le prince de Condé, et déporté en Guyane d'où il s'évade. Il participe ensuite à la conspiration de Cadoudal (1804) et est encore arrêté. Il est découvert étranglé dans sa cellule.

Antoine Pinay (1891-1994) Maire de Saint-Chamond de 1929 à 1977, député indépendant de la Loire (de 1936 à 1938 et de 1946 à 1958), il devient président du Conseil et ministre des Finances en 1952. Afin de restaurer les finances publiques, il émet un emprunt indexé sur l'or (« l'emprunt Pinay») qui attire de nombreux épargnants. Il est ensuite ministre des Affaires étrangères (1955-1956), et à nouveau ministre des Finances, appelé par le général de Gaulle (1958-1960). Il procède à la dévaluation du franc et à l'institution du franc lourd. Il occupe le poste de médiateur en 1973-1974 et laisse le souvenir d'un économiste rigoureux apprécié des milieux d'affaire.

Raymond Poincaré (1860-1934) Avocat et cousin du grand mathématicien Henri Poincaré, il est élu député de la Meuse dès 1887 et est plusieurs fois ministre de 1893 à 1906. À la tête d'un ministère d'union nationale (1912-1913), il est responsable des Affaires étrangères et suit une politique de fermeté vis-à-vis de l'Allemagne. Devenu président de la République en 1913 (fonction qu'il assure jusqu'en 1920), il n'envisage d'autre issue au conflit que la poursuite de la guerre jusqu'à la victoire. Président du Conseil et ministre des Affaires étrangères de 1922 à 1924, il fait occuper la Ruhr en 1923 pour obliger l'Allemagne à payer les « réparations », mais doit retirer les troupes françaises et accepter le plan Dawes prévoyant leur allégement. Écarté en 1924 quand le Cartel des gauches arrive au pouvoir, il est rappelé en 1926 pour faire face à l'effondrement du franc. Son retour rassure les milieux financiers et stabilise le franc sur le marché des changes ; il dévalue ensuite la monnaie française par rapport à l'or (25 juin 1928) afin de solder définitivement les conséquences financière de la Première Guerre mondiale. Il se retire définitivement des affaires l'année suivante.

marquise de Pompadour (1721-1764) Jeanne Antoinette Poisson est la fille d'un financier et l'épouse du fermier général Le Normant d'Étiolles. Femme du monde habituée des salons parisiens, elle devient en 1745 la favorite de Louis XV, qui la fait marquise de Pompadour et l'installe officiellement à Versailles. Amie de Voltaire et des encyclopédistes, elle contribue à introduire l'esprit bourgeois parmi la haute noblesse éclairée.

Georges Pompidou (1911-1974) Né à Montboudif dans le Cantal, fils d'instituteur, il accède à l'École normale de la rue d'Ulm, est reçu premier à l'agrégation de lettres et publie une Anthologie de la poésie française. Il devient chargé de mission auprès du ministre de l'Information de 1944 à 1946, puis entre au Conseil d'État. Il exerce aussi des responsabilités au sein de la banque Rothschild, avant de diriger le cabinet du général de Gaulle de septembre 1958 à janvier 1959. Il reprend ensuite sa carrière de banquier, tout en effectuant des missions secrètes auprès du FLN. Inconnu du grand public, il est nommé Premier ministre par le général de Gaulle en avril 1962. Évincé au lendemain de la crise de mai 1968, il est élu président de la République en 1969, après la démission de Charles de Gaulle, mais meurt avant la fin de son mandat en 1974 après une éprouvante maladie. Sa présidence est associée à la poursuite de la politique gaullienne, tant sur le plan intérieur que sur celui de la politique internationale, dans une période économiquement encore favorable de poursuite de la croissance et de l'industrialisation.

François Ravaillac (1578-1610) Originaire de Charente, d'abord serviteur, puis maître d'école, il tente vainement d'être admis dans l'ordre des feuillants à Paris. Profondément religieux et tourmenté par des visions, il veut convaincre Henri IV de sauver la religion catholique, et ne pouvant l'approcher, décide de l'assassiner : il le poignarde dans son carrosse, rue de la Ferronnerie, à Paris, le 14 mai 1610. Il est supplicié et écartelé.

Jean-François Paul de Gondi, cardinal de Retz (1613-1679) Coadjuteur de l'archevêque de Paris en 1643, il mène une vie de plaisirs et d'intrigues. Il participe à la Fronde (1648-1652), passant d'un camp à l'autre. Louis XIV le fait nommer cardinal, puis le fait incarcérer en 1652. Il s'évade de prison, se réfugie à Rome, puis en Allemagne et en Hollande. Revenu en France en 1661, il renonce à ses fonctions d'archevêque de Paris et devient abbé de Saint-Denis. Dans ses Mémoires – qui ne seront publiés qu'en 1717 –, il décrit son époque avec un grand sens de l'analyse.

Richelieu (1585-1642) Armand Jean du Plessis, cardinal de Richelieu, naît à Paris au sein d'une famille désargentée. Renonçant à la carrière militaire, il devient homme d'Église et évêque de Luçon en 1606. Député du clergé lors des États généraux de 1614, il est proche de Marie de Médicis quand celle-ci s'oppose à Louis XIII, mais joue un rôle actif dans leur rapprochement. Il devient cardinal en 1622 et entre au Conseil du roi, au sein duquel il s'impose bientôt comme la personnalité la plus marquante. Surnommé le « sphinx rouge » en raison de sa rigidité inflexible, il mène de fait la politique du royaume jusqu'à sa mort, avec pour objectif le renforcement de l'autorité du souverain, l'essor économique du royaume, la puissance militaire de la France, tout en esquissant un rapprochement avec l'Angleterre.

Robert Ier (vers 866-923) Second fils de Robert le Fort, comte d'Anjou, il défend le Nord de la France contre les attaques des Vikings, et obtient la paix en amenant le Danois Rollon à conclure le traité de Saint-Clair-sur-Epte (911), lui donnant des terres autour de Rouen. Les grands, qui se sont révoltés contre le roi Charles le Simple, proclament Robert roi à Reims où il est sacré (29-30 juin 922). Mais Charles ayant levé une armée contre lui, il est tué au combat l'année suivante.

Robert II le Pieux (vers 972-1031) Fils d'Hugues Capet, il est associé au trône dès 987. Roi de France en 996, il est excommunié pour avoir répudié sa première épouse, Rozala, fille de Bérenger II d'Italie, et avoir épousé sa cousine Berthe de Provence. Il doit la renvoyer et épouse en 1003, Constance d'Arles, qui se révolte contre lui. Il renforce l'autorité royale vis-à-vis des grands, défend la « paix de dieu», effectue de nombreuses donations à l'Église et étend son domaine en annexant le duché de Bourgogne (1003-1005), qu'il confie à son fils le futur Henri Ier, et les comtés de Dreux (1015) et de Melun (1016).

Maximilien de Robespierre (1758-1794) Né à Arras, il devient avocat en 1781, et est élu représentant de l'Artois aux États généraux de 1789. Peu écouté durant les premières années de la Révolution, il s'impose au club des Jacobins, et milite en 1792 contre l'entrée en guerre de la France, qu'il estime non préparée. Son influence grandit au sein de la Convention dont il est élu membre en septembre 1792, et où il rejoint la « Montagne ». Il vote la mort du roi, s'attaque aux Girondins modérés, prône la « vertu » et l'intransigeance révolutionnaire, ce qui l'amène à préconiser la « terreur » contre les « ennemis de la nation» au sein du Comité de salut public. Exerçant une dictature sans concession, celui que l'on appela « l'Incorruptible » élimine tous ceux qui s'opposent à sa ligne politique (Hébert, Danton, Desmoulins…), tour à tour guillotinés. Résolument anticlérical, il cherche à imposer le culte de l'« Être suprême ». Il est à son tour exécuté le 28 juillet 1794, ce qui mettra fin à la Terreur.

Louis Antoine Saint-Just (1767-1794) Membre du club des Jacobins, il est élu député de l'Aisne à la Convention (septembre 1792), et siège à la « montagne ». Il se fait remarquer par son éloquence et par son intransigeance. Il demande l'exécution du roi sans jugement et vote sa mort immédiate. Entré le 30 mai 1793 au Comité de salut public, proche de Robespierre et défenseur d'un pouvoir central fort et redistributif, il attaque les Girondins et se prononce pour la Terreur, seule capable, selon lui, d'imposer « la vertu » (cela lui vaudra le surnom d'« archange de la Terreur ». Nommé commissaire aux armées, il rejoint l'armée du Rhin fin 1793 ; il redresse la situation en faisant preuve d'une farouche détermination et contribue à la victoire de Fleurus (26 juin 1794). Il fait voter les décrets de Ventôse (février 1794) confisquant les biens des « ennemis de la République » afin de les donner aux patriotes pauvres, et combat Hébert et Danton (mars-avril 1794). Entraîné par la chute de Robespierre, il est exécuté le 10 Thermidor (28 juillet 1794).

Nicolas Sarkozy **(né en 1955)** Avocat, maire de Neuilly-sur-Seine de 1983 à 2002, il est député des Hauts-de-Seine de 1988 à 1993 et de 1995 à 2002, et préside le Conseil général des Hauts-de-Seine de 2004 à 2007. Membre du RPR dès sa création, il préside le Comité national des jeunes soutenant Jacques Chirac lors de l'élection présidentielle de 1981. Il participe ensuite au gouvernement d'Édouard Balladur, en tant que ministre du Budget (1993-1995), puis comme porte-parole (1994-1995), et s'engage à ses côtés dans sa malheureuse campagne présidentielle de 1995 contre Jacques Chirac, finalement élu. Cela lui vaut d'être mis à l'écart pour un temps, mais il parvient toutefois à partager avec Philippe Seguin le secrétariat général du RPR (1998-1999), puis à en devenir le président par intérim (avril-octobre 1999), avant de démissionner en raison du mauvais score que fait sa liste aux élections européennes. Il rejoint alors son cabinet d'avocats et entame une nouvelle « traversée du désert » politique. Les élections de 2002 lui permettent de faire son retour au gouvernement, Jacques Chirac lui confiant le ministère de l'Intérieur (2002-2004), puis celui de l'Économie, des Finances et de l'Industrie (2004). Il le quitte neuf mois plus tard pour prendre la tête de l'UMP en novembre 2004. Il retrouve cependant le portefeuille de l'Intérieur au sein du gouvernement Villepin, fin mai 2005. Candidat de l'UMP à l'élection présidentielle de 2007, il est élu président de la République. Il dispose après les élections législatives de juin 2007 d'une forte majorité à l'Assemblée et compose un gouvernement intégrant des personnalités de gauche.

Victor Schœlcher **(1804-1893)** Membre de la « Société pour l'abolition de l'esclavage », il est nommé sous-secrétaire d'État à la Marine et aux Colonies (mars-mai 1848), et prépare le décret d'abolition de l'esclavage dans les colonies (27 avril 1848) ; l'esclavage y avait été aboli en 1794, mais rétabli par Bonaparte en 1802. Député de la Martinique et de la Guadeloupe, il s'oppose au coup d'État du 2 décembre 1851, se retrouvant même sur une barricade, et est proscrit. Il rentre en France après la chute de Napoléon III, et est élu sénateur en 1875.

Robert Schuman **(1886-1963)** Considéré comme l'un des « pères de l'Europe », il est député de la Moselle de 1919 à 1940 et de 1945 à 1962, et participe après la Seconde Guerre mondiale à la fondation du Mouvement républicain populaire (MRP), dont il est l'un des principaux dirigeants. Il est successivement ministre des Finances (1946-1947), président du Conseil (1947-1948) et ministre des Affaires étrangères (1948-1953), puis ministre de la Justice (1955-1956). Partisan de la construction européenne afin d'assurer la paix en Europe grâce à la réconciliation franco-allemande, il défend le plan de Jean Monnet qui débouche sur la création de la Communauté européenne du charbon et de l'acier (CECA) en 1951. Malgré le rejet par l'Assemblée nationale, en 1954, de son projet de Communauté européenne de défense (CED), en raison de l'opposition des gaullistes et des communistes, son action est prolongée par le traité de Rome signé en 1957, qui crée la Communauté économique européenne (CEE). Il préside le Parlement européen de 1958 à 1960.

Emmanuel Joseph Sieyès (1748-1836) Vicaire général de Chartres, il publie en janvier 1789 une brochure qui lui vaut une grande popularité, intitulée *Qu'est-ce que le tiers état?* Tout. Qu'a-il été jusqu'à présent ? Rien. Que veut-il devenir? Quelque chose. Élu député du tiers état aux États généraux, il réclame la réunion des trois ordres, rédige le serment du Jeu de paume, et défend l'idée d'une monarchie constitutionnelle, mais vote la mort du roi en 1792. Président du Conseil des Cinq-Cents (1795), puis membre du Directoire (en mai 1799), il trouve en Bonaparte « le sabre » qu'il cherche pour en finir avec ce régime qu'il trouve impuissant. Mais le coup d'État du 18 Brumaire an VIII (novembre 1799), qu'il prépare avec Napoléon, profite finalement à ce dernier. Devenu l'un des consuls, Sieyès doit s'effacer mais devient sénateur durant l'Empire. Exilé pour régicide en 1815, il rentre en France en 1830.

Jean de Dieu Nicolas Soult (1769-1851) Général à vingt-cinq ans, en 1794, maréchal en 1804, il s'illustre en particulier durant la bataille d'Austerlitz en enlevant le plateau de Pratzen (1805). Fait duc de Dalmatie par l'empereur, il combat en Espagne, entre 1808 à 1811, et retarde la marche de Wellington remontant vers Toulouse en 1814. Ministre de la Guerre de Louis XVIII (décembre 1814-mars 1815), il se rallie à Napoléon pendant les Cent-Jours. Banni en 1816, il revient en France en 1819. Ministre de la Guerre de Louis-Philippe, de 1830 à 1832, il dirige les troupes qui écrasent les canuts lyonnais en 1831, puis devient président du Conseil à plusieurs reprises (en 1832, 1839 et de 1840 à 1847) et obtient le titre de maréchal général de France.

Maximilien de Béthune, duc de Sully (1559-1641) Protestant, proche du futur Henri IV, il combat avec lui à Coutras (1587) et à Ivry (1590). Le roi le nomme surintendant des Finances en 1598, et le fait duc-pair de Sully en 1606. Homme de confiance du roi, il réduit les dépenses, allège la taille, crée la paulette, développe l'agriculture, l'élevage du ver à soie et le commerce, entreprend de grands travaux (routes, canaux, assèchements de terres cultivables…). Après l'assassinat d'Henri IV (1610), il se consacre à la rédaction de ses Mémoires (Économies royales), et en 1634, Louis XIII le fait maréchal de France.

Robert Surcouf (1773-1827) Natif de Saint Malo, et descendant de Duguay-Trouin, il participe d'abord à la traite des Noirs. Puis, en tant que corsaire au service de la France, il livre une guerre impitoyable aux navires anglais, militaires et commerciaux, en particulier dans l'océan Indien, de 1795 à 1801, puis de 1807 à 1809. La paix revenue, il se consacre à ses affaires commerciales.

Talleyrand (1754-1838) Charles Maurice de Talleyrand-Périgord embrasse sans conviction une carrière ecclésiastique le faisant évêque d'Autun en 1788. Député aux États généraux de 1789, il vote la mise à la disposition de la nation des biens de l'Église et la Constitution civile du clergé, lui valant les foudres de ses paires. Puis il quitte l'Église, séjourne à Londres et en Amérique et rentre en France en 1796. Il participe au coup d'État de Bonaparte du 18 Brumaire, et devient ministre des Relations extérieures. Puis Napoléon le fait grand chambellan et prince de Bénévent. Ayant noué de nombreuses relations personnelles dans divers pays, il conseille l'Empereur avec beaucoup de discernement, lui reproche sa rupture avec l'Autriche et semble mener un double jeu. Il est disgracié en 1809 par Napoléon, qui lui aurait dit qu'il est « de la merde dans un bas de soie ». Devenu opposant à l'Empereur, Talleyrand participe à la déchéance de Napoléon et devient chef du gouvernement provisoire en avril 1814. Il participe au Congrès de Vienne où il défend avec succès les intérêts français, puis revient à la tête du gouvernement après les Cent-Jours, le 9 juillet 1815. Il se retire deux mois plus tard, évolue vers le libéralisme et est ambassadeur de Louis-Philippe à Londres de 1830 à 1834.

Mme Tallien (1773-1835) Fille d'un financier espagnol, Thérésa Cabarrus épouse le marquis de Fontenay en 1789, et divorce en 1793. Arrêtée à Bordeaux, elle est libérée par Tallien qu'elle épouse en 1794, et qui joue un rôle important dans la chute de Robespierre. Elle devient alors l'une des plus célèbres « merveilleuses » du Directoire et est surnommée « Notre-Dame de Thermidor ».

Thierry IV (?-737) Fils de Dagobert III, il est porté sur le trône en 721 par Charles Martel, seul maire du palais des royaumes francs réunifiés, qui gouverne en son nom.

Adolphe Thiers (1797-1877) Affichant des idées libérales et partisan de Louis-Philippe en 1830, il devient ministre de l'Intérieur (de 1832 à 1834) et chef du gouvernement en 1836. À nouveau au pouvoir en 1848, il tente vainement de convaincre Louis-Philippe d'écraser la révolution. Proche du parti de l'Ordre, il aide à l'élection de Louis Napoléon Bonaparte, mais est exilé pour un temps et anime ensuite l'opposition parlementaire. Hostile à la guerre en 1870, il est chargé de chercher des soutiens en Europe. Chef de l'exécutif en février 1871, il refuse de discuter avec les Parisiens qui ont proclamé la Commune en mars 1871, et ordonne son écrasement. Favorable à une République conservatrice, il est rejeté par les royalistes et doit démissionner en mai 1873.

Henri de La Tour d'Auvergne, vicomte de Turenne (1611-1675) Issu d'une famille protestante (il se convertit au catholicisme sous l'influence de Bossuet), il s'illustre d'abord durant la guerre de Trente Ans (1818-1848) : il prend Turin en 1840, devient lieutenant général (1642), puis maréchal de France (1643) ; commandant de l'armée d'Allemagne il défend la frontière du Rhin ; il remporte avec Condé la victoire de Nördlingen (1645) et gagne la bataille de Zusmarshausen, près d'Augsbourg (1648). Pendant la Fronde, il se joint d'abord au parti espagnol, mais, battu à Rethel (1650), il se rallie à Mazarin et vainc Condé au faubourg Saint-Antoine (1652). La guerre se poursuivant contre les Espagnols, il l'emporte à Arras (1654) et aux Dunes (1658), obligeant Philippe IV à signer la paix des Pyrénées (1659), ce qui vaut à Turenne le titre de maréchal général des camps et armées du roi (1660). Il remporte ensuite d'autres nombreux succès à la tête des armées françaises pendant les guerres de Dévolution (prise de Charleroi et de Tournai, 1667) et de Hollande (victoire de Sinzheim, 1674). Il conquiert l'Alsace après avoir écrasé les impériaux à Turckheim (5 janvier 1675), mais est tué au cours de la bataille de Sasbach (27 juillet, 1675), pourtant remportée par ses soldats.

Anne Robert Turgot (1727-1781) Il subit l'influence des économistes libéraux qui réclament le « laisser faire » (les hommes), et le « laisser passer » (les marchandises), prôné par Vincent de Gournay, et celle des physiocrates qui font l'apologie des lois naturelles et de l'agriculture (François Quesnay). Intendant du Limousin de 1761 à 1774, il construit des routes, supprime des corvées et s'efforce de faciliter la libre circulation des céréales. Il publie en 1766 ses *Réflexions sur la formation et la distribution des richesses* défendant le principe de la liberté économique. En 1774, au début du règne de Louis XVI, il est nommé contrôleur général des Finances, et tente de mettre en application ses idées libérales à l'échelle du royaume : suppression des corporations qui limitent la concurrence et le libre accès aux métiers (1776), libre circulation des grains afin de stimuler la production agricole, économies budgétaires permettant d'alléger les impôts, remplacement de diverses taxes par une subvention territoriale unique… Ces réformes impopulaires auprès de la noblesse comme auprès des artisans, alors que se produisent de mauvaises récoltes provoquant des troubles, amenent le roi à le renvoyer le 12 mai 1776.

Sébastien Le Prestre de Vauban (1633-1707) Commissaire général des fortifications (1678), il projette d'entourer la France d'un réseau de citadelles constituant une « ceinture de fer » imprenable (Besançon, Belfort, Strasbourg, Amiens, Blaye...), dont il révolutionne l'art de la construction. Il dirige également différents sièges (Lille, 1667 ; Philippsburg, 1668 ; Namur, 1692...). Fait maréchal de France en 1703, il rédige un *Traité de défense des places* (1706). Ses critiques de la politique de Louis XIV et son Projet d'une dîme royale, publié en 1707 (qui décrit la pauvreté du royaume et préconise un impôt sur le revenu, et qui est aussitôt saisi), provoquent sa disgrâce.

Vercingétorix **(vers 72-46 av. J.-C.)** Roi des Arvernes aux origines mal connues, son nom signifie « Chef suprême des combattants ». Il parvient en 52 av. J.-C. à unifier les principales tribus gauloises pour lutter contre les armées romaines. Après avoir vaincu Jules César à Gergovie, en juin 52, Vercingétorix, qui pratique la tactique de la terre brûlée pour priver les Romains de ravitaillement, se laisse pourtant encercler à Alésia en août. Après la défaite de l'armée gauloise de secours vaincue par Labienus, près d'Alésia, Vercingétorix se rend fin septembre à César qui l'emmène à Rome participer à son triomphe, avant de le faire exécuter dans son cachot, six ans plus tard (46 av. J.-C.).

saint Vincent de Paul **(1581-1660)** Originaire des Landes, ordonné prêtre en 1600, il est tour à tour aumônier de la reine Marguerite de Valois (1610), curé de Clichy (1612), puis de Châtillon-sur-Chalaronne (1617) et aumônier général des galères (1619). Frappé par la grande misère dont souffrent les pauvres mais aussi le bas clergé, il se consacre totalement à la charité et à la ré-évangélisation des campagnes. Il crée la Société des Prêtres de la Mission (1625), dits « lazaristes », pour la formation des séminaristes, fonde la communauté des Filles de la Charité avec Louise de Marillac (1633), et se consacre à l'aide aux enfants trouvés et aux réfugiés victimes des guerres et de la Fronde. Surnommé « monsieur Vincent », il bénéficie d'un rayonnement moral exceptionnel, assiste Louis XIII lors de sa mort (1643) et est canonisé en 1737.

Pierre Waldeck-Rousseau **(1846-1904)** Avocat, député de l'Union républicaine (1879-1889), ministre de l'Intérieur (de novembre 1881 à janvier 1882, et de février 1883 à mars 1885), il fait voter l'importante loi autorisant la création des syndicats (mars 1884), qui abolit définitivement les lois de 1791 interdisant toute coalition. Avocat d'affaires à Paris (1886), il défend Eiffel dans le procès de Panamá (janvier 1893). Puis, face à l'agitation nationaliste, il préside un cabinet de Défense républicaine hétérogène (juin 1899-juin 1902), où figurent le socialiste Alexandre Millerand et le général de Galliffet qui a écrasé la Commune en 1871 ; il défère en Haute Cour les chefs nationalistes, fait gracier Dreyfus et voter des lois réduisant la durée quotidienne du travail (1900), ainsi que la loi sur les associations, qui vise indirectement les congrégations afin de diminuer leur influence dans les affaires publiques (1901).

GLOSSAIRE

Albigeois *voir* **Cathare**

Ancien Régime Période de l'histoire allant du XVIe siècle à la Révolution française.

Assignats Bons du trésor créés en décembre 1789 gagés sur les biens de l'église devenus biens nationaux. Utilisés comme papier-monnaie, ils n'ont cessé de se déprécier jusqu'à leur suppression en 1796.

Assimilation Doctrine coloniale de la IIIe République devant conduire les indigènes à adopter la langue, la culture et les valeurs de la métropole et leur permettre ainsi d'obtenir l'égalité juridique avec les citoyens français.

Bagaudes Bandes constituées de paysans ruinés par les guerres, de déserteurs et d'esclaves en fuite, qui se révoltent plusieurs fois et sont écrasées en Gaule romaine entre le IIIe et le Ve siècle.

Baillis (Nord de la France) Officiers royaux de la fin du XIIe siècle qui représentent le roi dans le bailliage (partie du royaume) pour les affaires administratives, judiciaires, financières, militaires.

Ban Dans le système féodal, pouvoir d'ordonner, de contraindre et de punir, utilisé à partir du Xe siècle par les seigneurs.

Banalités Taxe imposée par le seigneur, payée par le paysan pour l'utilisation obligatoire du moulin, du four et du pressoir du seigneur.

Barbares Nom donné par les Romains à tous ceux qui ne participent pas à la civilisation gréco-romaine. Les principaux peuples barbares qui envahissent l'Empire romain du IIIe au VIe siècle sont les Goths, les Vandales, les Suèves, les Alains, les Burgondes, les Francs, les Alamans, les Huns, les Jutes, les Angles, les Saxons, les Avars et les Lombards. Ils fondent des États plus ou moins durables.

Bénéfice Bien (souvent une terre) concédé par un seigneur à son vassal en contrepartie de sa fidélité. Dès le IXe siècle, le bienfait devint héréditaire. À partir du XIe siècle, ce terme fut remplacé par celui de fief*.

Bloc national Coalition de partis de droite majoritaire à la Chambre des députés de 1919 à 1924. Le pouvoir oscille entre la modération d'Alexandre Millerand et d'Aristide Briand, et l'intransigeance de Raymond Poincaré. En 1924, le Bloc national est battu par le Cartel des gauches.

Blocus continental Mesures prises à partir de 1806 par Napoléon Ier pour fermer au commerce de la Grande-Bretagne tous les ports du continent, en réplique au blocus maritime pratiqué par les Anglais. Le Blocus continental a contribué à liguer l'Europe contre Napoléon, sans atteindre ses objectifs économiques.

Cahiers de doléances Cahiers rédigés avant la réunion des États généraux et exposant les doléances et les vœux des sujets du roi.

Capitulaire Texte législatif émanant du souverain et divisé en articles ou *capitula*. Il est surtout utilisé à l'époque carolingienne.

Cartel des gauches Coalition des partis de l'opposition (socialistes SFIO, républicains socialistes, radicaux-socialistes et gauche radicale) formée lors des législatives de 1924 contre la majorité de droite du Bloc national. Sa victoire entraîne la démission du président de la République Alexandre Millerand. Mais, confronté à l'hostilité des milieux d'affaires face à la politique du Cartel, le président du conseil Édouard Herriot est contraint de démissionner en 1926. Les gouvernements successifs ne parvenant pas à résoudre la crise, Raymond Poincaré est chargé de former un gouvernement d'union nationale.

Cathare Membre d'une secte répandue aux XIe-XIIIe siècles dans le midi de la France (Albi, Toulouse, Carcassonne) qui oppose le Bien (domaine de l'esprit) et le Mal (monde matériel) et préconise une foi dépouillée et austère. L'Église catholique condamne ce qui est pour elle une hérésie et lance une croisade contre les cathares.

Cens Au Moyen Âge, taxe fixe versée en argent ou en nature (partie de la récolte) par le paysan au seigneur en échange de la tenure*.

Chambre « bleu horizon » Nom donné à la Chambre des députés élue en 1919 en référence à la couleur des uniformes français à la fin de la Première Guerre mondiale, la plupart des députés étant d'anciens combattants.

Champart Impôt en nature dû au seigneur par le tenancier (celui qui exploite la terre) d'une parcelle qui lui a été concédée.

Charte **1.** Texte solennel, au Moyen Âge, par lequel le souverain accorde des droits ou des libertés à certains bénéficiaires. **2.** Lois constitutionnelles établies par un souverain.

Chevage Au Moyen Âge, redevance perçue par un seigneur sur la personne de ses dépendants, en particulier sur les serfs*.

Chouans Insurgés royalistes de Bretagne et de Vendée soulevés contre la Révolution de 1794 à 1800.

clubs Sociétés de réflexion politique apparues au XVIIIe siècle, qui se multiplient sous la Révolution.

Cistercien Religieux de l'ordre de Cîteaux fondé par Robert de Molesmes en 1098. Les cisterciens prônent la pauvreté et le travail des champs.

Collaboration Politique de coopération pratiquée par le gouvernement de Vichy et certains individus avec l'occupant allemand entre 1940 et 1944.

Colon Sous l'Antiquité, personne de condition libre, mais attachée héréditairement au sol qu'elle cultive.

Commise Confiscation par un suzerain des fiefs de son vassal.

Commune **1.** Au Moyen Âge, communauté urbaine qui a réussi à obtenir une certaine autonomie judiciaire, administrative et financière, et possède une personnalité juridique face au roi. **2.** Municipalité instituée par la Constituante en 1789. La Commune de Paris, véritable gouvernement révolutionnaire de la capitale, devient l'un des organes principaux du gouvernement ; elle disparaît en 1795. **3.** En 1871, gouvernement révolutionnaire de Paris, écrasé par les Versaillais.

Concile Réunion de tous les évêques autour du pape, qui prend des décisions (canons) en matière de dogme et de discipline.

Concordat Traité signé entre le pape et le chef d'un État pour fixer les relations de l'Église catholique et de l'État.

Confrérie Association pieuse d'assistance mutuelle et d'entraide. Elles apparaissent au Moyen Âge.

Contre-Réforme (ou Réforme catholique) Mouvement de réforme qui se produit au XVIe siècle au sein de l'Église catholique, en réaction à la Réforme protestante. La Contre-Réforme vise à corriger les abus qui ternissent l'image de l'Église. Sa pièce maîtresse est le concile de Trente (1545-1563) qui réaffirme les dogmes et révise la discipline de l'Église. La Contre-Réforme s'efforce d'organiser la reconquête religieuse des régions passées au protestantisme en s'appuyant sur l'ordre des Jésuites, fondé par Ignace de Loyola en 1540.

Cordeliers Club révolutionnaire fondé à Paris en 1790. Ses chefs étaient Danton, Marat, Desmoulins. Animé par les révolutionnaires les plus extrémistes (Hébert), il perdit toute influence politique en 1794.

Corporation Sous l'Ancien Régime, association professionnelle regroupant toutes les catégories d'artisans (maîtres, ouvriers et apprentis) pratiquant le même métier.

Corvée Impôt qui consiste à donner au seigneur un certain nombre de journées de travail.

Croix-de-Feu Association d'anciens combattants de droite, fondée en 1927 et dirigée par le colonel de La Rocque. Elle est dissoute en 1936.

Croquant Paysan révolté au XVIe siècle et dans la première moitié du XVIIe siècle dans le sud-ouest de la France.

Diktat En allemand, « chose dictée ». ce mot désigne en 1919 le traité de Versailles imposé par les vainqueurs à l'Allemagne.

Dîme Impôt payé à l'Église pour l'entretien du clergé représentant à l'origine un dixième des récoltes.

Dolmen Chambre funéraire dont les parois sont formées d'une ou de plusieurs dalles horizontales reposant sur des blocs verticaux.

Enragés Fraction la plus radicale des sans-culottes. À l'été 1793, face à la misère populaire, ils réclament des mesures de terreur économique (réquisition des grains, taxe sur les riches…). Leur mouvement ne survit pas à l'arrestation de leurs chefs, mais leur programme est repris par les Hébertistes.

Épuration À la fin de la Seconde Guerre mondiale, action de répression exercée contre les personnes convaincues d'avoir collaborer avec l'ennemi. L'épuration s'est faite de façon légale devant les tribunaux ou de façon sommaire par le biais d'exécutions.

États généraux Assemblée convoquée par le roi et formée par les représentants élus des trois ordres du royaume : clergé, noblesse, tiers état.

Étoile jaune Durant la Seconde Guerre mondiale, marque distinctive en tissu, que les nazis obligent les Juifs à porter.

Être suprême Sous la Révolution, Dieu d'une religion censée remplacer la religion catholique. La fête de l'Être suprême, inaugurant le nouveau culte, fut présidée par Robespierre.

Fédérés **1.** À la fin de l'Antiquité, peuple barbare passé au service de Rome et installé à l'intérieur de l'Empire romain. **2.** Pendant la Révolution, volontaires partant lutter contre l'ennemi. **3.** En 1871, nom donné aux révolutionnaires parisiens de la Commune*.

Fermiers généraux Sous l'Ancien Régime, groupe de financiers percevant l'ensemble des impôts indirects dont les aides et les gabelles, à la place de la monarchie.

Feuillants Club né de la scission des jacobins au lendemain de la fusillade du Champ-de-Mars (17 juillet 1791) et regroupant, dans l'ancien couvent des Feuillants à Paris, les modérés et les monarchistes constitutionnels, sous l'impulsion de La Fayette, Barnave, Duport et Sieyès.

Fief Bien (terre, château, droits, revenus ou rentes) remis par un seigneur à son vassal pour que celui-ci remplisse les services auxquels il s'est engagé envers le seigneur.

Franc Monnaie d'or instaurée par le roi Jean le Bon en 1360. En 1803 Bonaparte crée le franc germinal, une pièce d'argent de 5 g, qui aura cours jusqu'en 1928, date à laquelle Poincaré le réduira au cinquième de sa valeur. En 1960 un nouveau franc, égal à 100 anciens francs, voit le jour. Le franc est remplacé par l'euro en 2002.

Franchises Privilèges (dont exemptions de taxes ou d'impôts) accordés par un seigneur à une communauté rurale ou urbaine pour service rendu.

Francs-maçons Association, née en Grande-Bretagne au XVIIe siècle organisée en loges dont les membres professent des principes de fraternité. Rationaliste et républicain, le Grand Orient, regroupant la plupart des francs-maçons, soutint la IIIe République et prit part au combat pour la laïcité.

Franc-tireur Combattant qui ne fait pas partie d'une armée régulière. Certains membres de la Résistance prirent ce nom.

Fronde Troubles dirigés contre le cardinal Mazarin, qui éclatent en France pendant la minorité de Louis XIV. La Fronde comporte deux phases : la Fronde parlementaire (1648-1649) et la Fronde des princes (1650-1653). L'échec de la révolte renforce la royauté et Mazarin.

Gabelle Impôt sur le sel payé au roi.

Gallo-romain Qui appartient à la civilisation qui s'épanouit en Gaule de la conquête romaine (Ier siècle av. J.-C.) à celle des Francs (Ve siècle apr. J.-C.).

Garde nationale Milice bourgeoise organisée à l'échelle du pays. Née en juillet 1789 pour garantir l'ordre à Paris puis en province, plusieurs fois dissoute et réformée jusqu'en 1871.

Girondins Groupe de députés dont les chefs sont élus de la Gironde. Ils dominent la Convention jusqu'au 2 juin 1793. Révolutionnaires plus modérés que les Montagnards, ils prônent notamment que des pouvoirs plus grands soient donnés aux régions par rapport à Paris.

Grande Peur Révolte qui secoue la France du 20 juillet au 6 août 1789. Alertées par des rumeurs de complot royaliste, des bandes de paysans attaquèrent les châteaux pour y brûler les registres qui consignaient les redevances seigneuriales et pour y détruire tous les symboles des privilèges.

Guilde Association regroupant des marchands exerçant la même profession. Les guildes furent particulièrement florissantes dans les grandes villes du nord de l'Europe du XIe au XIIIe siècle.

Hanse Au Moyen Âge, association de marchands. Constituée vers 1158 par les marchands de Lübeck, Hambourg et Cologne, la Hanse (ou Hanse teutonique) regroupe 70 à 80 cités marchandes de la Baltique et de la mer du Nord au XIVe siècle ; elle tient sa dernière diète en 1669.

Hébertistes Faction extrémiste des Montagnards, les partisans de Jacques Hébert forment l'aile la plus radicale du mouvement révolutionnaire. À l'été 1793, avec l'appui de nombreux sans-culottes, ils reprennent le programme des Enragés. Ils obtiennent de la Convention l'adoption de la loi du maximum général et de la loi des suspects. Le Comité de salut public les fait guillotiner en 1794.

Hommage Acte par lequel un vassal se place sous la dépendance d'un seigneur.

Indulgences Remise totale ou partielle par le pape des pénitences imposées pour les péchés déjà pardonnés. La querelle des Indulgences prélude à la Réforme. En 1515, le pape Léon X promulgue une indulgence pour tous ceux qui versent des aumônes destinées à l'achèvement de Saint-Pierre de Rome. Luther s'indigne contre l'abus des indulgences dans ses 95 thèses affichées en 1517 sur les portes de l'église de Wittenberg et condamnées par Rome en 1519.

Internationale Organisation des partis ouvriers ayant pour but de transformer les sociétés capitalistes en sociétés socialistes. La Ire Internationale fut fondée à Londres sous l'influence de Marx en 1864 , la IIe Internationale, à Paris en 1889.

Jacobins Club créé en 1789 et installé dans l'ancien couvent des Jacobins à Paris. D'abord modéré, le club se radicalise après le départ des Feuillants*, prend des positions républicaines et devient, sous la Convention, l'organe dirigeant de la Révolution.

Jacquerie Révolte de paysans appelés les Jacques, en 1358. Nom donné par la suite à toute révolte paysanne.

Mainmorte Taxe payée au seigneur par les héritiers d'un serf.

Maire du palais Chef des fidèles de l'entourage d'un roi mérovingien.

Manse Au Moyen Âge, terre (et ses dépendances) sur laquelle demeurait et pouvait vivre une famille paysanne.

Maquis Zone difficile d'accès. Par extension, nom donné aux combattants clandestins qui s'y regroupèrent pour combattre l'occupant, voire les autorités officielles complices de celui-ci.

Marais Groupe de députés, les plus modérés, qui siège à la Convention entre les Girondins et les Montagnards. Ce groupe est également appelé la Plaine.

Mégalithe Monument (menhirs, dolmens…) constitué d'un seul ou de plusieurs blocs de pierre de grande dimension.

Menhir Monument mégalithique constitué d'un seul bloc de pierre vertical.

Mignons Nom donné aux favoris efféminés d'Henri III.

Milice Groupe paramilitaire créé par le gouvernement de Vichy en 1943 afin de collaborer avec les Allemands dans la lutte contre la Résistance.

Missi dominici « Messagers du maître » que Charlemagne envoyait dans les provinces de l'empire pour surveiller le travail des autorités locales.

Monachisme Fait d'être moine.

Montagnards Groupe de députés qui siègent sur les bancs les plus élevés de l'Assemblée. Ils dominèrent la Convention, avec l'appui du peuple, du 2 juin 1793 au 27 juillet 1794 avec pour principaux chefs Danton, Marat, Robespierre. Ils imposèrent une politique de salut public (Terreur) jusqu'à leur chute.

Numerus clausus Nombre auquel on limite la quantité de personnes admises à une fonction, à un grade. Sous le régime de Vichy, il fut appliqué comme mesure discriminatoire envers les Juifs.

Oppidum Place fortifiée de l'époque gauloise, établie le plus souvent sur une hauteur.

Ordonnances Texte législatif émanant du roi.

Ost Service militaire de quarante jours dû par le vassal à l'appel de son seigneur.

Pagus Circonscription territoriale rurale, à l'époque gallo-romaine, puis au haut Moyen Âge.

Partisans Nom donné aux résistants pendant la Seconde Guerre mondiale.

Paulette Droit payé par tout titulaire d'un office (emploi dans la fonction publique) pour en jouir en toute propriété. Ce droit a été établi en 1604.

Plaine voir **Marais.**

Polyptyque Au Bas-Empire et au haut Moyen Âge, registre foncier.

Praguerie En 1440, révolte de seigneurs français dirigée par le Dauphin, le futur Louis XI, contre les réformes de Charles VII. Le roi étouffe la Praguerie, ainsi appelée par référence à la soulèvement des partisans de Jean Huss à Prague.

Prêtres réfractaires Ecclésiastiques qui refusent de prêter serment à la Constitution civile du clergé en 1790. Cette dernière faisait de l'Église une institution dépendante de l'État et non plus de Rome. Représentant environ la moitié du clergé, ils sont assez rapidement considérés comme contre-révolutionnaire par les différentes Assemblées.

Privilèges Avantages accordés à une catégorie de la population, à une province ou à une ville.

Programme commun Programme signé en 1972 par le PC, le PS et les radicaux de gauche et qui prévoit des réformes politiques (démocratisation des institutions) et économiques (nationalisations). La rupture de l'Union de la gauche en 1977 entraîne la disparition du programme commun.

Référendum Consultation directe des électeurs qui, à une réponse posée par le gouvernement ou le chef de l'état, doivent répondre uniquement par oui ou par non.

Réforme Mouvement religieux qui, au XVIe siècle, a donné naissance en Europe aux Églises protestantes. Tout d'abord œuvre de Martin Luther, la Réforme se diffuse en Suisse avec Zwingli et en Alsace avec Bucer. Calvin fait de la France et de la Suisse les bastions d'un nouveau protestantisme (calvinisme), qui atteint ensuite la Pologne, la Bohême, la Hongrie et les îles Britanniques, où il inspire la Réforme anglicane.

Réparations Montant des dommages de guerre que doit payer l'Allemagne au lendemain du traité de Versailles en 1919.

Révolution nationale Ensemble d'idées politiques sous le régime de Vichy qui prône le culte du chef, le retour aux hiérarchies dites naturelles (famille, métier, nation) et le respect de la religion.

Réserve seigneuriale Partie du domaine exploitée directement par le seigneur et non fractionnée en tenures.

Sans-culottes En 1789, partie du peuple la plus révolutionnaire. Ils sont nommés ainsi car ils ne portent pas la culotte comme les aristocrates ou les bourgeois mais un simple pantalon.

Section Sous la Révolution française, division administrative de Paris. La ville comptait 48 sections. Chacune comprenait une assemblée de tous les citoyens et un comité qui s'occupait de la vie du quartier.

Sénéchaux (Sud de la France) Représentants directs du roi faisant appliquer ses décisions dans les provinces.

Serf Du latin *servus* « esclave », paysan qui appartient au seigneur et qui paie une taxe spéciale appelée le chevage*.

Solution finale Durant la Seconde Guerre mondiale, nom donné par les nazis à la politique d'extermination des Juifs, mise en œuvre à partir de 1941.

Suzerain Seigneur qui a concédé un fief à un vassal.

Taille Impôt royal directement levé sur les roturiers. Il pèse essentiellement sur les paysans.

Tenure Parcelle de terre appartenant au seigneur, remise au paysan pour son entretien.

Terreur Sous la Révolution française, régime d'exception reposant sur la répression, la force et la justice expéditive (Tribunal révolutionnaire). La peur de l'invasion prussienne provoque la première Terreur (10 août-20 septembre 1792) qui se manifeste par les massacres de Septembre. Après l'élimination des Girondins par les Montagnards débute la seconde Terreur (5 septembre 1793-28 juillet 1794) qui conduit à l'arrestation de nombreux suspects, qui sont souvent guillotinés. Elle atteint son apogée en juin-juillet 1794 (la Grande Terreur) et s'achève avec la chute de Robespierre, le 9 Thermidor.

Terrier Registre foncier d'une seigneurie.

Tétrarchie Gouvernement à quatre de l'Empire romain instaurée par Dioclétien, comprenant deux Augustes et deux Césars. La première tétrarchie est mise en place en 293.

Tonlieu Taxe d'Ancien Régime, sur les marchandises transportées par eau ou par terre.

Trente Glorieuses De 1945 à 1973, forte période de croissance et de plein emploi.

Tripartisme Alliance des trois partis majoritaires à la Libération (SFIO, PCF, MRP) qui s'entendent pour gouverner la France après le départ du général de Gaulle en janvier 1946 et fonder la IVe République. Cette alliance disparaît en mai 1947 avec le renvoi des ministres communistes.

Triple-Alliance Alliance militaire (1882) regroupant l'Allemagne, l'Autriche et l'Italie.

Triple-Entente Ensemble de traités militaires liant la France, la Russie et la Grande-Bretagne à la veille de la Première Guerre mondiale.

Trois-Évêchés Ensemble des villes épiscopales de Metz, Toul et Verdun. Appartenant au Saint Empire romain germanique, cette région est conquise par Henri II en 1552. Son appartenance à la France est reconnue en 1648 par les traités de Westphalie.

Ultras Sous la Restauration, partisans d'un retour intégral à l'Ancien Régime.

Union française Nom donné par la Constitution de la IVe République (1946) à l'ensemble formé par la République française et les territoires et États associés. En 1958, la Constitution de la Ve République instaure la Communauté pour lui succéder.

Union sacrée En 1914, rassemblement de tous les partis politiques français pour faire face aux armées allemandes.

Vassal Homme qui prête hommage au seigneur en échange d'un fief.

Vicus Bourgade située sur le territoire d'une cité romaine.

Villa Domaine rural ou riche demeure de villégiature, à Rome puis sous les Mérovingiens et les Carolingiens.

Zone libre À partir du 25 juin 1940, partie du territoire français sous le gouvernement de Vichy, séparée par la ligne de démarcation, de la zone occupée par les Allemands. Elle disparaît en 1942, après l'occupation totale de la France.

LA FORMATION DE LA FRANCE

Au traité de Verdun en 843, qui sépare la *Francia occidentalis*, du reste de l'Empire carolingien, se forme un premier ensemble territorial français. Après une période de morcellement (IXe-XIe siècles), le domaine royal, c'est-à-dire les terres appartenant au roi de France, principalement l'Île-de-France, s'agrandit progressivement. Mais les apanages, dons de terres du roi à de puissants vassaux ou à des fils cadets (le royaume étant réservé au fils aîné), entraînent l'émergence de principautés qui, sans être indépendantes, le sont cependant dans les faits. À partir du XIIIe siècle, les rois n'auront de cesse de récupérer ces territoires et d'agrandir leur domaine. En 1566, l'ordonnance de Moulins décide que le domaine royal est inaliénable.

1206 La **Touraine**, confisquée par Philippe Auguste au roi d'Angleterre, Jean Sans Terre.

1229 Le **Languedoc**, annexé par Saint Louis (traité de Paris), rattaché officiellement en 1271, après la mort sans descendance des derniers comtes de Toulouse.

1284 Les comtés de **Brie** et de **Champagne**, apportés en dot par Jeanne Ire de Navarre à son mari Philippe le Bel, et dont la réunion est officialisée en 1361.

1307 **Lyon** et le **Lyonnais**.

1349 Le **Dauphiné**, vendu par Humbert II à la couronne de France (traité de Romans), à la condition que le fils aîné du roi en soit le gouverneur ou Dauphin. En 1461, Louis XI l'intègre au royaume.

1373 L'**Aunis** par Charles V, qui fait de même avec la **Saintonge** en 1375.

L'annexion du Poitou, commencée en 1369, s'achève.

1462 L'**Orléanais**, à l'avènement de Louis XII, à qui appartient le duché.

1468 La **Normandie**.

1472 La **Guyenne (**ou **Aquitaine)**, qui comprend le Bordelais, le Bazadais, l'Agenais, le Périgord, le Quercy et le Rouergue.

1477 La **Picardie** et la **Bourgogne**, récupérées par Louis XI à la mort de Charles le Téméraire.

1480 L'**Anjou**, à la mort de roi René.

1481 Le **Maine** et la **Provence**, après l'extinction des derniers descendants de la maison d'Anjou.

1515 L'**Angoumois**, possession personnelle de François Ier.

1531 Le **Bourbonnais**, après la trahison du connétable de Bourbon, ainsi que la plus grande partie du duché d'**Auvergne** (le reste étant réuni à l'avènement d'Henri IV en 1589).

1532 La **Bretagne**, amenée en dot par la duchesse Anne lors de son mariage avec Charles VIII (1491).

1552 Les trois évêchés de **Metz**, **Toul** et **Verdun**.

1584 Le **Berry** réintègre le domaine royal.

1598 **Calais** (traité de Vervins).

1601 La **Bresse**, le **Bugey**, le pays de **Gex** et le **Valromey**, acquis par Henri IV auprès du duc de Savoie (traité de Lyon).

1607 Le comté de **Foix**, possession personnelle d'Henri IV, ainsi que le **Limousin** et la **Gascogne** (qui comprend les Landes, l'Albret, le Condomois, l'Armagnac, le Comminges, le Couserans, la Bigorre, la Soule et le Labourd).

1620 La **Navarre** et le **Béarn** par l'édit du 19 octobre, après une expédition militaire de Louis XIII.

1638 L'île de la **Réunion**.

1641 La principauté de **Sedan**, confisquée par Richelieu au duc de Bouillon.

1643 Une compagnie normande fonde Cayenne en **Guyane**.

1648 L'**Alsace** (traités de Westphalie).

1659 L'**Artois** (sauf la région d'**Aire** et d'**Omer** rattachée en 1678 par le traité de Nimègue), **Graveline** et **Le Quesnoy**, et le **Roussillon**, une partie de la Cerdagne et une partie de la **Lorraine** sont cédés par l'Espagne (traité des Pyrénées, le 7 novembre).

1662 **Dunkerque** est racheté aux Anglais.

1668 **Lille** et une partie de la **Flandre** (traité d'Aix-la-Chapelle).

1674 La **Guadeloupe**, colonisée depuis 1635.

1678 **Valenciennes**, **Cambrai**, **Maubeuge** et la partie méridionale du **Hainaut**, ainsi que le duché de **Franche-Comté** (traité de Nimègue).

1681 **Strasbourg**.

1713 Le comté d'**Orange** (traité d'Utrecht).

1762 La principauté des **Dombes**.

1763 La **Martinique**, colonisée depuis 1635.

1766 La **Lorraine**, à la mort de Stanislas Leszczynski.

1768 La **Corse**, cédée par Gênes.

1791 **Avignon** et le **Comtat Venaissin**, appartenant au pape (14 septembre).

1796 Le comté de **Montbéliard**.

1798 **Mulhouse**.

1814 **Saint-Pierre-et-Miquelon**.

1843 **Mayotte**.

1853 La **Nouvelle-Calédonie**.

1860 **Nice** et la **Savoie** (traité de Turin).

1880 **Tahiti**, protectorat depuis 1843. L'ensemble de la Polynésie française est conquis au cours du XIXe siècle.

1888 L'île de **Futuna**, les îles **Wallis** étant devenues un protectorat en 1886.

1919 L'**Alsace** et une partie de la **Lorraine**, séparées depuis la guerre franco-allemande de 1871 (traité de Versailles, le 28 juin).

1947 Les vallées italiennes de la haute **Roya** (**Tende** et **Brigue**) et de la **Vésubie**, intégrées au département des Alpes-Maritimes.

Bibliographie

Asselain (Jean-Charles), *Histoire économique de la France, du XVIIIe siècle à nos jours,* Points Histoire, Le Seuil, 1984.

Becker (Jean-Jacques), *Histoire politique de la France depuis 1945,* coll. Cursus, Armand Colin, 2008.

Berstein (Serge), *la France des années 30,* coll. Cursus, Armand Colin, 2002.

Bezbakh (Pierre), *la Société féodo-marchande,* Anthropos, 1983.

Bloch (Marc), *la Société féodale,* coll. Évolution de l'humanité, Albin Michel, 1939, rééd. en 2000.

Braudel (Fernand), Labrousse (Ernest), *Histoire économique et sociale de la France (1450-1914)* (tomes I à IV), PUF.

Contamine (Philippe), Bompaire (Marc) et alii, *l'Économie médiévale,* Armand Colin, 1993, rééd. en 2003.

Dochaerd (Renée), *le Haut Moyen Âge occidental,* Nouvelle Clio, PUF, 1990.

Duby (Georges), *Guerriers et paysans (VIIe-XIIe siècles),* Tel, Gallimard, 1998 / *Histoire de la France,* 3 vol, Larousse / *les Trois Ordres ou l'imaginaire du féodalisme,* Gallimard, 1998 / *le Chevalier, la femme et le prêtre,* Pluriel, Hachette, rééd. 2002.

Eck (Jean-François), *Histoire de l'économie française depuis 1945,* coll. Cursus, Armand Colin, 2004.

Gimpel (Jean), *la Révolution industrielle du Moyen Âge,* Points Histoire, Le Seuil, 2002.

Goubert (Pierre), *Initiation à l'Histoire de France,* Pluriel, Hachette, rééd. 2002.

Heers (Jacques), *l'Occident aux XIVe et XVe siècles,* Nouvelle Clio, PUF.

Lévy-Leboyer (Maurice), Bourguignon (François), *l'Économie française au XIXe siècle,* Economica, 1985.

Lot (Ferdinand), *la Fin du monde antique et le début du Moyen Âge,* coll. Évolution de l'humanité, Albin Michel, 2000.

Mandrou (Robert), *la France aux XVIIe et XVIIIe siècles,* Nouvelle Clio, PUF, 1967.

Marczewski (Jean), Markovitch (T.J.), *Histoire quantitative de l'économie française,* cahiers de l'I.S.E.A., n° 163, juillet 1965.

Miquel (Pierre), *Histoire de la France,* Fayard, 1976.

Pernoud (Régine), *Pour en finir avec le Moyen Âge,* Points Histoire, Le Seuil, 1979.

Pernoud (Régine), Gimpel (Jean), Delatouche (Raymond), *le Moyen Âge pour quoi faire ?,* Stock, 1986.

Rémond (René), *Notre siècle (1918-1988),* Fayard, 1991.

Sauvy (Alfred), *Histoire économique de la France durant l'entre-deux-guerres,* Economica, 1998.

Winock (Michel), *la France politique, XIXe-XXe siècle,* Points Histoire, Le Seuil, 2003.

Collection Histoire de la France politique, *Points Histoire,* Le Seuil :

Tome I : *le Moyen Âge (481-1514),* sous la dir. de Philippe Contamine, 2006.

Tome II : *la Monarchie entre Renaissance et Révolution (1515-1792),* sous la dir. de Joël Cornette, 2006.

Tome III : *l'Invention de la démocratie (1789-1914),* sous la dir. de Serge Berstein, Michel Winock, 2008.

Tome IV : *la République recommencée (de 1914 à nos jours),* sous la dir. de Serge Berstein, Michel Winock, 2008.

Ont été également utilisés :

La collection d'histoire Louis Girard (Bordas), la collection littéraire Lagarde et Michard (Bordas), les collections Nouvelle Histoire de la France médiévale et Nouvelle Histoire de la France contemporaine, Points Histoire, Le Seuil, dont en particulier :

Jean-Jacques Becker, Serge Berstein, *Victoire et frustrations (1914-1929),* tome XII ;

Henri Dubief, Dominique Borne, *la Crise des années trente (1929-1938),* tome XIII ;

Jean-Pierre Azéma, *De Munich à la Libération (1938-1944),* tome XIV ;

Jean-Pierre Rioux, *la France de la IVe République (1944-1958),* tomes XV et XVI ;

Serge Berstein, *la France de l'expansion :* « La République gaullienne » (1958-1969), tome XVII ; « L'apogée Pompidou » (1969-1974), tome XVIII, avec la collaboration de Jean-Pierre Rioux.

Index

A

B

D

E

F

G

H

I

J

K

L

M

N

O

P

Q

R

S

T

U

V

W

Y

Z

Imprimé en Italie par ROTOLITO LOMBARDA à Pioltello
Dépôt légal : septembre 2011
306759-01/11014372-août 2011